LES GRANDS ÉVÉNEMENTS DE
L'HISTOIRE DU MONDE

LA MÉMOIRE DE L'HUMANITÉ

LES GRANDS ÉVÉNEMENTS DE L'HISTOIRE DU MONDE

sous la direction de

Jacques Marseille

professeur à l'université de Paris-I

et **Nadeije Laneyrie-Dagen**

maître de conférences à l'université de Lille-III

France Loisirs

123, bld de Grenelle, Paris

Direction éditoriale
Jacques Marseille

Direction de l'ouvrage
Nadeije Laneyrie-Dagen

Rédaction
François Bédarida, Nicole Belayche, Jean Dagen,
Caroline Douki, Laurent Feller, Robert Frank,
Olivier Guyotjeannin, N. Laneyrie-Dagen,
Véronique Larcade, Florence Maruéjol,
Denis Pechanski, Benoît Pellistrandi,
Dominique Prévot, Gérard Rippe, Olivier Roy,
Karine Schaub, Stéphanie Thiébault, François Weill

Correction-révision
Bernard Dauphin (chef du service correction),
Pierre Aristide, Françoise Moulard

Direction artistique
Alain Joly

Maquette
Guy Calka, Danielle Jourdran

Documentation iconographique
Anne-Marie Moyse-Jaubert (coordination)
Bernard Crochet, Jacques Grandremy (documentation)

Cartographie
Léonie Schlosser

Couverture
Henri-Pierre Tabet

Édition du Club France Loisirs avec l'autorisation des Éditions Larousse.

ISBN 2-7242-5323-X

AU LECTEUR

La présentation des Grands Événements de l'histoire du monde suit un ordre strictement chronologique. De 3100000 avant notre ère jusqu'à 1991, les événements se succèdent, en fonction de la date à laquelle ils ont pris place. Les documents figurés qui les accompagnent alimentent la narration (peintures, gravures, sculptures, ou photographies contemporaines), permettent de situer l'événement géographiquement (cartes), ou de se représenter les ramifications d'une famille (tableau généalogique d'une dynastie). La présentation des événements se veut ainsi attractive et pédagogique.

Centré sur un événement et sur une date, l'exposé des faits s'enrichit aussi par une mise en situation, grâce aux encadrés qui le complètent. Afin de faciliter la consultation du livre, la maquette, ou organisation des pages, a été conçue de sorte que les mêmes éléments reviennent d'une page à l'autre, permettant au lecteur de trouver rapidement ce qu'il cherche.

L'événement est présenté sur deux pages, chaque double page étant repérée par une date, située avant notre ère (vignette verte, en haut de la page de gauche) ou dans notre ère (vignette rouge). Deux ou trois encadrés accompagnent le récit de l'événement, qui constitue la partie essentielle du texte. Le premier replace l'action dans son temps, en dressant l'état des lieux dans le pays ou la région concernés. Le deuxième encadré met en perspective l'événement et le long terme, en comparant le premier à des faits du même ordre, sur une période plus longue ou à d'autres époques. Un troisième encadré, plus technique (placé entre deux filets rouges), donne, le cas échéant, les précisions d'ordre scientifique ou lexicologique que le sujet exige. Enfin, un index des noms propres permet de trouver immédiatement le fait ou le personnage recherchés, de suivre, à travers les événements sélectionnés, l'histoire d'un pays, d'un peuple ou d'une région.

PRÉFACE

La mémoire historique est chose complexe : elle s'attache à quelques dates connues – 732, 1492, 1789, 1914, 1940, 1945, 1968... –, à des scènes plus ou moins précises – la défaite de Vercingétorix, le couronnement de Charlemagne, la découverte de l'Amérique par Christophe Colomb, la conférence de Yalta –, à des expressions communes – « les délices de Capoue » ou « Je m'en lave les mains » –, et, parfois, à des souvenirs plus distincts mais sans cohérence. Qui se souvient par exemple que l'Athènes du ve siècle avant notre ère est contemporaine des débuts du bouddhisme et du confucianisme en Asie ; ou que les débuts de l'Empire chinois (le temps de Qin Shi Huangdi) et l'épisode fameux du passage des Alpes par Hannibal ne sont écartés que de cinq ans ?

L'intention des *Grands Événements de l'histoire du monde* est de mettre au clair et d'ordonner cette mémoire, d'aider le lecteur à goûter la saveur d'un récit historique construit selon le plus commode des repères, la chronologie.

Ce genre historique, la narration, les plus grands esprits, Hérodote, Thucydide, Voltaire, Michelet, l'ont pratiqué. Il est moins en faveur de nos jours, parce que l'évolution récente des méthodes scientifiques a privilégié l'examen des structures sociales, économiques ou psychologiques, au risque de faire trop souvent oublier l'histoire événementielle, c'est-à-dire l'enchaînement des causes et des effets, des actions et des réactions qui ont fait le monde tel qu'il est. Car les dates trichent rarement et ne mentent jamais. L'objet de ce volume est de restituer cet enchaînement par des récits vivants, de ressusciter les moments qui ont constitué la trame de l'histoire et les personnages, célèbres ou anonymes, qui en ont été les acteurs.

La présentation des *Grands Événements de l'histoire du monde* se veut originale, à la fois simple et attractive. Se succédant selon l'ordre chronologique, les événements se lisent dans le texte et les illustrations qui le soutiennent. L'iconographie est de deux types : documents artistiques (peintures, gravures, sculptures) ou photographies, qui mettent en scène l'événement ; cartes et dessins, qui aident à situer les faits ou en facilitent la compréhension. Les premiers documents sont souvent contemporains des événements, mais ils sont parfois choisis, également, parmi les œuvres d'artistes qui vivent bien après. Peintres ou sculpteurs travaillent alors eux-mêmes comme des historiens. Leurs créations ne reflètent pas la réaction des témoins confrontés à une situation historique, mais elles révèlent le jugement qu'une époque porte sur une autre époque. De la sorte, l'image et le texte se combinent. L'œil et la pensée associés fournissent de l'histoire une vision plus complexe et plus riche.

Sans prétendre à l'exhaustivité, *les Grands Événements de l'histoire du monde* offrent un panorama méthodiquement sélectionné. Aucun parti pris n'a présidé au choix des faits : plus de cent cinquante événements, qui se sont produits à toutes les époques, dans toutes les régions du monde, sont présentés dans ce volume. L'essentiel de l'histoire de l'humanité, depuis les premiers temps préhistoriques – l'apparition de Lucy, le premier être proche de l'Homme, dans la Corne de l'Afrique – jusqu'à la plus récente actualité – la destruction du mur de Berlin, en 1989 ; la crise et la guerre du Golfe, en 1990-1991 –, est ainsi exposé au fil des pages. Une sélection de ce genre présente des difficultés. La principale réside dans le critère de choix. Peut-on affirmer que les événements retenus sont vraiment les plus importants ? L'estimation dépend des personnes, comme du milieu et de l'époque dans lesquels elles vivent : aucune perfection, aucune objectivité absolue n'est possible en ce domaine. Mais l'expérience historique fait qu'après quelques années, et d'autant plus aisément qu'un événement est éloigné dans le temps, son influence sur l'évolution d'une nation, d'un groupe de pays ou de l'humanité tout entière apparaît de façon plus claire. L'événement s'inscrit dans notre mémoire ; il fait partie, désormais, de cet héritage multiple et complexe qui forme notre patrimoine culturel.

Les Grands Événements de l'histoire du monde s'insèrent dans une collection, la « Mémoire de l'Humanité », qui propose au lecteur un vaste tableau de cet héritage. Il fournit un nombre considérable de renseignements et d'éléments de réflexion, propres à faciliter la compréhension du passé et du monde d'aujourd'hui. Ce livre, comme chacun des volumes de la collection, se prête à une lecture continue, qui permet de suivre dans leurs grandes lignes et dans leur continuité les vicissitudes historiques. Il offre aussi la possibilité d'une consultation ponctuelle : celle de l'enseignant, de l'élève ou de l'étudiant, qui veut se remémorer le déroulement exact d'un événement. Il constitue ainsi un ouvrage de distraction intelligente en même temps qu'un outil de référence, pour tous les esprits curieux.

Nadeije Laneyrie-Dagen

SOMMAIRE

Un ancêtre africain de l'Homme

LUCY

Il y a trente ou trente et un mille siècles environ, une créature se promène debout au bord d'une rivière à présent disparue, en Afrique orientale, dans l'Afar éthiopien, à environ 200 km de l'actuelle mer Rouge. Il y a trente ou trente et un mille siècles, cette créature, une jeune fille, est emportée par la crue de la rivière.

C'est en 1974 qu'une équipe de préhistoriens français et américains retrouve les 52 ossements provenant du squelette de cette jeune fille : ils baptisent ces restes *Lucy,* du nom d'une chanson que chante alors le groupe célèbre des *Beatles*...

Entre le chimpanzé et l'Homme

Lucy est plus proche, encore, du chimpanzé que de l'Homme d'aujourd'hui. C'est une femelle d'une vingtaine d'années, elle mesure 1,20 m, doit peser à peu près trente kilos. Sa tête est petite, son cerveau, contenu à l'arrière de son crâne par les muscles puissants de son cou, n'est guère développé, et sa face est projetée en avant comme celle du singe. Elle possède aussi de longs bras qui la rendent habile à grimper dans les arbres – mais ses jambes, quoique courtes, lui permettent de se tenir presque droite et d'avancer debout : elle est bipède et, en cela, elle est le premier être que l'on peut rapprocher de l'Homme.

Lucy appartient à une espèce apparue quelque 2 000 siècles auparavant, c'est-à-dire il y a cinq millions d'années : les australopithèques. Cette espèce vit tout entière dans la partie orientale de l'Afrique, la région des lacs dite aussi Rift Valley, un milieu où la végétation, alors luxuriante, lui procure une nourriture suffisante. Les australopithèques se répartissent avec le temps en groupes d'individus aux caractères distincts. Lucy appartient à l'un de ces groupes : *Australopithecus afarensis.* Mais deux groupes sont plus connus que celui dont elle fait partie : celui de l'australopithèque robuste *(Australopithecus robustus),* un être qui ne mesure, malgré son nom, que 1,50 m et ne dépasse pas soixante kilos ; et celui de l'australopithèque gracile *(Australopithecus africanus),* créature aux men-

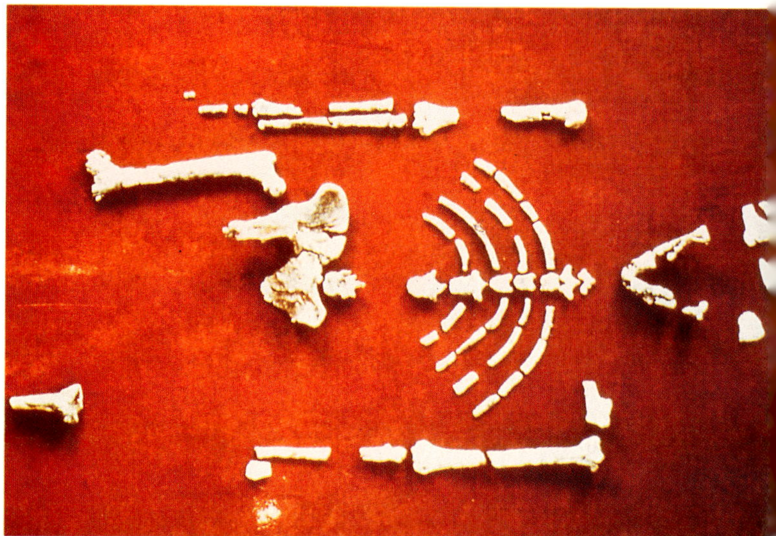

Les éléments du squelette de Lucy, tel que les préhistoriens ont pu le reconstituer.

Empreintes de pas fixées dans la cendre volcanique, vieilles de trois millions d'années.

Le monde à l'époque de Lucy

Le monde où vit Lucy est **un monde vieux :** il existe depuis peut-être 4 milliards d'années.

Les cinq continents actuels n'existent pas encore : le continent unique originel, la Pangée, s'est fragmenté en **quatre morceaux,** mais l'actuelle Afrique et l'actuelle Amérique ne sont pas encore détachées, et la péninsule d'Arabie n'est pas encore formée.

La Terre est alors à la fin de l'ère géologique que nous appelons tertiaire : **le climat est chaud** dans l'ensemble du monde – plus chaud qu'aujourd'hui et bien plus chaud que dans l'ère qui suit, qui est celle des glaciations ; la région où vit Lucy connaît des températures douces et des pluies fréquentes.

surations comparables à celles de Lucy, mais au cerveau plus gros parce que les muscles de son cou sont moins forts, et qui ajoute aux fruits de la cueillette la viande de la chasse, ou du moins les morceaux arrachés aux vautours et aux chacals sur des charognes récentes.

Les premiers bipèdes de la Terre

L'immense invention qui revient à la famille de Lucy est celle de la marche. Car l'acquisition de la station debout a des conséquences physiologiques essentielles : un élargissement du bassin, sur lequel pèse la masse des viscères ; une modification du pied, qui supporte seul le poids du corps et devient plus compact. Les doigts de pied raccourcissent et le pouce cesse de s'opposer aux autres doigts afin de ne pas gêner le mouvement de la marche. La tête se maintient en équilibre sur la colonne vertébrale et les muscles du cou, qui n'ont plus à la soutenir, s'affaiblissent et laissent au cerveau la place pour se développer. Enfin, la position verticale libère les membres antérieurs, les mains, qui deviennent les outils privilégiés pour fabriquer ce qu'aucune créature n'a, jusque-là, réussi à fabriquer : d'autres outils.

Le règne animal jusqu'à Lucy

La vie sur Terre date d'il y a peut-être 3,5 milliards d'années – sous forme de simples bactéries, qui se reproduisent, s'alimentent, respirent.

L'évolution s'effectue sur plusieurs milliards d'années. La première association de cellules date d'il y a 600 millions d'années. Les poissons, premiers vertébrés, apparaissent vers 500 millions d'années. Puis, vers 360 millions d'années, la vie envahit le domaine terrestre : les amphibiens, pourvus de membres et de poumons, vivent dans l'eau comme hors de l'eau.

Le long règne des reptiles commence ensuite. C'est le temps des dinosauriens – des animaux rampants ou volants, minuscules ou gigantesques, et les premières créatures à pondre des œufs. Ils vivent pendant le secondaire, de 200 millions d'années environ à 65 millions d'années, date vers laquelle ils disparaissent pour des raisons mal déterminées. À la fin de leur règne se détachent deux groupes : les premiers mammifères et les premiers oiseaux.

L'ère tertiaire est celle où se développent les mammifères, des êtres pourvus de dents et de mamelles. Vers 70 millions d'années apparaissent les primates, qui possèdent seulement deux mamelles, placées sur les pectoraux. Le plus ancien mammifère connu est le *Purgatorius,* un petit insectivore ressemblant à notre musaraigne. Puis viennent les grands singes, vers 30 millions d'années : orangs-outans, gorilles et chimpanzés ; enfin, les australopithèques – la race de Lucy.

L'australopithèque : un être se tient debout et vit de cueillette dans une région chaude d'Afrique.

Une espèce vouée à disparaître

Mais la famille de Lucy et les autres espèces d'australopithèques disparaissent dans le dernier million d'années : Lucy est la cousine ou la tante, elle n'est pas la grand-mère de l'Homme. À l'époque où elle vit, ou à peine plus tard – il y a à peu près 2,5 millions d'années –, un autre groupe de bipèdes fait son apparition, dans la même région du Rift africain qui s'affirme comme le véritable berceau des hommes. Ce groupe est composé d'individus hauts au moins comme les robustes, mais pourvus d'un cerveau plus développé que les graciles (800 cm³). Ce cerveau les rend capables, pour la première fois, de tailler la pierre et de l'utiliser comme outil ; il leur permet de se regrouper en tribus dotées d'un minimum d'organisation sociale et de se fixer à l'occasion dans les endroits proches de l'eau, sans doute dans des huttes sommaires fabriquées de branchages. Ce sont ces créatures qui constituent nos ancêtres : elles méritent le nom d'« Homme » *(homo) ;* on les appelle exactement « Homme capable » *(Homo habilis).*

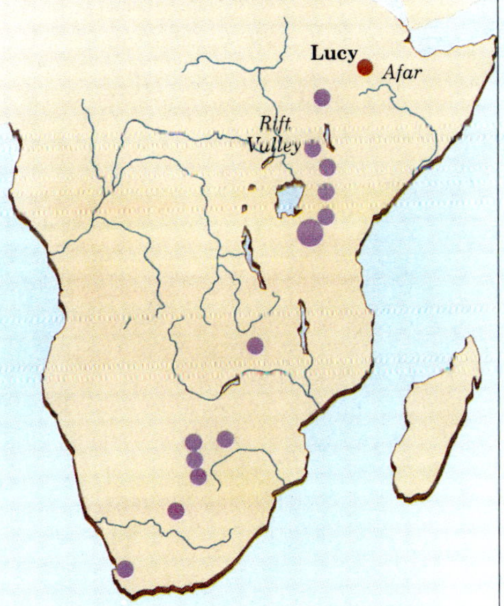

400 000

L'homme achève d'apprivoiser le feu

LES PREMIERS FOYERS

Il y a environ 1,5 million d'années, un être qu'on peut déjà appeler homme *(Homo erectus)* plonge une branche d'arbre dans la lave en fusion d'un volcan ou récupère la braise après un incendie de forêt, puis tâche d'entretenir la flamme. Il y a 450 000 ou 400 000 ans, ses descendants franchissent une étape décisive : ils apprennent à allumer le feu. Après avoir été longtemps l'ennemi de nos ancêtres, le feu devient leur meilleur allié.

Les plus anciennes utilisations du feu datent sans doute d'une époque où l'homme et le singe ne sont pas encore bien distincts : avant de savoir recueillir la flamme, les ancêtres de l'homme consomment la chair cuite des animaux morts dans les incendies de brousse. Mais le feu doit alors leur apparaître surtout comme une puissance maléfique, qui risque de les tuer comme il brûle les animaux. Nul ne peut dire exactement comment l'*Homo erectus* découvre qu'il peut utiliser le feu, ni surtout comment il apprend qu'il peut le reproduire : nous savons seulement que cette conquête est tardive, intervenant à un moment où les créatures bipèdes vivent déjà en société ou plutôt en tribus et savent fabriquer des outils. Nous savons aussi qu'elle s'achève partout à peu près en même temps, sur un intervalle de 100 000 ou 200 000 ans – ce qui n'est rien au regard de la durée de la préhistoire : les premiers foyers apparaissent en Europe entre 450 000 et 380 000 ans (Vértesszöllös, en Hongrie ; Terra Amata, en France) ; après 300 000 ans, on en rencontre en Chine, puis en Afrique.

Le feu engendre la vie sociale

Quelle que soit la façon dont elle s'est produite, la domestication du feu marque une étape essentielle dans l'histoire de l'humanité : elle constitue un « bond technologique », dont les effets influencent même l'organisation sociale.

Le feu, en effet, est avant tout lumière et chaleur. L'homme n'est plus condamné aux ténèbres et, le soir, il peut continuer à fabriquer des outils ou à travailler une peau pour en obtenir le cuir d'un vêtement. C'est autour du feu que le groupe se réunit, après les peines de la journée : le centre de l'habitat est désormais le foyer, placé à l'entrée du logis ou au milieu de la hutte, la fumée s'évacuant alors par le trou du faîte.

Le feu contribue ainsi à accroître la cohésion sociale : à la chaleur et à la lumière des flammes commencent les veillées, chaque membre du groupe racontant à son tour ses exploits à la chasse ou ceux de ses ancêtres.

La Terre à l'époque de la conquête du feu

La créature qui recueille pour la première fois le feu, puis celle, bien plus tard, qui l'allume et qui l'entretient, appartiennent à l'espèce ***Homo erectus.*** Elles vivent toutes deux au début de l'ère géologique appelée quaternaire - celle-là même pendant laquelle nous vivons.

À cette époque se produisent **les premières glaciations** : günz (vers 1 million d'années), mindel (vers 500 000 ans) et riss (vers 200 000 ans), ainsi nommées d'après des affluents du Danube. Le froid retient dans les glaciers d'énormes masses d'eau, provoquant la baisse du niveau de la mer. De la sorte, des régions aujourd'hui immergées sont alors à découvert : ainsi la Manche.

Le froid crée aussi **des conditions de vie extrêmement difficiles :** il rend d'autant plus nécessaire, pour nos ancêtres, la maîtrise du feu – qui leur permet, à l'inverse, de coloniser des régions d'où le froid les aurait autrement exclus : l'*Homo erectus* est attesté dans toute l'Europe, l'Afrique et l'Asie continentale ; il ne reste absent que de l'Amérique, de l'Australie, du Japon et des îles du Pacifique, où les mers ne lui permettent pas de pénétrer.

Allumer le feu

Produire le feu fait appel à des principes simples et à un outillage élémentaire. Il existe deux types d'objets servant à fabriquer le feu : les briquets – dans ce cas, l'échauffement est obtenu par percussion ; les allume-feu – le feu est alors obtenu par friction.

Les briquets sont constitués par des pierres dures (silex par exemple) ou par une pierre et un morceau de minerai de fer (pyrite, marcassite), que l'on frappe violemment l'une contre l'autre, près d'une matière sèche et inflammable (amadou ou étoupe). Une fois portée à incandescence, cette matière transmet le feu à des combustibles plus importants.

Les allume-feu consistent en deux morceaux de bois de dureté différente. Ils sont frottés l'un contre l'autre, par rotation ou friction oblique, jusqu'à ce qu'un échauffement se produise. Le bois surchauffé est mis au contact d'une matière inflammable.

Reconstitution du foyer de Terra Amata près de Nice (France).

Veillée préhistorique autour d'un foyer à l'entrée d'une grotte.

Mais il engendre aussi dans le groupe une spécialisation des tâches. Car il reste difficile à allumer et doit donc être surveillé et entretenu : certains sont alors chargés de veiller à son entretien et de chercher son combustible – petit bois, herbe ou, dans les steppes glacées où l'arbre et le végétal manquent, os et graisse d'animaux – tandis que d'autres, plus forts, vont chasser ou coupent les grosses branches qui servent à la construction des huttes.

La lumière qui éclaire, la chaleur qui nourrit

Mais la conquête du feu entraîne plus directement une modification de la vie. L'homme n'a plus à être, chaque nuit, perpétuellement aux aguets : la flamme le protège en éloignant les bêtes. Elle lui permet de conquérir de nouveaux territoires, de changer d'habitat : car le feu se transporte. Une branche de résineux embrasée, une pierre plate enduite de graisse avec un tendon allumé en guise de mèche, et l'homme dispose de la torche et de la lampe : il peut s'enfoncer dans les grottes et y élire domicile.

Enfin, surtout, le feu est cette source d'énergie qui permet de passer de l'alimentation crue aux chairs et aux végétaux cuits : les viandes, les poissons sont grillés sur la braise ou sur une pierre plate chauffée ; des bouillons s'ajoutent au menu, mijotés dans des récipients de peau suspendus au-dessus du feu à l'aide un trépied de branches, riches des racines cueillies et de graisses, de moelle, de cervelle d'animaux.

Le feu permet aussi de fumer les viandes, donc de les conserver ; la conscience du lendemain, la perception que l'hiver reviendra, rude et pauvre en gibier, et la connaissance des moyens d'y remédier aident l'homme à développer une intelligence complexe : il devient capable de mesurer le temps, au lieu de se borner au présent.

Les plus anciens témoins de l'utilisation du feu

Traces incertaines. Les premières traces de feu dans des niveaux occupés par les hommes préhistoriques remontent à plus de 1 million d'années. Il s'agit, comme à Koobi Fora, au Kenya, de taches colorées qui semblent provenir d'une combustion. Des couches cendreuses sont aussi attestées sur le site de Zhoukoudian (Tcheou-k'eou-tien), en Chine, près de Pékin, où vit un *Homo erectus* appelé sinanthrope ou « homme de Pékin », entre 500 000 et 200 000 ans. Jusqu'à présent, cependant, aucun élément ne permet de savoir qu'il s'agit d'une production volontaire ou d'un incendie accidentel et peut-être postérieur à l'occupation du site.

Foyers structurés. C'est vers 400 000 ans que les premiers foyers organisés apparaissent, apportant la preuve formelle d'une production et d'une maîtrise du feu. On les trouve d'abord en Europe : en Hongrie (Vértesszöllös) et en France (Achenheim en Alsace, Lunel-Viel dans l'Hérault et Terra Amata près de Nice). À partir de cette époque, les témoignages se multiplient (Billingsleben en Allemagne de l'Est, Orgnac III en Ardèche, La Roche Geletang dans le Cotentin, etc.), preuve que l'usage du feu se généralise. Les foyers de ces derniers sites sont déjà savamment aménagés, certains sont protégés du vent par une murette en pierre. À mesure que le temps passe, ils deviennent spécialisés : certains servent plutôt à la cuisine, d'autres au chauffage de l'habitation, d'autres enfin au travail des matières premières, à la fabrication des outils ; car le feu rend la pierre plus facile à travailler et elle durcit la pointe des épieux en bois, ce qui améliore considérablement leur efficacité.

Le feu transporté. Dans un second temps, l'homme apprend à transporter le feu. Vers 130 000, dans la grotte du Lazaret, près de Nice, il prélève des braises au foyer principal, situé hors de la caverne, et il les transporte dans un récipient pour chauffer la cabane qui se trouve près de l'entrée de cette caverne. Les premières lampes, enfin, apparaissent vers 18 000 avant notre ère : elles utilisent une mèche en poils ou en fibres végétales et elles brûlent des graisses animales.

L'homme moderne habite la planète

HOMO SAPIENS

Il y a quelque 35 000 années de cela, des hommes semblables à nous quittent le Moyen-Orient et migrent vers l'Europe. Ils y prennent la place des derniers êtres antérieurs à l'homme moderne, les néandertaliens. Puis ils peuplent l'Afrique du Nord et conquièrent le monde. C'est le triomphe de l'homme actuel : *Homo sapiens sapiens.*

Vers 35 000 se trouvent en effet en présence, de la mer du Nord à la Méditerranée, de l'Iraq à l'Atlantique, deux populations distinctes du singe mais inégalement proches de l'homme actuel.

Le néandertalien appartient à une espèce apparue 60 000 ans plus tôt (vers 90 000). Il est de taille moyenne, 1,65 m environ, puissamment charpenté. Sa tête est massive, large et étirée vers l'arrière, son front bas ; un bourrelet osseux au-dessus des orbites et un nez large le rendent bien différent de nous. Sa force très grande le fait apte à chasser le gros gibier, mais sa faculté de concevoir est aussi considérable : il a la notion de l'au-delà puisque, premier de tous les êtres, il enterre ses morts. Pour cette raison, il est déjà homme et intelligent : *Homo sapiens* – littéralement, « homme sage » – *neandertalis.*

Les nouveaux arrivants sont d'un type physique différent. De même origine que les néandertaliens, ils ne se distinguent pas des individus d'aujourd'hui. Le plus vieux fossile, trouvé en Israël, à Qafzeh, date de 92 000 ans. Les restes les plus célèbres et les mieux conservés, ceux de l'abri de Cro-Magnon, aux Eyzies-de-Tayac, en Dordogne sont de date incertaine : ils permettent de reconstituer les silhouettes d'individus grands (1,85 m en moyenne), au front droit et à la face allongée vers le bas.

La supériorité de l'homme moderne

Contrairement aux idées reçues, la capacité crânienne de ces individus est inférieure à celle des néandertaliens : mais l'homme de Cro-Magnon jouit de la même intelligence que l'homme moderne, ce que le jargon scientifique marque en redoublant l'adjectif qui le qualifie. Il est l'*Homo sapiens sapiens* – l'humain que nous connaissons.

Cette intelligence lui permet de développer une culture distincte de celle des néandertaliens : l'homme de Cro-Magnon a des outils spécifiques. Ainsi, il innove lorsqu'il taille le silex : au lieu d'en détacher de gros éclats, il parvient à fabriquer des lames allongées au tranchant plus utile – son cerveau travaille, exploitant au mieux la matière première. Les outils plus efficaces qu'il utilise (des burins, des grattoirs) lui permettent à leur tour de tailler des matériaux jusqu'alors délaissés : l'os, l'ivoire, les bois de cervidés. De la sorte, il diversifie son équipement de chasse, invente la sagaie, le propulseur, le harpon et il se pourvoit d'un véritable équipement domestique, composé d'aiguilles, de poinçons, etc.

Un mode de vie déjà complexe

L'*Homo sapiens sapiens* vit en plein air, abrité du froid très vif qui règne à cette époque par des huttes recouvertes de branchages ou de peaux animales, à l'entrée des grottes et même parfois tout au fond des cavernes. La chasse et la cueillette fournissent sa subsistance, à l'intérieur d'un territoire qu'il connaît parfaitement et d'où il sait tirer le meilleur pour vivre. Il fréquente toujours les mêmes endroits où il aime à s'installer en fonction des saisons afin de piéger son animal favori : le renne. Le renne sert à tout : sa peau est utilisée pour l'habillement, sa viande pour la nourriture, ses bois et ses os longs pour les outils.

Cet homme commence à développer une vie intellectuelle. Le premier, il développe des préoccupations artistiques, dessine sur les parois des grottes, sculpte la pierre, orne ses objets domestiques. Avant lui, les néandertaliens ont dû parer leur corps : lui, de même,

Le monde de l'*Homo sapiens*

L'homme moderne apparaît au moment de **la dernière glaciation quaternaire :** celle de würm, qui se manifeste dans les régions alpines entre 80 000 et 10 000 avant notre ère.

Cette glaciation se caractérise par des froids très vifs. Elle entraîne le recouvrement par les glaces des régions environnant le pôle Nord : ce qui permet à l'homme de passer à pied sec le détroit de Béring et de **coloniser l'Amérique du Nord,** touchée par la glaciation correspondante du Wisconsin.

L'occupation de la Terre devient ainsi plus complète : outre l'Afrique, l'Europe, l'Asie et donc l'Amérique du Nord (l'Amérique du Sud n'est colonisée qu'à partir de 14 000, les îles du Pacifique, à partir de 3 000), **l'homme s'installe en Australie** (en passant par le détroit de Torres, à sec vers 34 000), **et au Japon** vers la même époque.

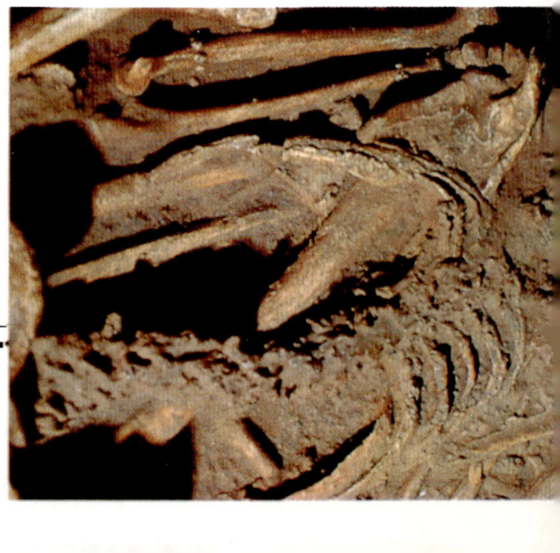

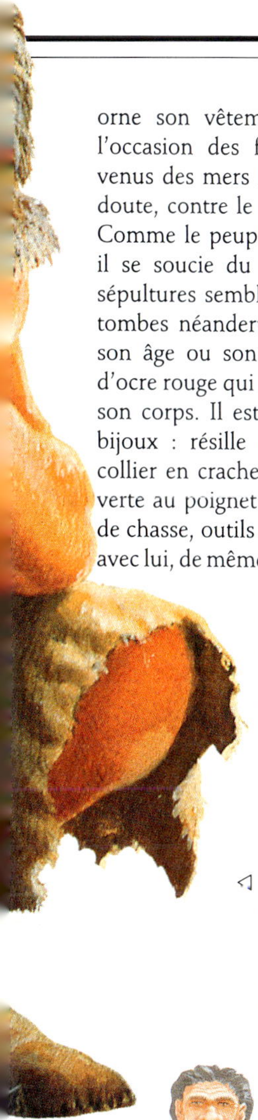

orne son vêtement en peau de renne, à l'occasion des fêtes, avec des coquillages venus des mers lointaines et échangés, sans doute, contre le meilleur gibier.

Comme le peuple qu'il absorbe, également, il se soucie du sort des morts : mais ses sépultures semblent plus complexes que les tombes néandertaliennes. Quels que soient son âge ou son sexe, le défunt est enduit d'ocre rouge qui ralentit la décomposition de son corps. Il est couvert de ses plus beaux bijoux : résille de coquillages sur la tête, collier en craches de cerf, bracelet de roche verte au poignet. Ses objets familiers, armes de chasse, outils domestiques, sont ensevelis avec lui, de même que des offrandes destinées à lui servir de nourriture dans son voyage dans l'au-delà. Mais le mort est aussi ligoté dans un sac : les vivants s'assurent ainsi qu'il ne reviendra pas les tourmenter...

→ **Voir aussi :** p. 12-13 (Lucy).

◁ *L'homme moderne est un ouvrier remarquable : l'industrie des outils de pierre s'affine avec son apparition.*

De Lucy à l'*Homo sapiens* : les ancêtres de l'homme moderne

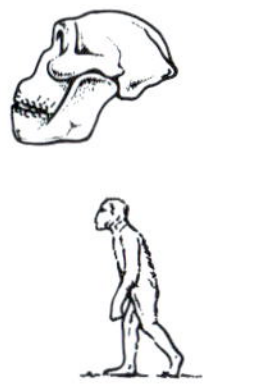

L'australopithèque. Le premier des êtres à se distinguer nettement du singe, au moins parce qu'elle maîtrise la station debout, est l'australopithèque. Apparue il y a six ou quatre millions d'années en Afrique, cette espèce se divise progressivement en plusieurs groupes : des individus dits graciles (*afarensis* – la race à laquelle appartient Lucy ; *africanus*) et d'autres appelés robustes *(robustus ; boisei)*. Tous ces êtres disparaissent il y a environ 1 million d'années, sans laisser de descendance.

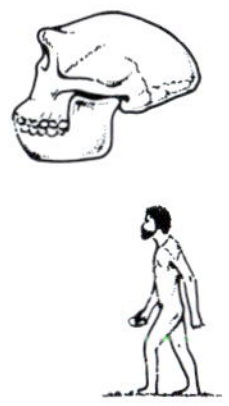

L'Homo habilis. Premier être à mériter le nom d'*homo,* c'est-à-dire premier ancêtre direct de l'homme, l'*homo habilis* apparaît il y a quatre ou trois millions d'années environ dans la même région que l'australopithèque, l'Afrique de l'Est, et il disparaît à peu près en même temps que lui. C'est une petite créature (130 cm environ), qui se tient désormais parfaitement debout, possède un cerveau déjà relativement développé et s'en sert pour fabriquer des outils et se construire des abris. Pour cette raison, on le qualifie d'habile *(habilis).*

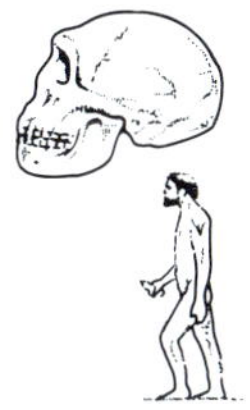

L'Homo erectus. Descendant de l'*Homo habilis,* il apparaît il y a environ 1,6 million d'années. Doté d'une capacité crânienne inférieure à celle de l'homme actuel, habitant l'Afrique, l'Asie et l'Europe, il est l'inventeur du feu. Selon les lieux où l'on a retrouvé ses vestiges, on l'appelle aussi pithécanthrope ou sinanthrope.

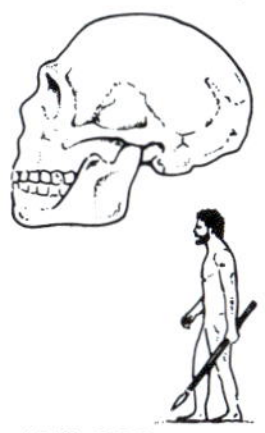

L'Homo sapiens archaïque. Sur un très long laps de temps, l'*Homo erectus* évolue et donne naissance à une créature un peu différente : l'*Homo sapiens* archaïque, attesté d'abord en Europe, où il apparaît vers 450 000 avec l'« homme de Tautavel », un ancêtre des néandertaliens puis plus tard avec l'« homme de Neandertal » (vers 60 000 avant notre ère), le premier être à enterrer ses morts, qui disparaît vers 35 000, absorbé ou éliminé par un nouveau rival : l'*Homo sapiens sapiens.*

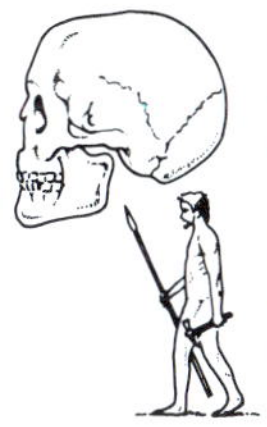

L'Homo sapiens sapiens. C'est l'homme d'aujourd'hui. Il apparaît au Moyen-Orient vers 90 000 avant notre ère (on a retrouvé ses vestiges de Qafzeh, en Israël), colonise l'Europe à partir de 40 000, où le premier sinon le plus ancien fossile découvert est celui de l'« homme de Cro-Magnon ».

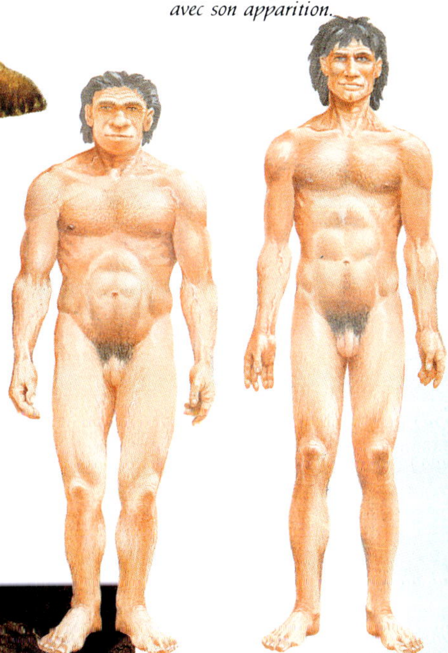

Reconstitution moderne de l'homme de Neandertal (à gauche) et de l'homme moderne (Homo sapiens sapiens).

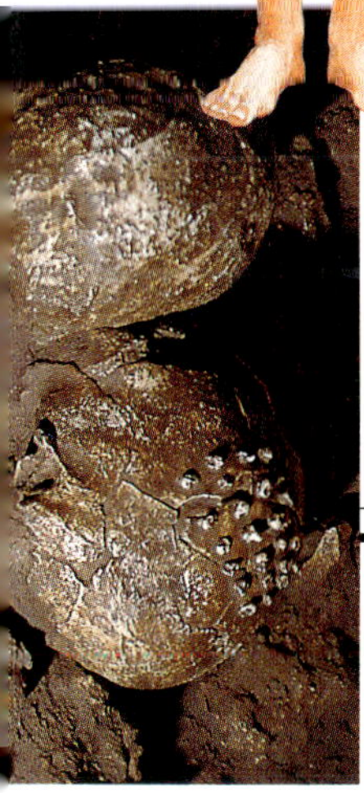

Sépulture paléolithique avec des fragments de coquillage (grottes de Grimaldi, France).

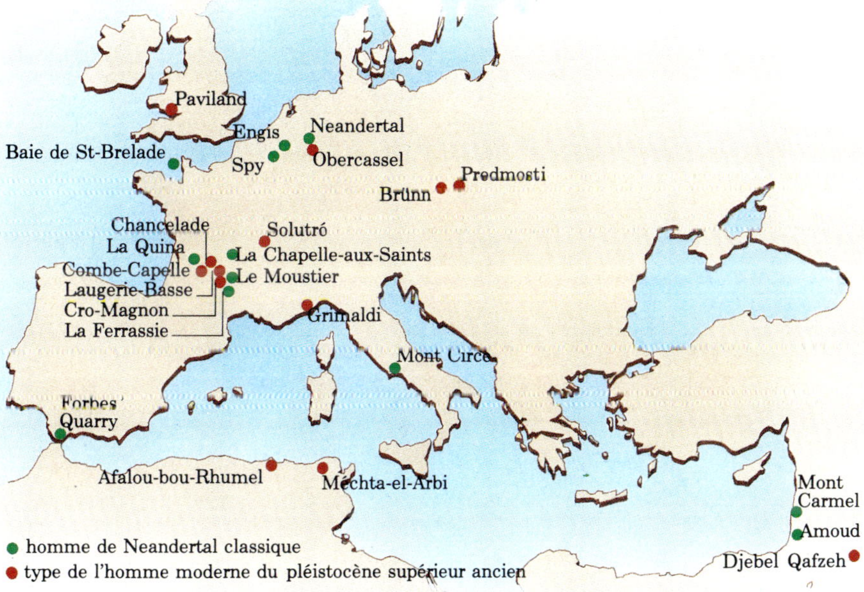

Néandertal et Homo sapiens sapiens dans le Vieux Monde.

Les hommes préhistoriques créent des œuvres d'art

LASCAUX

Vers 15000 avant notre ère, des hommes que l'on appelle Magdaléniens, parce que des vestiges en ont été retrouvés dans la grotte de la Madeleine, en France, inventent l'art pariétal. Porteurs de lampes à suif, ils entrent au plus profond des cavernes et, dans le silence des ténèbres, ils peignent ou sculptent dans les endroits les moins accessibles. À cette époque, l'art est souterrain : c'est un jeu d'ombres et de lumières.

L'ensemble le plus célèbre de la peinture préhistorique est celui de Lascaux, en Dordogne (France). La grotte a été découverte par quatre adolescents, le 12 septembre 1940. C'est une cavité de 100 m de long, faite d'une succession de salles et de galeries complétées par un puits, dont la décoration commence à environ 25 m de l'entrée. Elle comporte plus de 150 fresques et environ 1 500 gravures. Le site est daté avec précision : il n'a été fréquenté qu'à une seule époque, il y a environ 17 000 ans. Puis son porche s'est effondré, scellant les œuvres et les protégeant à la fois : la réouverture de la grotte, l'afflux du public à partir de 1948 ont provoqué, à l'inverse, une rapide détérioration des œuvres (« maladie verte », « maladie blanche »), qui a contraint à refermer la caverne, en 1963. Les amateurs ne peuvent plus voir aujourd'hui qu'un fac-similé de certaines parties de la grotte, réalisé dans une ancienne carrière abandonnée, à quelques centaines de mètres de là.

Un art animalier

La grotte comporte surtout des représentations animalières : le cheval, un bison éventré chargeant un chasseur, des bouquetins affrontés, des cerfs, d'énormes taureaux dont un dépasse cinq mètres de long, mais aussi un rhinocéros et des félins se trouvent dans le puits, les salles, les galeries. C'est une caractéristique de l'art magdalénien : l'homme y est peu présent, les animaux y tiennent la première place. Les mêmes bêtes se reconnaissent dans les 220 sites préhistoriques ornés que l'on connaît aujourd'hui. D'autres créatures s'y ajoutent : les biches, en Espagne ; le mammouth, l'ours, le sanglier, le poisson, un oiseau ou un serpent ; ou encore le renne, plus rarement, cependant.

Un art symbolique

À ces figurations animales s'ajoutent des peintures, des gravures symboliques, qui évoquent les thèmes sexuels. L'individu est symbolisé dans l'art préhistorique : les visages sont caricaturés, schématisés, les corps simplement esquissés. Mais l'homme et la femme sont présents, en tant que mâle et

Les techniques artistiques

Les artistes préhistoriques maîtrisent la plupart des techniques d'exécution.
Les procédés utilisés pour la gravure varient. Parfois, l'artiste se sert de son doigt et imprime une argile molle plaquée sur la paroi. Ou bien il emploie un outil tranchant, en silex, et grave sur le mur même des sillons plus ou moins profonds.
La sculpture apparaît lorsque l'évidement du mur est prononcé et que le trait incisé est adouci (bas-relief) : c'est le cas dans l'abri de Cap-Blanc, en Dordogne, où l'on a retrouvé une frise sculptée de 15 mètres de long avec cinq chevaux et deux bisons. Les hommes préhistoriques exécutent aussi des statues détachées de tout support mural (ronde-bosse), en taillant et polissant la pierre, ou en modelant de l'argile.
La peinture, associée à la sculpture (reliefs et statues polychromes) ou indépendante d'elle, utilise des pigments minéraux préparés avec des liants : principalement le rouge et le jaune, qui viennent de l'ocre, une argile mêlée d'oxydes de fer ; et le noir, tiré du charbon de bois ou de l'oxyde de manganèse. Les couleurs sont appliquées au doigt, au pinceau (un bâtonnet mâchonné ou un tampon végétal) ou en soufflant à travers un petit os creux.

femelle : les chasseurs sont dessinés comme des silhouettes en mouvement, le sexe redressé ; vulves et phallus sont peints de façon réaliste, ou stylisés en lignes de points, signes minces, barbelés, bâtonnets (phallus) ou, réciproquement, signes pleins, grilles, triangles, ovales, rectangles, (vulves) ou formes en massue – « claviformes » –.

Un art mis en scène

L'ensemble n'est pas disposé au hasard. D'une part, la décoration suit la structure de la caverne : elle s'adapte à la forme des parois, joue des irrégularités, se différencie de salle en salle. D'autre part, dans chaque partie de la caverne, un véritable système représentatif s'organise : les peintures se distribuent en frises où les animaux se font face (salle des Taureaux) ; ou bien des panneaux sont constitués, avec figures principales au centre (bisons, aurochs), figures secondaires à la périphérie (souvent des chevaux), et signes symboliques sur les marges.

Un sanctuaire

Les parties profondes de Lascaux ne sont pas forcément des lieux où les hommes vivent quotidiennement : un puits presque inaccessible est ainsi décoré, au même titre que les passages ou que les parties de la caverne où des restes alimentaires prouvent que l'homme a séjourné. Il ne faut surtout pas non plus comprendre la grotte comme une sorte de « musée » où le Magdalénien se ravirait de représentations conçues pour le seul plaisir des yeux.

La grotte ornée est un sanctuaire. La représentation des animaux y revêt probablement un sens propitiatoire magique, même si l'on ne soutient plus à présent des hypothèses aussi faciles que celle qui ferait que le peintre, qui est aussi chasseur, figure l'animal qu'il va tuer. Quant aux représentations sexuelles, elles suggèrent une religion de la fécondité, probablement complexe, et qu'il nous est impossible de comprendre absolument. Mais, au-delà des mystères de la signification des fresques et des gravures, au-delà de l'admiration à laquelle nous force la beauté de certaines peintures, l'art des parois magdalénien nous révèle l'extrême richesse de pensée, la force de conception et de réalisation d'hommes qui, dès ce temps-là, sont pleinement des artistes.

Dans une autre grotte, à Pech Merle, des chevaux et une main dessinée au pochoir.

L'Europe magdalénienne

C'est **la dernière période de l'ère paléolithique** (âge de la pierre), où s'épanouit l'outillage osseux : sagaies et harpons.

L'Homme *(Homo sapiens sapiens)* vit alors surtout de **la chasse.** Il habite des cabanes ou des campements saisonniers en peau de bête (Pincevent, en France), **des abris rocheux (Lascaux).**

Le climat est rigoureux : **la dernière glaciation** (Würm) atteint son maximum d'intensité. Aussi les artistes représentent **des animaux aujourd'hui disparus** ou qui n'existent plus en Europe : le mammouth, le renne, ou le rhinocéros laineux.

Un détail de la « frise des taureaux », dans la rotonde de Lascaux ou « salle des Taureaux » (des chevaux accompagnent les taureaux).

Une des rares représentations humaines de Lascaux : un bison chargeant un chasseur.

Les hauts lieux de l'art préhistorique

Un art diversifié. Les artistes magdaléniens décorent les grottes, mais ils ornent aussi leurs outils, leurs armes ou objets de parure, sculptent des plaquettes de pierre, fabriquent des statuettes, féminines le plus souvent, peut-être à des fins religieuses.

L'art pariétal, art d'une région. L'art des cavernes ne concerne que l'Europe du Sud. Les exemples extra-européens sont plus tardifs : les peintures rupestres du Sahara (Tassili) datent du IVe millénaire.

L'« art franco-cantabrique ». L'aire concernée va, principalement, de la Charente au nord de l'Espagne, dans les Cantabres. Les centres les plus célèbres sont en Périgord (Lascaux et Les Eyzies), dans l'Ariège et dans le Lot. En Espagne, le groupe de fresques le plus important est celui d'Altamira : une voûte ornée de magnifiques peintures bicolores qui montrent des bisons se roulant dans la poussière, d'un réalisme surprenant.

L'homme domestique la nature

L'AGRICULTURE

6 000 ans environ avant notre ère, une révolution tranquille parcourt le monde. L'homme, pour la première fois de son histoire, cesse d'être un prédateur, c'est-à-dire qu'il ne dépend plus uniquement de la générosité de la nature ou des hasards de la chasse pour sa survie : il devient un producteur, il se met à cultiver.

À l'origine de ce bouleversement, des populations qui habitent le Moyen-Orient, dans la région qu'on appelle le « croissant fertile », depuis l'Euphrate jusqu'au Jourdain. Là, des chasseurs-cueilleurs, fixés dans des villages autour de sources depuis 10 000 avant notre ère environ, se sont mis à cultiver, vers 8 000 ou bien avant, des céréales comme le blé et l'orge, et à élever des animaux.

Une migration venue de l'est

Progressivement, ces populations se sont trouvées à l'étroit sur leur territoire. Les champs s'épuisent si on les sollicite trop ; et le changement économique détermine une poussée démographique. Il y a trop de bouches à nourrir, et plus assez de terres disponibles. Alors, une partie de ces paysans part à la conquête de sols nouveaux. Les colons empruntent deux routes. L'une se dirige vers le nord, traverse les Balkans, la Yougoslavie, la Pologne actuelles, et aboutit en Hollande et dans le Bassin parisien : c'est le courant des néolithiques danubiens. L'autre remonte, peut-être par mer en longeant les côtes grecques, ou par voie terrestre, depuis le sud de l'Italie, pour coloniser le rivage méditerranéen, en Languedoc et en Espagne : ce sont les populations du cardial ; elles portent le nom du coquillage qu'elles utilisent pour décorer leur céramique en l'imprimant dans l'argile – *cardium edule*.

Les premiers villages

Pour cultiver la terre et élever du bétail, il faut être sédentaire, c'est-à-dire demeurer dans le même lieu quelques années durant. L'invention de l'agriculture, si elle ne fait pas naître les premiers villages, systématise ce mode de résidence et permet, dès lors, d'améliorer l'habitation. Un peu partout dans l'Europe du Centre et de l'Ouest, on quitte la légère hutte de branchages recouverte de peaux pour de grandes maisons de torchis. Dans le Bassin parisien, ce sont des demeures à structure de bois, murs de torchis, c'est-à-dire de paille et de boue séchée, et toit de chaume. Longues parfois de 40 mètres, elles peuvent abriter jusqu'à 25 personnes et sont groupées en de gros villages.

L'agriculteur et le potier

Les populations ainsi fixées ne renoncent pas d'un coup à leurs modes de vie traditionnels : la chasse constitue toujours un appoint important pour la viande et la cueillette fournit les champignons, les baies, qui diversifient

Gravure rupestre représentant un labour (Suède).

Le monde au temps des premiers agriculteurs

L'invention de l'agriculture survient au début de **la période dite néolithique** (littéralement, en grec, « nouvel [âge de la] pierre »), au moment où la technique de la pierre taillée est supplantée par celle, plus subtile, de **la pierre polie.** Ce progrès s'accompagne d'autres transformations : apparition de l'agriculture, de l'élevage, invention de la céramique, sédentarisation et concentration en villages.

L'adoucissement du climat est certainement une des causes de ce bond technologique : la dernière glaciation est achevée, au froid succède un climat plus tempéré qui permet la pousse régulière de plantes.

Vestiges de maisons du village néolithique de Khirokitia, dans l'île de Chypre. Culture ignorant encore la céramique : entre 6000 et 5800 avant notre ère Les maisons ont une forme circulaire.

Céramique néolithique avec ornements en gravure, provenant de Bulgarie (musée de Saint-Germain-en-Laye, France).

La progressive domestication des plantes

La domestication constitue une étape fondamentale dans l'histoire des hommes. On peut parler de domestication lorsque l'homme intervient sur une espèce végétale, soit pour favoriser ou améliorer une production locale, soit pour acclimater un végétal originaire d'une autre région.

Les premières cultures. Au tout début de l'agriculture, il y a les céréales. Avec d'abord deux types de blés, l'engrain et l'amidonnier, et un type d'orge, l'orge dystique. Peu après, le froment et l'orge polystique apparaissent. Puis, et plus particulièrement en Europe de l'Est, le seigle, le millet et l'épeautre. La lentille, le pois chiche et le lin sont aussi cultivés très tôt.

Quand le fer aide l'agriculteur... Pendant plusieurs millénaires, presque aucune espèce nouvelle n'est cultivée. Il faut attendre la découverte de la fabrication du fer, pour que de nouvelles techniques agricoles soient mises au point, qui permettent le développement de cultures diversifiées comme celle de l'olivier dans le Midi, appelée à devenir une production essentielle, et comme celle de la vigne. Dans l'Antiquité, la production de fruits se multiplie : pêches, figues, pommes, amandes ; et de nouveaux légumes apparaissent : melons, courges, etc. Ils prolifèrent dans le monde gallo-romain.

L'apport des grandes découvertes. Enfin, à l'époque moderne, les grandes expéditions de la fin du XVe siècle apportent la révélation d'espèces nouvelles : ainsi, le café, le thé et le cacao, en provenance d'Amérique du Sud ; la pomme de terre et le tabac, produits venus aussi du Nouveau Monde et rapidement acclimatés dans l'Ancien.

Reconstitution du village néolithique de Cuiry-les-Chaudardes, dans l'Aisne (France) entre 4200 et 3500 avant notre ère.

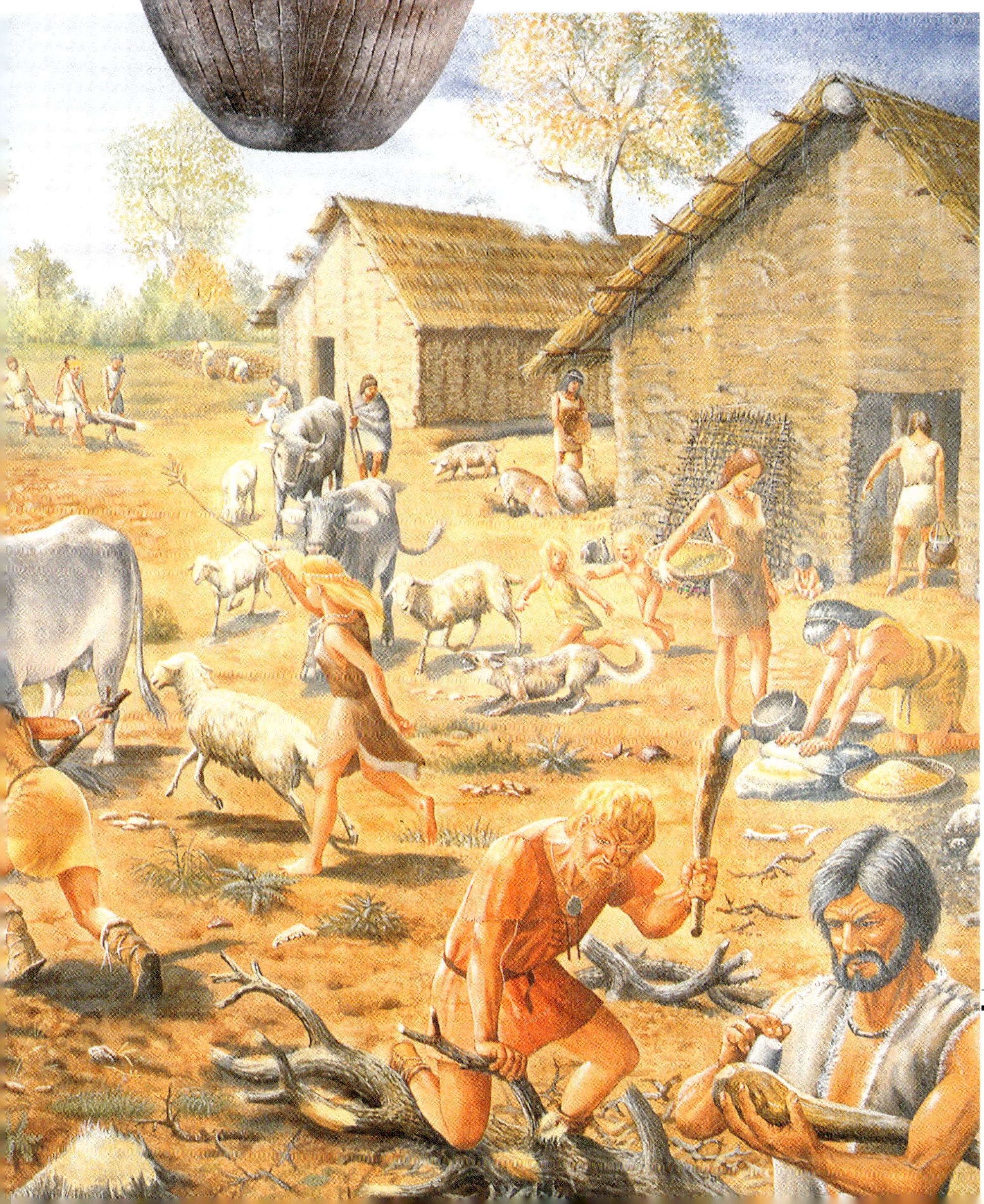

l'ordinaire. Car les cultures sont encore peu variées : ce sont des céréales, blé et orge principalement. Le bétail, lui, se compose de moutons et de chèvres, de bœufs et de cochons.

L'invention de l'agriculture et de l'élevage s'accompagne d'une autre révolution technique : progressivement, les récipients des premiers paysans, qui étaient en pierre ou en bois, sont remplacés par des céramiques.

Les derniers paysages naturels

Lors de l'arrivée des premiers agriculteurs, dans le nord et l'ouest de l'Europe, la forêt de chênes couvre presque tout le territoire. Ces terres sont riches et, très vite, les immigrants défrichent de petits lopins de terre. Le feu est mis aux arbres abattus, de façon à nettoyer le terrain, qui est ainsi prêt à être utilisé. C'est au moyen d'un simple bâton que le paysan enfonce la graine dans le sol, et il moissonne les épis, lorsque la récolte est à maturité, avec des faucilles dont les lames dentées sont constituées de petits éclats de silex tranchant.

Rapidement, ces lopins deviennent trop exigus. Le sol s'épuise et il faut défricher sans cesse. Heureusement, chèvres et moutons secondent l'agriculteur et empêchent, en broutant les rejets, la repousse des arbres. Au bout de quelques siècles de cette exploitation dévastatrice, la nature subit de grands changements. Les paysages se transforment, surtout dans les régions sensibles comme le Midi. À partir du VIe millénaire, l'apparition de l'agriculture entraîne ainsi la dégradation et la fin des milieux naturels.

L'homme invente la fonte du cuivre
L'ÂGE DES MÉTAUX

Vers 4500 avant notre ère, en plusieurs régions du Moyen-Orient et de l'Europe, quelques artisans fabriquent de petits objets de parure comme des épingles, des outils fins, comme des poinçons.

Ils ne se contentent plus, comme leurs ancêtres, de marteler les pépites de cuivre trouvées en abondance dans la roche ; ils travaillent le métal en se servant de la chaleur produite par la flamme et ils savent que le cuivre fond au contact du feu. À ce moment naît la métallurgie. Cette découverte dut s'étendre sur une période de temps extrêmement longue. Le cuivre, longtemps, n'est travaillé que par martelage. La production consiste en petites perles brillantes qui attirent l'œil et qui sont diffusées, puis vendues, sur de très vastes territoires. La frontière décisive passe entre le moment où l'artisan, en frappant, modifie la forme prise par le métal sans affecter sa composition, et celui où, par la flamme, il transforme l'état de la matière pour la façonner à sa guise.

Les bronziers au travail

La première condition de l'existence de la métallurgie est la présence du métal en abondance suffisante. Cette condition est réunie lorsque, à partir de 4500 environ, en Iran, en Bulgarie mais aussi dans le sud de l'Espagne, des agriculteurs parviennent à extraire des quantités relativement importantes de minerai des mines proches. Pour creuser la roche, ils utilisent des pics en bois de cerf et des maillets de pierre.
La deuxième condition pour une métallurgie, c'est une connaissance suffisante des arts du feu. Cette connaissance est acquise vers la même époque et chez les mêmes populations : le minerai est amené à sa température de fusion, à 1 080 °C environ. Les bronziers ajoutent alors au cuivre un certain pourcentage d'étain, métal qu'ils trouvent dans les mêmes gisements ou dans d'autres. Le mélange obtenu est coulé dans des moules : il donne leurs lames aux haches plates, aux houes, aux couteaux, qui viennent compléter l'outillage en pierre, ou il forme des ornements pour honorer les morts, des gobelets et des plats pour la vaisselle de fête.

Reconstitution d'un procédé de fonte préhistorique. Première étape : le foyer est en plein air ; le feu est augmenté à l'aide de soufflets en peau avec des becs de bambou.

Comment on procède à une fonte

Pour obtenir le métal, le premier travail est de détacher le minerai de la roche à l'aide de haches de pierre. Celui-ci est ensuite soigneusement lavé, concassé et chauffé dans un creuset de terre cuite, pour être fondu dans des fourneaux chauffés à 1 200 °C, au moyen de soufflets reliés au foyer par des tuyères. Le métal, parvenu à la fusion, est alors versé dans un moule.
Le moule est en pierre ou dit « à la cire perdue ». Dans ce deuxième cas, le moule de l'objet à réaliser est façonné à la cire. De l'argile est ensuite appliquée à l'intérieur et à l'extérieur du moule en cire. Le tout est chauffé, ce qui a pour résultat la cuisson de l'argile et l'écoulement de la cire, qui disparaît. L'espace libéré, c'est-à-dire la forme de l'objet à mouler, recueille l'alliage.
Après la coulée, l'artisan lime les barbes ou les inévitables bavures, puis il affûte les tranchants ou incise les décors.

Des sociétés déjà savantes

La découverte de la fabrication du métal est **l'aboutissement de l'évolution d'étapes techniques.**

Cette découverte n'a été possible que grâce à **la maîtrise parfaite de la production mais aussi de l'emploi du feu.**

De plus, les sociétés néolithiques connaissaient très bien le sous-sol, la façon de suivre les affleurements et les veines, les moyens d'exploiter les filons. Cette recherche avait pour but non pas l'extraction du minerai mais celle du **silex,** et ce sont **de véritables mines, avec des galeries,** auxquelles on a affaire. Cette recherche du silex, en terrain profond et difficile, était rendue nécessaire par sa rareté. Celui-ci était exporté sur de longues distances, ce qui implique déjà l'existence de réseaux d'échanges.

Le bronze, mais aussi l'or

La première métallurgie est donc celle du bronze, alliage de cuivre et d'étain.
Mais un autre métal est aussi utilisé, plus résistant, inaltérable et plus facile à travailler bien que beaucoup plus rare : l'or. L'or ne requiert presque aucune préparation, il suffit de l'affiner. Son affinage se pratique dans une coupelle en terre poreuse. La poussière de métal y est jetée avec un peu de plomb. Le tout est chauffé. Le plomb, en s'oxydant, fixe les impuretés, qui sont alors absorbées par les parois de la coupelle.

Les outils de la préhistoire, reflets de l'évolution des sociétés humaines

Chez les australopithèques, les premiers outils fabriqués (il y a 3 millions d'années) sont de simples *galets aménagés,* qui laissent apparaître un court tranchant. Celui-ci est utilisé pour couper des végétaux, tailler en pièces les produits de la chasse.

Vers 1 million d'années avant notre ère, les outils se diversifient, les bifaces sont des roches taillées sur leurs deux faces, mais l'*homo erectus* utilise aussi des racloirs pour enlever l'écorce des arbres ou préparer les peaux animales.

Les néandertaliens, il y a 100 000 ans, taillent le silex, et leur panoplie s'enrichit de nombreuses pointes, sans doute utilisées emmanchées pour la chasse.

Les hommes modernes, qui arrivent en Europe il y a 35 000 ans, possèdent un outillage très élaboré, fait de pierre et d'os. Sont-ils les inventeurs de l'arc, il y a 18 000 ans ? Nous ne le savons pas encore, mais l'industrie de pierre et d'os n'a plus aucun secret pour eux. Burins, grattoirs, lames tranchantes sont utilisés dans la vie quotidienne, sagaies et propulseurs pour la chasse au renne, harpons pour la pêche.

Les mésolithiques, sociétés de la période suivante, au moment où les grands froids cessent et quand la chênaie recouvre l'Europe, miniaturisent leur outillage. Leurs industries sont composées de petits outils ayant des formes géométriques : *segments de cercle, triangles scalènes,* etc.

Au néolithique, avec l'agriculture apparaît la poterie, d'une part, les *haches* en pierre polie, d'autre part. Ces haches servent surtout à abattre les arbres, mais aussi à exploiter les carrières. D'autres outils, en bois ou en os, sont aussi utilisés pour travailler la terre ou pour moudre les grains.

Enfin, avec l'âge des métaux, il y a 4 500 ans, les outils changent totalement. Non seulement, dans la vie de tous les jours, la vaisselle en fer est plus résistante que celle en céramique, mais surtout, pour la défense, les épées sont des armes terribles, et aussi pour l'agriculture, la terre, grâce aux premières charrues, est véritablement labourée. Contrairement à tous les objets précédemment utilisés, ces outils et armes de métal, fabriqués grâce à une technologie complexe, ne sont pas à la portée de tous ; ils deviennent des biens de prestige et des instruments de pouvoir.

Bassin de Gundestrup (IIe millénaire avant notre ère ; Copenhague).

Reconstitution du procédé de fonte, autre étape.

Des biens de prestige

L'apparition et la diffusion des objets en métal entraînent un changement social profond. En même temps que le bronze apparaissent les signes d'un début de hiérarchisation sociale. La diffusion des métaux, brillants objets de parure ou armes efficaces, donne naissance aux premiers trafics mais aussi aux premiers réseaux commerciaux. Ainsi, en France, à Fort-Harrouard dans l'Eure-et-Loir, bien que le minerai manque à proximité, un pouvoir fort a installé de nombreux ateliers de métallurgistes qui produisent armes et objets en série et qui exportent leur production dans tout le pays. L'utilisation des épées de bronze, à la lame effilée atteignant parfois 80 cm de long, permet aux bandes de pillards d'effectuer des razzias contre les villages qui se défendent encore au moyen de haches de pierre. Devenus riches, ces pillards s'imposent comme chefs, comme princes. C'est le début d'un nouvel ordre social fondé sur une aristocratie plutôt guerrière. Le changement social est donc très profond. Si, jusqu'à présent, la femme, déesse mère, symbole de fécondité, domine les religions, le développement des guerres exalte les vertus du guerrier : les divinités masculines, dorénavant, sont les plus honorées.

L'histoire commence à Sumer

L'INVENTION DE L'ÉCRITURE

Il y a environ 5 000 ans, vers l'an 3000 avant notre ère, un pays du Moyen-Orient, Sumer, atteint en quelques siècles des sommets dans des domaines aussi divers que la puissance politique, l'activité économique, la réflexion religieuse et la création littéraire. Cette réussite est liée à l'invention d'un système d'écriture, outil remarquable de communication.

Le monde sumérien est un monde essentiellement urbain, même si l'agriculture et l'élevage y tiennent une place encore fondamentale. Au IIIe millénaire, le pays regroupe une douzaine d'États, centrés sur une ville d'ordinaire fortifiée avec, autour, des villages éparpillés sur un territoire rural. La société y est organisée autour de deux pôles : le temple et le palais royal. Le temple, apanage de la divinité propre à chaque cité, apparaît, dans un premier temps, comme l'édifice le plus vaste, le plus élevé et le plus riche de la ville. Construit sur un terrassement et flanqué d'une massive tour à étages, la ziggourat, il jouit de ressources considérables, provenant de ses fermes, ses entrepôts, ses manufactures, et il participe à un commerce qui s'étend bien au-delà de Sumer. Une abondante main-d'œuvre, composée d'hommes libres et d'esclaves, assure le fonctionnement de ce lieu privilégié de la vie religieuse, économique et politique.

Une monarchie militaire

L'autre édifice remarquable de la ville est le palais, bâtiment de la monarchie. Cette monarchie est une institution nouvelle vers l'an 2500. Le roi, alors, est un roi guerrier. Sa fonction première est militaire, ce que justifient les guerres continuelles que se livrent mutuellement les villes et la nécessité pour elles de lutter contre la pression d'étrangers barbares. Les souverains se dotent donc d'une armée régulière qu'ils renforcent, en cas de conflit, par une milice de paysans. Des vestiges archéologiques, tels les fragments de la *Stèle des Vautours* d'Eannatum, roi de Lagash, permettent de connaître l'armement, l'organisation et la tactique des troupes : elles associent des chars et une infanterie légère à une infanterie plus lourde, avançant au combat en rangs serrés.

Avec le temps, le palais l'emporte sur le temple. Le roi n'est plus seulement un chef de guerre, il devient un chef civil. Les grands dignitaires religieux sont subordonnés à son autorité puis, progressivement, il devient le

L'écriture cunéiforme

L'écriture inventée par les Sumériens, utilisée jusqu'à l'ère chrétienne et diffusée en diverses contrées du Moyen-Orient, doit son nom à son aspect de coins ou de clous qu'impose le matériau-support, l'argile, que les scribes impriment par de courtes incisions au roseau taillé (calame).

À l'origine, les signes reproduisent des objets et des réalités rattachées à eux. C'est le système pictographique. Plus tard, l'écriture se raccroche à la langue parlée : le signe ne dépeint plus un objet, il évoque un son. Le système graphique devient alors une écriture de mots, capable de communiquer les idées les plus abstraites, au lieu d'être seulement un aide-mémoire rappelant les choses.

Longtemps, toutefois, la séparation ne se fait pas entre le pictogramme et le signe désignant un son. Dans l'écriture cunéiforme, les 400 signes utilisés conservent ainsi une double valeur, idéographique et phonétique ; c'est pourquoi un texte cunéiforme ne se lit jamais couramment mais se déchiffre.

La Mésopotamie vers l'an 3000

Au sud du vaste ensemble nommé Mésopotamie, entre le Tigre et l'Euphrate, dans l'actuel Iraq, on distingue deux régions principales : **l'Akkad, au nord ; Sumer, au sud.**

Le pays a été **colonisé en trois vagues :** vers 4500 av. notre ère, des paysans ont développé là une économie rurale brillante ; peu après, des Sémites semi-nomades sont arrivés des franges du désert arabo-syrien ; enfin, les Sumériens, peuples non sémites, venus peut-être du Sud-Est, se sont installés entre 3500 et 3000.

La fusion de ces peuples et de ces cultures permet vers 3000 l'éclosion de la civilisation suméro-akkadienne.

Art néo-sumérien : statue de Gudea, prince de Lagash, dite « Petit Gudea assis » (Paris, musée du Louvre).

Les grands systèmes d'écriture de l'histoire

Écriture et communication sociale. L'écriture cunéiforme a pu inspirer, à l'ouest, les hiéroglyphes égyptiens (peu après 3000), à l'est, l'Inde (vers 2500) et la Chine (entre 2500 et 3000). Mais, dans tous ces royaumes, la fixation précoce d'un système d'écriture répond aux impératifs du bon fonctionnement de la société : l'enregistrement de données pour leur utilisation (administration, codification des lois, formulation d'une tradition sacrée, élaboration d'annales royales), la diffusion d'informations à une vaste échelle (lettres, édits royaux), et l'usage cérémoniel.

Écriture et pouvoir. Considérée comme d'origine divine et revêtue d'un caractère sacré, l'écriture est réservée à une caste privilégiée pour des raisons d'ordre technique (complexité de son apprentissage et de sa calligraphie) et idéologique : dans un pays de tradition écrite, la monopolisation de l'écriture par une élite de scribes, au service des temples et des souverains, constitue un instrument de pouvoir et de contrôle exceptionnel.

La diversification des écritures. À l'origine, quatre systèmes d'écriture existent : le sumérien, l'égyptien, l'hittito-égéen et le chinois. D'eux découlent des écritures syllabiques ; et de celles-ci, les systèmes alphabétiques (grec et latin ; hébreu et arabe ; indien) qui se distinguent par le procédé retenu pour indiquer les voyelles. Dès leur création, les systèmes d'écriture ne sont pas liés à une langue unique : le cunéiforme est, par exemple, utilisé par des peuples parlant le sumérien et l'akkadien, en Mésopotamie au IIIe millénaire.

Détail de la « Stèle des Vautours » : le roi devant ses troupes (Paris, musée du Louvre).

L'un des escaliers de la ziggourat d'Our, pyramide à gradins servant de temple aux dieux.

maître unique de son pays. Son pouvoir doit s'exercer dans un sens favorable : représentant des dieux sur terre, le roi est responsable devant eux du bien-être et de la prospérité de son peuple. Ses devoirs lui imposent de faire la guerre pour défendre et étendre son domaine, mais aussi de créer et d'entretenir le système de canaux d'irrigation qui procure au pays fertilité donc abondance. Enfin, garant de l'ordre légal et de l'équité vis-à-vis de ses sujets, le souverain doit veiller à ce que le faible ne soit pas victime de l'oppression du puissant et le simple citoyen des abus de fonctionnaires corrompus.

L'écriture, au service du temple et du palais

Une définition si ambitieuse de la fonction monarchique suppose des moyens appropriés. Le génie des Sumériens est d'avoir inventé un système de communication entre les hommes qui ne passe plus par le véhicule de la parole : l'écriture.

Excellents sculpteurs et graveurs d'images, inventeurs du sceau-cylindre, ce petit rouleau de pierre orné de dessins ou de scènes dont l'usage devait se répandre en Anatolie, en Égypte, voire en Grèce, les Sumériens ont mis au point, pour la première fois dans l'histoire du monde, un corps organisé de signes et de symboles visuels, capable de traduire les pensées, les connaissances et les sentiments humains. C'est l'écriture cunéiforme.

Cette invention répond à un projet théologique et politique : tous les textes, dans leur inspiration et leur destination, se rattachent à la religion ou à la personne du roi. Les mythes, sous le masque des aventures de divinités, livrent des réponses aux questions que se posent les hommes sur les origines et le sens du monde. Les hymnes, récités lors des cérémonies, exaltent les dieux et leurs sanctuaires. Les prières, associées à des gestes rituels, visent à écarter les causes surnaturelles des maux tombés sur les hommes. La monarchie, pour sa part, est glorifiée dans des œuvres qui racontent les faits surnaturels des premiers rois de Sumer.

Les Sumériens, artisans d'une des époques les plus fécondes de l'histoire du Moyen-Orient antique, ont, par l'élaboration d'un système d'écriture, révolutionné les communications entre les hommes et infléchi la vie matérielle et intellectuelle ; en ce sens, la Mésopotamie des alentours de l'an 3000 mérite le qualificatif de « berceau de la civilisation ».

2528

Le pharaon Kheops est enseveli

LA GRANDE PYRAMIDE

Masse impressionnante, la pyramide du roi Kheops se dresse aujourd'hui à 137 mètres de hauteur. Construite, si l'on en croit l'historien grec Hérodote, par cent mille ouvriers travaillant pendant trente ans à raison de trois mois par an, elle mesurait à l'origine 9 mètres de plus. Le plus formidable tombeau jamais élevé par les rois égyptiens comprend 2,3 millions de blocs de roche, d'un poids moyen de 2,5 tonnes ; il reste aujourd'hui encore le plus considérable monument de pierre existant à la surface du globe.

La pyramide de Kheops n'est pas le premier tombeau monumental dressé par les pharaons. Dans les siècles précédents, les rois Djoser puis Snefrou ont également érigé des pyramides, mais il s'agissait de constructions moins considérables, à degrés à Saqqarah, ou en tout cas de proportions et d'une majesté incomparablement moindres.

Un chantier considérable

La pyramide est construite sur le plateau de Gizeh, en surplomb de la plaine où Kheops a sa capitale, Memphis. Elle se situe donc à l'ouest du Nil, une implantation habituelle pour un cimetière, en un lieu placé au-dessus du fleuve et à l'abri de ses crues, mais sans en être trop éloigné à cause du transport des matériaux.

Le chantier est ouvert à une date inconnue, au début du règne. D'abord, les ouvriers dégagent et nivellent le sol ; au centre du terrain, ils laissent en place un noyau de roche saillant : il sera incorporé au monument. L'orientation et les dimensions de la pyramide sont ensuite déterminées avec soin. Chaque côté est très exactement dirigé face à l'un des points cardinaux grâce à des mesures astronomiques précises. La base de la pyramide, quant à elle, représente un carré parfait : les quatre côtés mesurent chacun 230,36 m, la différence entre le plus petit et le plus grand n'excédant pas 20 cm. Pendant ce temps, l'extraction des blocs de pierre débute. Dans les carrières proches de la pyramide pour le calcaire de médiocre qualité destiné au noyau ; dans celles de Toura, sur la rive est du Nil, pour le calcaire fin et blanc des dalles qui doivent former le revêtement extérieur ; enfin, dans celles d'Assouan, au sud du pays, pour le granit réservé à certains usages intérieurs. Pour tailler la pierre, les ouvriers disposent d'excellents outils en cuivre et en pierre dure comme la dolérite. Les blocs extraits sont ensuite transportés par bateau sur le Nil, ou bien sur des traîneaux que tirent des hommes.

Des bâtisseurs de génie

Bien qu'à l'heure actuelle, sans démonter la pyramide, il soit impossible de savoir exactement comment ont procédé les bâtisseurs, il est vraisemblable que le monument de Kheops se compose de couches verticales de maçonnerie formant des degrés décroissant du centre vers l'extérieur. Des pierres de parement recouvrent ces couches, puis des blocs de fourrage donnent à la pyramide son aspect lisse. Tout cela constitue le noyau. Il

L'ensemble monumental de Gizeh au complet : les pyramides de Mykerinus, Khephren et Kheops, précédées des trois petites pyramides des reines.

Parmi les bâtiments qui ont fait le renom de l'Égypte : la pyramide construite par Kheops à Gizeh, précédée du sphynx édifié par Khephren.

> **L'Égypte au milieu du IIIe millénaire**
>
> Séparées en deux royaumes pendant le IVe millénaire, la Haute-Égypte, au sud, et la Basse-Égypte, au nord, sont unifiées depuis les environs de l'an 3000, et forment vers 2600 ce qu'on appelle **l'Ancien Empire.**
>
> La capitale de cet empire est Memphis, non loin de l'emplacement actuel du Caire. La ville aurait été fondée par Aha (appelé Ménès par les Grecs), l'auteur de l'unification de l'Égypte.
>
> Parmi les successeurs de Aha, les plus prestigieux pharaons sont ceux de la **IVe dysnatie (2575-2465) : Kheops, Khephren et Mykerinus,** en particulier, les constructeurs des grandes pyramides.

était caché par le revêtement extérieur en calcaire de Toura, aujourd'hui disparu.
Ces différents types de maçonnerie sont posés en même temps, par assises horizontales. Simultanément a lieu l'aménagement intérieur avec ses salles et ses couloirs. Au sommet, le pyramidion, énorme pierre en forme de pyramide, couronne celle qui demeurera toujours la plus parfaite et la plus colossale des pyramides d'Égypte.
On ne sait pas de manière certaine comment les constructeurs ont hissé les pierres, jusqu'à une hauteur de plus de 140 mètres, en

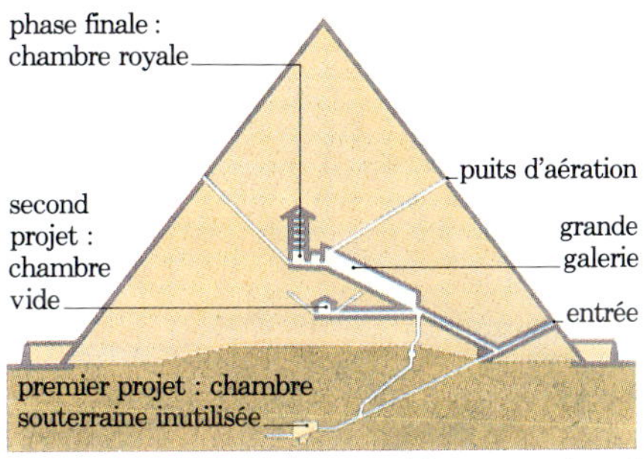

Coupe de la pyramide de Kheops, avec les trois projets successifs de chambre.

l'absence de poulie. Aucun bloc, aussi lourd soit-il, ne leur a résisté. Les dalles de granit couvrant la chambre funéraire, par exemple, pèsent chacune 50 tonnes. S'il est sûr que des rampes en briques crues ont été utilisées, en revanche, la forme qu'elles empruntaient reste encore l'objet de nombreux débats. Escaliers et engins de levage les ont peut-être relayées à partir d'une hauteur donnée.

Les funérailles

La pyramide de Kheops n'est toutefois que l'élément central d'un complexe funéraire plus vaste. Avec elle sont érigés deux temples, pour servir aux rites funéraires et au culte royal, une chaussée les reliant, des pyramides satellites, des cavités en forme de bateau et deux fosses dont l'une a livré une barque de 40 mètres en cèdre. Réelles ou figées dans la pierre, ces barques doivent permettre au roi, une fois parvenu dans le ciel, de naviguer en compagnie du dieu-soleil, Rê.

Car la pyramide n'est pas le conservatoire fastueux d'un cadavre à jamais immobile. C'est vers une seconde vie que se dirige la dépouille de Kheops, lorsque ont lieu ses funérailles, vers 2528. Djedefrê, fils et successeur du pharaon défunt, est l'organisateur de celles-ci. Tout d'abord, il veille à ce que le roi mort, dont la vie éternelle ne peut être assurée que si le corps est préservé, soit momifié. Ensuite, il procède à l'enterrement dans la chambre funéraire – une chambre autre que celle prévue à l'origine, dont le plafond s'est (peut-être) effondré pendant les travaux. À cette chambre, on accède par un long et étroit couloir : la grande galerie. Un abondant matériel accompagne le mort, même si on n'a retrouvé aucun objet, à cause des pillages successifs. Une fois les derniers honneurs rendus au cadavre, la pyramide est évacuée. La chambre, la galerie et les couloirs d'aération, destinés à ceux qui ont construit le monument, sont bouchés avec des herses et des blocs de granit ; ce lourd appareillage, on vient de le voir, s'avéra inefficace dès l'Antiquité ; les voleurs contournèrent simplement les obstacles en creusant des tunnels. Pour le moment, du moins, le roi est laissé seul. Il entre dans sa vie éternelle. Ainsi, grâce à sa pyramide, qui représente les rayons du soleil sur lesquels il monte au ciel, Kheops rejoint Rê, et redescend à sa guise vers son tombeau pour profiter des offrandes qui y sont servies.

Croyances et pratiques funéraires

Dès l'époque prédynastique (4000-3000), les Égyptiens croient en une vie après la mort comparable à la vie terrestre. Elle se déroule dans la tombe, simple fosse dans le sable ou dans les montagnes du désert.

À l'Ancien Empire (2660-2180), la tombe privée ou *mastaba* devient une véritable habitation qui se compose d'une chapelle et d'un caveau. Grâce à des images, statues, reliefs, objets, qui deviennent miraculeusement ce qu'ils représentent, le mort est alimenté et retrouve ses activités quotidiennes. Les Égyptiens croient aussi en un monde céleste où seul le roi a le privilège de naviguer en compagnie du dieu-soleil Rê. Pour l'aider dans ce périple, un véritable « guide de l'au-delà » apparaît vers 2230 : *les Textes des pyramides,* réservés au pharaon. Mais, pour tous les défunts, la vie après la mort commence par un périlleux voyage dans le monde souterrain d'Osiris, le dieu des morts, qui décide de la survie ou de l'anéantissement des âmes.

Au Moyen Empire (2040-1780), le « guide » s'étend aux particuliers : *les Textes des sarcophages* les aident à affronter l'au-delà. À la même époque, les pharaons sont encore le plus souvent enterrés sous les pyramides. En revanche, les tombes privées ne sont plus construites, à la manière de l'antique mastaba, mais elles sont creusées dans la montagne qui borde le Nil, le djebel.

Le Nouvel Empire (1540-1070) engendre de nouveaux textes funéraires : *le Livre des Morts* des particuliers, *le Livre de l'Amdouat, le Livre des Portes...* inscrits dans les tombes royales. À la même époque, la sépulture royale abandonne la pyramide et se cache désormais dans le djebel, loin de son temple funéraire.

1750

Un traité de jurisprudence à Babylone

LE CODE D'HAMMOURABI

En 1750 avant notre ère, le roi Hammourabi meurt à Babylone. Il est le fondateur du premier Empire babylonien, et son règne, inauguré en 1792, marque en Mésopotamie un apogée qui voit la civilisation acquérir ses traits définitifs et prendre valeur de modèle pour la postérité : c'est le cas du code qui porte le nom du roi, témoignage inestimable sur l'État et les mentalités d'alors.

La stèle du musée du Louvre, à Paris, exemplaire le mieux conservé du texte, s'inscrit dans un ensemble de pierres gravées attesté dans la région depuis la fin du IIIe millénaire. Elle ne livre pas un recueil complet de lois et prescriptions régissant le pays, comme le font les codes modernes, mais un choix de « sentences équitables » imposées par le souverain : une jurisprudence, en fait, destinée à assurer l'uniformité des principes sur lesquels se règlent les juges, dans un État où les lois écrites n'existent pas, mais où l'on tranche les cas en fonction d'un droit coutumier, oral, et du souci d'un pouvoir juste. En composant ce recueil, le roi pense à sa gloire : il considère qu'il a réussi dans la voie d'un gouvernement et d'une administration sages, et estime l'honneur qui lui en revient égal à celui que lui procure la conquête de pays. Œuvre de science, du moins par sa forme qui s'apparente à celle des traités contemporains, le code constitue une charte et un testament politique du métier de roi ; si la postérité l'a jugé digne d'être diffusé et recopié, c'est en vertu de l'affirmation de cet idéal et non comme un modèle de lois et de règles ayant une portée universelle.

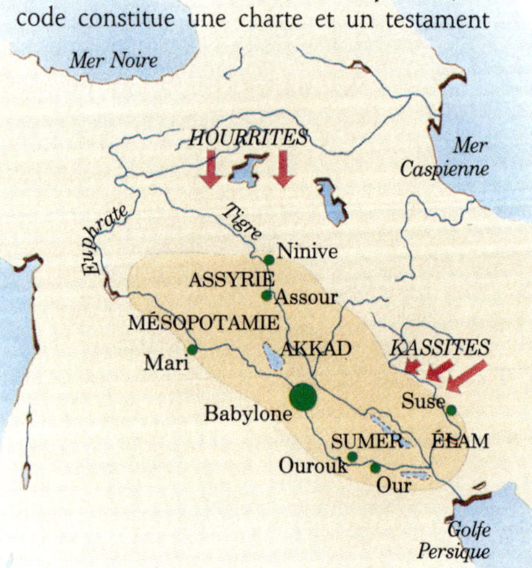

Le premier Empire babylonien.

À chaque rang, sa punition

Le code révèle une population répartie en trois classes, définies selon le principe : à état social supérieur, prérogatives et obligations supérieures. Ainsi, un délit perpétré contre un homme libre du peuple est moins sévèrement puni que s'il est commis contre quelqu'un de condition aisée ; mais, en contrepartie, le premier acquitte des droits moins lourds que le second. Quant à l'esclave, bien qu'aliénable et marqué comme du bétail, il jouit d'une personnalité qui l'autorise à posséder des biens et à aller en justice. Les véritables esclaves au sein du système, prisonniers de guerre et déportés, corvéables à merci, sont ignorés par le code, faute d'un statut légal. Le droit familial reconnaît à l'épouse, unique, une capacité juridique, le droit d'exercer diverses professions, voire des fonctions publiques ; mais il réserve au mari la possibilité de correction en cas d'infidélité, l'initiative du divorce, l'autorise à prendre une concubine et à adopter un enfant pour s'assurer une descendance.

Détail de la stèle gravée du code des lois.

Portrait présumé d'Hammourabi – ou d'un roi de la première dynastie babylonienne (Paris, musée du Louvre).

La Mésopotamie au début du IIe millénaire

Après un siècle de paix et de prospérité sous l'égide des rois de la IIIe dynastie d'Our (2111-2003), la région a connu **d'âpres luttes pour la prépondérance** entre cités.

Vers 1760 av. notre ère, **Hammourabi** (1792-1750), au terme d'opérations brillantes, notamment l'annexion de la partie nord du pays, l'Assyrie, et le royaume de Mari sur le moyen Euphrate, devient **le souverain unique de Sumer et d'Akkad,** marquant la fin de l'unification de l'antique Sumer.

Ces événements donnent à la Mésopotamie sa configuration définitive et conduisent à la promotion d'un centre politique, économique, culturel et religieux, **Babylone,** qui restera, malgré les aléas de l'histoire locale, la véritable métropole de la région.

Les « marchands » favorisés

Les mesures liées à la vie économique permettent une oppression par le marchand, véritable « capitaliste » dont les champs sont cultivés par des tenanciers et les affaires gérées par des agents. Il prête aux uns et aux autres, se livre à des opérations de banque, et il règle ainsi la vie économique à son gré

◁ *La stèle gravée du code des lois, représentant le roi Hammourabi adorant Shamash (Paris, musée du Louvre).*

et à son profit, d'autant qu'il est le percepteur des taxes pour le compte de l'État. Pour cette raison, le souverain doit publier des ordonnances pour abolir les dettes de ses sujets et assainir un climat social qui est devenu intolérable ; dès son avènement, Hammourabi intervient dans tous les secteurs et affirme partout la centralisation.

Une monarchie centralisée

Le roi est représenté par des gouverneurs pour l'administration, par des juges royaux et, par le chef des marchands pour les finances. Les affaires locales dépendent du maire, des anciens et de l'assemblée, mais tous informent, prennent des avis et rendent des comptes, d'où une intense correspondance royale. Tout service régulier est récompensé par un bénéfice, c'est-à-dire un bien foncier pris sur le domaine appartenant au roi : cette pratique permet de lier au sol la société, du petit au haut fonctionnaire, et elle crée le phénomène du colonat, par lequel les paysans et leur famille sont attachés à perpétuité à la terre qu'ils cultivent.

Toutes ces mesures, cependant, ne conduisent pas à la naissance d'un sentiment national dans l'Empire : seul le monarque considère le pays dans son ensemble ; ami des dieux, qui l'ont appelé à la royauté et dont il entretient les sanctuaires, il est défenseur du peuple contre ses ennemis, son nourricier par le développement de l'irrigation, le pacificateur et le dispensateur de la vie.

Une activité intellectuelle intense

Le règne d'Hammourabi est un temps de maturation littéraire et scientifique intense. La production, écrite en akkadien, est le fruit du travail accompli dans les écoles de scribes ; les bibliothèques rassemblent les œuvres du passé, rédigées en sumérien, devenu langue savante et objet d'études. Les recherches mathématiques, notamment la rédaction de problèmes de géométrie et l'apparition de traités de divination, illustrent la naissance de l'esprit scientifique ; c'est pourquoi les siècles suivants « canoniseront » les travaux du premier Empire babylonien.

Cet éclat ne doit pas dissimuler la stagnation des arts plastiques, les tensions sociales sous-jacentes, et surtout les menaces permanentes de dissidence des peuples soumis. Malgré sa réussite personnelle, Hammourabi n'est pas parvenu à asseoir l'unité politique sur des bases solides, et les révoltes, aidées par les invasions des peuples voisins, Kassites du Nord-Est et Hittites d'Anatolie, livreront la Mésopotamie, pendant les deux siècles suivants, à des secousses et à la désorganisation.

La codification des lois dans l'histoire

Les codes romains. Après la Mésopotamie, l'Empire romain, dans l'Antiquité, a rédigé des codes célèbres, en particulier ceux qu'ont promulgués les empereurs Théodose (438 de notre ère) et Justinien (529-534). Mais ces recueils de lois n'embrassent pas tout le droit romain : la loi n'est alors considérée que comme un des modes d'expression du droit, et pas forcément le plus important hiérarchiquement.

Les codes napoléoniens. Au contraire, la plupart des systèmes juridiques modernes assignent à la loi un rôle majeur sinon exclusif, en exposant systématiquement et logiquement dans les codes la totalité des règles en vigueur dans un État. Le grand précédent est constitué par les cinq codes promulgués par Napoléon de 1804 à 1810 (codes civil, de procédure civile, de commerce, d'instruction criminelle et code pénal), après les bouleversements de la Révolution française : ils affirment l'existence d'un droit unique pour tous les citoyens et dans tout le pays, droit fondé sur une règle unique, la loi, et exprimé dans un langage clair, accessible à tous.

Les codes contemporains. À la suite de l'Empire napoléonien, de nombreux pays européens se dotent, au cours du XIXe siècle, de codifications relatives aux mêmes domaines et obéissant aux mêmes impératifs : unifier le droit au sein de chaque nation et donner à la jurisprudence de nouvelles bases de départ, des lois répondant aux aspirations démocratiques et nationales qui se manifestent à partir de 1848. Ce phénomène s'étend aussi à l'Amérique latine, à une partie de l'Afrique et de l'Asie. L'Union soviétique, née de la révolution de 1917, recourt aussi à cet usage ; mais elle exclut le commerce pour des raisons idéologiques. Toutefois, l'adoption de codes de type napoléonien suppose une conception du droit qui fait de la loi la source privilégiée de la justice : les pays anglo-saxons, qui conçoivent autrement le droit, se sont abstenus de cette pratique. Pour eux, la loi peut édicter des règles communes, mais le magistrat doit pouvoir s'appuyer sur des cas concrets résolus en un certain sens : la jurisprudence compte autant que les préceptes législatifs.

1348

Un pharaon réforme la religion

LE TEMPS D'AKHENATON

Au milieu du XIVe siècle avant notre ère, un souverain égyptien change le lieu de sa résidence : il fonde une nouvelle capitale, la place sous la protection d'un dieu qu'il déclare unique, c'est-à-dire excluant toutes les autres divinités que le pays a coutume d'adorer. Le dieu qui bénéficie d'une telle faveur ? C'est Aton. Et le pharaon qui l'adore est Aménophis IV, qui prend le nom d'Akhenaton.

La révolution religieuse d'Aménophis IV commence à Thèbes, la capitale religieuse et administrative du Nouvel Empire, située dans le sud du pays. Là, le pharaon monte sur le trône vers 1353, lorsque son père Aménophis III disparaît, après 38 ans de règne. À cette époque, très vraisemblablement, Aménophis IV a déjà épousé une certaine Néfertiti, une femme d'origine inconnue, dont le nom signifie, « La Belle est venue ». Peut-être faut-il la considérer comme une fille d'Ay, un courtisan promis aux plus hautes destinées.

Les débuts du règne

Les toutes premières années du règne se passent sans bouleversement religieux : le nouveau pharaon ne remet pas en cause l'existence du panthéon égyptien, il laisse se dérouler normalement le culte du principal de ses dieux, Amon, dieu de la dynastie et de l'Empire, riche de temples magnifiques (Karnak), d'un clergé nombreux et d'extraordinaires richesses. Mais, alors même que son nom signifie « Amon est satisfait », Aménophis IV adore, dès cette époque, une nouvelle divinité : Aton, le Disque solaire, qui prend la forme d'un très vieux dieu solaire figuré comme un homme à tête de faucon, Rê-Horakhti.

La révolution religieuse

Très vite, le culte de cette nouvelle divinité connaît d'autres développements. Vers l'an 2 ou 3 de son règne, Aménophis IV fait élever des temples à Aton, à l'est de Karnak. Ils diffèrent radicalement des monuments bâtis jusque-là pour les dieux, qui s'enveloppaient d'obscurité et de mystère en cachant leurs statues au plus profond des sanctuaires. Ici, c'est le contraire. Pour Aton, dieu de la Lumière qui donne la vie à tous les êtres, les temples sont à ciel ouvert. Ils sont inondés par les rayons bienfaisants du Disque solaire, qui se nourrit directement des

Ébauche de bas-relief montrant une princesse en train de manger un canard (stèle provenant du Musée égyptien du Caire).

Aménophis IV-Akhenaton, son épouse Néfertiti et les petites princesses adorent Aton, le Disque solaire aux rayons prolongés par des mains (stèle du Musée égyptien du Caire).

L'Égypte au temps d'Akhenaton

Bien des événements se sont produits depuis l'époque des pyramides. **L'Ancien Empire** (2660-2180) a sombré dans une période de troubles : la Première Période intermédiaire (2180-2040).

Lui a succédé **le Moyen Empire** (2040-1780), terminé par une Deuxième Période intermédiaire (1780-1540) plus catastrophique que la précédente car elle voit pour la première fois l'Égypte envahie par des étrangers : les Hyksos, des Asiatiques dont l'origine exacte est inconnue.

Enfin, les princes de Thèbes ont libéré le pays : ils ont fondé **le Nouvel Empire** (1540-1070), dont ils ont fixé la capitale dans leur ville d'origine, qui était d'ailleurs aussi capitale au Moyen Empire.

L'Égypte d'Akhenaton connaît donc son **apogée** : le pharaon appartient à la XVIIIe dynastie (1540-1295), il règne sur un État qui étend son influence jusqu'en Syrie et en Palestine, et où les moeurs de l'élite et les arts sont parvenus à un extraordinaire degré de raffinement.

Buste connu sous le nom de « Tête d'Akhenaton » (fragment de pilier du Musée égyptien du Caire).

offrandes disposées sur des centaines d'autels et ils ne renferment plus de statues divines. Finis aussi les échanges verbaux traduits par des hiéroglyphes, entre le pharaon et les dieux dans les scènes qui ornent les parois des temples : car Aton est muet.
Aton s'écarte également des autres divinités par sa représentation : celle-ci, d'humaine et animale (homme à tête de faucon), comme celle des autres dieux, devient progressivement abstraite. Elle montre un disque solaire avec des rayons terminés par des mains. Enfin, les noms d'Aton sont désormais entourés de cartouches comme les noms royaux. À Aton, la royauté céleste ; à Aménophis IV, la royauté terrestre. Au même moment, l'image du roi, son corps, son visage sont exagérément déformés. Cette innovation artistique traduit une conception théologique et non, comme on l'a souvent cru, une maladie. Au centre de la nouvelle religion se trouvent le pharaon Aménophis IV et la famille royale, c'est-à-dire Néfertiti et ses filles. C'est à eux que revient le rôle d'intermédiaires entre Aton et les hommes.

Akhetaton ou l'Horizon du Disque

Vers l'an 5 du règne, Thèbes et Karnak ne répondent plus aux exigences religieuses d'Aménophis IV. Le roi décide donc de fonder une nouvelle capitale sur un emplacement que lui a révélé Aton, à 300 km au nord de Thèbes. C'est Akhetaton, « L'Horizon du Disque », connu aujourd'hui sous le nom d'Amarna. À la même époque, le roi prend le nom d'Akhenaton : « Celui qui est agréable à Aton ». La rupture avec Amon et son clergé est consommée. Mais rien ne permet d'affirmer, comme on l'a fait parfois, qu'elle s'est produite dans la violence.
Un an plus tard, en l'an 6, le roi s'installe à Amarna avec sa famille et l'équipe d'hommes qui l'a aidé à mener à bien sa réforme. À Amarna, il affirme progressivement le caractère monothéiste de sa religion. Déjà, les dieux des morts, Osiris et Sokar, ont disparu. Vers l'an 9, les noms d'Aton sont purgés de tous les éléments se référant à d'autres divinités. Le pluriel du mot dieu est supprimé. Enfin, un très bel hymne à Aton déclare qu'il est le seul dieu. Peut-être est-ce à ce moment que les temples de tous les autres dieux sont fermés et les noms et images d'Amon effacés.

La fin d'Amarna

Les dernières années du règne d'Akhenaton sont marquées par la mort de la reine Néfertiti, vers l'an 13 ou 14, et par celle, probablement, de Kiya, son épouse secondaire : Méritaton et Ankhésenpaaton, deux des filles de Néfertiti, épousent leur père. Mais aucune de ces femmes ne donne d'héritier mâle à Akhenaton. Aussi, lorsque le prophète d'Aton s'éteint après 17 ans de règne, c'est le jeune Toutankhamon, peut-être un de ses neveux ou cousins, qui lui succède. Il ne tarde guère à quitter Amarna et à restaurer le culte des dieux. Cela s'opère sans aucune difficulté, car la réforme d'Akhenaton n'a pas atteint l'Égypte en profondeur : Aton et son prophète sont bientôt oubliés.

Buste de Néfertiti, trouvé dans les fouilles de Tel al-Amarna (Berlin, musée de Dalhem).

L'impossible monothéisme antique

Le monothéisme juif. Dès avant la réforme d'Aménophis IV, au XIXe siècle avant notre ère, le peuple juif, avec Abraham, a affirmé sa croyance en un Dieu unique appelé Yahvé. Cette affirmation ne va pas sans renoncements et retours fréquents au culte des idoles : l'épisode de l'adoration du veau d'or, dans la Bible, en est une preuve. Ce n'est guère qu'à partir de la réinstallation des Juifs en Palestine, après le retour de l'Exil à Babylone, vers 540 avant notre ère, que le monothéisme judaïque s'affirme clairement, et désormais sans repentirs. Mais son caractère national et ses pratiques rituelles très contraignantes l'empêchent de connaître un développement important en dehors du peuple juif, d'autant que l'impérialisme de Yahvé, Dieu unique qui implique que les autres divinités n'existent pas, ne peut évidemment être toléré par les Romains, bientôt maîtres de la Judée.

Le monothéisme chrétien. À partir de 30 de notre ère, l'enseignement de Jésus-Christ fait naître le monothéisme chrétien. Après, ce monothéisme se différencie avec évidence du judaïsme et devient prosélyte. Mais, parce qu'il affirme à son tour qu'il n'existe qu'un Dieu et que ce Dieu ne souffre d'autre culte que le sien, le christianisme est combattu par les Romains : la première persécution a lieu sous Néron, qui accuse les sectateurs du Christ d'avoir mis le feu à Rome (64). D'autres persécutions ont lieu, pendant tout le IIIe et au début du IVe siècle. La conversion de l'empereur Dioclétien au christianisme, entre 311 et 334, marque la fin de cette période de lutte contre une Église en pleine expansion et, lorsque la religion de Jésus devient la religion officielle de l'Empire romain, en 381, la réconciliation entre le monothéisme et les intérêts de l'État est consommée.

La Grèce des seigneurs guerriers

LES MYCÉNIENS

À l'aube du XVIe siècle, la péninsule balkanique change de physionomie : Mycènes devient le centre d'une civilisation guerrière et bientôt surgissent, en Grèce centrale et méridionale, d'autres foyers importants. Alors commence et se poursuit, pendant quatre siècles, la civilisation mycénienne.

Deux cercles de tombes, vers 1600 et vers 1500 avant notre ère, témoignent de la prospérité et de l'originalité de la culture de Mycènes. Trois traits retiennent l'attention : d'abord, la signification sacrée de ces cercles tracés délibérément par l'homme ; ensuite, l'abondance, le luxe et l'aspect en partie militaire du mobilier funéraire ; enfin, la volonté de perpétuer là le souvenir du pouvoir et de l'autorité.

De très précieux trésors

Les trésors que contiennent les tombes consistent en objets travaillés dans les matériaux précieux traditionnels (or et ivoire), œuvres de facture délicate et presque féminine ; et ils recèlent aussi quantité d'épées et d'objets de bronze propres aux guerriers. L'ensemble atteste que les occupants de ces tombes spécialement aménagées dominent une structure socio-politique très différente de celle que la Grèce a connue auparavant. Il est tentant de relier cette nouvelle organisation à l'introduction du char de guerre, arme de l'élite, et de l'épée longue, instruments représentés en nombre sur les stèles et dans les inventaires des tablettes écrites. Ces apports et l'abondance n'expliquent pas toutefois les raisons de cette ascension soudaine et de cet accroissement de richesses. Les tombes et leur contenu indiquent une progression continue de l'habileté technique et artistique ainsi que la formation de « dynasties » en Grèce centrale et dans le Péloponnèse au XVe siècle. Les rois, en effet, sont alors enterrés dans un type de tombe inconnu jusque-là et auquel leurs sujets n'ont pas droit : la tombe dite à *tholos* ou « en ruche », une excavation à flanc de montagne à laquelle on accède par un couloir, obstrué de terre après l'inhumation. De grandioses richesses les accompagnent : le « tholos d'Atrée », à Mycènes, en est le plus parfait

La guerre de Troie a-t-elle eu lieu ?

Dans toute la tradition ancienne, la guerre de Troie sert d'événement de référence pour situer dans le temps les actions restées dans la mémoire des hommes. L'Iliade *évoque la fin de l'expédition menée par Agamemnon et les « rois » achéens contre cette citadelle du nord-ouest de l'Asie Mineure.*

Or, d'après les fouilles, la Troie contemporaine de l'apogée mycénien apparaît comme une bourgade sans rapport avec la glorieuse cité de Priam, censée résister aux Grecs pendant dix ans ; surtout, sa destruction est postérieure de quelques décennies à celle des palais mycéniens. On ne peut donc concevoir le déroulement de la guerre mise en scène par Homère vers 1200. Doit-on alors conclure à sa non-existence ? On ne peut écarter l'hypothèse d'un coup de main d'Achéens fuyant la Grèce, magnifié plus tard par l'imagination épique, en mêlant des mythes hérités d'un lointain passé à des réalités plus récentes, à la manière de l'escarmouche de Roncevaux dans la Chanson de Roland.

Le monde égéen avant Mycènes

Vers 2200-2100, **un mouvement de grandes destructions** affecte la Grèce, Troie et d'autres sites d'Anatolie, témoignant de l'apparition dans le monde égéen d'immigrants aux parlers indo-européens.

L'arrivée de ces nouveaux venus – **les « Grecs »** provoque l'apparition d'une nouvelle culture, qui mêle des éléments locaux anciens et les apports des nouveaux immigrants.

Cette civilisation nous échappe jusqu'à ce qu'éclatent, vers 1600, la puissance et l'opulence de Mycènes.

exemple, et on y a retrouvé un fabuleux trésor. À côté de cette tombe se trouvent d'autres tombes, réservées aux familles de l'élite : elles sont construites différemment et le mobilier funéraire y est moins riche.

Au même moment, les dépôts de céramique dite « mycénienne » se retrouvent dans toute une partie du bassin méditerranéen : en Sicile et en Italie du Sud, à Rhodes, à Chypre, à Milet. De la sorte se trouve attestée une expansion économique très large et l'existence d'un commerce développé, en particulier pour l'ambre, l'ivoire et les métaux précieux ; des objets mycéniens sont disséminés jusqu'en Europe centrale et au sud de l'Angleterre dès 1400. On ignore le fonctionnement de cette activité de relations ; les Mycéniens ont sans doute créé des comptoirs, mais cela n'implique nullement une colonisation ou une conquête.

Les palais fortifiés : une aristocratie guerrière

Les quelque 400 sites mycéniens exhumés révèlent donc une société hiérarchisée et stratifiée, régie par une classe de guerriers sous le commandement de « rois ».

Ces rois et ces nobles, après avoir affirmé leur puissance dans leurs tombeaux, élèvent à partir du XIVe siècle des palais à Tirynthe, Pylos, Mycènes, Athènes et Thèbes, qui font ressembler ces villes à des cités fortifiées médiévales. Le noyau de ces constructions, le *mégaron*, est composé de trois éléments : le porche extérieur, l'antichambre et la grande salle avec ses quatre colonnes soutenant le toit autour du foyer central ; cette demeure du roi préfigure le plan du temple grec, maison du dieu. Tout autour s'ordonnent chambres, bureaux et magasins pour les réserves de vivres.

L'accent mis sur les enceintes obéit à des impératifs politiques que les tablettes retrouvées dans les ruines des palais ne dévoilent pas, puisqu'elles se limitent à des séries d'inventaires indiquant le contrôle exercé par le palais et ses fonctionnaires spécialisés sur la communauté de paysans et d'artisans et sur la région avoisinante. Mais l'analyse des « documents » mycéniens montre en revanche une Grèce divisée en minuscules États bureaucratiques indépendants, caractérisés par une aristocratie de guerriers, un artisanat de haut niveau, un commerce extérieur étendu portant sur des articles de première nécessité – les métaux – et des objets de luxe. Ces principautés vivent sous le régime d'une neutralité armée dans leurs rapports entre elles et parfois vis-à-vis de leurs sujets. Rien n'autorise à affirmer une autorité prépondérante de Mycènes en dehors de l'Argolide ni la mise en place d'un pouvoir centralisé à la façon de l'Empire assyrien.

Vers la fin du XIIIe siècle, cette civilisation puissante et riche s'effondre brutalement : la destruction des palais en est la preuve. Avec eux sombrent la structure sociale pyramidale dont ils étaient l'expression et le linéaire B, l'écriture mycénienne, qui répondait exclusivement à leurs besoins administratifs. Les mouvements des « Peuples de la Mer », coalition hétérogène de groupes originaires d'Europe centrale, qui affectent alors le Proche-Orient, ne sont pas étrangers à cette décadence brutale. En Grèce, ils conduisent, au cours du XIIe siècle, à un repli des communautés sur elles-mêmes et signent la fin de l'âge du bronze.

→ **Voir aussi :** p. 40-41 (*l'Iliade* et *l'Odyssée*).

La chambre circulaire enterrée dite « tombe d'Agamemnon » ou « Tholos d'Atrée ».

Masque en or dit « d'Agamemnon », provenant de la tombe V du premier cercle.

Mycènes : la montée à l'acropole et le premier cercle royal des tombes.

Les grandes périodes de l'histoire grecque

Par convention, l'histoire des Grecs avant notre ère est divisée selon des critères fondés sur la céramique pour les périodes les plus reculées et la sculpture pour les suivantes, les dates restant approximatives jusqu'à l'époque archaïque.

L'âge du bronze (3000-1200). Ses dates et ses subdivisions varient selon les lieux, se prolongeant jusqu'en 1200 en Grèce (fin de la civilisation mycénienne), jusque vers 1400 en Crète (fin de la civilisation minoenne), jusque vers 1100 à Chypre (fondation de Salamine), jusqu'en 1200 à Troie (désertion du site).

L'époque archaïque (800/750-500). Elle succède à une période de transition troublée et mal connue (les « siècles obscurs », de 1200 à 800), et s'étend de la stabilisation de la géographie politique du monde grec aux guerres médiques. L'instauration des jeux Olympiques, en 776, fixe le terme de départ des calendriers. Cette période voit l'affirmation de la cité-État, la colonisation du pourtour du bassin méditerranéen, la réforme du mode de combat et une évolution des structures sociales et politiques, avec le recours à des « législateurs » et l'établissement de « tyrannies ».

L'époque classique (V^e - IVe siècle). C'est le temps où les cités indépendantes élaborent, à Athènes en particulier, les plus grandes réalisations de la civilisation grecque.

L'ère hellénistique (336-31). Elle s'ouvre avec Alexandre, et s'achève avec la conquête romaine de la Méditerranée orientale et la chute de la monarchie grecque d'Égypte ptolémaïque. La civilisation se déplace vers de nouveaux foyers, Alexandrie et Antioche, et elle s'épanouit au sein de grandes monarchies où les villes cosmopolites assurent l'hellénisation de tout l'Orient.

Ramsès II affronte les Hittites

LA BATAILLE DE QADESH

Le Nouvel Empire correspond à une période d'expansion de l'Égypte, vers des terres situées vers l'amont du Nil ou au Proche-Orient. Mais, depuis l'annexion de la Syrie-Palestine, au XVe siècle avant notre ère, la situation internationale a bien changé. Une nouvelle puissance s'est affirmée dans la région : le Hatti ou Empire hittite, dont le berceau est en Anatolie. Après avoir balayé le royaume de Mittani, à l'est de l'Euphrate, le Hatti a pris position dans les protectorats égyptiens de Syrie, rendant inévitable un affrontement entre les deux empires. C'est sous Ramsès II (1279-1213) qu'il se produit.

Lorsqu'il monte sur le trône d'Égypte, Ramsès II, bouillant jeune homme de vingt-cinq ans, est en effet décidé à récupérer les territoires cédés aux Hittites. En 1275, quatre ans après le début de son règne, il reprend l'Amourrou, État situé sur la côte de la Phénicie. De retour en Égypte, il prépare une autre campagne pour s'emparer de la ville fortifiée de Qadesh, qui occupe une position stratégique très importante. Point de passage entre la Palestine et la Syrie d'une part, entre l'Euphrate et la Méditerranée d'autre part, Qadesh assure à celui qui la possède, non seulement la maîtrise de l'Amourrou, mais aussi celle de toute la Syrie. Il s'agit donc pour Ramsès d'arracher la citadelle aux Hittites. Mais il se doute bien qu'ils ne se laisseront pas déposséder sans réagir.

La préparation de la bataille

Pour faire face à son adversaire, le roi hittite Mouwatalli, Ramsès réunit une formidable armée : quatre divisions de 5 000 hommes, placées chacune sous la protection d'un dieu : Amon, Rê, Ptah ou Seth. Chaque division comprend infanterie et charrerie. À cela s'ajoutent le corps d'élite des soldats, appelés Naârin, et la garde royale, formée d'intrépides guerriers et de mercenaires shardanes. Au printemps de 1274, Ramsès II et ses troupes quittent la capitale Pi-Ramsès et prennent la direction de Qadesh. Il faut trente jours de marche soutenue à travers le désert et la Palestine pour y parvenir. L'avant-garde des Naârin et la division d'Amon, conduite par le roi en personne, sont les premières sur les lieux. Elles sont suivies de près par la division de Rê. Celles de Ptah et de Seth sont encore loin de la ville.

Le piège se referme

Qadesh, aujourd'hui Tell Nebi Mend, s'élève alors sur une île, baignée par l'Oronte et l'un de ses affluents. Alors que Ramsès II franchit l'Oronte, au sud de la cité, il rencontre deux

L'une des principales constructions de Ramsès II : le temple d'Amon à Karnak, aux ruines encore prestigieuses.

Ramsès II sur son char, à la bataille de Qadesh (détail d'un bas-relief du temple d'Amon à Karnak).

Bédouins qui lui annoncent que Mouwatalli est à 200 km au nord de Qadesh. Abandonnant toute prudence, le roi se hâte d'installer son camp au nord-ouest de la citadelle et décide d'en commencer le siège le jour même. Mais l'enthousiame de Ramsès II est de courte durée. Deux espions hittites, capturés près du camp égyptien et copieusement battus, révèlent tout : Mouwatalli est caché derrière Qadesh avec 3 500 chars et 37 000 fantassins, s'il faut en croire les sources égyptiennes. Dix-huit princes vassaux l'on rejoint. C'est l'une des plus importantes coalitions jamais réunies. Ramsès II comprend qu'il est tombé dans le piège du rusé Mouwatalli et que les Bédouins étaient à sa solde. Du même coup, il réalise que l'attaque hittite ne saurait plus tarder. Aussitôt, il dépêche des messagers pour accélérer la marche de son armée, dangeureusement dispersée.

Mais, déjà, la division de Rê a succombé sous les vagues de chars hittites qui traversent l'Oronte par milliers. Maintenant, les chars ennemis reprennent leur course vers le camp de Ramsès. C'est la panique ! Les soldats de la division d'Amon, avertis par les rares rescapés du sort de la division de Rê, s'enfuient dans tous les sens. Seule, la garde royale est fidèle au poste et se bat avec le même acharnement que le roi.

Le temps des constructeurs

Après la brève crise religieuse du règne d'Aménophis IV, les Égyptiens restaurent les anciens temples et construisent de nouveaux édifices pour les dieux.

Sous Ramsès II, qui règne pendant 66 ans, l'Égypte, prospère et en paix après les dix premières années, connaît **une véritable fièvre constructrice.** Du nord de l'Égypte à la Nubie, Ramsès II multiplie les monuments, devenant ainsi l'un des plus grands constructeurs de son pays. Il bâtit à **Abou-Simbel, Louqsor, Karnak, Abydos,** à Hermopolis aussi, ville proche d'Amarna où il détruit les temples et réutilise les pierres, à Pi-Ramsès, la capitale située dans le Delta oriental...

Si l'on tient compte également des monuments usurpés, sur lesquels le roi inscrit son nom à la place de ceux du propriétaire, les traces de Ramsès II se rencontrent partout, des sites les plus prestigieux aux plus humbles.

Impressionnante, la momie du grand pharaon, restaurée à Paris en 1976 (Musée égyptien du Caire).

Ni vainqueur ni vaincu

C'est alors que les Naârin, qui bivouaquaient à quelque distance du camp, lancent une charge héroïque. Les Hittites, qui croyaient déjà tenir la victoire, sont surpris tandis qu'ils commencent à piller le camp. À leur tour, les voici en difficulté. Mouwatalli, qui ne prend pas directement part à la bataille, voit ses hommes refluer vers l'Oronte et envoie des renforts. Trop tard. L'avantage est maintenant du côté égyptien. Ramsès II est sorti du piège et a évité la catastrophe, mais ses pertes en hommes sont très lourdes.

Le lendemain, la bataille reprend brièvement. Mais l'armée égyptienne, rejointe par la division de Ptah, et l'armée hittite sont de force égale. Aussi Mouwatalli propose-t-il d'arrêter les combats. Ramsès ne peut qu'accepter. Il renonce à Qadesh et abandonne du coup la région de l'Amourrou, qu'il ne peut contrôler sans la citadelle.

Ramsès II, maître des peuples qu'il a soumis par la force (stèle du Musée égyptien du Caire).

Une longue période de paix

Une quinzaine d'années après Qadesh, le besoin de se protéger d'une Assyrie de plus en plus menaçante, sans craindre les attaques égyptiennes en Syrie, pousse le successeur de Mouwatalli, Hattousili II à rechercher la paix avec Ramsès II. En 1258, un traité de paix, complété par une alliance défensive, est signé entre les deux empires.

La bataille de Qadesh, après avoir permis aux Hittites et aux Égyptiens de mesurer leurs forces, engendre ainsi, finalement, une longue période de paix et d'équilibre en Égypte et au Proche-Orient.

L'Empire égyptien : grandeur et décadence

La construction de l'Empire. Entre 1494 et 1425, Thoutmosis Ier et Thoutmosis III bâtissent un vaste empire en annexant cités et petits États du Proche-Orient, au nord, et en étendant leur autorité sur la Nubie et le pays de Kouch, au sud. Le maintien de la domination égyptienne en Syrie-Palestine s'accompagne de luttes incessantes, d'abord contre le royaume de Mittani, au-delà de l'Euphrate, puis contre l'Empire hittite qui, depuis l'Anatolie, veut aussi s'étendre vers l'est.

Le déclin et la subordination. Dans les quatre siècles qui suivent la conquête, l'Égypte perd la plus grande partie de ses possessions et entre dans une période de décadence qui la laisse sans défense contre les dominations et invasions étrangères. Successivement, les Libyens (945-722), les Kouchites, originaires de l'actuel Soudan (713-664), les Perses (525-404 et 343-332), les Grecs (332 - Alexandre ; puis 323-30 av. notre ère - les Ptolémées) et enfin les Romains gouvernent le pays.

Les Hébreux en Terre promise

LA PRISE DE JÉRICHO

À la fin du XIIIe siècle avant notre ère, des bandes d'Hébreux nomades entament une longue remontée, depuis l'Égypte où elles sont arrivées près de cinq siècles auparavant, jusqu'en Palestine. Vers 1220, ces bandes passent le Jourdain, et prennent Jéricho. La Bible attribue la victoire à un miracle divin ; elle marque en tout cas le début de la conquête de ce qui est, pour les Juifs, la Terre promise.

La région où se situe Jéricho est fertile, comme en témoigne, exagérément, la Bible : « un heureux pays, pays de torrents et de sources, d'eaux qui sourdent de l'abîme dans les vallées comme dans les montagnes, pays de froment et d'orge, de vigne, de figuiers et de grenadiers, pays d'oliviers, d'huile et de miel » *(Deutéronome)* : un vrai paradis ! Dense carrefour d'échanges, elle constitue aussi une position stratégique essentielle. Aussi, depuis que les Cananéens s'y sont installés, vers la fin du IIIe millénaire, le pays a connu plusieurs fois la domination étrangère. Vers 1220, les envahisseurs sont au nombre de deux : les Hébreux, à l'est (« les gens venus d'au-delà du fleuve ») ; et les Philistins, à l'ouest – ceux qui donneront à la région son nom : Palestine.

Une histoire, mais sainte

« Mon père était un Araméen errant qui descendit en Égypte... Les Égyptiens nous maltraitèrent... et Yahvé nous fit sortir d'Égypte... Il nous a conduits ici et nous a donné ce pays. » Telles sont les paroles que l'on trouve dans la Bible, à propos de la très ancienne histoire des Hébreux.

Car l'ensemble juif d'écrits que nous appelons « Bible », d'après des mots grecs signifiant « les livres » *(ta biblia)*, constitue la principale source écrite pour la connaissance des Hébreux. Certes, cette « histoire » est une « histoire sainte » ; les Juifs la considèrent comme l'émanation directe de la Parole divine, et elle rapporte, à leurs yeux, le dessein de Dieu pour le peuple qu'Il a élu – le peuple juif, autre nom donné aux Hébreux, après l'Exil à Babylone. L'historien doit départager, dans le récit biblique, les données objectives de celles qui le sont moins. Il doit de même repérer à quelle époque ont été écrits les textes et quelles influences d'ordre politique ou religieux s'y manifestent. L'archéologie y aide.

L'errance avant la Terre promise

Les sources non bibliques confirment le déplacement des Patriarches, ces ancêtres dont parle la *Genèse*. Depuis Our, sur le bas Euphrate, entre le XIXe et le XVIIe siècle avant notre ère, des nomades hébreux pénètrent en Canaan et y mènent une vie d'errance, tout en s'imprégnant de la culture locale : la trace du grand dieu cananéen, El, se retrouve dans le nom d'Israël, qui signifie « Que El se montre fort ». « Les Cananéens étaient alors dans le pays. Yahvé apparut à Abraham et dit : C'est à ta postérité que je donnerai ce pays » (Bible, *Genèse*).

Attirés par la richesse de l'Égypte, certains clans poussent cependant jusque dans cet État : la descendance de Jacob, selon la Bible. Là, le système centralisateur des pharaons les pousse à se fixer : ils deviennent sédentaires. Vers le XIIIe siècle, une partie ou la totalité des tribus israélites d'Égypte remonte vers Canaan. Le livre de l'*Exode* décrit un merveilleux périple de quarante ans dans le désert, sous la conduite de l'envoyé de Dieu, Moïse : celui à qui Dieu apparaît sur le Sinaï, lui révélant son nom, YHWH (Yahvé), et lui donnant ses lois (le Décalogue).

Plus prosaïquement, les Israélites qui arrivent en vue de Jéricho, vers 1220, semblent organisés sommairement autour de la croyance en un Dieu unique et qu'ils vont imposer comme exclusif, et autour de règles commer-

Le Moyen-Orient vers 1220

Tandis que, aux limites occidentales de l'Asie, la guerre de Troie ne va pas tarder à commencer (selon la datation traditionnelle), trois entités se disputent le Moyen-Orient : **le Nouvel Empire égyptien,** qui, depuis trois siècles, étend sa domination bien au-delà de la mer Rouge ; **l'Empire hittite,** sur le déclin ; et une force nouvelle, en Mésopotamie : **le premier Empire assyrien** qui occupe Babylone.

Enfin, deux nouveaux venus apparaissent, en Canaan, c'est-à-dire du littoral de la Méditerranée au Jourdain : **les Philistins et les Hébreux.**

Moïse recevant les tables de la Loi.

ciales qui, sacralisées, constitueront des commandements obligatoires.

Et les murailles tombèrent

Animé du même « souffle divin » que l'*Exode,* le livre de *Josué,* du nom du successeur de Moïse, qui entraîne derrière lui son peuple, fait de la conquête de Canaan le résultat d'une irrésistible progression des tribus juives. Le récit de la prise de Jéricho en est le plus formidable exemple.

La ville, sur la rive droite du Jourdain, est la plus ancienne cité du monde, et des murailles infranchissables l'entourent. Avant le siège, Josué dépêche deux espions pour se rendre compte de la situation : ils manquent être arrêtés, sont sauvés par une prostituée cananéenne qui préfère collaborer... Cet acte encourage les assaillants, qui passent le Jourdain ; au lendemain de la Pâque juive, les ennemis sont en présence : « Jéricho était fermée et barricadée devant les enfants d'Israël. Personne ne sortait, et personne n'entrait », dit Josué.

C'est alors que Yahvé intervient. Il promet « Le septième jour... lorsque la corne de bélier retentira... le mur de la ville s'effondrera. » Pendant six jours, une fois par jour, les Hébreux font le tour des murailles, suivant l'arche qui signifie l'alliance avec Dieu, et sept sacrificateurs portant des trompettes. Le septième jour, le cortège fait, rituellement sept fois le circuit ; les sacrificateurs sonnent de leurs trompettes. Au septième tour, le peuple pousse des cris, en même temps que retentissent les trompettes... Les murailles s'écroulent, Jéricho tombe aux mains des Hébreux, qui la pillent et la brûlent.

La prise de Jéricho (mosaïque du Ve siècle à Rome). L'image se lit du bas (arche) vers le haut (effondrement des murs)

La prise de Jéricho. Représentation fantaisiste dans un manuscrit de la fin du Moyen Âge (miniature de Jean Fouquet).

La réalité d'une lente conquête

La réalité historique est plutôt celle d'une lente colonisation face aux Cananéens et aux autres envahisseurs, philistins, mieux défendus par le fer, le bronze et les chars de combat. Les vestiges archéologiques suggèrent une infiltration, plus ou moins violente, avec sédentarisation et interpénétration avec les Cananéens.

« Monte à la région boisée et défriche pour ton compte la forêt » : cette phrase de Josué évoque les deux siècles qui suivent la conquête, la période dite « des Juges ». Alors, les semi-nomades hébreux s'installent, d'abord sur les hauteurs désertes puis dans les plaines, guerroient aussi avec les Philistins au bronze terrifiant – c'est l'épisode de Goliath, le géant terrassé miraculeusement par le jeune David. L'enracinement s'accompagne d'une assimilation des grands dieux locaux (les « Baal ») ; mais la foi yahviste est déjà assez forte pour que la royauté, créée avec Saül à la fin du XIe siècle pour faire échec aux Philistins, installe durablement une capitale à Jérusalem (David) et un lieu pour la présence de Dieu (le Temple de Salomon).

Comment les Juifs lisaient leur histoire

La partie de la Bible que les chrétiens appellent Ancien Testament raconte l'histoire des Juifs, d'une manière qui se prête à une lecture soit religieuse, soit scientifique.

Le récit de l'« Alliance ». Les livres de l'Ancien Testament déroulent en fait « une » histoire : celle de l'alliance de Yahvé avec Son peuple et de leur amour riche de péripéties. Il s'agit d'une histoire forcément religieuse : pour les rédacteurs des textes, les bonheurs et les victoires d'Israël sont la récompense de la fidélité des Juifs à Yahvé et à Ses commandements. À l'inverse, les catastrophes historiques d'Israël sont les châtiments infligés par un Dieu jaloux à un peuple oublieux, négligent. C'est pourquoi les lamentations consécutives aux désastres vécus (le schisme des royaumes de Juda et d'Israël, les destructions des deux Temples, l'asservissement à des maîtres païens, la dispersion) insistent sur l'indignité du peuple et le retour vers Dieu.

Les conséquences historiques. Cette lecture religieuse de l'histoire a deux effets majeurs. L'un touche à la religion juive : à partir de l'Exil à Babylone (587 av. notre ère), les Prophètes chantent la qualité du cœur du croyant et contribuent à la spiritualisation du culte. L'autre est davantage politique : la conviction qu'ont les Juifs que Yahvé intervient dans l'histoire ressuscite, à partir du IIe siècle av. notre ère, l'attente d'un Messie ou envoyé de Dieu qui mènera le peuple juif à la domination promise ; elle inspire en large partie les révoltes des derniers temps de l'État juif antique, au Ier et au IIe siècle de notre ère.

753

Des jumeaux allaités par une louve

LA NAISSANCE DE ROME

Un auteur latin classique ne peut imaginer que la naissance de Rome, impératrice du monde, n'ait été marquée du sceau de l'extraordinaire. La tradition littéraire a diffusé une légende des origines de Rome, utilisée par la progagande des empereurs. Aujourd'hui, les recherches archéologiques et historiques tâchent de faire la part du mythe et de l'histoire.

« Mais voici... Romulus, le fils de Mars... C'est sous ses auspices, mon enfant, que cette illustre Rome égalera son Empire à l'univers, sa grande âme à l'Olympe et d'un seul rempart enfermera sept collines » : ainsi Virgile, dans son poème *l'Énéide,* fait-il parler le chef troyen Anchise, aux Enfers, lorsqu'il annonce à son fils Énée l'histoire de la ville qui naîtra de sa lignée.

De Troie à Rome

Car les Romains ne doutent pas de leur origine troyenne. De Troie, incendiée par les Grecs vainqueurs en 1184 avant notre ère, si l'on en croit la datation traditionnelle, s'échappa « le pieux Énée », fils d'Anchise et de la déesse Vénus, sauvant avec lui son fils Iule ou Ascagne, son père et les dieux protecteurs (Pénates) de sa cité. Après une longue errance méditerranéenne, Énée fait souche en Italie, dans le Latium, la région de la future Rome, épousant Lavinia, fille du roi local Latinus. Son fils Ascagne fonde une nouvelle cité au pied des monts Albains : Albe la Longue. Pendant trois siècles, Albe connaît douze rois. Le dernier est chassé par son frère qui, pour tarir la branche légitime, fait de sa nièce Rhea Silvia une vestale, prêtresse astreinte à la chasteté.

« Mais le destin exigeait sans doute la fondation de la grande ville et l'avènement de la plus grande puissance du monde après celle des dieux » (Tite-Live). Le dieu de la Guerre, Mars, s'unit à la vestale. De leur commerce naissent des jumeaux, que l'oncle félon fait placer dans un berceau qui dérive sur le Tibre. Miraculeusement, les eaux du fleuve s'abaissent ; au pied du Palatin, une louve, attirée par les cris des nourrissons, vient les allaiter ; un berger les recueille finalement.

La dispute pour la fondation

Devenus adultes, Romulus et Remus – ainsi se nomment les jumeaux – sont mis au courant du secret de leur naissance. Ils retournent à Albe, chassent du trône l'usurpateur et rétablissent leur grand-père. Puis ils s'en vont fonder, en 753 selon la tradition, une nouvelle cité sur le lieu de leur enfance merveilleuse. Comme ils se disputent l'honneur de cette fondation, ils confient aux dieux le soin de les départager : montés chacun sur une colline, Romulus sur le Palatin et Remus sur l'Aventin, ils y prennent les auspices, c'est-à-dire observent la disposition divine exprimée par le vol des oiseaux. Douze vautours donnent la victoire à Romulus. Et la légende rapporte que Remus, pour provoquer son frère, sauta par-dessus le sillon marquant la future enceinte. Romulus le tua. « Ainsi périsse à l'avenir quiconque franchira mes murailles », lui fait dire Tite-Live, auteur, au début de notre ère, d'une monumentale *Histoire de Rome.*

Une situation prometteuse

La légende relie donc l'installation sur les sept collines à une suite d'événements surnaturels, et la création de la ville à un choix divin. Un examen plus rationnel de la situation de l'*Urbs,* comme on appelle aussi Rome, montre que le choix du lieu correspond surtout à une analyse humaine judicieuse.

Le Latium est une petite plaine volcanique, alors marécageuse, et infestée de paludisme près du littoral. Mais c'est aussi un carrefour naturel au centre de la péninsule. Le Tibre, descendant de l'Apennin au nord-est vers la mer Tyrrhénienne au sud-ouest, bien que capricieux, représente un axe de pénétration précieux. Utilisé de bonne heure pour les échanges avec les populations montagnardes, il est, en particulier, le véhicule du commerce du sel, produit des marais côtiers que la nécessité de saler les viandes pour les conserver rend essentiel.

Mais le Tibre est aussi un obstacle qu'il faut traverser : le site de la future Rome est le premier point de passage possible depuis le littoral. Il « assur(e) tous les avantages de la mer et en évit(e) les inconvénients » (Cicéron), car, à une vingtaine de kilomètres du littoral, il se situe dans une zone salubre, et ses sept collines en tuf volcanique, « partout escarpées et abruptes », l'Aventin, le Palatin, le Capitole où sera construite la citadelle *(Arx),* le Quirinal, le Viminal, l'Esquilin et le Cælius, constituent un site de défense remarquable.

Le symbole mythique de Rome : la Louve allaitant les jumeaux (Rome, musée du Capitole).

Urne funéraire en forme de cabane (XIIe s. avant notre ère).

L'Italie avant Rome

Depuis le IIe millénaire, des populations indo-européennes venues d'Asie centrale sont installées dans la botte : ce sont **les Italiotes.**

Au début du premier millénaire, **la métallurgie du fer** apparaît : en Toscane, la culture villanovienne, qui incinère ses morts, se développe, en même temps que l'Italie s'ouvre au monde (commerce).

Au VIIIe siècle, l'Italie offre **une mosaïque de peuples,** plus ou moins fixés. Au nord, les Étrusques commencent leur expansion. Dans le centre et dans l'ouest, les Latins occupent une plaine baignée par le Tibre : le Latium. Plus à l'est, la chaîne apennine est peuplée de divers groupes de pasteurs nomades (populations « sabelliennes ») dont les Sabins et les Samnites sont les plus turbulents.

Le berger Faustulus rapporte à sa femme les enfants Romulus et Remus *(esquisse peinte d'Auguste Leloir, XIXe siècle).*

Du mythe à l'histoire

Les Romains eux-mêmes sont conscients du caractère merveilleux des histoires qu'ils racontent. Tite-Live, dans la préface de ses *Livres depuis la fondation de la ville,* parle de « traditions embellies par des légendes ». Depuis la fin du XIXe siècle, la critique historique a réussi à faire la part du mythe dans les origines de Rome et à comprendre la place et le fonctionnement des structures mythiques dans la pensée romaine.

Un fonds commun indo-européen. C'est l'historien français Georges Dumézil qui a mené cette analyse le plus loin. Constatant que les Romains n'ont pas créé de mythes, à la différence des Grecs, il montre comment ils ont intégré dans leur histoire nationale les grands thèmes communs aux légendes des autres peuples indo-européens – parmi lesquels les Grecs. Ces thèmes sont parfaitement repérables dans l'histoire des héros fondateurs : naissance divine, gémellité, enfants exposés, allaitement par un animal, meurtre originel, conflit entre le pie et l'impie.

Le reflet des structures sociales. Le propre des Romains est d'avoir fait entrer ces thèmes dans une histoire, c'est-à-dire de leur avoir fait subir un traitement qui les humanise et les nationalise en même temps. Ainsi se trouvent traduites, dans un développement pseudo-historique, des réalités ou des représentations juridiques, sociales, culturelles, religieuses, qui sont ailleurs justifiées par des mythes. La première triade divine, Jupiter-Mars-Quirinus, exprime une caractéristique fondamentale des sociétés anciennes : la division des individus en trois groupes, fonction magique et juridique, fonction guerrière, et fonction de fécondité et de prospérité. Le récit des premiers temps de Rome, alors que celle-ci est une monarchie, traduit de même cette partition, en plus d'une division ethnique en trois groupes : Romulus et son successeur Numa sont des Latins, organisateurs de la religion ; Tullus Hostilius est étrusque, et roi-guerrier ; Ancus Marcius est un Sabin, préoccupé de gestion économique.

Au VIIIe siècle, les premiers villages

Au-delà de la légende, des choix humains ont donc déterminé l'implantation de villages, noyaux de la future Rome. Au début du XXe siècle, les fouilles archéologiques ont commencé à mettre au jour les plus anciens vestiges. Sous le Forum, dépression étroite et humide entre les collines, une nécropole exista d'abord. Au VIIIe siècle, dans sa première période, on y plaçait les cendres des morts dans des urnes en forme de cabane. Plus tard, on y inhuma les corps dans des sarcophages de tuf : longtemps, ainsi, la population dut habiter les hauteurs, réservant les zones basses moins saines à ses morts. En effet, on a retrouvé, sur le Palatin, les restes de deux villages formés de cabanes à poteaux de bois et sol d'argile, que les vestiges de céramique permettent de dater de la seconde moitié du VIIIe siècle.

La tradition littéraire et les données archéologiques s'accordent donc pour situer dans les années 750 les premiers établissements romains. Mais, jusqu'au VIe siècle, « Rome » n'est probablement rien d'autre qu'un ensemble de villages de pasteurs répartis sur les différentes collines. C'est sous la domination étrusque que la cité naîtra véritablement : alors, le Forum assaini, d'extérieur *(foris),* deviendra centre : la Rome que nous connaissons commencera à apparaître.

750

L'Iliade et l'Odyssée, bible des Grecs

LE MONDE HOMÉRIQUE

Une tradition représente Homère, l'auteur présumé de *l'Iliade* et de *l'Odyssée,* comme un homme vieux et aveugle, errant de ville en ville et déclamant des vers. Pure légende, à propos de textes dont nous ne savons ni par qui ni comment ils furent composés, mais qui constituent le plus ancien témoignage écrit sur les premiers temps de la Grèce et, pour les Grecs anciens, une véritable encyclopédie sur leur savoir collectif, un texte essentiel récité aux fêtes solennelles et enseigné dès le plus jeune âge aux enfants.

Composées en Ionie, sur la côte occidentale de l'Asie Mineure, *l'Iliade* est rédigée vers 750 avant notre ère et *l'Odyssée* un peu plus tard, par un ou peut-être deux poètes formés à l'école des aèdes, ces bardes qui récitent ou chantent en s'accompagnant sur une lyre. Leurs histoires évoquent des temps révolus, ceux de la Grèce mycénienne, au XIVe et au XIIIe siècle, mais elles livrent un tableau des XIe-IXe siècles.

La Grèce au temps d'Homère

Les poèmes homériques naissent dans la seconde moitié du VIIIe siècle, en un temps qui est celui d'**un retour de l'écriture,** par emprunt et modification de l'alphabet phénicien, après une époque où la tradition orale a prévalu.

Les poèmes sont contemporains des deux phénomènes qui inaugurent une ère nouvelle dans l'histoire des Grecs : d'une part, la genèse et **le lent développement de la cité,** structure typique définie par un territoire où la ville (centrée sur son *agora,* lieu de réunion du peuple) et la campagne environnante forment un tout indissociable et une communauté d'hommes (les citoyens) ; d'autre part, le début de **la vaste extension de l'Hellade,** c'est-à-dire du monde grec, qui s'étendra en deux siècles des rives de la mer Noire aux abords de l'océan Atlantique.

D'une époque l'autre

Homère – appelons ainsi l'auteur ou les auteurs des poèmes – réussit en effet à masquer sa propre époque : nulle mention des établissements grecs en Asie Mineure, assez nombreux au VIIIe siècle, ni des Doriens, un peuple arrivé à la fin du IIe millénaire ; aucune distinction, non plus, qui serait anachronique, dans les dialectes ou les institutions au sein du monde hellénique.

Mais le poète connaît et comprend plus ou moins bien l'époque dont il parle : il localise les centres mycéniens et évalue correctement leur puissance relative, mais il interprète mal la structure, et donc la destination des demeures des Achéens. Il ne comprend plus l'usage du char de guerre ; le système social qu'il met en scène est bien distinct de l'organisation bureaucratique qui fut celle des Mycéniens ; les trépieds de bronze qu'il place dans le trésor d'Agamemnon ne deviennent des objets communs qu'à la période suivante ; enfin, les héros qu'il fait mourir sont incinérés, alors que les tombes mycéniennes montrent que la Grèce primitive pratique l'inhumation.

Les poèmes conservent donc des éléments matériels mycéniens – lieux, armes, comme le bouclier d'Ajax – mais rien des institutions ni de la culture ; œuvres d'un poète et non d'un historien, ils évoquent néanmoins, malgré les imprécisions et les exagérations, une société vivante.

Le monde d'Achille et d'Ulysse

Les héros d'Homère, rois et nobles, possèdent les meilleures terres, de gros troupeaux, et ils mènent une existence fastueuse de fêtes, de chasses et de jeux où les guerres locales ont leur place. Leur maison *(oikos)* constitue le centre des activités et du pouvoir, qui dépend de la richesse, de la bravoure personnelle, des liens créés par le mariage, des alliances et des serviteurs. Leur vie est réglée par un ensemble de conventions et un code d'honneur : le partage de la même table, l'échange de cadeaux, les sacrifices aux dieux, les rites funéraires appropriés. Le roi, premier entre ses pairs, exerce des fonctions de juge, de législateur et de chef de guerre ; mais il lui faut aussi lutter avec les nobles, et son pouvoir est fréquemment battu en brèche, comme l'illustre la situation à Ithaque en l'absence d'Ulysse.

Le peuple, dans les assemblées et dans les batailles, encore que le combat réel se limite à un duel entre deux champions lourdement armés, apparaît comme une masse silencieuse et indifférenciée. Certes, il existe des « esclaves », des captives dans *l'Iliade* et des domestiques dans *l'Odyssée,* mais leur sort n'est pas particulièrement misérable ; des spécialistes, les démiurges, devins, aèdes, forgerons et médecins, jouissent seuls d'un statut plus élevé et individualisé. Des hommes se livrent au commerce maritime, vital pour les importations de métaux précieux, de vêtements et d'objets de luxe, mais il s'agit d'étrangers, les Phéniciens. L'anonymat du peuple obéit à la volonté du poète de se concentrer sur les héros et leurs actions, mais reflète sans doute aussi le flou des catégories, notamment libres et non-libres ; seule se dégage la ligne de partage entre les nobles et les non-nobles, qui révèle une structure sociale dominée par une caste se reconnaissant dans un système de valeurs commun.

Les valeurs homériques

La morale héroïque définit une aristocratie de guerriers pour qui les vertus manifestées au combat permettent d'acquérir la gloire qui les

Homère chantant ses vers *(tableau de Paul Jourdy, 1834, Paris, École nationale des Beaux-Arts).*

Ulysse attaquant le Cyclope Polyphème, *épisode de* l'Odyssée *(fresque de Tibaldi Pellegrino, XVIe siècle Bologne, palais Poggi).*

Achille pansant Patrocle, *épisode de* l'Iliade *(coupe attique, Berlin, Preussischer Kulturbesitz).*

immortalisera dans la mémoire des hommes : d'où une recherche constante de l'engagement et de la compétition, et l'idée que périr dans la bataille représente la « belle mort ». Elle ravit dans la force de l'âge Achille, Hector, Patrocle, les laissant éternellement juvéniles. La prestance et la beauté physique les distinguent de l'homme du commun.

D'autre part, les héros homériques n'agissent le plus souvent que par la volonté des dieux, maîtres du destin. Dans *l'Iliade,* ayant pris parti dans la lutte qui oppose Achéens et Troyens, ils interviennent pour soutenir leurs protégés. Ces dieux, à l'apparence et au comportement trop humains, sont pourtant radicalement séparés des mortels par le privilège de l'immortalité, la nourriture, la nature de leur corps et l'autorité absolue de Zeus sur les habitants de l'Olympe. D'ailleurs, l'ascendance divine des héros ne les empêche nullement d'être tous voués à la mort.

Enfin, la société homérique se différencie d'un poème à l'autre : si les valeurs guerrières prévalent dans *l'Iliade, l'Odyssée* présente un monde en paix, avec des hommes soucieux d'accroître leurs biens par l'extension de leur domaine et de leurs activités d'échange. Ainsi, au-delà de la peinture d'une société disparue, en partie attestée, en partie imaginée, les poèmes homériques incarnent surtout des idées universelles sur l'homme, la vie et la mort, dont la fixation par écrit a permis le legs et qui n'ont cessé d'inspirer les artistes, de l'Antiquité à nos jours.

→ **Voir aussi** p. 28-29 (Mycènes).

Le contenu des deux poèmes

L'Iliade. Ses vingt-quatre chants racontent un épisode de la guerre de Troie : le Grec Achille, qui s'est retiré sous sa tente après une querelle avec le chef Agamemnon, accepte de revenir au combat pour venger son ami Patrocle, qu'a tué le Troyen Hector. Il vainc celui-ci, traîne son cadavre autour de la tombe de Patrocle, puis le rend à Priam, le roi de Troie et père d'Hector. Rappelons que la guerre de Troie a commencé à cause du rapt de la Grecque Hélène, femme du roi Ménélas, par le Troyen Pâris ; qu'elle s'est achevée par le stratagème du *cheval de Troie* – un gigantesque cheval de bois grâce auquel les Grecs, dissimulés à l'intérieur, purent s'introduire dans la ville assiégée et s'en emparer : ces deux épisodes n'appartiennent pas au récit de *l'Iliade.*

L'Odyssée. Composée également de vingt-quatre chants, *l'Odyssée* raconte les aventures des Grecs et particulièrement d'Ulysse, roi d'Ithaque, après la victoire sur Troie. Les premiers chants décrivent les aventures de Télémaque, fils d'Ulysse, parti à la recherche de son père ; la partie centrale du poème énumère les exploits et les malheurs d'Ulysse, depuis son départ de Troie jusqu'à son retour à Ithaque (il passe par le pays des Lotophages, par celui des Cyclopes, séjourne dans l'île de la magicienne Circé, navigue dans la mer des Sirènes, et il est pendant dix années prisonnier de la nymphe Calypso). Les derniers chants racontent les ruses d'Ulysse, assisté de Télémaque, pour recouvrer son trône à Ithaque contre les prétendants qui voulaient épouser sa femme Pénélope.

Nabuchodonosor détruit le Temple

L'EXIL DU PEUPLE JUIF

En 587 avant notre ère, Nabuchodonosor Ier règne à Babylone. Il a hérité, en 605, d'un empire qui domine l'Euphrate jusqu'à la grande boucle de la Mésopotamie et, pour faire pièce à la puissance égyptienne au sud, il envahit le royaume de Juda, qu'il annexe après avoir pris Jérusalem : le Temple de Salomon est détruit, une partie de la population est déportée en Babylonie.

Ce terrible événement n'est que le dernier épisode d'un déclin qu'Israël connaît depuis plus de 300 ans. En effet, à la mort de Salomon, troisième roi d'Israël (931), le royaume s'est scindé religieusement (Béthel et Jérusalem) et politiquement : Israël au nord, Juda au sud. Cette division (schisme), assortie de relations conflictuelles, fait des royaumes frères des proies extrêmement faciles pour les grands empires voisins. Le temps des déportations commence.

Josias, ou l'éphémère restauration de la Judée

C'est ainsi que, en 721, une première fois, Israël est conquis par un roi venu de Mésopotamie – il s'agit de Sargon II, roi d'Assyrie –, et sa population est déportée. Au sud, le royaume de Juda survit seul, mais comme un État tributaire. Certains souverains (Manassé) poussent la servilité jusqu'à introduire des dieux de Ninive dans le Temple. Cet état de choses dure jusqu'à ce que, dans le dernier quart du VIIe siècle, la puissance assyrienne s'affaiblisse. Josias, roi de Juda (640-609), engage alors une restauration centralisatrice, politique et religieuse. Il a droit aux louanges sans réserves des textes bibliques : « Il fit ce qui est agréable à Yahvé et imita en tout la conduite de son ancêtre David. » (Ancien Testament, *2e livre des Rois.*)

Un châtiment depuis longtemps annoncé

Une trentaine d'années séparent la purification de l'idolâtrie et le retour à l'orthodoxie religieuse, en 622, de la disparition du royaume national juif en 587. Les événements s'en laissent aisément suivre à travers les sources babyloniennes et les livres historiques et prophétiques de l'Ancien Testament. Mais la Bible est religieusement orientée. Les acteurs de l'histoire y deviennent les armes forgées par un Dieu jaloux pour châtier le peuple qui l'a oublié : « Ma Loi, ils l'ont méprisée » (*Jérémie*). C'est pourquoi, malgré la réforme de Josias, « Yahvé ne revint pas de l'ardeur de sa grande colère » (*Rois*). Depuis le VIIIe siècle pourtant, les prophètes, fustigent les transgressions impies de la Loi, préviennent de l'imminence du châtiment, appellent au repentir.

Un drame en deux parties

L'appel ne fut pas entendu. Alors, Nabuchodonosor, celui qu'Ézéchiel appelle allégoriquement « le grand aigle, aux grandes ailes, à l'envergure immense, couvert de plumes multicolores », parcourt le pays à partir de 604. Puisque le royaume n'obéit plus, il occupe par la force, une première fois, Jérusalem. La chronique babylonienne fait le récit

Le nouvel Empire babylonien

Au VIIIe siècle, les deux grands règnes de Tiglat-Phalasar III et de Sargon II ont fait de **l'Assyrie** la grande puissance de l'Orient. Pour un siècle seulement ! En 612, Ninive, capitale de l'Empire assyrien, tombe sous les coups conjugués des Mèdes (au nord-est de l'Iran actuel) et du nouveau roi de Babylone, le Chaldéen Nabopolassar.

L'assistance armée des Égyptiens ne put contenir l'avancée en pays syrien et palestinien de l'héritier au trône du **nouvel Empire babylonien,** Naboukoudour-ousour, que les Grecs ont transcrit Nabuchodonosor (604-562).

Vue imaginaire de la Babylone antique (peinture attribuée à A. Van Nieland, XVIIe siècle, Montpellier, musée Fabre).

La Fuite du peuple sémite
(détail d'un bas-relief assyrien provenant de Ninive, vers 645 avant notre ère).

Les déplacements de population dans l'histoire

Dispersions forcées. Elles sont légion. Les États ont déporté massivement, contre leur gré, des populations dès l'Antiquité. Les chefs d'empire mésopotamiens ont compris l'intérêt politique de déplacer un peuple vaincu, et de le remplacer par des communautés loyales, garantes de la conquête. L'Empire chinois naissant a déplacé des paysans pour réaliser un développement homogène sur un territoire immense. Vingt siècles plus tard, la Russie, puis l'U.R.S.S. ont fait de même en Sibérie. À l'issue de la Seconde Guerre mondiale, de nombreuses communautés ethniques d'Europe centrale furent transférées pour adapter la carte des nationalités aux nouvelles frontières de l'Europe. Pour ne rien dire de la déportation nazie, dont l'objectif était l'extermination !

Migrations voulues. À ces déportations d'État s'ajoutent les émigrations volontaires. Depuis le VIIIe siècle avant notre ère (colonisation grecque) jusqu'à nos jours, leurs mobiles sont politiques, économiques et religieux. Ces émigrations en nombre présentent bien des similarités. Les deux grandes diasporas mondiales, juive et arménienne, ont connu dans leurs pays d'installation le même dilemme entre l'intégration et la conservation de leur identité, et, dans bien des cas, les communautés expatriées, désirant rester fidèles à leur culture, sont confrontées au rejet provoqué par leur différence.

suivant : « Dans la septième année (597), dans le mois de Kislev, il rassembla ses troupes et, ayant marché sur le pays des Hatti, assiégea la cité de Juda et, le deuxième jour du mois d'Adar (16 mars), s'empara de la ville et captura le roi. Il y nomma un roi de son choix, reçut son lourd tribut et les envoya à Babylone. » Et le *deuxième livre des Rois* complète : « Celui-ci emporta tous les trésors du Temple de Yahvé... Il emmena en exil tout Jérusalem... »
Mais les Judéens, dans un ultime sursaut national, font alliance avec des peuples voisins et obtiennent l'aide de l'Égypte, gouvernée par le nouveau pharaon Psammétique II. À leur révolte, Babylone répond par un nouveau siège de Jérusalem. « En la dix-neuvième année de Nabuchodonosor, roi de Babylone (587), Nebuzaradân, commandant de la garde, officier du roi de Babylone, fit son entrée à Jérusalem (juillet). Il incendia le Temple de Yahvé (le 9 du mois de Ab [août]), le palais royal et toutes les maisons de Jérusalem. Nebuzaradân, commandant de la garde, déporta le reste de la population laissée dans la ville. » (*Rois.*)

Attaque et prise de Jérusalem par Nabuchodonosor *(miniature du Beatus de Liebana : Commentaires sur l'Apocalypse, XIe siècle, Espagne, Leo de Urgel).*

L'espoir du retour

Commence alors le grand Exil et la première dispersion, en Babylonie, au Proche-Orient et en Égypte. Désormais, la majorité des Juifs vivra toujours en dehors de la Terre promise. La privation de culte sacrificiel (qui ne peut se pratiquer qu'au Temple) et la condition de servitude en terre étrangère provoquent un retournement du peuple vers la Torah, une intériorisation de la piété et une méditation sur le texte de la Loi, dernier rempart de l'identité juive, qui, à terme, s'institutionnalisa dans le culte synagogal.
Mais la condition diasporique ranime aussi la confiance d'Israël en Yahvé, et en sa foi sioniste. « Yahvé Sabaot, fais-nous revenir, / fais luire ta face et nous serons sauvés ! » (*Psaumes.*) Ainsi, les Juifs voient dans la prise de Babylone par Cyrus en 539 un effet de la toute-puissance de leur Dieu. « Yahvé a excité l'esprit du roi des Mèdes, car il a ce projet contre Babylone de la détruire : c'est la vengeance de Yahvé, sa vengeance pour son Temple. » (*Jérémie.*) Le roi perse, pratiquant une gestion souple des populations soumises, autorise en effet le retour des Juifs en Palestine. Alors la grande joie d'Israël éclate. Elle se manifeste dans les *Psaumes* : « Quand Yahvé ramena les captifs de Sion, / nous étions comme en rêve ;... / Merveilles que fit pour nous Yahvé, / Nous étions dans la joie. »

Deux grands sages de l'Extrême-Orient

CONFUCIUS ET BOUDDHA

Aux alentours de 500 avant notre ère, deux grands esprits révolutionnent la sagesse et la pensée religieuse de l'Asie. Le confucianisme et le bouddhisme vont marquer de leur empreinte, pour des millénaires, la pensée et la sensibilité de milliards d'individus.

Les noms mêmes des deux fondateurs renseignent peu sur l'état civil de leurs personnes. Confucius n'est qu'une version latinisée de *Kong fuzi* (maître Kong). *Bouddha* (l'Éveillé) est l'appellation de l'état de perfection auquel parvient, au terme de son itinéraire spirituel, le prince Siddhartha Gautama. Bien que contemporains et fondateurs de deux des plus grands courants de pensée et de spiritualité asiatiques, les 3 000 km qui les séparaient expliquent leur ignorance mutuelle.

Un épisode décisif de la vie de Gautama Siddhartha, futur Bouddha : la rencontre du mort (détail d'une peinture tibétaine du XVIIIe siècle, Paris, musée Guimet).

Le Bouddha délivrant son enseignement (détail d'une sculpture indienne du Ve siècle de notre ère, Inde, musée de Sarnath).

Confucius, une morale conservatrice

Les informations biographiques sur Confucius, malgré les quelques embellissements légendaires que subissent souvent les personnages exemplaires, sont assez précises. Né au pays de Lu, dans le nord-est de la Chine en 551, il rappelle dans ses *Entretiens* (un ensemble de notes d'élèves qui ont été rassemblées après sa mort) son origine humble : « J'ai grandi dans un milieu modeste, aussi ai-je dû apprendre à faire beaucoup de choses. » La tradition, non accréditée par le grand historien Sima Qian mais véhiculée par une abondante iconographie, fait couler dans ses veines le sang royal des Shang et reconnaît les marques d'une naissance miraculeuse !

Orient et Occident vers 500

Confucius comme Bouddha connaissent **des mondes politiques morcelés.**

Le maître chinois vit la fin de **l'époque des « Printemps et des Automnes »,** quand s'affrontent des principautés rivales.

Le Bouddha grandit dans l'Inde du Nord, divisée en quatre grandes entités. **Le royaume de Magadha,** le plus à l'est, entreprend à cette époque de contrôler le bassin du Gange.

Il reçoit l'éducation d'un futur fonctionnaire, se pénétrant des *Livres classiques* (les *Shu* et les *Ying*) dont il s'attache à transmettre l'héritage culturel et moral. « Je transmets l'enseignement des Anciens, sans rien créer de nouveau. » Vers 532, il se marie (il aura deux enfants) et entre au service du prince comme intendant. Bientôt, il ouvre à Lu une école d'enseignement général. Tout en poursuivant sa propre étude, il gagne une réelle réputation auprès des bonnes familles. Il est alors appelé dans divers États. En 517, il gagne la capitale des Zhou où la tradition veut qu'il rencontre « le vieux maître », Laozi, ... si jamais le fondateur du Tao a jamais existé. Peu importe ! Ce face-à-face entre le père d'une philosophie mystique et le sage humaniste et moraliste qu'est maître Kong a de quoi exciter l'imagination. Rentré à Lu, il jouit d'un prestige immense : les disciples se pressent. Mais il subit la situation très confuse d'un pouvoir disputé entre des clans, dont les luttes l'obligent finalement à s'exiler en même temps que son prince.

De tels désordres ne font que confirmer le maître dans sa conception légitimiste et conservatrice de l'ordre social et politique ; « Que le souverain agisse en souverain, le ministre en ministre, le père en père et le fils en fils. » Pendant les temps où son prince, restauré, lui confie de hautes responsabilités, sa politique met en pratique cet art de bien gouverner, cette sagesse du « juste milieu » attentive aux rites, qu'à la suite de la tradition il prône, cette rectitude morale source de perfectionnement et donc d'ordre. « Gouvernez par la Vertu, harmonisez par les rites, le peuple... de lui-même tendra vers le Bien. » Car l'objectif de Confucius, politiquement conservateur mais progressiste dans son humanisme, est d'abord le bon gouvernement du peuple. « Que le peuple recoive l'instruction d'un bon souverain..., et il fera face à tout ! »

Réinstallé dans l'État de Lu en 483, il y enseigne et y termine la constitution du corpus des *Classiques* appelé à devenir canonique. Il vit jusqu'en 479 cette « parfaite sainteté » (Sima Qian), symbole depuis lors de la sagesse chinoise.

Penseurs, prophètes, messies

Le poids de la figure fondatrice. Toutes les religions ont des fondateurs exemplaires, qui jouent des rôles similaires, chacune dans son système (même quand ils sont radicalement différents), et que les fidèles honorent pareillement, au-delà des différences gestuelles.

Une existence historique affirmée. Pour s'en tenir aux grands systèmes religieux occidentaux (judaïsme, christianisme, islam) et orientaux (bouddhisme, taoïsme), l'historicité du fondateur est toujours affirmée, mais les historiens ont parfois bien du mal à dégager le Laozi ou le Jésus de l'histoire, ou à restituer la chronologie de Mahomet. L'initiateur ne peut être qu'exceptionnel, extra-ordinaire. Soit le premier, il atteint l'expérience de l'essentiel qu'il enseigne (Bouddha) ; soit, il reçoit la révélation divine que Dieu prêchera désormais par sa bouche (« Allah est grand, Mahomet est son prophète ») et à l'aide de laquelle il guidera sa communauté (Moïse est « envoyé » par Yahvé pour sauver le peuple juif) ; soit il est une incarnation même de Dieu descendu sur terre pour sauver les hommes (Jésus-Christ).

Des schémas de vie similaires. Aussi toutes ces vies présentent-elles des identités remarquables : même usage symbolique des nombres (Jésus et Bouddha sont tentés trois fois, Bouddha médite 49 jours durant et Moïse reste 40 jours au désert) ; mêmes miracles, même disparition à la « mort ». L'exemplarité des fondateurs se conjugue selon les mêmes schémas.

Le bouddhisme, une « religion athée » ?

Confucius fixe une pensée. Mais Bouddha ? On parle souvent de « religion athée ». Comme les termes sont antithétiques, on a débattu pour savoir si le bouddhisme était une religion. Débat légitime dans le contexte d'une réflexion sur le concept de religion, mais qui apparaît caduc au regard des manifestations de piété.

La légende et l'histoire s'accordent sur l'époque du Bouddha. Né vers 566-563, mort vers 486-483, il appartient à la lignée noble des Gautama. Une prophétie pousse son père à éduquer le jeune Siddhartha dans un « paradis » à l'abri du monde, mais le destin infaillible lui fait quand même expérimenter la misère de l'homme. Il part alors mener l'existence vagabonde de l'ascète silencieux, pour trouver la voie qui le délivrera du cycle de naissances et de morts qui maintient l'âme dans ce monde de souffrance (loi du *karma*). Il rejoint les yogis adeptes de l'ascèse mortificatrice que les *Upanishads* brahmanistes ou des renonçants plus hétérodoxes considèrent comme la voie salvatrice, puis, insatisfait, il poursuit seul sa quête. Méditant au pied d'un arbre, plusieurs fois tenté, il reçoit finalement « l'illumination » qui l'éveille et en fait un *Bouddha.* Il atteint la compréhension de la loi fondamentale (le *dharma*) et part enseigner la voie (*marga*) du salut, « mettant ainsi en mouvement la roue de la doctrine ». Beaucoup se « convertissent » et le suivent, constituant une communauté (*Sangha*) de moines mendiants (*bhikshu*) à qui Bouddha délivre un enseignement, mais aussi des institutions et des lois. Sa mort marque son « extinction complète » (*parinirvāna*), dépassement du cycle de vie et de mort. Ses cendres, partagées comme des reliques entre les diverses tribus, sont enterrées dans des tumulus (*stupas*) qui deviennent rapidement des centres de pèlerinage, de même que l'arbre de son « illumination » à Bodh-Gaya.

Le désir, source de détresse

L'enseignement de Bouddha tient dans des milliers de sermons, préceptes et autres dits, que la tradition (dont le canon est fixé au début de notre ère) lui attribue.

Sa prédication est une doctrine de salut, qui montre la « voie de la délivrance ». Tel un médecin au chevet de son patient, il constate d'abord le caractère insupportablement pénible de l'existence, et il en recherche les causes. Fondamentalement, le monde est dépourvu de principe de stabilité ; même les dieux sont soumis à la grande loi de l'impermanence, d'où la vanité du culte. Or, l'homme est possédé d'un désir insatiable qui le fait courir sans cesse après des plaisirs illusoires. Supprimer les causes de la souffrance (l'illusion et les passions), en abandonnant toute volonté qui est activité, ouvre le chemin du salut dont le terme est l'affranchissement définitif. Mais cette voie difficile, jalonnée par les vertus, tracée par les méditations (*dhyana*), ne peut être que celle du moine, renonçant mais sans ascèse, hors du monde mais pas ermite : la « voix du milieu ». Ainsi, Bouddha se démarque autant du brahmanisme ritualiste officiel que des mystiques mortifiés.

Confucius et ses soixante-quinze disciples (peinture du XIVe siècle).

Le choc de deux mondes

MARATHON

Le 6 août 490 avant notre ère, une armée perse débarque dans la plaine de Marathon, près d'Athènes. Six jours plus tard, alors que les Spartiates sont sur le point de venir en renfort, les Athéniens presque seuls remportent contre les assaillants une éclatante victoire.

L'essor de l'Empire perse rencontre ses limites dans la confrontation qui a lieu ce jour-là. La victoire des Athéniens, à l'inverse, renforce leur prestige. Elle permet à l'ensemble des cités grecques de prendre conscience de leur originalité et de leur appartenance à une culture commune et détermine l'apogée de la civilisation hellénique au Ve siècle.

Le Soldat de Marathon. *Interprétation « pompier » du dernier épisode de l'histoire du soldat rapportant à Athènes la nouvelle de la victoire de ses forces (Luc-Olivier Merson, Paris, Écoles nationale supérieure des beaux-arts).*

Buste supposé de Miltiade, le stratège athénien vainqueur à Marathon (Paris, musée du Louvre).

L'origine de l'affrontement : la révolte de l'Ionie

En 499, la révolte des Grecs d'Asie Mineure, sujets du « Grand Roi » perse Darius, enclenche le mécanisme qui conduit aux guerres médiques. Hérodote évoque les facteurs susceptibles de l'avoir provoquée : si la tutelle perse n'explique pas seule ce mouvement, elle porte atteinte au sentiment de liberté qui définit l'homme grec comme citoyen. De plus, à la fin du siècle précédent, en 513, Darius a essuyé un échec, sur le Danube, contre des adversaires scythes : le mythe de l'invincibilité perse s'en trouve entamé.

> **L'Empire achéménide à la veille des guerres médiques**
>
> **L'édification de l'immense Empire perse,** qui englobe des foyers de grandes civilisations antérieures, Égypte, Syrie-Phénicie, Mésopotamie, impose une unification politique à un ensemble géographique allant des confins indiens à la Méditerranée.
>
> Œuvre des trois « Rois des rois » conquérants, qui se sont succédé à sa tête entre 559 et 486 **(Cyrus, Cambyse et Darius)** et l'ont organisé, cet Empire apparaît invincible. Dans l'inscription de Bisutun, Darius résume son action en ces termes : « Tels sont les pays que je domine ; par la volonté d'Ahura Mazda, ils sont devenus mes sujets. »

C'est pourquoi les cités d'Ionie, réunies autour de la grande métropole Milet, marchent sur Sardes, capitale d'une province perse (satrapie), qu'ils incendient. Ce « haut fait » provoque, de Byzance à Chypre, de nombreux ralliements aux insurgés : fait plus grave pour les Perses que la défection de l'Ionie, parce qu'il menace, au nord, leur contrôle de la Thrace et, au sud, leurs bases navales de Cilicie et de Syro-Phénicie. Aussi Darius intervient-il en force : il s'impose, dès 497-496, à Chypre et aux cités des Détroits. La cause des Ioniens est alors largement compromise et, en 494, les Perses écrasent Milet, dont ils rasent les murs et déportent une partie de la population.

Vengeance perse ? Manœuvres d'un traître ?

Pour Hérodote, la présence d'un petit contingent d'Athéniens parmi les assaillants de Sardes, en 498, justifierait les « calamités » qui s'abattent sur la Grèce de 490 à 479. Le Grand Roi aurait juré de se venger, chargeant un de ses officiers de lui répéter plusieurs fois chaque jour : « Seigneur, souviens-toi des Athéniens. »

En fait, en 492, après la réaffirmation de l'emprise perse sur la Thrace et la Macédoine, rien n'autorise à penser que les Perses se disposent à partir à la conquête de la Grèce, pour se venger de la participation des Athéniens à la révolte de l'Ionie.

À quoi rime, alors, l'expédition de 490 ? Elle procède du souci des Perses d'élargir leur zone d'influence et d'assurer la sécurité de leur frontière du côté de la mer Égée en promouvant, là où la situation le leur permet, des régimes à leur dévotion. Selon Hérodote, les Perses auraient, l'année précédente, envoyé des hérauts dans toute la Grèce réclamer « la terre et l'eau », c'est-à-dire l'allégeance au Grand Roi. La démarche s'inscrit bien dans ce dessein, de même que la campagne de 490, qui, dans un premier temps soumet, de gré ou de force, les cités des Cyclades et de l'Eubée.

La Bataille de Marathon.
La scène consiste en un corps à corps, le long du rivage où les Perses tentent en vain de débarquer (relief d'un sarcophage antique, Brescia, Musée civique romain).

Un changement de programme dut intervenir, à un certain moment, au cours de l'expédition. Il faut compter ici avec les manœuvres d'Hippias, ancien tyran d'Athènes, exilé à Suse, la capitale perse, et désireux de « reconquérir » sa patrie. C'est probablement son influence qui fait que les Perses, en 490, cinglent vers l'Attique et qu'ils débarquent dans la baie de Marathon, en septembre 490.

Une petite bataille, mais...

Miltiade, un des dix stratèges, magistrats annuels chargé des affaires militaires, soutenu par les Athéniens hostiles au retour de la tyrannie, fait voter deux mesures : l'envoi des hoplites, fantassins lourdement armés combattant en phalange, à Marathon ; et une demande d'aide aux Spartiates.
Les Athéniens, renforcés de soldats de la ville voisine de Platées, s'installent face aux Perses sur une hauteur dominant la plaine et barrant la route d'Athènes ; après plusieurs jours d'observation, les Perses rembarquent de nuit leur cavalerie pour contourner l'Attique et aborder sur la côte opposée. Les Athéniens lancent à ce moment l'attaque. Ils franchissent au pas accéléré la zone dangereuse des pluies de flèches perses et contraignent l'ennemi à une retraite désordonnée et à l'abandon de centaines de morts et de blessés : alors se situe l'histoire du courrier dépêché à Athènes pour annoncer la victoire et qui, ayant couru d'une traite jusqu'à la ville, meurt d'épuisement après avoir délivré son message.
Quand, le lendemain, la flotte perse se trouve devant Phalère, face à ses vainqueurs revenus à la hâte défendre Athènes, elle n'insiste pas et retourne en Asie ; les Spartiates, eux, arrivent pour visiter le champ de bataille.

... un grand événement pour les Athéniens

Si la défaite de Marathon ne constitue pour les Perses qu'un incident au regard de la soumission des îles, donc de l'extension de l'Empire jusqu'aux confins de la Grèce continentale, cette petite bataille représente pour les Athéniens un grand événement. Elle consomme la rupture avec la Perse : le Barbare acquiert la qualité d'ennemi héréditaire et le « médisme » devient synonyme de trahison. Elle démontre la supériorité de la cité et inspire à ses citoyens une confiance accrue dans sa constitution et dans la protection de ses dieux.
Dernière manifestation d'une société où la communauté des hoplites incarne l'idéal civique, cette victoire sera éclipsée par celle de Salamine qui, en 480, oppose la flotte grecque à celle des Perses de Xerxès et dévoile la montée des rameurs dans la cité. Pour la première fois, l'union d'une partie de la Grèce met à mal l'immense puissance barbare ; mais surtout, les succès de la deuxième guerre médique légitiment l'hégémonie maritime d'Athènes, appuyée sur sa flotte et sur la ligue de Délos, créée en 477, et inaugurent la grandeur de la cité dont l'apogée durera tout le long du Ve siècle.

L'image du Barbare : la représentation de l'Autre

Une différence réelle pour les Grecs... Dans toute la littérature postérieure aux guerres médiques, le mot « barbare » recouvre une différence culturelle, une antinomie politique et morale. Le Barbare est celui qui ne parle pas grec et que distinguent son apparence exotique (avec ses vêtements souples et soyeux, ses bijoux), son régime politique (où un « Grand Roi » règne sur des sujets « esclaves »), sa façon désordonnée de combattre malgré un réel courage individuel. Extérieurs géographiquement au monde grec, les Barbares lui sont inférieurs par leurs modes de pensée et de vie empreints de démesure.

... Mais l'acceptation d'une vie en commun. Mais cette opposition n'exclut pas la possibilité d'intégration ; la vie de relation, au centre de l'histoire des Grecs, impose l'ouverture et les échanges sans susciter de xénophobie. L'afflux continu de non-Grecs dans la cité n'y sécrète jamais un problème de l'immigration : les Grecs n'ont ni inventé le ghetto ni réservé certaines professions jugées dégradantes à leurs étrangers. Ils ont ainsi créé un art de vivre ensemble, où les citoyens exercent seuls le pouvoir politique, mais où les étrangers participent efficacement aux activités, notamment économiques, sans préjugé racial.

Un tournant : les grandes invasions. Le Barbare cruel naît avec les vagues germaniques, dont la « fureur » entraîne la chute de l'Empire romain. Le terme désigne en français médiéval « ceux d'étrange langue », puis les non-chrétiens (« barbaresques ») ; il implique alors la grossièreté et l'ignorance, et le XVIe siècle invente le mot « barbarie » pour stigmatiser un comportement cruel et sauvage, radicalisant dans un sens strictement négatif un concept emprunté à l'hellénisme. Le même avatar affecte le métèque qui, dans l'Athènes classique, définit, de façon neutre, l'étranger résident, et qui, dans la France de la fin du XIXe siècle, est investi d'une signification péjorative.

Athènes impérialiste et démocratique
LE SIÈCLE DE PÉRICLÈS

L'histoire d'Athènes au Vᵉ siècle est nommée toute entière d'après l'homme qui meurt cette année-là et qui l'a dirigée pendant moins de deux décennies, entre 443 et 429. Ce « miracle » s'explique par l'impression produite par la plus belle période de la démocratie et de l'empire athéniens : un âge où une communauté humaine, pourtant diverse et contradictoire, trouve son unanimité dans l'amour de la paix et de la prospérité ainsi que dans l'orgueil de dominer un empire d'ailleurs indispensable au fonctionnement de son système politique.

L'historien Thucydide, témoin et admirateur de l'œuvre de Périclès, qualifie de « monarchique » l'autorité de celui qui passe pour le modèle des démocrates, formule paradoxale qui définit bien l'homme et son gouvernement. Périclès appartient, par ses père et mère, à ces grandes familles aristocratiques qui, malgré l'établissement d'un régime « égalitaire », continuent, en y assumant les charges essentielles, de diriger Athènes. Thucydide le détache, entouré d'intellectuels, dans un splendide isolement face au peuple, qui ne l'aime guère.

Périclès, le « premier citoyen »

Pourtant ses réélections constantes de 443 à 430 à la stratégie, magistrature qui confère le pouvoir et la marge d'initiative les plus larges, expriment la confiance dont il jouit auprès de la majorité des Athéniens. En effet, il a su engager l'État dans des voies qui, offrant à tous les citoyens une vie décente et le libre exercice de leur souveraineté, créent un équilibre social. Convaincu que nul ne doit être « gêné par sa pauvreté et l'obscurité de sa condition, s'il peut rendre des services à la cité », il institue la *misthophorie,* versement d'une indemnité à ceux qui consacrent leur temps à défendre la chose publique, comme aux plus démunis pour l'entrée au théâtre. L'harmonie repose aussi sur une redistribution des richesses au sein du corps civique par le système des liturgies qui consiste, pour un possédant, à financer gracieusement un service public, par exemple en gréant et en entretenant un navire de guerre, ou en recrutant et en finançant les dépenses d'un chœur dramatique.

Le monde grec au milieu du Vᵉ siècle

À la fin des guerres médiques, après 477, on assiste à un **partage du monde grec,** balkanique et égéen.

Athènes, cité démocratique, où domine jusqu'en 461 le stratège Cimon, devient le pôle d'une confédération maritime fondée sur la puissance de sa flotte : la ligue de Délos, qu'elle transforme progressivement en un empire. **Sparte,** figée dans sa tradition oligarchique, se trouve à la tête d'une confédération péloponnésienne appuyée sur la suprématie de ses fantassins, appelés hoplites.

Après une période de méfiance, les deux cités s'affrontent, puis, par alliés interposés sous Périclès, un traité est conclu en 446-445 : la **paix de Trente ans.**

Ce traité, qui instaure un équilibre fragile, est rompu en 431, avant donc le terme prévu ; il a assuré à Athènes, entre-temps, **quatorze ans d'une trêve heureuse,** condition de son prodigieux essor.

Une démocratie « impérialiste »

La prospérité économique va de pair avec la paix, assurée grâce à l'emprise d'Athènes sur le monde égéen, par le biais d'une confédération maritime formée à l'origine pour défendre les Grecs des Perses et dont les membres paient un tribut *(phoros) :* la ligue de Délos. Or, l'exploitation de ce tribut au profit d'Athènes, et donc l'impérialisme, constituent le domaine où Périclès concrétise le mieux les aspirations collectives des citoyens. Selon le philosophe Aristote, l'empire fait vivre plus de 20 000 hommes, à commencer par les équipages qui sillonnent la mer Égée pour assurer la police des mers et contrôler les routes par lesquelles transitent vers Athènes les matières premières. La caisse fédérale fournit aussi les fonds pour les grands travaux de l'Acropole, en vertu du principe péricléen selon lequel « l'argent n'appartient plus à ceux qui le donnent, mais à ceux qui le reçoivent ». L'intégrité de cet empire apparaît donc vitale, et Périclès n'hésite pas à lancer des expéditions punitives contre ceux qui, dans l'alliance, se révoltent. De la sorte, une évolution se produit, qui fait

Restitution dessinée du Parthénon d'Athènes, par l'architecte français E. Loviot (XIXᵉ siècle). Au centre, la statue polychrome de la déesse Athéna, protectrice de la ville.

Buste de Périclès (copie antique d'après le sculpteur Crésilas. Londres, British Museum).

L'Acropole d'Athènes (restitution moderne). Le grand temple, en haut, est le Parthénon. Dans le bas, en avant de la statue d'Athéna, les Propylées, portique monumental.

Démocratie antique et démocratie moderne

La notion de démocratie recouvre à Athènes une réalité bien différente de celle de nos sociétés.

Une démocratie large en capacités. La démocratie athénienne est plus large que celle de nos systèmes représentatifs, quant aux pouvoirs réels de ses acteurs et à leur participation aux affaires d'État. Le mot, qui signifie « pouvoir du peuple », apparaît chez Eschyle et Hérodote ; il définit l'autorité souveraine des citoyens, s'appliquant à tous les domaines, puisque la séparation des pouvoirs n'existe pas. Cette souveraineté absolue, assortie d'un principe d'égalité qui fait regarder chacun comme capable de commander, juger et légiférer, s'incarne dans une institution : l'Assemblée du peuple *(ecclésia)*, qui décide de tout ce qui touche à la vie de la cité et exerce un contrôle rigoureux sur les collèges de magistrats à qui elle délègue, pour un an, les tâches d'administration et d'exécution des décisions. Le citoyen est aussi forcément présent dans les tribunaux, où il agit à la fois comme ministère public, se portant au secours de la loi et poursuivant le contrevenant, et comme juge et juré, entendant les parties et prononçant des sentences sans appel.

Une démocratie restreinte en nombre. Cette conception exigeante, où le citoyen s'engage concrètement à partir en campagne lorsqu'il vote une expédition, apparaît aussi exclusive. Les femmes, les étrangers *(métèques)*, les esclaves sont écartés de la chose publique ; seul le mâle majeur, de naissance athénienne, a le droit et le devoir d'y consacrer une partie de son temps. Apanage d'une minorité, la démocratie ne favorise pas le culte de l'État : elle propose un mode d'humanité et un idéal inscrits dans une forme originale où le citoyen, loin d'être un usager, un spectateur passif ou un professionnel de la vie politique, s'en sait et s'en révèle le maître, dans le respect de la loi.

passer les membres de la ligue du statut d'alliés au rang de sujets. Ce glissement est attesté par la présence de garnisons, de colons, de « surveillants » athéniens sur le territoire des alliés ; par l'obligation de porter devant les tribunaux d'Athènes les litiges où son intérêt politique est en jeu, et surtout par celle d'utiliser la monnaie attique.

Toutes ces mesures, qui violent la liberté des alliés, signent l'impérialisme et la volonté de puissance de la démocratie. La mainmise sur le bassin égéen fait du Pirée le port d'Athènes, le centre « où affluent toutes les ressources de la terre », la plaque tournante du commerce ; mais cette prospérité s'efface devant ce qui, pour Périclès, immortalise Athènes, phare de l'hellénisme : la supériorité de sa civilisation.

Athènes, « école de la Grèce »

Les citoyens se pressent pour écouter les pièces des grands poètes tragiques : Eschyle, Sophocle, Euripide, qu'ils couronnent lors des concours avec une grande sûreté de jugement. Ils participent aux processions, manifestent leur piété à l'égard des dieux : la frise du Parthénon fait revivre celle des Panathénées, la grande fête que la communauté unanime offre à sa divinité tutélaire, Athéna.

Mais ces célébrations exaltent aussi l'orgueil patriotique, sentiment commémoré dans le célèbre Parthénon, le temple d'Athéna : son décor sculpté illustre la lutte de l'intelligence contre la force, de la sagesse contre la démesure, de l'Europe contre l'Asie. Ce temple magnifique n'est cependant qu'un élément dans un vaste projet « urbanistique » conçu par Périclès autour du caractère guerrier de la déesse : l'Acropole, ou la haute falaise d'Athènes, un ensemble de bâtiments sacrés dans lequel on entre par un portail monumental, les Propylées, pour passer ensuite devant une gigantesque statue d'Athéna combattante, en bronze, due au ciseau du grand sculpteur Phidias. Cette parure de pierre et de métal précieux dévoile à tous l'ambition du « premier citoyen » de faire de sa cité la plus belle et la plus glorieuse du monde grec.

L'expansion de l'hégémonie et de l'influence politique d'Athènes ne pouvait qu'inquiéter les autres cités, notamment Sparte, soutenue par ses alliés de la confédération péloponnésienne. De fait, quelques incidents mineurs suffisent à déclencher une guerre devenue inévitable, en 431 : le monde grec s'entre-déchire jusqu'en 404, laissant Athènes ruinée et la Grèce, dominée de façon éphémère par Sparte, en proie à une crise des valeurs de la cité.

Une tentative d'empire universel

ALEXANDRE LE GRAND

En 336, après l'assassinat de Philippe de Macédoine, l'armée proclame roi son fils de 20 ans. Un règne de 12 ans et demi commence, qui changera la face de la Grèce et du monde oriental : « Après Alexandre, rien ne fut plus comme avant. »

Tout, en Alexandre, désigne le héros : la légende veut qu'il se rattache, par sa mère Olympias, à Achille, et par son père Philippe, à Héraclès, fils de Zeus. Cette double ascendance et un oracle affirmant que Amon, le dieu égyptien, le « proclame son fils et lui promet l'empire universel », lui confirment son destin exceptionnel et légitiment sa démesure. Sa personnalité offre les traits du Grec et du Barbare : élève d'Aristote, il en a reçu le savoir encyclopédique et appris la nécessaire maîtrise de soi ; mais, passionné, il cède à des emportements, allant jusqu'à tuer son ami Cleitos et son général Parmenion, et il aime les orgies et les beuveries.

Des débuts énergiques

Dès 336, il frappe avec célérité et énergie en liquidant tous ceux qui, en Macédoine, prétendent évincer le « petit jeune homme ». En Grèce, une campagne fulgurante tarit les espoirs de libération soulevés par la mort de son père : Thèbes, ainsi, est pillée et rasée ; sa grandeur finit là. La Grèce, dès lors, ne bouge plus, et Alexandre peut partir pour l'Asie, l'esprit serein, au début de 334. C'est l'Iliade qui recommence, la revanche des guerres médiques : après avoir jeté une coupe d'or dans la mer, Alexandre aborde le sol de Troade où il fiche sa lance pour en faire « une terre conquise par la lance ». Ainsi, au seuil de l'expédition, le projet de monarchie universelle habite déjà le roi.

L'épopée : à la conquête du monde

En quelques mois, il soumet l'Asie Mineure : ayant défait l'armée des satrapes sur la petite rivière appelée Granique, il « libère » les cités côtières. À Gordion, il tranche le nœud inextricable, présage de la conquête totale de l'Asie. Il rencontre ensuite le Grand Roi et le met en déroute à Issos, en 333. Voulant briser la puissance maritime de la Perse, il s'empare des villes syro-phéniciennes, dont Tyr, en août 332, au terme d'un siège de sept mois, et Gaza. De là, il passe en Égypte qui l'accueille en libérateur : il coiffe la double couronne à Memphis, reçoit l'investiture divine à Siwah et fonde Alexandrie en 331. Maître de la mer et sûr de l'Égypte, il franchit l'Euphrate et le Tigre et écrase Darius à Gaugamèles, malgré l'énorme armée du Perse qui a fait venir en renfort chars et éléphants. Il investit Babylone, y sacrifie au dieu local Marduk pour se faire reconnaître « roi des quatre parties du monde », il entre dans Suze, dans Persépolis qu'il pille et incendie, dans Pasagardès où il honore le tombeau de Cyrus. Maître de l'Iran, il poursuit Darius ; après sa mort, il célèbre pour lui des funérailles grandioses, en héritier des Achéménides. Après quoi, il se porte à l'est où, malgré des conditions naturelles hostiles et une vive résistance en certains lieux, il s'impose par la guérilla et fixe à l'Iaxarte la frontière de son empire, en 327.

Un nouveau rêve, atteindre les limites du monde connu, le pousse alors jusqu'à l'Indus : il défait les éléphants d'une armée indienne sur l'Hydaspe en 326, gagne l'Hyphase, mais ses hommes épuisés refusent de poursuivre vers le Gange. Comme Héraclès son ancêtre, il élève douze autels aux dieux de l'Olympe accompagnés d'une co-

Le monde grec et l'Orient en 336

Dans la première moitié du IVe siècle, Sparte, Thèbes et Athènes cherchent vainement chacune à imposer leur hégémonie sur le monde grec.

Les théoriciens politiques, tel l'Athénien Isocrate, exposent alors un programme qui vise à mettre fin à **la division des Grecs** par la colonisation des « Barbares », c'est-à-dire de l'Empire perse.

Ce projet est repris par **Philippe II de Macédoine,** souverain d'un royaume jugé barbare par les Grecs, qui, en deux décennies, de 356 à 336, impose aux cités l'unification mais sous sa domination, donc au prix de leur indépendance, et les entraîne dans l'aventure asiatique, contre le roi de Perse qui est alors Darius III.

Alexandre (de profil, à cheval) et le roi de Perse Darius à la bataille d'Issos, en 333 (mosaïque romaine de Pompéi).

Les vestiges de Persépolis, la grande ville d'été de Darius III, incendiée par Alexandre le Grand.

lonne portant l'inscription : « Ici s'est arrêté Alexandre. » Cette conquête, menée à bien avec des contingents modestes (40 000 hommes au départ, 120 000 en Inde), révèle un général infatigable à la tête de sa cavalerie et un fin stratège ; elle trouve aussi un organisateur de génie.

L'œuvre : l'unification du monde

L'empire repose sur son autorité absolue, et l'armée, où se mêlent Gréco-Macédoniens et Orientaux, en constitue le pilier. Les trésors des palais royaux financent les énormes dépenses de fonctionnement.

Alexandre gère l'empire avec une grande souplesse, conservant à chaque satrapie ses usages et sa langue. Cette politique s'inscrit dans un dessein original : la fusion du Grec et du Barbare en un ensemble harmonieux, en vertu du principe de l'unité du genre humain. Les noces célébrées à Suse en 324, qui voient le roi, ses généraux et 10 000 soldats épouser des indigènes, symbolisent cet idéal. L'hellénisation de l'Orient passe par la fondation, à travers l'empire, d'une trentaine d'Alexandrie qui répondent à des objectifs militaires, économiques et administratifs ; par la diffusion de la culture grecque fondée sur l'enseignement de la langue, la présence d'artistes grecs à la cour et l'institution de concours gymniques et musicaux ; enfin, par l'essor des échanges grâce à l'aménagement de routes, de canaux, de ports et à l'établissement d'un monnayage intensif et unique d'or et d'argent. L'unification d'un si vaste empire, par-delà la diversité des peuples, est assurée aussi par l'institution d'un culte royal : Alexandre adopte le cérémonial de la *proscynèse,* acte d'allégeance plus que d'adoration, qui provoque néanmoins chez les Grecs, hostiles à l'apothéose d'un vivant, des résistances vite étouffées : Athènes vénère le « Nouveau Dyonisos » et, en 324, les cités envoient à Babylone des ambassadeurs pour le couronner d'or.

Mais, l'année suivante, Alexandre meurt brusquement, victime de la malaria. Il laisse un bilan paradoxal : d'un côté, les violences d'un roi mû par la démesure, l'incompréhension des Grecs face à la *proscynèse* et à la fusion des races, un empire immense qui ne lui survivra pas ; de l'autre, des innovations durables : la conception d'une monarchie autocratique, la domination grecque sur l'Asie et l'Égypte, l'urbanisation de l'empire, l'interpénétration des civilisations hellénique et orientale. Le « nouvel Achille » donne raison à Plutarque, pour qui les grands hommes mènent l'histoire.

Les avatars d'un héros, le Roman d'Alexandre

L'épopée d'Alexandre a profondément frappé les esprits à travers les temps.

Alexandre, modèle des Romains. L'historien grec Plutarque, à la fin du Ier siècle de notre ère, apparie Alexandre et César : celui-ci aurait pleuré parce que, à son âge, Alexandre avait déjà subjugé tant de royaumes. Les deux hommes incarnent le rêve d'une grande monarchie asservissant l'ensemble du genre humain et le réalisent, l'un en Orient, l'autre en Occident, grâce à leur génie militaire et politique. Au IIe siècle de notre ère, Trajan, du Nil au Tigre, marche dans les pas du Macédonien : l'oracle en Égypte lui « donne tous les héritages de la terre » ; vainqueur des Parthes, il sacrifie à Babylone aux mânes du vainqueur des Perses. Cette fascination confine à la monomanie avec Caracalla qui fait placer l'effigie d'Alexandre dans les villes de l'empire et arbore le costume macédonien.

Alexandre, mythe médiéval et moderne. L'imagination populaire, en Orient, transforme le personnage d'Alexandre : les poètes persans le travestissent en magicien des *Mille et Une Nuits* ; sa légende est christianisée – le Saint-Esprit lui révèle le secret de la Trinité –, ou islamisée – une sourate du Coran investit d'une mission divine « Iskander ». Au XIIe siècle en Occident, il inspire les trouvères et la *Vie du Sire de l'Univers* voit le Macédonien rivaliser avec les paladins de la Table ronde. À l'époque moderne, Montaigne, au XVIe siècle, Montesquieu, au XVIIIe, rendent hommage au conquérant, auquel Napoléon voue ensuite un culte dont témoigne *le Mémorial de Sainte-Hélène.* Ce destin fabuleux tient sans doute à ce que, alliant l'acte et le rêve, Alexandre a su « ceindre la couronne totale de l'humanité », pour reprendre l'expression du *Faust* de Goethe.

L'empire conquis par Alexandre, entre 336 et 323.

Le bouddhisme consacré en Inde

LE RÈGNE D'ASOKA

Le règne d'Asoka (264 ?-226 ?) marque l'apogée de la dynastie maurya, créatrice pour 150 ans, d'un empire unifié et organisé auquel l'État indien actuel emprunte ses symboles : le drapeau et le sceau. Fort de son unité, l'Inde d'Asoka réussit l'intégration des influences grecques apparues dans le subcontinent indien un siècle auparavant et consacre le bouddhisme, né deux siècles plus tôt, comme fondement de la loi.

Le succès d'Asoka puise ses racines à la fin du VIe et au début du Ve siècle, dans l'avènement, au nord de l'Inde (moins l'Indus), du royaume de Magadha : ses deux premiers souverains sont les stricts contemporains du Bouddha et, tout en ne reniant pas la très ancienne tradition brahmanique (c'est à cette époque-là que sont rédigés les textes fondamentaux de cette religion, les *Upanisads*), ils manifestent à l'égard de la spiritualité bouddhique une faveur qui sera décisive pour l'histoire ultérieure de l'Inde.

Les Maurya, unificateurs de l'Inde

Mais Asoka est surtout le descendant direct de Candragupta Maurya (Sandrakattos) [313-289], un jeune général du royaume du Magadha qui détrôna la dynastie en place, étendit son empire en Inde du Sud et conquit le nord-ouest du pays, la vallée de l'Indus, région anciennement dominée par les Perses, puis soumise par Alexandre, et qui se trouvait alors entre les mains des successeurs du Macédonien, les diadoques.
Asoka Priyadarcin (« au regard propice ») est le petit-fils de ce véritable « héros national » indien, vainqueur des Grecs : il monte sur le trône, dans la capitale de Pataliputra (aujourd'hui Patnā), sur le Gange, vers 264 avant notre ère, soit 225 années après l'extinction complète du Bouddha (le parinirvāna). La tradition veut que cette accession se soit faite au prix d'un parricide et d'une occupation sanglante des territoires ; mais cette légende n'est peut-être qu'un symptôme des bouleversements occasionnés par le fait majeur du règne d'Asoka : sa conversion au bouddhisme.

Le bouddhisme, fondement de la loi

Un ensemble exceptionnel d'édits gravés sur roc ou sur piliers et retrouvés dans toute la péninsule indienne donne en effet une idée assez précise de l'idéologie qui inspire Asoka. Touché par la piété bouddhiste dans les premières années de son règne, le souverain choisit de régner selon le « Bon Ordre » (l'ordre naturel du monde) et la justice, de promouvoir dans tout le royaume des règles de vie et de morale conformes à l'idéal enseigné par le Bouddha. Oublieux des conquêtes initiales du roi, un édit proclame ainsi : « Que nos descendants ne pensent pas que la conquête par l'épée mérite le nom de conquête ; qu'ils n'en considèrent que le trouble et la violence. »
À l'intérieur du royaume, pour obliger ses sujets à pratiquer la morale humanitaire bouddhiste qu'il prône, Asoka se dote d'une administration centralisée, servie par des fonctionnaires, les *dharma-mahāmātra,* chargés de faire appliquer la loi jusque dans les plus petites circonscriptions. Un édit en résume les principes essentiels : « Le roi chéri des dieux désire la sécurité pour toutes les créatures, le respect de la vie, la paix et la douceur ; ce sont là les conquêtes de la religion. » Suivant l'idéal de charité et de

Un des hauts lieux de l'art bouddhique en Inde : le stupa, ou dôme, de Sanci avec son portique nord (État de Madhya Pradesh, IIe et Ier siècles avant notre ère).

Asoka rend visite à l'arbre de l'illumination du Bouddha (« arbre de la Bodhi ») [détail d'une sculpture de Sanci].

non-violence prêché par l'Éveillé envers toutes les catégories d'êtres vivants, le roi prône aussi le respect de la vie et encourage le végétarisme. « Le roi s'abstient des êtres vivants ainsi que les autres hommes et tous les chasseurs et pêcheurs du roi ont cessé de pêcher » (inscription bilingue d'Alexandrie d'Arachosie). Pourtant, il maintient la peine de mort.

Conduit par la foi bouddhique, Asoka insiste enfin sur la perfectibilité morale de l'homme, qui est garante de la paix et de la fraternité, donc de l'ordre. « Et tous ceux qui étaient intempérants ont cessé d'être intempérants dans la mesure de leurs moyens. Et ils sont devenus obéissants à père et mère et aux gens âgés, contrairement à ce qui se faisait autrefois » (inscription bilingue).

Une propagande bien organisée

Les édits retrouvés aux limites de l'empire, comme les ordonnances traduites, attestent le souci prosélytique et propagandiste du roi, qui entretient une diplomatie active jusqu'en Grèce. Si l'on en croit la tradition bouddhiste, il réunit un concile dans la capitale (le troisième), qui fixe le canon pāli du theravāda, la branche orthodoxe du bouddhisme, et il envoie des missionnaires dans toute la péninsule : Ceylan est alors convertie ; l'Inde se couvre de *vihāra*, à la fois monastères et temples, et se hérisse de *stupas,* monuments commémoratifs en forme de tumulus renfermant des reliques du Bouddha ou consacrant un lieu saint, construits pour la première fois en pierre, honorés de pèlerinages attractifs. Le roi fait encore élever près de Bénarès un pilier en pierre à l'emplacement du premier sermon du Bouddha. Il visite le bois sacré où naquit le Bouddha et surtout l'arbre de Gayā où Siddhārtha Gautama devint le Bouddha. Cette ferveur n'empêche pas le souverain bouddhiste de manifester une réelle tolérance envers les autres sectes : ainsi, avec les Ājīvika, d'un ascétisme radical, auxquels il fit don de cavernes artificielles pour l'ermitage des moines.

Les jugements sur Asoka sont assez controversés, ne serait-ce que parce que son empire ne lui survécut pas. On s'est interrogé sur la fragilisation d'un pouvoir qui s'était mis à dos les brahmanes de l'ancienne religion. Il reste que son entreprise « légiste » est tout à fait exceptionnelle pour son temps.

L'Inde avant Asoka

Au IIe millénaire, les civilisations de l'Indus ont été submergées par des envahisseurs indo-européens : **les *Aryens,*** au teint clair, parlant sanskrit, se sont installés dans le nord-ouest de l'Inde. Cette invasion dut être suivie par de grandes guerres entre tribus aryennes : l'épopée du *Mahabharata* (IVe siècle avant notre ère) en conserve le souvenir. Au VIe siècle, la région fut atteinte par la conquête perse, puis elle devint une province de l'empire d'Alexandre, au IVe siècle avant notre ère.

En Inde du Sud, **les populations indigènes** du Deccan, au teint foncé, de langue dravidienne (parmi lesquelles le tamoul), maintiennent longtemps leur organisation tribale et se constituent en de nombreux petits royaumes.

Enfin, au nord-est, dans la vallée du Gange, sont apparus **les premiers royaumes indiens :** de là sortira l'empire d'Asoka, une vaste principauté étendant sa domination du Gange à l'Indus et, au sud, sur l'ensemble du Deccan.

→ **Voir aussi :** p. 44-45 (Confucius et Bouddha).

Religion et politique dans l'histoire

L'indépendance du religieux et du politique est une réalité qui date de l'époque contemporaine. Pendant longtemps (et encore parfois aujourd'hui), les domaines du spirituel et du politique sont restés associés, et cela dans la plupart des civilisations.

Dans le monde païen. Dans les États « païens » de l'Antiquité, les divinités du panthéon sont considérées comme les garantes de la victoire du pays. Quand le prince assyrien marche au combat, ce sont les dieux qui agissent. Les cités grecques consultent de même les grands dieux oraculaires sur la politique à suivre. Et Rome attribue ses revers à la négligence du culte.

Les religions monothéistes. Pour les trois grandes religions monothéistes (judaïsme, christianisme, islam), le lien est de même essentiel. La transcendance absolue du Dieu créateur – que la référence du message soit nationale (judaïsme) ou universaliste (christianisme et islam) – en fait le maître unique et absolu « sur la terre comme au ciel ». Pour le judaïsme, la fin de l'histoire connaîtra le règne de Yahvé sur terre par l'intermédiaire de Son peuple élu. « Car toute la Terre est mon domaine. » Aussi la Loi juive enserre-t-elle tous les secteurs de la vie de commandements stricts. Dans les États chrétiens, mais c'était déjà le cas dans l'Empire romain, les souverains sont les bras temporels du roi divin. En France, ils sont intronisés par l'onction divine qui les sacre. Donc l'éradication des infidèles, non chrétiens ou protestants, par le prosélytisme missionnaire, la croisade ou encore l'Inquisition sont des œuvres politiques pies. Il en va de même en islam, avec le *djihad,* œuvre pour étendre la croyance en « Allah, Dieu Un », et le respect de la *charia* (loi coranique), qui se traduit historiquement en guerre sainte.

Les périodes d'imbrication du politique et du religieux sont nécessairement restrictives de la liberté telle que l'entend la philosophie rationaliste, à cause du caractère même du religieux, intangible parce que sacré.

221

Le premier empereur de Chine
QIN SHI HUANGDI

S'il est un nom devenu légendaire, c'est bien celui de Qin Shi Huangdi, créateur d'empire, qui a donné son nom au pays le plus peuplé du globe (la Chine), qui a amorcé la fameuse « grande muraille » et dont, en 1974, les six mille guerriers en terre cuite, avec leurs montures, ont été découverts, gardant, 2 000 ans après sa mort, son grandiose tombeau à Xi'an.

Le nom seul de l'empereur est tout un programme : Qin Shi Huangdi – « Premier Auguste Souverain originaire de Qin ». Ce monarque absolu centralisateur est le fondateur, dans le dernier quart du IIIe siècle avant notre ère, du premier Empire chinois. Son œuvre est assez bien connue, car des annales contemporaines subsistent, et, au IIe siècle avant notre ère, un archiviste et fonctionnaire de la cour des Han, la dysnatie alors régnante, Sima Qian, a rédigé une histoire officielle, les *Mémoires historiques (Shiji),* d'un intérêt remarquable même si l'auteur y brosse un portrait très noir du premier empereur.

La conquête du pouvoir

Monté, en 247, sur le trône d'un des six Royaumes combattants, l'État de Qin, le roi Cheng établit d'abord une autorité incontestée et personnelle dans son pays. Il peut alors, en une douzaine d'années (233-221), partir à l'assaut successif des autres royaumes installés en Chine du Centre et de l'Ouest. « Qin Shi Huangdi brandissant sa grande cravache, gouverna le monde. Il détruisit les seigneurs... et imposa sa loi aux six directions de l'espace. Il mania le fouet et la verge pour fustiger l'Empire. Son prestige fit trembler les quatre mers. » Il peut donc, en 221, justifier le nouveau nom qu'il adopte : « Premier Empereur ».

La grande muraille de Chine, commencée sous Qin Shi Huangdi.

Un centralisateur énergique

Au cours du premier millénaire, l'une des premières dynasties de la Chine, les Zhou, a imposé l'idée d'un empereur au-dessus des autres hommes. Shi Huangdi reprend cette conception : ascensionnant la montagne sacrée du Tai Shan, pour s'y entretenir avec les esprits divins et leur offrir des sacrifices, il se fait appeler « Fils du Ciel », et mène une œuvre systématique de centralisation, remarquablement aidé dans sa tâche par son Premier ministre, Li Si.

Persuadé, comme le dit ce dernier, que « dans l'Antiquité, la Chine était morcelée et troublée. Il ne se trouvait personne pour l'unifier. C'est pourquoi les seigneurs florissaient tous ensemble », il s'attaque d'abord au régime féodal, dont il a raison par la dureté et la violence armée. « Les lois et ordonnances émanaient d'un seul chef, et depuis la plus haute antiquité, il n'y avait jamais rien eu de tel » écrit Sima Qian du règne de Shi Huangdi. Supprimant tout ce qui pourrait ressembler à un « fief » sur lequel il perdrait quelque pouvoir, l'empereur divise les régions qu'il gouverne, les « domaines du Fils du Ciel », en préfectures et commanderies administrées par des fonctionnaires qui, jusqu'au plus petit échelon, appliquent une législation civile et militaire uniforme. Il recrute ces « grands commis de l'État » dans la classe nobiliaire, qu'il tient ainsi à sa discrétion, pendant que son palais bruit de l'activité des hommes de loi chargés de rédiger ses décisions.

Une ère de prospérité

Aux quatre coins de son empire, le premier empereur fait graver des inscriptions qui célèbrent son œuvre. « Sa vertu a absorbé les Seigneurs. Le premier, il a établi uniformément la Grande Paix. Il a renversé et détruit les remparts intérieurs et les murs extérieurs

---

La Chine au IIIe siècle

Cet immense territoire est à l'âge des principautés : **c'est le temps des Royaumes combattants.**

La royauté archaïque des Shang (ou Yin) est tombée au XIe siècle ; la dynastie des Zhou lui a succédé, et le pouvoir royal s'est affaibli depuis cette époque, face à la multiplication des pouvoirs régionaux.

Les derniers siècles de la dynastie des Zhou voient en effet une véritable **déliquescence du pouvoir central :** pendant la période des Printemps et des Automnes (770 à 473), cinq principautés rivalisent ; au Ve siècle, où meurt Confucius, il y a sept Royaumes. L'un d'eux, **l'État de Qin,** s'assure, dès le milieu du IVe siècle, une supériorité sur les États du Nord.

Peinture chinoise ancienne représentant l'empereur Qin Shi Huangdi en costume d'apparat. Le vêtement, la longue barbe, la carrure même du personnage lui donnent prestance et majesté.

(des principautés). Il a ouvert des passages dans les barrages des fleuves », lit-on sur l'une d'entre elles.

De fait, la centralisation impériale crée des conditions propices à la prospérité. L'unification politique, surveillée par un système « musclé », assure la paix et la sécurité du territoire. Terminées, les luttes séculaires entre les féodaux et surtout les razzias des bandes de brigands profitant de l'incertitude du pouvoir ! Protégé le pays, vers 214, contre les assauts des ennemis des steppes centrales : « Que la muraille est immense ! Elle s'allonge sur trois mille li (un li : un peu plus d'un demi-kilomètre). »

La présence militaire se double de la mise en place d'une véritable infrastructure unificatrice. « On fit des tranchées dans les montagnes, des remblais dans les vallées et la communication fut établie en ligne droite. » Le nouvel empereur s'attache à réduire les deux grands obstacles chinois que sont les dimensions du pays et son morcellement géographique, sources de particularismes. Il met sur pied un réseau routier, fait uniformiser la largeur des ornières des chemins, oblige à une standardisation de la taille des essieux des charrettes. Il fixe des poids, des mesures, des monnaies « nationales ». Il normalise l'écriture. Au besoin, il déplace les populations, réalisant un début de mixage des peuples.

Les résultats économiques sont assurés. Les productions agricoles augmentent, grâce à l'extension des surfaces cultivées que permet une politique de grands travaux, et parce qu'une réforme agraire donne la terre aux paysans. Les échanges profitent aussi largement des conditions générales de la prospérité, même si le commerce conserve l'image de « la dernière des professions ».

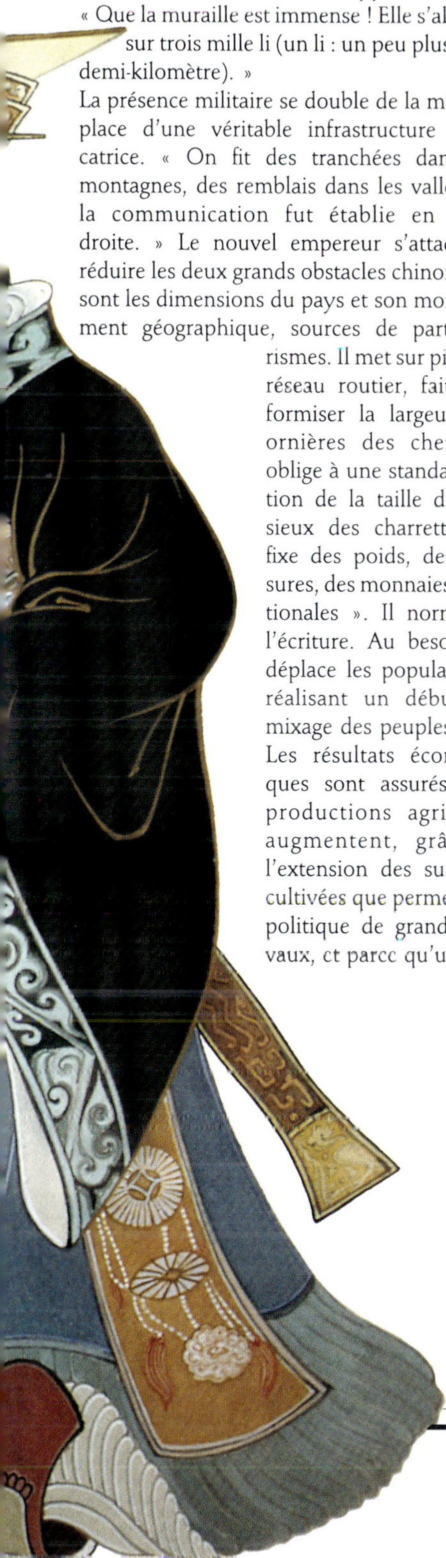

Vue d'ensemble d'une des fosses de la sépulture de Qin Shi Huangdi, découverte de 1974 à 1976 près de Xianyang.

Soldat et cheval d'argile, de la cavalerie funéraire de Shi Huangdi.

Un souverain détesté

Si l'empereur inscrit dans le luxe de ses palais, de ses temples, de son mausolée même la gloire de son règne, il acquiert celle-ci au prix du contrôle des esprits et des biens. En 213, il fait brûler les livres de Confucius : les lettrés ne le lui pardonnent pas et vouent sa mémoire à l'exécration. « Il brûla l'enseignement des cent Écoles afin de rendre stupide le peuple... Il tua des hommes éminents... Il fit de la tyrannie le fondement de l'Empire... » (Sima Qian).

Vingt et un siècles d'Empire chinois

Qin Shi Huangdi crée, en 221 avant notre ère, un empire qui écarte aussitôt ses héritiers, mais qui va durer, pratiquement, avec des éclipses et des moments de faiblesse du pouvoir central, jusqu'en 1911.

Les Han. À la mort de Shi Huangdi, les mécontentements accumulés empêchent une succession dynastique. Après quelques années de troubles, un obscur fonctionnaire de Qin installe la dynastie des Han : elle règne quatre siècles (206 av. N.e.-220 apr. N.e.), malgré une grave crise au début de notre ère.

Troubles et invasions. En 220, les Han tombent, victimes d'un coup d'État militaire. Pendant trois siècles, le pouvoir est de nouveau morcelé. La réunification réalisée par les Sui (581-618) et poursuivie par les Tang (618-907) est compromise par une extension territoriale excessive. En 960, les Song recréent l'unité, mais ils sont éliminés à leur tour par les « Barbares » du Nord : en 1276, un étranger devient « Fils du Ciel ». La dynastie mongole des Yuan, que connaît Marco Polo, reste au pouvoir de 1279 à 1368.

Ming et Qing. Bien que poursuivant la politique des souverains chinois, les Yuan succombent sous une insurrection nationale, qui installe la dynastie des Ming (1368-1644). C'est l'âge d'or de la Chine, dont témoigne la somptueuse Cité interdite de Pékin. Les ultimes dynastes, les Qing (1644-1911), mandchous, poursuivent l'œuvre des Ming. Mais le dernier empereur tombe sous les coups conjugués d'une totale désagrégation interne et de la colonisation européenne et japonaise.

Un épisode célèbre de la deuxième guerre punique

HANNIBAL AUX PORTES DE ROME

La stratégie suivie par Hannibal en 216 avant notre ère appartient à ces grandes interrogations au travers desquelles les hommes sont parfois tentés d'écrire une autre histoire. « Et si Hannibal avait marché sur Rome ? » La question excite d'autant plus l'imagination qu'elle touche à un conflit antique devenu quasi légendaire : les trois guerres puniques.

Cet affrontement sans merci, étalé sur plus d'un siècle (Carthage est rasée en 146), entre deux des plus grandes puissances de leur époque, a modifié durablement l'équilibre du monde méditerranéen. Il a révélé des personnalités hors du commun, devenues exemplaires, comme Hannibal ou Scipion l'Africain, et alimenté la fièvre créatrice de bien des artistes de la Renaissance au romantisme.

D'une guerre l'autre

Rome déclenche la première guerre punique en 264, pour ravir à Carthage sa suzeraineté sur la Sicile. La République romaine, mal préparée à combattre hors de la péninsule et sur mer contre des peuples non italiens, s'adapte et, malgré des revers face au chef carthaginois Hamilcar Barca, amène finalement l'ennemi à demander la paix, en 241. Mais le traité de paix qui conclut la guerre impose à Carthage des conditions dures et humiliantes. La cité punique doit abandonner la Sicile et la Sardaigne et payer un très lourd tribut. Ces pertes affectent sa politique intérieure et redéfinissent les champs d'expansion dans l'ouest de la Méditerranée.

De part et d'autre de la mer, de nouvelles visées impérialistes naissent en effet ; Hamilcar Barca et sa famille (Hasdrubal son gendre, et ses fils Hannibal et Hasdrubal Barca), animés sans doute d'un esprit de revanche, partent à la conquête de l'Espagne, où ils prennent Sagonte en 219. À Rome, les sénateurs, soucieux de protéger le nord de l'Italie, vulnérable, y fondent des colonies. Dans le même temps, ils prennent conscience de l'avantage d'une colonisation outre-mer et ils soignent, en conséquence, de nouvelles relations : ainsi avec Marseille.

La « guerre-éclair » d'Hannibal

Le *casus belli* intervient en juin 219, en Espagne, non loin de l'Èbre, frontière de la zone d'intervention punique. Le plan d'attaque d'Hannibal est clair. Appuyé sur la base arrière que son clan s'est constituée dans le sud de la péninsule Ibérique, il marche avec 80 000 mercenaires en suivant le littoral pour entrer en Italie par le nord, usant du ralliement des populations gauloises. Fin août 218, il traverse le Rhône et crée la surprise en franchissant, avec ses célèbres éléphants, les Alpes vers la Maurienne. À l'automne, il prend Turin et ne tarde pas à passer le Pô pour foncer vers le sud. La rapidité de l'avance jusqu'en 216 est stupéfiante pour l'époque. Rome est impuissante devant la « guerre-éclair » d'Hannibal, malgré ses fameuses légions, malgré de nombreuses troupes alliées, malgré des généraux de qualité. Confrontée pour la première fois à l'invasion ennemie prolongée, aux combats sur son territoire, essuyant défaite sur défaite, sa population masculine adulte est décimée. Sa classe dirigeante est décapitée, au point qu'après la défaite de Cannes en Apulie, en 216, il faut remplacer la moitié des sénateurs, et les anciens magistrats n'y suffisent pas !

« Hannibal est à nos portes »

La route de Rome est ouverte. Les noms du Tessin, de La Trébie, de Trasimène et de Cannes résonnent chez les auteurs romains comme les désastres les plus cuisants de leur

Rome contre Carthage

Avant même 272, quand la prise de Tarente scelle la domination de Rome sur l'Italie et supprime de l'échiquier politique le royaume d'Épire, la cité du Latium regarde déjà outre-mer (traités avec Rhodes et Carthage).

Mais, une fois la péninsule subjuguée, **les tentations méditerranéennes** se font d'autant plus pressantes que les intérêts campaniens, au sud de la botte, poussent vers la Sicile.

Les conditions des guerres puniques sont réunies. **Rome** est **une république oligarchique,** défendue par une armée de citoyens-propriétaires, gouvernée par une « noblesse » de tradition foncière. Lui fait face géographiquement **l'Empire carthaginois,** maritime, de filiation phénicienne, dirigé par une oligarchie commerçante, qui a constitué une thalassocratie en Méditerranée occidentale, défendue par des mercenaires.

Le passage des Alpes par Hannibal et ses éléphants : deux interprétations modernes de l'épisode (céramique du XIXe et tapisserie du XVIIe siècle).

Buste antique du Musée national de Naples, traditionnellement considéré comme un portrait d'Hannibal.

La Méditerranée, centre du monde

Une tradition de prééminence. Il y a deux siècles seulement que l'Atlantique et, aujourd'hui, le Pacifique concentrent sur leurs rivages l'intérêt du monde. Depuis l'Antiquité jusqu'au XVIIIe siècle (donc bien après la découverte de l'Amérique), le cœur de l'histoire bat dans la « mer qui est au milieu des terres ».

La Méditerranée antique. Les Anciens, comme l'époque médiévale, connaissent le monde extrême-oriental, avec lequel ils entretiennent quelques relations. Mais, quand ils disent ou cartographient l'*oïkoumène* – le monde habité –, la Méditerranée en est le centre, trait d'union entre trois continents. Le rôle joué par l'unification de l'Empire romain dès le début de notre ère est déterminant, entraînant pour trois à quatre siècles les pays du pourtour dans la même « paix romaine ». La Méditerranée est la *Mare nostrum*, un lac romain.

Au Moyen Âge. La chute de l'Empire atténue le mouvement. L'Empire byzantin est baigné des mêmes eaux, mais isolé. Les navires musulmans sillonnent la mer. Venus de Scandinavie, les Normands s'installent en Sicile et dans des îles. Les royaumes chrétiens d'Europe convoitent Rome pour faire renaître le Saint Empire et lancent les croisades pour reprendre le tombeau du Christ aux Infidèles. La renaissance de cités commerciales en Italie du Nord (Gênes et Venise) refait de la Méditerranée une chasse gardée italienne, âprement disputée, entre cités, contre les Turcs et les pirates barbaresques.

histoire, engendrant une crise religieuse et de conscience grave. « Hannibal est à nos portes ! » est le cri d'alarme des Romains, conscients du péril imminent. La République affolée recourt alors à une magistrature exceptionnelle, la dictature : Q. Fabius Maximus Cunctator (« le Temporisateur ») réussit à protéger les accès à la capitale et à limiter les pertes. Cependant, après la bataille de Cannes, où meurent 45 000 Romains, parmi lesquels un des deux consuls, et où 20 000 autres sont faits prisonniers, Hannibal est en terrain conquis.

Une décision lourde de conséquences

Or, le conquérant carthaginois ne profite pas du désarroi romain pour s'emparer de la capitale. Il suit un but politique précis : il ne veut pas exploiter son succès militaire en travaillant à établir un empire territorial, mais il choisit de rétablir seulement la suzeraineté de Carthage sur la Méditerranée occidentale, une suzeraineté qui s'accommode à ses yeux de l'existence de multiples cités indépendantes – parmi lesquelles Rome peut compter. C'est ainsi qu'Hannibal propose aux prisonniers faits à Cannes, donc à Rome, de se racheter moyennant rançon. Cette naïveté d'appréciation, qui méconnaît l'orgueil de l'aristocratie républicaine et la majesté du peuple romain, lui est fatale. Elle est pourtant tout à fait logique, au vu de la situation désespérée de la cité de Romulus à l'hiver 216-215. Les jusqu'au-boutistes semblent minoritaires ; l'ouverture par les Romains d'un second théâtre d'opérations en Espagne gêne peu Hasdrubal qui doit venir renforcer son frère ; et, plus grave encore, les cités campaniennes profitent de l'affaiblissement de leur conquérante pour secouer le joug romain. La défection de Capoue et bientôt celle de Syracuse privent Rome d'hommes et de blé et assurent à Hannibal la maîtrise de l'ancienne Grande Grèce – le général carthaginois scelle même une alliance avec Philippe V de Macédoine, ravi de contrer Rome dans les Balkans.

Mais la République romaine s'acharne, quitte à en payer longtemps les conséquences. Ne mesurant pas l'effort de guerre, prenant de grandes libertés avec la Constitution, elle adapte sa stratégie à l'adversaire en élargissant la lutte à la Méditerranée et en recrutant de jeunes commandants comme Scipion. Progressivement, de façon non moins spectaculaire, Rome reconquiert le terrain, en Campanie, en Sicile, en Espagne (214-206). En 207, Hasdrubal ne peut faire sa jonction avec Hannibal, piégé alors dans le sud-est de l'Italie. Scipion, celui que l'on surnommera après cela « l'Africain », porte la guerre en Afrique en 204. Carthage rappelle Hannibal en 203. En 202, le vainqueur d'hier est battu à son tour à Zama, et Carthage demande la paix.

Une union gauloise trop tardive

ALÉSIA

Par un jour d'automne de l'année 52 avant notre ère, assiégé par César et ayant échoué dans son ultime percée, au pied du mont Rhéa, Vercingétorix, chef arverne, rend les armes devant son vainqueur : à ce moment, la Gaule cesse d'être libre, la civilisation gallo-romaine va naître.

« La ville proprement dite était au sommet d'une colline (le mont Auxois, 418 m, qui domine la plaine de 160 m), à une grande altitude, en sorte qu'on voyait bien qu'il était impossible de la prendre autrement que par un siège en règle. Le pied de la colline était de deux côtés baigné par des cours d'eau (au nord, l'Ose ; au sud, l'Oserain). En avant de la ville, une plaine (des Laumes) s'étendait sur une longueur d'environ trois milles ; de tous les autres côtés, la colline était entourée, à peu de distances, de hauteurs dont l'altitude égalait la sienne (montagnes de Flavigny et de Bussy, monts Pennevelle et Rhéa) » (César, *Guerre des Gaules* – en latin, *De bello gallico*).

Un témoignage inestimable, le *De bello gallico*

Nous devons cette description si exacte du site d'Alésia au général romain César, proconsul des Gaules depuis 58, figure héroïque de la guerre des Gaules très habilement magnifiée par... lui-même. Non que ses *Commentaires* sur la guerre gauloise ne suscitent, chez les historiens, des interrogations critiques. Le chef de guerre ne se fait chroniqueur que pour servir son œuvre de propagande, orchestrée en vue de la prise du pouvoir à Rome, disputé par le grand Pompée, son rival : les justifications, interprétations ou silences qui tissent son *De bello gallico* exigent d'être lus à travers le prisme de la politique intérieure romaine et les portraits contradictoires des peuples gaulois, à travers l'exaltation que César entend donner à son action. En revanche, l'apport de César à la connaissance géographique de la Gaule est d'autant plus inestimable qu'il est unique à son époque.

Une difficile conquête

En six années (de 58 à 52), César et ses légions parcourent en effet la Gaule en tous sens. Entré en Gaule à l'appel des Éduens, pressés par les Helvètes migrants vers l'ouest, il hiverne dans le Jura en 58-57. César signifie ainsi clairement ses ambitions. N'entendant pas se limiter à une simple protection des frontières romaines, la Gaule sera pour lui ce que l'Orient fut à Pompée. Usant de la force de ses armées tous les ans plus nombreuses, jouant avec diplomatie de l'alliance de certains peuples et des rancœurs entretenues, intimidant par la terreur, au besoin, il atteint la Belgique actuelle dès 57. Des opérations font connaître le nom de Rome au-delà du Rhin et de la Manche. Contournant la Gaule centrale, il fait payer tribut aux peuples de l'Ouest, du Cotentin à l'Aquitaine. Mais la dureté de la présence romaine et l'insupportable sujétion pour des peuples fiers, habitués à la liberté, provoquent, à partir de l'hiver 54, des révoltes multiples contre les forces romaines. À la fin de l'année 53, César finit pourtant, chèrement, par rétablir la situation.

La Gaule avant César

Au nord de la Gaule Transalpine (« *Provincia* », d'où la Provence tire son nom), s'étend **la Gaule chevelue** ou celtique.

Elle est libre, mais **sa division politique** la rend vulnérable.

Or, **le pays a de quoi attirer** une Rome peu peuplée et une Italie pauvre. Riche en hommes, en produits agricoles (céréales, bétail, bois) et miniers, elle est aussi habile manufacturière, et depuis longtemps les échanges commerciaux y empruntent un réseau terrestre et fluvial.

La conquête remise en cause ?

Début 52, « voyant la Gaule tranquille, César part pour l'Italie » (*Guerre des Gaules*).
Les peuples de la Gaule centrale, les Carnutes d'abord, en profitent pour engager le combat qui tourne bientôt à l'insurrection générale, grâce à l'alliance de peuples gaulois derrière un chef arverne, Vercingétorix. « À l'unanimité (*de certains peuples seulement !*), on lui confère le commandement suprême. » Le

Le vallum

« On coupa des troncs d'arbres ayant des branches très fortes et l'extrémité de celles-ci fut... taillée en pointe ; d'autre part on creusait des fossés continus profonds de 1,50 m. On y enfonçait ces pieux, on les reliait entre eux par le bas, pour empêcher qu'on pût les arracher, et on ne laissait dépasser que le branchage... Ceux qui s'engageaient dans cette zone s'empalaient... Devant eux on creusait, en rangées obliques et en quinconce, des trous... On y enfonçait des pieux lisses dont l'extrémité supérieure avait été taillée en pointe et durcie au feu ; on ne les laissait dépasser du sol que de 7,5 cm... (Les trous) étaient recouverts de branchages et de broussailles afin de cacher le piège... En avant, des pieux longs de 30 cm, dans lesquels on enfonçait un crochet de fer, étaient entièrement enfouis dans le sol ; on en semait partout et à intervalles rapprochés. »

César, *Guerre des Gaules*.

Vercingétorix jette ses armes aux pieds de César *(détail d'une peinture de L. Boyer, 1899, Le Puy-en-Velay, musée Crozatier).*

plan gaulois vise à couper César de son armée, stationnée à Sens, et à attaquer la Transalpine, province romaine. Mais César arrive à organiser la défense en « Provence » et réussit à gagner Sens. Il reprend les villes du Centre, révoltées. Vercingétorix, conscient de la supériorité des légions romaines remarquablement aguerries, évite le combat et cherche à asphyxier les troupes césariennes par la tactique de la terre brûlée : « interdire aux Romains le fourrage et les approvisionnements ».

Mais la prise d'Avaricum (l'actuelle Bourges) oblige le chef arverne à se replier sur l'Auvergne. Tandis que Labienus, fidèle lieutenant de César, opère victorieusement dans le Bassin parisien, César subit un échec cuisant à Gergovie (au sud de Clermont-Ferrand) qui provoque la défection des Éduens. Il décide alors de remonter vers le nord pour faire sa jonction avec Labienus. Il enrôle des cavaliers germains qui défont la cavalerie gauloise.

Piégé dans Alésia

« Après cette déroute de toute sa cavalerie, Vercingétorix... prit la route d'Alésia... César... entreprit l'investissement de la place. » Il entoure la place forte – l'*oppidum* – d'un double mur fortifié, long de 15 km, renforcé de pièges pour bloquer toute sortie. L'armée gauloise de secours appelée par Vercingétorix, forte, peut-être, de 240 000 hommes, est impuissante à desserrer l'étau. Les deux tentatives de sortie des assiégés sont pareillement repoussées. Vercingétorix se rend à l'automne 52.

La relation théâtrale que donne l'historien grec Plutarque de la reddition du chef inspira par la suite maintes images d'Épinal : « Vercingétorix prit ses plus belles armes, para son cheval et franchit ainsi les portes de la ville. Il vint caracoler en cercle autour de César qui était assis, puis, sautant à bas de sa monture, il jeta toutes ses armes. » (*Vies parallèles.*)

Barbare combattant un légionnaire romain (fragment d'un bas-relief du IIe siècle de notre ère, Paris, musée du Louvre).

Des siècles à la recherche d'Alésia

Les historiens n'ont pas encore localisé précisément tous les lieux cités par César dans ses *Commentaires sur la guerre des Gaules.* Si presque tous les grands théâtres d'affrontement sont désormais situés, ce ne fut pas sans mal, spécialement pour le plus décisif d'entre eux, celui où se scella le sort de la Gaule et qui est entré dans la légende du nationalisme français : Alésia.

Au XIXe siècle, l'empereur Napoléon III, en digne héritier de son prédécesseur (Napoléon Ier, *Précis des guerres de César*), fit entreprendre des fouilles à Alise-Sainte-Reine, en Côte-d'Or (près de Semur-en-Auxois), qui confirmèrent les hypothèses fondées sur le site et la toponymie. Il exploita les conclusions archéologiques dans le tome II de son *Histoire de Jules César,* en 1866. Mais la portée symbolique de l'*oppidum* de la lutte finale des Gaulois était telle que bien des bourgades, du Gard au Doubs, ont revendiqué le privilège d'avoir été Alésia, avec les commémorations patriotiques appropriées.

Au XXe siècle, la plus grande concurrente d'Alise fut Alaise, dans le Doubs. Des titres comme l'*Énigme d'Alésia* (1922) et *la Bataille d'Alésia* (1950) de G. Colomb donnent la mesure de la controverse. Le grand spécialiste d'histoire romaine, J. Carcopino, y a répondu définitivement dans *Alésia et les ruses de César* (1958). « La toponymie, la topographie, l'archéologie enfin... imposent la localisation d'Alésia à Alise. »

Octave devient maître du monde

ACTIUM

Le 2 septembre 31 avant notre ère, à Actium, sur la côte grecque de l'Adriatique, Agrippa, général d'Octave, remporte sur les flottes d'Antoine et de Cléopâtre une victoire décisive, qui ouvre à son maître la domination du monde.

Un conflit pour le pouvoir, commencé treize ans auparavant, cesse ce jour-là. En même temps, Rome se dote d'un maître unique, qui bientôt prendra le nom d'Auguste et fondera un nouveau régime : le principat, vite mué en Empire.

Le début de la fin : César assassiné

Antoine et Octave tiennent les rênes de Rome et de son empire depuis le 15 mars 44. En ce jour des ides (comme on appelle, dans le calendrier romain, le quinzième jour de mars), César, dictateur perpétuel, suspect de prétentions monarchiques, est assassiné en plein sénat par une coalition hétéroclite menée par des républicains comme Cassius ou son propre protégé, Brutus. Le vide politique créé est d'autant plus grand que les conjurés n'ont pas de programme. La population voit poindre avec effroi le retour des guerres civiles, César n'ayant pas préparé sa succession au pouvoir. Or, il n'est pas facile de succéder à celui qui a pris le titre d'*imperator,* a exercé la plénitude des pouvoirs et a été élevé au rang des dieux.

Antoine, consul en exercice, et l'un de ceux qui, anciens intimes de César, convoitent la succession, comprend que le plus urgent est d'empêcher que le meurtre du chef ne sonne le glas de la conception du pouvoir qu'il a imposée. Appuyé par les troupes césariennes, nombreuses en ville et autour de Rome, il négocie, dès le 17 mars, au sénat, l'impunité des « tyrannicides » contre la ratification des actes du dictateur assassiné. Mais, dès le 20 mars, il transforme les funérailles de César en manifestation procésarienne, et excite la foule contre les meurtriers. À ce moment, il semble tenir Rome.

La fin de la République romaine

Depuis le début du IIe siècle avant notre ère, **Rome,** cité-État étendue aux dimensions de l'Italie, **déborde définitivement l'horizon de la botte.** Elle réduit successivement à l'état de « provinces » les territoires espagnols, la Carthage punique et les royaumes macédonien et séleucide.

Les effets économiques, sociaux et politiques des conquêtes déséquilibrent la République traditionnelle. À partir des Gracques (133-123 avant notre ère) s'affrontent, dans **des crises sanglantes,** les tenants d'une politique sénatoriale conservatrice (comme Sulla) et les partisans de réformes, parfois démagogiques.

Ces guerres civiles entraînent une désintégration de l'État, dont les ambitieux profitent pour imposer leur pouvoir : ainsi **Pompée** (maître de Rome de 52 à 49) et son rival **César** (dictateur perpétuel en février 44). L'assassinat de ce dernier, aux ides de mars de la même année, provoque une nouvelle crise, dont Actium est la conclusion.

Les triumvirs : Antoine, Octave, Lépide

Néanmoins, l'oligarchie sénatoriale ne désespère pas de reprendre la direction de la République. Aiguillonnée par le grand orateur Cicéron qui prononce alors ses *Philippiques,* une série de discours contre les ambitions d'Antoine, elle choisit comme « champion » Octave, ou Octavien, un garçon de dix-neuf ans, petit-neveu et fils adoptif de César, en qui elle voit un esprit facile à mener. Or, dès 43, il faut bien constater qu'Octave mène une politique personnelle : se rapprochant d'Antoine et du partisan de celui-ci, Lépide, il constitue un « triumvirat pour donner une Constitution à la République », que, en novembre 43, selon la formule consacrée, « le sénat et le peuple romain »,

Statue monumentale d'Auguste, ancien Octave (63 avant notre ère-14 de notre ère) [Rome, cité du Vatican, détail].

À l'origine du conflit entre Octave et Antoine, l'assassinat de César (peinture du XIXe siècle, Naples, musée du Capodimonte).

légalisent. Les triumvirs disposent de tous les pouvoirs. Ils se partagent l'Empire, sauf l'Orient, qui reste aux mains des meurtriers de César, enfuis, et l'Italie, qui reste sous leur autorité commune. Une proscription élimine en Italie les opposants (Cicéron est exécuté par des tueurs, le 7 décembre). Puis les derniers républicains, qui avaient suivi Brutus et Cassius, périssent en Macédoine à la bataille de Philippes, en 42 avant notre ère.

Orient contre Occident : le mirage des Parthes

Le triumvirat ne pouvait guère durer, malgré deux renouvellements (en 40 et en 37) et malgré une alliance matrimoniale entre Antoine et la sœur d'Octave. Le monde romain est de nouveau partagé : l'Occident à Octave, l'Orient à Antoine. En Occident, Octave, vite débarrassé de Lépide, admirablement servi par ses deux conseillers Mécène et Agrippa ainsi que par sa femme Livie, devient le maître absolu. Il réduit le sénat à merci et mène une propagande qui le célèbre comme « fils de César divinisé ».

En Orient, Antoine, très marqué par une formation grecque, emprunte son modèle de gouvernement aux monarchies hellénistiques héritées d'Alexandre. Sur les pas du conquérant macédonien, et reprenant un projet d'expédition qu'avait conçu César contre le royaume parthe, il compte sur une victoire orientale pour atteindre la gloire et la richesse qui lui vaudront la victoire à Rome. Au préalable, il doit vérifier la loyauté des princes-clients de Rome. Aussi fait-il venir à Tarse, en Cilicie, la reine d'Égypte Cléopâtre VII – dont il tombe aussitôt éperdument amoureux.

La défaite d'Antoine

Outre ses attraits personnels, la reine d'Égypte possède le royaume le plus riche d'Orient, base arrière remarquablement située pour une expédition à l'est. Rentrés en Égypte pour passer l'hiver 41-40, Antoine et Cléopâtre se donnent de plus en plus les allures de dynastes hellénistiques : Antoine est « Dionysos-Osiris », et Cléopâtre « Aphrodite-Isis ». Les deux mènent « la vie inimitable des dieux », que la propagande octavienne stigmatise comme une grossière perversion. Elle correspond, en tout cas, à une inactivité militaire dont les Parthes profitent pour étendre leurs conquêtes, à l'ouest, jusqu'au royaume d'Hérode.

En 39, cependant, les lieutenants d'Antoine reprennent le terrain perdu. En 34, l'offensive longuement préméditée est lancée : elle manque tourner au désastre, et se conclut par une retraite honorable. Cet échec rend Antoine encore plus dépendant de la force égyptienne. Octave utilise habilement la situation en déniant désormais toute romanité au « nouveau Dionysos ». « Lui, un Romain ? Non, un Égyptien ! » (Appien).

Officiellement, le triumvirat expire en 33. La lutte s'ouvre. En 32, le prétexte est trouvé dans la divulgation, illégale, du testament d'Antoine instituant Césarion, son fils et celui de Cléopâtre, héritier : Octave se fait reconnaître chef (« *dux* ») par tout l'Occident. Sa victoire, l'année suivante, à Actium, n'apparaît donc plus comme celle d'un ambitieux chef de parti : elle est celle du sauveur de la République romaine qui, avec l'aide des dieux protecteurs de Rome, triomphe de la « barbarie » égyptienne.

Octave près de Cléopâtre mourante
(peinture de J.H. Tischbein l'Ancien, Kassel, Gemäldegalerie).

L'Empire des Césars

La fin de la République. La victoire d'Octave à Actium, suivie du suicide d'Antoine et de Cléopâtre, ferme l'ère des guerres civiles. Avec elles disparaît définitivement la République romaine. En janvier 27 avant notre ère, le sénat décerne à l'*imperator Caesar* Octave le nom d'Auguste. La « monarchie manquée » de César s'installe sous la forme du principat augustéen, monarchie impériale conservant la façade nominale des institutions républicaines.

Les débuts de l'Empire, ou le Haut Empire. Les deux premiers siècles de l'Empire connaissent trois dynasties : les Julio-Claudiens, successeurs d'Auguste (14 de notre ère-68), les Flaviens après la crise de succession ouverte par l'assassinat de Néron (69-96) et les Antonins (96-192), dont le siècle apparaît comme un âge d'or. L'Empire romain est à l'apogée de sa puissance territoriale ; les classes dominantes italiennes ont été peu à peu remplacées par les notabilités provinciales, et des empereurs exemplaires se succèdent (Trajan, Hadrien, Antonin, Marc Aurèle).

L'Empire tardif, ou Bas Empire. Il s'ouvre avec la fin de la dynastie des Sévères (193-235). La militarisation du pouvoir, qui se traduit par l'anarchie militaire (235-270), la crise économique et sociale, les menaces barbares aux frontières, où il faut construire une ligne défensive continue (le *limes*), sont temporairement maîtrisées par l'instauration d'un pouvoir collectif (la tétrarchie : Dioclétien) puis personnel (Constantin). Au IVe siècle, l'Empire se disloque. En 395, chrétien, il est définitivement partagé. L'Empire romain d'Occident vivote jusqu'en 476.

30

La crucifixion d'un Juif à Jérusalem

JÉSUS DE NAZARETH

En avril 33, selon la tradition, en avril 30, plus probablement, un Juif de Palestine, Jésus de Nazareth, meurt crucifié entre deux larrons. Le supplicié est le fondateur d'une nouvelle religion, le christianisme. Pour les chrétiens, Jésus est le Fils de Dieu, le Messie incarné et mort pour sauver l'humanité. Pour le monde moderne, croyant ou non, l'homme qui meurt cette année-là est celui dont la naissance correspond à une ère nouvelle : l'an 0 du calendrier.

Nous possédons quatre relations concernant la mort de Jésus : celles des quatre Évangiles, les textes écrits par des disciples de Jésus, Matthieu, Marc, Luc et Jean, après la mort du Christ, et, pour le plus tardif *(Jean)*, à la fin du Ier siècle seulement. Ces relations diffèrent les unes des autres : leurs dissemblances marquent la difficulté d'une connaissance de la biographie de Jésus, alors même que cette connaissance est nécessaire, le christianisme étant intrinsèquement lié à la personne de Jésus et à l'interprétation de sa nature : homme et Dieu, et Fils de Dieu, à la fois.

La Mission

Les premières années de la vie de Jésus, celles de la « vie cachée », sont celles d'un Juif. « Cependant, l'enfant grandissait, se développait » *(Luc)*. Sa rencontre avec Jean-Baptiste (en 27-28 ?), son cousin selon la tradition orchestrée par la *Légende Dorée* de Jacques de Voragine, au Moyen Âge, et l'un des ascètes prophétisant au bord du Jourdain le Royaume de Dieu à venir, est déterminante. Il est baptisé, et cet acte inaugure son ministère. « Jésus se mit à prêcher et à dire : " Repentez-vous, car le Royaume des Cieux est tout proche." » *(Matthieu)*. Il parcourt d'abord la Galilée, sa région d'origine. Il y recrute ses premiers disciples, comme Simon-Pierre, dans les couches juives populaires. Son message, qui prend la forme d'allégories et de paraboles, appuyé par des guérisons miraculeuses et autres prodiges, fait naître un fervent enthousiasme. « De grandes foules se mirent à le suivre » *(Matthieu)*.

C'est que la Judée, le pays de Jésus, connaît alors une situation instable. Des difficultés économiques se combinent avec l'impatience nationaliste exacerbée par l'occupation romaine. De plus en plus souvent, des messies se lèvent, promettant la venue imminente du Royaume de Dieu dans l'histoire. L'annonce par Jésus de l'instauration du Royaume est donc entendue, probablement par beaucoup, comme l'imminence d'un bouleversement politique.

Le maître, pourtant, ne cesse de préciser et de répéter devant son auditoire : « Mais mon Royaume n'est pas de ce monde » *(Évangile de Jean)*.

Les exécutions capitales à Rome

L'autorité juridique qui décide la mort est toujours Rome. Sous la République, c'était le peuple romain. Sous l'Empire, c'est l'empereur, ou ses délégués. Après la provincialisation de la Judée, le Sanhédrin de Jérusalem (autorité juive), en tant que gardien de la loi mosaïque, a compétence au plan pénal. Mais la condamnation à mort dépend de la sentence finale du procurateur, délégué de l'empereur.

La forme du supplice varie avec la qualité du supplicié. Pour les Romains, l'intégrité du corps et son contact avec la terre au moment du décès conditionnent la normalité du passage dans l'au-delà. La crucifixion est considérée comme infamante. Elle est appliquée aux esclaves révoltés : ainsi, Spartacus.

La Judée de Jésus

En 4 avant notre ère, Hérode, roi de Judée depuis 37, meurt. Sa succession insoluble pousse l'empereur Auguste à clarifier la situation : en 6 de notre ère, **la Judée devient province romaine,** administrée, par un procurateur.

La date de naissance conventionnelle de Jésus – an 0 – est très sûrement postérieure de quelques années à la date réelle. Malgré les contradictions des Évangiles, **Jésus** doit naître **à l'extrême fin du règne d'Hérode,** entre 6 et 4 avant notre ère. Son ministère, qu'il commence vers la trentaine, est contemporain de la procuratèle de Ponce Pilate (26-36). Son procès et sa crucifixion doivent donc se situer aux environs de l'année 30.

Le Baptême du Christ *(Giovanni Bellini, v. 1500, Vicence, Santa Corona).*

Jésus trahi et supplicié : la Passion

Puis Jésus monte à Jérusalem, la ville du culte sacrificiel juif pratiqué par les sadducéens au Temple et celle où nombre de théologiens représentant l'orthodoxie pharisienne enseignent. Son entrée triomphale, digne du Messie, sa prédication révolutionnaire (« Gardez-vous des scribes », *Marc*), son action contre les marchands, qu'il chasse du parvis du Temple, finissent d'exciter contre lui les autorités politico-religieuses juives. « Les grands prêtres et les scribes cherchaient à le faire périr, les notables du peuple aussi » *(Luc)*. Jésus connaît la menace qui pèse sur lui et il l'accepte : « La Pâque, vous le savez, tombe dans deux jours, et le Fils de l'homme va être livré pour être crucifié », dit-il aux apôtres *(Matthieu)*. Cette Pâque, il la célèbre, le jeudi soir, avec les apôtres, parmi lesquels Judas, qui va le trahir : au cours du repas, il partage le pain et le vin, modèle de la communion (eucharistie).

À la fin de la nuit il est arrêté, dans le jardin de Gethsémani au pied du mont des Oliviers, où il a passé la nuit à prier. Il comparaît devant le Sanhédrin puis devant Ponce Pilate, procurateur, c'est-à-dire gouverneur, de la province. « Après avoir flagellé Jésus, il le livra pour être crucifié » *(Marc)* : décision prise par souci de préserver l'ordre public, à la demande des sadducéens hostiles à Jésus, et parce qu'un magistrat romain ne peut tolérer que le peuple appelle l'un des siens « Jésus de Nazareth Roi des Juifs » (I.N.R.I.)

Jésus ressuscité : les débuts d'une religion

Jésus vit son calvaire sur la colline du Golgotha, proche de Jérusalem. La communauté de fidèles qui s'est constituée autour de lui pleure d'abord le mort, mais le témoignage des Apôtres proclame qu'il est ressuscité après trois jours.

L'événement décisif, du point de vue de la fondation de la nouvelle religion, a lieu ensuite : 50 jours après l'agonie au Calvaire, c'est la Pentecôte, racontée dans les *Actes des Apôtres* ; les douze disciples de Jésus (Judas ayant été remplacé) sont réunis dans un même lieu, lorsqu'un vent violent secoue la maison, des langues de feu apparaissent, qui se posent sur chacun. L'Esprit-Saint emplit désormais les disciples, qui se séparent pour prêcher aux nations, dans tous les idiomes, la Bonne Nouvelle (« évangile »).

Rome et le christianisme

Un problème nouveau. Tant que les premières communautés chrétiennes restent dans le giron du judaïsme (jusqu'au concile de Jérusalem, en 49, par lequel les chrétiens renoncent à la circoncision), elles ne posent pas de problèmes spécifiques à l'Empire romain. Mais, rapidement, le message évangélique prend ses distances avec le judaïsme : il affirme l'universalité de la Parole, se veut donc prosélyte, et par là menace les dieux romains.

De l'indifférence à la persécution. Pour autant, l'Empire romain ne se décide pas d'un coup à persécuter les chrétiens. Ponctuelles, locales et démagogiques jusqu'au IIIe siècle, les persécutions ne se font systématiques et générales que tardivement, au tournant des IIIe-IVe siècles.

La réconciliation. Mais Constantin, à partir de 306, inaugure une politique favorable à l'Église, par pragmatisme ou par foi. Cette politique, poursuivie pendant le IVe siècle (sauf pendant le règne de Julien, entre 361 et 363), aboutit au triomphe du christianisme, qui devient religion d'État, avec Théodose, en 380. Ainsi s'effectue la rencontre entre l'Empire et l'Église : l'Empire proclame tenir son pouvoir de Dieu – il en est, en quelque sorte, le bras séculier.

Le Calvaire *(Mantegna, v. 1460, Paris, musée du Louvre). En haut de la croix, I.N.R.I. signifie Jésus de Nazareth Roi des Juifs.*

La Pentecôte *(Titien, 1555, Venise, Santa Maria della Salute).*

Titus triomphe dans la guerre des Juifs

LA JUDÉE EST SOUMISE

Le 9 du mois de Ab de l'année 3830 depuis la Création, selon le calendrier juif, soit le 29 août 70 de l'ère chrétienne, « un soldat, sans attendre les ordres, sans être effrayé par une telle initiative, mû par une sorte d'impulsion surnaturelle », écrit l'historien juif Flavius Josèphe dans sa *Guerre des Juifs,* met le feu au Second Temple de Jérusalem. La destruction du Sanctuaire unique de Yahvé, Dieu des Juifs, met quasiment fin à quatre années de révolte armée, à soixante années de contestation du pouvoir romain, et surtout à l'espoir d'une restauration proche et durable de l'indépendance d'Israël.

Depuis l'an 6, les occasions de heurts sont innombrables. La cohabitation d'une population majoritairement juive et de Grecs installés dans les villes côtières (sans parler des Samaritains) est explosive. La coexistence de l'autorité politique romaine et du conseil ou Sanhédrin de Jérusalem, compétent en matière religieuse et dès lors législative et judiciaire, n'est pas plus aisée, car Rome décide en dernier recours.

L'inévitable conflit

Mais, bien plus fondamentalement, le conflit entre judaïsme et romanisme est inévitable. Rome trouve en Judée un peuple jaloux de l'intégrité de sa religion. Or, le monothéisme juif est exigeant ; ses prescriptions enserrent tous les aspects de la vie et empêchent tout compromis avec d'autres modes de pensée comme de vie. La différence des Juifs a fait naître chez les Romains les reproches classiques d'associabilité et de « haine du genre humain », prélude à un dénigrement systématique et passionnel des pratiques juives, présentées comme les « superstitions barbares » d'une « nation scélérate ». Nul, mieux que l'écrivain Tacite, n'a explicité cette incompatibilité irréductible : « là-bas est profane tout ce qui, chez nous, est sacré, et, inversement, est permis, chez eux, tout ce qui est pour nous abominable » (*Histoires,* V, 4.1). Aussi les Romains, devenus avec la « paix d'Auguste » les maîtres de la concorde universelle du monde, souffrent-ils difficilement la fierté de ce peuple asservi qui se dit élu de l'Éternel et ne manifeste que dédain superbe pour la « majesté du peuple romain » et son panthéon.

Une atmosphère messianique

Car les Juifs n'ont jamais accepté leur annexion par un peuple païen, idolâtre et donc impie. Si une couche de l'aristocratie s'est laissé pénétrer par la culture gréco-romaine – et elle est assimilée par ce fait à des « collaborateurs » à abattre –, la très grande majorité de la population considère toujours comme des insultes volontaires les actes souvent maladroits des procurateurs successifs, les gouverneurs de Judée. La *Pax romana* lui apparaît comme une caricature de l'Empire du monde, ce règne universel d'un envoyé de Dieu, promis aux Juifs par une tradition religieuse invariable. Peu avant l'ère chrétienne, cet espoir messianique se ranime : les malheurs du temps sont vécus comme les signes annonciateurs de la venue imminente du « Seigneur », de l'« Oint » (c'est la signification du mot « Messie ») ; en même temps, l'attente de la réalisation de la promesse se charge d'un contenu politique :

Une province en révolte

Hérode le Grand, à la fin du Ier siècle avant notre ère, est le dernier roi d'une Judée indépendante, mais « roi allié et ami du peuple romain » ! Les embellissements qu'il réalise au Temple de Jérusalem trahissent à la fois son assimilation de la culture gréco-romaine et une volonté politique souveraine. Dix ans après la mort d'Hérode (4 avant notre ère), Auguste fait passer **la Judée sous administration romaine** directe. Jusqu'en 66, des procurateurs, comme Ponce Pilate, se succèdent, à Césarée, disposant d'une armée et battant monnaie.

Malgré la tolérance de principe du gouvernement romain, **les relations virent souvent à l'émeute** entre un occupant insuffisamment respectueux et une population partagée entre différents partis (« sectes »), tous attachés à l'orthodoxie.

Reconstitution moderne (maquette) du Temple de Jérusalem et du quartier l'environnant.

« ... ce qui les poussa le plus à la guerre, ce fut un oracle ambigu, trouvé également dans leurs Écritures sacrées, disant que, à cette époque, quelqu'un venant de leur pays commanderait à l'univers » (Flavius Josèphe).

Une aspiration nationale

En deçà du « Royaume à venir », l'espérance des pauvres gens, humiliés par la soumission, confrontés aux problèmes d'une crise économique grave, réside dans une aspiration nationale, qu'accompliraient la restauration de la dynastie de David et le recouvrement de l'indépendance. D'où le nom de zélotes (en grec, « zêlés ») qui désigne les révoltés nationalistes à idéal théocratique. Les manifestations messianiques, parmi lesquelles celle de Jésus de Nazareth, se multiplient avant même l'annexion de la Judée par les Romains, dès la mort du roi Hérode, en 4 avant notre ère : certains se font proclamer « roi » ; tel « prétend être prophète et pouvoir à son commandement diviser les eaux du fleuve » ; un autre annonce que « sur son ordre les remparts de Jérusalem s'écrouler(ont) » [Flavius Josèphe]. Le jour même de l'incendie du Temple, « un faux prophète » presse les Juifs de monter au sanctuaire « pour recevoir les signes de leur délivrance », écrit le même auteur.

◁ *Représentation médiévale du siège d'une ville pendant la guerre de Judée : au premier plan, Titus, et Flavius Josèphe.*

◁ *Détail d'un bas-relief de l'arc de Titus, à Rome : le Triomphe des armées romaines, portant le chandelier à sept branches.*

La *Guerre des Juifs*

À ces aspirations nationales, à cette interprétation momentanée de la promesse faite aux Juifs par leur Dieu, s'ajoute la gestion détestable des derniers procurateurs romains. Ainsi se déclenche une première révolte, en 66 de notre ère. C'est une vraie guerre, menée par un État juif, politiquement constitué malgré de graves dissenssions internes et divisé en districts militaires (celui de Galilée échoit au futur historien Flavius Josèphe). Rome, elle-même en crise à partir de 68, quand meurt Néron, doit déployer de nombreuses légions, jusqu'à la réduction, en 73, de Massada, dernier bastion, désormais symbole, de la résistance nationale juive.
Dès l'été 70, cependant, et à cause de la destruction du Temple, Jérusalem est tombée. Les conséquences politiques de cette chute sont pratiquement définitives. Sept cents captifs précèdent Titus lors de son Triomphe à Rome, moment bientôt immortalisé sur les reliefs de son arc du Forum. En Palestine, une légion veille à l'ordre, surtout lors de la levée du *fiscus Iudaïcus,* impôt que Rome oblige dès lors les Juifs, injure suprême, à verser à Jupiter Capitolin ! Une nouvelle révolte éclate, soixante ans plus tard, en 132-135, mais, de nouveau, les Juifs sont battus : c'en est fini, pour deux millénaires, d'un Israël libre, et Jérusalem perd son nom pour un moment.

Des Juifs errant pendant 1878 ans !

La soumission de la Judée provoque chez les Juifs un désespoir dont les textes contemporains se font l'écho, car il détruit pour longtemps l'espoir de restaurer un État juif et il entraîne, sinon la disparition du judaïsme, tout au moins l'éclatement de la nation juive.

La privation d'un État. Certes, il existe depuis longtemps une *diaspora,* c'est-à-dire des communautés juives puissantes et nombreuses hors de Judée, en fait sur tout le pourtour méditerranéen et à Babylone. Mais le judaïsme est tellement construit sur un ancrage national, dont le Temple dressait le symbole, que, après 70, les Juifs pleurant sur des cendres en viennent à douter de la providence de Yahvé. Telle est peut-être la raison véritable de l'échec de la seconde révolte juive, en 132-135, après laquelle s'ouvre le temps de la Grande Dispersion : l'exil, depuis la Babylonie et l'Est méditerranéen, vers l'ensemble de l'Europe.

La vivacité du judaïsme. Mais, si les Juifs meurent en tant que nation, le judaïsme, lui, est plus vivant que jamais après 70. En plein siège de Jérusalem se forme à Yabné une académie des principaux docteurs (ou *rabbis*) juifs, qui se mettent à travailler à la rédaction d'une tradition religieuse restée jusque-là orale, préservant le judaïsme rabbinique et ouvrant la voie à des siècles de pensée religieuse féconde.

De l'antisémitisme au renouveau de l'État juif. À partir du Moyen Âge, l'antisémitisme fournit des boucs émissaires commodes aux peurs des populations, et aux politiques des États et de l'Église. À la fin du XIXe siècle, la revendication nationale juive, rappelée pendant des siècles, s'exprime politiquement dans le sionisme, alors que les pogroms multipliés incitent aux premiers départs en Palestine. Le génocide nazi de la Seconde Guerre mondiale (la *Shoah*) finit de créer les conditions de la renaissance d'un État d'Israël, en 1948.

Une cité romaine ensevelie sous les cendres

POMPÉI

Le seul nom de Pompéi évoque la vie brutalement arrêtée, pétrifiée sous la cendre et ressuscitée dix-sept siècles plus tard (1763) par les archéologues. « Cette nuit-là... tout semblait non plus trembler, mais se retourner » (Pline le Jeune).

Le 24 août 79, le réveil du Vésuve inhuma huit siècles d'histoire de plusieurs villes florissantes de la célèbre Campanie.

Une petite ville prospère de Campanie

Arrière-pays du golfe de Naples, la plaine campanienne, d'une richesse unique en Italie, à la fois par la qualité de sa « terre noirâtre » et par son microclimat, attira très tôt l'installation. Au Ier siècle, les grandes exploitations de type latifundiaire voisinent avec des propriétés viticoles plus moyennes, qui fournissent le vin de Falerne, que se doit d'offrir toute bonne table. L'abondante production agricole est exportée par mer et alimente les marchés des nombreuse villes populeuses et industrieuses du littoral, comme Pompéi.

Un volcan redoutable : le Vésuve

Formé de deux cônes superposés, dont le plus récent culmine à 1 277 mètres, le Vésuve a une activité caractérisée par de longues périodes de tremblements de terre terminées par une violente éruption. La plus récente des explosions, qui n'ont jamais longtemps cessé depuis l'éruption de 79, a eu lieu en 1944. Un observatoire enregistre aujourd'hui les pulsations du volcan.

Colonie romaine depuis Sylla, Pompéi avec ses 10 000 habitants (ou plus ?) occupe une surface vaste, urbanisée selon un plan géométrique : les rues principales, dont le dallage permet encore de suivre les profondes ornières de charrois fréquents, se croisent à angle droit. Elles dégagent des îlots rectangulaires bâtis de maisons privées, avec boutiques protégées sur la rue par des auvents et tavernes. Comme dans toute ville romaine, le forum est dominé par le capitole et orné d'un portique à la grecque. Marchés, édifices publics, sanctuaires, thermes, palestres, théâtre et amphithéâtre complètent l'aspect monumental de la cité.

Le réveil inattendu du volcan

Le 24 août 79, l'événement fatal fixe la photographie d'une vie quotidienne. La cité n'est pas complètement relevée du séisme qui l'a ravagée en 62. « Cette localité a été bouleversée en plein hiver par un tremblement de terre et toute la contrée avoisinante a été maltraitée par le même fléau » (Sénèque, *Questions naturelles*). Les riches propriétaires de villas suburbaines ou de demeures en ville ont fui la fournaise de la cité pour la fraîcheur du rivage ou des flancs du volcan, à une vingtaine de kilomètres. Au théâtre, vieux de trois siècles, se presse une foule populaire, ravie d'applaudir ses acteurs favoris et d'oublier un moment les bruits étranges qui résonnent depuis quelques jours. Soudainement, le bouchon de lave qui obture le cratère du Vésuve depuis des millénaires explose. Un linceul de cendres volcaniques commence à recouvrir la ville.

L'Empire romain en 79

Depuis 10 ans, Rome est gouvernée par **une nouvelle dynastie, les Flaviens,** dont le fondateur, Vespasien, vient de mourir.

Issu d'une famille de notables italiens, et porté au pouvoir suprême par son armée, Vespasien, par sa réussite, marque le terme d'une grave crise qui a culminé en 68-69, révélant les difficultés de l'Empire. Le nouvel empereur parvient à la fois à installer sa légitimité, à consolider le régime et à remettre de l'ordre dans l'Empire. Ayant deux fils, il peut organiser une véritable succession héréditaire du principat : **Titus** (79-81), **Domitien** (81-96).

Cette dynastie « bourgeoise » mène **une œuvre de réorganisation politique et économique** efficace. L'influence des provinces, dont l'administration est rénovée, croît au détriment de l'Italie. D'ailleurs, Pompéi ne sera pas reconstruite.

Homme mort figé par les cendres du Vésuve lors de l'éruption de 79.

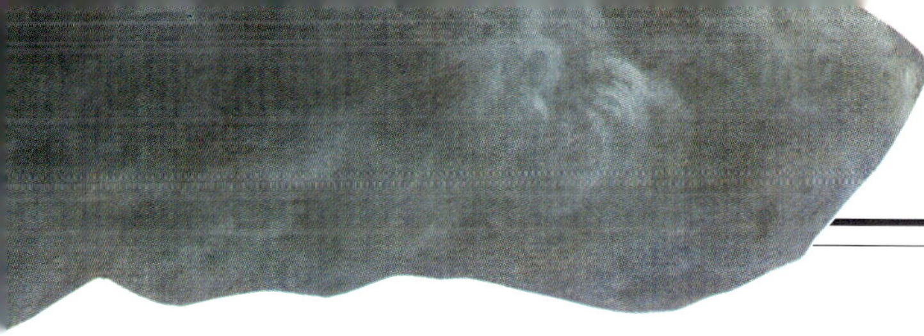

« Les dernières heures de Pompéi »

Les morts figés dans leur dernier moment par les couches de matériaux rejetés par le volcan, et le « reportage » de Pline le Jeune, en séjour près de là, permettent de reconstituer les dernières heures de Pompéi.

« Le Vésuve brillait en plusieurs endroits de flammes très larges et de grandes colonnes de feu dont le vif éclat, la clarté étaient avivés par les couleurs de la nuit. » « Déjà le jour s'était levé partout, mais ici c'était la nuit, plus ténébreuse, plus épaisse que toutes les autres nuits. »

À Herculanum, les habitants croient s'échapper en fuyant vers la mer. Ils sont rattrapés et noyés sous le torrent de boue (18 mètres d'épaisseur). « Une traînée noire et épaisse s'avançait sur nous par derrière, semblable à un torrent qui aurait coulé sur le sol à notre suite. » Beaucoup de Pompéiens courent aussi, à travers la nuée et les cendres, inventant des protections de fortune. « En plein air,... on craignait la chute des pierres ponces, pourtant légères et poreuses... Posant des oreillers sur leur tête, ils les attachent avec des linges ; cela leur servit de protection contre ce qui tombait. » Mais ils étaient bientôt asphyxiés par les vapeurs sulfureuses, comme l'oncle de Pline, accouru au secours d'un ami. « À ce que je suppose, la fumée trop épaisse lui obstrua la respiration. » D'autres, se souvenant du séisme de 62, se réfugient dans les caves et autres abris voûtés, où hommes et bêtes connaissent le même tragique destin.

Une vue romantique de Pompéi antique sur fond de Vésuve (peinture du XIXe siècle, détail).

La fin du monde ?

Ces heures de cauchemars évoquent aux témoins et aux victimes survivantes la conflagration de la fin du monde : « Beaucoup élevaient les mains vers les dieux ; d'autres, plus nombreux, prétendaient que, déjà, il n'existait plus de dieux, que cette nuit serait éternelle et la dernière du monde. »

« La nuée descendait sur la terre, couvrait la mer. »

Une des victimes de l'éruption ? (détail d'une fresque du musée de Naples).

L'éruption a commencé vers 10 heures du matin. En milieu d'après-midi, Pompéi est déjà ensevelie. Le point culminant est atteint dans la matinée du 25 août et la chute des cendres continue jusqu'au 27. L'événement traumatise les hommes de l'Antiquité qui, faute d'explications scientifiques, voient dans les catastrophes naturelles des signes de colère divine ou de la fin d'un cycle cosmique.

« Voici le mont Vesbius, hier encore verdoyant et ombragé de pampres... C'était le séjour de Vénus... Tout a sombré dans les flammes : une lugubre cendre recouvre le sol et les dieux eux-mêmes auraient voulu que cela ne leur fût pas permis » (le poète Martial).

Les grandes catastrophes de l'histoire

Parmi les plus grandes catastrophes déterminées par des éruptions ou des séismes, on peut citer :

1500 av. notre ère. Santorin englouti par les flots. L'archipel volcanique de la mer Égée explosa et fut recouvert par la mer. La ville d'Akrotiri disparut avec lui.

1755 de notre ère. Le tremblement de terre de Lisbonne. Il se produisit le matin de la Toussaint, provoqua le débordement du Tage puis un incendie. 10 000 personnes périrent et les trois quarts des habitations furent détruites. Le ministre Pombal s'occupa de la reconstruction.

1902. Le réveil de la montagne Pelée. Ce volcan du nord de la Martinique n'avait plus manifesté d'activité depuis 1852. Il se réveilla en avril, et, le 8 mai, une « nuée ardente » détruisit entièrement Saint-Pierre, la ville la plus peuplée de l'île.

1906. La destruction de San Francisco. Le séisme eut lieu le 18 avril, à 5 h 35. Des canalisations de gaz cédèrent et un gigantesque incendie carbonisa le centre de la ville. Une faille se forma dont on peut suivre le cours presque rectiligne à la surface du sol, sur une longueur de 470 kilomètres.

1923. Le tremblement de terre de Tokyo. La secousse, le 1er septembre, fut la plus forte jamais enregistrée au Japon. Elle souffla la quasi totalité de la capitale et les maisons épargnées furent ravagées par le feu. D'autres villes furent atteintes, dont le port de Yokohama. Le désastre fit plus de 100 000 victimes. Il a laissé des traces dans la conscience des Japonais d'aujourd'hui, qui vivent dans la hantise d'un nouveau grand tremblement de terre.

À présent, cependant, une meilleure observation des mouvements du sol et la surveillance des volcans permettent de prévoir les phénomènes et de prendre des mesures de sauvegarde. Mais le tremblement de terre de Mexico, en 1985, a fait encore 35 000 morts et un million de sinistrés.

La « Nouvelle Rome » bâtie en Orient

CONSTANTINOPLE

Le 8 novembre 324 de notre ère, Constantin Ier, empereur romain depuis 306, pose la première pierre de la ville qui doit succéder à Rome comme capitale de l'Empire romain et qui porte son nom : Constantinople naît alors.

La « Nouvelle Rome » est bâtie sur le site même de Byzance, une ville de très ancienne fondation grecque, dans laquelle Constantin vient de battre Licinus, le dernier adversaire qui lui disputait le pouvoir. Un texte anonyme affirme que la fondation commémore cette victoire : « Constantin appela Byzance de son propre nom, Constantinople, en raison de son insigne victoire. » Il est plus probable que le choix a été dicté par des considérations d'opportunité, qui tiennent à une position stratégique, tactique et économique également remarquables.

Le besoin d'une nouvelle capitale

Le projet d'abandonner Rome pour une autre capitale ne date pas de Constantin. Dès l'époque des tétrarques, les résidences impériales se trouvent hors de Rome. Les sénateurs romains s'en offusquent, mais le départ des empereurs est compensé par des largesses, les thermes de Dioclétien ou la basilique de Maxence et Constantin sur le Forum.

Des raisons religieuses expliquent-elles le transfert, définitif, sous Constantin ? En effet, alors que la classe sénatoriale romaine reste attachée au paganisme traditionnel, l'empereur défend les chrétiens soit par opportunisme, soit par conviction – la tradition voulant qu'il se soit converti après avoir eu une vision, en 312, à la veille de se battre contre Maxence, au pont Milvius. Cette raison religieuse, selon laquelle Constantinople serait la capitale chrétienne, terrassant Rome, temple de la superstition, apparaît en réalité comme une justification ultérieure : car la consécration de la ville, le 11 mai 330, est « concélébrée » par un évêque et par un philosophe élève de Jamblique, néoplatonicien et adversaire farouche du christianisme – preuve que les choses ne sont pas si simples qu'il y paraît.

Une « seconde Rome »

Les intentions réelles de l'empereur se laissent deviner. Il veut, comme jadis Alexandre avec Alexandrie, fonder une ville glorieuse capable d'immortaliser son nom. Éloigner la classe sénatoriale de Rome n'est pas un obstacle, car voilà longtemps, depuis le IVe siècle au moins, que le sénat n'exerce plus le pouvoir. En revanche, la position orientale de Constantinople est un avantage, en un temps où la pression barbare rend nécessaire l'envoi de troupes soit sur le bas Danube, où les Germains s'enhardissent, soit à l'est, où les Parthes menacent. Pour la même raison, Dioclétien, avant Constantin, avait choisi de fixer sa résidence à Nicomédie, non loin de Byzance. D'autre part, la situation de la ville, moins excentrée que Rome désormais, facile à ravitailler au débouché de l'Hellespont, – détroit entre l'Europe et l'Asie Mineure –, est exceptionnelle pour contrôler le carrefour des routes, tant terrestres que maritimes, qui relient l'Occident et l'Orient aussi bien que le Nord et le Sud. Enfin, la ville jouit d'un site défensif remarquable, à l'extrémité d'une presqu'île fermée par une enceinte du côté du continent, et pénétrée par la légendaire Corne d'Or, une rade de 7 km de long dont on peut, par des chaînes, interdire l'accès. Même si elle

Plan de Constantinople (miniature extraite d'un portulan du XVIe siècle, Chantilly, musée Condé). Au sud-est, la basilique Sainte-Sophie.

Vers la partition de l'Empire

En 235, l'Empire romain sombre dans **une période d'anarchie militaire** où les guerres civiles entre prétendants au sceptre le disputent à la violation des frontières par les Barbares.

Dès la seconde moitié du siècle, Gallien puis Aurélien entreprennent de renforcer le pouvoir impérial. **Dioclétien,** Illyrien proclamé empereur Auguste par ses soldats en 284, tente de le restructurer durablement. Il instaure progressivement **une collégialité impériale, la tétrarchie.** Dès 286, il nomme un second Auguste, Maximien. Puis, en 293, chaque Auguste prépare sa succession en se choisissant un César (Galère et Constance). Les tâches sont réparties, ainsi que les zones d'intervention, centrées autour de quatre capitales : Trêves, Milan, Sirmium et Nicomédie. L'Empire demeure ainsi un « patrimoine indivisible ».

Mais **le système ne résiste** pas aux diverses successions. De 313 à 324, l'Empire est partagé entre Licinius et Constantin. Ce dernier rétablit finalement pour ses fils une hérédité dynastique.

L'Apparition de la Croix à Constantin *(atelier de Raphaël, v. 1520, Vatican, Chambre de Constantin). En arrière, les bâtiments sont inspirés de Rome (pyramide de Cestius, château Saint-Ange).*

n'est au début qu'une Rome en second, la ville de Constantin allait contribuer à la partition de l'Empire qui se dessinait.

Copie conforme

Le souci d'imiter la vraie Rome est minutieux. Le « nouveau rempart, situé à quinze stades (2 775 m) de l'ancien » (selon l'historien grec Zosime), inauguré en 328, délimite un territoire autrement plus vaste que celui de la ville grecque. Malgré un site peu « romain », on parvient à trouver... sept collines, dont un Capitole. La ville est administrativement découpée en 14 régions, comme Rome depuis Auguste, et dirigée par un proconsul qui deviendra préfet de la ville en 359. L'empereur y bat monnaie depuis la fondation et organise, dès 332, les classiques distributions frumentaires à la plèbe locale, qualifiée du nom célèbre de *populus romanus* et dotée du droit italique. Moyen juridique grâce auquel le blé égyptien, en abordant aux rivages du Bosphore, continue à toucher ceux du Latium ! Constantinople a ses magistratures, ouvrant la voie d'un sénat peu nombreux (300 membres), mais dont l'existence va, à long terme, modifier notablement les conditions de la vie politique dans l'Empire. Pour l'heure, son rang inférieur échoue à attirer dans la *Nea Roma* l'aristocratie sénatoriale de l'ancienne. Aussi, ces nouveaux « clarissimes », qui ne le sont qu'à demi, et que Libanius, le grand rhéteur d'Antioche, raille férocement, sont-ils en majorité des Orientaux, parvenus d'autant plus prompts à la flatterie courtisane que Constantin les oblige à résidence.

« Constantin cherchait une ville capable de faire contrepoids à Rome et où il lui serait loisible d'ériger un palais » (Zosime). Construire une réplique orientale de Rome exige un effort urbanistique grandiose. Le palais impérial, « à peine moins vaste que celui de Rome », communique directement, par « le colimaçon », avec la loge impériale de l'hippodrome, « exactement semblable à celle qui se trouve à Rome ». « Constantin fit construire un forum circulaire, entouré de deux étages et limité par deux énormes hémicycles symétriques en marbre de Proconnèse. » En son centre, il érige « une haute et admirable colonne en porphyre rouge de Thèbes. Quant à l'ancien forum, il l'orne de deux temples, dont l'un est dédié à « la Fortune de Rome », entendons Constantinople. Avec l'amphithéâtre, l'université, les temples et les églises, comme la première basilique de la Sagesse (Sainte-Sophie), tout l'appareil de la ville romaine est ainsi mis en place.

Constantin vient de créer une ville où, autour de l'église des Saints-Apôtres, siège de son mausolée, la christianisation est rapide. Elle devient l'unique capitale du seul Empire romain à durer encore un millénaire, jusqu'en 1453, l'Empire byzantin.

Le Triomphe de Constantin, défenseur de la foi ? *[« ivoire Barberini », VIe siècle, Paris, musée du Louvre].*

Les grandes capitales volontaires de l'histoire

Des caractéristiques identiques. Constantinople (Istanbul aujourd'hui) appartient à ce groupe de grandes villes sorties de terre à la suite d'une décision politique visant à magnifier le pouvoir ou son détenteur, devenus éponymes : Alexandre, Pierre le Grand, le Brésil. Créées *ex nihilo* ou presque, sur des terrains inégalement favorables, obligeant à de grands travaux de terrassement, elles affichent une unité urbanistique monumentale, conçue par les plus grands architectes, soucieux d'une perfection classique inégalée, ou de novations révolutionnaires.

Alexandrie en Égypte. C'est le modèle même de ces créations. Malgré un site aux conditions géographiques peu propices, Alexandre le Grand, en 332 avant notre ère, suit la « vision merveilleuse » qui lui indique « une langue ou encoulure de terre assez raisonnablement large », en face de l'île de Pharos. La configuration des lieux et le sens pratique d'Alexandre brident l'audace de l'architecte Dinocratès de Rhodes. La disposition intérieure suit les règles de l'urbanisme ionien, en damier. La majesté de la cité se lit dans des avenues impressionnantes, des bâtiments colossaux, des jardins paradisiaques.

Saint-Pétersbourg. Un autre Grand, Pierre Ier de Russie, choisit un terrain peu hospitalier, qu'il fait drainer par une main d'œuvre forcée, pour signifier l'ouverture de son pays au monde. En 1703, il fonde la ville sur la Neva, qui débouche sur la Baltique, et il lui donne un nom germanique, jugé plus civilisé. Les perspectives majestueuses s'inspirent des canons architecturaux de la France du Grand Siècle.

Brasilia. Quand, en 1960, le Brésil transfère sa capitale à Brasilia sur les plateaux de l'intérieur, l'État entend signifier la naissance d'un nouveau Brésil. Les urbanistes et architectes L. Costa et O. Niemeyer y conçoivent une capitale qui demeure encore d'avant-garde.

Alaric le Barbare au Capitole

LE SAC DE ROME

« Une rumeur terrifiante nous parvient d'Occident : Rome est assiégée... Ma voix s'arrête... Elle est prise, la Ville qui a pris l'univers entier. »

L'auteur de ce cri, saint Jérôme, n'est pourtant pas un esprit sensible. Depuis sa retraite de Bethléem, il informe une sainte femme des événements de 410 dans la Ville éternelle. Si le sac des Goths bouleverse autant, ce n'est pas qu'il soit soudain, ou d'une barbarie inconnue. Comme le dit avec réalisme un Père de l'Église contemporain, saint Augustin, dans *la Cité de Dieu* : « Dévastation, massacre, pillage, incendie, désolation, toutes les calamités commises dans ce récent désastre de Rome relèvent donc des coutumes de la guerre. » L'effet produit renvoie au mythe qui entoure la Ville : « Reine si belle d'un monde qui t'appartient, ô Rome » (Rutilius Namatianus).

Vision d'orgie, et sa conséquence, l'entrée du Barbare dans Rome incendiée : deux visions du XIXe siècle (Th. Couture, la Décadence des Romains, *Paris, musée d'Orsay ; et une gravure allemande).*

Un déclin déjà amorcé

Au début du Ve siècle pourtant, voilà plus de cent ans que Rome connaît un déclin relatif. La tétrarchie lui a préféré des capitales plus proches des théâtres d'opérations, au nord et à l'est. En 330, Constantin a inauguré sa ville-capitale : Constantinople. Rome a donc perdu son rôle dynamisant de tête de l'Empire. Les empereurs négligent même de la visiter. Constance II ne s'y rend qu'en 356, après 20 ans de règne !

Bien que délaissée politiquement, Rome demeure pourtant inégalée. L'empereur Constance « resta interdit, de quelque côté qu'il portât ses regards, les merveilles l'assiégeaient en foule » (Ammien Marcellin). Outre la beauté qu'elle doit à sa brillante histoire, c'est une ville très peuplée, embellie par les remparts renforcés à l'approche des Barbares. L'aristocratie sénatoriale, opulente, y entretient une vie mondaine raffinée aux excès décriés. « Le noble corps du sénat voit sa splendeur ternie par la légèreté dissolue de certains de ses membres » (Ammien). Ce dernier conservatoire du paganisme maintient une vie intellectuelle florissante, même si, pour le même auteur, « les chanteurs ont chassé les philosophes et les professeurs d'éloquence ont cédé la place aux maîtres en fait de voluptés ». La foule romaine, assistée, dépend totalement des importations alimentaires. Spectacles et jeux constituent sa préoccupation principale. « Tout un peuple respirant à peine dans l'attente du résultat d'une course de chars ! » (Ammien). Rome est enfin la ville de l'Église, dotée de plus en plus généreusement du fait de l'autorité spirituelle croissante des papes et des pèlerinages *ad sanctos*.

Une razzia... modérée

Dès la mort de l'empereur Théodose, en 395, la menace gothique se rapproche, d'abord sous la pression d'un peuple venu de l'est, les Gètes. Les Barbares s'élancent par les routes les plus impraticables ; tous les obstacles cèdent à leur impétuosité ; « ni cours d'eau ni rochers ne peuvent protéger un pays » (Claudien, en 402). Puis, en 405, après de bons offices infructueux entre le chef wisigoth Alaric et Honorius, empereur d'Occident en résidence à Ravenne, Rome subit un première siège. Famine et épidémie font rage, forçant les Romains à ouvrir des négociations (409).

Mais Honorius refuse toute cession de territoire au chef wisigoth. « Alaric, fâché d'être contraint d'attaquer Rome, envoya des évêques à Honorius pour le supplier de ne pas permettre qu'une ville, qui avait commandé mille ans à une grande partie de l'univers, fût ruinée par les armes des étrangers » (Zosime, *Histoire Nouvelle*). Le siège reprend en août 410. « Il ne venait plus au port de la ville de Rome (Ostie) ni blé, ni huile, ni aucune autre provision. Ainsi la famine y fut plus grande que jamais. » Le blocus ne dure guère. « Alaric arriva, investit la ville agitée, la mit en désordre, l'envahit, mais en ayant donné d'abord l'ordre à ses soldats de laisser sains et saufs et sans crainte, en premier lieu, ceux qui se seraient réfugiés dans les lieux saints, et en particulier dans les basiliques des saints Apôtres Pierre et Paul, et ensuite de s'abstenir autant que possible, dans leurs désirs de butin, de l'effusion de sang » (Orose, *Historiarum adversus paganos*). Tous les témoignages concordent : Alaric, prince chrétien, quoique considéré comme hérétique par l'Église de

Les invasions gothiques

Depuis Marc Aurèle, l'Empire romain est menacé sur sa frontière danubienne par **la pression des peuples germains** d'Europe orientale ; parmi eux, les Goths et les Vandales.

Au milieu du IVe siècle, des nomades des steppes d'Asie centrale, les Huns, fondent vers l'ouest, repoussant les Germains. Les Goths, christianisés par l'évêque Ulfila, se divisent alors en deux branches. **Les Ostrogoths** filent vers les plaines hongroises, avant d'être battus en Italie du Nord en 406. **Les Wisigoths** obtiennent des empereurs romains de passer le Danube et de s'installer dans l'Empire comme fédérés. Bientôt, un de leurs chefs, **Alaric,** profitant des luttes impériales, tente de se tailler une principauté.

Rome, parce qu'il adhère à l'arianisme, veille à limiter les massacres, destructions et autres violences. Même si nous savons que ses ordres ne furent pas toujours suivis scrupuleusement, les 24-26 août 410 ne ressemblent en rien à ces journées du sac de 1527, lorsque les mercenaires de Charles Quint donnèrent libre cours à une orgie sanguinaire digne de la réputation des Barbares !

Après le sac

Le pillage ne dure pas. « Le troisième jour, après leur entrée dans la Ville, les Barbares repartirent de leur propre gré, en mettant toutefois le feu à quelques maisons, mais pas un feu tel que... l'incendie allumé par l'empereur Néron » (Orose). Mais la gravité de l'événement a pour conséquence d'accélérer la fuite de la population, commencée une dizaine d'années plus tôt. Entre 368 et 419, Rome perd les deux tiers de ses habitants. Des Romains se dispersent dans les pays méditerranéens, jusqu'en Afrique et en Palestine. À en croire l'historien latin Orose, la Ville reprend pourtant étonnamment vite son cours normal : « C'est un événement tout récent, et cependant, pour qui observe la multitude du peuple romain et qui entend son tumulte, il paraîtrait qu'il n'est rien arrivé *(sic)*, si le souvenir de l'incendie n'était rappelé par les ruines encore existantes. »
En 417, Rutilius Namatianus entend « les acclamations qui redoublent (et) annoncent que les théâtres sont pleins ». Avant de rentrer en Gaule, ce païen convaincu a beau offrir à l'*Urbs Sacra* l'une des plus belles odes à sa gloire, Rome est définitivement détrônée. Les faits parlent d'eux-mêmes. En 425, l'église Sainte-Sabine remploie les marbres du temple de Junon reine, et, en 458, un édit de Majorien fait des édifices antiques les carrières de la Nouvelle Rome, toujours sainte et éternelle, mais pontificale et non plus romaine.

Le temps des invasions a inspiré aux artistes des interprétations fantaisistes : non dépourvue d'humour, cette peinture du XIXe siècle en est l'exemple (P. J. Jamin, musée de La Rochelle).

Roma aeterna ?

Sauver une Rome chrétienne. L'Église primitive reprend à son compte le thème de la « Ville éternelle ». Pourvu, comme le chante le poète Prudence peu avant 410, qu'elle ne soit plus « l'esclave des ignobles erreurs des cultes païens ». C'est pourquoi saint Augustin tonne dans un sermon après le sac d'Alaric : « Rome a été frappée et non anéantie ; elle a été châtiée, elle n'est pas détruite. » À partir du Ve siècle, les hommes, plus que le temps, vont s'en charger.

Une carrière pour les monuments. Quand la Renaissance, artistique et humaniste, redécouvre les trésors de Rome qui nourrirent sa création, le Forum antique est un pâturage ! La Ville inspire au poète français Joachim du Bellay une émouvante « déploration de sa ruine ». Mais l'engouement pour les antiques précipite aussi les destructions, au point qu'en 1519 le peintre Raphaël s'en émeut auprès du pape Léon X : « Mais pourquoi nous plaindre des Goths et des Vandales... quand ceux qui auraient dû protéger en pères et en tuteurs les pauvres restes de la vieille Rome ont depuis longtemps contribué à sa ruine et à son pillage ! » Car les constructions pontificales puisent largement dans les œuvres romaines encore debout. Il faut attendre le XVIIIe siècle pour que cesse le massacre. Benoît XIV, en consacrant le Colisée au culte des martyrs, préserva alors **in extremis** les restes de l'amphithéâtre flavien.

496

Les Francs ont un roi chrétien

LE BAPTÊME DE CLOVIS

Des temps mérovingiens, nous savons peu de choses. Un seul historien ancien, l'évêque Grégoire de Tours, qui écrit un demi-siècle après les évènements, nous raconte la vie de Clovis, en aménageant sans doute le récit des faits et la chronologie. Le baptême de Clovis, évènement essentiel de l'histoire politique et religieuse de l'Occident, a pu avoir lieu en 496, mais aussi bien dix ans plus tard !

Aucun portrait ne permet seulement de se faire une idée de l'aspect de Clovis. On peut se représenter le roi d'après les descriptions qui existent des princes de l'époque : « un jeune chef... précédé ou suivi de chevaux couverts de pierreries, paré d'une soie blanche..., brillant d'or, ardent de pourpre » (Sidoine Apollinaire, *Épîtres*). Une longue chevelure flotte sur ses épaules, insigne de sa dignité. Les guerriers qui l'entourent sont chaussés de fourrures, les pieds et les genoux à nu ; leur casaque étroite descend jusqu'aux jarrets, une épée bat leurs flancs couverts d'un gilet de peau.

Clovis n'a que quinze ans lorsqu'il hérite, en 481, du petit royaume de son père Childéric. Il règne, sous le nom dynastique de « Mérovingien », patronyme emprunté au légendaire ancêtre *Mérovée,* sur une étroite région au nord de la Gaule, dans l'actuelle Belgique ; et il veut devenir un grand chef, conquérant de pays et unificateur de tous les Francs qui habitent la Gaule. Les premières années de son pouvoir sont consacrées à ces conquêtes, d'autant plus efficaces qu'elles se doublent de l'assassinat des princes hostiles et d'un mariage politique avec une princesse burgonde, la catholique Clotilde.

Le vase de Soissons

Avec beaucoup d'habileté, les campagnes du roi, qui est encore païen, se font dès cette époque en ménageant les prêtres : l'épisode célèbre du vase de Soissons en est la meilleure illustration.

En 486, Clovis bat à Soissons le chef Syagrius, qui dit représenter l'autorité romaine et domine un territoire aux contours vagues, dans le centre et l'ouest de la Gaule. Un prélat, peut-être déjà Remi (le futur saint Remi), évêque de Reims, réclame pour son église un vase qui fait partie du tribut. Le roi va accéder à sa requête, quand un des soldats s'oppose à lui, brisant le vase de sa hache. Un an plus tard, Clovis punit le rebelle en lui fendant le crâne de sa propre hache, et il dit, selon la légende : « Ainsi as-tu fait au vase, à Soissons ! »

Une conversion intéressée

Il faut quand même, après Soissons, une année pour que le souverain punisse celui qui a fait obstacle à sa volonté et témoigne de son autorité. Le sentiment de cette faiblesse et le souci de se ménager une assistance céleste expliquent pour une part la conversion de Clovis, adorateur des idoles héritées des Celtes, au Dieu de l'Église catholique. L'en-

Les royaumes francs à l'avènement de Clovis

À l'avènement de Clovis, en 481, la France est encore **la Gaule,** c'est-à-dire un territoire placé jusqu'à une date très récente (la fin de l'Empire d'Occident, en 476) sous la domination de Rome.

Elle ne constitue pas un territoire unitaire, mais elle se divise en au moins quatre principautés : **le royaume wisigoth** dans le sud-ouest, débordant au sud au-delà des Pyrénées, dans l'actuelle Espagne, et à l'est dans ce qui est aujourd'hui la Provence ; **le royaume burgonde** à l'est, couvrant les bassins du Rhône et de la Saône ; au centre **le royaume de Syagrius,** fils d'un général romain qui se dit l'héritier de la tradition gallo-romaine ; au nord et au nord-est **le domaine des Francs,** sur un territoire où plusieurs tribus exercent et se disputent le pouvoir, se regroupant parfois en deux groupes principaux : les Francs Saliens sur l'Escaut et la Meuse, et les Francs du Rhin.

Les populations de ces différents ensembles ont **des religions distinctes :** les sujets de Syagrius sont catholiques, les Wisigoths et les Burgondes sont ariens, les Francs restent païens.

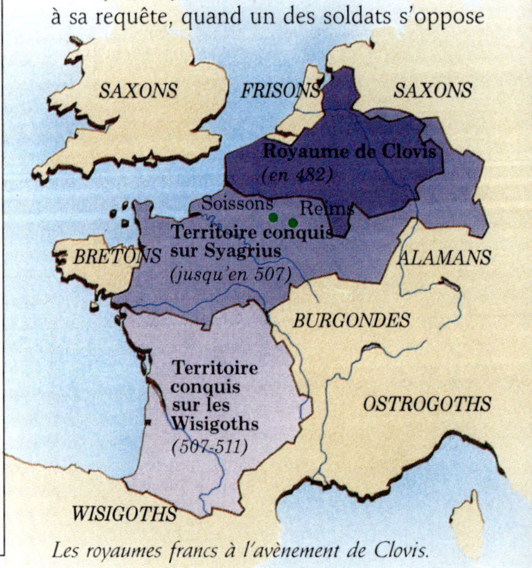

Les royaumes francs à l'avènement de Clovis.

Le baptême de Clovis par l'évêque Remi (détail d'une peinture de Joseph Blanc au Panthéon, à Paris, XIXe siècle).

tourage du roi est formé de chrétiens influents, sa femme Clotilde lui prêche la conversion et fait baptiser ses fils ; mais la décision de se convertir émane, à proprement parler, d'un défi et d'un marché.

Il suffit de lire le récit de Grégoire de Tours. Nous sommes en 496, à Tolbiac (Zülpich), dans l'Allemagne actuelle. Clovis est en guerre contre les Alamans, Francs qui habitent le sud du bassin du Rhin : « Les deux armées... combattaient avec acharnement, et (celle de Clovis) commençait à être taillée en pièces. À cette vue, il leva les yeux au ciel et, fondant en larmes, il dit d'un cœur fervent : "Jésus-Christ... si Tu m'accordes de vaincre ces ennemis, je croirai en Toi et serai baptisé en Ton nom"...» Le roi obtint la victoire.

Victoire de l'Église, triomphe de Clovis

La première conversion au catholicisme d'un roi barbare est un événement capital, célébré avec magnificence. À Reims, peut-être le jour de la Noël, dans la cathédrale où seront ensuite sacrés les rois de France, le souverain, préalablement instruit par l'évêque Remi, est consacré en même temps que sa sœur Albofléde, et trois mille de ses guerriers le suivent dans le bain sanctifié.

L'Église profite du baptême de Clovis : alors que la Gaule de la fin du Ve siècle est essentiellement païenne, alors que les peuples germaniques installés à ses confins sont des chrétiens, mais de ces chrétiens hérétiques qu'on appelle les *ariens,* un jeune roi, un conquérant, dont tout permet de penser qu'il va faire sentir très loin son autorité, se range sous la bannière catholique et, nouveau Constantin, s'apprête à imposer la conversion à toute l'Europe occidentale.

Mais Clovis lui-même bénéficie plus encore du baptême : le soutien de l'Église lui assure, chez les peuples qu'il veut dominer, l'appui de tous les hommes et les femmes qui veulent le triomphe du catholicisme. La conversion de Clovis aboutit à la formation en terre ennemie de partis qui espèrent la victoire de Clovis, formés de gens d'Église et de tous les laïcs chrétiens fidèles à Rome. Cette situation facilite évidemment les conquêtes : moins de dix ans après avoir été baptisé, Clovis met fin à la puissance des Wisigoths qui dominent le sud de la France. C'est la bataille de Vouillé (507), où le roi wisigoth Alaric est tué. À la mort du Mérovingien, seul le vieux royaume des Burgondes lui échappe encore, dans le cadre de l'ancienne Gaule : les fils de Clovis achèvent la besogne de leur père en anéantissant cet État, dans les années qui suivent.

L'épisode du vase de Soissons (miniature).

La christianisation de l'Occident

La christianisation est d'abord un fait urbain. Elle concerne les villes, où les aristocrates convertis en premier lieu entraînent leur clientèle. Les campagnes restent largement païennes jusqu'au IVe siècle. Une seule région se convertit à peu près entièrement au christianisme, très tôt : l'actuelle Tunisie, autour de Carthage.

Le rôle essentiel des missionnaires. À partir du IVe siècle, ermites et moines se livrent à un grand travail missionnaire : ainsi saint Martin en Gaule (IVe siècle), saint Patrick en Irlande (Ve siècle), saint Boniface en Germanie (VIIIe siècle).

Au VIIIe siècle, le christanisme est soutenu par la nouvelle dynastie carolingienne. Charles Martel, puis surtout Charlemagne, font aller de pair la conquête et la conversion : en Saxe, la région entre Rhin et mer du Nord, Charlemagne impose aux populations l'alternative entre la conversion et la mort !

La fin du Xe siècle voit la conversion des peuples du Nord et de l'Est. En Pologne et en Hongrie, les rois se convertissent d'abord, et les populations font de même de plus ou de moins bon gré. L'ensemble de l'Europe serait donc chrétien, si la majeure partie de l'Espagne, entre-temps, n'était passée à l'islam... comme l'a fait également l'ensemble de la Tunisie.

Mahomet reçoit la révélation

NAISSANCE DE L'ISLAM

Au début du VIIe siècle, dans la péninsule arabique fidèle au culte des idoles, un homme, Mahomet, un conducteur de caravanes que ses voyages ont amené à connaître les croyances juives et chrétiennes, proclame qu'il n'y a qu'un seul Dieu et que ce Dieu se nomme Allah : l'islam naît à ce moment.

« Lorsque Mahomet eut accompli sa quarantième année (écrit, à la fin du xe siècle, le chroniqueur musulman al-Tabari), Dieu envoya vers lui l'ange Gabriel pour lui porter une vision. » C'est en effet un homme mûr, négociant considéré dans sa ville natale de La Mecque, qui, au cours de méditations pieuses sur le mont Hira', près de La Mecque, s'entend appeler « Apôtre de Dieu » par des voix qui semblent sortir des pierres, avant que l'ange de Dieu ne le salue de la même façon. Cet ange, qui joue le rôle de messager divin auprès des hommes, est le même que celui de la tradition juive, le même aussi que celui qui, dans le christianisme, annonce à Marie la conception de Jésus : en effet, l'islam reprend en héritage une partie de la tradition juive et de la tradition chrétienne ; son Dieu est celui qui s'est fait connaître, jadis, à Abraham, à Moïse, et plus tard à Jésus. La parole divine s'exprime désormais en Mahomet, l'ultime et le plus grand des Prophètes.

Les devoirs du croyant

Dieu exige des hommes des actes précis, mais qui n'ont de valeur que si celui qui les accomplit est sincère dans ses intentions : cinq d'entre eux constituent les obligations de tout croyant – les cinq piliers de l'islam :

1. La profession de foi, par laquelle le musulman affirme sa croyance en un seul Dieu nommé Allah et en son prophète Mahomet ;

2. La prière, cinq fois par jour et en particulier le vendredi midi, dans la mosquée ;

3. L'aumône légale qui, obligatoire dans les premiers temps pour faire vivre la communauté, se transforme vite en un impôt ;

4. Le pèlerinage à La Mecque, à réaliser au moins une fois dans sa vie (sauf cas de maladie ou d'extrême pauvreté) ;

5. Le jeûne diurne du mois de ramadan, 9e mois (lunaire) de l'année islamique.

La guerre sainte n'est le fait que d'une élite ; elle procure le salut à ceux qui y trouvent la mort. Une interprétation moderniste lui donne un sens métaphorique : une lutte pour plus de perfection.

Les débuts difficiles

Aux premières voix qu'il entend, Mahomet est d'abord sceptique : terrorisé et craignant de devenir fou, il se confie à sa femme, Khadidja, une riche veuve plus âgée que lui et de bon conseil. Celle-ci le rassure : Mahomet est trop vertueux pour être la victime d'un démon et il n'adore pas les idoles.

Au cours d'une deuxième apparition, Gabriel se fait encore plus net : « Lève-toi (lui dit-il), avertis les hommes et appelle-les à Dieu. » De nouveau, Mahomet est désorienté et effrayé. « Qui appellerai-je (dit-il à son épouse), qui me croira ? » Et, de nouveau, Khadidja le rassure : elle est sa première convertie. Le second sera 'Ali, un enfant de sept ans, cousin et fils adoptif du Prophète.

Mahomet commence donc à professer en public ce Dieu unique, inconnaissable, créateur de l'Homme et de la Nature. Au jour du Jugement dernier, ce Dieu punira et récompensera chacun selon ses mérites, sans considération de clan ni de tribu : le discours est révolutionnaire par son caractère égalitaire ; il inquiète une bonne partie de la propre tribu de Mahomet, les Quraychites, qui dominent La Mecque. Lorsque Mahomet dénonce les idoles mecquoises, au nom de l'unicité divine, c'est la rupture : la ville s'enrichit du pèlerinage aux idoles et ne peut accepter une prédication qui met en cause ses intérêts. La petite communauté en formation se voit en butte à l'hostilité des chefs quraychites. En 622, elle est forcée d'émigrer : c'est l'*Hégire,* de l'arabe *hidjra,* qui signifie « émigration » ; Mahomet et ses fidèles se transportent à Yathrib, que l'on appellera Médine (« La Ville »), les chefs de cette cité étant favorables au nouveau culte.

L'Arabie avant l'islam

La péninsule est peuplée de **Bédouins éleveurs de chameaux,** dominant une minorité de sédentaires qui exploitent et cultivent les oasis. Au sud-est, la fertile « Arabie heureuse » (l'actuel Yémen) est divisée en un ensemble de royaumes qui exportent myrrhe, encens et parfums vers les Empires perse et byzantin.

Les Arabes croient à une infinité d'esprits, les djinns, qui habitent des arbres, des pierres, etc. **La Mecque,** à mi-chemin des circuits caravaniers, est une étape commerciale et un grand centre de pèlerinage polythéiste. Dans le Nord vivent aussi des populations chrétiennes et, dans le Sud, des communautés juives. Les conceptions monothéistes sont donc présentes de façon diffuse quand apparaît Mahomet.

Le Prophète armé

À Yathrib, on trouve aussi une nombreuse et florissante communauté juive : a

Mahomet et son armée avancent sur les Mecquois (miniature du Musée d'art turc et islamique d'Istanbul).

Mahomet reçoit sa première vision, sur le mont Hira' (miniature du XVIIIe siècle). L'islam interdit de figurer le visage du Prophète.

La Ka'ba de La Mecque (miniature du XVIe siècle, de la Bibliothèque universitaire d'Istanbul).

Mahomet, fondateur d'une religion

À la différence de Jésus, que les chrétiens proclament Fils de Dieu et né miraculeusement d'une vierge, Mahomet est un homme ordinaire : il est celui par lequel s'exprime la parole de Dieu, mais sa naissance est toute humaine, il ne produit pas de miracles, il n'est pas non plus un ascète, et, en particulier, il reprend femme plusieurs fois après la mort de sa première épouse Khadidja.

La jeunesse. Il naît vers 770, d'une branche pauvre de la famille des Quraychites qui domine La Mecque. Orphelin, il est élevé par son oncle, Abu Talib. Vers 595, il épouse Khadidja, une riche veuve nettement plus âgée que lui pour laquelle il conduisait des caravanes. Il ne prendra pas d'autres épouses tant qu'elle vivra.

La révélation et les débuts de la prédication. Vers 610 ou 613, il reçoit pour la première fois la parole d'Allah et se met à prêcher. En 619, meurent Khadidja et Abu Talib : ce dernier, chef d'un clan puissant parmi les Quraychites, avait jusque-là protégé la petite communauté de l'hostilité des autres dirigeants de la tribu.

L'Hégire. L'attitude du successeur d'Abu Talib, l'Omeyyade Abu Sufyan, rend la vie à La Mecque impossible pour Mahomet et ses fidèles. Ceux-ci s'exilent à Yathrib (Médine). De 622 à 627, une série de razzias, dans la tradition bédouine, sont menées contre les Mecquois par les musulmans. En 627, les Quraychites font le siège de Médine et échouent. L'année suivante, Mahomet décide de faire de La Mecque le centre de la nouvelle religion ; une trêve est signée et, en 628, le Prophète peut y faire le pèlerinage.

Le retour à La Mecque et les dernières années. En 630, la communauté revient à La Mecque. L'Arabie presque entière est convertie ou soumise. Le Prophète meurt en 632. Son successeur, le premier calife, est Abu Bakr.

été manifestement influencé par le judaïsme et un certain nombre de prescriptions coraniques reprennent la loi mosaïque, à commencer par l'interdiction de manger du porc. Mais, si le Prophète a espéré se faire reconnaître par la communauté israélite d'Arabie, il doit vite y renoncer : les Juifs de Médine sont finalement expulsés ou massacrés et la direction de la prière, initialement fixée vers Jérusalem, change après les premiers temps ; le croyant doit se tourner vers La Mecque, présentée non seulement comme le lieu où Dieu a appelé son ultime et plus parfait prophète, mais aussi comme une ville marquée par un séjour d'Abraham, le premier vrai représentant d'une foi monothéiste trahie par les gauchissements introduits par les Juifs puis par les chrétiens. Le principal des sanctuaires jusqu'alors polythéistes de la ville, la Ka'ba, est, dans la tradition musulmane, un temple construit par Abraham lui-même.

Il faut donc conquérir cette ville sainte. Le devoir du *djihad* (guerre sainte) commence par là. Après quelques années de conflit, en 630, les dirigeants mecquois changent d'attitude : Mahomet est devenu puissant, les conversions s'étant multipliées, et ils sont assurés que le pèlerinage ne va pas disparaître mais simplement changer de nature, devenant celui d'un culte monothéiste. Les musulmans rentrent dans la ville et les Quraychites reconnaissent le prophète d'Allah.

→ **Voir aussi :** p. 76-77 (chiisme).

Crise de succession dans l'islam

LE SCHISME CHIITE

La « Bataille du chameau », un des épisodes de la lutte d'Ali contre ses adversaires ; ici, sa belle-mère Aicha, portée par le chameau.

Deux fois parent de Mahomet, par son père Ali, fils adoptif du Prophète et l'un des premiers convertis à l'islam, et par sa mère Fatima, fille de Mahomet, Husayn est le grand martyr vénéré par l'islam chiite.

En l'année 656, Uthman, troisième calife, de la famille omeyyade, meurt assassiné. Ali, le plus proche parent de Mahomet, lui succède. Mais il est lié au parti de mécontents qui est à l'origine du meurtre de Uthman ; un parent de ce dernier, Muawiyya, gouverneur de Syrie, se révolte. La guerre civile dure jusqu'en 661 : à ce moment, Ali est assassiné et, du coup, le pouvoir n'est plus contesté à Muawiyya, d'autant que celui-ci n'a pris aucune part dans le meurtre d'Ali dont le fils aîné, Hasan, se laisse acheter (il mourra paisiblement à Médine). Tout change avec la mort de Muawiyya, en 680.

Mahomet, sa fille Fatima, son gendre Ali, ses deux petits-fils Hasan et Husayn (miniature du XVe siècle).

Le calife : chef religieux ou monarque héréditaire ?

Husayn, personnalité mal connue mais, semble-t-il, de peu de relief, s'était lui aussi soumis à Muawiyya malgré les incitations à la révolte de ses partisans à Médine, où il résidait. En revanche, il refuse, avec d'autres hauts personnages de l'État, de reconnaître pour calife le fils de Muawiyya, Yazid.
À Kufa, en Iraq, les partisans de Husayn sont nombreux : dès l'annonce de la mort de Muawiyya, la population a envoyé des messagers au fils d'Ali. Les motivations exprimées ont des accents révolutionnaires : on accuse les Omeyyades de détourner les biens d'Allah au profit des puissants et des riches. Cette donnée morale demeurera dans le chiisme, pour lequel le calife doit d'abord être un homme de Dieu.

Le monde musulman à la fin du VIIe siècle

Les musulmans sont présents dans **l'ensemble des pays arabes actuels et en Perse.** Sauf en Arabie où l'islam est majoritaire, ils ne représentent dans ces régions qu'une minorité, mais le nombre des conversions s'accroît régulièrement.

Depuis la mort du Prophète, **l'islam est dirigé par des califes.** Depuis 661, ces califes sont choisis dans la même famille : celles des Omeyyades.

Cet état de choses entraîne un déplacement du centre de l'islam : **l'Empire omeyyade est dirigé depuis Damas,** et l'Arabie se trouve rejetée à la périphérie. Le nouvel État se dote de structures complexes, empruntées à Byzance et à la Perse ; l'arabe devient sa langue d'administration et de culture ; l'art musulman naît de la fusion des styles autochtones et des influences grecque et iranienne.

Les prémices de la bataille

Aux messagers iraquiens, Husayn fait une réponse favorable, mais il tarde à agir. Yazid en profite pour réprimer énergiquement le début d'insurrection à Kufa, puis il se retourne contre les troupes de Husayn qui se sont alors mises en route.

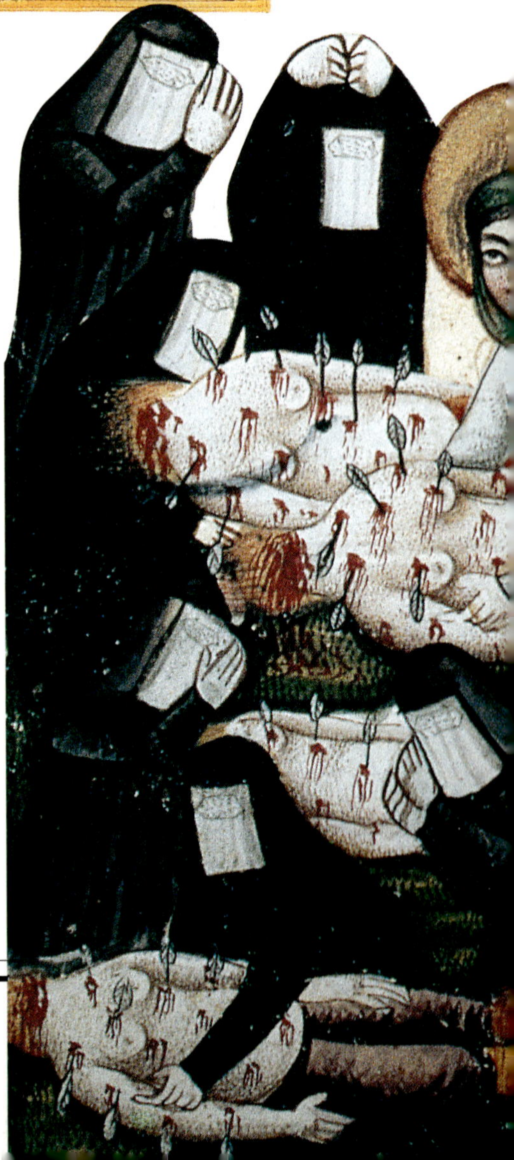

Les corps martyrisés de Husayn et des siens pleurés par les veuves et les filles de sa famille, après la bataille de Karbala, en 680 (détail d'une miniature ancienne).

Les tendances dans l'islam

Elles naissent dans l'atmosphère des luttes pour la succession au califat au temps d'Ali.

Les sunnites. Hommes de la tradition (la « *sunna* »), ils acceptent l'ordre établi et donc, pour commencer, la réalité de la victoire des Omeyyades. Du point de vue politique, ils sont donc des réalistes. Ils sont très largement majoritaires.

Les kharidjites. Face aux précédents, nombreux à l'origine mais représentés aujourd'hui à peu près par les seuls Mzabites (des oasis du Mzab, au Sahara algérien, refuge ultime d'une minorité autrefois persécutée), les kharidjites sont des « puritains de l'islam » : le chef de la communauté doit, pour eux, être le meilleur croyant. Ils ont rompu avec Ali lui-même, qu'ils soutenaient au début.

Les chiites. Ils ont été longtemps, en somme, des « légitimistes » : c'est dans la descendance d'Ali que le chef (l'« *imam* ») de la communauté doit être pris. Les grands événements de la constitution du chiisme sont la mort d'Husayn en 680 et, vers 873, la disparition du douzième *imam* (à compter à partir d'Ali inclus). Depuis cette date, la majorité des chiites attend le retour de cet *imam* « caché », appelé *mahdi :* ce sont les « duodécimains » – leur religion est la religion officielle de l'Iran actuel.

Subdivisions dans le chiisme. Mais tous les chiites ne révèrent pas la personne d'Husayn et sa descendance, et tous ne reconnaissent pas la légitimité des douze *imams* des duodécimains. Il faudrait parler de chiismes au pluriel : les sectes ont été presque aussi nombreuses que les descendants d'Ali. Il y a des *partisans* des « Hasanides », les descendants du frère aîné de Husayn. Et, parmi les « Husaynides », des divisions successives se sont produites : vers 740, un petit-fils d'Husayn, Zayd, se révolta et fut écrasé. De ce nouveau « martyr » est née la secte des Zaydites, qui se livre d'ailleurs à une contestation plutôt intellectuelle que violente. En 765, nouvelle division : deux frères, Musa et Ismail, ont chacun leurs partisans ; les Ismaéliens, minoritaires, sont encore représentés de nos jours. Mais ils ont subi des divisions : si la majorité reste fidèle à la mémoire d'Ismail, qu'ils considèrent comme le septième et dernier *imam,* d'autres, comme les Druzes du Liban, révèrent un de ses descendants lointains, le calife du Caire al-Hakim (mort en 1202) ; et un groupe extrémiste révolutionnaire, les Hachichiyyin (d'où le français « assassin »), dont les membres fanatisés pratiquaient au XIIe siècle l'assassinat politique, vénèrent aujourd'hui, paisiblement, l'Agha Khan.

Apprenant ce mouvement, Husayn ne rebrousse pas chemin : il se fie à la justice de sa cause et en conséquence il remet son destin entre les mains d'Allah. Les détachements de cavaliers envoyés par le calife le ménagent tout d'abord et veulent éviter l'affrontement, mais, comme Husayn poursuit sa route, il se trouve face à l'ensemble de l'armée du calife, à Karbala, dans la province de Kufa, au sud-ouest de l'actuelle Bagdad.

À ce moment, Husayn décide de se retirer. Mais ordre est donné aux rebelles de prêter hommage à Yazid. L'intransigeance des représentants du calife empêche tout accord : après trois jours, pendant lesquels Husayn et ses troupes souffrent de la soif (la route vers le fleuve étant barrée), les hostilités s'engagent à l'aube, le 10 octobre.

Le massacre et ses conséquences

Plus qu'une bataille, il y a dans cette journée une série de combats singuliers et d'escarmouches : vers la fin seulement, la rencontre prend un tour exaspéré et dégénère en massacre général de Husayn et des siens par les soldats de Yazid, rendus furieux par la résistance. Un seul fils de Husayn, Ali, encore enfant et épargné pour cette raison, survit. Il engendrera (signe de la faveur divine aux yeux des chiites) la nombreuse lignée des Husaynides.

Que Yazid ait voulu ou non une issue aussi sanglante, l'irréparable est commis dans cette bataille. Les chiites, désormais, ont un martyr. Toute une tradition, qui fait de Husayn un inspiré d'Allah, le montre allant au sacrifice final en toute conscience de ce qui va arriver. Cette version fait du personnage, en quelque sorte, un rédempteur acceptant la mort d'avance, pour purifier l'islam de la destruction vers laquelle des califes corrompus le précipitent. Son tombeau devient un lieu saint de l'islam chiite, et le jour anniversaire de sa mort, *Achura*, un grand jour de deuil marqué, dans la suite des temps, par la représentation de la *Passion d'al-Husayn.*

Très vite, le chiisme se divise en de nombreuses tendances. Dans toutes, on retrouve deux thèmes majeurs : d'une part, l'islam doit être dirigé par les meilleurs, les plus pieux ; d'autre part, c'est parmi les proches du Prophète – donc parmi les Alides – que ces meilleurs se trouveront – du moins pendant une longue période.

→ **Voir aussi :** p. 74-75 (Mahomet).

Une conquête réalisée en trois ans

L'ESPAGNE ARABE

À la fin de la première décennie du VIIIe siècle, les Arabes viennent à peine d'achever la conquête du Maroc. Mais déjà, deux de leurs officiers, un ancien esclave, Tariq ibn Ziyad, et le maître qui l'a affranchi, Musa ibn Nusayr, se lancent dans une entreprise audacieuse et toute nouvelle pour les armées du Prophète : franchir la mer.

L'idée d'une telle expédition ne leur serait peut-être pas venue sans l'intervention d'un personnage assez classique dans les aventures de ce genre, celui du traître qui appelle l'envahisseur à des fins de vengeance personnelle. Les chroniqueurs arabes nous parlent d'un « comte Julien », sans doute byzantin d'origine. Les causes de son appel sont on ne peut plus romanesques : le roi Rodéric (ou Rodrigue), pris d'une folle passion pour la fille du comte, aurait abusé d'elle. Julien aurait vengé l'affront en faisant venir les troupes arabes. Sous-entendons qu'il y avait pour le moins une opposition violente d'une partie de l'aristocratie wisigothique à un roi contesté, qui avait eu à évincer un rival, Akhila, lors de son arrivée au trône.

Les débuts de l'expédition

Les musulmans hésitent : informé, le calife al-Walid s'effraye des risques de tempête en mer. Une première incursion, en juillet 710, s'avère fructueuse : Musa ibn Nusayr, dans son palais de Kairouan, reçoit son lot de belles captives chrétiennes et ordonne l'expédition de conquête.

Tariq, alors gouverneur de Tanger, est chargé de diriger cette expédition. Ce sont surtout des Berbères fraîchement convertis qui s'engagent dans l'affaire. Le corps expéditionnaire est peu nombreux : 7 000 hommes, 12 000 après l'envoi de renforts – le transport maritime d'une grande armée n'est alors guère possible. Les envahisseurs débarquent dans la baie qu'on nomméra Gibraltar (de l'arabe « *djabal al-Tariq* », « montagne de Tariq »), en avril ou mai 711. Le comte Julien garde une base de repli installée aussitôt, tandis que Tariq s'enfonce dans l'intérieur. Le roi Rodrigue serait alors venu à sa rencontre, avec une armée de 100 000 hommes ! Chiffre manifestement exagéré par les chroniqueurs arabes. La rencontre a lieu sur le rio Barbate, le 19 juillet 711. Les musulmans y remportent une victoire grandement facilitée par les désaccords entre chrétiens : les partisans d'Akhila, en effet, ont fait demi-tour dès le début de la bataille !

De l'incursion à la conquête

La victoire ouvre l'Andalousie aux Arabes : Juifs et serfs, tous les mécontents du régime se rallient. Tariq laisse un affranchi, Mughith, occuper Cordoue, et va prendre Tolède sans coup férir, les habitants ayant fui. D'incalculables richesses, dans les palais et les églises de la capitale wisigothique, tombent entre ses mains. Au lieu de se réjouir, Musa conçoit du dépit et de la jalousie à l'égard de son lieutenant, son ancien esclave ! Il s'empresse d'arriver avec des troupes plus nombreuses, arabes avant tout, cette fois. Et il complète la conquête de l'Andalousie en s'emparant de Séville et de Mérida.

La péninsule Ibérique en 711

Depuis le début du Xe siècle, l'Espagne et le Portugal actuels sont **aux mains des Wisigoths, devenus catholiques** à partir du roi Reccared (587).

Mais, au début du VIIIe siècle, le royaume wisigoth est **en pleine décadence** : luttes sanglantes entre candidats au trône, intrigues des Grands et du haut clergé contre l'autorité royale. Seuls en Europe, les rois wisigoths persécutent les Juifs. Dès 694, ceux-ci auraient appelé les Arabes pour assurer leur protection.

Mais le bilan n'est pas entièrement négatif : les Wisigoths ont, les premiers, donné une **conscience nationale** aux peuples de la Péninsule : ce sera un des ressorts de la Reconquête. Ils ont contribué, plus que d'autres, au maintien de la culture romaine et de l'écrit : l'évêque Isidore de Séville rédige, au début du VIIe siècle, une encyclopédie, synthèse de ce qui reste du savoir antique. Les Arabes eux-mêmes puiseront dans cette culture préservée.

La cavalerie arabe portant les étendards et sonnant de la trompette (miniature de l'école de Bagdad, XIIIe siècle, à la Bibliothèque nationale de Paris).

Le siège d'une ville par les Arabes (miniature espagnole du XIIIe siècle).

On est moins sûr de la suite. Une tradition veut que, à l'été 713, dans des montagnes proches de Salamanque, Musa ait battu et tué Rodrigue. La conquête se poursuit en tout cas bientôt vers le nord-est – Saragosse est prise en 714 – et elle déborde les Pyrénées en 715-716, englobant pour quelques décennies le Roussillon et le Bas-Languedoc actuels. Mais cette extension est une autre histoire : d'autres que Tariq et Musa, rappelés en Orient pour rendre compte, en sont chargés.

L'expansion du monde musulman

D'abord liée à une conquête militaire, elle se poursuit de nos jours sous une forme pacifique.

La civilisation des califes. L'époque des premiers successeurs de Mahomet et surtout celle des califes omeyyades (661-750) installés à Damas correspondent à une première vague d'expansion, considérable. Entre 634 et 642, un Empire arabe se crée, dans le sud-est, alors chrétien, de l'Empire romain d'Orient (Syrie, Palestine, Égypte) ainsi qu'en Mésopotamie et en Iran. De 647 à 711, le Maghreb est conquis progressivement. Enfin, de 711 à 714 se produit la conquête fulgurante de la péninsule Ibérique. Parallèlement, à l'est, entre 700 et 714, l'Asie centrale est occupée et l'Indus atteint.

La domination turque. Avec les Turcs, une population qui part de l'Asie centrale, l'expansion reprend au XIe siècle, après un temps d'arrêt. Elle se poursuit jusqu'au XVe siècle : l'Inde du Nord, conquise par une dynastie turque, s'islamise partiellement (la zone du Bangladesh actuel). Dès la fin du XIe siècle, les Turcs submergent l'Asie Mineure et s'y installent : c'est l'actuelle Turquie. Y est fondé, à la fin du XIIIe siècle, un nouvel État, l'Empire ottoman, qui occupe progressivement les Balkans et prend Constantinople en 1453. Plus à l'ouest, des dynasties berbères, c'est-à-dire originaires d'Afrique du Nord, remportent des succès plus mitigés : successivement, les Almoravides (1061-1147) et les Almohades (1147-1269) permettent à l'islam de pénétrer au sud du Sahara, commençant une expansion – pacifique cette fois, et réalisée par le biais du commerce – en Afrique noire, du Sénégal au lac Tchad ; mais le repli s'accélère dans la péninsule Ibérique, où, à partir des années 1250, ne subsiste plus que le royaume de Grenade (perdu en 1492).

Repli à l'ouest, expansion à l'est et au sud. À partir du XVIe siècle, le rêve d'une extension de l'islam en Europe s'évanouit (échecs des sièges de Vienne, en 1529, puis en 1683). En revanche, depuis l'Inde, dominée par les Moghols à partir de 1526, les marchands musulmans font pénétrer l'islam en Indonésie et jusqu'aux Philippines. Au XIXe et au XXe siècle, enfin, l'expansion se poursuit sous une forme pacifique, en Orient et en Afrique noire, par le phénomène des conversions et du fait d'une démographie pléthorique.

La Péninsule islamisée

En 714, en tout cas, il n'y a plus de résistance et d'indépendance chrétiennes que dans les Pyrénées occidentales et dans les massifs peu accessibles des Asturies, au nord-ouest, où s'exilent volontairement des nobles wisigoths. En 718, selon une tradition incertaine, ces derniers se donnent un roi, Pelayo – francisé en Pélage : celui-ci réussit à repousser les troupes musulmanes à la bataille de Covadonga (718). Les conquérants négligent après cela de faire l'effort de contrôler ces montagnes misérables, et ils laissent ainsi aux réfugiés chrétiens l'opportunité de se fortifier progressivement dans des réduits d'où partira la Reconquête.

En attendant, l'islam s'installe d'autant plus facilement dans la péninsule Ibérique que la grande majorité de la population demeure passive, surtout les masses rurales. En outre, le pays est d'autant mieux tenu en main qu'un nombre considérable de nouveaux musulmans, Berbères venus d'Afrique du Nord, vient s'installer dans ce qu'on appelle désormais, non plus « Espagne », mais « *al' Andalus* ». Tolérants envers les « gens du Livre », Juifs et chrétiens, les conquérants ne cherchent pas à imposer leur foi, mais beaucoup se convertissent. Certaines communautés chrétiennes demeurent, conservant leur évêque métropolitain à Tolède : leurs membres seront appelés « mozarabes » jusqu'à la Reconquête.

→ **Voir aussi :** p. 106-107 (Reconquête).

L'Empire omeyyade, de l'Indus à l'Espagne.

L'islam, en Espagne, ne signifie pas seulement la guerre, mais aussi culture et vie raffinée (miniature ancienne).

732

Charles Martel arrête les Arabes en France

LA BATAILLE DE POITIERS

Le 25 octobre 732, à Moussais, près de la vieille voie romaine qui va de Poitiers à Tours, l'armée franque, commandée par le maire du palais des royaumes de Neustrie et d'Austrasie, Charles Martel, et par le prince d'Aquitaine Eudes, écrase, après sept jours d'escarmouches, les troupes berbères, à la tête desquelles se trouve le plus haut dignitaire militaire d'Espagne, l'émir 'Abd al-Raḥmān. Celui-ci laisse sa vie sur le champ de bataille.

C'est en 719 que les conquérants arabes, devenus maîtres de l'Afrique du Nord puis de l'Espagne, ont pour la première fois pénétré en Gaule, prenant Narbonne, ravageant la vallée du Rhône jusqu'à Lyon, puis la région de la Garonne. Très vite, ces pillards, demeurés sur place sous forme de colonies militaires, se sont trouvés aux prises avec la résistance du duc d'Aquitaine Eudes, qui les a forcés, par exemple, à lever le camp devant Toulouse (721). Mais, en 725, Eudes se lie avec un nommé Othmān, chef musulman qui tient la Cerdagne et ses passes et qui s'est révolté contre les autorités de Cordoue. En 732, cette alliance se retourne contre lui : l'émir d'Espagne, 'Abd al-Raḥmān, décide d'en finir avec le rebelle ; il s'ouvre un chemin à travers les Pyrénées, bat Othmān, et il en profite pour lancer ses troupes contre l'Aquitaine, terre fertile et riche en sanctuaires, où la piété des fidèles a accumulé des trésors. Eudes sait qu'il ne peut résister seul à l'afflux des troupes berbères ; il appelle à l'aide son suzerain mérovingien, c'est-à-dire en fait Charles Martel, le maire du palais qui, en éliminant un à un ses adversaires, a fini par se rendre maître de la Gaule du Nord.

La France des derniers Mérovingiens

Le royaume de Clovis ne maintient pas longtemps son unité. Par partage d'héritage à chaque génération, **quatre royaumes** se constituent : la Neustrie, c'est-à-dire le Bassin parisien ; l'Austrasie (les pays du Rhin) ; la Bourgogne ; et enfin l'Aquitaine. Après la mort de Dagobert (623-629), les rois mérovingiens qui gouvernent ces petits États sont des personnages effacés, privés de pouvoir, par manque de ressources financières et par incapacité personnelle : la propagande carolingienne, plus tard, désignera ces rois ludions sous le nom de « **rois fainéants** ».

La réalité du pouvoir, dans ces conditions, passe aux **maires du palais**, qui sont à l'origine, en quelque sorte, de grands intendants. En Austrasie, la charge de maire du palais devient héréditaire au profit d'une famille : celle des Carolingiens. Au début des années 700, **Pépin de Herstal** réussit à réunir les mairies d'Austrasie et de Neustrie. Son fils Charles, qui sera surnommé Martel (Marteau) après Poitiers, guerroie contre les Germains dans le Nord avant de s'attaquer aux Arabes dans le Sud : son œuvre prépare le triomphe de son fils, Pépin le Bref (751-768), couronné roi à la place du dernier Mérovingien, Childéric III.

Le raid de 732

L'entreprise de l'émir d'Espagne ne semble pas avoir visé la conquête : le nord de la Gaule, avec ses immenses forêts et son climat froid et humide, ne peut que médiocrement intéresser un peuple accoutumé au climat méditerranéen ou au désert. C'est la recherche du butin qui incite les musulmans à pénétrer loin dans l'Europe du Nord-Ouest : sept ans auparavant, en 725, d'autres bandes ont ainsi poussé jusqu'à Autun, mettant la ville à sac.

De fait, en 732, les soldats de 'Abd al-Raḥmān pillent la basilique Saint-Hilaire de Poitiers ; puis ils quittent la ville en direction du nord pour aller saccager la riche abbaye Saint-Martin de Tours. C'est alors que se produit la rencontre avec l'armée de Charles Martel et d'Eudes. On ne sait pas exactement où eut lieu la rencontre, ni comment elle se passa. Les charges de cavalerie arabes vinrent s'écraser contre les masses serrées de l'infanterie franque, « semblables (dit un contemporain)

Charles Martel, vainqueur chrétien, à la bataille de Poitiers (peinture française du XIXe siècle).

Le baptistère Saint-Jean, à Poitiers. Une des rares constructions de la ville datant de l'époque de la bataille.

Portrait imaginaire du maire du palais Charles Martel, équipé en guerrier (gravure du XIXᵉ siècle).

Des batailles pour une nation

Dans la naissance du sentiment national français, les grandes batailles du Moyen Âge ont joué un rôle essentiel.

Poitiers. La victoire de Poitiers et les combats menés dans le sud de la France contre les musulmans marquent le début de l'âge héroïque du peuple franc. Ces luttes ont contribué à façonner un imaginaire, arrière-fond d'épopée dont s'est nourrie la conscience nationale : les plus fameuses chansons de geste françaises se rapportent à cette époque et mentionnent des personnages historiques de ce temps.

Bouvines. Presque cinq siècles plus tard et contre un ennemi chrétien, le Saint Empire romain germanique et les comtes de Flandre et de Boulogne, la bataille de Bouvines, en Picardie, le 27 juillet 1214, marque la première victoire d'une armée véritablement nationale qui, sous les ordres du roi Philippe Auguste, comprend non seulement les nobles et leurs vassaux, mais aussi des milices communales, c'est-à-dire des bourgeois et de petites gens enrôlés volontairement pour défendre le territoire national.

Orléans. Enfin, en avril 1429, à la fin de la guerre de Cent Ans, et marquant le terme d'une longue période de revers français, la délivrance d'Orléans, assiégée par les Anglais, par la petite bergère Jeanne d'Arc, marque un sursaut venu du peuple. Contre les Grands qui se soumettent ou restent passifs face aux perspectives d'une dissolution de l'État et de l'absorption de la monarchie française au sein de la dynastie anglaise, une paysanne prend les armes, inspirée, dit-elle, par des voix célestes, mais mue aussi par sa haine des Anglais et sa dévotion au roi « français » Charles VII.

à un mur ou à un bloc de glace ». À la nuit, les Arabes s'enfuirent.

Les conséquences de la bataille

La défaite n'est pas une catastrophe pour les forces musulmanes : la puissance militaire arabe et la capacité offensive des pillards d'Espagne et de Provence restent intactes. Les musulmans, d'ailleurs, ne quittent immédiatement ni l'Aquitaine ni la Provence, et Charles Martel passe l'essentiel des années 730 à guerroyer dans ces régions.

Mais les autorités d'Espagne renoncent à conquérir la Gaule, si tant est qu'elles en aient jamais nourri le projet. Les musulmans restent sur place pour piller, non pour établir une domination. L'État arabe, plus que jamais, transpose le mode de vie des Bédouins du temps de Mahomet à l'échelle de l'Empire qu'il est devenu : s'il pousse son avantage, c'est moins par esprit de conquête que pour permettre à ses soldats de s'enrichir. Après Poitiers, la Gaule est sauvée de l'islam.

La bataille a une autre conséquence : elle renforce considérablement le prestige de Charles Martel. Celui-ci a réussi à constituer une armée remarquable, soudée autour de lui, capable d'intervenir pour arrêter toute agression et apte à prendre l'offensive. Poitiers est le signe éclatant, au VIIIᵉ siècle, de l'accroissement de la puissance franque, et elle parachève l'ascension de la famille des Carolingiens. C'est plus qu'un épisode dans la guerre opposant les chrétiens aux musulmans ; c'est véritablement un tournant.

→ **Voir aussi :** p. 78-79 (musulmans en Espagne).

L'Empire romain restauré en Occident

CHARLEMAGNE COURONNÉ

À Rome, le jour de Noël de l'an 800, en la basilique Saint-Pierre, Charles, fils du défunt roi des Francs Pépin le Bref, surnommé Charles le Grand – Charlemagne – est sacré empereur par le pape Léon III. Ce jour-là, un souverain devenu en trente-deux ans de pouvoir le monarque le plus puissant de l'Occident semble ressusciter un empire disparu depuis un peu plus de 300 ans : l'Empire romain.

C'est l'immensité des territoires conquis par Charlemagne qui oblige celui-ci à changer la nature de ses pouvoirs, à se faire conférer le titre d'empereur. Successeur de son père depuis 768, puis seul héritier de celui-ci (après la mort de son frère Carloman en 771), Charlemagne constitue en effet, entre 770 et 800, un ensemble territorial considérable, qui va de l'Elbe à l'Atlantique et de la Méditerranée à la mer du Nord – de la Tchécoslovaquie ou de la Hongrie à la France, et de l'Espagne aux Pays-Bas, pour prendre des pays actuels. Ces conquêtes se font au gré des occasions, plutôt que par un projet politique délibéré. La question de la survie, de la longévité d'un ensemble si divers se pose aussitôt que les territoires sont soumis. Or, le sacre impérial peut contribuer par deux moyens à assurer cette survie. Dans l'immédiat, il dote le souverain d'un charisme particulier, d'un prestige qui compense son éloignement. Pour l'avenir, la résurrection de la notion d'empire permet de promouvoir l'idée d'un État unitaire et indivisible, par-delà la personne de l'empereur, alors que la tradition des Francs veut que les simples royaumes qui ont succédé à l'Empire romain soient des biens patrimoniaux partagés à chaque génération entre les différents héritiers d'un souverain.

Les malheurs de Léon III

C'est l'entourage de Charlemagne, formé de clercs experts en droit romain, qui paraît à l'origine de l'idée de faire sacrer le roi empereur. Mais le pape Léon III (795-816) apporte au projet le soutien indispensable. Car la papauté traverse alors une crise : elle est en butte à de très graves attaques de la part de l'aristocratie romaine et ne peut espérer aucun appui de Byzance, protectrice traditionnelle de l'Italie, mais avec laquelle elle est en litige sur des points de théologie.

Le processus qui mène au couronnement s'enclenche au printemps 789. En avril, le pape est emprisonné par ses ennemis politiques, qui l'accusent des pires dépravations. Charlemagne, pris comme arbitre, se prononce en faveur de Léon, mais il se réserve le droit de juger de la moralité du pape. C'est le prétexte du voyage à Rome, à la Noël 800. Charlemagne vient à cette occasion pour la quatrième et dernière fois en Italie, un pays qu'il a enlevé aux Lombards à partir de 774 et qu'il gouverne par l'intermédiaire d'un de ses fils. Ce voyage marque son triomphe, et en même temps la dernière visite du grand souverain à ses possessions méridionales : il ne revient plus jamais en Italie, au cours des quinze ans qui lui restent à vivre.

Le couronnement de Charlemagne à Rome par le pape Léon III (détail d'une miniature de Jean Fouquet, XVe siècle).

Guerre et paix sous Charlemagne

Le temps de Charlemagne est celui d'**une résurrection artistique et intellectuelle** de l'Occident (l'« invention de l'école »). Elle se produit dans les villes, endormies pendant des siècles, et qui renaissent.

Mais l'Empire carolingien est aussi **un empire militaire :** trente ans de guerres permettent à Charlemagne de dominer l'essentiel de l'Europe, quand il meurt en 814. Si les expéditions sont le plus souvent victorieuses (en Pannonie, en Italie, en Saxe), certaines échouent lamentablement : ainsi en Espagne, en 778, dans le défilé de Roncevaux – c'est le thème de la *Chanson de Roland.*

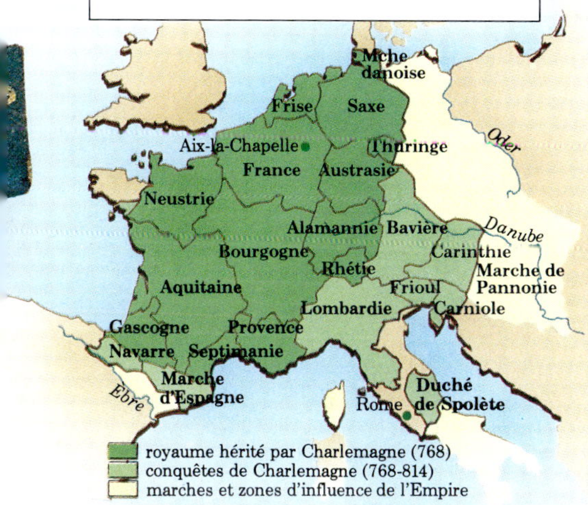

L'empire de Charlemagne.

Le triomphe et l'élection

Charlemagne arrive à Rome le 23 novembre 800. Il est accueilli selon un rituel précis, mis en œuvre depuis le IVe siècle pour la réception des empereurs romains puis byzantins. Le pape se déplace jusqu'à Mentana, à trente kilomètres au nord de Rome, pour accueillir le souverain ; une procession accompagne celui-ci jusque dans Rome, en chantant des hymnes à sa gloire ; il monte au Capitole, la colline historique de Rome, comme un triomphateur antique, sur un char. Bref, bien qu'il ne possède pas encore le titre, il est déjà traité comme un empereur.

À partir de ce moment, les sources deviennent confuses. Une assemblée mêlant laïcs et ecclésiastiques est réunie le 1er décembre pour régler la situation du pape. Le 23 semble être la journée importante. Une cérémonie solennelle a lieu : le pape jure que les accusations portées contre lui sont fausses, ses détracteurs se désistent, il est lavé de tout soupçon. L'assemblée change alors de fonction. Elle délibère du rétablissement de l'empire et, sans doute ce même jour, élit Charlemagne empereur : la procédure est conforme au droit romain, qui subordonne la création d'un empereur à l'acclamation de l'armée et du peuple – en l'occurrence des chefs de l'armée et des Grands.

Le sacre, revanche du pape

Le dernier épisode de l'accession de Charlemagne à l'empire est le sacre, moment privilégié dans une séquence d'événements tous importants, symboliques et fondateurs. Les *Annales royales,* rédigées peu de temps après l'événement, racontent la cérémonie : « Le pape lui plaça sur la tête une couronne, et tout le peuple des Romains l'acclama ... Après ces acclamations, il fut adoré par le pape... et on l'appela désormais empereur et auguste. » La succession des gestes et des paroles suggère un singulier renversement de tendance . Léon III, naguère acculé à flatter Charlemagne et à agir selon ses vœux, est désormais la puissance qui d'abord couronne l'empereur et ensuite seulement le fait acclamer et s'humilie devant lui. Ainsi se trouve signifié que c'est le pape, donc l'Église, qui fait l'empereur. De là à glisser vers la thèse d'une subordination du pouvoir de l'empereur au pouvoir du pape, il n'y a qu'un pas : c'est l'origine des grandes luttes du Moyen Âge (querelle des Investitures et lutte du Sacerdoce et de l'Empire), entre les prétentions de l'Église et celles des souverains.

→ **Voir aussi :** p. 86-87 (Otton Ier).

Le Passage des Alpes par Charlemagne *(peinture d'E. Roger, XIXe siècle).*

Les différentes vies de l'Empire romain d'Occident

Après la chute de l'Empire romain en Occident, en 476, on n'a cessé de rêver de faire renaître ce qui fut l'État des Auguste. Charlemagne donne le premier exemple de cette restauration, mais d'autres souverains, après lui, suivent son modèle.

Le Saint Empire romain germanique. L'Empire carolingien se disloque au milieu du IXe siècle. En 962, l'idée impériale ressuscite une deuxième fois grâce à Otton Ier le Grand, roi de Germanie et conquérant de l'Italie, qui se fait couronner à Rome. Son empire, qui ne comprend pas le territoire de l'actuelle France, survit jusqu'en 1806.

Le premier Empire napoléonien. Couronné empereur en 1804 et roi d'Italie en 1805, Napoléon Ier reprend à son tour la succession de Rome et celle de Charlemagne. Sa politique continentale est déterminée par ce rêve : reconstituer un pouvoir universel en Europe. Après lui, les empires qui subsistent ne sont plus que des puissances régionales : l'Autriche-Hongrie (1867-1918), le second Empire en France (1852-1871), ou l'Empire allemand (1871-1919).

Naissance de deux puissances
LE SERMENT DE STRASBOURG

En août 843, les petits-fils de Charlemagne se partagent l'Empire, après plus de dix ans de guerres et un an de négociations. Le serment de Strasbourg met fin à une brève unité : pour des siècles, il fixe les limites du futur royaume de France. Mais il sépare aussi définitivement deux pays : la France et l'Allemagne.

Le démembrement de l'État de Charlemagne intervient trente ans après la mort du fondateur (814). Sa première raison est l'immensité même de l'empire : il réunit des populations diverses et éloignées, Saxons, Bavarois, Aquitains, Bretons ou bien Romains, qui ne se reconnaissent pas dans un souverain vivant à Metz ou à Aix-la-Chapelle. L'immensité de l'État est accrue par la lenteur des déplacements : il faut 28 jours pour aller du Mans à Padeborn, 29 jours de Langres à Pavie. L'empereur délègue son pouvoir à l'aristocratie locale, qui l'exerce d'autant plus avidement qu'elle ne trouve plus dans la conquête un dérivatif à sa soif d'action : un moment enrayées, la pression des nomades, à l'est et au nord, et celle de l'islam, au sud, reprennent forçant l'empire à une politique défensive.

Dès lors, l'Église seule défend l'idéologie impériale et le concept unitaire, soutenant qu'il doit y avoir un seul État comme il n'y a qu'une Église ; la tradition franque s'oppose à cette idée puisqu'elle fait de la royauté un patrimoine familial dont chaque héritier doit avoir sa part – poussant au partage de l'État à chaque fois que meurt un souverain.

Déchirements et guerres d'une famille

Si l'Empire carolingien survit un temps à Charlemagne, c'est que celui-ci ne laisse, en 814, qu'un descendant mâle : Louis, dit le Pieux. Or, le nouvel empereur a trois fils. En 817, il édicte une « Charte de partage » qui donne la prééminence à l'aîné, Lothaire, doté du titre impérial, et fait des cadets, Pépin et Louis, des roitelets contrôlés et pourvus de territoires périphériques, Aquitaine et Bavière : l'avenir de l'empire semble assuré. Mais Louis, devenu veuf, se remarie : la naissance d'un quatrième fils, Charles, dit plus tard le Chauve, remet en cause le compromis. Car l'empereur constitue un nouveau royaume en faveur de l'enfant : il s'ensuit une première grave révolte des fils du premier lit, qui s'estiment lésés. Dans les années qui suivent alternent les périodes d'apaisement et de guerre : Louis le Pieux est déchu par ses fils en 833-834 ; puis restauré

Couronnement de Charles le Chauve. Miniature du IXe siècle.

Louis le Pieux, en empereur chrétien. Miniature du IXe siècle.

L'Europe du IXe siècle

L'Europe chrétienne commence alors à se séparer entre **catholiques,** à l'ouest, et **orthodoxes,** ou Grecs (Byzantins), à l'est.

L'Occident de l'Europe entre presque entièrement dans **l'Empire carolingien :** outre les peuples du Nord, en cours d'évangélisation, outre les royaumes anglo-saxons et l'Irlande, qui souffrent des raids scandinaves, l'Espagne, aux mains des musulmans (sauf la Catalogne vite indépendante), est le seul pays à échapper entièrement à la tutelle des fils de Charlemagne.

L'Italie constitue un cas particulier : à l'exception du Patrimoine de Saint-Pierre, qui appartient au pape, le pouvoir carolingien s'y exerce, directement dans le Nord, nominalement dans le Sud (duché de Spolète). Mais l'empereur est impuissant dans les quelques parties qui appartiennent soit aux Lombards, soit aux Byzantins, soit encore aux musulmans (Sicile).

par l'aîné et le benjamin qui font alliance avec leur père contre le roi de Bavière.
En 840 surviennent de nouvelles révoltes, au cours desquelles Louis le Pieux trouve la mort. Dès lors, la guerre n'a plus de cesse. À cette date ne survivent plus que trois fils : Lothaire, qui réclame l'autorité suprême ; Louis et Charles, qui s'unissent pour la lui refuser. L'armée de Lothaire est écrasée le 25 juin 841 à Fontenoy-en-Puisaye. En 842, Louis et Charles confirment leur alliance à Strasbourg. Ils prêtent serment non pas en latin, mais, pour la première fois, en langue vulgaire : le tudesque et le roman, ancêtres de l'allemand et du français dont le serment de Strasbourg constitue ainsi le premier document. En avril, Lothaire accepte le principe du partage.

Un sondage suivi d'un partage

Quarante Grands se réunissent alors, sans succès : les souverains prennent les choses en main. Une enquête est lancée dans l'Empire, qui dresse l'inventaire des richesses et estime les biens du fisc. Ses résultats permettent de signer le partage, en août 843. Lothaire conserve la préséance morale, avec le titre impérial ; il obtient un territoire tout en longueur : la *Francie moyenne,* des bouches du Rhin à l'Italie centrale. Louis a la *Francie orientale,* c'est-à-dire la rive droite du Rhin plus quelques terres sur la rive gauche, « pour sa provision de vin ». Enfin, Charles reçoit la *Francie occidentale :* les pays au bord de l'Océan, les bassins de l'Escaut, de la Seine, la Loire et la Garonne.

Le traité donne aux trois frères des parts égales, en poids politique et économique, mais surtout il crée des entités territoriales dont l'existence détermine pour des siècles les guerres à venir. Aux extrémités de l'Europe, la Francie occidentale et la Francie orientale deviennent la France et la Germanie – l'Allemagne. L'État intermédiaire, la Francie moyenne, ou Lotharingie, se disloque après la mort de son fondateur, par partage entre les héritiers : autour des honneurs et des territoires qui s'en détachent – le titre d'empereur, l'Italie et surtout la Lorraine – les puissances commencent à se livrer une lutte acharnée.

→ **Voir aussi :** p. 82-83 (Charlemagne).

Louis Ier le Pieux fait exécuter Bernard, roi de Lombardie. (818). Miniature du XVe siècle.

Lothaire Ier à cheval. Miniature du XIe siècle.

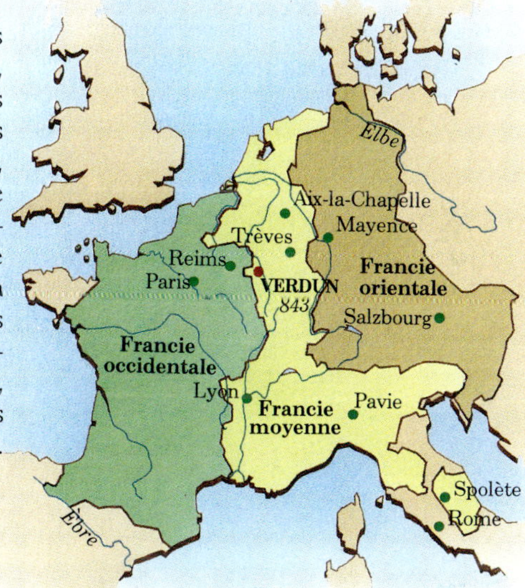

Le partage de Verdun.

Les États nés du serment de Strasbourg

Un partage essentiel. Aucun événement, au Moyen Âge, n'a plus d'importance pour l'histoire de l'Europe que le partage de l'Empire carolingien au traité de Verdun. Les royaumes nés de ce partage sont à l'origine d'États qui existent encore aujourd'hui, ou d'ensembles plus éphémères mais dont le démantèlement donne lieu à des rivalités qui durent des siècles et dans lesquelles se forgent les antagonismes nationaux.

La Francie orientale. Elle deviendra la Germanie – ce que nous appelons à présent l'Allemagne : un ensemble aux frontières bien distinctes de celles qui existent aujourd'hui, mais rendu cohérent par la pratique d'une même langue et caractérisé par l'aspiration à une forme d'unité, au-delà des démembrements successifs de l'histoire.

La Francie occidentale. Elle est à l'origine de la France. Les frontières qui lui sont attribuées en 843 sont les « quatre rivières », Escaut, Meuse, Saône et Rhône, qui demeurent, au moins dans l'idéal, une donnée fondamentale de la politique de défense (parfois démentie par la volonté de conquête) avec le mythe des « frontières naturelles ». Elle englobe la Bourgogne, à l'est, qui faillit, au XVe siècle, constituer un État indépendant.

La Francie moyenne ou royaume de Lothaire – Lotharingie. Cet ensemble plus disparate survécut peu de temps. Ses principales composantes constituent les terrains de bataille où s'opposèrent les autres puissances et en premier lieu la France et l'Allemagne : l'Italie, au sud, que les interventions étrangères privèrent jusqu'au XIXe siècle d'un destin autonome ; la Lorraine, pour la possession de laquelle la France et l'Allemagne luttèrent jusqu'à la Première Guerre mondiale.

962

La création du Saint Empire romain germanique

OTTON Ier EMPEREUR

Le 2 février 962, au terme d'une cérémonie largement byzantine déjà utilisée par Charlemagne, Otton Ier reçoit à Rome des mains du pape Jean XII la couronne impériale, qui n'a plus été portée depuis 924. La renaissance politique et culturelle voulue par la principale dynastie d'Allemagne, celle des Saxons, crée le Saint Empire romain germanique, un pouvoir qui se veut universel, mais qui ne gouverne effectivement que des territoires limités.

Avec énergie et habileté, les ducs de Saxe se sont hissés depuis le début du Xe siècle au premier plan de l'assemblage de peuples qui constitue le royaume d'Allemagne : en 919, Henri Ier l'Oiseleur a été élu roi de Germanie. Le pays recouvre l'ancienne Francie orientale, augmentée de lambeaux de la Francie médiane en « Lorraine », que les Allemands disputent aux derniers Carolingiens de l'Ouest. Le royaume de Bourgogne se maintient à part jusqu'en 1032, l'Italie est divisée en plusieurs États parmi lesquels, au nord, l'ancien royaume lombard, ou royaume d'Italie et, au centre, les États de l'Église.
En 936, Otton le Grand, âgé à peine de 24 ans, succède à son père. Une description rapporte sa « stature imposante », son « abondante chevelure, des yeux brillants (aux) lueurs fulgurantes... son visage rouge avec une grande barbe flottante... sa poitrine velue ». L'homme est un guerrier redoutable et un politique habile : il ménage les duchés germaniques jusqu'au moment où des révoltes lui permettent de placer à leur tête des fidèles ou des parents, son frère Henri en Bavière, son fils Liudolf en Souabe. Il mène une politique prudente à l'égard de l'Église, distribuant les faveurs, contrôlant les nominations, transformant la hiérarchie en un relais du pouvoir impérial : son frère Brunon est archevêque de Cologne, son bâtard Guillaume, archevêque de Mayence.

Prestation de serment de Bérenger à Otton, couronné roi d'Italie.

Italie et Empire

En 951, Otton se tourne vers l'Italie. Il passe le Brenner en septembre et marche sur Pavie, l'ancienne capitale des Lombards. Le 23, il y ceint leur couronne de fer et épouse Adélaïde, fille de Rodolphe II, qui avait prétendu à la royauté. Un accord est passé avec un autre aspirant au trône, Bérenger II, qui reste en place comme vice-roi.
Dans les années qui suivent, le roi s'impose

Otton Ier arrête les Hongrois à la bataille de Lechfeld, en 955 (gravure du XIXe siècle).

Otton Ier et sa première femme, Édith d'Angleterre.

comme le protecteur de la chrétienté. Il met en œuvre une politique d'évangélisation, conduit contre les Slaves une guerre d'extermination et, surtout, arrête les incursions hongroises à la bataille du Lechfeld, près d'Augsbourg (755) : les Hongrois reculent jusqu'en Hongrie, où ils se convertissent et se sédentarisent.

Dans ces conditions, c'est tout naturellement que le pape Jean XII, lorsque Bérenger occupe une part de ses États, appelle au secours Otton. Avant de quitter l'Allemagne, Otton fait sacrer son fils, Otton II. Il se ménage la faveur des évêques d'Italie du Nord, ôte son pouvoir à Bérenger et se fait élire une seconde fois roi d'Italie, à Pavie, en octobre 961. Enfin, le 31 janvier 962, il est à Rome. Il fait au pontife de somptueux cadeaux, reconnaît les droits de la papauté, l'autonomie de Rome et le Patrimoine de Saint-Pierre, c'est-à-dire les

Le siècle de fer

Le xe siècle est un siècle dur, un « siècle de fer », caractérisé par **des guerres constantes** opposant des principautés, des peuples, des cultures, sans aucune cohérence.

Le plus extrême morcellement gouverne l'Europe. L'Espagne, l'Italie, les îles Britanniques, sont divisées en plusieurs États. En Allemagne, en France, les principautés sont très puissantes.

Mais le siècle de fer est aussi celui **de la renaissance monastique** : en Auvergne, en Lorraine, et surtout en Bourgogne, où l'ordre bénédictin se réforme, à Cluny, en 909 ou 910.

Enfin, l'époque s'achève sur **les premiers conciles de paix**, qui tentent d'endiguer la violence.

Le Saint Empire jusqu'à Napoléon

L'Empire fondé par Otton Ier comprend les royaumes de Germanie, d'Italie et, à partir de 1032, de Bourgogne.

Les institutions. La maison de Saxe fournit à l'Empire ses quatre premiers empereurs. Puis le trône passe d'une famille à une autre, le roi de Germanie ou « roi des Romains », auquel le pape remet ensuite la couronne impériale, étant choisi par élection par ses vassaux allemands.

Empire et papauté. Les empereurs prétendent tenir la papauté sous leur coupe. L'effort des pontifes pour s'affranchir de cette domination détermine les grandes crises des xiie et xiiie siècles : la querelle des Investitures (1076-1122), puis la lutte du Sacerdoce et de l'Empire (1157-1273). L'unité de l'Empire ne résiste pas à ces crises, qui finissent en anarchie : c'est le « Grand Interrègne », de 1250 à 1273.

Le repli sur l'Allemagne. Le pouvoir de l'empereur sort de l'Interrègne très abaissé. À partir de 1437, l'Empire est entre les mains des Habsbourg. Charles Quint est le dernier empereur à rêver d'une monarchie universelle et à recevoir la consécration pontificale (1530). Après quoi, l'Empire se replie sur le domaine germanique : son titulaire est le souverain de l'Autriche, constituée en un royaume séparé depuis 1522. Il survit jusqu'en 1806.

États de l'Église. En échange, le 2 février, dans Saint-Pierre, il reçoit la couronne impériale, puis le peuple l'acclame aux cris d'« empereur et auguste », comme jadis Constantin, puis Charlemagne.

Vers l'Empire universel

La papauté a passé un marché de dupes. En décembre 963, un synode romain dépose Jean XII et désigne un nouveau pape : Léon VIII, candidat de l'empereur. Les Romains lui opposent un autre homme, Benoît V, qu'Otton Ier refuse, brisant la révolte de la ville. Léon VIII meurt en 965 : les papes qui lui succèdent sont les obligés d'Otton. Ces réussites font de l'empereur le premier personnage d'Occident. Mais, dès le règne d'Otton, et plus encore sous ses descendants, les souverains nourrissent des ambitions plus larges. Ils veulent constituer une puissance chrétienne à l'Ouest, réunissant sous leur domination, outre les Allemands et les Italiens, les peuples en cours de conversion : Polonais et Hongrois. Et pour cela ils regardent vers Byzance, modèle contemporain d'un empire chrétien à vocation mondiale. Le mouvement est amorcé à l'époque d'Otton Ier, qui délaisse Pavie pour Ravenne. En 972, Otton II épouse une princesse byzantine, Théophano : les deux cours entretiennent des relations serrées.

La culture des empereurs connaît la même évolution : Otton Ier ne parle pas le latin ; ses descendants le parlent ainsi que le grec. Sous les trois premiers Otton, le centre de gravité de la puissance impériale se déplace vers l'est : si Otton Ier fréquente encore et vénère Aix-la-Chapelle, ses résidences préférées sont

Le Saint Empire à la fin du xe siècle.

à Würzburg et surtout à Magdeburg, trait d'union entre la Saxe et les marches du Nord. On retrouve la même dualité dans le domaine des arts. L'architecture développe, dans sa monumentalité, les solutions carolingiennes ; mais l'enluminure traduit l'imitation de Byzance. Quant à Otton III (980-1002), c'est vers Rome qu'il se tourne, y établissant sa résidence. Par la suite, l'Empire s'affaiblit ; mais le projet de domination chrétienne universelle continue à s'affirmer dans l'idéologie, jusqu'à Charles Quint.

Le couronnement d'Hugues Capet

LE DÉBUT D'UNE DYNASTIE

En 987, le roi carolingien Louis V meurt d'un accident de chasse : il ne laisse pas d'enfants et, à son oncle, Charles, les grands de Francie occidentale préfèrent un non-Carolingien, Hugues Capet, descendant des Robertiens. Le roi élu est couronné à Noyon le 1er juin et sacré sans doute à Reims le 3 juillet. Le personnage manque d'éclat ; son règne bref (jusqu'en 996) n'est marqué par aucun fait illustre : mais il inaugure pour huit siècles une lignée de trente-six souverains se succédant suivant les lois du sang.

Alors que le dernier Carolingien a disparu en Allemagne en 911, les descendants de Charlemagne se maintiennent, non sans rupture, en Francie occidentale, jusqu'à la prise de pouvoir d'Hugues Capet. Affaibli par les incursions normandes, leur royaume souffre surtout de sa faiblesse interne : les grands y ont constitué, au fil du temps, des principautés autonomes, qu'ils tiennent bien en main au xe siècle, avant de les voir s'effriter, au xie siècle, au profit des petits châtelains. Les derniers Carolingiens sont des rois sans pouvoir : la seule base solide dont ils disposent est circonscrite aux vallées de l'Oise et de l'Aisne.

L'irrésistible ascension des Robertiens

La lignée des Robertiens, dont est issu Hugues Capet, tire son origine et son nom de Robert le Fort, aristocrate de la région rhénane passé à l'Ouest, à qui Charles le Chauve confie, en 852, les comtés d'Anjou et de Touraine : il est en quelque sorte préposé à la défense de la vallée de la Loire contre les Normands.
Son fils et successeur Eudes poursuit cette tâche lorsqu'il défend Paris en 885. Il monte sur le trône en 888, par la faveur des Grands, après l'abdication de Charles le Gros. Dès 893, il compose avec le prétendant carolingien, Charles le Simple, qui lui succède à sa mort en 898. Nouvel intermède en 922-936, quand Robert, frère d'Eudes, puis son gendre, Raoul de Bourgogne, reprennent la couronne. Les Carolingiens, avec Louis IV, remontent sur le trône : mais c'est par la volonté d'Hugues le Grand, fils du roi Robert, et « duc des Francs », qui préfère rester au second plan. Véritable vice-roi, Hugues contrôle directement un vaste territoire d'Angers à Senlis, de Chartres à la Bourgogne ; il accumule les abbayes prestigieuses : Saint-Denis, Tours, où une relique précieuse, la « chape » de saint Martin, donne son surnom à son fils Hugues. L'arrangement ne va pas sans heurts ni tensions entre le roi et le duc, mais se rétablit toujours. Une tentative de restauration par les deux derniers Carolingiens leur est fatale.

La rivalité de deux cousins

Hugues Capet succède à son père en 956 : il a seize ans, le nouveau roi Lothaire, son cousin, en a treize. Les adolescents sont placés sous la tutelle de leurs oncles germaniques : le roi Otton Ier et l'archevêque de Cologne Brunon.
Cette minorité, puis l'absence de force de caractère d'Hugues Capet favorisent la décomposition de la principauté robertienne : d'anciens vassaux d'Hugues le Grand, le

Capétiens, Valois, Bourbons et Orléans

De 987 à 1328, les fils succèdent aux pères : ce sont les Capétiens directs.
À la mort de Charles IV, sans héritiers, aucun fils de roi ne survit plus. Le trône passe à un descendant de cadet n'ayant pas régné : Philippe de Valois, qui devient Philippe VI.
En 1498, le même phénomène se reproduit : Louis XII, descendant valois par un prince cadet, établit sur le trône la branche des Valois-Orléans – qui cède la place lorsqu'il meurt, sans fils (en 1515), à celle des Valois-Angoulême, inaugurée par François Ier. Une nouvelle crise s'ouvre en 1589, quand meurt Henri III, sans postérité. Au prix de sa conversion au catholicisme, Henri IV impose son droit à la succession et commence le règne des Bourbons : il a fallu remonter à Robert de Clermont, fils de Saint Louis, pour trouver un successeur au roi qui ait dans ses veines du sang d'Hugues Capet !
Les fils des fils d'Henri règnent jusqu'en 1830. À cette date, l'abdication de Charles X fait passer la couronne à une nouvelle branche : Louis-Philippe, descendant de Philippe, fils cadet de Louis XIII, est un Bourbon-Orléans.

La France d'Hugues Capet

Né du traité de Verdun en 843, le Royaume s'étire à l'ouest du Rhône et de la Saône, depuis l'actuelle Belgique jusqu'aux régions septentrionales de l'Espagne.
Dans ces limites coexistent **de vastes principautés et un maigre domaine royal.** Parmi les premières, largement indépendantes : les comtés d'Anjou et de Flandre ; le duché (d'origine viking) de Normandie et celui d'Aquitaine ; enfin, la constellation Blois-Tours-Champagne, en cours de formation.

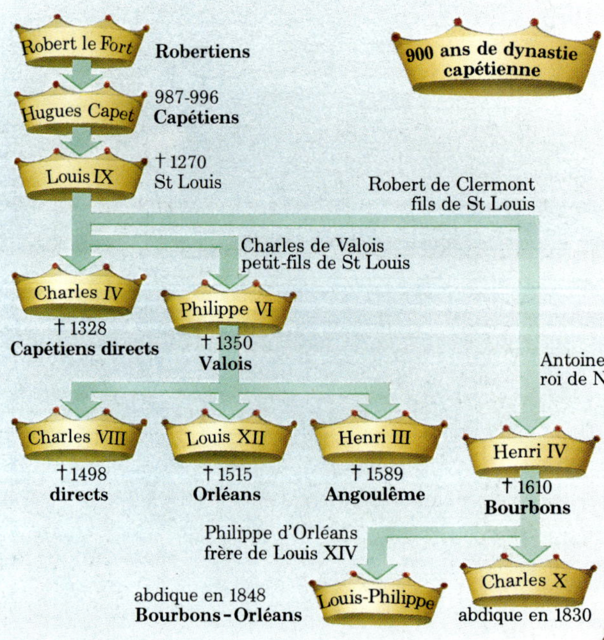

Les descendants d'Hugues Capet.

Portrait imaginaire d'Hugues Capet (peinture française du XIXe siècle, détail).

Le couronnement d'un roi de France. (détail de l'Ordre de couronnement, manuscrit français du XIIIe siècle).

comte d'Anjou, le comte de Blois-Chartres, maître aussi de Tours, affirment leur indépendance, avant de se révéler les plus dangereux rivaux des premiers Capétiens. Les heurts se multiplient entre Hugues et Lothaire, sans qu'aucun puisse prendre l'avantage : la situation profite aux Grands et aux Ottoniens de Germanie.

Mais Lothaire, en 978, prend une initiative : il essaie de conquérir cette zone contestée née du traité de Verdun, l'ancienne Lotharingie, que le successeur d'Otton Ier, Otton II, contrôle alors. La tentative provoque la réaction de l'Allemand, qui vient camper devant Paris, dont Hugues Capet défend les murs : l'avant-dernier Carolingien doit compter désormais avec l'hostilité du Germain. Quand il meurt dix ans plus tard, la situation n'a pas évolué. Il laisse un fils de dix-neuf ans, qu'il a associé au pouvoir et qui lui succède aisément : c'est Louis V – qui périt accidentellement un an plus tard.

Hugues Capet, roitelet

Cette mort est la chance d'Hugues Capet : l'archevêque de Reims et le parti ottonien le poussent en avant, les grands le proclament d'autant plus aisément que sa faiblesse les laisse plus libres.

Car le roi n'est vraiment maître chez lui que d'Orléans à Paris et à Senlis, même si quelques évêchés du nord du royaume lui permettent de prolonger indirectement son pouvoir. Hugues peut capturer un prétendant carolingien, Charles de Basse-Lorraine, frère de Lothaire, qui lui est livré par l'évêque de Laon. Mais le pouvoir royal s'enlise bientôt dans un conflit avec le nouvel archevêque de Reims, coupable d'avoir protégé le captif. Contre le comte de Blois, Hugues inaugure une politique que systématiseront ses successeurs, mélange de grignotement territorial et d'un jeu d'équilibre entre principautés rivales. Pendant un siècle et demi, le pouvoir royal vivote. Mais les rois se succèdent, de père en fils : la continuité familiale, avec le temps, fait oublier l'origine du pouvoir – qui est une usurpation.

→ **Voir aussi :** p. 84-85 (traité de Verdun) ; p. 124-125 (guerre de Cent Ans).

Les Capétiens et la succession au trône de France

Le complexe de l'usurpation. Pendant deux siècles, la dynastie capétienne prend soin d'assurer son pouvoir : le père fait couronner le fils de son vivant et l'associe au règne ; la propagande royale enjolive les événements de 987, imagine une association ou une parenté avec les Carolingiens. Ces pratiques n'ont plus cours à partir de Philippe Auguste (roi de 1180 à 1223), descendant, par sa mère, des Carolingiens, et qui peut enfin revendiquer une légitimité.

Éliminer les femmes. Au XIVe siècle, le contexte politique oblige à formuler la doctrine officielle de succession au trône. La règle s'impose alors d'écarter les femmes du trône et même de la transmission du trône. La prétendue « loi salique » (elle remonterait aux Francs Saliens), qui devient une loi fondamentale du royaume, est formulée sous Charles V, roi de 1364 à 1380. Mais plusieurs crises, auparavant, en imposent le principe. La première éclate en 1316, à la mort de Louis X. Un fils posthume lui naît, Jean, qui meurt au bout de cinq jours. Il demeure une fille mineure, Jeanne, écartée par son oncle paternel, qui devient Philippe V. Le précédent joue ensuite en la défaveur des filles de Philippe V, au profit de Charles IV, dernier frère de Louis X. Celui-ci ne laisse encore qu'une fille, qui est écartée du trône. Le problème est alors compliqué par le fait qu'il ne reste plus de descendant direct d'Hugues Capet : grâce à l'appui des barons, un Valois, descendant par les hommes, en branche cadette, des Capétiens, s'impose sous le nom de Philippe VI (1328-1350). Le roi d'Angleterre Édouard III est débouté parce que son ascendance capétienne est féminine. C'est un prétexte de la guerre de Cent Ans.

988

Vladimir le Grand convertit son État

LE BAPTÊME DE LA RUSSIE

La tradition situe l'adoption officielle du christianisme en Russie en 988, sous le règne du grand-prince de Kiev Vladimir. Cependant, on connaît des efforts allant dans ce sens dès avant cette date.

En effet, les Varègues, c'est-à-dire la branche orientale des Vikings, les Slaves installés sur les grandes voies fluviales et les marchands de Kiev sont depuis le début du Xe siècle en contact avec le christianisme byzantin. Par ailleurs, en 944, un important traité d'alliance entre Kiev et Byzance mentionne des Russes baptisés habitant Kiev. Il semble aussi que des populations scandinaves installées sur les bords de la mer Noire se soient converties à la fin du IXe siècle, en 864. Enfin, la princesse Olga, grand-mère de Vladimir, accepte la conversion lors d'un voyage en 954-955.
Mais toutes ces tentatives sont limitées dans l'espace ou elles ne concernent que quelques individus.

Une opération politique

C'est donc à l'époque où le pouvoir princier s'organise à Kiev, dans un État qui s'assure progressivement la domination sur toutes les tribus des Slaves de l'Est, que s'effectue véritablement la christianisation. Celle-ci est promue par les souverains, soucieux d'établir des liens serrés avec des populations au loyalisme encore douteux et qu'ils souhaitent rassembler dans une ferveur commune. Dans un premier temps, les grands-princes se contentent d'utiliser le culte païen, dont ils renforcent et réorganisent les rites ; mais la nécessité de cimenter les structures sociales autour du souverain les amène finalement à promouvoir une religion nouvelle.

Controverse religieuse

Le récit de la conversion, tel qu'on le trouve dans un texte célèbre, la *Chronique des temps passés,* se présente comme une légende : le prince Vladimir Ier Sviatoslavitch de Kiev mande auprès de lui des Bulgares de la Volga qui lui présentent les mérites de l'islam, des Allemands qui défendent le christianisme romain, des Khazars pratiquant la religion juive et enfin un Grec qui lui expose la foi orthodoxe. Aux Bulgares, Vladimir rétorque : « C'est une joie pour les Russes de boire, nous ne saurions nous en passer. » Les Allemands sont éconduits rapidement. Aux juifs, la réponse suivante est faite : « Si Dieu vous aimait, ainsi que votre Loi, vous ne seriez pas dispersés parmi les terres étrangères. Voulez-vous peut-être qu'il nous en arrive autant ? » Et c'est donc le dernier émissaire, le représentant des chrétiens de l'Empire byzantin, séparés de Rome, qui arrive à convaincre le prince.

Les premiers temps de la Russie

Peuplée au VIIe siècle de Slaves venus de l'Est, la Russie commence à se constituer comme entité politique autour de **l'État de Kiev** à la fin du IXe siècle.

Oleg, premier prince de Kiev, règne de 882 à 913, puis Igor, de 913 à 945. Des Vikings, les Varègues, contrôlent les territoires autour de Kiev, de Novgorod, au nord, au Dniestr, au sud. **Igor,** à sa mort, laisse le pouvoir à sa veuve, Olga, la première princesse orthodoxe de Russie, qui renforce les structures administratives de son pays. Son fils **Sviatoslav,** prince à partir de 962, repousse les frontières de l'État. Quand il meurt en 972, une guerre civile éclate entre ses trois fils, qui se disputent le pouvoir.

En 980, Vladimir est maître de tout le territoire. Il règne jusqu'en 1015.

Le Baptême du grand-prince de Kiev Vladimir Ier (« saint Vladimir ») [fresque de la cathédrale Saint-Vladimir à Kiev, XIXe siècle].

◀ *Le grand-prince Vladimir Ier entouré de ses conseillers (miniature des* Chroniques de Radziwill, *Académie des sciences, Léningrad).*

Le baptême de tout un peuple

Parallèlement, Vladimir demande la main d'une princesse byzantine. En échange, la conversion au christianisme est exigée de lui. La *Chronique* raconte encore que Vladimir, frappé de cécité à l'arrivée de sa fiancée, est miraculeusement guéri au moment où le sacrement lui est administré...

Le prince baptisé fait détruire les statues des dieux païens. Surtout, il convoque tous les habitants de son État : « Il fit dire à travers toutes les villes : "si quelqu'un riche ou pauvre, indigent ou esclave, ne se trouve pas demain au bord du fleuve, je le considérerai comme mon ennemi" ». Le baptême est donc plus forcé que consenti. C'est un baptême collectif, dont le cadre est vraisemblablement la Potchaïa, affluent du Dniepr, et la date, le printemps 988 : « ... Le peuple s'y rendit avec joie... Ils entrèrent dans l'eau qui leur arrivait certains jusqu'au cou, d'autres jusqu'à la poitrine... Les adultes allaient et venaient, les prêtres se tenaient sur la berge et récitaient des prières. »

La *Chronique* révèle deux choses importantes : elle montre que la conversion est un acte politique qui vise à renforcer le pouvoir princier, au moment où le souverain doit gouverner un État devenu multiethnique à la suite de son expansion ; et elle rappelle la situation géopolitique de la Russie kievienne, à la position indécise entre l'Empire byzantin à l'est et le Saint Empire germanique à l'ouest.

Les travaux de construction d'une église en bois et la cérémonie de sa consécration dans l'ancienne Russie (miniature russe du XVe siècle).

Mille ans d'Église orthodoxe russe

Les premiers temps. Les premières institutions de l'Église orthodoxe sont fondées dès le baptême. Le chef de l'Église russe est le métropolite, établi à Kiev et qui reconnaît alors l'autorité du patriarche de Constantinople. De rares évêchés, des monastères fameux sont créés au Xe et au XIe siècle, mais, dans l'ensemble, l'évangélisation ne dépasse pas les environs immédiats de Kiev.

La fin du Moyen Âge. À partir du XIIIe siècle, le rôle de l'Église, renforcée dans ses structures et riche de vastes domaines, devient considérable : les clercs assurent, outre les fonctions religieuses, les devoirs de charité et de soin aux malades ; les jeûnes et fêtes religieuses forment un rituel important dans la vie quotidienne des Russes ; le droit canon s'applique non seulement à ceux qui lui sont rattachés, mais aussi à toute la population en matière d'observance religieuse et de moralité. En 1448, l'Église russe se détache de l'allégeance constantinopolitaine. Peu après cesse le monopole religieux de Kiev : Moscou s'impose comme un centre extrêmement influent, presque la « troisième Rome » de la chrétienté.

Les temps modernes. Renforcée dans son organisation au XVIe siècle, l'Église russe est ébranlée au XVIIe siècle par un schisme très grave : celui des « vieux-croyants », fidèles à des coutumes et des rituels anciens que les autorités officielles rénovent alors. Au XVIIIe siècle, sous Pierre le Grand, l'Église est totalement réformée : le patriarche, autorité indépendante créée en 1589, est remplacé par un saint-synode composé de douze prêtres et dirigé par un fonctionnaire de l'État.

L'Église orthodoxe en U.R.S.S. En 1918, l'élection d'un patriarche est rétablie. La Constitution soviétique reconnaît théoriquement la liberté de conscience, donc de religion, et, depuis quelques années, un petit nombre de séminaires ont pu ouvrir leurs portes et quelques églises ont été fondées ou rouvertes.

La grande peur a-t-elle existé ?

L'AN MILLE

Peu de périodes ont aussi mauvaise réputation que les alentours de l'an mille. Les historiens romantiques, au XIXᵉ siècle, ont accrédité l'idée d'une période d'anarchie, de disettes, de crédulité et de craintes. Une critique approfondie et un examen global des sources ont pourtant permis de faire la mesure des « terreurs », mais aussi des élans, riches de conséquences, de la fin du Xᵉ et du début du XIᵉ siècle.

Dès le XIIᵉ siècle, des historiens ont narré les prodiges qui marquèrent le millénaire, plus exactement les deux millénaires : celui de la naissance du Christ — dont le décompte est fixé, sous sa forme actuelle et sans doute avec une erreur, au VIᵉ siècle — et celui, plus lourd de menaces, de sa Passion, en 1033. Le thème des « terreurs » ne fait que s'amplifier au fil des siècles. En 1833, Michelet organise le mythe avec son habituel talent : « Cette fin d'un monde si triste était tout ensemble l'espoir et l'effroi du Moyen Âge. Voyez ces vieilles statues dans les cathédrales..., l'air souffrant comme la vie, et laides comme la mort (...). Malheur sur malheur, ruine sur ruine. Il fallait bien qu'il vînt autre chose, et l'on attendait. Le captif attendait dans le noir donjon, dans le sépulcral *in pace* (cachot) ; le serf attendait sur son sillon, à l'ombre de l'odieuse tour ; le moine attendait, dans les abstinences du cloître.... Dans cet effroi général, la plupart ne trouvaient un peu de repos qu'à l'ombre des églises. » Mais, au juste, si l'époque est sombre à ce point, c'est d'abord qu'elle est plongée dans une épaisse obscurité documentaire.

Les témoignages contemporains

Des rares actes de l'époque, il n'y a rien à attendre. Certains parlent bien du « monde qui approche de sa fin » : lieu commun, usuel depuis le VIᵉ siècle. Restent par ailleurs quelques lettres, quelques chroniques, toutes d'hommes d'Église : par vocation, par formation, ils lisent et interprètent le monde comme un vaste livre, écrit par le Créateur. Comètes, éclipses, « combats d'étoiles », naissance de monstres, disettes et épidémies : tout a un sens. Le moine bourguignon Raoul Glaber construit sa *Chronique* (qui va de 900 à 1046) autour des manifestations accompa-

Vision de la fin des temps : les ossements reprennent vie sous l'action des vents personnifiés et de la main de Dieu (miniature du XIᵉ siècle).

*Image du déchaînement du mal : cadavres flottant au fil de l'eau – un corbeau attaque l'œil de l'un d'eux (miniature de l'*Apocalypse de Saint-Sever*, XIᵉ siècle).*

L'Europe de l'an mille

L'Occident de l'an mille amorce une **reprise démographique,** difficile à évaluer en chiffres : les estimations varient de 25 à 40 millions d'habitants. Des chiffres de 1 million en Angleterre, 5 millions en Italie, moins dans le royaume de France, semblent vraisemblables.

La pression des « invasions » est contenue : Hongrois et Scandinaves restent sur les marges ; on réplique aux razzias sarrasines, c'est-à-dire musulmanes.

Enfin, **la christianisation s'affirme :** les missionnaires achèvent ou entreprennent de convertir les pays nordiques et slaves, où se multiplient les créations de sièges épiscopaux et les baptêmes de princes.

Le déchaînement des forces du mal : la cinquième trompette (Apocalypse de Saint-Sever).

Le millénarisme aux époques médiévale et moderne

On appelle millénarisme un mouvement de contestation de l'ordre, fondé sur l'attente d'un « Messie » : un envoyé de Dieu appelé à établir sur terre un règne de mille ans (*millenium*), avant le Jugement dernier.

Une tendance de toutes les religions. Le millénarisme existe dans toutes les religions : dans le judaïsme comme dans le christianisme, en islam comme dans des croyances « primitives », tel le « culte du cargo » en Mélanésie, qui promet l'expulsion des Blancs et l'instauration d'un âge de paix et de prospérité marqué par le retour des ancêtres sur un grand bateau blanc.

Dans le christianisme. Le problème, pour les chrétiens, est que le Messie est déjà venu et qu'il a refusé d'établir son règne terrestre. Les Pères et docteurs de l'Église chrétienne ne consentent donc qu'à une interprétation spirituelle, symbolique, du *millenium :* ils y voient la promesse du triomphe de l'Église dans le monde, avant le Jugement dernier. Mais la tradition millénariste demeure vivace dans les consciences chrétiennes : elle s'appuie sur le dernier livre du Nouveau Testament, l'*Apocalypse* de Jean, chronique anticipée de la fin des temps, qui décrit une période de calamités et de destructions, celle du règne provisoire d'un Antéchrist.

Les mouvements historiques. C'est surtout après le XIe siècle que prennent forme les mouvements millénaristes. Jusqu'au XIIIe siècle, les crises sont provoquées par des illuminés qui se font passer pour le Messie, remportant un certain succès auprès des laïques pauvres et lors des croisades « populaires ». Chez certains clercs, le millénarisme débouche sur une critique de la hiérarchie ecclésiastique : Joachim de Flore, qui annonce l'Apocalypse pour 1260, influence une partie du courant franciscain (fraticelles). Le mouvement s'exacerbe à la fin du Moyen Âge et prend un sens anticlérical (taborites de Hongrie), psychologique (flagellants) ou social révolutionnaire (anabaptistes de Münster, 1535).

Assoupi à l'âge moderne, le millénarisme médiéval se réveille à l'époque contemporaine, chez diverses sectes à tendance anticoloniale du tiers-monde.

gnant les deux millénaires de 1000 et 1033. L'impiété des hommes du siècle, la rapacité des aristocrates, l'anthropophagie au pire de la famine, autant de crimes qui appellent une punition divine. Que les croyances de Raoul, esprit instable et tourmenté, aient été partagées, n'est pas invraisemblable : on sait qu'à Paris un prédicateur agitait devant son auditoire la menace du millénaire et prédisait l'arrivée de l'Antéchrist pour l'an mille. Le dossier, particulièrement mince, ne suffit pas à étayer l'hypothèse d'une psychose collective : guère plus d'angoisse, sans doute, que quelques siècles avant ou après : tout le Moyen Âge, tendu vers le salut, s'est vu au milieu d'un monde vieillissant et décrépit.

Les espoirs de l'an mille

Plus que d'anarchie, la période est celle d'une recomposition des pouvoirs sur des bases locales : la société sort des schémas antiques et, dans un cadre souvent oppressif, se reconstitue autour de cellules, châtellenies et paroisses. Le temps des grands périls est passé pour l'Occident. La disette peut toujours surgir, mais les famines se font moins fréquentes, les « pestes » moins générales. Sans doute portée par une amélioration climatique, la croissance démographique et agricole est évidente : plus précoce sur les rivages méditerranéens, elle s'amplifie au cours du XIe siècle.

Le bilan global ne peut certes masquer la violence quotidienne, physique et morale. De rares témoignages subsistent de révoltes paysannes durement matées, ainsi en Normandie (996-997), comme de mouvements hérétiques qui concernent des théologiens hantés par les rapports de la foi et de la raison, ou impliquent des clercs marginaux et des « illettrés », c'est-à-dire des laïques : ainsi en Champagne, où l'on récrimine contre la dîme, en Flandre et en Milanais. Bien plus que les frayeurs, c'est un puissant mouvement de fond qui porte l'Occident sur les routes à la conquête de la terre. Raoul Glaber lui-même traduit bien l'optimisme de ce monde jeune qui se croit vieux : « La millième année après la Passion du Seigneur, après ces désastreuses famines, la bonté et la miséricorde divines apaisèrent nuées et averses. Le ciel se mit à resplendir joyeusement, les vents à souffler à la juste mesure et la sérénité des éléments vint manifester la clémence du Créateur. Toute la surface de la terre verdit agréablement et l'abondance des récoltes chassa la disette » ; « aux alentours de 1033, on se mit sur presque toute la terre, principalement en Italie et dans les Gaules, à reconstruire les basiliques (...), comme si le monde lui-même s'était secoué pour rejeter la vieillesse et avait, un peu partout, endossé un blanc manteau d'églises. »

La dureté du temps explique certains désespoirs : serf attaché à sa herse (miniature du XIe siècle).

1054

La rupture entre Byzance et l'Occident

LE SCHISME ORIENTAL

Le 16 juillet 1054, les cardinaux Humbert de Moyenmoutier et Frédéric de Lorraine, accompagnés de l'archevêque d'Amalfi, se rendent à la basilique Sainte-Sophie de Constantinople. Ils sont porteurs d'une bulle rédigée par Humbert, le chef de la légation, par laquelle ils excommunient le patriarche de Constantinople, Michel Cérulaire.

Après avoir, en public, lancé l'anathème contre ce dernier, les trois dignitaires de l'Église romaine déposent le texte sur l'autel et quittent la basilique. En sortant, ils secouent la poussière de leurs souliers, souillés par ce lieu qu'ils viennent de maudire et, hautains, ils déclarent : « Que Dieu voie et nous juge. »

Une séparation effective depuis longtemps

L'excommunication est réciproque : dans les jours qui suivent, Michel Cérulaire réplique sur le même ton. À vrai dire, voici déjà longtemps que Grecs et Latins ne se comprennent plus. La rupture date du VIIIe siècle, quand les papes ont pris conscience que l'Empire byzantin ne les protégeait plus contre leurs ennemis en Italie et qu'ils ont choisi de faire alliance de préférence avec les souverains francs.

Or, cet éloignement politique, effectif dès le couronnement de Charlemagne, précède une série de malentendus dont l'accumulation va provoquer la rupture de 1054. Ceux-ci sont d'inégale gravité, mais leur nombre montre bien que l'Orient et l'Occident se sont très fortement éloignés. Dès le IXe siècle, de graves querelles théologiques éclatent, aussi bien à propos de la place des images et des reliques dans la liturgie, et de la nature du culte que l'on doit leur porter, qu'à propos de la place de l'Esprit-Saint dans la Trinité. Elles ne trouvent pas de solutions. Simplement, pour préserver les relations entre Rome et Constantinople, on les passe le plus souvent sous silence. En même temps, c'est-à-dire dès le Xe siècle, les coutumes pratiquées par les deux Églises s'éloignent de plus en plus.

Les griefs de Michel Cérulaire

Pourtant, ce n'est pas sur ces points de doctrine, essentiels, que s'opère l'ultime rupture, mais sur des griefs en apparence parfaitement subalternes. Les Grecs reprochent, par exemple, aux Occidentaux, de ne pas saigner les animaux dont ils mangent la viande. Ou encore, ils rejettent l'idée que les prêtres doivent être astreints au célibat. Ils condamnent le fait que les hosties occidentales soient de pain azyme ; ils voient là une

---

L'Empire byzantin au milieu du XIe siècle

L'Empire byzantin atteint son apogée vers 1025. Il s'étend alors sur l'Italie du Sud, l'ensemble des Balkans et une large partie de l'Anatolie.

L'État byzantin a su maîtriser les nombreux périls qui pesaient sur lui. **Les Bulgares,** peuple d'origine asiatique, ont été vaincus : ils forment désormais un royaume vassal, après avoir constitué une menace pour l'existence même de l'Empire. Les musulmans ne progressent plus sur le plateau anatolien : **l'Empire abbasside** est en voie d'éclatement, tandis que la structure militaire de Byzance se renforce, au moins jusqu'au milieu du XIe siècle.

L'Empire byzantin est alors indubitablement la plus grande puissance du monde médiéval.

Le pape Léon IX excommunie le patriarche de Constantinople Michel Cérulaire (miniature italienne du XVe siècle).

Au centre de la querelle théologique, la question de la Trinité (fresque byzantine de Zagorsk).

Les deux têtes de l'Église chrétienne Rome et Constantinople

Les premiers temps. Lorsque Constantin vient s'installer sur les rives du Bosphore, il ne modifie pas les structures de l'Église. La primauté continue d'aller à Rome, parce que ses évêques, les papes, sont les successeurs de saint Pierre.

Après la chute de l'Empire romain. La disparition de l'Empire d'Occident, en 476, ne change rien à l'affaire, pas plus que l'ancrage décidément occidental de la papauté à partir des Carolingiens. Le pape est le chef de l'Église universelle. Le patriarche de Constantinople, quant à lui, est, du point de vue romain, un archevêque comme un autre : il est à la tête d'une province ecclésiastique, rien de plus. Dans la pratique, il est nommé par l'empereur et est considéré par lui comme un fonctionnaire. De fait, le plus souvent, le patriarche obéit à la volonté impériale, même en matière de dogme. Les interventions impériales dans la vie de l'Église sont nombreuses autant qu'efficaces, même si elles se heurtent fréquemment à une résistance, qui vient d'ailleurs davantage des moines, très riches et très influents, que du clergé séculier.

Le bouleversement du XIe siècle. La situation change à partir du XIe siècle : alors, le patriarche de Constantinople se pose de plus en plus en rival du pape. C'est que la papauté, à ce moment, est particulièrement faible et manque de prestige. À partir des années 1030, les papes sont, eux aussi, désignés par l'empereur, entendons, par le chef du Saint Empire germanique, que ne reconnaît pas Byzance. D'autre part, dans la première moitié du XIe siècle, le patriarche de Constantinople parvient à asseoir son autorité sur l'ensemble des évêchés orientaux, et il maîtrise même la nomination à d'autres patriarcats, comme celui d'Antioche. Exerçant une autorité religieuse incontestée sur l'ensemble de l'Empire, il ne se considère en rien comme inférieur au pape, et, en conséquence, il refuse de plus en plus de lui obéir.

Déjà, au IXe siècle, le patriarche de Constantinople Photios avait ouvert la querelle avec l'Occident (miniature du XIIIe siècle).

attitude judaïsante. Tous ces reproches sont exprimés par un dignitaire de l'Église grecque en 1050 et traduisent l'opinion de Michel Cérulaire lui-même.

Ces reproches concernent-ils vraiment des faits secondaires ou accessoires ? Certainement pas, puisqu'ils touchent aussi bien le mode alimentaire des Occidentaux que leurs conceptions de la pureté nécessaire dans les rapports entre Dieu et l'homme. Ainsi, au moment même du schisme se développe, dans tous les pays d'Occident, un puissant mouvement visant à obliger les prêtres à demeurer célibataires et chastes : il faut ne pas être souillé par l'acte sexuel pour pouvoir consacrer l'hostie. Autrement dit, l'ensemble des reproches que se renvoient Humbert de Moyenmoutier et Michel Cérulaire traduisent l'éloignement constant de deux civilisations devenues totalement étrangères l'une à l'autre. Cela, davantage que les divergences théologiques, rendait le schisme inéluctable.

Les acteurs

Dans cette affaire, les passions aussi comptent beaucoup. Michel Cérulaire, le patriarche, est ambitieux et orgueilleux. Il ne veut plus que, même sur un plan formel, l'Église orientale dépende de Rome. Il éprouve, par ailleurs, le plus profond mépris pour cet Occident qu'il estime barbare : Byzance seule est, à ses yeux, dépositaire de la grandeur passée et de la gloire de la première Rome. C'est la raison qui fait que, durant le séjour de l'ambassade romaine, il manœuvre avec une maladresse délibérée, de manière à rendre la rupture inévitable.

Humbert de Moyenmoutier, quant à lui, déteste l'arrogance de ces Grecs qu'il juge efféminés. C'est un homme violent, emporté, vaniteux, mais sûr de son bon droit. Il est, en ce sens, un excellent représentant de ce qu'est l'aristocratie de l'Occident au XIe siècle. Même s'il sait le grec, on ne peut pas dire de lui qu'il soit véritablement cultivé, ni que son esprit puisse s'affranchir des préjugés. Bref, il n'est guère possible de trouver deux personnages plus disposés à l'affrontement, plus aptes à rechercher la rupture, plus désireux, au fond, de la provoquer, que le patriarche de Constantinople et l'envoyé de Rome.

Les conséquences

Sur l'instant, personne ne se rend bien compte de l'importance de ce qui vient de se passer : il y a eu d'autres brouilles, celle-ci finira bien par se terminer, estime-t-on. De fait, au cours des nombreux conciles qui marquent l'histoire religieuse des XIe-XIIIe siècles, la question de l'unité de l'Église est toujours évoquée, et l'on ne manque jamais d'inviter des représentants de Constantinople. En vain : les anathèmes réciproques ne seront levés, rappelons-le, que dans les années 1960, sous le pontificat de Paul VI...

Les Normands conquièrent l'Angleterre à Hastings

GUILLAUME LE CONQUÉRANT

En 1066, l'armée du duc de Normandie, Guillaume, qui n'est encore que le Bâtard, entreprend la dernière invasion de l'Angleterre qui ait réussi. La guerre n'est pas celle de deux peuples, les Normands contre les Anglo-Saxons : elle oppose des prétendants à un même trône. Mieux, selon une boutade célèbre, elle oppose « trois Vikings », plus exactement le parti normand de Guillaume, le parti anglo-danois d'Harold et les Norvégiens attirés par le frère d'Harold, Tostig, allié de Guillaume ou travaillant pour son propre compte.

Né vers 1027, Guillaume est le fils naturel du duc Robert le Diable. Gros, chauve, doué d'une force extraordinaire, il domine d'une main de fer la Normandie depuis 31 ans au moment où il entreprend la conquête de l'Angleterre. À l'extérieur, il entretient de bonnes relations avec son suzerain le roi de France, mais aussi avec la papauté, qu'il sert en menant à bien la réforme de l'Église à laquelle celle-ci s'est attelée : c'est un étendard envoyé par le pape que Guillaume fera flotter à Hastings.

L'Angleterre au XIe siècle

Morcelée à l'origine en sept royaumes anglo-saxons rivaux (l'*Heptarchie*), l'Angleterre a connu, entre la fin du IXe siècle et le premier tiers du XIe siècle (Knud le Grand), **deux conquêtes danoises,** qui ont laissé des traces profondes, ethniques, linguistiques et institutionnelles.

Le pays est **entièrement christianisé**, mais si, dans le Sud, le clergé anglo-saxon est fidèle au pape, les régions évangélisées par les missionnaires irlandais restent attachées à des traditions locales.

Les populations sont aussi mêlées : un fond celtique (« scot ») demeure en Écosse avec les Pictes ainsi que dans le pays de Galles ; l'essentiel de la population est formé par les descendants des premiers envahisseurs, les Anglo-Saxons ; enfin, les Scandinaves, Danois et Normands, sont de plus en plus nombreux et influents.

Selon la version normande, Harold aurait prêté serment au duc Guillaume, en 1064 (tapisserie de Bayeux).

Les raisons de l'invasion

La décision d'intervenir est engendrée par une crise de succession en Angleterre. Conquise par des pirates germains angles et saxons au Ve siècle, christianisée entre le VIe et le VIIIe siècle, l'île reste, au IXe siècle, un domaine morcelé et convoité. Le roi de Danemark Knud le Grand y a établi sa domination, entre 1017 et 1035, mais, depuis, le pays a repris son indépendance, la couronne revenant en 1045 à un Anglo-Saxon, le roi Édouard le Confesseur, petit-fils par sa mère de Richard de Normandie.

Quand Édouard meurt sans laisser d'enfant, en 1066, deux candidats affirment leurs droits au trône : Harold, beau-frère du défunt, qui représente le parti saxon ; Guillaume, duc de Normandie, cousin d'Édouard, puisque lui aussi petit-fils de Richard. Le duc prétend que le souverain anglais l'a lui-même désigné comme successeur avant sa mort, en 1051, et qu'Harold a reconnu cette désignation, en 1064. Cette thèse permet à la propagande normande de présenter l'invasion comme la défense de droits légitimes, lorsque la décision est prise d'aller sur place contester le pouvoir d'Harold, qui s'est emparé de la couronne, le 4 juin 1066.

La campagne

L'opération est l'une des dernières grandes entreprises de la piraterie normande. Son ampleur et sa logistique sont, pour l'époque, exceptionnelles. Des renforts sont fournis par des guerriers bretons, manceaux, français, normands d'Italie du Sud, attirés par l'appât du gain et l'espoir de s'établir sur des terres. 7 000 hommes peut-être, dont 2 000 cavaliers, sont ainsi rassemblés. Il faut se procurer ou construire des navires pour les transporter. Par là, on prend la mesure du pouvoir ducal et de la richesse normande.

La flotte est réunie autour de l'estuaire de la Dives. Faute de vent, elle ne peut gagner l'île de Wight où Guillaume a d'abord prévu de débarquer. Non sans dégâts, elle se transporte dans l'estuaire de la Somme : de là, dans la nuit du 28 septembre 1066, après un mois et demi, elle peut enfin appareiller. Le lendemain, le duc débarque à Pevensey puis s'établit à proximité de Hastings : la côte, alors déchiquetée, les marais et les bois sont autant de protections. Pendant qu'il était ainsi retardé à cause du manque de vent, Harold l'a attendu sur les côtes ; puis il a licencié une partie de son armée. Une invasion de Norvégiens, suscitée par son frère Tostig, l'appelle en catastrophe dans le nord du pays, fin septembre, au moment où les bateaux normands vont mettre à la voile. Le 25, après une marche forcée, il écrase les envahisseurs près de York. La nouvelle du débarquement l'oblige à redescendre, avec des troupes épuisées.

Au matin du 14 octobre, Harold a pourtant le choix du terrain et dispose ses fantassins, armés de la lourde hache, sur une colline. Les archers, puis les cavaliers de Guillaume, ont du mal à entamer cette muraille humaine ; ils la disloquent finalement, en feignant de prendre la fuite : c'est du moins la version normande, car la panique semble avoir été réelle à certains moments. Cependant, la flèche d'un archer de Guillaume perce l'œil d'Harold, qui s'effondre blessé à mort. La perte de leur chef décourage les Saxons qui cèdent le terrain à la nuit tombée, au terme d'un effroyable massacre.

L'organisation de la conquête

Guillaume n'a plus en face de lui de compétiteur sérieux. Il soumet Douvres et Canterbury, louvoie autour de Londres, puis se fait sacrer le 25 décembre 1066 à Westminster. Le premier des rois anglo-normands va connaître les difficultés de contrôle de deux États : faute d'un vice-roi, ses vingt dernières années de règne seront une série d'allers et retours pour lutter contre les révoltes, nombreuses, et pour conquérir le Nord, jusqu'à l'Écosse, en 1074. Sous le règne de Guillaume, les Normands se substituent aux Anglo-Saxons comme cadres du royaume. Le latin dans l'administration, le français à la cour remplacent l'anglo-saxon. Enfin, un régime seigneurial oppressif et une féodalité très poussée donnent à l'Angleterre un visage original dans l'Europe médiévale.

→ **Voir aussi :** p. 102-103 (Henri Plantagenêt).

L'expansion normande en Europe : raids et principautés

Normands ou Vikings ? Les deux mots désignent le même peuple : des Scandinaves (Norvégiens, Danois, Suédois) qui lancent des incursions en Europe à partir du VIIIe siècle.

L'époque des raids. Dans les premiers temps, les Vikings agissent comme des pirates. Grâce à des bateaux rapides et à faible tirant d'eau, les *drakkars*, ils multiplient les raids le long des côtes et des fleuves, dans tout l'Empire carolingien, en Russie et en Méditerranée, puis ils se retirent sans qu'on puisse rien contre eux.

Les premières implantations. Dès cette époque cependant, quelques bandes s'établissent en points d'appui sur les rives anglaises et irlandaises, ou colonisent des terres nouvelles : les Shetland (v. 700), les Féroé, l'Islande, le Groenland (Erik le Rouge en 981) et même, au hasard d'une dérive, s'implantent pour quelque temps au pays du vin (Vinland), en Amérique du Nord.

La constitution de principautés. Finalement, les chefs d'expéditions se transforment en conquérants. L'aventure commence par l'Angleterre, où se constitue un premier puis un second royaume danois, à la fin du IXe puis au XIe siècle. Les Normands s'établissent ensuite en France où le territoire autour de Rouen est cédé à leur chef Rollon en 911 ; puis en Italie où les cadets des familles de Normandie fondent des États dans le Sud et en Sicile au XIe et au XIIe siècle. Enfin, lors de la 1re croisade, un dernier État normand est fondé en Méditerranée : la principauté d'Antioche, en 1098.

Les bateaux normands traversent la Manche (miniature française du XIe siècle).

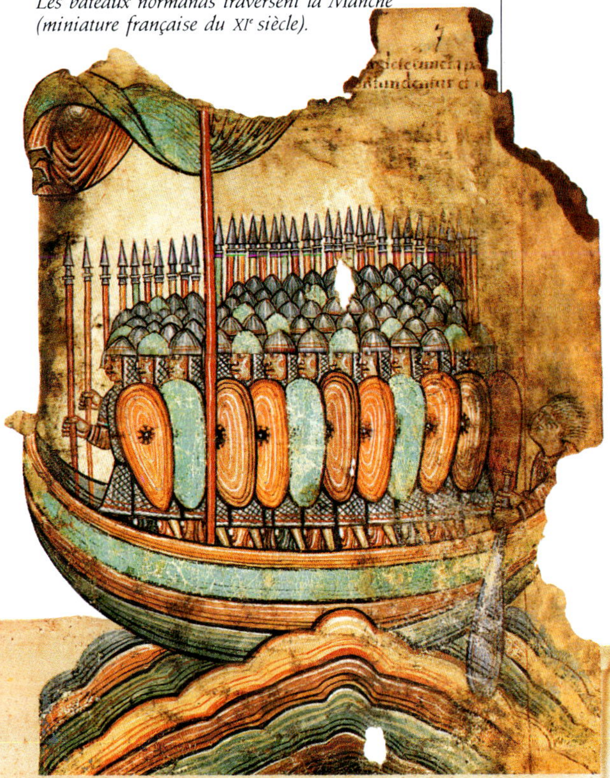

Combat des cavaliers de Guillaume contre les Anglo-Saxons juchés sur une colline (tapisserie de Bayeux).

Le roi de Germanie s'humilie face au pape

CANOSSA

Le 25 janvier 1077, Henri IV, roi de Germanie depuis 1053, et candidat au trône impérial, se présente au château de Canossa où s'est réfugié, chez la comtesse Mathilde de Toscane, le pape Grégoire VII. Il est sous le coup d'une excommunication. Pire encore, le pape a relevé ses sujets de leur devoir d'obéissance à son égard.

La version officielle, qui ne correspond guère à la réalité des événements, veut que le roi soit demeuré trois jours durant devant la porte du château, nu-pieds, en costume de pénitent, et qu'alors seulement, ému par les signes d'un repentir en apparence sincère, et les marques éclatantes d'une si grande humilité, Grégoire VII ait réconcilié le souverain avec l'Église. L'image est belle. Les choses ne se sont pas tout à fait passées ainsi, et toute la durée du séjour fut employée en négociations afin de ramener un semblant de paix entre le chef spirituel de la chrétienté et celui qui s'efforce alors de devenir son chef temporel.

Les causes d'un conflit violent

Grégoire VII et Henri IV sont en conflit sur un point capital pour l'un comme pour l'autre, celui de savoir qui a le droit de nommer les évêques. Le pape veut réformer l'Église en ôtant aux laïques toute possibilité de contrôler l'activité pastorale : dans ces conditions, il est hors de question d'accepter comme une règle que le pouvoir temporel désigne les titulaires des sièges épiscopaux. Or, depuis la rénovation de l'empire voulue et organisée par Otton Ier au siècle précédent, les évêques sont un atout majeur du pouvoir impérial. Ils remplissent fréquemment, en plus de leur juridiction spirituelle, une fonction d'ordre public. Comtes de la ville où se trouve leur siège, ils exercent un pouvoir civil et militaire sur celle-ci. Le roi de Germanie, qui est aussi empereur, trouve en eux les plus sûrs relais de son autorité, le plus fidèle des personnels politiques et le plus compétent. Il ne peut donc pas se permettre de ne pas exercer un droit de regard sur les nominations. Le conflit n'éclate pas tant que l'empereur, ou le roi, ne désigne que des personnes dignes, dans des circonstances ne prêtant pas trop à la contestation. La papauté sait faire preuve de pragmatisme. Mais, avec l'accession au trône pontifical de Grégoire VII en 1073, elle ne veut plus accepter des prélats notoirement corrompus, incapables, ou qui privilégient leur fonction politique au détriment de leur rôle spirituel.

L'affaire de Milan et ses suites

C'est le choix par Henri IV d'un archevêque de Milan à la fin de 1075, alors qu'il y en a un en place, régulièrement élu et consacré, qui fait éclater ce conflit latent depuis des années. Sitôt connue la nomination de l'archevêque intrus, Grégoire VII s'emploie à réagir. Il somme Henri IV de revenir sur sa décision et, tout en prenant bien soin de ne fermer aucune porte à la négociation, en profite pour affirmer l'autonomie du pouvoir spirituel ainsi que, au-delà, sa supériorité sur celui des princes temporels : l'affaire de Milan n'est plus qu'un prétexte à l'affrontement de deux conceptions du monde. La réaction du roi est d'une violence extrême. En janvier 1076, il fait prononcer, à Worms, par les évêques germaniques, la déchéance du pape, et il ordonne à celui-ci de quitter Rome. Grégoire VII, à son tour, fait prononcer par un synode, rassemblé à Rome à partir de décembre 1076, l'excommunication et la déposition du roi (février 1076). Ces actes

Le roi de Germanie Henri IV, agenouillé aux pieds du pape Grégoire VII et de la comtesse Mathilde (miniature du XIIe siècle).

La crise de l'Église aux Xe et XIe siècles

L'Église est alors confrontée à de très sérieux problèmes.

L'emprise croissante des laïques sur elle s'exprime par **un trafic éhonté des hautes charges** ecclésiastiques, que l'on finit par vendre, acheter, léguer comme un bien patrimonial.

Autre grand élément de troubles, l'exigence de pureté, qui se traduit par **le refus du mariage des prêtres** et qui est à la source de multiples tensions entre le clergé rural, souvent pourvu de femme, et les évêques, moines et fidèles, attachés à la pureté sexuelle de ceux qui confèrent les sacrements.

Comment on choisit les évêques au Moyen Âge

Depuis l'Antiquité tardive, les évêques sont, en théorie, élus par le clergé et le peuple du diocèse. En réalité, depuis Charlemagne, les souverains ont toujours eu leur mot à dire, soit qu'ils désignent le candidat qu'ils désirent voir gagner, soit qu'ils nomment purement et simplement les évêques.

Au XIe siècle, ce ne sont plus seulement les rois qui interviennent en ces affaires, mais aussi les principaux seigneurs du diocèse. L'action de l'Église consiste alors à restreindre le collège électoral au seul clergé de l'église cathédrale, le chapitre des chanoines.

Une autre représentation de l'événement : le roi est accueilli par le pape et par Mathilde à la porte du château (miniature du XIVe siècle).

posent deux questions, en apparence fort simples : le roi a-t-il le droit de déposer le pape ? Le pape peut-il disposer ainsi du pouvoir royal ? De la réponse apportée dépend la forme même du pouvoir. Les rois seront-ils soumis au pape, ou, inversement, celui-ci peut-il être contrôlé par le plus puissant d'entre eux ? Dans l'immédiat, la situation est bloquée, mais les mois qui suivent la font évoluer en faveur du pape.

Comment l'on va à Canossa

Henri IV a trop présumé de sa force. En Germanie, un à un, les évêques l'abandonnent, effrayés par l'audace de leur souverain et par les conséquences très graves que celle-ci peut avoir sur l'existence même de l'Église. Les princes laïques s'agitent. Face au roi excommunié, ils sont en position de force et peuvent exiger de lui, en menaçant de le déposer, qu'il se réconcilie avec Grégoire. Une procédure est envisagée, en octobre 1076, dont l'exécution signifierait le triomphe total du pape : celui-ci viendrait à Augsbourg, et, là, l'ensemble des princes laïques et des évêques du territoire impérial jugerait la valeur des positions réciproques du pape et du roi. Henri IV risque d'y perdre sa couronne ou son prestige et, surtout, de devoir reconnaître la supériorité du pape sur l'empereur. Il décide d'éviter cette épreuve, préférant implorer le pardon du pape plutôt que de subir une humiliation plus publique encore. Il se rend donc à bride abattue, et presque sans escorte, en Italie, afin de rejoindre le pape avant que celui-ci ne se mette en route vers Augsbourg. C'est en Émilie qu'il le trouve, et que, à Canossa, il obtient finalement son pardon.

Canossa n'est qu'un épisode dans une lutte durable : ici, Frédéric Barberousse s'humilie devant Alexandre III (fresque du XIVe siècle).

Le pape, l'empereur et les rois

Au XIe siècle, la décomposition politique de l'Occident est totale. La notion d'État n'a plus guère de signification et la réalité du pouvoir ne se trouve pas entre les mains des souverains, mais dans celles des seigneurs châtelains.

La toute puissance de la papauté. Les tentatives des empereurs pour conserver certaines prérogatives les plaçant au-dessus des autres puissances se soldent par des échecs. Les rois ne sont pas davantage en mesure de sauvegarder leur pouvoir. Seule puissance semblant encore en mesure d'assurer un minimum de cohérence à une société dont les cadres sont encore bien instables depuis l'échec carolingien, la papauté s'efforce alors de placer rois et empereurs sous son contrôle. Elle se dote, avec Grégoire VII, d'un ensemble de textes de nature législative qui visent à assurer et à justifier cette prééminence, et marquent le premier pas vers la définition, au début du XIIe siècle, d'une véritable théocratie.

Le conflit avec les empereurs et les rois. La grande réforme entreprise par Grégoire VII, qui ne fait que poursuivre l'œuvre de ses prédécesseurs en en tirant les plus extrêmes conséquences, est à comprendre dans ce contexte. Elle déchaîne un conflit que l'on appelle la lutte du Sacerdoce et de l'Empire et qui dure, sous des formes variables et avec des degrés d'intensité différents, jusqu'au XIVe siècle, c'est-à-dire jusqu'à l'affrontement de Boniface VIII et de Philippe IV le Bel.

Le succès de la première croisade
JÉRUSALEM DÉLIVRÉE

Le 15 juillet 1099, Jérusalem est conquise par une armée d'environ 24 000 croisés, au terme de cinq semaines de siège. Aboutissement d'une expédition meurtrière et enthousiaste, l'événement concrétise un prodigieux renversement de tendance : l'Occident, replié et assiégé par les infidèles, amorce, en Terre sainte comme en Espagne et dans les pays slaves et scandinaves, un mouvement de « reconquête » et d'évangélisation, en même temps que de contacts avec d'autres civilisations.

L'idée d'organiser une expédition militaire pour libérer Jérusalem est lancée par le pape Urbain II, lors d'un concile réuni à Clermont, en Auvergne, en 1095. À cette date, la ville sainte est aux mains des musulmans depuis quatre siècles (636). Mais si les Arabes ont d'abord respecté le cœur de la piété chrétienne, le tombeau du Christ, appelé Saint-Sépulcre, et s'ils ont laissé les Occidentaux le fréquenter librement, les Seldjoukides, qui leur succèdent en 1078, persécutent et torturent les chrétiens.

Dans ces conditions, l'appel du pape, qui décrit les souffrances des pèlerins et appelle les chrétiens à s'armer, rencontre un accueil enthousiaste : partout, entraînées par des prédicateurs, des bandes se forment et se regroupent. Alors que des prophètes leur prédisent le retour imminent du Christ, elles reprennent le vieil idéal du pèlerinage rédempteur, mais, nouveauté, les armes à la main sur le modèle de la « guerre pour Dieu » que mènent, depuis plusieurs décennies, les troupes de la *Reconquista* espagnole. La croisade naît alors – même si le terme n'existe pas encore – dans son double aspect de pèlerinage et d'expédition.

Une expédition multiforme

Les premières bandes, mal équipées, mal vues des autorités, partent vers l'est, multipliant les pogroms antisémites en Allemagne et en Europe centrale. Certaines s'évanouissent rapidement ; d'autres, comme celles que conduisent Pierre l'Ermite ou le chevalier Gautier sans Avoir, atteignent Constantinople à l'été 1096. L'empereur byzantin les envoie sur la rive d'Asie, où les Turcs les exterminent sans peine.

Mieux encadrées, plus professionnelles, diverses armées se réunissent plus tard dans la chrétienté : elles conservent tout au long de l'expédition leur structure d'origine, sans commandement d'ensemble, et rejoignent Constantinople par des itinéraires chaque fois différents. Ce sont d'abord les gens du duc de Basse-Lorraine, Godefroy de Bouillon, des Flamands et des Allemands qui arrivent à la fin de 1096 et se voient grossir de contingents du roi de France. Ils sont suivis, en avril 1097, par les Normands d'Italie du Sud et de Sicile, conduits par leur prince Bohémond. Viennent ensuite les Provençaux et Languedociens du comte Raymond de Toulouse ; et enfin, en mai 1097, le contingent de la France du Nord-Ouest et de l'Angleterre, où se distinguent le duc Robert de Normandie, les comtes Robert de Flandre et Étienne de Blois. L'empereur byzantin, le *basileus,* veut entraîner tous ces hommes dans la reconquête des terres d'Asie Mineure que lui ont confisquées les Turcs ; les croisés ne veulent entendre parler que de Jérusalem : Byzantins et Occidentaux apprennent qu'ils ne peuvent s'entendre ; un fossé d'incompréhension et de mépris commence à se creuser entre eux.

Une longue marche

Les soldats, passés en Anatolie, écrasent une armée turque à Dorylée, dans l'intérieur des

Le Proche-Orient dans la seconde moitié du XIe siècle

Trois puissances se partagent le Proche-Orient. **L'Empire byzantin,** peuplé de chrétiens détachés depuis 1054 de Rome, est en pleine décadence. Une nouvelle dynastie y accède au pouvoir : celle des Comnènes (1081-1185). Elle ne parvient pas à redresser la situation.

Les Turcs, musulmans sunnites, constituent la principale force politique de la région. Une dynastie puissante les gouverne, les sultans seldjoukides. Cette dynastie, théoriquement soumise à l'autorité du calife abbasside, qui réside en Iraq, est en fait indépendante, depuis le milieu du XIe siècle. La totalité de l'Asie Mineure (sauf les côtes, qui restent aux Byzantins), la Syrie, la Palestine (Jérusalem), tombent sous sa domination entre 1073 et 1092.

Plus au sud, **l'Égypte** est gouvernée par une dynastie chiite, celle des califes fatimides, au pouvoir depuis le début du Xe siècle. C'est contre cette dynastie que se font la plupart des conquêtes seldjoukides : la division des musulmans, ainsi, sauve provisoirement l'Empire byzantin et facilite les projets des croisés.

La prise de Jérusalem par les croisés (peinture d'Émile Signol, XIXe siècle).

◁ *Le pape Urbain II prêche la première croisade (miniature du XIVᵉ siècle).*

Les différentes formes de croisade

Les « vraies » croisades. On désigne avant tout par le nom de croisades, les huit expéditions que les chrétiens ont montées contre les musulmans au Proche-Orient : 1re croisade (1095-1101) ; 2e (1145-1148 : échec à Édesse et Damas) ; 3e (1188-1192 : prise d'Acre) ; 4e (1202-1204 : déviée vers Constantinople) ; 5e (1217-1221 : échec en Égypte) ; 6e (1228-1229 : contre la volonté du pape, réinstallation partielle à Jérusalem, perdue en 1244) ; 7e (1248-1254 : capture en Égypte de Saint Louis, qui renforce ensuite Acre) ; 8e (1270 : échec et mort de Saint Louis devant Tunis).

Les autres expéditions. La papauté confère encore la qualité de croisade à d'autres opérations : poursuite de la *Reconquista* en Espagne, colonisation de l'outre-Elbe (XIIe-XIVe siècle), lutte contre les albigeois en France (1209-1229), ou encore contre des ennemis politiques personnels, à commencer par l'empereur. En revanche, elle ne reconnaît pas les mouvements populaires, spontanés et turbulents, réprimés d'ailleurs par les autorités occidentales, comme la croisade « des enfants » en 1212 ou celle dite « des Pastoureaux » en 1251.

terres, le 1er juillet 1097. Mais ils s'égarent ensuite, sont décimés dans des embuscades et souffrent de la chaleur et du manque d'eau. Les survivants rejoignent la côte de Syrie à Antioche et parviennent à prendre la ville, en juin 1098, après sept mois de siège.

Mais les difficultés continuent. Baudoin de Boulogne, de sa propre initiative, détourne des croisés pour aller conquérir, au-delà de l'Euphrate, Édesse, cité arménienne, catholique, révoltée contre les Turcs. Son entreprise réussit : la croisade aboutit à la constitution du premier État latin (c'est-à-dire chrétien et rattaché à Rome) d'Orient ; un État économiquement précaire puisque privé de débouché sur la mer. Pendant ce temps, les soldats demeurés à Antioche sont assaillis par des Turcs venus en renfort : il s'ensuit un siège effroyable, marqué par la famine et par des actes de cannibalisme. La découverte, providentielle, dans la ville, d'une relique de la lance qui aurait percé le flanc du Christ, galvanise les troupes : les croisés se dégagent, Antioche est donnée à Bohémond et forme la capitale d'un deuxième État latin.

Une poignée d'acharnés force alors la main aux chefs : la marche vers les lieux saints reprend, au début de 1099 ; Jérusalem est en vue le 7 juin, trois ans après le départ. La ville peut supporter un long siège avec ses 4 km d'enceinte, et les musulmans ont détruit les puits où les croisés pourraient s'abreuver. Mais une flotte génoise ravitaille les chrétiens, depuis Jaffa : ceux-ci lancent un héroïque assaut un vendredi (15 juillet), à trois heures, jour et heure de la Passion du Christ, et ils emportent la ville. Un effroyable massacre de juifs et de musulmans est commis dans les heures qui suivent.

Les États latins

La ville où le Christ est mort devient alors, à son tour, capitale d'un royaume latin. La création de cet État n'est pas immédiate, la sauvegarde du Saint-Sépulcre étant confiée d'abord à un homme qui refuse le titre de roi : Godefroy de Bouillon. Le royaume latin de Jérusalem est institué en 1100, après la mort de Godefroy. Les croisés, à cette date, ont poussé leur avantage sur la côte et vers l'intérieur, et constitué avec leurs conquêtes un quatrième État, le comté de Tripoli.

La division des musulmans, au moment de la première croisade, a favorisé l'entreprise des croisés. Mais la survie des États qu'ils ont créés est compromise lorsque, à partir de 1130, le monde islamique s'unit et que ses chefs prêchent la guerre sainte – le *djihad* : au XIIe et au XIIIe siècle, les États latins se réduisent comme une peau de chagrin, sans que les nouvelles croisades renversent la tendance. Jérusalem tombe en 1187, quelques poches côtières subsistent jusqu'à la chute d'Acre, en Syrie, en 1291. Le bilan sur place est maigre ; les vrais effets de la croisade se font sentir en Occident.

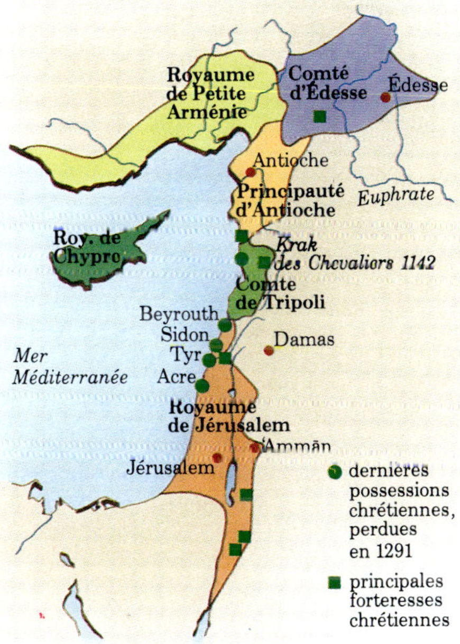

Les États latins au XIIe siècle.

Le début d'une dynastie anglaise

HENRI PLANTAGENÊT

Le 19 décembre 1154, Henri Plantagenêt, duc de Normandie et comte d'Anjou, est couronné à Londres roi d'Angleterre. Arrière-petit-fils de Guillaume le Conquérant, il domine l'Ouest européen des marges écossaises aux Pyrénées ; il commence en 1166 la conquête de l'Irlande et appesantit la tutelle anglo-normande sur la Bretagne. En vingt ans de guerres et de réformes, il impose sa domination, et hisse la monarchie anglo-normande au premier rang des principautés européennes.

Guillaume le Conquérant a lui-même réparti ses possessions entre ses fils : Robert Courteheuse (Courtes bottes) reçoit la Normandie, Henri Ier Beauclerc (le Bien instruit) hérite du royaume d'Angleterre. La médiocrité de Robert permet à Henri de rétablir à son profit l'unité, en 1106. Mais, en 1120, son unique fils, Guillaume, périt en mer. Six ans plus tard, il fait reconnaître sa fille Mathilde à ses barons et à son neveu Étienne, héritier de la maison de Blois ; puis il marie la jeune femme, veuve de l'empereur Henri V, à l'héritier du comte d'Anjou, Geoffroi Plantagenêt. De ce mariage naît Henri Plantagenêt, en 1133. Deux ans plus tard, Henri Ier meurt, et les hostilités s'ouvrent entre le parti d'Étienne de Blois, couronné en hâte à Westminster le 23 décembre 1135, et celui de l'enfant, héritier souhaité du roi défunt, qui se trouve alors sur le continent avec sa mère et est soutenu par la maison d'Anjou.

L'Europe occidentale au XIIe siècle

L'Europe de l'Ouest reste morcelée mais **un processus d'affermissement** transforme les vieilles principautés en États modernes.

Ce renforcement est rendu possible par **les mutations sociales et économiques** : l'accroissement de la prospérité, donc de l'impôt dont dispose le seigneur ou le roi ; la généralisation des liens féodaux, qui obligent un vassal à obéir à son seigneur ; la diffusion de la culture, qui permet de recruter clercs et juristes pour constituer une administration efficace.

Le mouvement s'affirme d'abord dans **les principautés continentales** vassales de la monarchie française : Normandie, Champagne, Anjou. Puis l'évolution affecte **les puissances indépendantes** : Angleterre ; États de l'Église en Italie ; et le royaume de France lui-même.

Les débuts de la guerre civile

Activement épaulé par son parent, le comte de Champagne, mollement reconnu par le roi de France, Étienne se rallie rapidement la Normandie. Hormis l'Anjou, seule l'Écosse, parmi les régions concernées, lui refuse son soutien. Étienne fait investir son fils Eustache de la Normandie et consacre tous ses efforts à l'Angleterre : le parti Plantagenêt est bientôt forcé de conclure avec lui une trêve. Mais sa réussite même le rend dangereux aux yeux des barons du royaume, trop heureux de marchander leur aide à un roi faible, et qui se remettent à voir en Mathilde un parti acceptable.

Des révoltés appellent celle-ci en Angleterre, où elle débarque le 30 septembre 1139. Surtout soutenue par les barons de l'Ouest, elle prend lentement l'avantage, au terme de conflits limités et souvent confus, occupe Londres en 1141 et se fait proclamer « dame d'Angleterre ». La même année, son époux Geoffroi entame la conquête de la Normandie, qu'il emporte en 1144 avant de remettre le duché à son fils Henri en 1150.

L'entrée en scène d'Henri

Entre-temps, Mathilde s'est, comme Étienne, heurtée au baronnage et au clergé d'Angleterre. L'issue est encore indécise lorsque, en 1147, elle regagne le continent. Geoffroi meurt en 1151 ; son fils Henri ajoute l'Anjou à la Normandie. L'année suivante, il épouse Aliénor, que vient de répudier le roi de France Louis VII : il acquiert ainsi un domaine étendu en Poitou, en Guyenne et en Gascogne, et devient le seigneur d'une vaste zone de fiefs, qui s'étend de l'Atlantique à l'Auvergne.

En janvier 1153, Henri croit le moment venu de revendiquer son héritage anglais. Il est accueilli sans grand enthousiasme, même par les ennemis d'Étienne. Mais le décès d'Eustache, qui prive Étienne de descendant, emporte la décision. Par le traité de Wellingford, en novembre 1153, Étienne reconnaît Henri pour successeur. La mort d'Étienne, le 25 octobre 1154, lui assure la couronne anglaise, dont il fait confirmer à son fils Guillaume l'héritage, dès avril 1155.

La gloire du roi

Le règne d'Henri Plantagenêt – Henri II – est un incessant va-et-vient entre ses possessions. Le roi et sa cour parlent français : Henri comprend l'occitan, mais il ignore l'anglais. Initiateur d'une vie de cour brillante, même si son éclat littéraire est modéré, ce prince à la large carrure, aux cheveux drus et roux, aux mains calleuses, est avant tout un politique, un guerrier, un administrateur. Il sait, comme ses ancêtres, ménager d'intenses relations diplomatiques avec la pa-

Vassal et suzerain ? Ou rois égaux entre eux ? Henri II d'Angleterre (Henri Plantagenêt) et son rival Philippe Auguste, dans une miniature française.

Tête du gisant d'Henri II Plantagenêt, duc de Normandie, comte d'Anjou et roi d'Angleterre (statue de pierre polychrome, abbaye de Fontevrault, France). ▷

pauté, mais son caractère impérieux, sa volonté despotique l'entraînent aussi dans un conflit grave avec l'Église : en décembre 1170, il fait assassiner, en pleine cathédrale, pendant la messe, l'archevêque de Canterbury Thomas Becket, qui ose s'opposer à sa volonté de placer l'Église dans son entière dépendance. Le scandale est tel, en Angleterre et dans toute la chrétienté, qu'Henri est obligé de s'humilier, faisant pénitence publique au tombeau de l'archevêque.

Henri II réussit en revanche parfaitement dans le domaine des affaires laïques. Le développement d'organes d'administration judiciaire et financière spécifiques dans chacune de ses possessions lui permet de tirer profit de la prospérité agricole de ses terres, du dynamisme urbain et de l'amplification des échanges commerciaux. Quant aux affaires extérieures, le roi s'y montre d'une hardiesse que justifient ses moyens : vassal du souverain français sur le continent, mais son égal par le sacre en Angleterre, il se heurte à Louis VII puis à son successeur Philippe Auguste. Ainsi commence une véritable « première guerre de Cent Ans », qui ne s'achève qu'en 1258, après que le roi de France a remis la main sur la Normandie, l'Anjou, la Touraine, la Saintonge, le Poitou.

Le règne de Henri II prend fin le 6 juillet 1189 : ses dernières années, assombries par la rivalité de ses fils, Richard Cœur de Lion et Jean sans Terre, contiennent en germe la décomposition du vaste « empire Plantagenêt », assemblage de domaines disparates menacé par les ambitions des barons.

→ **Voir aussi** : p. 96-97 (Guillaume le Conquérant).

Le meurtre de l'archevêque de Canterbury Thomas Becket (miniature française).

Les dynasties anglaises jusqu'à la guerre des Deux-Roses

Les Plantagenêts. Après Henri II règnent ses deux fils, Richard Cœur de Lion (1189-1199), mort en luttant contre Philippe Auguste, puis Jean sans Terre (1199-1216) qui ajoute à ses échecs face à la France un despotisme odieux aux barons anglais : en 1215, la « Grande Charte » limite sévèrement les droits de la royauté. Dès lors, l'essentiel du règne des souverains plantagenêts se passe à défendre leur pouvoir contre les prétentions des Grands du royaume, réunis en un « Parlement ».

Les Lancastres. En 1399, la déposition de Richard II, dernier Plantagenêt, profite à son cousin Henri de Lancastre, roi sous le nom de Henri IV (1399-1413). Lui succèdent Henri V (1413-1422), vainqueur de la France à Azincourt (1415), puis Henri VI (1422-1461), roi à un an, qui perd les possessions acquises par l'Angleterre en France pendant la guerre de Cent Ans.

Les Yorks. L'incapacité de Henri VI détermine la révolte de son cousin Richard d'York, et ouvre la guerre des Deux-Roses : rose blanche des Yorks contre rose rouge des Lancastres. Richard meurt en 1360, mais son fils Édouard, appuyé par la Bourgogne, devient roi en 1461. Henri VI, réfugié en Écosse, finit exécuté en 1471 après la victoire des Yorks à Tewkesbury. Le même sort frappe Édouard VI et les deux fils d'Édouard, en 1483, à l'instigation de son propre frère, qui devient Richard III. La lutte cesse en 1485 avec l'avènement d'Henri Tudor (Henri VII), héritier des Lancastres, qui tue Richard à la bataille de Bosworth.

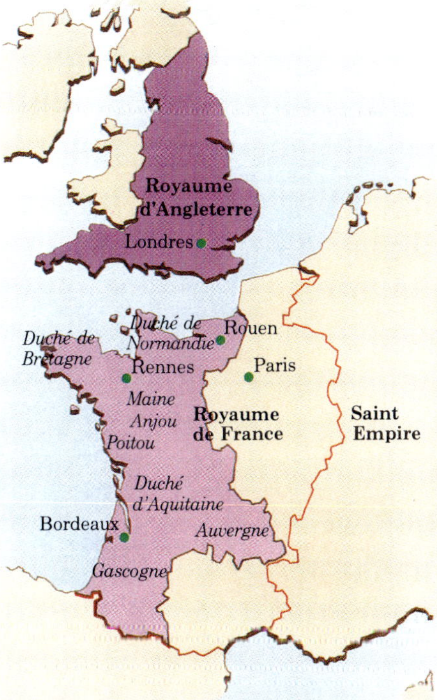

L'empire Plantagenêt à son apogée.

1204

Les croisés attaquent l'Empire byzantin

CONSTANTINOPLE PILLÉE

Le 13 avril 1204, les armées de la 4e croisade, parties enlever Jérusalem aux musulmans, s'emparent de Constantinople, ville orthodoxe, capitale de l'Empire byzantin. La cité est pillée pendant plusieurs jours, puis l'État byzantin est supprimé, remplacé par un Empire d'Orient gouverné par un Occidental. Le pape n'a pu éviter ce détournement : les ambitions de Venise, les visées de quelques grands barons ont transformé une guerre pieuse en opération de spoliation contre une ville et un souverain chrétiens.

C'est l'échec de la précédente croisade, en 1188-1192, qui oblige les chrétiens à repartir vers l'Orient : Jérusalem est toujours entre les mains des musulmans, en l'occurrence les successeurs du sultan Saladin, mort en 1193. Inspirée par le pape Innocent III, prêchée entre autres par Foulques de Neuilly, la nouvelle croisade rencontre un écho favorable dans l'Italie septentrionale et dans la moitié nord de la France, puis en Allemagne. Le recrutement change de nature : les rois ne s'engagent plus directement, le peuple ne se mobilise plus, mais les seigneurs se croisent avec enthousiasme, comme le duc de Bourgogne, les ducs de Blois et de Chartres, le comte du Perche et de nombreux nobles allemands. Puisque la puissance musulmane a désormais son centre en Égypte, une nouvelle tactique est proposée : on ne se dirige plus vers Jérusalem, mais on attaque l'ennemi au cœur de sa puissance, sur les rives sud de la Méditerranée. Et comme les souvenirs des souffrances endurées lors des voyages à pied restent vifs, on décide que le transfert se fera par mer – via Venise qui possède la seule force maritime capable d'assurer un transport d'hommes si important.

Le détournement progressif de la croisade

C'est à cause de cette décision que la croisade finit à Constantinople. Lorsque les croisés se rassemblent à Venise en juin 1202, ils sont un nombre considérable : 4 500 chevaliers avec leur monture, 9 000 écuyers et 20 000 hommes à pied. Il faut de l'argent pour transporter ce monde : Venise exige 85 000 marcs, les croisés n'en ont pas la moitié. Alors, le doge vénitien négocie : le paiement se fera plus tard, à condition qu'en chemin les croisés aident Venise à consolider ses positions en Méditerranée. Au même moment, Alexis le Jeune, successeur légitime de l'empereur Isaac Ange à Constantinople, est privé du trône par son frère cadet. Il appelle au secours l'Occident pour recouvrer sa couronne. La flotte quitte Venise le 1er octobre 1202 et prend Zara, dans l'Adriatique, pour le compte de la Sérénissime. Les croisés ne reprennent la mer qu'en avril suivant, pour secourir Alexis, qui promet d'aider l'expédition par la suite. De Rome, le pape fait savoir son désaccord sans que personne l'écoute. Les chrétiens conquièrent Corfou et Scutari, toujours au bénéfice des Vénitiens ; le 11 juillet, ils assiègent Constantinople.

Constantinople assiégée par les croisés

Ce premier siège dure peu : dès le 17 juillet, la ville tombe ; Alexis est couronné le 1er août. Mais l'armée reste dans Constantinople sans que le nouvel empereur fasse rien pour l'aider à repartir. Des incidents surviennent et se multiplient, entre les Occidentaux – les Latins – et les Constantinopolitains – les Grecs. Le 29 janvier 1204, le faible souverain byzantin est renversé et exécuté par un magistrat de sa cour, Alexis Dukas. Une seconde fois, les croisés assiègent Constantinople, qui tombe le 13 avril 1204. La ville aux célèbres richesses est mise à sac. Le butin est partagé entre Vénitiens, chefs de l'expédition et chevaliers : or et argent, vaisselle et bijoux, étoffes de luxe, précieuses reliques, accumulés depuis des siècles, inondent le monde occidental.

Un partage préparé de longue date

Les dépouilles de l'Empire byzantin sont aussi partagées. Le comte de Flandre, Baudouin, est le mieux loti : le 16 mai, il est élu

Le chargement des bateaux vénitiens partant pour la croisade (miniature française du XIVe siècle). On remarquera les bannières de toutes origines (Flandre, France, États pontificaux...).

Le siège de Constantinople par les croisés, (tableau du Tintoret au Palais ducal de Venise) [à gauche] ; et le sacre de Baudoin de Flandre, « empereur latin d'Orient » (miniature du XVᵉ siècle) [à droite].

La Méditerranée orientale au début du XIIIe siècle

L'Empire byzantin est coupé de Rome sur le plan religieux : orthodoxe, il ne reconnaît pas l'autorité du pape. Son autorité s'étend sur la Grèce, un tiers de l'Asie Mineure, les côtes ouest et sud de la mer Noire ; sa frontière nord va de Belgrade aux bouches du Danube. La famille des Anges a succédé sur le trône à celle des Comnènes en 1185.

Les catholiques – **les chrétiens occidentaux** – ne conservent plus de leurs conquêtes de la 1re croisade, outre Chypre, que trois poches côtières, à Antioche, Tripoli et Acre.

Réunis un temps sous l'autorité du sultan Saladin (1171-1193), **les musulmans** sont de nouveau divisés. Sous la domination théorique du calife de Bagdad, deux blocs luttent pour la prééminence : l'Asie Mineure (sultanat de Rūm) et l'Égypte.

empereur de l'ex-Empire byzantin rebaptisé Empire latin d'Orient, et il reçoit le quart de la ville et des territoires de l'ancien État. Le reste est partagé par moitié entre les croisés et les Vénitiens.

La distribution, manifestement, a été préparée de longue date ; au-delà du prétexte d'intervention, l'intention des Occidentaux était de se substituer aux Byzantins. La responsabilité du projet incombe surtout à Venise – ou plutôt à l'aristocratie guerrière et marchande qui, derrière le doge Enrico Dandolo, convoite d'étendre l'influence du port à toute la Méditerranée. Mais les chefs de la croisade, les « barons », gênés dans leurs pays par l'essor des constructions monarchiques, ont vu dans l'opération l'occasion de se tailler aisément de riches principautés ; et les chevaliers ont oublié leur devoir face à la chance imprévue de se procurer des richesses.

Mais un bénéfice précaire et éphémère

Pourtant, l'avantage tiré par les Occidentaux de leur brutale conquête est plus apparent que réel : l'Empire, nominalement partagé, reste à conquérir, au printemps 1204. Les Vénitiens, de parti pris, délaissent l'intérieur et s'implantent en des îles et bases côtières, qui favorisent leur commerce. Les autres bénéficiaires du partage peinent à concrétiser leurs fiefs, en Thrace, en Thessalie, en Macédoine ou dans le Péloponnèse, rebaptisé principauté de Morée ou d'Achaïe.

La résistance byzantine s'organise autour de trois pôles : l'ancienne dynastie des Comnènes maintient son autorité à Trébizonde, où elle demeure après la chute finale de Byzance, en 1453 ; la famille des Anges perpétue son pouvoir dans le despotat d'Épire ; enfin, un État byzantin relativement puissant, l'Empire de Nicée, subsiste en Turquie, grâce à un homme, Théodore Lascaris. Cet État cause la fin de l'Empire latin d'Orient, cinquante ans à peu près après sa constitution : en 1261, les successeurs de Lascaris reprennent Constantinople et donnent à l'Empire byzantin reformé sa dernière dynastie, celle des Paléologues.

→ **Voir aussi :** p. 128-129 (chute de Constantinople).

La Méditerranée, lac italien

Le rôle de Venise dans le détournement de la 4e croisade est exemplaire des ambitions de ce port italien (et de l'ensemble des ports italiens) en Méditerranée.

Dès le xe siècle, les ports de la péninsule contestent la domination maritime musulmane, à qui ils arrachent, entre autres, la Corse et la Sardaigne.

Au xiie et au xiiie siècle, la carte commerciale se simplifie : les ports d'Italie méridionale déclinent (Gaète, Bari, Amalfi), puis c'est le tour de Pise. Gênes et Venise restent face à face, au prix d'une terrible rivalité.

Au xive siècle, l'ouest de la Méditerranée se ferme partiellement à l'influence italienne, face à la concurrence catalano-aragonaise. C'est donc en Méditerranée orientale que se situe l'apogée du commerce maritime italien, à la faveur des croisades et en s'appuyant sur l'Empire byzantin ou en le spoliant. Les navires de Gênes et de Venise assurent le convoi vers l'Occident des produits orientaux (soie, coton, épices) et slaves (cire, fourrure, esclaves), ainsi que de quelques matières spécifiques, l'alun de Phocée ou le mastic de Chio. Ce trafic suppose des relais pour le mouillage des navires et des comptoirs où s'approvisionner : Venise et Gênes égrènent ainsi leurs bases le long des côtes dalmates et dans les îles grecques, en pays musulman ou byzantin et jusqu'au fond de la mer Noire et de la mer d'Azov. Dans certaines régions se constituent de véritables colonies italiennes, quartiers de ville (tel celui, génois, de Pera, à Constantinople) ou zones d'agriculture précieuse (en Crète, où les Vénitiens développent la vigne et la culture de la canne à sucre).

À partir du xve siècle, cet état de choses est remis en cause : les relais et comptoirs italiens disparaissent peu à peu et les navires des deux ports de la péninsule perdent le monopole du commerce vers et depuis le Moyen-Orient.

Les chrétiens rentrent en Andalousie

LAS NAVAS DE TOLOSA

En 1212, et depuis environ un demi-siècle, l'Espagne est aux mains de la dynastie berbère des Almohades, également maîtres de tout le Maghreb. Cette dynastie a ranimé l'esprit d'offensive contre les chrétiens, qui, dans un premier élan de reconquête, au XIe siècle et surtout dans la première moitié du XIIe, avaient repoussé al-Andalus jusque dans le tiers méridional de la Péninsule.

C'est avant tout une guerre d'usure qui se poursuit entre le Tage, au nord, et le Guadiana, au sud, le long d'une frontière jalonnée par les *« ribat »,* sortes de monastères-forteresses caractéristiques des Almohades, auxquelles répondent du côté chrétien les châteaux des ordres militaires, Templiers surtout.

Les difficultés des royaumes chrétiens

Face aux musulmans unis, les chrétiens sont alors affaiblis par leurs rivalités internes : au nord-ouest, la Castille et le León, un moment unis, sont de nouveau séparés depuis 1157 ; un nouveau royaume est né, celui de Portugal, contre lequel le León s'épuise en vaines batailles, des décennies durant. À ces rivalités s'ajoutent, dans plusieurs royaumes, des guerres civiles provoquées par des crises de succession : ainsi, en 1158, un enfant de trois ans, Alphonse VIII, monte sur le trône de Castille ; les féodaux se rendent autonomes. Le roi devenu majeur met du temps à rétablir l'ordre. Le seul point positif est l'union de l'Aragon et de la Catalogne en un seul royaume, en 1134.

Dans ce contexte difficile est déclenchée une offensive almohade, qui s'achève par la défaite chrétienne d'Alarcos, en 1195 : celle-ci permet aux musulmans de remonter nettement vers le nord ; Tolède manque être prise, mais une rébellion au Maroc empêche les assaillants de pousser leur avantage.

La péninsule Ibérique en 1212

Les musulmans occupent **le royaume de Grenade :** refoulés au sud de Tolède dans la seconde moitié du XIe siècle (à l'époque du Cid Campeador puis d'Alphonse VI de Castille), ils sont dirigés au début du XIIIe siècle par la dynastie des Almoravides (qui contrôle aussi l'Afrique du Nord), qui tâche de reprendre l'offensive.

Les chrétiens sont divisés en royaumes rivaux : **la Catalogne et l'Aragon, la Castille et le León** sont des États distincts qui commencent seulement à se rapprocher, par des unions toujours précaires. L'existence, depuis 1139, d'un nouveau royaume, le Portugal, est un autre facteur de division.

Religieusement et ethniquement, la Péninsule est aussi bigarrée : il y a les **chrétiens** ; les « **mozarabes** » – des chrétiens d'al-Andalus et des régions reconquises –, qui parlent l'arabe ; les **musulmans** *(« mudéjars »),* nombreux dans le Sud ; et une importante **minorité juive.**

La Bataille de Las Navas de Tolosa *(peinture espagnole du XIXe siècle, au palais du Sénat à Madrid). Alphonse VIII et l'archevêque de Tolède se trouvent au centre.*

Alphonse VIII de Castille et sa femme Aliénor (miniature espagnole).

Croisade internationale et victoire espagnole

Un péril extrême menace donc les chrétiens de la péninsule Ibérique lorsqu'un homme énergique, l'archevêque de Tolède Rodrigo Jimenez de Rada, sauve la situation. Le personnage n'est pas un croisé fanatique mais un lettré, animateur d'un groupe de traducteurs de l'arabe. Il parvient à mobiliser les forces de plusieurs pays étrangers et réussit à mettre fin aux querelles entre la Castille, la Navarre et l'Aragon, qui signent leur alliance au traité de Guadalajara (1206). Seuls le León et le Portugal font bande à part, et continuent à se chamailler.

En juin 1212, une armée conduite par Alphonse VIII de Castille, Pierre II d'Aragon et Sanche VII de Navarre (pourtant ennemi juré de la Castille), augmentée de nombreux étrangers, part de Tolède et s'avance vers le sud. Pourtant, la victoire revient aux Espagnols seuls : après la prise de Calatrava, les étrangers se retirent pour la plupart, incommodés par la chaleur et irrités d'une clémence qu'ils ne comprennent pas envers les musulmans des villes reconquises, dont le roi de Castille veut faire de fidèles sujets.

La bataille de Las Navas

Les soldats qui demeurent franchissent la sierra Morena par des sentiers détournés, non gardés par les Maures : ils débouchent dans une de ces vastes vallées aux pentes douces que les Castillans appellent « *navas* » et là, précisément dans le hameau nommé Las Navas de Tolosa, ils se trouvent face aux forces du souverain almohade, revenu hâtivement du Maroc. Les croisés attaquent à l'aube, après s'être confessés et avoir communié.

La panique, d'abord, manque gagner leurs troupes : les Maures lancent des flèches depuis un fortin élevé et leur cavalerie légère harcèle les Espagnols. Une chronique fait dire à Alphonse VIII : « Archevêque, vous et moi mourrons ici. – Seigneur, mieux vaut nous fier à Dieu, car nous pourrons plus que nos ennemis, et vous les vaincrez aujourd'hui », aurait été la réponse. Le roi de Castille se lance alors à l'assaut du fortin, selon le même texte ; il ranime les courages et perce la ligne des Maures. Comme souvent dans de tels combats, la surprise fait lâcher pied à l'adversaire, pris de panique ; le sultan s'échappe avec quelques compagnons et les rois, l'archevêque et les clercs entament un *Te Deum* sur le champ de bataille.

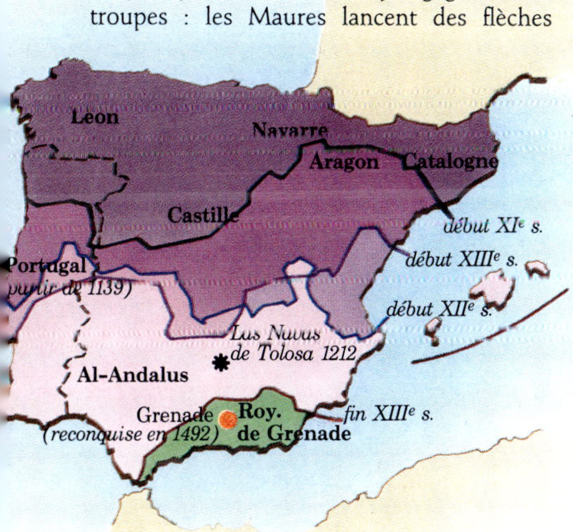

Les étapes de la Reconquête.

Un moment décisif de la Reconquête

Après la bataille, les rois rentrent simplement chez eux. Mais les conséquences de leur victoire sont considérables à moyen terme. L'année suivante, une contre-offensive musulmane en León est de nouveau brisée. L'échec sonne le glas de la dynastie almohade, dernier grand moment de l'histoire de l'islam dans l'Occident médiéval. Le souverain vaincu abdique et l'Empire se désagrège rapidement, l'Espagne musulmane se divisant en principautés rivales. Au contraire, la Castille et l'Aragon demeurent désormais liés par une alliance intangible : tandis que, entre 1229 et 1235, les Aragonais conquièrent les Baléares, puis Valence en 1238, les Castillans s'emparent des villes prestigieuses d'Andalousie, Cordoue en 1236, Séville, enfin, en 1258.

De leur côté, les Portugais atteignent Faro, à l'extrême sud, dès 1249. Il ne demeure donc plus de l'ancienne Espagne musulmane que le petit royaume de Grenade, obligé pour se maintenir de jouer tantôt la carte de l'alliance marocaine contre la Castille, tantôt l'inverse ! Cette situation durera deux siècles et demi.

→ **Voir aussi :** p. 78-79 (Espagne arabe).

Le déclin de l'islam occidental

Déclin en Espagne. Las Navas est fatale à l'islam d'al-Andalus. À moyen ou à long terme, le petit royaume de Grenade est condamné. Dans la seconde moitié du XIVe siècle, le mariage d'Isabelle la Catholique et de Ferdinand d'Aragon, unifiant définitivement les forces de l'Espagne chrétienne, sonne le glas de la dynastie alors régnante des Nasrides : Grenade est prise en 1492 – date symbole –, la même année que la découverte de l'Amérique.

Déclin en Afrique du Nord. Après l'écroulement des Almohades, le Maghreb se divise définitivement en plusieurs États. Si, en Tunisie et dans le Constantinois, la dynastie des Hafsides et, au Maroc, celle des Marinides assurent une stabilité relative de deux siècles, l'Algérie occidentale est aux mains de petites dynasties qui ne durent pas. Ce déclin politique s'accompagne d'un déclin économique et démographique : d'anciennes techniques d'irrigation sont oubliées ; les Italiens (Génois surtout) se chargent désormais du trafic maritime du Maghreb, qui leur vend son blé.

Le dernier éclat d'une civilisation. Cette décadence s'accompagne d'un isolement culturel nouveau : c'est le repli sur un islam mystique, fermé aux influences extérieures, celui des confréries populaires, les « *zaouias* ». La distance commence dès lors à se creuser, entre ce monde et l'Europe de l'Ouest. Le tableau est cependant à nuancer : l'Alhambra de Grenade, entre autres palais, témoigne du raffinement de cette culture décadente. C'est au XIVe siècle, enfin, que vit Ibn Khaldun, historien génial dont la réflexion sur le monde berbère de son temps fait un précurseur de la sociologie moderne.

1226

Les Teutoniques conquièrent la Prusse

LE « DRANG NACH OSTEN »

Au début du XIIIe siècle, au moment où s'élève Notre-Dame, à Paris, et où meurt saint François d'Assise, lorsque la civilisation de la chrétienté médiévale atteint son apogée, les Prussiens, isolés sur une terre ingrate, froide, souvent marécageuse, adorent des divinités telles que celles du Tonnerre et de la Fécondité.

On sait fort peu de choses de ce peuple disparu : même son nom reste mystérieux. Il n'a laissé aucun écrit. Il est formé de Baltes, comme les Lituaniens, longtemps païens eux aussi. Hommes libres regroupés sous l'autorité de multiples roitelets, ils se protègent par des places fortes rudimentaires, faites de terre et de bois.

Une proposition imprudente

Voisins pillards et incommodes, ils ont en face d'eux, au début du XIIIe siècle, des princes polonais divisés et qui se sentent incapables, tant d'en venir à bout que de les convertir par leurs propres moyens. Aussi, en 1226, l'un d'eux, Conrad de Mazovie, demande à un ordre militaire, les chevaliers Teutoniques, d'intervenir. Le grand maître, Hermann von Salza, ami et conseiller de l'empereur Frédéric II, se fait prier : ses hommes sont alors peu nombreux, décimés en combats malheureux en Terre sainte. Il se décide cependant et obtient de Frédéric un privilège lui concédant des droits de souveraineté dans les régions qu'il conquerra. L'imprudence du duc Conrad fait ainsi entrer la Prusse dans l'orbite de l'empire. Déjà, en Livonie (l'actuelle Lettonie), un évêque allemand a fondé Riga (en 1201) et s'est assuré une petite principauté côtière avec l'aide d'un autre ordre militaire, les Porte-Glaive : les Teutoniques vont agir sur un territoire plus vaste. Mis officiellement par le pape à la tête d'une croisade, munis des mêmes indulgences que les croisés qui vont combattre en Terre sainte, ils déclenchent la guerre en 1230 contre les « Sarrasins du Nord ».

L'Europe de l'Est dans la première moitié du XIIIe siècle

Depuis la fin du XIe siècle, **la Pologne est en pleine anarchie.** La royauté disparaît en 1138, le pays est divisé en de multiples duchés qui se disputent. L'unité monarchique ne revient qu'à la fin du siècle.

Sur les côtes des pays Baltes se créent **des ports allemands** avec l'appui des ordres militaires ; ainsi, à Riga viennent des gens de Brême et de Hambourg. Les révoltes des paysans lettons et estoniens sont matées plus aisément que celles des Prussiens et il n'y aura donc pas de colonisation rurale allemande.

Un seul de ces peuples maintient son indépendance, **les Lituaniens.** Unifié sous un chef unique, maintenant jusqu'au XIVe siècle son paganisme, il profite de l'affaiblissement des princes russes, après la désastreuse invasion mongole (1240), pour amorcer la conquête d'un immense territoire au sud-est (jusqu'à Kiev).

Par le fer et par le feu

Chaque année, du printemps à l'automne, la campagne part des bords de la Vistule ; l'avance est assurée par la construction d'une forteresse où l'on s'enferme l'hiver ; la nouvelle bande de terre conquise est occupée par des colons-paysans allemands. Des villes naissent. Menée sans difficulté au début, la guerre se durcit peu à peu : les Prussiens apprenant à mieux combattre pratiquent la guérilla, parviennent à prendre les châteaux. 54 années d'une lutte affreuse se passent ainsi, mettant souvent les chevaliers, en fin de compte assez peu nombreux, et les colons en des périls extrêmes. D'autant que, en 1237, la fusion avec l'autre ordre militaire, les Porte-Glaive, qui ne parviennent plus à tenir la Livonie, élargit démesurément le cadre des conflits à l'ensemble des pays Baltes et que l'appétit de puissance des chevaliers les amène à des expéditions parfois hasardées : en 1242, le prince Alexandre Nevski, sur les rives du lac Peïpous, brise leurs velléités de dominer des terres russes.

Ce n'est qu'en 1283 que le territoire prussien est finalement soumis. Ce qui reste du peuple vaincu est alors asservi et se perd progressivement dans la masse des colons allemands les plus pauvres. Le dernier paysan parlant prussien meurt au XVIIIe siècle et un professeur de Königsberg évoque à cette occasion « ce peuple qui dort sous nos pieds et à qui nous avons tout pris, même son nom ».

Mais, il faut le dire, cette sanglante épopée n'est pas tout le « Drang nach Osten » (la « poussée vers l'est »). À maints égards, elle n'en est pas représentative.

L'église de Marienburg, en Pologne, fondée par les chevaliers Teutoniques.

La poussée paysanne

L'essentiel de la colonisation se fait en effet pacifiquement, par l'arrivée massive de paysans qui absorbent progressivement la population locale. Déjà, au XIIe siècle, ont été soumis de cette façon les territoires entre l'Elbe et l'Oder (plus ou moins la moitié nord

L'une des batailles les plus fameuses des Teutoniques : celle de Tannenberg, en Pologne, en 1410 (J. Matejko, XIXe siècle).

Une vision cinématographique des Teutoniques : Alexandre Nevski, d'Eisenstein (1938).

de l'ancienne R.D.A.), qu'occupaient de petits peuples slaves païens entre Germanie et Pologne. Les colons venaient de Flandre et de Hollande ; la fusion avec les éléments autochtones, devenus bientôt minoritaires, se fit sans difficultés.

Le même phénomène se reproduit à l'est, beaucoup plus massivement, au XIIIe siècle : le mouvement de colonisation culmine après 1250 ; il demeure intense jusqu'aux premières décennies du XIVe siècle.

Des villages neufs en très grand nombre sont alors fondés par les princes territoriaux : ils traitent avec de véritables « entrepreneurs » de colonisation, les « locatores », qui se chargent de recruter des paysans et de les installer, puis deviennent les chefs des communautés. Des villages naissent, à la tête des nouveaux districts ruraux : ainsi Berlin, vers 1230. Chose très remarquable, les princes et souverains non allemands se mettent, dès le XIIe siècle, à appeler les défricheurs germains pourvus de techniques plus avancées : ainsi en Bohême, Pologne et Hongrie. Dans une province du sud-ouest de la Pologne, la Silésie, environ 1 200 villages nouveaux sont créés ; la part des Allemands y est si prépondérante que l'élément slave y devient très minoritaire et, dès 1163, l'empereur Frédéric Ier oblige le grand-duc de Pologne à abandonner de fait cette terre limitrophe, qui commence dès lors à s'intégrer à l'Allemagne.

Les grandes dates de l'ordre Teutonique

Vers 1128. Un pèlerin allemand à Jérusalem forme une confrérie destinée à soigner les malades de nationalité germanique en Terre sainte.

1190. Transformation en un ordre militaire, qui se donne pour tâche de combattre les infidèles en tout lieu.

1202. Fondation, en Livonie, de l'ordre des chevaliers Porte-Glaive, chargé d'une croisade contre les païens du lieu.

1226. Appel de Conrad de Mazovie.

1237. Défaits par les Lituaniens, les Porte-Glaive fusionnent avec les Teutoniques. Les territoires des deux ordres sont unis peu à peu par une étroite bande de terre le long de la Baltique.

1242. Alexandre Nevski, prince russe vassal des Tartares, écrase les chevaliers Porte-Glaive.

1283. La conquête de la Prusse est achevée.

1308. Les Teutoniques à Dantzig ; la Pologne perd l'accès à la mer.

1410. Le roi de Pologne et de Lituanie, Jagellon, écrase les Teutoniques à la bataille de Tannenberg.

1454. Thorn et Dar se rebellent et passent aux Polonais.

1461. La paix avec la Pologne consacre la défaite de l'ordre. Son territoire est diminué et la Prusse-Orientale (l'ancien pays des Prussiens) devient vassale de la Pologne ; des Polonais entrent dans l'ordre.

1525. Le grand maître, Albert de Brandebourg, se convertit au protestantisme, transforme le territoire de l'ordre en un duché et reçoit l'investiture du roi de Pologne Sigismond.

Cet immense mouvement laisse aujourd'hui sa marque dans le paysage : aspect plus ou moins géométrique, non seulement des villages neufs, mais aussi des terroirs, avec des parcelles en lanières ordonnées. Le succès s'explique parce que les paysans-colons sont, au XIIIe siècle, particulièrement favorisés : ce qui les attire, c'est la liberté, l'exemption des corvées et des charges les plus lourdes qu'ils devraient à leur seigneur dans leur pays d'origine. Tout change avec la fin du Moyen Âge. Les seigneurs locaux imposent peu à peu le servage à toute la paysannerie, de l'Est allemand à la Russie.

1244

La dernière défaite des cathares

LA CHUTE DE MONTSÉGUR

Le 1er mars 1244, le château de Montségur, forteresse bâtie sur un pic de 1 200 m d'altitude, dans le comté de Foix, est pris par les soldats du sénéchal de Carcassonne, Hugues des Arcis. Seize jours plus tard, 205 personnes, hommes et femmes, sont brûlées vives.

Une entreprise commencée trente-cinq ans auparavant, l'extermination des cathares, se termine ce jour-là.

Les cathares, ou l'hérésie des « purs »

La guerre est d'abord un conflit religieux. Elle résulte de la naissance et de l'affermissement, depuis le XIe siècle, d'une secte dont le centre se situe dans le sud de la France et particulièrement en Languedoc, dans la région d'Albi – d'où le nom des sectateurs : les albigeois.

Ces albigeois, qu'on dénomme aussi « cathares », d'un mot grec *(Katharos)* qui signifie « pur », sont des chrétiens dont les positions sont insupportables à l'Église. Ils affirment l'existence dans le monde de principes radicalement opposés, le Bien, associé à l'âme, et le Mal, lié à la matière, donc au corps. Ils concluent sur la nature purement spirituelle de Jésus, le Fils de Dieu, dont l'Église catholique affirme qu'il a pris forme charnelle (qu'il s'est « incarné »). Et ils exigent de leurs membres, ou du moins de l'élite de ceux-ci (qu'ils nomment *parfaits* et à qui ils accordent le *consolamentum,* un baptême par imposition des mains), une totale pureté de vie et la rupture avec tout lien de parenté.

Un meurtre aux graves conséquences

Tout au long du XIIe siècle, Rome tente de ramener les cathares dans le sein de l'Église. Au début du XIIIe siècle, encore, le pape Innocent III tâche d'éviter la rupture : son envoyé, Dominique de Guzman (le futur saint Dominique) prêche dans le Midi et, par l'exemple d'une vie pauvre et austère, cherche à convertir les albigeois. Là encore, l'entreprise échoue ; le pape décide de recourir à la contrainte.

Une région originale : le midi de la France

La région a sa propre langue, **la langue d'oc,** distincte de la langue d'oïl, ou langue du Nord. Elle a sa littérature, rédigée dans cette langue. Et **des cours brillantes y fleurissent,** en Aquitaine au temps d'Aliénor (1137-1204), ou, plus tard, en Avignon, puis en Provence, à la cour du roi René, qui est lui-même un artiste.

Du point de vue politique, cette France-là ne fait pas encore entièrement partie de la Couronne capétienne. L'Ouest est disputé entre la France et l'Angleterre, Avignon appartient au comté de Provence, puis à l'Église à partir du XIVe siècle, et le Languedoc est un élément d'**une vaste principauté, le comté de Toulouse,** trait d'union entre Aquitaine et Méditerranée.

Enfin, sur le plan religieux, le Sud-Est est la terre d'élection de **mouvements hétérodoxes ou hérétiques :** celui des « pauvres de Lyon » de Pierre Valdo, à la fin du XIIe siècle, n'est pas sans rapport avec celui des cathares, plus au sud.

Saint Dominique et le miracle du livre. *Miniature relative à la prédication du saint en Provence.*

L'occasion du changement est fournie par un meurtre : en 1208, Pierre de Castelnau, légat du pape, est assassiné par un écuyer de Raymond VI, comte de Toulouse, sympathisant de l'hérésie et suzerain des terres où celle-ci sévit. Aussitôt, Innocent excommunie Raymond et proclame la croisade contre ses États. Pour la première fois en Occident, un pape prend la décision de la guerre, une guerre assimilée à la croisade que les chrétiens mènent en Orient contre les musulmans, et qui est assortie des mêmes bénéfices spirituels, ou indulgences, pour ses participants.

Un croisé redoutable, Montfort

Finalement, dans un premier temps, c'est avec le comte de Toulouse que se forme la croisade : Raymond VI, épouvanté par l'excommunication, se réconcilie avec Rome

et accepte de participer à la ligue contre les hérétiques. Celle-ci réunit à partir de 1209 des troupes venues de tous les pays, sous le commandement d'un seigneur d'Île-de-France, Simon de Montfort.
Les opérations se concentrent sur les villes, sièges de l'hérésie et foyers de richesses : Béziers, Carcassonne sont prises dans l'été 1209 et la population de la première ville est en partie massacrée. La croisade est relancée par le revirement de Raymond, qui rejoint le parti cathare et obtient l'appui de Pierre II d'Aragon. Mais les troupes de Montfort sont les plus fortes : en 1213, à Muret, l'armée aragonaise est défaite et le roi lui-même est tué dans le combat. C'est une lourde défaite pour les cathares, et, pour les Espagnols, la fin d'un rêve de suzeraineté sur les terres méridionales de France.

Les Derniers Défenseurs de Montségur brûlés sur le bûcher en 1244 *(gravure du XIXe siècle). Au premier plan, un inquisiteur brandit la croix.*

Le château de Montségur, dans l'Ariège, la dernière forteresse cathare.

La fin du Languedoc

La situation des cathares se redresse après 1218 : à cette date, Montfort est tué en assiégeant Toulouse ; sa mort provoque la débandade des croisés et permet à Raymond VII, successeur de Raymond VI en 1222, de reconquérir les terres perdues. L'intervention du roi de France, en 1226, met un terme à cette reconquête. Louis VIII, roi depuis 1223, s'intéresse au Midi : en 1224, il reprend aux Anglais le Poitou ; deux ans plus tard, il redescend dans le Midi, soumet le nord et l'est du Languedoc, renonce à attaquer Toulouse et meurt sur le chemin du retour. Dans les années qui suivent, Amaury de Montfort, fils de Simon, remporte d'autres succès : en 1229, le comte doit se soumettre ; il signe le traité de Paris avec le nouveau roi de France, Louis IX : le Languedoc passe dans le domaine royal ; le comté de Toulouse demeure entre les mains de Raymond, sous réserve qu'il revienne à la Couronne française, si le comte ou ses successeurs meurent sans héritier : c'est le cas dès 1271.

Les derniers soubresauts : Montségur

Le traité de Paris met fin à la croisade : Raymond se réconcilie avec l'Église, et ne tente pratiquement plus de résister, jusqu'à sa mort en 1249. L'hérésie cathare n'en est pas étouffée pour autant. L'action militaire cède le pas à une procédure judiciaire, menée par un organisme spécial, l'Inquisition.
Les inquisiteurs – des dominicains envoyés par le pape – poursuivent sans relâche les hérétiques : les cathares sont sommés d'abjurer ou de mourir. Dans ce contexte se situe le drame de Montségur : la communauté cathare qui y vit constitue le dernier bastion aux mains des hérétiques et un repère où se cachent les assassins de moines inquisiteurs. En 1243, le concile de Béziers décide d'en finir avec elle. En mai, le siège est mis devant Montségur. Ravitaillés en secret par la population, les assiégés résistent pendant dix mois, enterrant leur trésor pour éviter qu'il ne tombe aux mains des assiégeants. Le 30 avril 1244, ils tentent une sortie, qui échoue. Seize jours plus tard, ils meurent sur le bûcher.

Les grandes hérésies médiévales

La chrétienté médiévale est secouée périodiquement par des crises, dont les motifs sont à chaque fois sensiblement les mêmes : peur du Jugement dernier ; frustrations sociales, soif de pureté morale et religieuse.

Les fraticelles italiens. En 1295, une branche dissidente de l'ordre de saint François, les fraticelles, entre en révolte contre la hiérarchie ecclésiastique. Très populaires en Italie, ils prônent une pauvreté absolue. Leurs membres se fondent avec les ordres reconnus par l'Église, à la fin du XVe siècle.

Les vaudois, ou « pauvres de Lyon ». Menés par le Lyonnais Pierre Valdo (1140-1217), ils prônent aussi une pauvreté absolue, rejettent le culte des saints, les indulgences, le purgatoire. Excommunié, leur chef quitte Lyon et meurt en Bohême.

L'hérésie hussite. Son auteur est le théologien Jean Hus, recteur de l'université de Prague. Il entre en conflit avec Rome, parce qu'il dénonce le trafic des charges ecclésiastiques et des indulgences. Excommunié en 1411, il persiste, prône un retour à l'Église primitive et à la communion sous les deux espèces. Il est brûlé vif en 1415.

Au début de la Réforme, les anabaptistes. Ils réclament, sur le plan théologique, le baptême des adultes, veulent renverser l'ordre social et instaurer le communisme religieux. Dans les années qui suivent l'établissement de la Réforme, deux soulèvements se produisent en Allemagne : celui de la guerre des Paysans, mené par un ancien pasteur, Thomas Münzer, entre 1521 et 1525 ; celui de la ville de Münster, sous la direction d'un tailleur, Jean de Leyde, entre 1532 et 1535. Les deux mouvements sont noyés dans le sang.

Un roi de France s'éteint à Tunis

MORT DE SAINT LOUIS

Le dimanche 24 août, dans la plaine qui fait face à Tunis, Louis IX, roi de France, meurt en prononçant ces mots : « Ô Jérusalem, Ô Jérusalem ». Il est sous une tente, au milieu du camp de l'armée des croisés qui, depuis plus d'un mois, attend l'arrivée du roi de Sicile, Charles d'Anjou, son propre frère. Celui-ci débarque au moment où le mourant expire. Il ne lui reste plus qu'à ramener ce qui demeure de l'armée, malmenée par le typhus et la dysenterie. L'expédition, partie trop tard, en juillet, quand la canicule commence, ne peut être poursuivie. Et, sans le roi de France pour la mener, cette huitième croisade perd sa signification.

L'idée de prendre Tunis est celle du roi. La ville ne présente, du point de vue de la croisade, qu'un intérêt secondaire : l'essentiel est de secourir les États chrétiens du Moyen-Orient. Mais Louis IX poursuit un but essentiel à ses yeux : il a entendu dire que le roi de Tunis est prêt à se convertir, pourvu que l'armée chrétienne le protège contre ses coreligionnaires. La brillante armée qui a quitté Aigues-Mortes le 2 juillet a, dans l'esprit du souverain, une vocation missionnaire autant que militaire. La mort de Louis, dans ces circonstances, apparaît à la chrétienté occidentale comme étant digne de celle d'un martyr. La rumeur commence à courir que le roi de France était un saint. L'Église donne à ces bruits une consécration officielle en accélérant les formalités de canonisation : le procès qui reconnaît la sainteté de Louis IX est achevé dès 1297 : le délai entre la mort et la canonisation ne pouvait être plus bref.

La piété de l'homme

La piété de Louis IX, son angoisse du salut, pour ses sujets autant que pour lui, l'ascétisme parfois héroïque de son existence ont impressionné ses proches et ses sujets. Lors

Comment l'Église reconnaît ses saints

C'est au terme d'un procès de canonisation qu'un mort, connu de son vivant pour sa piété, devient finalement un saint.
Deux procès ou enquêtes, précisément, se succèdent : un procès de béatification, instruit par l'évêque du lieu du décès, au terme duquel, si tout se passe bien, le mort est déclaré « bienheureux » (« bienheureuse » s'il s'agit d'une morte) ; puis un procès de canonisation, qui s'effectue à Rome et aboutit le cas échéant à la proclamation de la sainteté.
Le procès de canonisation est véritablement conduit comme une procédure judiciaire : il faut exhiber des preuves de la piété, des vertus exceptionnelles et si possible des miracles du candidat à la sainteté ; et un « promoteur », appelé aussi « avocat du diable », a pour tâche de présenter des objections contre les arguments avancés.

La monarchie française au XIIIe siècle

Au XIIIe siècle, le roi de France devient **une véritable puissance.**

Ce renforcement est dû aux prédécesseurs de Saint Louis. **Philippe Auguste** (1179-1223) a agrandi le domaine royal, récupéré des biens continentaux contre le roi anglais Jean sans Terre, et résisté aux prétentions du Saint Empire romain germanique. Louis VIII (1223-1226) a régné trop peu pour laisser une trace mémorable. Mais sa femme **Blanche de Castille,** mère de Saint Louis, régente pendant la minorité de son fils (1226-1234), puis pendant la septième croisade (1248-1252), a fait obstacle aux tentatives des féodaux tendant à rabaisser le pouvoir royal.

Saint Louis lui-même (Louis IX), à partir de sa majorité, œuvre dans le sens de ce renforcement, en consolidant l'appareil d'État (administration, justice) et en contraignant les Grands à l'obéissance.

La mort de Saint Louis sous sa tente, devant les murs de Tunis (miniature de Jean Fouquet, XVe siècle).

de la septième croisade, de 1248 à 1254, le roi s'est trouvé prisonnier dans des conditions très dures. La grandeur d'âme dont il a fait preuve alors a forcé l'estime de tous : son ami et biographe, Joinville, nous le dit avec des mots touchants qui, au-delà de l'attachement du vassal à son seigneur, montrent une véritable affection.
Mais ce n'est pas seulement dans les circonstances exceptionnelles de la croisade qu'éclate la sainteté de Louis. Tous ses actes, ceux de son gouvernement comme ceux de sa vie privée, montrent que son existence est commandée par une exigence de rigueur morale et par la recherche d'un idéal proche de l'absolu. Dans l'intimité, Louis s'inflige des pénitences d'une rigueur excessive, même aux yeux des prêtres les plus exigeants, comme de porter un cilice qui l'épuise, et dont son confesseur, effrayé par sa responsabilité, voudrait bien qu'il se débarrasse. La santé du roi est trop fragile, en effet, et sa vie est trop précieuse, pour justifier ces extrémités.

Saint Louis (Louis IX), roi de 1226 à 1270 (détail d'une statue en bois polychrome du XIVe siècle).

Les conceptions de la fonction royale au Moyen Âge

Le commandement. Le pouvoir royal, au début du Moyen Âge, procède de l'élection. Le roi est un seigneur élu par ses pairs, et son pouvoir est appelé ban : c'est le droit de commander, de contraindre et de punir. Les autres seigneurs jouissent aussi du droit de ban sur leurs vassaux ; mais le roi peut les commander et les punir, il est de ce point de vue leur seigneur commun, alors que lui-même n'a aucun seigneur.

Droit du sang et droit divin. Avec le temps, l'élection disparaît progressivement au profit du droit du sang, c'est-à-dire d'une légitimité tirée d'une descendance de père en fils ou de parent à parent. Puis le sacre devient la source qui fonde religieusement le pouvoir royal. Tout règne commence par cette cérémonie, qui s'effectue en des lieux consacrés par la tradition (Westminster en Angleterre ; Reims en France ; Rome pour l'empereur germanique) et au cours de laquelle des gestes toujours semblables sont accomplis. Le sacre transforme la personne du roi : il cesse d'être un laïc, sans véritablement devenir prêtre. Il est désormais le favori de Dieu, son porte-parole ou son émissaire. En France et en Angleterre, la faveur divine s'exprime par le fait qu'il est censé faire des miracles : il guérit, par le toucher, les maladies de peau (écrouelles).

Le justicier. Cette situation entraîne pour le roi une obligation essentielle, celle d'être juste. Ainsi, c'est plus en assurant à leurs sujets une justice équitable que par la force que les rois de France construisent peu à peu l'État. La représentation la plus populaire de Saint Louis est d'ailleurs celle du souverain rendant justice, assis, en majesté comme le Christ aux tympans des cathédrales, sous un chêne – l'arbre qui garde encore, au Moyen Âge, un caractère sacré très fort.

La sainteté du roi

Mais c'est aussi dans sa façon de gouverner que Louis IX manifeste sa volonté de salut. D'abord, à une époque où l'idée de croisade recule, où les hommes disposés à engager leur avoir pour partir outre-mer sont moins nombreux qu'au siècle précédent, et où plus rares encore sont les souverains disposés à quitter leur royaume pour aller délivrer le tombeau du Christ, Louis organise deux croisades. Peu importe que l'une et l'autre s'achèvent en fiascos : le roi de France est, pour l'Église, et plus encore pour le peuple qui l'admire, celui qui fait passer la gloire de Dieu avant la sienne propre.
Dans un souci de justice et d'équité, d'autre part, Louis réforme l'administration de son royaume, lui donnant une vraie justice et un corps de fonctionnaires rompus aux techniques du droit. Cela, il le fait, non pour accroître son pouvoir, mais pour gouverner de la même manière qu'il vit, chrétiennement. Il considère en effet que ce serait pécher que tolérer que la justice rendue soit mauvaise ou que des fonctionnaires médiocres puissent conserver des postes. Les rudiments de l'État moderne naissent de cette exigence morale.
Cette attitude a son revers : comptable devant Dieu du salut de ses sujets, Louis IX se montre intolérant, par exemple à l'égard des Juifs, qu'il persécute. Son moralisme l'amène à réprimer la prostitution ou les jeux de hasard. Enfin, il ne tolère pas qu'on lui résiste ou que l'on s'oppose à sa politique, puisque, ce faisant, on s'oppose à la volonté de Dieu, dont il est sûr d'être sur terre le lieutenant : n'est-il pas roi par la grâce de Dieu ?

L'ouverture du tombeau du roi lors des procès de canonisation (miniature française du XIVe siècle).

Saint Louis servant les pauvres à table (miniature française du XIVe siècle).

Un Vénitien raconte ses aventures

LE VOYAGE DE MARCO POLO

En 1298, à la bataille de Curzola, les galères vénitiennes sont défaites par la flotte génoise. L'événement ne serait qu'un épisode mineur dans l'histoire de l'incessant conflit entre les deux cités italiennes, si, parmi les prisonniers, ne se trouvait un certain Marco Polo, revenu d'Asie depuis seulement quatre ans.

Le prisonnier est retenu jusqu'à l'année suivante dans les geôles génoises. Pour occuper ses loisirs forcés, il dicte ses Mémoires à un compagnon de captivité : Rusticien de Pise, auteur, lui-même, de romans de chevalerie. La relation qui en découle est appelée *le Livre des merveilles du monde.*

Une affaire de famille

C'est en tant que marchand et fils de marchands que Marco a quitté Venise pour l'Orient, vingt-sept ans auparavant. Il appartient à une de ces familles de commerçants-aventuriers qui ont fait la gloire et la fortune de leur ville, et ce sont ses parents qui ont préparé son voyage.

Pendant que Marco était enfant, en effet, son père, Niccòlo, et son oncle, Matteo, se sont rendus eux-mêmes en Orient, allant de Crimée en Asie centrale, à Boukhara, puis jusqu'en Chine, à Pékin, où ils furent les hôtes du Grand Khān, Kūbīlāy. Partis en 1255, ils reviennent en 1269 seulement, soit quinze ans après leur départ, et ils portent au pape un message de Kūbīlāy qui demande qu'on envoie à sa cour cent docteurs experts. Ni le pape ni la chrétienté ne sont en état de répondre favorablement à cette requête ; du moins, les deux Vénitiens organisent-ils un nouveau voyage, se munissant cette fois de cadeaux et d'un message du pape. Nous sommes en 1271. Marco Polo a seize ans cette année-là ; il part avec eux.

De Venise à Pékin

Le voyage dure quatre ans. Il s'effectue, depuis Lajazzo Ayas, en Cilicie, sur la côte orientale de la Méditerranée, entièrement par voie terrestre : les voyageurs remontent vers le nord, jusqu'en Arménie, traversent l'actuelle Géorgie, puis bifurquent de nouveau vers le sud, rejoignant le golfe Persique. Après quoi, ils retrouvent l'itinéraire traditionnel des caravanes : cette piste au nom fabuleux, la route de la soie, qui s'enfonce à travers les montagnes d'Asie centrale, traversant le Pamir jusqu'à Kachgar, Yarkand et Khotan, passant par les déserts entourant le Lob Nor, jusqu'à la première ville chinoise, Ghanzhou, où l'expédition s'arrête une année entière, réalisant un fructueux commerce.

Le voyage reprend lorsque Kūbīlāy Khān envoie une escorte pour guider les voyageurs jusqu'à sa résidence d'été, à Shangdu, au nord-est de Pékin : ils y parviennent en 1275.

Au service de Kūbīlāy

La réception des Vénitiens à Shangdu est fastueuse. Le Khān interroge les trois hommes sur les mœurs et la science de l'Occident, il écoute soigneusement leurs réponses, se fait raconter leur voyage par le menu ; et, surtout, il se prend d'amitié pour Marco. C'est ainsi que, pendant que son oncle et son père font des affaires, le jeune homme assume des missions qui le mènent au Tibet, en Chine du Sud et jusqu'en Birmanie. Il devient, pendant trois ans, l'adjoint du gouverneur d'une province et, à l'en croire, lui et ses parents aident Kūbīlāy à s'emparer d'une ville, en fabriquant des catapultes.

C'est le vieillissement de Kūbīlāy, l'approche prévisible de sa mort, ou le désir de revoir le pays qui déterminent la décision du retour. En 1291, les trois marchands s'offrent à accompagner en Perse une jeune princesse qui va s'y marier. Ils quittent la Chine par la mer, font route vers le sud jusqu'au détroit de Malacca, longent les côtes de l'Inde après avoir doublé par le sud l'île de Ceylan, et débarquent à Ormuz. Puis, déguisés en mendiants, mais portant des pierres précieuses cachées dans leurs ceintures, ils reprennent la route terrestre, jusque en Arménie. La dernière partie de leur périple s'accomplit en bateau, par la mer Noire et par la Méditerranée. Ils sont à Venise en 1295.

Le Départ de Marco, de son père Niccòlo et de son oncle Matteo vers l'empire du Grand Khān *(miniature française du XVe siècle illustrant le* Livre des merveilles, *Paris, Bibliothèque nationale).*

Occident et Asie au XIIIe siècle

Le besoin qu'a l'Occident des richesses de l'Orient est à l'origine des premiers contacts, commerciaux, entre les deux régions : les marchands italiens, et en particulier vénitiens, vont chercher à l'est **des soieries, des pierres précieuses et, plus encore, des épices,** indispensables alors dans l'alimentation, pour faire supporter le goût des viandes qu'on mange le plus souvent avariées.

La liaison entre l'Europe et l'Asie est terrestre, depuis les côtes de la mer Noire ou du golfe Persique. L'ensemble des pistes fréquentées forme **la route de la soie**, qui traverse les montagnes et les déserts inhospitaliers d'Asie centrale.

Fréquentée dans l'Antiquité puis, après une interruption, après le VIIe siècle, la route de la soie est rendue plus sûre par l'établissement d'une puissance qui domine l'Asie centrale et la Chine, au XIIIe siècle : **l'Empire mongol.** Celui-ci connaît son apogée sous **le règne de Kūbīlāy Khān (1260-1294),** qui établit sa capitale à Pékin.

Marchands indiens débarquant en Iran *(miniature française du XVe siècle illustrant le* Livre des merveilles*, Paris, Bibliothèque nationale).*

Voyageurs occidentaux en Asie

Avant l'époque des grands voyages touristiques du XXe siècle, un départ vers les régions centrales de l'Asie, au Tibet par exemple, où Marco Polo s'est rendu, demeure une expédition. Trois voyageurs, parmi ceux qui ont osé risquer l'aventure, méritent d'être cités.

Au XVIIe siècle, le jésuite Antonio de Andrade. Ce Portugais, l'un des plus grands missionnaires du XVIIe siècle, parcourt l'Asie et pénètre par deux fois au Cachemire et au Tibet (à partir de 1624), dont il tente l'évangélisation. Son *Voyage au Tibet* paraît à Lisbonne en 1626, huit ans avant sa mort, à Goa.

Au XIXe siècle, le père Huc. Ce lazariste, parti comme missionnaire en Chine en 1839, séjourne cinq ans en Mongolie et tente l'aventure du Tibet : il entre à Lhassa en 1844 et y demeure deux années. Rentré à Paris, où il meurt en 1860, il y publie en 1850 ses *Souvenirs d'un voyage dans la Tartarie, le Tibet et la Chine.*

Au XXe siècle, Alexandra David-Neel. À partir de 1898, à vingt-cinq ans, elle voyage à travers l'Asie centrale et surtout, déguisée en mendiante, parcourt le Tibet, alors fermé aux Occidentaux. Morte en 1969, elle laisse plusieurs ouvrages consacrés à ses voyages et au bouddhisme.

Le Repas de Kūbīlāy Khān *(miniature française du* Livre des merveilles*, Paris, Bibliothèque nationale).*

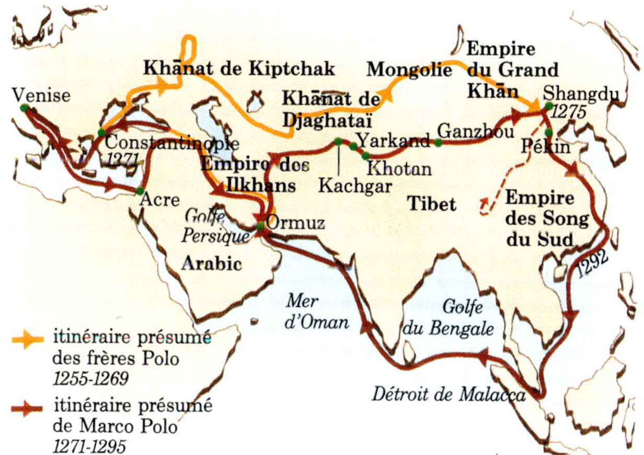

Les voyages des Polo en Asie centrale et en Chine.

Un récit vrai et à peine croyable

Il fallut aux Polo, dit-on, étaler leurs richesses pour qu'on croit à leurs récits. Il est vrai que Marco et ses oncles décrivent un empire dont leurs contemporains soupçonnent à peine l'existence : l'État centralisé des Khāns, c'est-à-dire la Chine mongole à son apogée. Le tableau qu'en dresse *le Livre des merveilles du monde* est riche de légendes, que Marco rapporte sans jugement critique : régions où les pierres précieuses se cueillent comme des fruits, mers où les magiciens charment les requins pendant que les pêcheurs ramassent des perles d'une inimaginable grosseur... Mais les domaines où sont passés les Polo existent bien, leurs richesses sont réelles, et le récit du plus jeune permet de dresser les premières cartes de ces régions mal connues. Toutes les informations et toutes les suggestions, vraisemblables ou non, que livrent ses Mémoires font rêver : elles inspirent de façon décisive, cent cinquante ans plus tard, un Christophe Colomb qui part par la voie maritime occidentale à la recherche des terres fabuleuses qu'a décrites le Vénitien.

1314

Jacques de Molay envoyé au bûcher

LA CHUTE DES TEMPLIERS

Le 19 mars 1314, vers six heures du soir, sur le petit îlot qui existe alors au bout de la Cité, et que l'on appelle île aux Juifs, le grand maître du Temple, Jacques de Molay, et Geoffroy de Charney, l'un des hauts dignitaires de l'ordre, sont brûlés vifs, sur l'ordre du roi de France Philippe IV le Bel.

Les Templiers sont en prison depuis le 13 octobre 1307. Ce jour-là, et sans qu'aucune fuite se soit produite, les autorités royales ont réussi à s'emparer de tous les membres de l'ordre résidant en France. Les autres pays en feront bientôt autant. C'est Guillaume de Nogaret, un légiste conseiller du roi, qui a préparé l'opération et veillé à ce que le dossier des chevaliers soit bien rempli. Depuis plusieurs mois, il rassemble des témoignages, collectionne les ragots, les rumeurs invérifiables, faisant parler d'anciens Templiers qui ont eu à se plaindre de l'ordre. Il prend bien soin aussi de recueillir auprès d'informateurs dignes de foi des renseignements authentiques. L'amalgame qu'il en fait lui permet de se doter d'une machine de guerre redoutable contre les Templiers, auxquels il impute des crimes effrayants. Accusations d'homosexualité, de pratiques obscènes, d'idolâtrie, de sorcellerie et même de conversion occulte à l'islam, voilà ce dont les Templiers ont à répondre, pour absurde et infondé que ce soit. Ces accusations sont confirmées au cours du procès par les aveux de tous les Templiers, aggravés par ceux de leur grand maître, Jacques de Molay.

La France en 1314

Le roi **Philippe IV,** dit le Bel, qui meurt cette année-là, règne depuis 1285. Il est entouré de conseillers : le plus influent est **Guillaume de Nogaret.** Le territoire français s'agrandit sous son règne : le domaine royal s'augmente de la Champagne, Lille et Lyon reconnaissent la souveraineté française.

À partir de 1301, un conflit terrible oppose le roi au pape, qui prétend lui faire reconnaître la suprématie du pouvoir pontifical : Nogaret se rend en Italie et là il s'empare de la personne de Boniface VIII : c'est l'**attentat d'Anagni** (1303). La mort de Boniface, un mois après, permet au roi de faire élire un Français, Clément V, qui s'établit à Avignon. Les conditions sont donc réunies, en 1314, pour que Philippe puisse achever le démantèlement d'un ordre soumis à la papauté, sans craindre une réaction violente de la part de celle-ci.

Jacques de Molay

Le malheur du Temple, c'est d'avoir à sa tête, en ce moment précis où se joue non seulement son existence, mais aussi l'honneur, la liberté et la vie de chacun de ses membres, une personne de peu d'envergure morale ou politique.

Élu à la tête de l'ordre en 1293, deux ans après la chute d'Acre, qui a contraint les chrétiens à abandonner l'ensemble de leurs positions au Moyen-Orient, ce chevalier bourguignon

*Les Templiers sur le bûcher (illustration pour l'*Histoire de France *de Michelet, 1876).*

La réception au Temple de Jacques de Molay.

Templiers et Hospitaliers : les ordres légués par les croisades

Le propre d'une croisade est d'être seulement une expédition, dont les membres se dispersent lorsqu'elle est arrivée à son terme. Il faut pourtant, pour assurer la garde des lieux saints, la libre circulation des pèlerins et l'assistance aux pauvres et aux malades, des structures stables. C'est la raison d'être des ordres militaires.

Les Hospitaliers. L'ordre de l'hôpital Saint-Jean de Jérusalem, qui existe encore de nos jours sous le nom d'ordre de Malte, fondé vers 1070, est spécialisé, au début du XIIe siècle, dans les tâches caritatives. Il ne devient une puissance militaire que tard dans ce siècle.

L'ordre du Temple. L'ordre du Temple, né vers 1119 de l'initiative d'un seigneur champenois, Hugues de Payns, et appuyé par saint Bernard, connaît un prodigieux essor parce qu'il correspond aux aspirations de la chevalerie. Celle-ci se pose la question de savoir comment faire son salut tout en exerçant le métier des armes. Le Temple propose une réponse qui allie la discipline monastique à la fonction militaire : le Templier, moine-soldat, combat pour Dieu. Les moyens du Temple lui permettent, au XIIIe siècle, d'entretenir sur le terrain un réseau de forteresses unique.

Le renforcement de l'État turc, à la fin du XIIIe siècle, oblige les ordres militaires à se retirer. Les Hospitaliers se réfugient à Rhodes en 1309 (puis à Malte au XVIe siècle) ; les Templiers rentrent en Occident. La réputation de ces derniers se dégrade vite : ne dit-on pas « boire comme un Templier » ?

n'a pas su redresser la situation militaire, ni trouver des solutions politiques répondant à la nouvelle situation de l'ordre. Installés à Chypre sur les terres de Lusignan, une vieille famille poitevine qui a fait souche dans l'île un siècle auparavant, les Templiers ne sont plus souverains nulle part et ils sont à la merci des princes d'Occident. Ce chef de peu de prestige, personne ne se lèvera pour le défendre contre les accusations, fondées ou non, de Nogaret.

Le procès

Le procès des Templiers est confié aux inquisiteurs. Molay et ses compagnons devraient être jugés par la papauté, mais celle-ci, réfugiée depuis 1309 en Avignon, est elle-même quasiment à la merci de la royauté. On enferme les prisonniers dans des cachots, on

Jacques de Molay, dernier grand maître de l'ordre du Temple.

les met au pain et à l'eau, on les menace de la torture, et on les y soumet un peu : le grand maître lui-même avoue tout ce qu'on veut. Il se rétracte quelques mois plus tard, puis s'enferme dans un silence hautain ; entre temps, l'exemple de sa docilité a été suivi par la plupart des Templiers et l'ordre a été définitivement discrédité. Personne ne peut rien, même pour la minorité de frères qui ont refusé d'avouer les infamies dont on les charge.

Les raisons de la fin du Temple

C'est le roi de France, Philippe IV le Bel (1285-1314) qui a voulu la fin des Templiers. Croit-il vraiment aux crimes que ceux-ci reconnaissent avoir commis ? Du moins feint-il d'y croire. Dans cette affaire, la bonne foi du roi n'est pas tout à fait assurée.

Il y a autre chose, et d'abord les immenses possessions foncières de l'ordre, neuf mille maisons, dit-on, et le château fort appelé *le Temple* à Paris. La royauté, à court de ressources et endettée à l'égard des Templiers, a pu souhaiter s'en emparer ; en vain, car l'Église saura garder pour elle tous les biens qui ont appartenu au Temple, en les reversant aux Hospitaliers. Il n'y a pas non plus de trésor du Temple : tout ce que celui-ci détient comme richesses mobilières est parti au fur et à mesure dans la guerre contre l'islam. Alors, pourquoi cet acharnement ? Le Temple constitue une force militaire autonome, possédant ses propres forteresses, et des troupes. Il n'obéit à personne, sinon au pape. Or, Philippe se trouve être le premier des rois de France à avoir une idée précise de ce qu'est l'État, de ce que sont ses droits, et l'étendue de ses pouvoirs. Il ne peut tolérer l'existence à l'intérieur du royaume d'institutions militaires qui ne soient pas placées sous ce contrôle. La disparition du Temple, dans ces conditions, est nécessaire. Elle sera possible, parce que l'ordre est politiquement en position de faiblesse, dépendant, pour sa survie, de la tolérance des rois, à la différence des Hospitaliers qui, souverains à Rhodes, n'ont besoin de personne pour exister et ont un lieu, inexpugnable, où se replier. Jacques de Molay est bien l'une des premières victimes de la raison d'État.

→ **Voir aussi :** p. 108-109 (Teutoniques).

Une épidémie ravage l'Europe

LA PESTE NOIRE

La plus grande catastrophe démographique du Moyen Âge. C'est ainsi qu'on peut qualifier la terrible épidémie de peste qui a accablé l'Europe vers le milieu du XIVe siècle, n'épargnant aucune région, tuant le tiers de la population, suscitant paniques et massacres.

D'Asie, où la peste sévit de façon endémique, est arrivé le mal : de Crimée, des navires infestés l'ont rapporté dans les ports d'Occident. Depuis les côtes italiennes et espagnoles auprès desquelles ils ont mouillé, la peste se diffuse avec les voyageurs. Par les cols des Alpes et des Pyrénées, elle pénètre dans le sud de la France – elle frappe Avignon et Toulouse au début de 1348. Par les navires de l'océan Atlantique, elle atteint le Pays basque et la Normandie vers la même époque. Elle traverse la Manche avec les cargaisons des bateaux, elle suit les routes commerciales : l'Angleterre et l'Irlande sont touchées, puis le sud de la Scandinavie. Vers l'est, le mal s'étend jusqu'en Russie et en Hongrie.

L'horrible mort des pauvres

La forme de la maladie est la peste bubonique : à l'aine, au cou, aux aisselles, des ganglions apparaissent. Ils s'indurent, noircissent – d'où le nom de *Peste noire*. Le malade a de la fièvre, des hémorragies l'affaiblissent. Il délire. Il meurt en quelques jours. La peste touche surtout les villes, épargne davantage les campagnes, où l'isolement protège. On peut difficilement tenter une estimation, en un temps où sondages et statistiques n'existent pas. Mais les complaintes renseignent sur l'ampleur et la cruauté du mal : « En mil trois cent quarante-huit – À Nuits de cent restèrent huit – En mil trois cent quarante-neuf – À Beaune de cent restèrent neuf », écrit un poète bourguignon.

Les pauvres sont les plus exposés. Mal nourris, donc plus faibles, ils résistent mal à l'épidémie. Vêtus de haillons, de fourrures bon marché, leur hygiène est douteuse : ils ont davantage de chances de contracter la maladie. De plus, ils n'ont pas la ressource de fuir le mal en se réfugiant à la campagne comme le font les riches. À Florence, le poète Boccace gagne sa villa sur les collines, en compagnie d'une agréable société de jeunes gens : pendant que les autres meurent dans la ville, il compose ses *Nouvelles.*

Les remèdes impossibles

On ne soupçonne pas que les rats et les puces sont les vecteurs de l'épidémie. On accuse l'air, les aliments ou l'eau. On soupçonne tout, on se méfie de tout. Et quand le mal arrive, les docteurs multiplient les conseils : ils demandent que les logis soient gardés secs et chauds, préconisent un régime alimentaire léger – un régime de riche, à base de viandes blanches et de pain de froment. Ils recommanderaient volontiers qu'on s'abstienne de boire, prônant repos, promenades aux heures fraîches, pour réduire la soif. Ils

Mais qu'est-ce que la peste ?

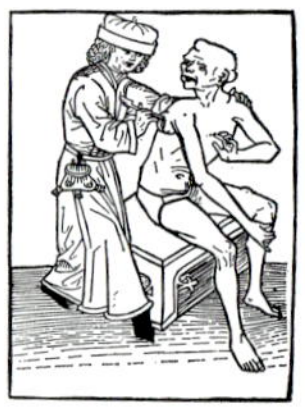

La peste est due à un bacille que transmet la puce, passant du rat à l'homme ou d'homme à homme, selon les cas. On distingue la peste bubonique, avec des ganglions (« bubons ») et la peste pulmonaire, avec des expectorations sanglantes. Avant l'apparition des antibiotiques, les deux pestes entraînaient la mort.

Le terrible XIVe siècle

Pour le continent européen, le XIVe siècle est un siècle noir.

Le climat est plus froid, les famines très graves (1315-1317), les épidémies nombreuses (1348, mais aussi 1360, 1371, 1381).

C'est un siècle de guerres : la guerre de Cent Ans commence en 1347, Byzance doit lutter contre la pression turque, et les chevaliers Teutoniques mènent de grandes campagnes en Prusse.

Les miniatures du temps attestent l'hécatombe des victimes : ici, l'ensevelissement des morts de la ville de Tournai, dans l'actuelle Belgique.

A Tournai, les cadavres trop nombreux sont ensevelis à même le sol ou brûlés (miniature du temps).

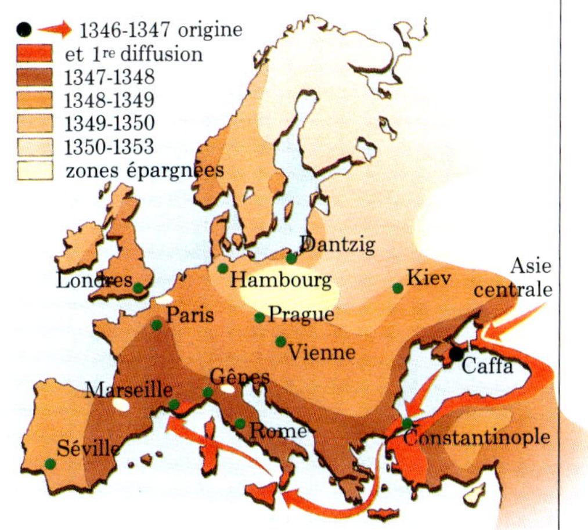

L'expansion du mal.

dénoncent aussi les amours et même les conversations : des caresses, des paroles pourraient transmettre le mal. La vérité est qu'ils sont impuissants à guérir la peste ou à en empêcher l'extension.

De la maladie aux massacres

Faute d'une aide des savants, la tentation est grande de chercher ailleurs un protecteur, de découvrir en marge du rationnel un motif ou de désigner des coupables. Certains recourent à la magie ou à l'astrologie, d'autres remettent leur destinée entre les mains d'un saint, Sébastien, dont le corps percé de flèches saigne comme celui des pestiférés, en attendant que saint Roch le remplace dans ce rôle. À mesure que l'épidémie fait plus de victimes, la recherche d'un secours prend une forme collective et exaltée. Les prédicateurs désignent dans l'épidémie un châtiment : les fidèles s'accusent d'avoir provoqué le mal par leurs péchés ou cherchent ceux qui leur ont valu le fléau. Dans le Saint Empire, d'abord, dans la France du Nord-Est ensuite, des foules parcourent rues et places en se donnant le fouet. Ces « batteurs », ou flagellants, ne dénoncent pas qu'eux-mêmes. Ils affirment que les responsables ne sont pas les chrétiens, que la peste n'est pas vraiment la peste : qu'on a empoisonné les puits, les aliments et l'air. Les coupables seraient les Juifs, ennemis héréditaires, ceux qui ont « tué le Christ ». Dans un paroxysme de délire antisémite, les flagellants exigent qu'on brûle ces maudits, jusqu'au dernier d'entre eux.

Et les exécutions ont lieu. Dans l'Europe du Nord, dans la vallée du Rhin et jusqu'en Catalogne, on conduit les Juifs au bûcher. En Alsace, la tuerie commence à l'approche de l'épidémie ; à Benfeld, les représentants des cités impériales décident d'anéantir les communautés. À Strasbourg, les patriciens obtiennent pour les Juifs un répit de quelques mois : un gouvernement populaire les renverse et envoie au supplice général les Israélites, le 14 février 1349. À travers les Juifs, ce sont aussi les prêteurs, les usuriers, les riches, auxquels le petit peuple s'en prend : la peste avive en même temps les détestations sociales et les haines raciales.

Sébastien, le premier saint prié contre la peste.

Pestes et épidémies dans l'histoire

Qualifiées de « pestes », les épidémies anciennes sont en fait difficiles à identifier. Les plus célèbres sont les suivantes :

429 avant notre ère. L'épidémie d'Athènes. Elle se déclare en été, dans une ville surpeuplée, au début de la guerre du Péloponnèse.

542. Constantinople ravagée par le mal. Venu d'Égypte, il fait des centaines de milliers de victimes, puis ravage, 50 ans durant, les côtes européenne et africaine du bassin méditerranéen.

XIVe-XXe siècle. Le mal se réveille au XIVe siècle, culmine avec la Peste noire. Il frappe Constantinople en 1466 ; touche Venise en 1478, Lyon en 1628, Nimègue en 1635, Londres en 1665, Marseille en 1720. Puis il se localise au Moyen-Orient, et, à la fin du XIXe siècle, il se concentre en Asie, avec des épidémies meurtrières en Inde (1896) et en Chine (1910).

D'autres maladies que la peste sont extrêmement meurtrières :

La variole, qui ravagea l'Europe avant la découverte de procédés de vaccination au XVIIIe siècle.

La rougeole, qui provoqua une hécatombe chez les Indiens d'Amérique au XVIe siècle.

La syphilis, importée d'Amérique en 1443 par les compagnons de Colomb, qui tire son nom de sa première victime, le berger Syphilus.

Le choléra, venu d'Asie, qui atteint l'Europe et l'Afrique au XIXe siècle et se manifesta par l'épidémie de 1830.

La grippe, qui reste au XXe siècle une maladie très grave. En 1918, la « grippe espagnole » fit 22 millions de morts.

Enfin **le sida** a touché depuis quelques années environ 100 000 personnes et menace de 5 à 10 millions de séropositifs.

1356

Les villes de la Baltique forment une fédération

LA HANSE

En 1356, une assemblée réunit à Lübeck les députés de tout un groupe de villes commerçantes de la Baltique : elle transforme une association économique de marchands en une fédération politique associant des cités. L'événement marque un tournant essentiel dans l'histoire d'un groupement qui existe alors depuis deux siècles.

À l'origine de la Hanse, il y a la fondation, vers 1158, de Lübeck, sur la Baltique, au fond de l'isthme du Holstein, à 50 km environ de Hambourg qui occupe un emplacement quasi symétrique sur la mer du Nord.

À la tête de l'association : Visby ou Lübeck ?

La nouvelle cité est la véritable organisatrice de la Hanse, puis sa principale dirigeante. C'est elle qui réussit à grouper les marchands allemands d'abord, puis, peu à peu, scandinaves et polonais, qui constituent l'association. Pourtant, une autre ville que Lübeck a bien failli détenir la préséance dans l'association. Pendant longtemps, en effet, la « Hanse » n'a été qu'une association quasi informelle, unissant ses membres par un simple serment d'entraide, et dans laquelle Lübeck ne jouait pas un rôle de premier plan. Ainsi en est-il de la première structure, encore réduite en nombre et de modeste ambition, qu'on lui connaisse : la « communauté des marchands allemands saisonniers de Gotland », qui apparaît très tôt, peu après 1160. Dans cette île située au centre de la Baltique, que peuplent à l'origine des marins scandinaves et dont le port s'appelle Visby, les Allemands se fournissent en produits russes. Au XIIIe siècle, la communauté de Visby, désormais en bonne partie allemande, rivalise avec Lübeck pour la préséance à la tête du groupe. Mais cette dernière finit par la réduire à un rôle d'étape sur la route maritime vers Novgorod et la Russie.

Le conflit des marchands allemands avec Bruges

La Hanse a donc déjà toute une histoire en l'an 1356. Depuis le XIIIe siècle, elle s'est même dotée d'une sorte d'exécutif : quatre « Anciens », élus respectivement par les marchands de Lübeck, Visby, Soest et Dortmund – la présence de ces deux dernières villes dénotant l'extension de l'association

> ### Le commerce européen au XIVe siècle
>
> **Depuis l'époque des croisades, le commerce a repris activement** en Europe : les villes sont des marchés importants, des foires considérables se tiennent en certaines régions (Champagne, Paris).
>
> Si la distribution locale se fait forcément par route ou par voie fluviale, **la mer est le moyen de transport essentiel** du commerce au long cours.
>
> Dans le sud de l'Europe, **l'Italie** est le grand centre du commerce et de la redistribution des produits méditerranéens. Dans le nord, les grands comptoirs sont Bergen, Novgorod et surtout **Londres et Bruges.**
>
> Dans ces dernières villes, les marchands de la Baltique et ceux des pays méridionaux échangent leurs produits : les premiers proposent les fourrures et la cire de Russie, les draps flamands et le sel de Basse-Saxe, le cuivre et le fer de Suède, la morue de Norvège, le bois et les blés de Pologne et de Prusse, ou encore les vins du Rhin ; les seconds apportent des épices, des soieries et des cotonnades, des vins également, du sucre de canne, voire du blé et du sel aussi.

Le port de Bruges avec sa grue pour le transbordement des marchandises (miniature du XVe siècle).

L'embarquement des marchandises dans un port de l'Europe du Nord (miniature du XVe siècle).

aux villes rhénanes, y compris la plus prestigieuse, Cologne. Mais, au milieu du XIVe siècle, tout commence à aller mal. Bruges, depuis longtemps, constitue (avec Londres, mais davantage que cette dernière) le comptoir où, à l'ouest, se redistribuent les marchandises qu'apportent les commerçants de la Hanse depuis la Baltique et la mer du Nord, et où ces derniers entrent en contact avec les vendeurs de produits venus de l'Europe du Sud. Or, une contestation s'élève entre le port flamand et les Hanséates. La guerre de Cent Ans a rendu les routes commerciales moins sûres ; les corsaires anglais et français sur mer, et les soldats sur terre, font subir des pertes graves aux marchands. Juridiquement, les Brugeois sont responsables et devraient verser des indemnités : leur refus est la source d'un grave conflit.

La détérioration parallèle des rapports entre l'Angleterre et la Flandre en général, à la même époque, contribue aussi à déranger les affaires des commerçants de la Hanse : c'est un autre facteur qui incite ceux-ci à renégocier leur statut dans la région.

De l'association de marchands à la ligue de villes

C'est Lübeck qui prend l'initiative de convoquer les délégués des villes dont les marchands sont membres de la Hanse : l'assemblée de 1356, véritable « diète plénière » des cités hanséatiques, transforme la nature de l'association.

On ne peut pourtant parler avec exactitude de cette réunion fondamentale : la liste même des villes représentées n'a pas été conservée. Mais il est clair que la participation fut énorme. Les décisions prises sont d'importance variable : la principale en apparence est d'envoyer une ambassade à Bruges. En vain, la Hanse devra utiliser la force, en organisant le blocus maritime de la Flandre, suivi d'un traité qui lui donne satisfaction, en 1360. L'essentiel est sans doute ailleurs : le comptoir de Bruges, jusque-là indépendant, passe sous l'autorité des villes hanséatiques. Et, plus généralement, les dirigeants des villes membres du groupement (donc un pouvoir politique) établissent leur domination sur les marchands à l'étranger. La nécessité d'intervenir diplomatiquement et militairement transforme une association commerciale en une ligue de cités.

Des conséquences essentielles

Les conséquences d'une telle transformation s'avèrent très vite considérables. Tout d'abord, l'engagement des instances politiques rend possible le blocus des Flandres qui n'aurait pas, autrement, été envisageable. De même, en 1361, à l'autre extrémité de l'espace hanséatique, une ambassade dirigée par un représentant de Lübeck et un autre de Visby place le comptoir de Novgorod sous l'étroite dépendance des villes dirigeantes. Enfin et surtout, l'existence d'une ferme direction politique permet de mener, durant dix ans (1360-1370), une dure guerre contre le roi de Danemark Valdemar IV, qui veut imposer son hégémonie sur la Baltique. La paix de Stralsund, par laquelle le roi renonce à toutes ses prétentions (et laisse notamment à la Hanse une parfaite liberté de passage dans les détroits danois), marque sans doute l'apogée de la puissance hanséatique.

Les grandes dates de la Hanse

1158. Fondation de Lübeck par le duc de Saxe Henri le Lion.

1161. Création de l'association des marchands de l'Empire « romain » fréquentant Gotland.

1189. Accord conclu entre les marchands allemands et le prince Iaroslav à Novgorod.

XIIIe siècle. Les marchands soutiennent les Teutoniques dans leur conquête des pays baltes.

1250. Des commerçants allemands participent à la naissance de Stockholm, qui sera une ville hanséatique.

1281. Les marchands de Cologne et des villes baltiques, longtemps rivaux, créent à Londres un comptoir unique de la Hanse d'Allemagne.

1356. Première diète plénière des villes hanséatiques.

1370. Paix de Stralsund, imposée au Danemark. Liberté de navigation pour les Hanséates dans les détroits danois ; la Hanse est une grande puissance politique en Europe du Nord.

1388. Blocus contre les Flamands, les Anglais et les Russes, pour les obliger à respecter les privilèges hanséatiques. Mais, désormais, les concurrents ne manquent pas.

1471. Prise de Novgorod par le tsar Ivan II et déclin de ce comptoir.

XVIe siècle : déclin de Bruges, peu à peu ensablée, au profit d'Anvers.

1618-1648. La guerre de Trente Ans désole l'Allemagne et porte le coup de grâce à la Hanse.

1630. La Hanse se résume désormais à une ligue de Lübeck, Hambourg et Brême.

1862. Les derniers biens de la communauté sont liquidés.

La Hanse teutonique dans la seconde moitié du XIVe siècle.

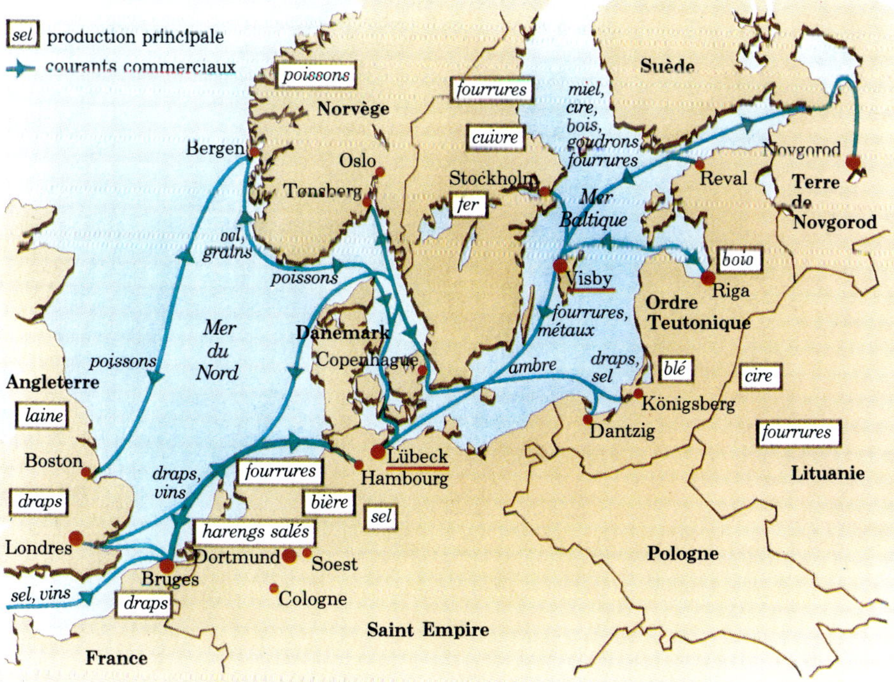

1378

Deux papes sont élus à la fois

LE SCHISME D'OCCIDENT

Le 27 mars 1378, meurt Grégoire XI, épuisé par la dureté d'un climat auquel sa vie, passée tout entière en Avignon, ne l'a pas préparé, et par les soucis d'une tâche très lourde. Il a réussi à ramener la papauté à Rome, et c'est là un immense succès pour une institution dont le prestige a été mis à mal par son long séjour trop près du roi de France. Les fausses manœuvres du Sacré Collège vont, en quelques mois, détruire les résultats positifs d'années entières de diplomatie. Pire : elles provoquent la crise la plus grave qu'ait jamais connue l'Église d'Occident, et dont elle ne sort pas sans dommages, après quarante ans de déchirements et de luttes.

Dès le 7 avril, les cardinaux présents à Rome se réunissent en conclave. L'atmosphère est incandescente. Les Romains, privés de la présence pontificale depuis plus de soixante ans, entendent avoir leur mot à dire dans le choix du pape. Ils veulent que ce soit un Italien et, si possible, un Romain. Le peuple de Rome qui a, durant tout le Moyen Âge, pesé sur les élections pontificales retrouve tout à coup ses traditions. Durant toute la nuit du 7 au 8 avril, présents en nombre aux portes du palais du Vatican, énervés par le glas qui sonne sans discontinuer, les Romains, au bord de l'émeute, tentent d'exercer une pression sur les cardinaux. Cette atmosphère ne trouble guère les délibérations du conclave, qui n'a aucun mal à se mettre d'accord sur le nom de Bartolomeo Prignano, archevêque de Bari. Celui-ci est un personnage tout à fait honorable. Il a fait sa carrière dans l'administration en Avignon. Il est d'une irréprochable moralité. Il est italien. C'est, a priori, un choix acceptable.

D'un pape à l'autre

Les cardinaux ne peuvent guère prévoir ce qui va se produire. Le nouveau pape, qui prend le nom d'Urbain VI, est affligé d'un caractère difficile : une maladie d'estomac le rend irritable à l'extrême. Il semble, d'autre part, que son équilibre psychique ait été des plus précaires et n'ait pas résisté à l'honneur d'être pape : l'élection fait basculer Urbain dans un état proche de la folie. Il se rend insupportable en tançant vigoureusement les cardinaux, trop amateurs de luxe à ses yeux, ou en insultant les ambassadeurs des souverains venus lui rendre leurs devoirs. Il est, en fait, hors d'état de traiter sérieusement des complexes affaires de l'Église et de gouverner aussi bien la chrétienté que l'État pontifical. C'est du moins ce qu'estiment les cardinaux qui l'ont élu, et qui, bien vite, se repentent de leur choix, conscients du fait qu'ils ne peuvent travailler avec un tel personnage. Durant l'été de 1378, ils se réfugient, pour fuir la chaleur estivale, dans la petite ville campanienne d'Anagni. Ils fuient, en fait, celui qu'ils se sont donné pour maître. Réunis, à la fin de l'été, dans la petite ville de Fondi, ils somment Urbain VI d'abdiquer, prétextant que leur choix d'avril leur a été imposé. Le pape, naturellement, refuse. Les cardinaux élisent alors Robert de Genève, qui prend le nom de Clément VII.

L'éclatement de la chrétienté

Dans les premiers mois de son pontificat, Clément VII, qui est autant guerrier qu'homme d'Église, entreprend, à la tête de bandes de mercenaires, de s'emparer de Rome par la force, afin d'en chasser son rival. Il échoue, et, dès le printemps de 1379, il se retrouve en Avignon. Là, il reconstitue la lourde machine étatique que ses prédécesseurs ont su construire. Il a sur place un personnel compétent et dispose, surtout, d'une administration fiscale sans équivalent dans l'Europe du temps, qui lui permet d'extorquer de l'argent à toute la chrétienté. Urbain VI a, lui aussi, des moyens : son principal atout réside dans la maîtrise qu'il a de l'État pontifical en Italie, auquel il fait rendre tout ce qu'il peut rendre. Les deux camps ayant l'un et l'autre de l'argent, la lutte est appelée à durer, et cela d'autant plus que les ralliements à l'un ou l'autre parti se font pour des motifs politiques : ainsi, la France ayant choisi Clément VII, et avec elle ses alliés, la Castille et l'Écosse, l'Angleterre se rallie à Urbain VI, entraînant avec elle la Flandre. Une partie de l'Europe, cependant, s'abstient de choisir ou change constamment de camp : ainsi le royaume de Naples, le Portugal ou les seigneuries d'Italie du Nord.

Comment on élit un pape

Depuis 1049, le pape est élu par le collège des cardinaux. Les cardinaux sont, à l'origine, les curés des paroisses romaines. C'est donc, théoriquement, le clergé de Rome qui élit son propre évêque, en conformité avec le droit canonique. En réalité, les cardinaux ne sont que fictivement, on s'en doute, les curés de la paroisse dont ils portent le nom. Leur réunion forme le Sacré Collège. Depuis le milieu du XIVe siècle, afin d'éviter que l'Église ne reste trop longtemps sans chef à la mort du pape, les cardinaux sont enfermés jusqu'à ce qu'ils soient parvenus à un accord sur le nom du successeur qu'il convient de donner au disparu. C'est ce que l'on appelle le conclave.

Le Grand Schisme signifie le retour de l'un des papes en Avignon, où les pontifes s'étaient déjà établis au XIVe siècle.

L'Église et les États à la fin du XIVe siècle

Les relations de l'Église et des États se développent sur trois plans : judiciaire, fiscal et diplomatique.

L'Église possède **des privilèges exorbitants,** comme celui d'avoir ses propres **tribunaux** ou de prélever des **impôts.** Les souverains s'efforcent de limiter au plan strictement spirituel la compétence des justices ecclésiastiques, sans y parvenir tout à fait. En revanche, pour ce qui est des exigences fiscales de l'Église, qui sont lourdes, les États, qui prélèvent au passage une partie de leur produit, s'en accommodent fort bien.

Les **relations diplomatiques** sont complexes, mais, grossièrement, on peut considérer que les papes du XIVe siècle ont plutôt favorisé la France au détriment de l'Angleterre durant la première phase de la guerre de Cent Ans.

La crise de l'Église à la fin du Moyen Âge

Le schisme est l'occasion de poser, sans lui apporter de réponse, la question de la réforme de l'Église qui traverse tout le xve siècle, sans que jamais l'institution ecclésiastique n'apparaisse en mesure de satisfaire les nouvelles exigences spirituelles des fidèles ou d'améliorer son propre fonctionnement.

De nouveaux besoins spirituels. Les fidèles sont de plus en plus nombreux à habiter en ville et à bénéficier d'une instruction élémentaire. Moins incultes, ils recherchent une spiritualité plus personnelle et plus intériorisée : c'est le sens de courants comme celui de la *Devotio moderna,* qui se développe au xve siècle surtout.

Des dysfonctionnements de structure. D'autre part, l'Église souffre, depuis bien longtemps, de maux profonds : immoralité ou ignorance des prêtres, absentéisme des évêques sont de plus en plus mal supportés à la fin du Moyen Âge. La richesse de l'Église et celle de ses princes la rendent impopulaire. La lourdeur de sa fiscalité, dont l'utilité n'est pas bien perçue ou semble contestable aux fidèles, accroît un sentiment diffus d'anticléricalisme.

Le refus de tout changement. De grands théologiens, comme Wycliffe ou Jan Hus, essayent d'apporter des réponses cohérentes à ces inquiétudes nouvelles, qui, parce qu'elles remettent en cause l'organisation matérielle de l'Église, sont jugées irrecevables par elle : Jan Hus est brûlé à Constance en 1415 et Wycliffe chassé d'Oxford où il enseignait. Faute d'avoir alors su saisir l'esprit du temps, l'Église devra, au xvie siècle, subir des contestations bien plus radicales.

La fin du Grand Schisme : un pape unique, Martin V, est élu au concile de Constance en 1417 (miniature du XVe siècle)

Le doute sur la légitimité des papes élus a profondément traumatisé les consciences : cette miniature en est la preuve (miniature du XVe siècle).

En 1409, le concile de Pise échoua à résoudre le schisme en élisant un troisième pape ! Les deux autres furent brûlés en effigie (miniature du temps).

Une lutte de quarante ans

Le résultat, sur le plan de l'administration de l'Église, est désastreux. En effet, le choix des souverains n'engage pas nécessairement les Églises nationales. En conséquence, les dignitaires ecclésiastiques vont choisir leur camp en suivant soit leur conscience soit leur intérêt, ni l'un ni l'autre des deux papes n'hésitant à payer les ralliements. De la sorte, toutes les institutions ne tardent pas à se diviser. Les ordres monastiques se dédoublent, les communautés se scindant en factions qui reconnaissent chacune à leur tête leur propre abbé. De même, les évêchés sont parfois pourvus de deux titulaires. Et cette division descend parfois jusqu'au niveau de la paroisse.

Tous les contemporains ont parfaitement conscience du caractère scandaleux de la situation. Il est pourtant impossible d'y mettre un terme : ce ne sont pas seulement deux individus qui s'affrontent, mais deux structures institutionnelles parallèles, qui mettent en cause des individus, c'est-à-dire des intérêts privés et des carrières. Par ailleurs, du simple point de vue juridique, les positions des deux camps sont défendables, même si elles débouchent sur un état de fait qui, lui, ne l'est pas. Il faut attendre le concile de Constance, en 1418, pour que le schisme soit définitivement résorbé.

La lutte des Français et des Anglais à Azincourt est celle de lourds cavaliers caparaçonnés et de fantassins mobiles. Les premiers sont vaincus (miniature du XVᵉ siècle).

La France décapitée par les Anglais

LA BATAILLE D'AZINCOURT

Le jour de la Saint-Crépin 1415 (25 octobre), l'armée du « roi fou » Charles VI, environ 20 000 hommes, la fine fleur de la chevalerie française, est écrasée par les Anglais menés par leur souverain Henri V, 10 000 hommes, dont 6 000 archers, dans une petite plaine de l'Artois, entre les bois d'Azincourt et de Tramecourt.

La décision de livrer bataille est pourtant le fait des Français : débarquées le 12 août sur les côtes normandes, les troupes anglaises sont en train de se retirer lorsque ceux-ci les attaquent. Le corps expéditionnaire, réuni à grand frais par le roi Henri V qui commande l'armée, a atteint le but stratégique que son chef lui a fixé : prendre Harfleur, clef de la Basse-Normandie, et y installer une garnison, afin de faciliter la conquête du duché. Mais le siège, qui a duré un mois et demi, a fatigué les assaillants, qui ont souffert du manque de vivres et d'attaques de dysenterie. Ceux-ci sont donc en train de se replier vers le nord pour se rembarquer à Calais, lorsqu'ils sont rejoints par les forces françaises.

Le règne de Charles VI

Le règne de Charles VI (1380-1422) commence par **une minorité de fait,** au cours de laquelle ses oncles se disputent le pouvoir, tandis que le peuple parisien se révolte.

En 1392, **le roi, devenu adulte, sombre dans la folie.** Les fêtes continuelles achèvent de ruiner la santé du souverain : d'autant que l'une d'entre elles se termine tragiquement, par la mort de jeunes gens transformés en chandelles humaines par leur imprudence : c'est **le bal des Ardents.**

Pendant deux décennies, des périodes de lucidité au cours desquelles le roi peut gouverner, alternent avec des crises de démence. Puis, à partir de 1415, Charles VI tombe dans l'hébétude : **une guerre civile coupe en deux le pays,** entre le parti des oncles du roi, les **Bourguignons,** et les **Armagnacs,** défenseurs de son frère, le duc d'Orléans (assassiné en 1407). Le conflit culmine en 1419, avec l'assassinat de Jean sans Peur, duc de Bourgogne, à Montereau ; il facilite aux Anglais la conquête de la France.

La décision du Conseil

Quelques jours auparavant, en effet, au cours d'une séance dramatique, le Conseil du roi de France, réuni à Rouen, a décidé que l'on livrerait bataille. Ni le roi, cependant lucide à ce moment, ni son fils, le futur Charles VII, ne seront présents à l'armée : on garde souvenir de la tragédie qu'a été, pour la France, la capture du roi Jean II lors d'une précédente bataille, à Poitiers, en 1356. Or, aucun des jeunes princes présents, et qui veulent ardemment la bataille, Charles d'Orléans, le duc-poète, frère du roi, ou encore Jean de Bourbon, n'a assez de prestige ou d'autorité naturelle pour s'imposer à la tête de l'armée ou pour appuyer efficacement le maréchal Boucicaut, commandant en chef en l'absence du roi.

Cette carence rend presque impossible l'exécution des plans prévus par le Conseil ; car les nobles qui composent l'armée ne sont pas disposés à recevoir des ordres d'une autre personne que le roi. On n'a pourtant jamais vu, en France, une aussi belle troupe. Répondant à l'appel de Charles VI, de toutes parts, mais surtout du nord du royaume, les nobles, vassaux directs entraînant à leur suite leurs propres vassaux, ont afflué pour défendre le royaume contre les entreprises anglaises : il n'est pas une grande famille dont un membre ne soit présent, le 25 octobre, sur le lieu de la bataille, et la cour est représentée par ses membres les plus en vue.

Henri V, roi d'Angleterre (portrait anonyme du vainqueur d'Azincourt).

Un épisode tragique de l'histoire de Charles VI : le bal des Ardents.

La défaite se prolonge par la guerre civile : l'assassinat de Jean sans Peur, en 1419.

Causes et phases de la guerre de Cent Ans

Causes. La guerre éclate en 1328, à la mort de Charles IV, qui ne laisse que des filles, que la loi salique écarte de la couronne. Deux candidats prétendent au trône : Philippe de Valois, cousin du roi défunt, et le roi d'Angleterre, Édouard III, neveu de Charles IV par sa mère. Les barons choisissent Philippe ; les Anglais n'acceptent pas cette décision.

1337-1360. Édouard III (1327-1377) remporte victoire sur victoire contre Philippe VI puis Jean II : sur mer, à l'Écluse, en 1340 ; sur terre, à Crécy, en 1346 ; à Calais, en 1347 ; à Poitiers, en 1356, où Jean est fait prisonnier. Au traité de Brétigny, en 1360, la France perd un tiers de son territoire.

1360-1380. Charles V (1364-1380), secondé par le connétable du Guesclin, mène contre les Anglais une guerre d'usure et reprend presque tous ses territoires.

1380-1428. Le règne de Charles VI commence par une trêve avec l'Angleterre de Richard II puis celle d'Henri IV. Le conflit reprend sous Henri V (1413-1422), et la bataille d'Azincourt fait basculer le sort en faveur des Anglais : en 1420, le traité de Troyes déshérite le dauphin ; en 1422, deux rois sont proclamés en France : l'Anglais Henri VI et le Français Charles VII.

1430-1453. L'État français est sauvé par Jeanne d'Arc, qui libère Orléans et fait sacrer Charles VII à Reims. La libération du royaume se fait sur 25 ans.

La boue d'Azincourt

À l'aube de la Saint-Crépin, voici les deux armées face à face. La pluie n'arrête pas de tomber. L'étroite plaine d'Azincourt (elle ne mesure qu'un kilomètre de large sur quatre kilomètres de long) se transforme en un bourbier où piétinent les chevaux lourdement arnachés, et où glissent, dans leurs parures de fer, les gens d'armes français, nobles cavaliers réduits à combattre à pied.

En face, dans le camp anglais, les archers ont pris position en première ligne, s'abritant derrière des pieux qu'ils fichent en terre et qu'ils peuvent emporter avec eux dans leurs déplacements. À onze heures, le combat s'engage. De fausses manœuvres de la cavalerie française, de même que la mauvaise disposition des troupes placées sur les ailes, qu'aucun archer ne protège, font qu'immédiatement les Anglais prennent l'avantage et percent la lourde ligne des cavaliers démontés. Aussitôt, un véritable massacre commence. Les Français, trop nombreux, et surtout incapables de manœuvrer, se gênant les uns les autres, sont submergés dans une indescriptible et sanglante cohue.

Le bilan

L'affaire est vite close. Son bilan est lourd : du côté anglais, 1 500 hommes ont péri, mais ce sont 5 000 Français, au bas mot, qui ont été tués. Azincourt fait partie des grands drames de l'histoire de France : ces 5 000 hommes représentent, en effet, l'élite politique et sociale du royaume. L'État se trouve, du coup, privé de son haut personnel dirigeant. Cinq ducs et douze comtes sont, soit prisonniers, soit morts. Tous les baillis de la France du Nord, l'ensemble des grands officiers de la Couronne disparaissent d'un coup. C'est toute l'administration civile et militaire qui est ainsi décapitée. La noblesse, surtout celle du Nord, celle qui, depuis le Xe siècle, fournit à la monarchie ses serviteurs, paye un très lourd tribut : nombre de familles ne se relèveront pas des conséquences d'Azincourt, soit que tous les hommes soient morts d'un seul coup, soit que les rançons exigées par les Anglais pour le rachat des prisonniers les aient définitivement ruinées. Aggravant ce désastre, la guerre civile qui sévit entre deux partis nobles en France – les Armagnacs et les Bourguignons – permet aux Anglais, dans les quinze années suivantes, de se rendre maîtres de la majeure partie du pays, remettant en cause l'existence même de l'État.

→ **Voir aussi :** p. 126-127 (Jeanne d'Arc).

La mort d'une sainte guerrière

JEANNE D'ARC AU BÛCHER

Le 30 mai 1431, à Rouen, sur la place du Vieux-Marché, une jeune bergère devenue guerrière monte au bûcher : Jeanne Darc – ou d'Arc – a 19 ans.

Sa condamnation et son supplice, elle les doit pour une large part à la haine que lui vouent les Anglais. Depuis qu'elle les a obligés, en mai 1429, à lever le siège d'Orléans, les Anglais ne sont plus constamment victorieux face aux derniers défenseurs du roi français Charles VII, et ils attribuent ce retournement à quelque influence maléfique, proclamant que Jeanne est une sorcière et non, comme elle le prétend, une envoyée de Dieu.

Les miracles de la Pucelle

L'action de Jeanne, chevauchant à la tête des soldats, vêtue en homme, obéissant, selon ses dires, à des voix de saints et de saintes, a de quoi, en effet, paraître suspecte.
Jeanne est une petite paysanne sans instruction (elle ne sait pas lire), qui a gardé le troupeau de son père dans son village lorrain de Domrémy, jusqu'au jour de sa quatorzième année où elle s'est entendue investir de la mission de libérer la France de la tutelle des Anglais. Partie à la petite ville voisine de Vaucouleurs, elle réussit à convaincre le capitaine de la place, le sire de Baudricourt, de la faire conduire auprès du roi. En 1429, Jeanne est ainsi à Chinon ; elle reconnaît le roi, déguisé en courtisan, et obtient, après bien des tergiversations, que lui soit confiée une armée pour délivrer Orléans, qu'assiègent alors les Anglais. L'expédition réussit au-delà de toute espérance : en avril, la jeune fille – la *Pucelle*, selon le terme du temps – pénètre dans la ville malgré les assiégeants ; le 8 mai, elle donne l'ordre de l'offensive, lançant la garnison à l'assaut des redoutes que les Anglais ont construites devant les murs, et forçant ceux-ci à lever le siège.

Le sacre du roi et la capture

La délivrance d'Orléans est suivie par le sacre de Charles VII. Le 17 juillet 1429, une chevauchée, au cours de laquelle les Anglais sont encore bousculés, conduit le roi jusqu'à Reims. Là, il reçoit l'onction dans la cathédrale : la cérémonie le dote du charisme qui lui manquait, dans ces circonstances difficiles. Mais Jeanne, dans l'entourage du roi, est jalousée, dénigrée, plutôt qu'appréciée. En septembre, elle tente vainement, avec peu de soutien, une attaque pour délivrer Paris. En mai 1430, elle est à Compiègne, avec un nombre plus dérisoire encore d'hommes ; et là, elle est arrêtée, par un seigneur bourguignon qui la vend aux Anglais quelques mois plus tard.

Il n'existe pas de portrait de la Pucelle réalisé de son vivant : celui-ci date de peu de temps après sa mort, et ornait un manuscrit.

Jeanne est emprisonnée par les Anglais à Rouen. Leur but est de la faire juger et condamner : la prétendue missionnaire sera convaincue de mensonge, son prestige s'effondrera et celui de Charles VII avec le sien. L'Église, en la personne de Pierre Cauchon, évêque de Beauvais, de la compétence duquel ressortit le cas, se prête au jeu. Jeanne a cependant droit à un procès conforme à la

Le royaume de France à l'agonie

Vers 1430, la France est à l'agonie. **Deux rois** ont été proclamés : Henri VI d'Angleterre, un bébé de six mois, dont les gens occupent Paris ; Charles VII, qui se tient à Bourges.

La guerre civile continue à ravager le pays : les Armagnacs s'opposent aux Bourguignons. Les premiers soutiennent Charles VII ; les seconds appuient les Anglais.

Territorialement, **la France est partagée en deux :** les Anglais occupent les pays au nord de la Loire, plus la Guyenne ; Charles VII ne conserve de pouvoir que sur les régions méridionales.

*La légende de Jeanne a fourni le thème de nombreuses peintures « pompier », au XIX*e *siècle : cette* Jeanne conduite au bûcher, *du Normand Isidore Patrois, en est un exemple.*

légalité : il sera très difficile, en 1456, de trouver des motifs d'annulation de la sentence. Les Anglais ont fait savoir qu'ils veulent la mort de la jeune fille : Cauchon, de son côté, est prévenu contre elle, par conviction et par intérêt personnel. Mais il ne va pas contre sa conscience et, dans un premier temps, il n'ordonne pas la mort.

Le procès

Le procès proprement dit dure quatre mois, de janvier à mai 1431. Durant cette époque, les juges maintiennent sur Jeanne une pression psychologique constante, la menaçant de la torture, lui montrant les intruments. Jeanne, qui a l'habitude de communier fréquemment, souffre aussi d'être tenue à l'écart de la messe et éloignée des sacrements. Le tribunal joue enfin, pour la perdre, de ce qui est le plus émouvant en elle : sa simplicité, la façon avec laquelle elle exprime une foi particulièrement forte, mais qu'aucune connaissance n'étaie. Son instruction religieuse se limite, en effet, à ce que son curé de paroisse a pu lui apprendre : quelques prières. Elle est un vivant défi à la science des doctes qui la jugent, et auxquels ne peut que déplaire une religiosité fondée sur un rapport direct, personnel et répété, avec Dieu, au moment où l'Église tâche de prendre en mains les fidèles en exigeant d'eux qu'ils se soumettent au dogme exprimé par les pasteurs.

La dernière tentation

En fait, il est impossible à la jeune fille de résister. L'interrogatoire, mené par des juges partiaux, ne peut qu'entraîner sa condamnation, chacune de ses déclarations se retournant contre elle.

Jeanne, épuisée, doutant peut-être un moment, croyant en la bonne foi des juges, accepte, le 24 mai 1431, la sentence qui la frappe : elle est reconnue hérétique et schismatique, doit faire amende honorable, et sera enfermée toute sa vie dans une prison. Elle se reprend aussitôt. Trois jours après cette abjuration, obtenue au cimetière Saint-Ouen par un simulacre d'exécution, elle reprend ses habits d'homme, ce qui signifie qu'elle refuse de se soumettre. Encore trois jours, et elle monte au bûcher.

→ **Voir aussi :** p. 124-125 (Azincourt).

Jeanne au regard de l'histoire

Brûlée en 1431, réhabilitée en 1450, canonisée en 1920, annexée par la droite comme patriote et par la gauche comme « résistante », Jeanne est devenue un symbole aux interprétations multiples.

Le mystère de l'inspiration divine. Il est impossible de savoir si Jeanne fut ou non vraiment inspirée par des voix célestes. Mais force est de constater qu'aucun de ses contemporains, en l'état de la mentalité, ne mit en doute la réalité de ces « voix » : la question fut de savoir si l'inspiration venait de Dieu, ou si la jeune fille, comme le firent juger les Anglais, était mue par le Malin.

Une tactique naïve ou subtile. Certains historiens dénoncent les contradictions de Jeanne ou ses mensonges. Une partie du débat concerne la légitimité du roi, réputé bâtard et non fils de Charles VI, alors que Jeanne proclame qu'il est l'héritier du trône. Une question corrélative est de savoir pourquoi elle a tant voulu le sacre, si Charles est, par sa naissance, naturellement et pleinement roi de France. Les réponses qu'on peut avancer sont antithétiques : ou Jeanne a cru vraiment à la légitimité de Charles (révélée à elle par les saints ?) et elle a vu dans le sacre, signe traditionnel de la faveur divine sur le souverain, une sorte de jugement de Dieu qui prouverait cette légitimité ; ou elle a proclamé sa confiance pour des raisons stratégiques, et elle a voulu le sacre pour donner au roi la légitimité qui lui manquait.

Un bellicisme mal venu. Un constat reste cependant évident : Jeanne a été mal soutenue par Charles VII, et la cour n'a pas versé la rançon qui aurait suffi pour qu'elle ne soit pas livrée aux Anglais. Il semble que son acharnement à reconquérir le territoire, et les échecs relatifs de sa campagne, une fois passés les premiers mois, aient indisposé les responsables de l'État. Après un siècle de guerre, la France et l'Angleterre aspirent à la paix, et la négociation ne peut s'ouvrir que si s'éteignent les derniers enthousiasmes à combattre. Le bellicisme de Jeanne gêne à terme Charles VII, même si le roi profite d'abord de son action. Telle est, au fond, le vrai motif de la condamnation de Jeanne, prononcée par les Anglais, mais que les Français n'ont rien fait pour éviter.

Jeanne liée au bûcher et recevant les derniers secours d'un franciscain (miniature du XVe siècle appartenant à un livre de prières de Charles VII, le roi qu'a servi la sainte).

Les victoires ottomanes mettent fin à une époque

LA CHUTE DE CONSTANTINOPLE

Trois ans après le milieu du XVe siècle, Constantinople, l'ancienne Byzance, l'actuelle Istanbul, s'effondre sous les coups de l'armée ottomane. La ville est la capitale politique de l'Empire byzantin, héritier du vieil Empire romain d'Orient ; elle est aussi le siège du patriarcat d'Orient, c'est-à-dire la métropole des catholiques séparés de Rome : les « orthodoxes ». Sa chute marque symboliquement la fin d'une époque : le Moyen Âge s'achève, l'époque moderne commence.

En 1453, et depuis plus de 150 ans, le vieil Empire byzantin agonise. Déjà, vers 1400, le pouvoir du souverain – le *basileus* – ne s'exerce plus, outre sur la capitale, que sur quelques ports de la mer Noire, sur Thessalonique, un petit nombre d'îles grecques et sur l'essentiel du Péloponnèse. Une dynastie rivale demeure le long de la côte nord d'Asie Mineure : l'empire de Trébizonde. Enfin, des colonies latines, surtout génoises et vénitiennes, survivent çà et là, en mer Égée. Ailleurs, en quelques décennies, les Turcs ont tout conquis, de la Macédoine à l'Arménie. Les princes serbes résistent difficilement au nord.

Mehmed II, dit « le Conquérant » (miniature turque du XVe siècle).

L'Entrée des Turcs de Mehmed II dans Constantinople en 1453 *(peinture de Benjamin Constant, XIXe siècle).*

Les Balkans et la Turquie au milieu du XVe siècle

L'Empire byzantin, séparé religieusement de Rome depuis 1054, et disparu une première fois après le sac de Constantinople par les croisés (1204), **est en pleine décadence :** la dynastie des Paléologues, au pouvoir depuis 1258 et dont le dernier représentant est Constantin Dragasès (1449-1453), ne contrôle plus qu'un territoire réduit et morcelé, dont l'essentiel est formé par Constantinople.

L'Empire ottoman, au contraire, constitué à la fin du XIIIe siècle et formé de Turcs arrivés en Anatolie deux siècles plus tôt, **émerge d'une période difficile :** à la fin du XIIIe siècle, son expansion vers l'est s'est trouvée bloquée par la volonté d'un terrible conquérant, également turc : Timur Lang (1370-1405), fondateur d'un immense et éphémère empire en Asie centrale. Après la mort de Timur Lang, les sultans ottomans, Mehmed Ier, Murad II et surtout Mehmed II, surnommé « le Conquérant » (1444-1446 et 1451-1481), peuvent envisager de nouveau des conquêtes, et se tournent en particulier vers les Balkans.

Prélude au désastre

Les Tatars de Timur Lang (Tamerlan) arrêtent un moment ce flux et donnent, sans le vouloir, un moment de répit à Byzance en écrasant les troupes du sultan Bayezid (Bajazet) à Ankara, en 1403. Puis la peau de chagrin se rétrécit à nouveau : sous Murad II (1421-1451), les Turcs conquièrent l'essentiel du Péloponnèse et Thessalonique. Dans ses dernières années, Murad se montre pacifique. Mais le jeune Mehmed II, son fils et successeur, n'a pas les mêmes dispositions. Très vite, il manifeste son intention de s'emparer de la vieille capitale encastrée au cœur de son empire.

Curieusement, la ville moribonde en impose encore : il est vrai que Murad lui-même en a mené vainement le siège, en 1422. Son successeur doit arracher la décision à des conseillers fort récalcitrants. Et pourtant ! La capitale n'est plus que l'ombre d'elle-même, déjà ruinée et désertée. La population, qui avoisinait le million au XIIe siècle, n'est plus que de 50 000 personnes environ, vers 1450 ! Les voyageurs décrivent une ville clairsemée et misérable. Les faubourgs qui s'étendent de l'autre côté du Bosphore sont déjà aux mains des Turcs. Au-delà de la Corne d'Or, le détroit séparant les deux parties de la ville, Pera est une colonie génoise qui se comporte en ville indépendante.

Très vite s'élève une colossale forteresse sur le Bosphore, au nord de Constantinople : elle existe encore aujourd'hui et les Turcs l'appellent Rumeli Hisar... Le dernier empereur de Byzance, Constantin XII Dragasès, qui s'est d'abord montré hautain envers le jeune homme inexpérimenté qu'est ce sultan de dix-neuf ans, envoie des ambassadeurs pour protester contre cet acte d'hostilité ; Mehmed les fait décapiter.

L'Occident abandonne Byzance

Pour sauver sa capitale, Dragasès ne peut compter que sur l'aide européenne. Mais, depuis des décennies, les souverains grecs tâchent en vain de parvenir à une entente avec les puissances occidentales. Celle-ci passe par un accord avec Rome, c'est-à-dire par un retour à l'union religieuse et donc, de fait, à la reconnaissance de la prédominance spirituelle du pape. Des religieux grecs, envoyés à un concile tenu à Ferrare puis à Florence, en 1438-1439, ont fini par s'y résoudre. En vain : ni la population de Constantinople ni le monde orthodoxe dans son ensemble, grec et slave, n'ont accepté ces décisions.

En 1453, l'Occident abandonne donc le vieil État à sa destinée. À la nouvelle de l'imminence du siège, Gênes et Venise, dont les intérêts sont directement menacés, envoient de rares navires et quelques centaines de soldats que le valeureux Giovanni Giustiniani – un Vénitien – commande pendant l'assaut. Mais c'est là tout le secours fourni.

L'Empire ottoman de 1453 à sa chute

La progressive ascension (1453-1520). La prise de Constantinople marque le début d'une nouvelle époque pour l'Empire ottoman, qui fixe aussitôt sa capitale dans l'ancienne cité byzantine rebaptisée Istanbul, et se lance dans la conquête totale des Balkans, où elle ne se heurte guère qu'à la résistance, trente ans durant, de l'Albanie.

L'apogée de Soliman (1520-1566). La plus belle période de l'Empire se situe sous le sultan Soliman Ier le Magnifique. Grand législateur, allié du roi de France François Ier et surtout conquérant de l'Égypte (1517), de la Hongrie (bataille de Mohacz, 1526), de l'Algérie, de la Tunisie et de la Tripolitaine, vainqueur de Bagdad et de Tabriz en Orient, il ose porter le siège devant Vienne, en 1529.

La stagnation et le déclin (1570-1914). La bataille de Lépante, en 1571, défaite turque devant les troupes chrétiennes commandées par don Juan d'Autriche, est suivie par d'autres échecs face aux Autrichiens, puis à l'Empire russe. Le déclin véritable commence au XIXe siècle : l'Empire ottoman perd alors la Grèce (1830), doit accepter la colonisation de l'Algérie par la France et l'évolution de l'Égypte vers l'autonomie (1840). À la fin du siècle, l'Empire, endetté, ne peut lutter contre l'ingérence des puissances occidentales, et il perd la Serbie, la Roumanie, la Tunisie et la Bulgarie. En 1909, des réformateurs, les Jeunes-Turcs, prennent le pouvoir : il est trop tard ; de nouveaux territoires sont perdus dans les Balkans avant la Première Guerre mondiale ; en 1920, l'Empire ottoman, qui a pris le parti de l'Allemagne pendant les hostilités, cède la place à la République de Turquie, dirigée par Mustafa Kemal, dit Atatürk.

La catastrophe

Le siège commence en avril 1453 : sur mer, une escadre musulmane de plus de 300 navires bloque le détroit ; sur terre, une masse de près de 100 000 hommes, munie d'une considérable artillerie. Beaucoup d'irréguliers sont venus sans doute : toute une tradition attribue à Mahomet lui-même la désignation de Constantinople comme l'objet le plus glorieux de l'islam. En face, 6 000 défenseurs environ. La résistance est d'autant plus acharnée que, ayant refusé la reddition proposée, ils ne peuvent attendre que la mort ou l'esclavage, sauf des cas isolés de clémence du sultan. Des milliers de soldats turcs meurent durant les combats. Le sultan fixe au 29 mai l'assaut final, qui commence aux premières heures de la matinée. Une grave blessure met hors de combat le brave Giustiniani : c'est le signal de la panique. Dès lors, tout est perdu. Le *basileus* meurt au combat.

Le pillage, consenti par Mehmed à ses troupes, dure trois jours. Des milliers de personnes cherchent refuge dans l'église Sainte-Sophie, une légende disant qu'un ange viendrait chasser les Turcs au moment où ils en approcheraient. Les vainqueurs s'emparent de cette foule et l'emmènent en esclavage. Des scènes de viol, de saccage et de vandalisme inévitables se produisent : des œuvres d'art, des bibliothèques d'une valeur inestimable disparaissent. Dans la soirée, le sultan fait son entrée et se rend d'abord à Sainte-Sophie où il assiste pour la première fois à la prière des musulmans. La mélancolie qu'inspire la réalisation des rêves le saisit au spectacle de cette ville ravagée ; un témoin l'entend réciter ces vers d'un poète persan : « L'araignée remplit l'office de portier devant les salons voûtés de Chosroês, le hibou joue la musique des gardiens dans le palais d'Afrasiyab. »

La Chute de Constantinople.
(miniature grecque du XIXe siècle).
Mehmed II se trouve à droite.

→ **Voir aussi :** p. 104-105 (sac des croisés).

La Bible de Gutenberg publiée à Mayence

L'INVENTION DE L'IMPRIMERIE

Portrait de Johannes Gutenberg (entre 1397 et 1400-1468), gravure du XVIe siècle).

En 1455, à Mayence, paraît le premier livre qui ait jamais été imprimé dans le monde : une Bible en latin, publiée sur deux colonnes de 42 lignes chacune, sort de l'« Atelier du Livre », une société fondée par deux associés, Johannes Gensfleisch, dit Gutenberg, et Johann Fust.

La même année, les deux associés se disputent : Gutenberg, ruiné, se voit privé de son matériel d'imprimeur et, probablement, des bénéfices commerciaux tirés de l'édition de la Bible. Quelques années après, cependant, il parvient à fonder une nouvelle imprimerie, cette fois sous sa seule responsabilité. Au-delà des aléas d'une nouvelle découverte, l'essentiel est acquis : un procédé nouveau, l'imprimerie, a prouvé son efficacité. Le livre imprimé est né, qui va bouleverser les modes de consommation de l'écrit.

L'Europe lettrée au milieu du XVe siècle

Si la masse de la population reste analphabète, il **existe dans les villes un milieu de lettrés :** commerçants qui utilisent l'écrit pour leur profession, rédigent eux-mêmes des mémoires ; étudiants des écoles ; cercles cultivés des cours, où l'on discute de la philosophie des Anciens.

Plus généralement, les fidèles ne se contentent plus d'écouter seulement les sermons dominicaux à l'église. De plus en plus, ils cherchent **un accès direct aux textes religieux :** sous la forme de manuels de piété personnelle (*Arts de bien mourir*) et surtout avec le texte essentiel des chrétiens, c'est-à-dire la Bible.

Le livre imprimé, un besoin

L'invention de l'imprimerie ne marque nullement l'acte de naissance du livre. Celui-ci existe depuis l'Antiquité, sous forme de manuscrits produits et reproduits dans des ateliers spécialisés où œuvrent des « copistes ».

Comment on imprime un livre

La première opération consiste à fabriquer en métal des caractères, ou lettres, mobiles. Ces caractères sont formés à l'envers, car leur forme imprimée sur la page, à la manière d'une image dans un miroir, apparaîtra inversée.

La deuxième opération consiste à composer le texte : c'est-à-dire à disposer les lettres de sorte à former des mots, puis à placer en lignes les mots ainsi formés.

Il faut ensuite enduire avec de l'encre la planche ainsi obtenue : un mélange de noir de fumée, de térébenthine et d'huile de noix ou de lin, au XVe siècle.

Enfin, on place la feuille de papier vierge sur la planche recouverte d'encre, et une presse permet de mettre les deux surfaces solidement en contact. Il suffit de laisser sécher, puis de rassembler et couvrir (relier et brocher) les feuilles imprimées.

Mais, à partir du XIIIe siècle, en Occident, le nombre des lecteurs augmente : le travail des copistes, même plus nombreux que jamais, commence à ne plus suffire. D'autre part, des exigences intellectuelles nouvelles naissent, au temps de l'humanisme : les érudits se soucient d'obtenir des ouvrages fiables, c'est-à-dire aussi conformes que possible au texte de l'auteur. Or, l'intervention des copistes ne se borne pas toujours à copier fidèlement : il arrive que ceux-ci commettent des erreurs, ou même, délibérément, rectifient le texte qu'ils sont censés reprendre.

Ainsi, à la fin du Moyen Âge, le besoin se fait sentir d'un procédé nouveau de reproduction de l'écrit, qui permette sa diffusion plus large et qui garantisse sa fidélité par rapport à l'original.

Le papier, à l'origine du livre

Face à ce besoin nouveau, plusieurs inventeurs, en Europe, au XVe siècle, cherchent à apporter une réponse : l'invention de l'imprimerie n'est pas le résultat d'une découverte individuelle ; elle est le produit d'une série de recherches et d'inventions, auxquelles Gutenberg apporte seulement la dernière touche, décisive.

Indépendamment de tout problème de reproduction des caractères, la première condition du livre imprimé, c'est le papier. En effet, le

parchemin, utilisé longtemps en Occident comme support exclusif de l'écrit, est impropre pour l'imprimerie, parce que trop cassant et trop épais. L'invention chinoise du papier, fait d'abord d'écorce de mûrier et de déchets de soie, puis de chanvre, est donc la première des découvertes préalables à l'imprimerie. Elle parvient en Europe au XIIe siècle : là, sa production connaît un développement rapide, grâce à l'abondance de la matière première qu'elle utilise : le chiffon, répandu en Europe à cause... de la généralisation du port des sous-vêtements.

L'invention décisive : les caractères mobiles

La nouveauté de l'imprimerie, c'est l'utilisation de caractères, ou lettres, mobiles. Les Chinois, de nouveau, sont les premiers inventeurs du procédé : ils sont capables de reproduire de courts textes au moyen de signes en bois. En Europe, on sait dès le XIVe siècle reproduire des images simples en encrant des planches de bois gravées (c'est ce qu'on appelle la *xylographie*), et, entre 1423 et 1437, le Hollandais Laurens Janszoon, dit Coster, tâche de fabriquer des textes au moyen de lettres en bois. Mais le matériau choisi est trop fragile : il ne permet pas l'impression en grand nombre des textes, ce qui est un des objectifs recherchés.
Le grand mérite de Gutenberg est l'idée d'utiliser des caractères métalliques : idée qui lui est suggérée, tout naturellement, par sa première profession, celle d'orfèvre. C'est à partir de 1438 qu'il travaille à la mise au point de ces caractères métalliques, qu'il obtient par une fonte en alliage. Encore n'est-il pas le seul à envisager, à la même époque, cette solution : il y réussit le premier et le plus complètement, mais son rôle ne doit pas occulter celui des autres grands esprits qui parviennent, presque en même temps, à des solutions similaires : son propre associé Peter Schöffer ou, à Avignon, le Pragois Procope Waldorfer.

Le livre : une inflation jamais contredite

Des tirages en augmentation constante. L'invention de l'imprimerie permet de produire des livres à meilleur marché que les manuscrits et fabriqués en grand nombre. Au XVe siècle, une édition moyenne est de 500 exemplaires ; au XVIe siècle, de 3 000 exemplaires. Aujourd'hui, des tirages de 300 000 à 500 000 exemplaires ne sont pas rares. La production des livres augmente dans les mêmes proportions : dans les années 1980, 800 000 à 850 000 titres sont publiés annuellement, en moyenne.

Un best-seller inégalé : la Bible. Le plus ancien de tous les livres imprimés, la Bible, est en même temps le plus vendu et le plus traduit ; au XXe siècle, elle existe en 279 langues différentes. Les autres textes religieux (vies de saints, missels...) constituent jusqu'au XIXe siècle une autre part importante du marché de l'édition, qu'alimentent également l'impression de textes antiques, puis, de plus en plus, la littérature romanesque : des récits de chevalerie du type de la *Chanson de Roland* aux romans actuels.

Une part croissante de l'édition : les nouvelles. L'invention de l'imprimerie permet aussi de donner un essor nouveau à ce qui existait auparavant : la diffusion des nouvelles, à l'origine sur des feuilles manuscrites. Le premier journal, imprimé avec des caractères en bois, date du VIe siècle, en Chine. En Occident, les premières feuilles volantes d'actualités, occasionnelles, remontent aux guerres d'Italie ; la première gazette hebdomadaire paraît à Strasbourg, en 1605.

La presse de Gutenberg.

Un atelier d'imprimerie au XVIe siècle (gravure flamande d'après Jan Van der Straet).

1477

Une défaite fatale à la Bourgogne

LA MORT DU TÉMÉRAIRE

Charles le Téméraire (1433-1477) *[détail d'un portrait attribué à R. Van der Weyden].*

Le 5 janvier 1477, devant Nancy, le duc de Bourgogne Charles le Téméraire livre sa dernière bataille. Il jette ses cavaliers sur les archers du duc René de Lorraine, le maître de la place, soutenu par 20 000 alliés suisses.

En un instant, l'armée de Charles est taillée en pièces, et le duc lui-même meurt dans le combat. Son cadavre déchiqueté n'est même pas ramené hors du champ de bataille. On le retrouvera gisant dans la boue glacée d'un étang. Le désastre est irréparable : l'État bourguignon cesse d'exister ce jour-là.

Un prince doué et ambitieux

Charles le Téméraire est le fils du duc de Bourgogne Philippe le Bon et d'Isabelle de Portugal. Né en 1433 à Dijon, il recueille le fastueux héritage intellectuel de la cour de son père, en même temps qu'une principauté prospère et étendue. Nature ardente et vigoureuse, esprit fin et cultivé, lisant le latin, connaissant la musique, il gouverne dès 1565, soit deux ans avant la mort de Philippe, un domaine qui s'étend des rives de la Saône (le duché de Bourgogne et la Franche-Comté, ou comté de Bourgogne) jusque, dans le nord, aux rives de la Baltique : le comté de Flandre et le duché de Brabant (c'est-à-dire l'actuelle Belgique et les actuels Pays-Bas) ainsi que, un peu plus au sud, le comté de Hainaut et le duché de Luxembourg.

L'ambition du jeune duc est de réunir ces possessions entre lesquelles existe un hiatus : le duché de Lorraine, terre d'Empire, et la Champagne, région française. Son rêve serait, dans un deuxième temps, d'étendre sa domination vers le sud, le long du Rhône, jusqu'à la Méditerranée, et de constituer ainsi entre le Saint Empire et la France un nouveau royaume, aux villes nombreuses et à la riche économie. Face à ces ambitions, le duc trouve un adversaire acharné : celui qui fut, un moment, son ami de jeunesse, le roi de France Louis XI, qui a tout à perdre à la constitution d'un tel royaume et qui convoite, au contraire, la Bourgogne, pour l'intégrer au sein de ses États.

Louis XI et Charles, adversaires acharnés

La lutte contre le roi commence très tôt, alors que Charles n'a pas même encore succédé à son père.

En 1465, comte du Charolais, le futur Téméraire anime la *Ligue du bien public,* une coalition de la noblesse française contre

Un danger pour la Couronne française : les apanages

On désigne du nom d'apanage, à l'époque de la monarchie capétienne, les fiefs que les rois de France donnent à leurs puînés, pour les dédommager du titre royal, qui passe naturellement à leur seul fils aîné.

L'apanage est un bien indivisible et inaliénable. Il ne revient à la Couronne qu'en l'absence d'héritier mâle – c'est ce qui se produit en Bourgogne, à la mort du Téméraire.

Cela signifie que, tant qu'une descendance masculine subsiste, un apanage demeure comme un vaste territoire soumis, non à l'autorité du roi, mais à celle d'un grand qui est seulement le vassal du roi de France. C'est un danger considérable pour la Couronne, qui risque de voir le territoire sur lequel elle exerce une souveraineté directe se réduire comme une peau de chagrin, si le nombre des apanages s'accroît ou si leur permanence leur permet de se constituer en des entités de plus en plus indépendantes et puissantes.

Intérêts affrontés

La Bourgogne est **une des dernières grandes principautés** échappant à la Couronne française et susceptible de se transformer, si un prince assez valeureux la dirige, en un véritable royaume rival de la France.

Or, au XVe siècle, les ducs de Bourgogne sont des chefs d'État remarquables : **Philippe le Bon (1419-1467)** accroît ses domaines de la Somme, du Boulonnais et de la Picardie, du Brabant, du comté de Namur et du Luxembourg ; **son fils Charles,** qui lui succède en 1467, nourrit des ambitions territoriales encore plus vastes.

Face aux ducs bourguignons, la royauté française est affaiblie jusqu'après le milieu du siècle par la nécessité d'accorder la priorité, non à la lutte anti-bourguignonne, mais à l'expulsion des Anglais. Toutefois, **après 1461, l'avènement de Louis XI,** roi d'un territoire totalement libéré des Anglais, modifie la situation.

Une principauté considérable : les États bourguignons

Philippe le Hardi (1363-1404). C'est en 1363 que se constitue la principauté bourguignonne, quand le duché de Bourgogne est donné en apanage au fils puîné du roi Jean II le Bon : Philippe, surnommé le Hardi. Sous son règne, la principauté commence déjà à s'accroître : elle s'agrandit, grâce à l'épouse de Philippe, Marguerite de Flandre, de l'Artois, de Nevers, de Rethel et de la Franche-Comté.

Jean sans Peur (1404-1419). Fils de Philippe le Hardi, il participe activement aux affaires françaises : c'est lui qui, en 1407, fait assassiner le chef du parti armagnac, Louis, duc d'Orléans ; puis, à la tête du parti bourguignon, il s'empare de Paris après la bataille d'Azincourt. Il meurt assassiné par Tanneguy Duchâtel.

Philippe II le Bon (1419-1467). Fils de Jean sans Peur, il épouse, en 1409, la fille de Charles VI, qui lui apporte les villes de la Somme, le Boulonnais et la Picardie, passe du parti anglais à celui de Charles VII, en 1435, annexe les duchés de Brabant et de Limbourg, confisque le Hainaut, la Hollande, la Zélande et la Frise, puis acquiert le Luxembourg. Fondateur de l'ordre de la Toison d'or en 1429, il se montre par ailleurs, comme son père et son grand-père, un protecteur zélé des arts : les Van Eyck, Rogier Van der Weyden travaillent pour lui.

Charles le Téméraire (1467-1477). Le règne ambitieux du Téméraire et sa mort à Nancy marquent la fin des États bourguignons : sa fille unique, Marie, est mariée à l'archiduc Maximilien de Habsbourg, et les biens de Charles sont divisés entre le roi de France et l'empereur d'Autriche.

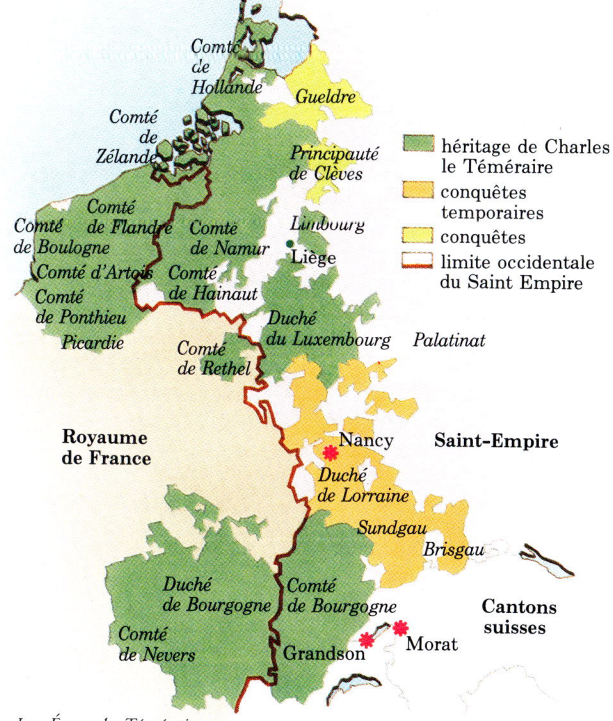

Les États du Téméraire.

Louis XI, et il impose au roi de négocier, après la bataille de Montlhéry et le siège mis devant Paris. Par les traités de Saint-Maur et de Conflans, la Bourgogne obtient la cession d'une partie de la Picardie : plusieurs villes de la Somme, parmi lesquelles Amiens et Péronne. Devenu duc, Charles poursuit de plus belle ses menées. Contre la France, il cherche un allié dans l'Angleterre et, pour cela, épouse en 1468 la sœur d'Édouard IV. Mais surtout, en octobre 1468, alors que, pour la deuxième fois, les Liégeois se sont révoltés contre son autorité avec le soutien du roi de France, Charles profite d'une entrevue avec Louis XI, à Péronne, pour retenir le roi prisonnier : il exige, avant de le libérer, que Louis abandonne la Champagne et la Brie, en apanage à son frère Charles, et il lui impose de participer en personne à la répression de Liège. La haine entre les deux hommes, après cette date, est inexpiable.

Le coup de grâce est porté par les Suisses

Tout en poursuivant la lutte contre Louis XI, Charles le Téméraire agrandit ses États aux dépens de ses autres voisins. Il annexe la Gueldre (1473), pénètre en Haute-Alsace où il ne peut se maintenir (1469-1474), et surtout, il entreprend, en 1475, de conquérir la Lorraine. Cette politique agressive lui attire de nombreuses inimitiés. Elle permet à Louis XI, qui parvient, en 1471, à se rétablir dans les villes perdues de la Somme, de recruter des alliés : en 1473, le roi fait échouer un rapprochement entre la Bourgogne et l'empereur Frédéric III, dont Charles espère la succession et, en attendant, un titre royal ; en 1474, il réunit contre le Téméraire une vaste coalition, formée des cantons suisses, des villes du Rhin, du duc de Lorraine et de l'Autriche ; en 1475, enfin, il achète la défection du roi d'Angleterre, débarqué à Calais pour aider le Bourguignon, et avec lequel il signe in extremis le traité de Picquigny.

Ce sont finalement les Suisses qui portent les coups décisifs au Téméraire : à Grandson, le 2 mars 1476, à Morat, le 22 juin de la même année, ils infligent au duc de gravissimes défaites. Le combat de la dernière chance a lieu à Nancy, possession du duc de Lorraine, dans laquelle le Bourguignon a juré qu'il fêterait les Rois. Le 5 janvier au matin, alors que le combat va commencer, dans un froid vif et avec, du côté bourguignon, des hommes éprouvés par la dernière année de lutte, Charles se coiffe de son heaume : le lion doré qui en orne le sommet se détache et tombe sur le sol. « Signe de Dieu », aurait déclaré le duc, sceptique ou faussement désinvolte. Quelques heures plus tard, il trouve la mort, et ses troupes se débandent ou se font massacrer.

La bataille de Nancy *(Eugène Delacroix, Nancy, musée des Beaux-Arts).*

La Bataille de Morat contre les Suisses, en 1476 *(miniature suisse du XVe siècle).*

La conquête du Nouveau Monde
CHRISTOPHE COLOMB

Le 12 octobre 1492, vers deux heures du matin, la lune brille et la vigie du navire la *Pinta* scrute l'océan avec plus d'attention que d'habitude. Il sait que de la précision de sa vue dépend non seulement le sort d'une expédition mais aussi sans doute la vie de ses compagnons. À bord, comme sur la *Nina* et la *Santa Maria*, qui naviguent un peu en arrière, presque personne n'a pu trouver le sommeil.

Aucun des marins n'a encore connu, de la sorte, plus de cinquante jours de mer sans le moindre rivage à l'horizon ; aucun n'a jamais eu affaire à un vent aussi puissant et régulier que celui qui, depuis plus d'un mois, maintient le cap à l'ouest. Comment alors ne pas craindre que le retour soit impossible ? Comment ne pas sentir se préciser la menace de la faim et de la soif ? L'avant-veille, on a frôlé la mutinerie. Il a fallu toute la force de persuasion du commandant, Christophe Colomb, pour obtenir qu'on poursuive deux jours avant de faire demi-tour. L'aube fatidique du second jour approche. Et, soudain, la voix de Rodrigo fait retentir le mot qu'on n'espérait plus : « Terre ! » Sur le pont de la *Santa Maria,* Christophe Colomb maîtrise mal sa joie ; cet aventurier d'une quarantaine d'années, peut-être d'origine juive, sans doute fils d'un tisserand génois, croit que le rêve de sa vie se réalise enfin. Il ignore que commence pour lui une longue suite de déconvenues et d'échecs.

Un formidable entêtement

Quelques heures plus tard, quand il met pied à terre – sur un îlot des Bahamas –, il ne sait pas qu'il vient de découvrir un nouveau continent. Jusqu'à la fin de ses jours, il s'obstine à défendre une idée fausse. Il croit avoir atteint l'Extrême-Orient, et les indigènes accueillants qu'il rencontre ne sont pour lui que des « Indiens ». Les petits anneaux d'or des captifs qu'il exhibe à son retour, après huit mois de voyage, lui servent à persuader les souverains espagnols – en leur faisant miroiter des trésors autrement mirifiques – de commanditer dans les mois qui suivent une autre expédition, en septembre 1493. Elle se fourvoie, presque trois ans durant, dans les Antilles et s'avère tout aussi décevante. Colomb, qui prétend cette fois avoir touché la péninsule malaise, n'obtient qu'au bout de deux ans d'efforts le financement d'un troisième voyage. En 1498, il est au large de l'Amérique du Sud, à l'embouchure de l'Orénoque. La puissance du courant est telle qu'elle fait dériver les navires. Seul un continent de très vastes dimensions a pu donner naissance à ce fleuve géant. Colomb ne nie pas l'évidence mais reste fidèle, quant à la conclusion, aux théories fumeuses qu'il affectionne : s'il est impossible de reconnaître quoi que ce soit qui ressemble à l'Asie, c'est qu'on est au seuil du paradis terrestre, dont parlaient les géographes – bien peu scientifiques – du Moyen Âge !

Ironie du sort, au cours de la quatrième expédition (1502-1504), si difficile à lancer, il passe sans s'en douter, longeant les côtes de l'Amérique centrale, au large de l'Empire aztèque dont les richesses, de tous ordres, dépassent tout ce que les Européens peuvent imaginer. Parce qu'il rentre une fois de plus les mains vides ou presque, il ne repart plus jamais et meurt, deux ans après, épuisé, dénigré et toujours dans l'erreur. Il lui reste à subir une dernière avanie : c'est le Florentin Amerigo Vespucci qui, ayant démontré, incontestablement, qu'il s'agit d'un nouveau monde, donnera son nom (Amérique) à la « découverte » de Christophe Colomb.

La caravelle de Colomb et les îles découvertes par lui (gravure sur bois extraite de la Lettre de Christophe Colomb, *datée de 1494).*

Un « homme sans qualité » ?

Cet effroyable échec s'explique par les insuffisances du personnage. Lors de la première traversée, il ment délibérément à ses marins en minimisant les étapes pour les rassurer et en tenant un faux journal de bord : habileté qui ne fait pas de lui un bon marin (plusieurs fois ses navires se trouvent en difficulté par sa faute) et encore moins un bon administrateur (à Hispaniola, en 1503-1504, son séjour est désastreux). Ce héros malgré lui a, plutôt que maîtrisé, subi les événements après sa « découverte ».

Le secret de Christophe Colomb

Mais alors, comment un personnage d'aussi piètre envergure a-t-il pu trouver des appuis, et non des moindres, pour partir à l'assaut de l'océan ?

En effet, les théories géographiques qu'il professe sont jugées naïves par les spécialistes. Tous les gens instruits savent depuis longtemps que la terre est ronde ! Quant à rejoindre l'Asie, Colomb utilise des données fausses sur la circonférence de la Terre : la distance est beaucoup plus longue qu'il ne le pense !

Le secret de Colomb est trahi par un événement particulier de sa vie : son passage

Le Retour de Christophe Colomb à la Cour d'Espagne *(peinture française du XIXe siècle).*

Portrait de Christophe Colomb *(par Ridolfo Ghirlandaio).*

clandestin de la frontière entre le Portugal et l'Espagne.

En fait, à la fin du xve siècle, les Portugais, maîtres des mers, ont deviné la présence des terres au-delà de l'océan. Sinon, pourquoi cet empressement à faire déplacer, en 1494, par le traité de Tordesillas, la ligne de partage du monde à l'ouest et gagner ainsi le Brésil (officiellement « découvert » en 1500) ? Grâce à leur profonde expérience de l'Atlantique, les Portugais ont percé le secret des vents qui conditionnent la traversée : l'alizé qui pousse les navires vers l'ouest au niveau de l'équateur ; plus au nord pour le retour, les vents d'ouest qui ramènent vers l'Europe. C'est un Portugais qui aurait dû découvrir l'Amérique, s'il n'y avait eu Colomb ! Jouant de son physique avantageux, il a su séduire et épouser, en 1479, Felipa de Perestello, dont le principal avantage est d'être la fille d'un vieux loup de mer, le gouverneur de Madère, où il s'installe pendant plusieurs années et est mis dans la confidence. Comment expliquer sinon qu'il mette sans hésiter le cap directement sur les Canaries à son premier voyage et qu'au lieu de dériver vers l'Arctique il trouve du premier coup les vents adéquats pour le retour ?

Il faut se rendre à l'évidence, Christophe Colomb a vendu à l'Espagne, en échange d'une part sur les bénéfices futurs, un véritable secret d'État. Quoi qu'il en soit, il est certain que Christophe Colomb a changé à jamais, sans en être conscient, le destin du monde.

→ **Voir aussi :** p. 150-151 (Cartier).

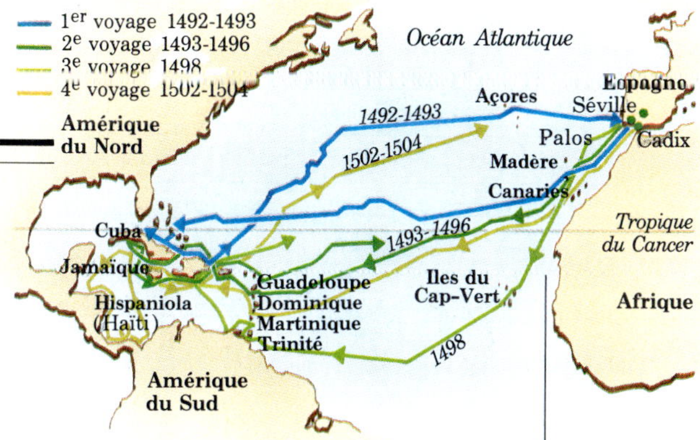

Les voyages de Christophe Colomb.

À la recherche de nouvelles terres

À la fin du xve siècle, **l'Europe semble avoir atteint ses limites.** On manque d'or. Les mines s'épuisent et le commerce est entravé par le manque de monnaie. On manque aussi de denrées indispensables : les épices.

La compétition est ouverte pour **la conquête de nouveaux espaces :** le Portugal et l'Espagne, riches d'une longue tradition maritime et jouissant d'une vaste façade atlantique, l'Angleterre et la France, dans une moindre mesure, se lancent dans l'exploration et la maîtrise de nouvelles terres, au-delà de l'océan.

L'Amérique avant et après Colomb

Vers 30 000 av. J.-C. Profitant d'un refroidissement du climat, des hommes préhistoriques originaires d'Asie traversent le détroit de Béring pris par les glaces. Ce sont les ancêtres des « Indiens ».

Vers l'an 1000. Un Viking, Leif Eriksson, explore une terre qu'il appelle « Vinland » (pays des vignes) et qui doit correspondre à une partie de la côte est des États-Unis actuels. Mais, les glaces ayant avancé, on perd la route.

1492. Christophe Colomb découvre le continent.

1497, 1508. Jean Cabot, puis son fils Sébastien débarquent au Labrador pour le compte de l'Angleterre.

1500. Le Portugais Cabral découvre le Brésil.

1519-1521. L'Espagnol Hernán Cortés conquiert avec cruauté l'Empire aztèque (Mexique).

1523. Au nom du roi de France François Ier, Jean Verrazano explore l'estuaire de l'Hudson et le baptise « Nouvelle-Angoulême ». C'est le tout premier nom de New York.

1531-1534. L'Espagnol Francisco Pizarro s'empare du Pérou en détruisant l'Empire inca. Les Indiens sont décimés par des maladies inconnues (grippe, rougeole...), apportées par les Européens, ou bien ils sont réduits à l'esclavage.

1534. Le Français Jacques Cartier découvre le Canada.

Exécution de Savonarole et de deux de ses compagnons, à Florence, le 23 mai 1498 sur la place du Palais-Vieux *(Florence, musée Saint-Marc).*

Un moine brûlé en public à Florence

L'EXÉCUTION DE SAVONAROLE

Le 23 mai 1498, à Florence, la place de la Seigneurie, cœur politique traditionnel de la cité, présente un aspect insolite : un bûcher est dressé en son centre, un gibet occcupe la terrasse au pied du Palais-Vieux, siège du gouvernement.

Tout cet appareil est destiné à un moine, et à deux de ses compagnons : Savonarole, l'homme qui a présidé aux destinées de la cité du Lys pendant trois années et demie, Savonarole, le grand réformateur des mœurs, est pendu ce jour-là par la foule même qui l'a longtemps applaudi, et son corps est brûlé.

Une ville en perdition

Né en 1452, à Ferrare, entré dans l'ordre dominicain à Bologne en 1475, Savonarole arrive à Florence en 1490, et devient prieur du couvent Saint-Marc l'année suivante.

La cité qu'il découvre, fief de Laurent le Magnifique, est une ville brillante, aux bâtiments superbes – le campanile de Giotto, la coupole de Brunelleschi –, habitée par les plus grands artistes – Michel-Ange s'y forme, le vieux Léonard y travaille quelquefois – et où la vie est riche en divertissements joyeux : tournois de cavaliers sur les places, bals lors des mariages bourgeois, fêtes à la campagne.

Florence en 1490

Vieille commune médiévale, Florence est devenue une seigneurie dans le premier quart du xve siècle : un membre de la famille des Médicis y exerce la réalité du pouvoir, même si les organes collectifs traditionnels du gouvernement subsistent, avec les conseils.

La ville est riche de son industrie et de son commerce du drap ; elle tire plus encore d'argent de **ses activités bancaires,** concentrées entre les mains de quelques familles, parmi lesquelles, de nouveau, l'on trouve les Médicis.

Enfin, la cité constitue **un centre culturel et artistique brillant :** autour de Laurent le Magnifique (1469-1492), la philosophie néoplatonicienne renaît avec Marsile Ficin, les arts se développent avec Botticelli, Ghirlandaio ou le jeune Michel-Ange.

Savonarole prêchant à San Miniato *(Auguste Flandrin ; Lyon, musée des Beaux-Arts).*

Mais cet éclat, justement, commence à se ternir. Le marché de l'argent, qui a fait la fortune de Florence, décline et les grandes banques doivent fermer leurs comptoirs. Laurent lui-même, qui n'a pourtant que 44 ans, se sent malade et usé, et apparaît de moins en moins en public. Enfin, la ville, comme les autres cités d'Italie, est menacée d'un danger : la péninsule attire les convoitises des puissances étrangères ; ouvertes par l'invasion des Français en 1494, les guerres d'Italie vont commencer.

Les visions du dominicain

Dans ce climat d'inquiétude Savonarole prêche. Ses sermons, d'abord peu écoutés – l'homme n'a pas un talent naturel d'orateur –, retiennent peu à peu l'attention et attirent un public plus grand. C'est que le message qu'ils délivrent a de quoi frapper les esprits : Savonarole annonce la fin prochaine du monde, le retour triomphant de Dieu sur terre – la parousie – et le début d'un règne de mille années de paix – le *millenium* –, mais tout cela précédé de maux terribles qui s'abattront sur l'Italie, et sur Florence en premier lieu.

Portrait de Jérome Savonarole *(Fra Bartolomeo ; Florence, musée Saint-Marc).*

L'instauration de la république

Or, les prédictions du visionnaire commencent à s'accomplir. En 1492, comme il l'avait annoncé, Laurent le Magnifique meurt, ainsi que le pape et le roi de Naples. À l'automne 1494, les armées de Charles VIII franchissent les Alpes pour aller envahir le royaume de Naples et, en octobre, elles occupent Florence, qui doit abandonner aux Français des

villes et des places fortes, ainsi qu'une somme d'argent : malheur que le dominicain avait prédit, plusieurs mois avant qu'il n'advienne. Bouleversé, le peuple de Florence décide de remettre son sort entre les mains du moine : Pierre de Médicis, le fils et le successeur de Laurent, est chassé de la ville ; Savonarole s'entremet auprès des Français, et, quelques mois plus tard, le conseil des Vingt, organe du pouvoir, fait appel à lui pour gouverner Florence. Une nouvelle Constitution est votée : la seigneurie devient une république.

Le censeur des mœurs

Depuis des mois, le moine réclame qu'on réforme les mœurs. De la chaire où il prêche, il s'attaque aux coquettes, au clergé, au pape, aux banquiers orgueilleux. Il exige que les pécheurs se corrigent, afin qu'ils puissent bénéficier, le jour venu, de la clémence divine. Son zèle trouve désormais l'occasion de s'appliquer : des lois sont votées, qui interdisent les courses de chevaux, les jeux, les chants licencieux, ou qui encouragent à dénoncer les impies.
Cette réforme n'est pas du goût de toute la population. Aux partisans de Savonarole, les *piagnoni* (« pleureurs ») s'oppose un groupe progressivement grandissant d'adversaires, les *arrabbiati* (« enragés ») : les deux partis se battent dans les rues de la ville ; la violence accompagne la rigueur des mœurs.

La chute du réformateur

Mais l'échec de Savonarole tient moins aux réactions provoquées par sa réforme qu'à des raisons religieuses et à des causes diplomatiques et économiques. Son principal ennemi est le pape : Alexandre VI Borgia. Rome supporte mal que le nouveau chef de la ville la traite de « prostituée » et de « monstre d'abomination ». Elle accepte encore plus mal qu'il ait entraîné Florence dans l'alliance avec les Français, agresseurs de l'Italie. Aussi, le 13 mai 1497, après avoir longtemps tenté d'amener le moine à résipiscence, Alexandre excommunie-t-il Savonarole.
Cette excommunication signifie, pour la population de Florence, si elle continue à suivre Savonarole, qu'elle est rejetée hors du sein de l'Église. Dans leur crainte d'être damnés, les Florentins commencent à remâcher leurs griefs : l'alliance avec Charles VIII n'a apporté aucun bien, car les Français sont chassés d'Italie en 1497 et la situation de la ville, qui perd ses débouchés, ne cesse d'empirer. En avril 1498, le mécontentement est à son comble. Un « jugement de Dieu » – une épreuve du feu – auquel Savonarole refuse de se soumettre, provoque la crise finale. Le 8, dans le couvent Saint-Marc pris d'assaut par la population, Savonarole est arrêté avec deux moines ; quinze jours durant, les trois hommes sont soumis à la torture ; le 23 mai, ils sont exécutés. La réforme des mœurs cesse d'être à l'ordre du jour ; les Médicis, d'ailleurs, reviennent quelques années plus tard. L'histoire de Florence reprend son cours, les fêtes recommencent, l'activité artistique, que le moine condamnait, s'épanouit de nouveau.

→ **Voir aussi :** p. 138-139 (Marignan).

La censure des mœurs, une tentation répétée

De tout temps, pour des raisons morales ou pour des raisons religieuses, des censeurs ont tâché de réformer les mœurs, de forcer leurs contemporains à mener une vie vertueuse et austère.

La vertu des Romains. Sous l'Empire romain et même dès la République, nombreux sont ceux qui dénoncent l'amollissement des mœurs et regrettent la vertu des premiers Romains. Ainsi, à partir de 184 avant notre ère, Caton, surnommé le Censeur, institue-t-il des lois contre la parure féminine et épure-t-il le Sénat de ceux qu'il juge indignes d'en être membres.

Les communes italiennes. De même, jusqu'à la fin du Moyen Âge, les républiques italiennes, nommées communes, votent périodiquement des lois qui réglementent le costume ou limitent les fastes de la table. Venise, en particulier, édicte de nombreux règlements de ce genre. Le but de ces mesures est de préserver la paix civile, non de réformer les citoyens.

Savonarole et Calvin : une réforme religieuse. Les mesures proposées par Savonarole poursuivent un autre but : la régénérescence morale des Florentins, qui doit aller de pair avec leur perfectionnement religieux. En ce sens, Savonarole annonce l'œuvre d'un Calvin à Genève, instigateur d'une Réforme radicale, à la fois théologique et morale.

À l'époque moderne. Au XVIIIe siècle, c'est au nom de la vertu, notion morale et civique plus que religieuse, que certains philosophes s'élèvent contre le luxe et prônent des mœurs austères : Rousseau, dans *Du contrat social*, est de ceux-ci.

François Ier victorieux en Italie

MARIGNAN

Dans l'après-midi du jeudi 13 septembre, les sentinelles françaises, entrées en Lombardie après avoir franchi le col de l'Argentière, voient s'élever au loin un nuage de poussière : les troupes suisses sont en marche, elles attaquent ! La bataille de Marignan est sur le point de commencer : tout a été fait, pourtant, pour l'éviter.

Moins d'une semaine auparavant, en effet, un accord a été conclu. Contre 150 000 écus payés comptant, les Suisses se sont engagés à rentrer chez eux.

Les Suisses inévitables

Pour réunir au plus vite une telle somme, les Français ont vidé leurs fonds de poche, allant jusqu'à livrer la précieuse vaisselle d'or et d'argent que les plus riches font suivre avec eux. On va livrer aux Suisses 400 kg d'or... Mais on a oublié l'acharnement du bouillant cardinal de Sion, Mathias Schiner, qui sermonne la garnison suisse de Milan : cet accord est un piège qui ruine les projets helvètes d'expansion en Italie. Il convainc aisément, car deux siècles de luttes contre la domination des Habsbourg ont aguerri les hommes : ils ont forgé une tradition militaire renforcée, depuis le milieu du xve siècle, par un service militaire obligatoire.

Les armes à feu

Grâce à l'adoption d'une invention chinoise, la poudre, les armes à feu apparaissent durant la guerre de Cent Ans (bataille de Crécy, 1346). Elles connaissent un essor spectaculaire au XVIe siècle.

Il y a l'arquebuse, ancêtre du fusil. Elle est lourde et lente à manier. Il y a surtout les canons, ou « pièces à feu », en bronze, plus meurtriers mais plus pesants encore.

Ces nouvelles armes s'accompagnent d'un changement des priorités sur le champ de bataille : l'infanterie l'emporte désormais sur la cavalerie et la stratégie sur les actes de bravoure individuels. Plus que jamais, parce que ces armes coûtent cher, l'argent est le nerf de la guerre.

L'Italie au XVIe siècle

Avec les Pays-Bas, l'Italie est, au xvie siècle, **le pays le plus développé et le plus peuplé d'Europe.** Mais c'est **un pays morcelé** en une vingtaine de petits États. Cinq seulement ont un poids réel : Naples, Milan, Florence, Venise et les États du pape.

Leurs rivalités encouragent les grandes puissances du moment à intervenir, dans l'espoir de fructueuses conquêtes : ainsi **le Saint Empire,** maître théorique du nord de la péninsule, **l'Espagne,** qui a déjà pris pied dans le royaume de Naples, ou **la France,** dont la famille royale a des liens avec des princes italiens. **Les Suisses** sont présents là où on les appelle, à cause d'une longue tradition de mercenariat : en 1515, ils sont au service du duc de Milan et leurs chefs commencent à nourrir, eux aussi, des visées impérialistes sur le pays.

François Ier, nouvel Hannibal

Mais le roi français est un homme remarquable. Âgé de vingt ans seulement, il a de la prestance et de la fougue à revendre. Son accession au trône (il est le neveu et non le fils du défunt Louis XII) a provoqué quelques murmures. Pour les faire taire, il a besoin d'actions d'éclat. Aussi, François Ier, à peine sacré, reprend-il les vieilles revendications de la famille royale française sur Milan. Il charge un transfuge espagnol de recruter une armée, où se rangent bientôt, encadrés par des nobles français, des aventuriers gascons et navarrais, des fantassins allemands (lansquenets) et des baroudeurs (la « bande noire ») venus des Pays-Bas. Pour les réunir, le roi augmente l'impôt et fait des emprunts, car il lui faut payer fort cher la neutralité de l'ambitieux Henri VIII d'Angleterre.

Enfin, il franchit les Alpes par le chemin le plus difficile, pour déjouer la surveillance des troupes du pape, allié de Milan. Les lourds canons sont hissés avec des treuils pour passer les cols par des sentiers à chèvres, du côté de Montgenèvre : l'exploit est jugé digne de celui des éléphants carthaginois d'Hannibal.

Un « combat de géants »

Aux premières heures, les Français se replient sous l'assaut. Il faut charger pour rétablir la situation. Le roi lui-même est dans la mêlée,

La Bataille de Marignan *(miniature du Maître de la Rapière, Chantilly, musée Condé). On remarquera le rôle des canons.*

si activement que le cuir qui le protège (il n'a pas eu le temps de mettre son armure) est déchiré par un coup de pique. Le « chevalier sans peur et sans reproche », Bayard, célèbre pour le courage dont il a fait preuve dans les précédents combats en Italie, se distingue de nouveau, invectivant ses ennemis : « Traîtres

Les Français en Italie.

Portrait de François Ier
(par Jean Clouet, Paris, musée du Louvre).

Bayard arme François Ier chevalier
(illustration de Robida, 1909).

Les guerres d'Italie

1494. Charles VIII. Revendiquant le royaume de Naples, où jadis régnèrent ses ancêtres, il traverse la péninsule et conquiert Naples avec une facilité déconcertante. Mais, 3 mois plus tard, il doit battre en retraite.

1495. Bataille de Fornoue. Il faut une charge héroïque des cavaliers français pour forcer le passage. Un jeune homme se distingue : Pierre Terrail de Bayard.

1498. Louis XII. Il conquiert le Milanais, où il s'installe solidement. Il s'entend avec Ferdinand d'Aragon pour s'emparer du royaume de Naples – qu'il ne conserve que peu de temps.

1512. Bataille de Ravenne. Remarquable homme de guerre, Gaston de Foix, âgé de 22 ans, y trouve la mort. Malgré les exploits de Bayard, les Français doivent évacuer le nord de l'Italie.

1515. François Ier. Après l'éclatante victoire de Marignan, il réoccupe le Milanais.

1521. Charles Quint ouvre les hostilités. Faute de l'appui d'Henri VIII (échec de l'entrevue du Camp du Drap d'or), les Français sont chassés du Milanais. Bayard périt alors (1524).

1525. Bataille de Pavie. Défaite de François Ier, venu à la rescousse. Retenu prisonnier à Madrid, il doit payer une rançon et abandonner la Flandre et l'Artois à Charles Quint.

1536. Nouvelle reprise des combats. Dans un conflit fait désormais de raids et d'escarmouches plus que de batailles rangées, le Gascon Blaise de Monluc se distingue, notamment, lors du siège de Sienne (1554).

1559. Fin des guerres d'Italie. Henri II, aussi épuisé financièrement que Charles Quint, signe la paix du Cateau-Cambrésis qui sonne le glas des ambitions françaises.

et vilains maudits, retournez dans vos montagnes manger du fromage ! » Son cheval est tué sous lui. Il se remet en selle aussitôt ; les brides sectionnées, sa seconde monture s'emballe et l'entraîne vers les rangs suisses. Mais il se sauve à temps et regagne son camp à quatre pattes...

Au coucher du soleil, en dépit de tels actes de bravoure et des centaines de cadavres qui jonchent le sol, le combat reste incertain. Toute la nuit, des deux côtés, on demeure armé, sur le qui-vive. Au petit matin, le combat reprend, encore plus acharné. Le Français Galiot de Genouillac fait tirer sans discontinuer ses canons : c'est un carnage ! Décimés, les Suisses reculent. Mais, bientôt, ils contre-attaquent. On les repousse encore, mais jusqu'à quand ? Soudain, un cri retentit : « Marco ! Marco ! ». Ce sont les Vénitiens. Ils viennent grossir les rangs des Français. Ainsi, le 14 septembre, vers midi, François Ier remporte la victoire. Il y a 13 000 morts chez les Suisses, 2 000 du côté français : une armée compte alors, au plus, 30 000 hommes...

Une bataille décisive

Pour les Suisses, cette défaite traumatisante est le coup d'arrêt de toute visée expansionniste. Le 29 novembre suivant, ils signent avec la France un traité de « Paix perpétuelle », prélude à une neutralité qui, en durant, fera de la nation la plus militaire du continent un modèle de pacifisme.

François Ier, en revanche, oublia rapidement que l'artillerie venait de faire la démonstration éclatante de son rôle désormais décisif. Cela lui coûta cher, dix ans plus tard, à Pavie. À contre-courant, à Marignan, au soir de la bataille, il renoue avec les traditions médiévales et fait armer chevaliers les gentilshommes les plus vaillants du combat. Lui-même se compte dans le nombre et choisit pour l'adouber le nobliau de basse extraction qu'est Bayard. C'est un hommage spectaculaire aux mérites d'un héros. C'est surtout une récompense pour la petite noblesse qui, mieux que la grande, sait se dévouer aveuglément à la cause royale.

Martin Luther affiche ses 95 thèses
LE DÉBUT DE LA RÉFORME

Le 21 octobre 1517, à Wittenberg, en Saxe, Martin Luther, ancien ermite de l'ordre de Saint-Augustin, prêtre et professeur à l'université de la ville, placarde sur la porte de la chapelle du château un écrit contenant 95 thèses qui dénoncent le trafic des « indulgences » par l'Église.

Au-delà de l'affaire qui est en cause – le commerce de dominicains qui échangent des promesses de rémission de péchés contre de l'argent –, c'est toute l'institution ecclésiastique que Luther attaque et, bientôt, le message théologique même que véhicule l'Église romaine. La Réforme commence alors.

Un moine sans vocation

Martin Luther est né en 1483 à Eisleben, en Saxe, où son père est entrepreneur de mines. Reconstitution ou vérité, il explique, par la suite, que le désir d'échapper à un milieu familial oppressant l'a mené au couvent, sans véritable vocation : « La vie sévère et rude que je menais... fut la raison pour laquelle... je me fis moine. » L'absence de conviction ne fait pas moins du jeune homme une recrue appréciée : entré en 1505 au couvent des ermites de Saint-Augustin, à Erfurt, il est ordonné prêtre en 1507 et envoyé en mission à Rome en 1510-1511.

Le Pape encaissant les indulgences
(gravure sur bois de Lucas Granach l'Ancien).

Le drame personnel

Alors se situe le premier tournant de sa vie spirituelle. À Rome, il découvre, ou croit découvrir, une Église en proie aux œuvres du diable : au lieu des saints ou des grands esprits qu'il croyait fréquenter, il rencontre un pape, Léon X, plus préoccupé d'art que de religion, et des cardinaux, des évêques qui se conduisent en grands seigneurs laïques et ne semblent même pas toujours avoir la foi.

Rentré en Allemagne, à Wittenberg, Luther cherche dans l'ascétisme et la méditation personnelle un remède aux doutes que lui inspirent la situation de l'Église et sa propre imperfection.

Un soir de l'hiver 1512, il a une illumination : c'est par sa foi en Dieu, non par ses actes – ses œuvres – que l'homme pourra être sauvé.

L'affaire des indulgences

Cette crise personnelle se situe en même temps qu'une affaire où l'engagement temporel de l'Église, qui a tant choqué Luther à Rome, se manifeste en Allemagne. Pour construire la basilique Saint-Pierre de Rome, ambitieux chantier qui commence à peine, la papauté a besoin de trouver de l'argent. Avec l'aide des grands banquiers Fugger, elle s'en procure, en Allemagne, en vendant aux fidèles des « indulgences », c'est-à-dire des promesses de remise de péché et donc d'accession plus rapide au ciel, après la mort.

L'Europe religieuse au début du XVIe siècle

L'Europe du début du XVIe siècle est encore **massivement croyante :** le scepticisme, l'incroyance, sont des attitudes rarissimes, même au sein de l'élite intellectuelle.

Dans toute sa partie occidentale, **cette Europe est catholique :** de la Pologne à l'Angleterre, de la Baltique à la Méditerranée, les fidèles sont soumis au pape, successeur du Christ et chef de la chrétienté, qui réside à Rome.

Cette union n'empêche pas qu'existent **de nombreux problèmes :** plus cultivés que naguère, les laïques se posent la question de leur salut en des termes nouveaux ; les gens d'Église ne savent pas toujours leur répondre, préoccupés qu'ils sont, souvent, de leur bien-être personnel plus que du soulagement spirituel de leurs ouailles.

Portrait du réformateur Martin Luther (1483-1546)
[Granach l'Ancien, Nuremberg Germanisches Museum].

Les thèses de Wittenberg

Luther est scandalisé par ce qui lui apparaît comme une intolérable escroquerie. C'est la raison pour laquelle, le 21 octobre 1517, il affiche ses thèses. Comme elles sont rédigées en latin, langue que le peuple est incapable de comprendre, Luther les traduit en allemand et, dans les semaines et les mois qui suivent, il les fait diffuser à travers toute la Saxe.

La controverse s'anime alors. Luther est convoqué à Rome, en juillet 1518. Il refuse de s'y rendre, et il obtient, dans sa rébellion, le soutien de son prince, Frédéric de Saxe, et celui de l'empereur, Maximilien Ier.

Worms, ou la rupture consommée

Deux années durant, les deux partis s'efforcent d'éviter la rupture. La trêve est rompue par le pape qui, en décembre 1520, répond à la publication par Luther d'un opuscule appelé *De la liberté du chrétien* par l'excommunication du rebelle.

Le divorce est consommé au printemps suivant, en avril 1521, lors d'une assemblée, ou diète d'Empire, réunie à Worms à l'instigation de l'empereur Charles Quint, successeur de Maximilien Ier. Le 17, l'empereur demande à Luther de renoncer à ses propositions. Il répond, le lendemain : « Je ne puis et ne veux rien révoquer, car il est dangereux et il n'est pas droit d'agir contre sa conscience. »

Mis au banc de l'Empire, il risque alors la mort ; mais il est sauvé de ce péril par Frédéric de Saxe, qui le cache dans son propre château de la Wartburg. Toute réconciliation, désormais, est impossible : la chrétienté occidentale va commencer à se diviser.

→ **Voir aussi :** p. 152-153 (Calvin)

La diffusion de la Réforme luthérienne

Luthéranisme, calvinisme, anglicanisme. Luther lance un mouvement de contestation au sein du christianisme qui inaugure une division de l'Europe entre les « réformés », fidèles à la nouvelle vision religieuse, et les catholiques qui restent soumis à l'autorité de l'Église romaine. Mais le luthéranisme ne reste pas longtemps la seule doctrine réformée : dans les trente ans qui suivent la publication des 95 thèses, le calvinisme touche la Suisse, les Pays-Bas et la France, tandis que le climat religieux de l'Angleterre est transformé par l'instauration d'une religion d'État, l'anglicanisme.

Les pays germaniques et le nord de l'Europe. La Réforme de Luther s'étend dans les régions allemandes et dans les pays scandinaves et baltes. Adoptée à l'initiative des bourgeois dans les cités-États, par exemple dans la région rhénane, la Réforme est promulguée par les princes dans les États ruraux, comme la Saxe, les duchés de Hohenzollern ou de Wurtemberg. Le luthéranisme est adopté comme religion d'État en 1536 dans l'actuelle Norvège et dans l'actuel Danemark ; en Suède et en Finlande, la doctrine s'implante sous le roi Gustave Ier Vasa (1523-1560).

La Diète de Worms en 1521 *(peinture d'Anton von Werner, Stuttgart, Staatsgallerie). De là, date la rupture définitive entre les partisans de Luther et les catholiques.*

Un Habsbourg maître de l'Europe ?
CHARLES QUINT EMPEREUR

L'année 1519, un jeune homme de 19 ans, le roi Charles Ier d'Espagne, déjà prince des Pays-Bas et roi de Sicile (Charles IV), est élu par les princes d'Allemagne et d'Autriche empereur du Saint Empire romain germanique : sous le nom de Charles Quint, il succède à son grand-père Maximilien et devient le plus puissant souverain d'Europe.

Cette puissance est le fruit d'heureux héritages et de tractations où l'argent a joué un rôle décisif.

Un héritage fabuleux

Charles, né le 24 février 1500 à Gand, compte trois souverains parmi ses grands-parents : Maximilien de Habsbourg, empereur du Saint Empire romain germanique, Ferdinand, roi d'Aragon, et Isabelle, reine de Castille. Fils de l'archiduc d'Autriche Philippe le Beau et de Jeanne, reine de Castille, il recueille l'héritage des maisons de Habsbourg et de Bourgogne : l'Autriche, la Styrie, la Carniole, la Carinthie, le Tyrol, des possessions territoriales en Alsace, la Franche-Comté et les Pays-Bas.

Le hasard des morts – son cousin, qui devait recevoir les couronnes espagnoles, meurt en 1500, sa grand-mère Isabelle en 1504, son père Philippe le Beau en 1506, son grand-père Ferdinand en 1516 – et le hasard de la vie – sa mère Jeanne devient folle et est enfermée en Espagne jusqu'à sa mort en 1555 – ajoutent au fabuleux héritage un incomparable joyau : les couronnes de Castille et d'Aragon.

Le royaume d'Aragon, c'est le nord-est de l'Espagne, mais ce sont aussi les Baléares, la Sardaigne, la Sicile et le royaume de Naples ; autrement dit, la Méditerranée occidentale. La Castille, c'est toute la péninsule Ibérique, à l'exception du Portugal, et ce sont aussi, depuis 1492, les nouvelles terres de l'au-delà de l'Atlantique : les Indes occidentales, ou Amériques.

Le 5 janvier 1515, Charles prend possession de l'héritage bourguignon. En 1516, sous les voûtes de Sainte-Gudule, à Bruxelles, il est proclamé roi de Castille et d'Aragon. Il quitte alors la Flandre pour l'Espagne, où il débarque en octobre 1517.

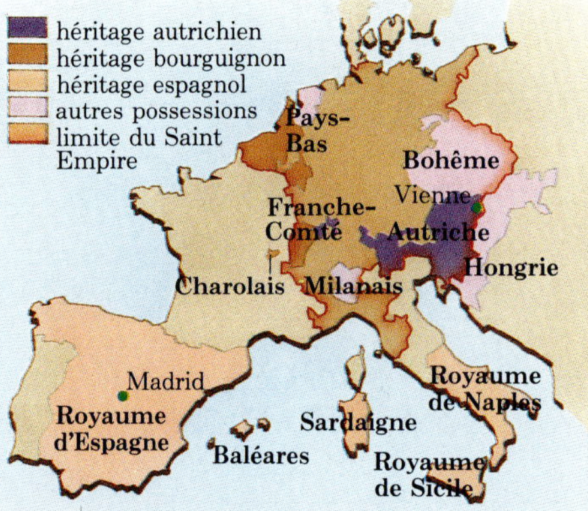

Les États de Charles Quint.

L'élection à l'Empire

Mais Charles, déjà puissant souverain, se doit de recueillir la couronne impériale du père de son père, Maximilien de Habsbourg. La couronne est élective et Maximilien n'a pu imposer Charles de son vivant. Deux candidats se déclarent : Charles, évidemment, et François Ier, le jeune roi de France. Charles a pour lui l'avantage d'être le petit-fils du défunt et de descendre d'une maison allemande. C'est un avantage politique. Il en a un autre, plus convaincant encore : la richesse et l'argent. C'est l'argent qui, le 28 juin 1519, à l'unanimité, fait élire Charles : des lettres de change ont été accordées aux électeurs, payables après l'élection. Un de ses banquiers, Jacob Fugger, lui écrira en 1523 : « Il est de notoriété publique et clair comme le jour que Votre Majesté n'aurait pu, sans moi, obtenir la couronne. »

Quittant l'Espagne, Charles s'en va se faire couronner à Aix-la-Chapelle, le 23 octobre 1520. En 1529, à Bologne, il est à nouveau couronné, cette fois-ci par le pape, ce qui lui donne l'auréole d'un véritable empereur, d'un chef politique de la chrétienté.

L'idéal impossible du souverain chrétien

Dominer ainsi l'Europe, la Méditerranée et l'Amérique impose à Charles Quint d'incessants voyages : entre 1520 et 1555, il se rend

Les électeurs de l'empereur

La couronne du Saint Empire romain germanique est élective ; les électeurs sont au nombre de sept. Trois sont des ecclésiastiques : les archevêques de Cologne, Mayence et Trêves. Le roi de Bohême, le margrave de Brandebourg, le duc de Saxe et le comte palatin complètent la liste. Pour fixer sa succession, l'empereur Maximilien, grand-père de Charles Quint, a commencé avec chaque électeur les négociations. L'entrée en campagne du roi de France modifie la situation. Désormais, il y a rivalité, et rivalité aiguë. Ce sont les électeurs qui en profitent : ils vendent leur vote au plus offrant. Seul l'électeur de Brandebourg se laisse séduire par la candidature française. Le vote de l'archevêque de Mayence est acheté par Charles pour 113 000 florins, celui de l'électeur palatin pour 184 000 florins. On comprend facilement pourquoi cette élection a coûté plus de un million de florins à Charles Quint.

L'Europe occidentale dans la première moitié du XVIe siècle

Trois souverains dominent cette Europe qui profite de ce que l'on appelle le beau XVIe siècle : **Henri VIII** d'Angleterre, **François Ier** de France et **Charles,** cinquième d'Allemagne, premier d'Espagne.

En cette première moitié du XVIe siècle, la conjoncture économique est favorable. Aussi l'Europe occidentale offre-t-elle l'aspect souriant de **la Renaissance.** Une même éducation complète cette harmonie artistique et culturelle.

Politiquement, l'unité ne peut exister car les rivalités entre nations et souverains l'emportent, rivalités que la coupure religieuse opérée par le protestantisme va accroître. **La guerre** fait donc partie de cette Europe du XVIe siècle et la paix est plus un rêve, une illusion qu'une réalité tangible.

Le Couronnement
de Charles Quint empereur
(tapisserie flamande du XVIIe siècle).

Portrait équestre de l'empereur
(Charles Quint à Mulhberg)
[Titien, Madrid, musée du Prado].

neuf fois en Allemagne, six fois en Espagne, cinq fois en Italie, deux fois en Angleterre et même deux fois en Afrique du Nord. Il doit d'autant plus se déplacer que l'Europe se déchire et se brise. Depuis 1517, Luther défait l'unité catholique au cœur même de l'Empire de Charles. Celui-ci se rend à Worms, en Allemagne, pour tenter une conciliation. Rien n'y fait : la rupture est consommée dès 1520, jamais plus on ne reviendra en arrière.

L'autre danger, c'est l'Empire ottoman : les Turcs ne cessent d'avancer vers l'Europe centrale ; leurs galères écument la Méditerranée ; la Hongrie est envahie en 1526 ; Vienne, la capitale de l'Autriche, est assiégée en 1529. Sauver l'unité catholique de l'Europe pour repousser l'infidèle : voilà la tâche immense et impossible que s'impose l'empereur. Or après un tiers de siècle de règne, il ne peut que constater l'echec : fatigué, épuisé, il abdique à Bruxelles, le 25 octobre 1555. En février 1557, après une dernière traversée de l'Espagne, il entre au monastère de Yuste, en Estrémadure : il s'y éteint deux ans plus tard, le 21 septembre 1558.

→ **Voir aussi :** p. 140-141 (Luther).

Habsbourg d'Autriche et Habsbourg d'Espagne

Familles cousines. La dynastie des Habsbourg est la protagoniste de l'histoire européenne diplomatique et politique du XVIe au XIXe siècle. En effet, Charles Quint réunit sur sa tête les couronnes d'Espagne et d'Autriche, sans parler des possessions annexes. Mais l'ensemble à dominer dépasse les capacités d'un seul homme. Très tôt, Charles Quint s'appuie sur son frère Ferdinand, dont il fait son représentant permanent en terre d'Empire et à qui il cède, dès 1522, les territoires autrichiens de l'héritage Habsbourg. Ainsi, la descendance de Ferdinand dispose de la monarchie héréditaire d'Autriche. À Madrid et à Vienne, règnent des monarques cousins, qui ont en commun un illustre ancêtre : Charles Quint. Cela explique la grande proximité politique entre l'Espagne et l'Autriche tout au long de ces siècles. Cette alliance familiale et politique fait donc des Habsbourg les maîtres de la majeure partie de l'Europe.

La France contre les Habsbourg. Toute la politique de Louis XIV vise à briser cette hégémonie. Aussi oriente-t-il l'agressivité de la France d'abord contre l'Espagne. Et, de fait, peu à peu, la France l'emporte. Signe de cette victoire : les mariages ne se font plus seulement entre Madrid et Vienne, mais aussi entre Versailles et Madrid. En 1700, le roi d'Espagne, Charles II, meurt sans héritier direct : la branche espagnole des Habsbourg s'éteint avec lui. Commence alors une guerre pour la succession au trône d'Espagne, qui oppose un candidat de Vienne, l'archiduc de Habsbourg, et le petit-fils de Louis XIV, Philippe, qui devient en 1713, Philippe V d'Espagne. La suprématie des Bourbons a remplacé celle des Habsbourg.

Hernán Cortés reprend Tenochtitlán
FIN DE L'EMPIRE AZTÈQUE

Le 13 août 1521, au terme d'un siège qui dure depuis 79 jours, Hernán Cortés, envoyé de l'Espagne, s'empare de Tenochtitlán, la capitale de l'Empire aztèque.

Ce qui fut, jusqu'au siège, une ville admirable et très riche n'est plus qu'un champ de ruines, et l'État dont Tenochtitlán fut le centre, la civilisation dont ses temples étaient le cœur sacré vont, en quelques années, périr avec elle.

Le retour des dieux

C'est pourtant par un immense espoir que le conquistador espagnol et ses hommes avaient été accueillis dans ce qui est aujourd'hui le Mexique, un peu moins de deux ans plus tôt.

L'État aztèque en 1521

L'actuel Mexique est dominé **depuis le XIVe siècle** par l'État puissant des Aztèques, dont la capitale est Tenochtitlán, aujourd'hui Mexico.

Cet État, constitué en un empire centralisé et guerrier, est riche, mais davantage par **son agriculture remarquablement organisée et productrice** que par la possession de métaux précieux. Les conquérants, qui espèrent trouver de l'or, seront déçus.

La première impression des Espagnols est pourtant celle d'une extraordinaire prospérité : cela est dû au nombre et à la variété des produits qui s'échangent sur le marché de la capitale, le plus grand et le mieux organisé de l'État aztèque, au **bel ordonnancement de Tenochtitlán** et à l'impressionnante architecture des temples qui en constituent le centre.

Un mythe aztèque racontait en effet que le dieu civilisateur Quetzalcóatl, parti jadis au loin sur l'océan, reviendrait près de son peuple et lui apporterait paix et gloire. Aussi, lorsque, au début de novembre 1519, Cortés, qui a débarqué sur les côtes du Yucatán en février précédent avec une petite troupe de 600 soldats, approche de la capitale aztèque, celle-ci, au lieu de chercher à résister, lui ouvre volontiers ses portes. L'empereur Moctezuma II, prêtre suprême de la religion aztèque et tempérament religieux plus que tête politique, reçoit l'Espagnol comme il le ferait du dieu prodigue : il lui offre l'hospitalité, le comble d'honneurs et de cadeaux.

Naturellement, Cortés ne songe qu'à tirer profit de ces bonnes dispositions. Il obtient de l'Aztèque qu'il reconnaisse la souveraineté de l'empereur Charles Quint et, bientôt, il le place sous une véritable tutelle et exerce le pouvoir par son intermédiaire.

La « Noche triste »

Un si bon début est gâché par la faute des Espagnols. Secrétaire du gouverneur de Cuba Diego Velázquez, Cortés a quitté l'île pour se lancer dans l'expédition militaire contre le Mexique en 1518, alors que son chef ne lui en avait pas donné l'ordre exprès. Aussi est-il déclaré rebelle, et une troupe espagnole, commandée par Pánfilo de Narváez, est-elle envoyée contre lui.

Laissant à Tenochtitlán son lieutenant Pedro de Alvarado et une petite garnison, Cortés s'en retourne donc vers la côte, où il obtient contre Narváez une victoire facile. Mais, à son retour à Tenochtitlán, avec des forces grossies par l'enrôlement des soldats de son adversaire, la situation a gravement dégénéré. Exaspérés par un acte inique d'Alvarado, le massacre de la noblesse aztèque dans le grand temple de la capitale, le 23 mai 1520,

L'Armée de Cortés en marche vers Tenochtitlán *(miniature aztèque).*

le peuple de Tenochtitlán s'est révolté. L'arrivée de Cortés, le 24 juin, ne calme pas les insurgés, bien au contraire : alors qu'il continue à prêcher la conciliation, Moctezuma meurt, mortellement blessé par une pierre lancée par un Mexicain, ou d'un coup d'épée porté par un Espagnol, selon d'autres sources. Au cours des combats qui s'engagent, Cortés perd la moitié de ses hommes : il lui faut décider l'évacuation de Tenochtitlán. C'est la « Nuit triste » *(Noche triste)*, du 30 juin au 1er juillet 1520.

Épisode de la conquête du Mexique : la « Nuit triste » *(Noche triste), du 30 juin au 1er juillet 1520 (peinture espagnole, Madrid, musée de l'Amérique).*

La revanche du conquérant

Le conquérant espagnol ne s'avoue pas vaincu pour autant. Dès le 7 juillet suivant, après avoir regroupé ses forces, il remporte une victoire décisive sur les Aztèques à Otumba, en rase campagne, l'infériorité numérique des Espagnols étant très largement compensée par la supériorité de leur armement : acier contre bois, arbalètes contre arcs et flèches, et chevaux qui permettent une incomparable mobilité. Grâce au répit que lui procure cette victoire, Cortés mène ses hommes dans le royaume voisin de Tlaxcala, qu'il a soumis en 1519 avant de pénétrer dans le pays aztèque et qui lui reste fidèle par haine de cet Empire. Il peut ainsi, dans les mois qui suivent, refaire ses forces, d'autant qu'il reçoit renforts et munitions depuis la Jamaïque et Cuba.

Alors, il reparaît devant Tenochtitlán, où, entre-temps, une épidémie de variole, introduite par un esclave noir de son escorte, a commencé à décimer la population : dans les derniers jours de l'année 1520, il se rend maître de la rive nord-est du lac sur lequel la capitale est bâtie ; le siège proprement dit commence le 26 mai. 650 fantassins, 194 mousquetaires et frondeurs, 84 cavaliers, quelques pièces d'artillerie et des auxiliaires indiens très nombreux participent à l'opération ; 13 navires rapides – des brigantins – contrôlent les eaux du lac. Le 16 juin 1521, un premier assaut est lancé contre la ville, dont l'approvisionnement en eau potable a été coupé. Il échoue, mais, à partir de là, au fil des semaines, les assaillants parviennent à prendre progressivement tous les quartiers de la ville, qu'ils rasent au fur et à mesure pour éviter la résistance de lanceurs de pierres postés sur les toits. Le 13 août 1521, le dernier quartier se rend, l'empereur Cuauhtémoc est fait prisonnier. Il sera exécuté quelques années plus tard : c'en est fait de l'Empire aztèque.

Entrée de Cortés à Tlaxcala
(peinture sur cuivre du XVIIIe siècle).

L'Amérique latine et les conquistadores

Après 1520, le temps des expéditions maritimes est clos : aux découvreurs succèdent les *conquistadores*, des soldats espagnols qui se lancent à l'assaut des civilisations denses et riches des hauts plateaux. Outre Hernán Cortés (1485-1547), les plus célèbres sont les suivants :

Francisco Pizarro (1475-1541), au Pérou. Ancien combattant des guerres d'Italie, il passe dans le Nouveau Monde et se lance à cinquante ans dans la conquête du Pérou. Débarqué à San Mateo (Équateur) en 1531, il pénètre dans l'Empire des Incas jusqu'à la capitale, Cuzco. Avec 150 cavaliers seulement, il exploite les faiblesses de l'Empire, guerres serviles et luttes dynastiques, s'empare de l'empereur Atahualpa (1533) et pille les temples de Cuzco. Des disputes éclatent entre les conquérants, qui conduisent à l'assassinat de Pizarro ; mais le Pérou, désormais, est aux mains des Espagnols.

Diego de Almagro (1475-1538), au Chili. Lui aussi participe avec Pizarro à la conquête du Pérou, à partir de 1533. Mais, en 1534, des dissensions avec le conquistador l'amènent à partir pour le Chili. Rentré au Pérou en 1537, il tâche de soustraire à Pizarro la domination sur Cuzco, est vaincu et exécuté.

Francisco de Orellana (1511-1546) et le cours de l'Amazone. Il participe à la conquête du Pérou et part en 1538, avec Pizarro, dans une expédition vers l'intérieur de l'Amérique du Sud. Son détachement s'étant trouvé séparé du reste de l'expédition, il descend l'Amazone jusqu'à son embouchure (1540) : le récit des combats de ses soldats avec les guerrières Coniapayara explique le nom donné à ce fleuve.

1522

Le premier tour du monde
L'EXPÉDITION MAGELLAN

Le 6 septembre 1522, la *Victoria* entre dans le port de Séville. Quel meilleur nom pour ce navire qui vient de boucler le premier tour du monde de l'histoire ? Mais l'état piteux du bâtiment et de l'équipage en dit long sur le prix qu'il a fallu payer pour réaliser l'exploit : un seul des cinq navires de l'expédition, partie trois ans plus tôt, regagne l'Espagne.

Sur les deux cent soixante-cinq hommes embarqués alors, deux cent trente manquent à l'appel, parmi lesquels Magellan lui-même. Il était le chef et l'âme de cette entreprise, contre laquelle l'océan et les hommes se sont unis sans pouvoir l'anéantir tout à fait.

Un réfugié politique

Ce noble portugais a d'abord servi son pays : aux Indes, en premier lieu, puis au Maroc, il a remporté des victoires, mais aussi gagné des blessures, et il s'est fait des ennemis qui sont parvenus à le discréditer auprès du roi Manuel, qui l'a dès lors persécuté.

À 37 ans, en octobre 1517, Magellan passe donc en Espagne. Avec l'aide d'un ami astronome et géographe, il élabore un projet qui doit lui apporter fortune et gloire. L'immigré démuni qu'est Magellan va trouver le roi de Castille, le futur Charles Quint, et lui fait miroiter les richesses des îles d'Indonésie, qui regorgent de ces épices qu'on vend à prix d'or en Europe et qu'il a vues aux Indes, lorsqu'il servait le Portugal. A priori, leur accès est interdit aux Espagnols, puisque le traité de Tordesillas, sanctionné par le pape en 1493, réserve aux Portugais l'exclusivité de la « route » de l'Orient longeant les côtes de l'Afrique. Magellan, pour y remédier, propose d'explorer une nouvelle voie maritime par l'ouest, contournant l'Amérique et permettant aux Espagnols de revendiquer les terres ainsi ralliées et leurs produits. L'idée est trop géniale pour ne pas déranger les habitudes et susciter jalousies et animosités. Celle du roi de Portugal, qui multiplie les réclamations, celle de l'administration coloniale espagnole *(contracion)*. Aussi, quand Magellan appareille, le 20 septembre 1519, c'est avec cinq vieux rafiots, des marins de sac et de corde – dont quelques Français et Flamands – et des seconds qu'on lui a imposés.

Le Navire d'Elcano
sur la route du retour
en 1522 (aquarelle de G. Aledo).

Mutinerie et trahison

Dès les premières semaines de navigation sur l'Atlantique en direction de l'Amérique du Sud, le commandant a maille à partir avec ses lieutenants arrogants et indisciplinés. Il est obligé de faire mettre aux fers l'un d'eux, Juan de Cartagena. L'arrivée dans la majestueuse et luxuriante baie de Rio, le 13 décembre 1519, fait un peu baisser la tension. Mais elle remonte au fur et à mesure que l'expédition fait route vers le sud et croise des rivages moins hospitaliers ; la colère des marins gronde. Le premier avril 1520, Mendoza et Quesada, qui commandent chacun un navire, se révoltent et libèrent Cartagena. Magellan mate énergiquement cette mutinerie et châtie sévèrement les meneurs : Mendoza est assassiné sur son ordre et Quesada décapité. Quant à Cartagena, il est abandonné sur une plage avec son complice, un prêtre.

Le calme à peine revenu, l'hiver austral s'installe et immobilise cinq mois durant l'expédition. Des contacts se nouent avec les indigènes, des Tehuelches dont la haute stature impressionne les marins qui les baptisent « Patagons », ce qui en vieux castillan signifie « grands pieds ».

Fin août, on remet à la voile à la recherche d'un passage vers l'ouest ; le 21 octobre, il semble bien qu'on l'ait trouvé, mais des reconnaissances s'imposent. Profitant de l'une d'entre elles, Estevan Gomez, commandant du *San Antonio* et qui n'a toujours pas

Un monde aux dimensions nouvelles

Les Européens de la fin du XVe siècle ne soupçonnaient pas **l'étendue de l'océan Indien ou de l'Atlantique,** décrit comme un marécage peuplé de monstres.

Dès qu'on s'éloignait des contrées connues depuis l'Antiquité (le Proche- et le Moyen-Orient), **les légendes les plus folles** couraient : ainsi, celle des fabuleuses mines du roi Salomon au fin fond de l'Afrique. Mais déjà le voyage de Marco Polo en Chine à la fin du XIIIe siècle, puis les Grandes Découvertes faisaient entrevoir des espaces beaucoup plus vastes encore, laissés en blanc sur les cartes sous le nom de **« terra incognita » (terre inconnue).**

Les grands navigateurs à travers les âges

1re moitié du ve s. av. notre ère. Le Carthaginois Hannon s'aventure le long de la côte ouest de l'Afrique jusqu'au golfe de Guinée. Le grec Pythéas, originaire de Marseille, navigue dans les parages malconnus de la Grande-Bretagne, de la Norvège et de la Pologne d'aujourd'hui.

1498. Le Portugais Vasco de Gama est le premier Européen à atteindre l'Inde par la mer en doublant le cap de Bonne-Espérance à la pointe de l'Afrique.

1610. À la recherche d'un passage vers l'Asie par le nord-est du continent américain, Henry Hudson découvre la baie qui porte son nom avant d'être abandonné sur une barque par ses marins révoltés et d'en mourir.

1785-1788. Jean-François de La Pérouse croise pour le compte du roi de France Louis XVI dans l'océan Pacifique. Il périt massacré avec ses hommes après un naufrage dans l'île de Vanikoro.

1828. Dumont d'Urville retrouve les restes de l'expédition de La Pérouse. Entre 1837 et 1840, il navigue dans les eaux dangereuses de l'Antarctique (dont il baptise une partie « terre Adélie » en l'honneur de sa femme). Mais ce marin trouve la mort dans le premier accident de chemin de fer en 1842.

XXe siècle. Les explorateurs ont cédé la place à des sportifs de compétition. En juin 1976, Éric Tabarly remporte pour la 2e fois la course transatlantique en solitaire après une traversée record de 23 jours et 19 heures ; en mars 1990, Titouan Lamazou boucle le tour du monde en solitaire en 109 jours, pulvérisant la performance réalisée en 1967 par Francis Chichester en 225 jours (il a alors 65 ans : 10 ans auparavant, atteint d'un cancer, les médecins le jugeaient perdu !).

L'Arrivée à Séville
des rescapés du tour du monde
(peinture d'E. Salaverria).

Portrait de Magellan
(peinture sévillanne).

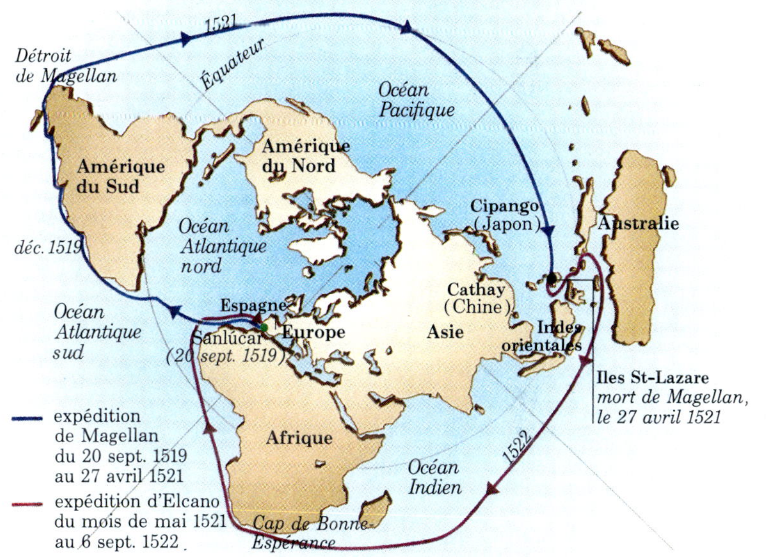

L'expédition de Magellan et d'Elcano.

accepté l'autorité de Magellan, ameute l'équipage, le convainc de déserter et de retourner à Séville.

La grande traversée

Un naufrage l'ayant déjà privé d'un navire, Magellan ne dispose désormais que de trois bâtiments pour franchir le détroit qui portera son nom. Il lui faut vingt jours pour en venir à bout. Aussi, lorsque le 28 novembre 1520 il rejoint un océan, il le nomme sans hésiter « Pacifique », alors que la grande île qu'il vient de dépasser restera à jamais la « Terre de Feu ». Plutôt que de remonter vers le nord en longeant les côtes du continent, Magellan se lance à l'assaut de l'océan. Mais les hommes sont épuisés et surtout les provisions en vivres frais et en eau douce sont insuffisantes. Dans les semaines qui suivent, de nombreux marins meurent.

Une fin tragique et brutale

On aurait pu croire que l'arrivée dans un archipel appelé plus tard « Philippines » serait pour les survivants la fin des épreuves. Mais, le 27 avril 1521, Magellan est tué dans une guerre absurde qu'il a accepté de mener pour un roitelet local contre un roitelet voisin... C'est au fidèle Sébastien Elcano qu'il revient d'achever la mission.
Tant de marins sont portés manquants qu'il faut se résoudre à brûler un vaisseau. L'un des deux bateaux qui restent tente de rejoindre les possessions espagnoles d'Amérique centrale, mais il est intercepté par des Portugais qui emprisonnent l'équipage. Quant à Elcano, après avoir pris soin de charger d'épices le dernier navire de l'expédition, il rentre à Séville par la route déjà bien connue longeant les côtes de l'Afrique. L'expédition Magellan a donc finalement réussi, malgré les souffrances endurées et la mort de Magellan lui-même : elle ouvre d'immenses possibilités aux marchands – qui ne s'engageront cependant que bien plus tard sur les routes maritimes ainsi ouvertes.

→ **Voir aussi :** p. 114-115 (Marco Polo).

Un divorce qui tourne à la rupture religieuse

LE SCHISME ANGLICAN

Le 23 mai 1533, le roi d'Angleterre Henri VIII, deuxième souverain de la dynastie Tudor, divorce de sa première femme Catherine d'Aragon et épouse Anne Boleyn, dame d'honneur de la reine, qu'il fait couronner quelques jours plus tard. L'événement provoque l'excommunication du roi par le pape Clément VII, premier épisode d'un schisme qui s'avérera définitif.

Peu de choses, pourtant, auront manqué pour que le schisme soit évité. En 1533, en effet, le roi est depuis six ans en tractations avec la papauté pour obtenir que son mariage soit annulé et qu'il puisse se remarier sans rompre avec l'Église. Plusieurs arguments doivent, en bonne analyse, jouer en sa faveur : la précarité de la façon dont sa descendance est assurée – il ne survit, des enfants que lui a donnés Catherine, qu'une fille, Marie ; et surtout le degré de parenté entre le roi et sa femme, qu'il a épousée sans dispense, alors qu'elle était la veuve de son frère aîné Arthur.

Une demande qui vient au mauvais moment

Le passé du souverain devrait aussi inciter le pape à la compréhension. Prince raffiné et cultivé, connaissant le latin, le français, l'espagnol, Henri VIII se comporte en effet, jusqu'à l'affaire du divorce, comme un prince distingué et un soutien sûr des catholiques : n'a-t-il pas participé à la Sainte Ligue, en 1511 ? Et n'a-t-il pas lancé contre Luther, en 1521, une réfutation en règle, l'*Assertio septem sacramentorum* (l'Affirmation des sept sacrements) qui lui a valu de Léon X le titre de « Défenseur de la foi » ?

Mais la demande d'annulation intervient à un très mauvais moment. Elle est formulée pour la première fois en 1527, c'est-à-dire l'année du « sac » de Rome, au moment où le pape Clément VII se trouve prisonnier des troupes de Charles Quint, neveu de Catherine. C'est cette situation politique, dont les effets perdurent dans les années suivantes, qui explique l'intransigeance du pape. Elle conduit Henri, après quelques années de patience, à chercher d'autres solutions que l'aval pontifical : à l'automne 1529, les universités européennes sont consultées sur la question du divorce royal et un grand nombre d'entre elles, hors des terres soumises à Charles Quint, se prononcent en faveur de la demande d'Henri ; au printemps 1533, une cour réunie sous la présidence de l'archevêque de Canterbury, Thomas Cranmer, nommé par Henri, qui s'est fait reconnaître, entre-temps, chef suprême de l'Église d'Angleterre, prononce le divorce. Catherine, reléguée loin de la cour depuis 1531, meurt trois ans plus tard.

L'établissement de l'anglicanisme

Ce n'est pas la première fois, dans l'histoire, qu'un souverain est excommunié. La crise passée, une réconciliation intervient générale-

L'Angleterre en 1533

Une nouvelle dynastie règne dans le pays, depuis la fin de la guerre des Deux-Roses : **les Tudors,** montés sur le trône en 1485 avec Henri VII.

Henri VIII est le deuxième souverain de cette dynastie. Second fils d'Henri VII, il a été couronné en 1509, et a épousé la même année **Catherine d'Aragon,** qui était la femme de son frère aîné Arthur, mort en 1502.

Vingt-quatre ans après ce mariage, les deux époux n'ont conservé qu'**une fille, Marie,** née en 1516, des enfants qu'ils ont conçus. Le roi s'inquiète pour sa descendance, et son tempérament le porte, par ailleurs, vers des femmes plus jeunes que Catherine.

Portrait d'Henri VIII, roi d'Angleterre (1509-1547) et d'Irlande (1541-1547) *[peinture d'Holbein le Jeune, Rome, Galleria Nazionale Barberini, vers 1540 ; détail].*

A. Boleyn, deuxième femme du roi décapitée.

Le Martyre de Thomas More *(détail d'une peinture d'A. Caron, musée de Blois).*

ment, qui fait que le royaume du souverain exclu de l'Église rejoint le sein de celle-ci. Il n'en va pas de même dans le cas d'Henri VIII. Le souverain anglais, en effet, profite d'un anticléricalisme très ancien de la société anglaise, qui reproche à la papauté sa fiscalité trop lourde et aux ordres monastiques leur extrême richesse. Surtout, la rupture intervient à un moment sensible de l'histoire de la chrétienté : moins de quinze ans après le début de la Réforme luthérienne, au moment où celle-ci s'est suffisamment répandue pour qu'il soit envisageable de penser que le pape peut ne pas avoir raison et qu'une Église chrétienne peut exister en dehors de Rome. En se faisant reconnaître chef de l'Église du royaume, Henri franchit un premier pas décisif, en 1530 ; l'année qui suit son excommunication, il rend définitive cette séparation de l'Église anglaise avec l'autorité de Rome, en faisant voter l'*Acte de Suprématie,* qui confirme la dépendance exclusive de l'Église anglaise par rapport à lui. En 1535, le roi fait exécuter ceux qui refusent de reconnaître le nouvel état de droit : l'ancien chancelier du royaume Thomas More, auteur du célèbre essai politique l'*Utopie,* et l'évêque Jean Fisher – deux hommes que l'Église canonisera au XXe siècle. En revanche, Henri ne se mêle pas d'intervenir sur le fond de la théologie catholique : ses *Six Articles* de 1539 maintiennent l'intégralité du dogme formulé par Rome, et ce n'est que sous le règne de son fils Édouard VI que la politique ecclésiastique s'orientera vers les thèses protestantes.

Les six femmes d'Henri VIII

C'est le tempérament passionné du roi mais aussi l'obsession d'assurer sa descendance, alors que le souvenir de la guerre des Deux-Roses reste présent, qui expliquent les mariages d'Henri VIII.

Catherine d'Aragon (reine de 1509 à 1533). Fille des Rois Catholiques, Ferdinand d'Aragon et Isabelle de Castille, épouse, en 1501, du prince de Galles Arthur, qui meurt en 1502, elle est donc la belle-sœur, avant d'être la femme, d'Henri VIII. Des six enfants qu'elle eut du roi, un seul survécut : Marie, qui sera plus tard Marie Ire (Marie Tudor ou Marie la Sanglante).

Anne Boleyn (reine de 1533 à 1536). L'ancienne dame d'honneur de Catherine d'Aragon ne donne au roi, à nouveau, qu'une fille : la future Élisabeth Ire. Très impopulaire dans le royaume, elle est accusée d'adultère et décapitée trois ans après son couronnement.

Jane Seymour (reine de 1536 à 1537). Épousée le lendemain de l'exécution d'Anne, elle meurt peu après la naissance d'un fils, le futur Édouard VI.

Anne de Clèves (reine en 1540). Ce mariage est une affaire politique, arrangée pour rapprocher le royaume du parti protestant. Mais la mariée est jugée décidément trop laide : l'union est annulée l'année même de sa conclusion.

Catherine Howard (reine de 1540 à 1542). Poussée par le parti adverse de celui qui avait provoqué le mariage avec Anne de Clèves, la nouvelle reine est bientôt jugée, et décapitée, pour son inconduite.

Catherine Parr (reine à partir de 1543). C'est la seule des femmes d'Henri VIII qui survécut à son mari. Mariée au roi en troisièmes noces, elle se remaria après la mort de celui-ci.

Une œuvre extérieure également décisive

Du point de vue de la politique étrangère, l'œuvre d'Henri VIII se traduit en termes d'équilibre entre les deux grandes puissances de l'époque : la France et l'Espagne. La première guerre qu'il mène sur le continent est dirigée contre la France (1512-1513), qu'il vainc à la bataille de Guinegatte : c'est la *Journée des éperons* (16 août 1513), où les chevaliers français fuient presque sans combattre, utilisant leurs éperons pour aiguillonner leurs chevaux plutôt que leurs armes pour affronter l'ennemi. Puis le roi se réconcilie avec la France, donnant à Louis XII sa sœur en mariage (1514). Mais il refuse à François Ier son soutien pour l'élection au trône impérial, après l'entrevue du *Camp du Drap d'or* (1520), où le Français tâche maladroitement d'impressionner Henri par un faste excessif. Enfin, un nouveau revirement intervient après 1525, quand la puissance de Charles Quint, maître des deux tiers de l'Europe continentale et possesseur de la première flotte mondiale, inquiète le roi d'Angleterre.
Le souverain britannique apparaît ainsi, en politique étrangère comme dans son œuvre religieuse, comme un esprit avant tout pratique et opportuniste, capable de tous les revirements, pour le bien de son propre règne et pour celui de son pays.

La naissance de la Nouvelle-France

JACQUES CARTIER

Le 24 juillet 1534, bien en vue, près de l'actuelle Gaspé au Canada, le Malouin Jacques Cartier fait ériger une grande croix ornée de fleurs de lys et portant la devise « Vive le Roy de France ». Puis, avec ses hommes, il s'agenouille et prie. Ainsi, suivant l'usage institué par les explorateurs portugais, il prend possession au nom de François Ier des rivages qu'il parcourt depuis plusieurs semaines.

Ce Breton de quarante-trois ans n'est pas le premier à s'aventurer dans ces parages : plus de trente ans auparavant, Jean Cabot, pour le compte du roi d'Angleterre, a accosté au Labrador, et les autres marins de Saint-Malo sont familiers des côtes poissonneuses de Terre-Neuve.

Les obstacles initiaux

Comme, avant lui, Colomb et Magellan, Cartier est hanté par la fièvre de l'or et des épices et par les légendaires richesses de la Chine (le pays de Cathay). Il songe à s'y rendre en contournant le continent américain, contrôlé au sud par les Espagnols et les Portugais. La découverte de ce « passage du Nord-Ouest » intéresse vivement l'ambitieux François Ier : il permettrait de placer le royaume, un peu en retard, dans la course au Nouveau Monde ; il permettrait surtout de s'affirmer face à la puissance voisine et rivale : l'Espagne.

Le premier voyage

Parti le 20 avril 1534, Cartier revient cinq mois plus tard. Bloqué par la débâcle des glaces sur la côte désolée du Labrador, il a longé la rive ouest de Terre-Neuve et atteint les doux pays des chaleureux Indiens Micmacs (le Nouveau-Brunswick actuel), où fleurissent rosiers, framboisiers et groseilliers...

Les voyages de Cartier.

Le domaine des « Indiens »

Sur une superficie 35 fois plus vaste que la France vivent **1 à 2 millions d'« Indiens »,** selon l'expression fausse de Christophe Colomb.

Dispersés en **plusieurs centaines de tribus,** parfois fédérées comme la « Ligue des 5 nations iroquoises », le plus souvent, ils s'ignorent. En effet, tout les sépare, les distances, la langue et le mode de vie : agriculteurs sédentaires comme les Creeks ou les Cherokees au sud ; cultivateurs de maïs comme les Hopis ou éleveurs nomades comme les Apaches et les Navajos au sud-ouest ; traqueurs de bisons comme les Cheyennes des Grandes Plaines ou chasseurs et pêcheurs comme les Algonquins et les Iroquois au nord-est. Enfin, ces « peaux-rouges » présentent des caractéristiques physiques variées.

Moins élaborée que celles de leurs cousins d'Amérique du Sud, leur civilisation repose sur **une profonde connaissance de la nature,** mais elle est mal connue car ils ignorent l'écriture, comme d'ailleurs le fer, le cheval et les armes à feu.

De ce premier voyage, Cartier ne rapporte ni le passage du Nord-Ouest ni des cargaisons d'or, mais seulement la perspective de trafics de fourrures et les deux fils d'un chef huron, comme gage de sa bonne foi.

La découverte du Saint-Laurent

Reparti pour un deuxième voyage, le 10 août 1535, fête de saint Laurent, il découvre une vaste baie. Il ignore que c'est l'embouchure d'un fleuve et espère que c'est le fameux passage. Guidé par les deux jeunes Hurons qui servent à présent d'interprètes, il en remonte le cours jusqu'à un territoire que ses hommes baptisent, pour avoir entendu les Indiens en parler, « Canada » (« village », en huron). Ils sont émerveillés – on est en septembre – par la beauté du paysage et par la fertilité du sol de Stadaconé, la « capitale » du chef Donnacona (les Indiens qui l'occupèrent par la suite l'appelèrent Québec). D'abord amical, Donnacona cherche ensuite,

Jacques Cartier prend possession de la Nouvelle-France au nom du roi *(illustration d'Eugène Couénin, 1900).*

sous prétexte d'un mauvais présage, à dissuader Cartier de poursuivre la remontée du Saint-Laurent. Ce dernier vient à bout de ces réticences par une salve de canons bruyante et spectaculaire. Et il parvient ainsi avec une partie de ses compagnons, le 2 octobre, au village d'Hochelaga, au pied d'une majestueuse colline qu'il appelle mont Royal ou Montréal.

Les mois qui suivent sont terribles. De la mi-novembre 1535 à la mi-avril 1536, les navires sont pris dans la glace. La neige monte au-dessus des bordages. Une terrible épidémie de scorbut sévit. Cartier lui-même est atteint et très affaibli, lorsqu'il note le rétablissement spectaculaire d'un des interprètes hurons. Celui-ci lui indique une tisane souveraine à base d'annedda (épinette blanche) qui sauve les dernières vies.

Donnacona, victime ou affabulateur ?

Le retour des beaux jours apporte de nouveaux soucis. Les Français ont été décimés alors que Donnacona aligne des troupes fraîches et nombreuses. Son attitude manque de franchise ; il prépare, semble-t-il, un coup de force. Cartier choisit de prendre les devants : par ruse, il fait monter Donnacona à bord de l'un de ses navires et négocie avec ses sujets le droit de l'emmener en France avec d'autres Indiens.

Mais Cartier rentre au mauvais moment, le 16 juillet 1536 : François Ier a trop à faire, cette année-là (il combat Charles Quint), pour penser à la « Prouvynce du Canada ». Ce n'est

Jacques Cartier découvre l'embouchure du fleuve Saint-Laurent *(peinture française du XIXe siècle, Versailles, château).*

qu'en 1540 qu'on reparle d'une expédition ambitieuse : Cartier est promu capitaine général de la flotte du Canada et il est question de colonisation.

Le combat des chefs : Cartier et Roberval

En 1541, Cartier doit repartir ; à cause des embûches dressées par les Espagnols et par ses compatriotes malouins, il n'a pu achever les préparatifs de l'expédition. On le dessaisit de son commandement au profit d'un personnage de peu d'envergure, Jean-François de La Rocque de Roberval. Cartier, piqué au vif d'avoir été privé d'une partie des responsabilités dans l'entreprise qu'il a mise sur pied, parvient quand même à s'embarquer, le 23 mai 1541, avec des bâtiments chargés de vivres pour deux ans. Il fonde, non loin de Stadaconé, Charlesbourg-Royal, qui deviendra la capitale de la future colonie ; il y plante des graines venues de France, puis part en exploration en amont du Saint-Laurent.

En juin 1542, Roberval arrive enfin au large du Canada. Croisant Cartier, qui rentre alors en France, il arrive juste à temps pour faire la première moisson à Charlesbourg, qu'il rebaptise « Francy-Roy ». Mais, rapidement, les conditions de vie se dégradent pour les colons peu expérimentés et mal encadrés. Bientôt affamés, ils sont décimés par la maladie. Cartier est chargé, en 1543, d'aller rapatrier les survivants, ce qui consacre l'échec lamentable de l'entreprise.

La fin d'un rêve ?

Cartier meurt en France en 1557, lors d'une épidémie de peste. Son aventure, malgré l'insuccès immédiat, a du moins permis de nouer des liens avec ce que les hommes de Roberval ont appelé « la Nouvelle-France ». Lorsque Champlain reprendra la route du Canada, au début du XVIIe siècle, l'aventure recommencera.

→ **Voir aussi :** p. 186-187 (traité de Paris).

La lutte pour la domination en Amérique

À peine découverte, l'Amérique suscite rivalités et déchirements.

L'Amérique du Centre et du Sud. Grâce à l'arbitrage de la papauté, son sort est réglé très tôt, au traité de Tordesillas, en 1494. Les Espagnols y acquièrent un monopole à peu près exclusif, les Portugais n'obtenant de domination que sur le seul Brésil. Dès lors, les autres puissances maritimes n'ont comme possibilités que de se livrer à la piraterie contre les galions chargés d'or qui traversent l'Atlantique (d'où les exploits des Anglais Drake et Hawkins) ou de s'intéresser à ce qui reste : le nord du continent américain !

L'Amérique du Nord. Les Français prennent d'abord l'avantage dans cette région. Samuel de Champlain fonde Québec en 1608. Mais, en 1635, on n'y compte que 85 résidents. À l'inverse, en Angleterre, les candidats à l'émigration sont nombreux parmi les minorités religieuses persécutées comme les « Pères pèlerins » qui viennent peupler les possessions de leur pays en Amérique. C'est l'origine d'un conflit et du triomphe des Anglais sur les Français.

Jean Calvin est rappelé à Genève
L'AUTRE RÉFORME

Le 13 septembre 1541, un événement considérable se produit à Genève, la grande ville de la Suisse romande passée à la Réforme protestante au début des années 1530 : le réformateur français Jean Calvin, qui avait séjourné une première fois dans la ville entre 1536 et 1538, y est rappelé, cette fois définitivement.

Cette installation inaugure l'instauration d'un régime théocratique à Genève et constitue l'acte de naissance d'une nouvelle tendance de la Réforme protestante : le calvinisme.

Jean Calvin, ou la Réforme après Luther

Né à Noyon, en Picardie, en 1509, Jean Calvin appartient à la deuxième génération des réformateurs. Étudiant en droit, puis en théologie, versé dans les langues anciennes – le latin, bien sûr, mais aussi le grec et l'hébreu – , il fréquente les milieux humanistes et c'est par eux qu'il se familiarise avec le débat religieux du temps. En novembre 1533, gagné à la Réforme, il est à l'origine d'un premier scandale : il profite de la rentrée de l'université de Paris pour faire prononcer à son ami, le recteur Cop, une apologie des thèses luthériennes. À la suite de quoi il est obligé de se retirer en province. Un an plus tard, en octobre 1534, l'« affaire des Placards » – un tract hostile aux catholiques, affiché en de nombreux exemplaires et jusque sur la porte du roi – détermine François Ier à s'engager dans une politique de répression anti-protestante : Calvin, alors, s'exile. Après un séjour en Italie, il se fixe à Genève.

La Réforme, vingt ans après

En 1541, **Luther est encore vivant** (il meurt en 1546). **Sa Réforme,** inaugurée en 1517 par la publication des 95 thèses, **s'est considérablement répandue.** Elle a atteint la majorité des régions germaniques, les pays scandinaves et baltes, et, sous une forme particulière, l'Angleterre d'Henri VIII. Dans une moindre mesure, elle a pénétré en France ; et elle a touché une partie de la Suisse alémanique et romande : Genève est devenue protestante en 1533.

Les crises traversées dans les premiers temps du luthéranisme **sont alors dépassées** : la guerre des Paysans (1524-1526), la folie anabaptiste de Münster (1534) ne sont plus que des souvenirs ; Ulrich Zwingli, principal contradicteur de Luther, est mort à la bataille de Kappel, en Suisse, en 1531 ; et les autres disciples de Luther, le très orthodoxe Melanchthon ou le plus personnel Martin Bucer, ont trouvé un terrain d'entente **(Concorde de Wittenberg).**

Le premier séjour genevois

Le choix de cette ville est déterminé par l'appel que lui adresse un autre réformateur, qui est en même temps son ami : le Français Guillaume Farel (1489-1565), premier introducteur du protestantisme à Genève.

D'abord professeur de théologie, puis pasteur, Calvin, qui publie en 1536 la première version, en latin, de son *Institution de la religion chrétienne,* entreprend de consolider l'œuvre de Farel. Son projet est d'établir dans la ville une rigoureuse discipline morale et religieuse que l'État, c'est-à-dire le gouvernement de Genève, fera respecter par les citoyens. Ses *Articles sur le gouvernement de l'Église locale,* rédigés en 1537, donnent le pouvoir à une compagnie de pasteurs et instituent une police chargée de veiller au maintien des bonnes mœurs, à la fréquentation du culte ou à l'interdiction des danses. Ce programme se heurte, comme cela était prévisible, à l'opposition d'une partie de la population : au printemps 1538, Calvin entre en conflit avec les magistrats de la cité, qui refusent d'appliquer des peines de bannissement dans les cas d'hétérodoxie. Il est contraint de quitter la ville.

Le retour du réformateur

Installé dès l'automne suivant à Strasbourg, ville protestante depuis 1530, située dans le Saint Empire romain germanique et où affluent les réfugiés protestants français à partir de 1534, Calvin y organise une paroisse, qui fournira plus tard le modèle des paroisses réformées de France.

Mais, en septembre 1513, un renversement de majorité s'étant effectué dans le Conseil de la ville, Calvin est rappelé à Genève. Désormais, il dicte ses conditions. Sept jours après son retour, les institutions de la ville votent ses *Ordonnances ecclésiastiques :* elles font de Genève un État où la politique et la religion sont confondues, donc où chaque citoyen est soumis à l'autorité de l'Église, en l'occurrence des pasteurs nommés par le gouvernement, qui se réunissent en congrégations hebdomadaires et en synodes mensuels

Portrait de Jean Calvin *(1509-1564) [peinture suisse ou allemande du début du XVIIe siècle, Genève, collection Albert Rilliet].*

Genève au XVIe siècle (gravure, Paris, Bibliothèque nationale). La vieille ville s'étend principalement sur la rive gauche du Rhône, sur la colline où se dresse l'ancienne cathédrale Saint-Pierre, devenue temple à partir de la Réforme.

et participent à un consistoire chargé de surveiller les mœurs et la morale.

Intransigeance à l'intérieur

Dans un tel système, les infractions morales sont considérées comme des crimes et sanctionnées comme tels. Une opposition au réformateur sur des points de théologie est punie, dans le moindre des cas, par l'exil : il en va ainsi pour un ancien ami de Calvin, l'humaniste français Sébastien Castellion, forcé de quitter Genève pour Bâle, où il publie d'ailleurs par la suite, sous un pseudonyme, un manifeste en faveur de la tolérance, réfutation directe du gouvernement des esprits imposé par Calvin. Mais la controverse peut aussi se conclure par la mort. C'est ce qui se produit en 1553 : cette année-là, l'Espagnol Michel de Villanueva, ou Michel Servet, un médecin protestant réfugié à Genève pour fuir l'Inquisition, est arrêté et jugé parce qu'il nie le dogme de la Trinité. Au terme du procès, dans lequel Calvin joue un rôle essentiel, il est condamné et brûlé.

Au centre des débats théologiques, le salut

La question du salut est un des points sensibles sur lequel se fait la Réforme et qui divise ensuite les protestants, luthériens ou calvinistes.

Pour les catholiques : le salut par les œuvres. La théologie catholique met l'accent sur la liberté de l'individu (libre arbitre). Une fois baptisé (le baptême permettant d'effacer la faute originelle, le péché d'Ève), le chrétien peut, par l'accomplissement d'actes justes (les « œuvres ») ou par un repentir sincère des fautes qu'il a commises, mériter son salut.

Pour les luthériens : le salut par la foi. Luther, à l'inverse, insiste sur l'impuissance de l'homme à effectuer lui-même son salut (serf arbitre). Marqué définitivement par la faute originelle, il ne peut que pécher, non accomplir des actes justes. Ce ne sont donc pas les œuvres qui permettent au chrétien d'accomplir son salut, mais la parfaite confiance qu'il a en la bonté divine : sa foi en Dieu. Encore cette foi ne procède-t-elle pas d'un libre choix de l'homme : elle est accordée seulement à certains hommes, par grâce divine.

Calvin : la double prédestination. Calvin réduit encore la part de l'action humaine dans le salut. Pour lui, Dieu a choisi des élus avant la chute, et son Fils Jésus, par sa Passion, n'a sauvé que ces élus. Les hommes sont donc deux fois prédestinés, soit à être sauvés, soit à être damnés. Ceux que Dieu a choisi de sauver, ceux auxquels il a accordé sa grâce ne peuvent pas résister à cette grâce : si grands soient les péchés qu'ils accomplissent, ils seront sauvés pour l'éternité.

Portrait du théologien Michel de Villanuova, ou Michel Servet *(1511-1553)*.
En arrière, son exécution.

Rayonnement à l'extérieur

Dans un premier temps, tout au moins, cette intransigeance ne dessert pas l'image de la Genève calviniste. La ville devient un centre essentiel de diffusion du protestantisme. De son Académie, fondée en 1559 pour former des pasteurs, partent des missionnaires qui vont répandre la bonne parole en France, dans les pays germaniques, en Hongrie, en Pologne, en Écosse, en Angleterre. Le réformateur, qui, bientôt, ne rencontre plus aucune opposition à Genève, peut se concentrer sur son œuvre doctrinale : en 1559 paraît l'édition définitive, en latin, de l'*Institution de la religion chrétienne,* mais surtout est échangée une correspondance incroyablement abondante (plus de 1 000 lettres), qui permet à Calvin d'influencer les esprits du monde entier et, en France, de travailler à l'organisation des Églises réformées.
La pensée calvinienne se répand ainsi dans toute l'Europe : à la mort de Calvin, en 1564, le calvinisme est solidement implanté en France et est en voie de surpasser le luthéranisme dans les pays du nord et du nord-ouest de l'Europe.

L'apogée et la fin de la dynastie Tudor
L'AVÈNEMENT D'ÉLISABETH Ire

Le 17 novembre 1558, Marie Tudor, reine d'Angleterre depuis 1553, meurt. Sa demi-sœur Élisabeth, fille d'Henri VIII et de sa deuxième femme Anne Boleyn, lui succède. Elle est âgée de 21 ans : un grand règne commence.

Peu de choses, pourtant, destinaient Élisabeth à régner. Déclarée illégitime en 1536, après que sa mère eut été exécutée sur l'échafaud, et destituée de ses droits, elle recouvre ceux-ci, par un statut du Parlement, en 1544, mais avec, seulement, le troisième rang dans l'ordre de succession, après le futur Édouard VI et la future Marie Ire (Marie Tudor). L'enfant est élevée dans l'isolement et se réfugie dans l'étude : elle apprend le latin et le grec, le français, l'italien et l'espagnol.

L'établissement définitif de l'anglicanisme

Il était naturel que la fille du fondateur de la religion anglicane continuât l'œuvre de son père. Élisabeth, pourtant, agit avec modération. Couronnée selon le rite catholique, elle rétablit en 1559 l'*Acte de Suprématie* de 1534, mais se contente du titre de « suprême régulateur de l'Église » au lieu de se faire appeler « chef suprême de l'Église », comme c'était le cas pour Henri VIII. La même année, le *Book of Common Prayer* d'Édouard VI est rétabli, mais privé des formules les plus susceptibles de heurter les catholiques. Un souci identique de paix religieuse amène la reine à décréter le maintien de la hiérarchie épiscopale ainsi que des ornements de la liturgie catholique, en 1563.

Pourtant, Élisabeth ne parvient pas à éviter une crise dramatique, en 1587 : cette année-là, après des mois de tergiversations, elle ordonne l'exécution de sa cousine, la catholique Marie Stuart. Celle-ci, ancienne reine de France et reine d'Écosse, écartée en 1567 par une révolte de la noblesse protestante écossaise et réfugiée en Angleterre, n'a jamais cessé de conspirer pour renverser Élisabeth et lui succéder sur le trône d'Angleterre.

Une politique extérieure brillante

La même volonté de modération, finalement démentie par un acte d'éclat, se manifeste dans la politique extérieure.

Plus proche, sur le plan religieux, du parti protestant que du parti catholique, Élisabeth ne cherche pourtant pas à mener la guerre contre les puissances catholiques. Elle songe même, un moment, à épouser le roi Philippe II d'Espagne, ancien époux de Marie Tudor, qui lui en fait la proposition, et elle ne renonce à ce mariage que pour ne pas mécontenter l'opinion anglaise, majoritairement hostile au « papiste ». Mais des raisons économiques et politiques conduisent, progressivement, à un durcissement des relations entre l'Angleterre et l'Espagne. En 1588, c'est Philippe II qui prend l'initiative de la rupture. Il équipe l'*Invincible Armada* (l'Invincible Armée) pour envahir l'Angleterre. La flotte quitte Lisbonne en 1588, mais l'impréparation et le mauvais état de la mer se liguent pour faire échouer l'expédition, de sorte qu'il ne reste à la flotte anglaise, inférieure en nombre mais commandée par d'incomparables marins (Charles Howard d'Effington, Francis Drake, etc.), qu'à porter aux Espagnols le coup de grâce, au large des côtes

Les Notables du royaume anglais annoncent à Marie Stuart sa sentence de mort *(peinture de F. Hayez, Milan, Palais royal).*

L'Angleterre en 1558

Depuis la mort d'Henri VIII, deux souverains se sont succédés : **Édouard VI et Marie Ire.** Le premier de ces règnes a correspondu à une expansion du protestantisme, le second, à un retour en force du catholicisme.

À l'extérieur, **l'Angleterre s'est rapprochée de l'Espagne** sous Henri VIII et surtout sous Marie Tudor, épouse de Philippe II. Mais les intérêts anglais s'inversent, quand le pays s'engage dans une expansion maritime et commerciale qui se heurte aux positions des Espagnols.

Dans le cadre des îles Britanniques, enfin, les règnes des Tudors correspondent aux **derniers temps de l'existence de royaumes séparés.** En 1541, le roi d'Angleterre Henri VIII a pris le titre de roi d'Irlande. En Écosse, Marie Stuart (1542-1567), catholique dans un royaume protestant, est la dernière souveraine avant l'union, conclue au bénéfice de son fils Jacques VI, successeur d'Élisabeth Ire.

Une dynastie : les Tudors

La dynastie Tudor a régné sur l'Angleterre pendant tout le XVIe siècle : exactement de 1485 à 1603. Elle est d'origine galloise, et l'un de ses membres les plus fameux, avant que la famille n'accède au trône, est l'écuyer Owen Tudor (mort à Hereford, en 1461), qui devint l'amant ou plus probablement l'époux de la reine mère Catherine, veuve d'Henri V.

Henri VII (1485-1509). Héritier de la famille des Lancastres, éteinte en 1471, il monte sur le trône après la bataille de Bosworth (1485), qui met fin à la guerre des Deux-Roses par la mort du dernier York, le roi Richard III.

Henri VIII (1509-1547). Fils d'Henri VII, il mène une politique d'équilibre entre l'Espagne et la France, rompt avec Rome et instaure l'anglicanisme en Angleterre.

Édouard VI (1537-1553). Fils d'Henri VIII et de Jeanne Seymour, c'est un enfant précoce et religieux. Son court règne, dominé par l'influence de son oncle, Edward Seymour, duc de Somerset, jusqu'en 1550, puis par celle de John Dudley, favorise la propagation du protestantisme dans le royaume.

Marie Ire (1516-1558). Fille d'Henri VIII et de Catherine d'Aragon, épouse de Philippe II d'Espagne (1554), elle se montre un adversaire acharné de la Réforme, et ses persécutions anti-protestantes la font surnommer Marie la Sanglante.

Élisabeth Ire (1558-1603). Deuxième enfant d'Henri VIII, elle est le dernier membre de la famille Tudor à régner. Avant de mourir, comme elle est demeurée célibataire et n'a donc pas de descendance personnelle, elle désigne pour héritier son petit-cousin Jacques VI d'Écosse, le fils de Marie Stuart, qui devient en 1603 le roi d'Angleterre Jacques Ier Stuart.

◁ *L'Armada espagnole (à droite) et les corsaires anglais (à gauche) [peinture de H.C. Vroom, XVIIe siècle].*

Élisabeth Ire, reine d'Angleterre et d'Irlande (1558-1603) *[portrait dit « de l'Armada », par Marc Geerarts].*

anglaises : la flotte de Philippe II doit regagner l'Espagne... en longeant les rivages de l'Écosse, et la moitié seulement des navires partis revoient l'Espagne. L'Angleterre, dans l'aventure, gagne la maîtrise des mers.

Une reine autoritaire

Femme sèche, au physique, et d'une extraordinaire coquetterie, célibataire jusqu'à sa mort, mais toujours entourée d'hommes et exigeant des membres mâles de sa cour une idolâtrie continue, Élisabeth fait preuve, dans son gouvernement, d'une très grande autorité. Pour éviter de réunir trop souvent le Parlement, elle agit par décrets. Un petit nombre de conseillers l'entourent, qui forment le Conseil restreint, et des favoris sont plus écoutés que d'autres, sans que jamais la reine se laisse dicter sa volonté : en 1601, elle fait même exécuter l'un d'eux, le comte d'Essex, son protégé depuis longtemps, coupable d'avoir tenté un coup d'État.

Cette autorité est mise au service d'une remarquable intelligence. Outre son œuvre de pacification religieuse et les réussites de sa politique extérieure, Élisabeth favorise un épanouissement culturel qui se traduit dans les arts, par la venue en Angleterre de peintres comme Holbein et Van Dyck et, en littérature, par l'œuvre théâtrale de William Shakespeare, ou celle, philosophique, de Francis Bacon. Bref, le règne d'Élisabeth marque l'apogée de la dynastie des Tudors : un règne d'autorité monarchique, de rayonnement culturel et de puissance extérieure.

→ **Voir aussi :** p. 156-157 (Philippe II).

Le fragile apogée de l'Espagne de Philippe II

LA BATAILLE DE LÉPANTE

Pendant longtemps, le nom de Lépante a évoqué dans le bassin méditerranéen la plus belle victoire de la chrétienté sur l'Infidèle. Elle fut la bataille la plus glorieuse dont pouvaient s'enorgueillir les combattants qui y avaient pris part. Cervantès lui-même, le génial inventeur de Don Quichotte, tenait la blessure qu'il y avait reçue comme sa qualité la plus digne d'admiration.

Depuis le début du XVIe siècle, les Turcs ne cessent de lancer leurs galères en Méditerranée occidentale. Là, ils débarquent sur les côtes siciliennes ou espagnoles et razzient les populations du littoral. Nombreux sont ceux que les musulmans arrachent à leur village pour les emmener comme esclaves au service du sultan de l'Empire ottoman. En mer, voir s'approcher une de ces galères turques remplit de désespoir marins, marchands et voyageurs, car ils savent bien que c'est la captivité qui vient ainsi à leur rencontre briser leur existence. La Méditerranée est devenue une mer dangereuse pour les chrétiens.

Une coalition contre les Turcs

Cette insécurité touche aussi les États. La République de Venise, qui vit de son commerce maritime, est menacée par les Turcs. En mars 1570, ils occupent Nicosie, à Chypre, une possession vénitienne. Jamais la situation n'a été aussi critique. D'un autre côté, l'alliance des Turcs et du roi d'Alger, Eudj Ali, constitue une menace immense pour les possessions espagnoles qui embrassent la Méditerranée de Gibraltar à Naples, à travers un chapelet d'îles : Baléares, Sardaigne et Sicile.

La prise de Nicosie oblige les chrétiens à réagir. Le pape Pie V redonne vie à l'idéal de croisade et sert d'intermédiaire entre Venise et l'Espagne pour la constitution d'une Sainte Ligue. Début 1571, l'accord est fait : le Saint-Siège, Venise et l'Espagne assemblent leurs forces pour lutter contre la puissance navale de l'Empire ottoman.

À Messine, au cours de l'été 1571, les navires arrivent les uns après les autres ; au total : 200 bâtiments et 30 000 hommes de combat.

△ Portrait de Philippe II, roi d'Espagne (1556-1598), *par Titien (Rome, Galerie Barberini)*

La Bataille de Lépante, en 1571 *(peinture anonyme conservée au musée Correr à Venise).*

◁ Le Songe de Philippe II, ou l'Allégorie de la Sainte Ligue, *en souvenir de la victoire chrétienne de Lépante (école du Greco).*

Le 7 octobre 1571

Placée sous le commandement de don Juan d'Autriche, le demi-frère de Philippe II, bâtard de Charles Quint, la flotte quitte Messine le 16 septembre pour Corfou. Là, des éclaireurs localisent la flotte turque. Elle se trouve dans le golfe de Lépante, à l'entrée du golfe de Corinthe. 230 navires turcs la composent.

Le bassin méditerranéen au XVIe siècle

Deux grandes puissances se partagent la domination du bassin méditerranéen au XVIe siècle. D'un côté, **l'Espagne et ses possessions** insulaires et italiennes – Baléares, Sardaigne, Sicile, royaume de Naples, duché de Milan. De l'autre, **l'Empire ottoman.** Depuis le début du XVIe siècle, l'Empire ottoman s'étend. À la veille de la bataille de Lépante, il s'enroule autour de la Méditerranée depuis les frontières de l'Autriche jusqu'au golfe Persique et des rivages de la mer Noire aux confins algéro-marocains.

À cette division politique s'ajoute naturellement **la division religieuse entre chrétiens et musulmans,** qui augmente les antagonismes et ressuscite périodiquement l'idée de « guerre sainte ».

En revanche, les activités économiques – le commerce – mettent en relation ces deux pôles du bassin méditerranéen. Venise possède Chypre, relais nécessaire pour gagner le Proche-Orient. C'est la conquête de cette île par les Ottomans qui commande aux chrétiens de s'unir.

Informés eux aussi de la présence d'une flotte chrétienne, les Turcs décident de fondre sur elle. La même décision est prise du côté chrétien. Le 7 octobre, au soleil levant, les deux flottes se rencontrent.

Premier succès pour don Juan d'Autriche : il réussit à enfermer les Turcs dans le golfe. Aucune sortie ne leur est possible. Le combat est un combat naval, mais il devient souvent un combat terrestre lors des abordages successifs. L'infanterie espagnole révèle sa force et sa hardiesse. Les galéasses vénitiennes, puissamment armées, divisent l'ordonnance des navires turcs, tandis que les fines galères, commandées par Jean André Doria, contribuent par leur vitesse et la précision de leurs attaques à désorganiser la défense turque. Les canons tonnent, les boulets ouvrent des brèches dans les navires, le feu s'étend : la panique s'empare des Turcs. Au centre du golfe, les énormes vaisseaux espagnols fondent si lourdement sur les Ottomans que la contre-offensive est impossible. Seul l'habile roi d'Alger, Eudj Ali, parvient, avec trente galères, à s'échapper.

Une journée complète de combats, un déluge de fureur et de feu. Au soir, les chrétiens ont gagné, mais la mer est rouge du sang des victimes.

Un ennemi dérouté, un butin considérable

Les Turcs ont perdu 30 000 hommes, tués ou blessés, 3 000 sont faits prisonniers, 15 000 forçats chrétiens sont libérés. Les chrétiens ont 8 000 hommes tués, 21 000 sont blessés, une dizaine de galères coulées. Lourd prix de la victoire ? Certes, mais le butin, s'il ne rend pas la vie aux morts, console les chrétiens de leurs pertes matérielles ; 117 navires, 450 canons et 39 étendards sont pris aux Turcs. Mais le plus beau résultat, c'est la victoire.

Lépante devient, au dire de Cervantès, « la plus mémorable rencontre qu'aient vue les siècles passés et qu'espèrent voir les siècles à venir ». La victoire est célébrée dans toute la chrétienté par une série de fêtes. La nouvelle se répand vite et accroît le prestige du roi d'Espagne, Philippe II. La légende de don Juan d'Autriche est née. Dans l'euphorie de la joie, certains imaginent d'autres victoires à venir.

Pourtant, l'Empire ottoman n'a pas reçu une blessure mortelle : il se relève assez vite et, bientôt, il est à nouveau capable d'aligner ses menaçants vaisseaux, comme au temps d'avant Lépante. Ce n'est qu'apparence. Lépante a bien brisé quelque chose : l'image d'un Empire invincible. La paix devient possible en Méditerranée, la trêve s'installe de fait. Victoire navale et militaire, Lépante reste gravée dans la mémoire des Européens des XVIe et XVIIe siècles, parce qu'elle a été surtout une victoire morale et politique. Jamais fait militaire n'avait autant rendu confiance à la chrétienté que domine alors l'Espagne. C'est l'origine de la gloire de Lépante.

Heurs et malheurs du règne de Philippe II

Lépante, où don Juan d'Autriche agit sur l'ordre de Philippe II (1556-1598), n'est que l'un des aspects d'un règne dont la politique, intérieure et extérieure, s'explique en partie par un rêve : être le bras politique de la chrétienté catholique, c'est-à-dire lutter à la fois contre l'Infidèle – le musulman – mais aussi contre l'Hérétique – le protestant.

La révolte des Pays-Bas. Ce foyer s'allume en 1566 pour des raisons politiques et religieuses : le sectarisme du roi d'Espagne empêche toute conciliation, et la révolte se généralise en 1572, les Provinces-Unies font sécession en 1579. Malgré le talent de leurs généraux, les troupes espagnoles ne parviennent pas à empêcher la dislocation de l'empire hérité de Charles Quint dans le nord de l'Europe, ni la constitution d'une puissance protestante.

L'intervention en France. La France est plongée dans les guerres de Religion : le pouvoir royal y est affaibli, les protestants ont un candidat au trône : le roi de Navarre Henri, futur Henri IV. Le dévôt Philippe II intervient inévitablement dans le conflit : il finance les catholiques de la Ligue, puis envoie ses armées lutter en France. Là encore, il échoue : il n'arrive pas à empêcher, en 1589, l'accession au trône de Henri IV, qui, il est vrai, s'est converti au catholicisme.

La lutte contre l'Angleterre. Le dernier volet de l'action extérieure du roi associe encore des aspects politiques (lutte pour la maîtrise des mers) et religieux (guerre contre l'anglicanisme). En 1588, l'ex-époux de Marie Tudor envoie une « Invincible Armada », immense flotte qui a pour mission d'envahir l'Angleterre. La tempête, tout autant que le génie détonant des marins anglais, convertit cette expédition de gloire en expédition de deuil.

Dans ses dernières années Philippe, qui gouverne depuis son palais-monastère de l'Escurial, est pris du même sentiment d'échec qui a marqué les dernières années de son père, Charles Quint.

Le massacre des protestants français

LA SAINT-BARTHÉLEMY

Dans la nuit du 23 au 24 août 1572, à Paris, le Conseil du roi prend une décision dramatique : Catherine de Médicis, reine mère, soutenue par le parti des Guise et par le frère du roi Henri d'Anjou, chef des catholiques, persuade l'influençable Charles IX, 22 ans, qu'il faut exterminer les chefs du parti huguenot.

Le lendemain, jour de la Saint-Barthélemy – martyr mort écorché vif et patron des bouchers – un effroyable massacre commence, qui gagne bientôt la province et dure pendant quatre jours.

L'occasion : l'attentat manqué contre Coligny

La raison de la Saint-Barthélemy est le conflit ancien qui oppose, en France comme dans le reste de l'Europe, les chrétiens restés fidèles au pape à ceux qui ont pris le parti de la Réforme : les catholiques contre les « huguenots », comme on appelle les protestants de France. Mais ce conflit religieux se trouve exaspéré, au début des années 1570, par la situation intérieure et extérieure du royaume : la question de la guerre qu'il faut ou non mener contre l'Espagne, puissance catholique mais rivale de la France, et aux prises, alors, à la révolte des Pays-Bas protestants ; et celle du partage des tendances au sein de la famille royale, entre la mère du roi, acquise aux catholiques, et Charles IX dominé depuis 1570 par un protestant, l'amiral Gaspard de Coligny.

Ce qui fait éclater la crise, est, le 22 août, une tentative manquée d'assassinat de l'amiral : à 11 heures du matin, ce jour-là, à Paris, alors que Coligny revient seul, en marchant, du jeu de paume où il est allé voir jouer le roi, il se baisse pour renouer le ruban défait de son soulier ; des balles sifflent au-dessus de sa tête ; elles ont été tirées de la demeure d'un catholique, proche partisan des Guise. L'attentat manqué risque de mettre fin à la paix civile qui règne depuis 1570 – depuis la venue au pouvoir de Coligny et depuis le traité de Saint-Germain, qui, pour la première fois, a accordé aux protestants la liberté de

La France en 1572

Le protestantisme s'est introduit en France sous la forme du calvinisme. Les premières Églises réformées sont constituées en 1559. Mais, à cette date, la monarchie a depuis longtemps fait son choix : **le protestantisme**, depuis l'affaire des Placards en 1534, **est combattu par François Ier** (1515-1547) puis surtout par Henri II (1547-1559).

Comme les persécutions ne suffisent pas à endiguer les progrès de la Réforme, le conflit religieux débouche sur un conflit civil : à partir de 1562, la France sombre dans **les guerres de Religion.**

L'affaiblissement du pouvoir royal, après le règne d'Henri II, favorise encore ce déchaînement des haines entre les citoyens : le successeur immédiat d'Henri, François II (1559-1560), n'a que quinze ans quand il monte sur le trône, et il meurt après quelques mois de règne. Son frère Charles IX (1560-1574) lui succède : mais il n'est aussi qu'un enfant (il est né en 1550), et la réalité du pouvoir est exercée par la régente, la reine mère **Catherine de Médicis.**

Massacres côté protestant
l'Assassinat de Brion, gouverneur du prince de Conti *(peinture de Robert-Fleury, Paris, Louvre).*

Les Massacres de la Saint-Barthélemy *(détail d'une peinture de François Dubois, Paris, musée Carnavalet).*
À droite, dans le fond, la défenestration de l'amiral de Coligny et la mutilation sauvage de son cadavre.

conscience, de culte et de prédication. Les catholiques s'attendent à une révolte violente : ils décident de prendre les devants.

Le massacre

Et c'est ainsi qu'est dressée, dans la nuit du 23 au 24, une liste qui énumère les futurs condamnés de la Saint-Barthélemy : il s'agit de l'ensemble des chefs huguenots, rassemblés à Paris pour le mariage d'un des leurs, Henri de Navarre, futur Henri IV, avec Marguerite de Valois, sœur de Charles IX. Le roi, pour donner son consentement, ne pose qu'une condition : que soient épargnés deux princes du sang, Henri de Navarre, qui est donc devenu son beau-frère, et Henri de Condé.

À l'aube du 24, la grande purge commence. Le quartier de Saint-Germain l'Auxerrois, où logent les gentilshommes protestants, est cerné par les troupes du duc Henri de Guise : Coligny est tué avec plus de 200 hommes. Le mouvement, une fois lancé, ne s'arrête pas aux chefs : à la découverte des cadavres, une folie meurtrière pousse le peuple parisien à se jeter contre tous les protestants. Munis de brassards blancs, des individus qui proclament qu'ils agissent au nom de la vraie foi, pillent et tuent sans pitié, amputant et châtrant parfois les cadavres en guise de punition symbolique. Henri de Navarre et Condé doivent abjurer pour sauver leur vie. Le carnage dure trois jours et s'étend en province, où, dès le 25, des envoyés ont été expédiés munis d'instructions précises. D'une ville à l'autre, l'ordre du massacre est ou n'est pas suivi : à Meaux, 200 huguenots sont exécutés ; à Lyon, 700 ; à Bourges, à Orléans, les victimes se comptent aussi par centaines. Mais des régions entières restent à l'abri des violences : ainsi la Picardie, l'Auvergne, le Limousin ou le Périgord. À Paris, la folie meurtrière cesse le 28 août, sur ordre du roi ; mais, en province, les meurtres continuent, sporadiquement, jusqu'aux premiers jours d'octobre.

Une bonne opération pour les catholiques

L'événement, qui nous fait horreur aujourd'hui, suscita bien peu de réactions, en cette époque habituée aux violences. Les princes allemands et les cantons suisses dirent leur consternation, mais la cour de Madrid se félicita de l'événement, que le pape célébra par un Te Deum et en frappant une médaille commémorative. Du point de vue de la Couronne française, le meurtre des protestants s'avéra bénéfique : comme cela était le but, le parti huguenot sortit décapité du massacre. Henri d'Anjou lui-même (Henri III), qui avait, avec la reine mère, inspiré le carnage, se retira quelques mois plus tard des affaires de la France, élu roi de Pologne, mais revint peu après au pouvoir, succédant sur le trône à son frère Charles, mort en 1574.

La revanche des protestants ne devait intervenir que plus tard, en 1589, avec l'avènement d'Henri IV, c'est-à-dire d'Henri de Navarre : encore l'ancien chef des protestants français dut-il abjurer définitivement le protestantisme pour monter sur le trône de France.

Catherine de Médicis (1519-1589) : *mère de Charles IX, elle fut l'instigatrice de la Saint-Barthélemy.*

Les guerres de Religion

Les guerres de Religion ensanglantent la France de 1562 à 1598, soit pendant trente-six ans. La Saint-Barthélemy en est un des épisodes les plus dramatiquement marquants, mais, tout au long du conflit, les violences, les attentats, les assassinats et les massacres n'ont pas cessé, d'un côté ou de l'autre.

Les premières guerres de Religion (1562-1574). C'est le massacre des protestants à Wassy, le 1er mars 1562, qui déclenche la première guerre de Religion. Ce jour-là, ayant appris que quelque 500 protestants célèbrent leur culte dans une grange près de la ville de Wassy, le duc François de Guise se rend à la grange, où ses hommes, répondant aux jets de pierres des huguenots par des coups d'arquebuse, tuent 20 protestants et en blessent une centaine. L'événement fait prendre les armes aux protestants, et, dès lors, la guerre fait rage, coupée de trêves plus ou moins importantes, mais toujours provisoires : les années 1570-1572 constituent l'une de ces trêves, préludant au grand massacre de la Saint-Barthélemy.

Le règne d'Henri III (1574-1589). La lutte se poursuit après la mort de Charles IX ; mais le roi louvoie entre les deux partis. Les concessions qu'il accorde aux protestants amènent les catholiques à se grouper en une Ligue. Le roi, pour anéantir cette Ligue, fait assassiner son chef, Henri de Guise, en décembre 1588 : il provoque de la sorte le soulèvement de Paris, entièrement contrôlé par la Ligue. C'est en tentant de reconquérir sa capitale qu'il est poignardé par un moine fanatique, Jacques Clément (1er aout 1589).

La reconquête du royaume par Henri IV (1589-1598). Les fils d'Henri III étant morts sans héritier, Henri de Navarre succède à Henri III. Pour être sacré, il doit accepter d'abjurer le protestantisme, le 25 juillet 1593, et il négocie alors avec les Ligueurs pour soumettre le royaume à son autorité. La paix religieuse est définitivement rétablie par l'Édit de Nantes (13 avril 1598), qui autorise le culte protestant ; mais le roi est assassiné par Ravaillac, un fou, peut-être manipulé par des catholiques fanatiques, le 14 mai 1610.

Michel Romanov est élu tsar de Russie

NAISSANCE D'UNE DYNASTIE

Portrait de Michel Romanov, *tsar de Russie de 1613 à 1645, fondateur de la dynastie Romanov (icône du XVIIe siècle).*

En 1613, Michel Fedorovitch est élu tsar de Russie par le *zemski sobor,* le « Conseil de toute la Terre », la plus haute autorité du pays.

L'Entrée triomphale de Michel Fedorovitch Romanov dans Moscou, le 2 mai 1613 *(image russe du XIXe siècle).*

Cette élection marque l'avènement d'une nouvelle dynastie, celle des Romanov, et elle met fin à une période de troubles qui dure depuis 15 ans.

Le « temps des troubles »

En 1598, l'ancienne dynastie régnante des Riourikides s'est éteinte. Il ne reste aucun héritier naturel au trône. Commence alors le « temps des troubles », période durant laquelle les souverains se succèdent très vite et sont assassinés, des imposteurs se prétendant les héritiers se présentent pour prendre le pouvoir, l'agitation paysanne est permanente surtout après la terrible famine de

La Russie, des Mongols au « temps des troubles »

De 1240 à 1480, la Russie est dominée par **les Mongols de la Horde d'or.** Au début du XIVe siècle, un État unifié se crée autour de Moscou. En 1380, à Koulikovo, un Russe, D. Donskoï, est pour la première fois vainqueur des Mongols. En 1480, Ivan III, grand-prince de Moscou (1462-1505), libère le pays. C'est la fin de cette domination qui a retardé le développement du pays et l'a morcelé.

Le nouvel État se centralise (un code administratif et judiciaire est rédigé en 1497), la démographie et l'économie connaissent un essor. Le règne du premier « tsar de toutes les Russies », **Ivan le Terrible** (1547-1584), voit la conquête de nouvelles terres (Kazan en 1552 et Astrakhan en 1556), le renforcement de l'État et du pouvoir personnel du souverain et une ouverture vers les pays occidentaux. À la mort d'Ivan, son fils **Fédor Ier** lui succède (1584-1598). Son frère Dimitri d'Ouglitch, seul survivant mâle de la famille, est assassiné en 1591. **Boris Godounov**, conseiller tout-puissant de Fédor, devient lui-même tsar en 1598 et il est tué en 1605. **Son règne marque le début des troubles.**

L'Intronisation de Michel Romanov (1596-1645), le 21 juillet 1613, dans la cathédrale de la Dormition, au Kremlin *(gravure anonyme russe du XVIIe siècle).*

1601-1603, la société se décompose et le pays est envahi par ses deux ennemis séculaires, la Pologne et la Suède.

Une union nationale contre des candidats imposés

Pendant l'été 1610, le prince polonais Ladislas se propose à la succession au trône ; il est soutenu par un grand nombre de nobles, à condition qu'il passe de la religion catholique à l'orthodoxie. Mais, au moment où l'ambassade russe arrive, le roi de Pologne Sigismond refuse cette candidature. L'armée polonaise envahit alors l'ouest du pays et s'empare de la capitale, Moscou. Au nord, les Suédois revendiquent également la couronne de Russie pour le prince Charles Philippe et menacent Novgorod.
La Russie, jusque-là divisée, décide de s'unir. Ce « mouvement national » est dirigé par l'Église (le patriarche Hermogène), par des nobles et des militaires (K. Minine, Troubetskoï et Pojarski), et composé de troupes venues de partout (Riazan, Nijni-Novgorod). En 1611, les Polonais prennent Smolensk et les Suédois, Novgorod, mais, en novembre 1612, l'armée nationale récupère Moscou. Le premier souci des vainqueurs est d'élire un tsar et de doter la Russie d'un gouvernement stable.

L'élection

Les candidats sont nombreux : le Polonais et le Suédois sont soutenus par différents clans de boyards (des nobles), mais un groupe composé du clergé, de la noblesse du Sud, du peuple des villes et des cosaques exige un prince natif de Russie. Les noms de ces candidats sont donc rejetés. Il y a bien les chefs des grandes familles de boyards (Romanov, Chouïski ou Golitzyne), mais ils sont prisonniers des Polonais, à cette date. Les chefs de l'armée nationale, Pojarski et Troubetskoï, soutenus d'abord par les cosaques, sont finalement jugés comme indignes du trône, car leur famille n'est pas assez noble. Reste alors Michel Romanov, un jeune garçon de 16 ans, fils de Philarète Romanov. Les discussions pour le choix sont longues et elles donnent lieu à des intrigues de palais. En janvier 1613, les états généraux *(zemski sobor)* sont convoqués à Moscou pour élire le nouveau tsar. Sont présents 500 à 700 membres, qui représentent la noblesse de service, les boyards, le clergé, le peuple des villes, et même des paysans. Le 7 février 1613, l'assemblée choisit Michel Romanov. Des émissaires sont envoyés dans toute la Moscovie pour sonder l'opinion, qui se montre favorable. Le 21 du même mois, une autre cession est réunie pour la décision finale : on raconte que, ce jour-là, une foule composée de cosaques et du peuple de Moscou se rendit au Kremlin pour réclamer la confirmation de la désignation de Michel. Celui-ci est donc élu tsar à l'unanimité.

Mais pourquoi ce jeune homme totalement inexpérimenté ? D'abord parce que sa famille est alliée à l'ancienne dynastie des Riourikides (Ivan le Terrible a épousé Anastasia, une Romanov, et le père de Michel est le cousin du tsar défunt Théodore, dernier fils d'Ivan). Ensuite, parce que Michel est le candidat du patriarche Hermogène, des cosaques et de certains boyards, qui espèrent le manipuler en raison de son âge. Enfin sa jeunesse joue également en sa faveur, parce qu'il ne s'est pas compromis avec les étrangers et qu'il est resté neutre face aux intrigues du « temps des troubles ».

Le couronnement

Après l'élection, le gouvernement provisoire doit envoyer, le 2 mars, des délégués à Kostroma, où Michel vit alors avec sa mère, pour le convaincre d'accepter le choix qui a été fait de son nom. Les émissaires lui demandent de rejoindre au plus vite Moscou, sous la menace que la guerre pourrait recommencer. L'arrivée de l'élu est retardée en raison de la difficulté des transports dans le pays dévasté, mais il fait une entrée triomphale dans la capitale, le 2 mai. Le couronnement a lieu le 21 juillet 1613 dans la cathédrale de la Dormition, au Kremlin. Platonov, un historien, écrit : « Aux yeux des contemporains, c'était Dieu lui-même qui avait choisi le souverain, le pays tout entier exulta de joie et célébra l'événement. »
En 1613, la dynastie des Romanov s'installe sur le trône de Russie et cela jusqu'en 1917.

Trois siècles de dynastie Romanov

Le XVIIe siècle : une monarchie forte. Sous les règnes de Michel, d'Alexis et de Fédor, de 1613 à 1682, le système juridique est réformé ; la colonisation de la Sibérie s'accentue ; des révoltes paysannes sont écrasées (en 1667-1671, le soulèvement de Stenka Razine) ; l'Église russe est divisée par le schisme.

Misère et grandeur du XVIIIe siècle. Après le règne de Pierre le Grand (1682-1725) se succèdent, au XVIIIe siècle, Catherine Ire, Pierre II, Anne, Ivan VI, Elisabeth Ire et Pierre III, de 1725 à 1762 : trois femmes, un garçon de 12 ans, un enfant en bas-âge et un débile mental. En 1762, la dynastie s'éteint avec Élisabeth, qui n'a pas d'enfant. Elle est remplacée par les Holstein-Gottorp. Mais Pierre III est un héritier Romanov (petit-fils de Pierre le Grand). Sa femme le fait assassiner en 1762 et règne sous le nom de Catherine II (Catherine la Grande), jusqu'à sa mort en 1796.

Le XIXe siècle : réaction et assassinats. Paul Ier (1796-1801) succède à Catherine II. Il est assassiné par une révolution de palais. Alexandre Ier (1801-1825) est l'un des inspirateurs de la Sainte-Alliance. Nicolas Ier (1825-1855) entame une politique réactionnaire après la révolte des « décembristes » en 1825, écrase le soulèvement polonais de 1830 et engage la guerre de Crimée (1854-1856). Alexandre II (1855-1881) fait des réformes (abolition du servage en 1861, création des zemstvos en 1864). Il est assassiné en 1881 par des socialistes. Alexandre III (1881-1894) favorise le bouleversement économique de la Russie. En 1894, il est assassiné.

La fin dramatique du dernier tsar. Nicolas II (1894-1917) poursuit la politique de son père. L'influence de Raspoutine précipite le discrédit sur la famille impériale. Nicolas abdique en mars 1917 et il est tué avec toute sa famille à Ekaterinbourg, le 17 juillet 1918.

Les puritains débarquent en Amérique
LE « MAYFLOWER »

Le débarquement des Pères Pèlerins à Plymouth, le 11 décembre 1620 : les puritains rendent grâce à Dieu. ▷

Le départ des Pères Pèlerins anglais sur le Mayflower, *(« Fleur de mai »), le 16 septembre 1620, dans le port de Southampton.*

Le 9 novembre 1620, le *Mayflower,* un bâtiment d'une trentaine de mètres transportant 149 hommes, femmes et enfants, arrive en vue du cap Cod, dans l'actuel État du Massachusetts.

Ces colons du *Mayflower* – les Pères Pèlerins – sont des puritains, c'est-à-dire des protestants calvinistes anglais soucieux de préserver une orthodoxie religieuse qui leur paraît faire défaut en Angleterre. Persuadés de l'impossibilité de parvenir à leurs fins en Angleterre, et refusant de reconnaître l'autorité royale en matière religieuse, ils se résolvent alors à se séparer de l'Église anglicane – on les appelle les séparatistes – et, devant les menaces et les persécutions dont ils sont l'objet, s'installent à Leyde, en Hollande, vers 1607-1608 avant de décider, dix ans plus tard, de tenter l'aventure d'une installation en Amérique du Nord, où ils sont convaincus de pouvoir développer un refuge religieux.

Des voyageurs unis par un pacte

L'organisation du voyage prend plusieurs années, nécessaires pour obtenir de la Compagnie de Virginie à Londres le droit de s'établir outre-Atlantique et d'y installer leur « plantation ». Ce n'est qu'à la fin de l'été 1620 que les démarches sont terminées : les colons, qui devaient à l'origine utiliser deux bateaux, le *Mayflower* et le *Speedwell,* embarquent alors sur le seul *Mayflower* et mettent à la voile, le 16 septembre 1620.

Au terme de deux mois de navigation, et avant de débarquer sur les rives inconnues et apparemment inhospitalières qu'ils contemplent depuis leur bord, les Pèlerins, ou tout au moins la plupart des hommes adultes, prennent une décision qui témoigne de leur souci de se doter d'une organisation politique sociale stable : ils rédigent, le 11 novembre 1620, le pacte du *Mayflower,* par lequel ils s'engagent individuellement à respecter les lois qu'ils seront amenés à établir pour le bien-être général de la colonie. Ils jettent ainsi les bases lointaines et fragmentaires, mais essentielles, d'une tradition politique américaine de gouvernement par consentement populaire.

La rade de Plymouth

Quelques semaines après leur arrivée, les colons jettent leur dévolu sur un site déjà exploré naguère par le capitaine John Smith, la rade de Plymouth, et se lancent dans la construction de leur colonie. La première maison de la « plantation » est érigée le 25 décembre 1620. Malgré un hiver rude et meurtrier pour nombre d'entre eux, les co-

L'Amérique du Nord en 1620

Atteinte par les premiers explorateurs à la fin du XVe et au début du XVIe siècle, l'Amérique du Nord n'est encore **connue et habitée par les Européens, au début du XVIIe siècle que dans sa partie orientale proche de la mer.** Rares sont les voyageurs à s'être aventurés à l'intérieur du continent : ainsi Cabeza de Vaca, ou Coronado, dans la première moitié du XVIe siècle.

À cette époque, l'Amérique du Nord reste donc, très largement, **le domaine des Indiens :** il s'agit principalement, à l'est, des Algonquins et des Hurons (au nord du Saint-Laurent), des Mohicans et des Iroquois (au sud de ce fleuve) ; des Creeks, des Cherokees, des Choctaws, des Chickasaws et des Séminoles (les « Cinq Nations »), dans les régions méridionales.

Les réfugiés, débarqués en plein hiver, découvrent un environnement hostile et un peuple inconnu – les Indiens – avec lequel ils parviennent heureusement à établir des relations pacifiques.

lons parviennent à survivre. Le printemps venu, aucun des survivants ne rentre en Angleterre avec le *Mayflower.* Sous la direction du gouverneur – et historien de la colonie – William Bradford, qui dirige Plymouth presque sans interruption de 1621 à sa mort survenue en 1657, les colons établissent des relations amicales avec les Indiens. La colonie peut ainsi se développer lentement. En 1630, Plymouth compte près de 300 colons, en 1637 près de 500.

Une colonie aux mœurs austères

L'histoire de Plymouth n'est pas celle d'une colonie appelée à connaître une croissance démographique spectaculaire. La rigidité des doctrines religieuses des Pèlerins est susceptible de décourager même certains sympathisants des thèses puritaines. La faiblesse de l'économie de la nouvelle colonie, fondée sur le très aléatoire commerce des fourrures et non sur l'agriculture et la pêche qui s'avèrent vite décevantes, est également un obstacle à son essor.

Mais l'arrivée des colons du *Mayflower* marque un tournant dans l'histoire de la colonisation européenne de l'Amérique du Nord. Pour la première fois, une colonie est fondée pour durer, par des colons qui décident eux-mêmes de leur destin.

Les Européens en Amérique du Nord

Les Espagnols, d'abord. Maîtres de Mexico en 1519, ils cherchent à s'implanter en Floride à partir de la première moitié du XVIe siècle et y parviennent après plusieurs échecs. Au début du XVIIe siècle, ils se tournent vers le Nouveau-Mexique, fondant Santa Fe en 1609. Par la suite, ils prennent pied au Texas (San Antonio, 1716), puis sur la côte Pacifique (Monterey, 1769).

La présence française. Les Français font des apparitions sporadiques au cours du XVIe siècle. Ainsi Verrazano explore-t-il la baie de New York, en 1524, pour le compte d'un Dieppois. Mais seule la fondation de Québec, en 1608, par Samuel de Champlain assure une présence stable et permet le développement ultérieur de la colonisation française. L'exploration du Mississippi par Cavelier de La Salle en 1682 donne à la France une région immense qui prend le nom de Louisiane.

Éphémères Hollandais. Les Hollandais s'intéressent à la région de New York à partir de 1609, lorsque Henry Hudson explore pour leur compte la vallée du fleuve qui porte son nom. Mais leur comptoir commercial de New Amsterdam tombe en 1664 entre les mains des Anglais et devient New York.

Le triomphe des Anglais. Ils se sont installés en Virginie et en Nouvelle-Angleterre à partir de 1584 (établissement d'une première colonie) et dans la première moitié du XVIIe siècle. Hors de ces deux régions, des colonies sont fondées au cours du XVIIe et du XVIIIe siècle : le Maryland au début des années 1630 ; le New Jersey et le New York en 1664 ; la Pennsylvanie (autre refuge d'une minorité religieuse, les quakers) au début des années 1680 ; le Delaware en 1712 et la Géorgie en 1733. La force du nombre permet ainsi à l'Angleterre de triompher des autre puissances européennes au XVIIIe siècle et d'imposer un temps sa domination sur l'Amérique du Nord.

Un nouveau ministre pour la France

RICHELIEU

Le 29 avril 1624, Armand Jean du Plessis, cardinal de Richelieu, prend place au Conseil du roi, parmi ceux qui, auprès de Louis XIII, assurent le gouvernement du royaume. Un peu plus de trois mois plus tard, il en est le chef : il le demeure jusqu'à sa mort, avec le titre de principal ministre. Sa réussite est celle d'un arriviste, ou plutôt celle d'un lutteur acharné.

Dès le départ, en effet, Richelieu doit se battre contre le destin. Comme tous les nobles, il rêve, enfant, de prouesses guerrières, de chevauchées et de gloire. Mais, orphelin contraint d'assurer à sa famille les subsides d'une charge ecclésiastique, il entre dans les ordres : à 24 ans, en 1606, ce Parisien ne connaît que la misère et la boue de Luçon, un obscur évêché du Poitou. Cependant, l'exceptionnelle valeur de cet évêque « malgré lui » frappe Marie de Médicis – régente toute-puissante de la France après l'assassinat de son époux Henri IV en 1610 –, lors de l'assemblée des états généraux de 1614, où il est délégué. Le jeune homme entre à son service, devient son aumônier et un de ses fidèles. Il obtient le secrétariat d'État à la Guerre et aux Affaires étrangères... Mais il est entraîné dans la disgrâce de la reine mère, après l'assassinat du favori de celle-ci, Concini. Il doit déployer des trésors de patience pour négocier la réconciliation du roi et de sa mère et regagner sa place à la cour : c'est chose faite en 1624, lorsqu'il est appelé au Conseil ; sauf le titre de cardinal qu'il a gagné deux ans plus tôt, il repart en somme de zéro, cette année-là.

La France en 1624

En 1624, il faut trois semaines de voyage pour traverser le royaume de France, le plus peuplé d'Europe avec **20 millions d'habitants.**

Les trois quarts ne savent ni lire ni écrire, beaucoup ne parlent que leur langue régionale. 85 % des Français vivent à la campagne ; au bord de la famine, car les mauvaises récoltes se multiplient à cause d'un refroidissement du climat : **le « petit âge glaciaire ».**

Marie de Médicis a tenu les rênes du pouvoir après l'assassinat de son mari Henri IV – **Louis XIII** n'avait alors que 9 ans. La faiblesse de la régente s'est avérée désastreuse. Le redressement du pays, ravagé par les guerres de Religion, a été compromis. Affaibli face à l'Espagne, le royaume s'est trouvé en proie à **l'agitation des clans** nobles. Mais, en 1624, le roi a 23 ans et la volonté de se démarquer de sa mère. Il l'a montré en 1617 en faisant assassiner son favori, Concini.

La Réconciliation de Marie de Médicis et de son fils *(peinture de Rubens, Paris, musée du Louvre).*

Les premières audaces

Pour Richelieu, seules comptent la puissance du roi et la grandeur de la France. Cette suprême « raison d'État » balaie les principes et les contradictions. Puisque l'affrontement est inévitable avec la grande puissance de l'époque, l'Espagne, qui prétend défendre le catholicisme, Richelieu ne voit aucun inconvénient, pour la vaincre, à s'allier avec des souverains protestants, bien qu'il soit lui-même un haut dignitaire catholique.

Mais, si les protestants à l'étranger servent sa politique, il voit dans ceux qui habitent le royaume une menace intolérable d'agitation et de division : ils disposent, depuis l'édit de Nantes (1598), d'une administration particulière et, dans le Sud, de places fortes militaires. En 1628, après un terrible siège, la plus puissante d'entre elles, La Rochelle, se rend. Bien qu'il porte comme eux la barbe taillée en pointe, Richelieu juge les nobles tout aussi dangereux. En 1627, pour la première fois dans l'histoire du royaume, il fait condamner à mort deux d'entre eux, pour s'être battus en duel au mépris des lois du royaume. Mais il redoute surtout les complots des Grands, dont la susceptibilité est attisée par les agents secrets espagnols, la reine mère et même Gaston d'Orléans, frère du roi, jaloux du pouvoir croissant de Richelieu. Ce n'est d'ailleurs qu'à la fin de 1630, le 10 novembre, que le morose et changeant Louis XIII écarte définitivement sa mère et que Richelieu s'impose définitivement : cela lors de la journée des Dupes, lorsque les dévots, groupés autour de Marie de Médicis, après qu'ils eurent cru avoir obtenu le renvoi de Richelieu, furent exilés par le cardinal rentré en grâce.

Un homme de fer

En 1631 commence la guerre ouverte contre l'Espagne, dans le cadre du grand conflit qui ravage alors l'Europe : la guerre de Trente Ans. Les débuts sont désastreux, et les dépenses énormes. Renoncer aux mesures qui auraient amélioré la situation du royaume ne suffit point. Il faut aussi augmenter considérablement les impôts. Pour justifier ces sacrifices, Richelieu encourage le médecin protestant Théophraste Renaudot à créer le premier journal paru en France, *la Gazette,* qui présente les événements sous le jour le plus

L'homme d'Église... et l'homme de fer : Richelieu sur la digue de La Rochelle *(peinture de P. Henri, XIXe siècle La Rochelle, musée d'Orbigny).*

Richelieu est aussi un homme de cabinet (portrait par Philippe de Champaigne, chancellerie des Universités de Paris).

favorable à sa politique. De même, il fonde en 1635 l'Académie française, pour avoir à sa disposition des écrivains et des penseurs qui le défendent.

Mais les paysans sur qui repose, à l'époque, tout le poids de l'impôt ne lisent pas ces ouvrages. Rassasiés de misère, armés de fourches et de bâtons, ils se révoltent. Richelieu répond par la violence d'une répression sanglante. Avec la même brutalité, il fait face aux révoltes des Grands, derrière lesquelles se trouve toujours Gaston d'Orléans : depuis Henri de Montmorency, décapité en 1632, jusqu'au jeune Cinq-Mars, pourtant favori du roi, exécuté en 1642.

Une œuvre positive

Si Richelieu détruit, il bâtit aussi. Il dote la France de sa première marine de guerre et jette les bases d'un empire colonial : au Canada, qui commence à se peupler, son nom est donné à un affluent du Saint-Laurent. Sous son ministériat, des Français fondent Saint-Louis du Sénégal, en Afrique, et Fort-Dauphin, à Madagascar. Cependant, l'on prend goût aux produits venus d'Amérique et des Antilles : le tabac et le sucre de canne.

Cet homme à la volonté indomptable, dormant peu et travaillant énormément, trouve le temps d'assurer sa gloire personnelle en même temps qu'il s'occupe du bien de l'État. Il se fait construire, à Paris, un fastueux palais (qui deviendra le Palais-Royal) et il rachète, en province, la terre de Richelieu que sa famille a dû vendre, pour y édifier une ville modèle. Considérablement enrichi par son accession au pouvoir, il veille aussi à pourvoir les siens de postes lucratifs, ou à leur faire faire des mariages avantageux. Enfin, ce cardinal, qui ne dit pas souvent ses prières, prend le temps, néanmoins, de courtiser les dames de la cour.

Mais, en 1643, alors que la victoire de Rocroi consacre le recul de l'Espagne, cet homme, à qui rien n'a jamais résisté longtemps, perd son ultime bataille, celle qu'il livre contre son propre corps malade. Toute sa vie, ce grand corps, nerveux et sec, l'a tourmenté de fièvres, de douleurs et d'infections diverses. Dans les dernières années, il ne peut plus tenir à cheval, ni même supporter les cahots d'un carrosse. Il parcourt le royaume, couché sur une litière portée par 24 hommes se relayant. L'annonce de sa mort ne provoque guère de larmes : au contraire, on allume des feux de joie dans les campagnes. Le ministre détesté n'est associé qu'à la misère et à la peur. On ne reconnaît pas encore que, grâce à lui, la France est devenue une grande puissance.

Les grands ministres de l'ancienne France

Éloi (v. 588-660). D'abord orfèvre, il devient le conseiller du roi Dagobert dont parle la chanson. Une carrière d'évêque lui permet finalement d'être canonisé.

Suger (v. 1081-1151). Moine dès l'âge de 10 ans, à cause de sa pauvreté, il est élevé auprès du futur Louis VI et reste son homme de confiance.

Sully (1559-1641). Aussi habile administrateur qu'il a été bon soldat aux côtés d'Henri IV aux heures difficiles des guerres de Religion. Sa fidélité au protestantisme accélère sa mise à l'écart après l'assassinat du roi.

Mazarin (1602-1661). Durant la jeunesse de Louis XIV, cet Italien gouverne la France aux côtés de l'Espagnole Anne d'Autriche, veuve de Louis XIII. Cardinal sans être prêtre, il l'épouse en secret, dit-on.

Colbert (1619-1683). Sa politique économique vise à donner à Louis XIV les moyens de ses ambitions. Mais les guerres continuelles du Roi-Soleil ruinent ses efforts.

→ **Voir aussi :** p. 168-169 (guerre de Trente Ans).

1633

Condamné pour avoir dit la vérité
LE PROCÈS DE GALILÉE

En 1633, le jour où l'été commence, le 22 juin, un astronome italien, Galileo Galilei, dit Galilée, est condamné à perpétuité à la prison et doit abjurer ses erreurs à genoux devant le tribunal de l'Inquisition. Sa faute ? Avoir osé proclamer, après le Polonais Copernic, que la Terre tourne autour du Soleil, et qu'elle ne constitue pas le centre autour duquel gravitent tous les astres, comme l'affirme l'Église.

L'affaire s'inscrit dans un climat particulier. Nous sommes dans l'Italie baroque, au temps de la Réforme catholique, après le concile de Trente. L'Église romaine n'a qu'une obsession : reprendre en main les savants et les philosophes, réaffirmer le dogme, éviter toute nouvelle hérésie, après le drame que fut la scission de la chrétienté occidentale par la Réforme protestante, un siècle plus tôt. Or, la doctrine exposée par Galilée met en cause la conception du monde que l'Église enseigne : elle dénie en effet à la Terre tout rôle privilégié dans l'Univers, alors que l'Église présente la planète où vit l'Homme, sur la foi de la Bible et en s'appuyant sur la tradition ancienne d'Aristote, comme le centre immobile du monde et l'axe de la Création. Pour

Science et religion au XVIIe siècle

Ce siècle est marqué par la mise en cause de la portée de la pensée religieuse dans le domaine scientifique. Dans *le Discours de la méthode pour bien conduire sa raison et chercher la vérité dans les sciences* (1637), R. Descartes réserve le domaine de la foi à la religion et à Dieu et explique le monde par la raison et les sciences et non par la providence.

On assiste au XVIIe à **un progrès des mathématiques et de la physique** (**Torricelli** montre que les trajectoires des projectiles sont toujours des paraboles et **Pascal** démontre l'existence du vide et de la pression atmosphérique). En médecine, William **Harvey** (1578-1658) met en évidence la circulation du sang dans le corps et le rôle du cœur et des artères.

L'Astronomie selon Galilée *(gravure du XVIe siècle). Au centre, le Soleil.*

Portrait de Galilée (détail de Galilée devant le Saint-Office au Vatican, *de J.N. Robert-Fleury, 1847).*

Les représentations du système solaire

Selon Ptolémée et Aristote dans l'Antiquité, la Terre est immobile au centre du monde. L'univers comprend une région céleste où tous les mouvements sont circulaires et une région terrestre où tous les mouvements sont rectilignes.

Nicolas Copernic (1473-1543) affirme que la Terre tourne autour du Soleil comme toutes les autres planètes mobiles et que cette rotation sur elle-même donne l'alternance des jours et des nuits. La « révolution copernicienne » découvre « l'héliocentrisme » (c'est-à-dire que le Soleil est le centre de notre système).

Johannes Kepler (1571-1630) perfectionne le système de Copernic en découvrant que la trajectoire des planètes dessine une ellipse dont le Soleil est le foyer.

Avec Isaac Newton (1642-1727), la découverte de la loi de la gravitation universelle permet de penser la rotation de la Lune et de rendre compte des marées et du mouvement des comètes.

la première fois, une théorie scientifique déplace les valeurs de la société et inquiète les autorités religieuses.

La formation de Galilée

Jusqu'en 1612, cependant, les recherches de Galilée ne lui valent que des honneurs. Né en 1564, formé comme médecin et comme mathématicien, ce professeur de l'université de Padoue travaille sur la chute des corps et, surtout, améliore la lunette astronomique inventée par les Hollandais. L'instrument qu'il met au point lui permet de révolutionner l'observation de l'Univers : il découvre le relief de la Lune, les taches du Soleil, les principaux satellites de Jupiter, les phases de Vénus et la présence d'étoiles dans la Voie lactée. Toutes ces découvertes, rapportées par lui dans *le Messager céleste,* en 1610, lui permettent d'obtenir les faveurs du grand-duc Cosme II. Celui-ci le fait venir en Toscane et lui offre la chaire de mathématiques dans la célèbre université de Pise.

Galilée devant le tribunal de l'Inquisition *(détail d'une peinture de Joseph Clérian, XIXe siècle, Aix-en-Provence, musée Granet).*

La polémique

C'est en 1612 que la situation se retourne : Galilée est soupçonné de suivre les thèses de Copernic sur le mouvement des planètes. Mais il est alors protégé par le cardinal Bellarmin, favorable, à ce moment, à la discussion des thèses traditionnelles face aux découvertes scientifiques. En 1616, les œuvres de Copernic sont mises à l'Index, c'est-à-dire interdites de lecture à tous les catholiques. Galilée, averti qu'il pourrait être inquiété, se tourne vers d'autres recherches. En 1618, l'apparition de trois comètes ravive les polémiques des astronomes, et Galilée se rend une première fois à Rome pour défendre ses thèses : le soutien du pape Urbain VIII, cette année-là, permet que tout se passe bien. En 1623, nouvelle étape : Galilée fait paraître *Il Saggiatore (l'Essayeur),* où il invite ses lecteurs à une réflexion sur la science fondée sur la seule observation et l'expérience, hors de tout postulat préétabli. Mais, surtout, en 1632, il rédige *le Dialogue sur les deux grands systèmes (Dialogo sopra i due massimi sistemi del mondo),* dans lequel deux savants coperniciens démontrent à un savant aristotélicien que son système est faux. Cet essai vaut à Galilée d'être convoqué devant le Saint-Office, ou tribunal de l'Inquisition, à Rome, sitôt la parution du livre.

Le procès

Le pape Urbain VIII n'est déjà plus son allié. Pendant l'hiver 1632-1633, Galilée retarde par tous les moyens cette comparution en prenant prétexte de son âge et de la peste en Italie centrale. Il vient cependant à Rome en février. L'instruction, secrète, dure deux mois : après des interrogatoires sur le *Dialogue,* la cause est entendue par les inquisiteurs et il est jugé coupable « d'avoir tenu cette fausse doctrine, contraire à l'Écriture sainte et divine, que le Soleil est le centre du monde, que la Terre se meut et n'est pas le centre du monde ». Une tradition veut qu'en se relevant, après l'abjuration, il ait frappé du pied la terre et se soit écrié *« Eppur, si muove ! »* (« Et pourtant, elle tourne ! »).
Galilée reste en résidence surveillée le restant de ses jours près de Florence, travaillant surtout à des ouvrages de mécanique avec quelques disciples. Ses travaux sont traduits et diffusés en Europe. En 1637, une dernière épreuve l'attend : il devient aveugle. Il doit s'aliter en 1641 et meurt, le 8 janvier 1642, à l'âge de 78 ans.
L'Église, en cette occasion, s'est montrée coupable devant la science. Ce qui était inacceptable pour elle dans la « révolution galiléenne », c'était la remise en question de la centralité de la Terre et de l'Homme, la possibilité d'un Univers incohérent ou du moins dans lequel la cohérence ne serait pas d'ordre divin, et enfin la naissance d'une théorie critique des sciences.

Les procès scientifiques et philosophiques dans l'histoire

Socrate (470-399 av. J.-C.). Accusé par ses concitoyens d'impiété, d'avoir ébranlé les traditions, « d'avoir honoré d'autres dieux que ceux de la cité et tenté de corrompre la jeunesse », il est condamné à avaler un poison (la ciguë).

Giordano Bruno (1548-1600). Un moine défroqué, converti au calvinisme, prend position pour les théories héliocentriques de Copernic et Tycho Brahe et préconise la connaissance du monde fondée sur l'expérience et la raison. Torturé par l'Inquisition, il refuse d'abjurer. Il est condamné à mort et brûlé vif à Rome.

Tommaso Campanella (1568-1639). Un dominicain qui a écrit *la Cité du Soleil,* une utopie dans laquelle sont abolies la famille et la propriété privée. Il est emprisonné de 1599 à 1623.

Charles Darwin (1809-1882). Un naturaliste anglais qui a voyagé en Amérique du Sud et dans le Pacifique. Il en rapporte des observations sur les animaux dont il tire une théorie explicative de l'évolution : *De l'origine des espèces par voie de sélection naturelle* (1859). Sa thèse de la lutte pour la vie produisant des changements et des évolutions dans les espèces est alors très controversée. Au XXe siècle, cette pensée est encore jugée dangereuse pour les esprits, au point qu'en 1925, aux États-Unis (à Daynton, Tennessee), le professeur J. Scopes est jugé pour avoir enseigné à ses élèves les thèses darwinistes interdites dans cet État.

Trofim Lyssenko (1898-1976). Biologiste soviétique, décidé « à accorder la génétique avec le matérialisme ». Il lutte contre les théories de Mendel sur les caractères héréditaires et ses adversaires scientifiques sont arrêtés et déportés. À la mort de Staline, il est considéré comme responsable du retard de la génétique en U.R.S.S. et de l'agriculture expérimentale. Il est démis de son poste de direction à l'Institut de génétique en 1965.

La France intervient dans la guerre de Trente Ans

UN CONFLIT EUROPÉEN

Le 19 mai 1635, la France déclare la guerre à l'Espagne de Philippe IV ; en conséquence de quoi, l'année suivante, Ferdinand II de Habsbourg, empereur du Saint Empire romain germanique et cousin du roi d'Espagne, déclare à son tour la guerre à la France.

La guerre de Trente Ans, un conflit commencé en 1618 et qui semblait sur le point de s'apaiser, l'année précédente, s'en trouve relancée. De l'Espagne à la Suède, de l'Autriche à la France, sans oublier la mosaïque des États allemands, l'Europe plonge dans la guerre.

Le premier champ de bataille : les pays allemands

La guerre est la conséquence de la Réforme protestante : c'est la dernière des guerres de religion en Occident. Née en Bohême, où les calvinistes ont pris les armes contre l'empereur catholique Ferdinand, elle a rapidement gagné tous les pays germaniques, soumis au même Ferdinand ; elle s'est trouvée aggravée par l'intervention du Danemark et de la Suède, pays protestants ; et par celle, en faveur de l'autre camp, de l'Espagne (catholique) qui domine, dans la région, les Pays-Bas (calvinistes), révoltés contre son autorité. Pendant tout le temps qui précède l'intervention française, les grandes batailles qui ponctuent les campagnes militaires évoquent des noms allemands : Dessau, Lutter, Magdebourg, Breitenfeld, Lützen, Nordlingen. La plus célèbre d'entre elles, celle de la Montagne Blanche, en 1620, a lieu aux abords de Prague, seconde capitale traditionnelle de l'Empire, après Vienne.

Combat de cavalerie pendant la guerre de Trente Ans *(Jacques Courtois, dit le Bourguignon ; musée de Blois).*

L'intervention française, ou la politique contre la religion

Si le conflit est avant tout allemand, pourquoi la France intervient-elle ? C'est que, dans le nord de l'Europe, se joue la prépondérance en Europe. La victoire reviendra-t-elle aux Habsbourg ? Ce serait un triomphe pour l'Espagne. Et la France ne peut l'accepter. Aussi, alors même que le royaume est catholique, alors même que Richelieu est homme d'Église, la France entre dans la guerre dans le camp des princes protestants, contre les catholiques. La politique étrangère obéit rarement aux intérêts spirituels ou moraux : ce qui l'emporte, c'est la raison d'État.

L'Europe en guerre

De 1618 à 1648, la guerre de Trente Ans oppose dans l'Europe du Nord, et en particulier dans les pays germaniques, **les protestants aux catholiques.**

Les réformés allemands luttent contre leur empereur, **Ferdinand II** de Habsbourg ; les calvinistes des possessions flamandes de l'Espagne se révoltent contre **Philippe IV,** un Habsbourg également ; princes protestants, les rois du Danemark et de Suède, **Christian IV** et **Gustave-Adolphe,** entrent dans le conflit aux côtés des rebelles.

Seule, **la France du règne de Louis XIII,** menée par Richelieu, soutient dans la guerre un parti qui ne correspond pas à la religion de son roi : pour faire pièce aux Habsbourg en Europe, elle intervient en faveur des protestants.

La guerre de Trente Ans laisse le souvenir d'horribles violences et de pillages, les troupes vivant sur le pays, spoliant et massacrant sans vergogne les paysans (peintures de XVIIe siècle).

Les opérations militaires

Or, la guerre commence mal pour la France. En 1632, les protestants ont perdu un chef remarquable en la personne du roi de Suède, Gustave-Adolphe, tué à la bataille de Lützen. En 1635, les Habsbourg d'Autriche et d'Espagne ont remporté une victoire décisive contre l'armée suédoise, à Nördlingen, en Bavière. En 1636, les succès espagnols confirment la progression du parti catholique sur la frontière française : la Picardie est envahie, Corbie est prise le 7 août.
Puis, à partir de 1638, le sort des armes s'inverse. Cette année-là, la place forte de Brisach, tenue jusque-là par les Espagnols, tombe. La route qui permet à ceux-ci de faire passer des troupes en Allemagne est coupée. En 1639, leur défaite navale au large de Douvres affaiblit le recours à la voie maritime. Les victoires de Hesdin (1639), Arras (1640) et Bapaume (1641) ouvrent aux Français la route de l'Artois.

Vers la paix

En 1643, la lassitude gagne tous les belligérants. Pourtant, il faut encore cinq années de guerre pour arriver à la paix. De 1643 à 1648, les succès militaires sont français ; ils ont pour artisans le jeune Condé qui, à 22 ans, inflige, à Rocroi, la première défaite de son histoire à la redoutable infanterie lourde espagnole, et Turenne, qui fait reculer les Autrichiens. Les défaites espagnoles s'accumulent : en 1648, la paix est signée en Westphalie.

Premier enseignement de cette paix : l'unité catholique de l'Europe est impossible. La guerre force les puissances catholiques – Espagne, Autriche et Saint-Siège – à reconnaître l'existence politique du protestantisme et à renoncer à son élimination. Deuxième apport : les « libertés germaniques », mises en avant par la Suède et la France dans leur intervention militaire, sont sauvegardées et même étendues. Les princes allemands jouissent d'une véritable autonomie par rapport à l'empereur. Celui-ci, cependant, demeure le chef de l'Empire. La couronne impériale reste élective, mais les Habsbourg jouissent de fait d'une quasi-hérédité de la dignité impériale. D'un point de vue territorial, la Suède et la France sont les gagnantes du conflit. C'est par les traités de Westphalie que la France commence à annexer l'Alsace.

Les misères de la guerre

Trente années de guerre ne s'effacent pas par des traités. Le sang, la sueur et les larmes irriguent longtemps les terres ravagées et les populations restent empreintes de ces temps de tragédie. Car la guerre, ce sont les batailles, mais plus souvent encore les destructions de récoltes, les pillages, les meurtres et les viols qu'entraîne le sac d'une ville. Ce sont aussi tous ces soldats qui errent dans le pays et terrorisent les habitants. C'est enfin le héros picaresque qui tente de survivre dans ces années agitées. L'auteur allemand Grimmelshausen lui donne un nom : Simplicissimus. Un héros qui vit encore dans l'imaginaire des populations allemandes.

Les principales phases de la guerre

Si l'étude de la guerre de Trente Ans est si compliquée, c'est qu'elle a entraîné tous les pays européens dans un tourbillon de batailles, de victoires et de défaites ; les alliances se sont liées, défaites et renouées...

D'abord, entre 1619 et 1620, la guerre se limite à la Bohême. La révolte protestante est écrasée lors de la bataille de la Montagne Blanche, le 8 novembre 1620. L'écho de ce succès des catholiques est comparable à celui de Lépante, un demi-siècle plus tôt. Profitant de la victoire, l'empereur veut alors se venger des calvinistes allemands.

Les années 1620, ou les succès des Habsbourg. L'équilibre catholiques-protestants se rompt au sein de l'Empire. Du côté des Autrichiens se rangent les Espagnols et la Pologne. Le roi du Danemark, Christian IV, apporte, lui, son soutien aux protestants. Les batailles de Dessau (mars 1626) et de Lutter (août 1626) donnent l'avantage aux Autrichiens et aux Espagnols. Le roi du Danemark voit alors ses territoires, au nord et dans la Baltique, menacés par les troupes catholiques. Il s'avoue vaincu et signe la paix, le 22 mai 1629. Ainsi, au début des années 1630, la victoire va aux monarchies cousines de Vienne et de Madrid.

1631-1648 : la revanche. Cette prépondérance inquiète à la fois Richelieu, le ministre de Louis XIII, et Gustave-Adolphe, roi de Suède. L'entrée en guerre de ce dernier est marquée par la victoire de Breitenfeld (17 septembre 1631), véritable revanche, pour les protestants, de la défaite de Montagne Blanche. De nouvelles victoires marquent l'année 1632. Pourtant, la mort prématurée de Gustave-Adolphe redonne l'avantage aux Habsbourg. C'est pourquoi, le 19 mai 1635, Louis XIII déclare la guerre au roi d'Espagne, Philippe IV.

L'Espagne reconnaît l'indépendance des Provinces-Unies

NAISSANCE D'UNE PUISSANCE

La Célébration de la paix de Münster, *acte fondateur des Provinces-Unies (détail d'une peinture de B. Van der Helst).*

En 1648, une série de traités, appelés les traités de Westphalie à cause de la région où ils furent signés, met fin à la guerre de Trente Ans. L'un d'eux est conclu en mai, à Münster : il règle un conflit plus long encore que celui commencé en 1618, puisqu'il reconnaît l'indépendance des Provinces-Unies, rebellées contre la domination espagnole depuis le siècle précédent.

Comme la guerre de Trente Ans, la révolte de la partie septentrionale des possessions espagnoles en Europe du Nord s'explique par des causes religieuses autant que politiques : c'est un conflit entre protestants et catholiques autant qu'entre dominés et dominants.

La guerre de Quatre-Vingts Ans

C'est en 1566 qu'éclate la révolte des Pays-Bas, comme on appelle alors les 17 provinces qui, près de la mer du Nord, sont placées sous la domination des Habsbourg d'Espagne. Jusqu'en 1609, date à laquelle est signée la trêve de Douze Ans, l'agitation politique et religieuse, les opérations militaires opposant les insurgés, mais aussi leurs alliés étrangers, aux troupes espagnoles font de cette contrée un foyer d'incendie. Le seigneur naturel de ces pays est alors Philippe II, roi d'Espagne depuis 1556. Celui-ci, qui s'est fait le champion de la catholicité, entend extirper de ses terres l'hérésie protestante, qui prend aux Pays-Bas la forme du calvinisme. Aussi choisit-il d'introduire l'Inquisition. Cette décision provoque l'alliance des nobles et des calvinistes. Les premiers, hostiles à l'autoritarisme du roi d'Espagne, trouvent chez les seconds une volonté farouche de lutte pour leur liberté. Cette alliance joue sur deux registres : le politique et le religieux, aussi est-elle apte à se présenter comme une synthèse nationale.

La fureur gagne toutes les provinces. En 1570, l'autorité de Philippe II ne tient plus qu'à l'aspect implacable de la répression, confiée au duc d'Albe. Les années suivantes voient la reprise des combats. Les chefs espagnols se succèdent sans obtenir le succès définitif. Du côté des révoltés, Guillaume d'Orange s'impose comme chef. En 1579, le trouble est tel que des notables des Pays-Bas, soucieux d'éviter une extension des conflits, prêchent la réconciliation avec Madrid. L'Union catholique d'Arras est née. Cette tentative échoue et provoque en réponse la formation de l'Union protestante d'Utrecht, qui fédère les insurgés.

Le conflit, tel le feu, se nourrit de ses braises. Il faut quarante ans de combats pour que la lassitude impose temporairement ce que la raison n'a pu obtenir : une trêve. Cette trêve est fixée pour douze années. Nous sommes en 1609.

L'Espagne et ses possessions au milieu du XVIIe siècle

Philippe IV, roi d'Espagne de 1618 à 1665, hérite d'une Espagne partout présente en Europe, mais aussi **d'une domination déjà ébranlée** par les différentes révoltes nationales : celle des **Provinces-Unies** est la plus ancienne, la plus éprouvante par l'effort de guerre qu'elle nécessite.

En Italie, la domination de Madrid s'étend sur le royaume de Naples et sur le Milanais. **Le Portugal** se révolte en 1640. En 1668, Madrid doit reconnaître son indépendance.

La Catalogne aussi tente une sécession en 1640, mais, après d'âpres combats, reste dans l'ensemble dominée par Madrid. En revanche, les colonies espagnoles ne connaissent au XVIIe siècle aucun mouvement sécessionniste.

Vers la paix

La trêve a permis à chaque parti de panser ses blessures, puis de se remettre humainement, mais aussi financièrement de l'incroyable effort de guerre demandé. Pourtant, en 1621, le nouveau roi d'Espagne, Philippe IV, et son ministre Olivares décident de reprendre la lutte pour en finir avec cette dissidence de fait d'une partie des Pays-Bas.

La guerre, cependant, ne se circonscrit plus

Le centre d'Amsterdam et son port, lieux d'une intense activité économique (peintures du XVIIe siècle).

à ce seul espace. Elle est européenne. Depuis 1618, les pays germaniques sont devenus le champ de bataille de ce qu'on appellera la guerre de Trente Ans. Depuis 1635, la France participe à ce conflit. L'Espagne, qui tient l'actuelle Belgique, doit donc faire face à trois fronts : au nord, les provinces révoltées ; à l'est, les réformés en lutte contre les Habsbourg ; et, au sud, la France. Elle doit compter, en plus, avec une guerre navale : traditionnellement, les Pays-Bas regardent vers la mer, non pour y faire la guerre mais pour y commercer. Dans leur effort de guerre, les insurgés arment des navires et les lancent à la poursuite des galions espagnols qui reviennent chargés de l'or des Amériques. Cette activité de piraterie leur permet d'affaiblir le camp adverse tout en s'enrichissant. La guerre est donc totale, sur terre et sur mer. Les coups répétés que portent la France et les insurgés aux troupes espagnoles conduisent à la victoire des uns, défaite des autres.

Quatre-vingts années après la révolte, la paix de Münster est signée : la république des Provinces-Unies accède, de droit et non plus seulement de fait, à l'indépendance.

La promesse d'un bel avenir

La victoire n'est pas que la sanction des armes. Il y a, dans la naissance des Provinces-Unies, la reconnaissance d'une nouvelle puissance. Le dynamisme des Hollandais s'investit dans les activités maritimes et le commerce. Dans la guerre qui les oppose à l'Espagne, ils comprennent l'importance des colonies de leur adversaire en Amérique ou dans le Pacifique. Aussi leurs efforts consistent-ils non seulement à armer des corsaires, mais aussi à se rendre sur place et à tenter de créer un réseau commercial dont l'aboutissement serait Amsterdam. En 1602, ils fondent la Compagnie réunie des Indes orientales, qui, moyennant une redevance aux États Généraux (l'organisation politique des insurgés, qui contrôle le territoire depuis 1580), obtient le monopole du commerce maritime. Une deuxième compagnie, cette fois-ci des Indes occidentales, voit le jour en 1621. Ces deux créations se révèlent être de puissants soutiens à la cause nationale. Très vite, les Hollandais prennent l'avantage maritime sur l'Espagne. En 1628, une flotte espagnole est capturée à Cuba. En octobre 1639, la grande flotte de l'amiral Oquendo est écrasée par l'amiral Tromp. Avec ce succès, la Hollande est consacrée comme première puissance maritime.

La paix qui s'ouvre en 1648 se présente comme la promesse d'une prospérité accrue. Déjà, Amsterdam est la plus grande place financière du monde. La richesse y est naturelle. Les villes s'embellissent tandis que les productions de luxe se développent. La liberté d'esprit qui règne fait d'Amsterdam la capitale de la tolérance européenne.

Un nouvel État est né : les Provinces-Unies. Des douleurs de la révolte et de la guerre, il ne reste plus désormais que le dynamisme d'une communauté qui se sait un destin cosmopolite...

→ **Voir aussi :** p. 168-169 (guerre de Trente Ans).

Pays-Bas, Provinces-Unies et Belgique : les divisions politiques du Nord-Ouest européen

Un ensemble ancien, les Pays-Bas. Au début des temps modernes, les pays qui constituent à présent la Hollande, la Belgique et une partie du nord de la France sont appelés Pays-Bas.

Le nord des Pays-Bas : les Provinces-Unies (actuels Pays-Bas). Avec la révolte des provinces septentrionales et surtout à partir de leur indépendance en 1648, il faut établir une distinction entre les différents États. Ces provinces révoltées – Gueldre, Hollande, Zélande, Utrecht, Frise, Overijssel et Groningue – se fédèrent et prennent le nom de Provinces-Unies.

Le sud des Pays-Bas (actuelle Belgique). Pour la partie méridionale, restée sous domination espagnole et peuplée majoritairement de catholiques, le nom de Pays-Bas espagnols demeure après 1648. Au XVIIIe siècle, les Pays-Bas espagnols sont rattachés à l'Autriche. Au lieu de dépendre de Madrid, ils dépendent de Vienne : cela change peu leur destin. En 1792, l'empereur d'Autriche intervient contre la Révolution française. Une nouvelle fois, l'Europe vit au rythme de la guerre. Napoléon envahit ces Pays-Bas autrichiens. Lors du congrès de Vienne, en 1815, les Pays-Bas autrichiens sont rattachés aux Provinces-Unies : l'ensemble constitue le royaume des Pays-Bas, dont la capitale est Amsterdam. En 1830, la partie catholique se révolte et se détache d'Amsterdam : la révolution nationale donne naissance à la Belgique.

La première révolution d'Angleterre

CHARLES Ier DÉCAPITÉ

Le 30 janvier 1649, à Londres, un échafaud particulièrement solennel, entièrement drapé de tentures noires, est dressé devant le palais, aujourd'hui détruit, de Whitehall. L'homme qui va y monter est un roi : Charles Ier d'Angleterre, qui règne depuis 24 ans.

L'homme a quarante-neuf ans : grisonnant, un peu marqué par des mois de captivité mais très droit, il gravit lentement les marches. Jusqu'au bout, il veut rester ce roi à la prestance hautaine, célébrée en des temps plus heureux par le portraitiste Van Dyck, son peintre. Il a pris soin de revêtir l'une sur l'autre deux chemises, afin que l'on ne puisse prendre des frissons pour de la peur... C'est la première fois, en Angleterre, qu'on ose commettre cet acte terrible : juger et condamner un roi comme un simple criminel. La foule, qui a été autorisée à assister à l'exécution, est écartée par les gardes hors de portée de voix de Charles ; c'est inutilement que celui-ci, une dernière fois, clame son innocence : « Remember » (souvenez-vous) est la dernière parole qu'il murmure. Puis la tête sanglante est montrée, rapidement, par le bourreau ; la populace est dispersée brutalement : les nouveaux maîtres de l'Angleterre ont peur de ses réactions.

L'Angleterre des Stuarts

En 1649, et depuis 46 ans, l'Angleterre est **unie avec l'Écosse** et elle est gouvernée par **une dynastie nouvelle, celle des Stuarts.** Sur son lit de mort, en effet, en 1603, Élisabeth Ire, la « reine vierge », a reconnu comme successeur le fils de sa cousine et pire ennemie la reine d'Écosse Marie Stuart, qu'elle a fait décapiter en 1587. Ainsi, Jacques VI d'Écosse est devenu Jacques Ier d'Angleterre.

Cette nouvelle dynastie est accueillie avec sympathie : on espère d'elle un gouvernement moins autoritaire que celui d'Élisabeth. Mais **Jacques Ier** n'est qu'un fêtard épris de beaux garçons ; et son fils et successeur **Charles Ier** un esprit faible et dangereusement attaché à l'idée d'un pouvoir absolu.

Les erreurs du prince de Galles

Le régicide solde des années de fautes et de maladresses royales.

Le règne de Charles a mal commencé : adolescent timide, le jeune prince de Galles tombe sous la coupe du duc de Buckingham, favori de son père Jacques Ier, personnage séduisant et audacieux mais mauvais conseiller. La guerre de Trente Ans ravage l'Allemagne, et le beau-frère de Charles, l'Électeur palatin, est en difficulté : sous prétexte de trouver des armes et de l'argent pour le secourir, Buckingham persuade le prince de partir incognito avec lui, sans consulter personne, vers le pays le plus riche et le plus puissant de l'Europe d'alors, mais qui est aussi l'ennemi de l'Angleterre : l'Espagne. Équipée rocambolesque : là-bas, Charles

Charles Ier d'Angleterre (détail du Portrait de Charles Ier à la chasse, *par Van Dyck, vers 1635) [Paris, musée du Louvre].*

L'homme qui eut raison du souverain, Olivier Cromwell (détail d'un portrait par Gaspar De Crayer, Versailles, château).

L'Exécution de Charles Ier d'Angleterre sur la place de Whitehall *(détail d'une peinture du XVIIe siècle).*

s'éprend de l'infante Maria, fille de Philippe IV. Il escalade un soir le mur de son jardin pour lui déclarer sa flamme : le scandale est énorme, tant en Espagne, où l'on ne plaisante pas avec le protocole, qu'en Angleterre, où la légèreté de l'héritier du trône fait frémir... Charles doit renoncer définitivement à sa belle : de retour dans son pays, il épouse sans amour, en 1625, Henriette-Marie, sœur du roi de France Louis XIII.

Un roi sous influence

Devenu roi la même année, Charles se lance, toujours avec Buckingham, dans des expéditions militaires à la fois coûteuses et désastreuses. Il lui faut lutter pied à pied pour obtenir des crédits du Parlement avant de se résoudre, en 1626, à renvoyer ses membres. Car les parlementaires veulent faire un procès au favori. Mais cela ne suffit pas pour soustraire Buckingham à la haine des Anglais : le duc est poignardé par un illuminé, en 1628. Désespéré, esseulé, Charles se tourne alors vers Henriette-Marie... À ce moment commence un heureux mariage d'où naissent huit enfants.

Mais la Française, elle aussi, est impopulaire. Dans un pays où patriotisme et religion anglicane se confondent, elle affiche un catholicisme tapageur. Sous son influence, Charles Ier adopte à la cour un cérémonial pompeux, à la française, qui marque intolérablement sa supériorité. Il opte aussi définitivement, en politique, pour une conception autoritaire du pouvoir royal, comme le fait à la même époque la monarchie française. Ainsi, rompant avec la tradition, il refuse, durant une décennie, de réunir le Parlement : c'est la « tyrannie de 11 ans » (1629-1640). Le fossé se creuse entre l'Angleterre profonde, un peu sévère, marquée par un protestantisme moralisateur, et attachée aux libertés, et la cour fastueuse, dépensière, volontiers licencieuse, où règne un souverain qui se voudrait absolu et dont les convictions inclinent, sinon vers le catholicisme, du moins vers un anglicanisme « mou » que certains taxent de papisme.

La débâcle

L'occasion de la rupture est la politique religieuse. Charles Ier entreprend d'imposer le système religieux anglais aux Écossais, attachés à leur particularisme. Il doit mener contre eux deux guerres, en 1638 et en 1640. Dès lors, le fragile équilibre financier dû à la gestion du ministre Strafford est rompu. Un seul recours possible pour obtenir de nouveaux impôts : la convocation du Parlement, à laquelle le roi se résout, en avril 1640.

La rancœur du pays, longtemps privé de porte-voix, se déchaîne alors. Charles, outré, renvoie les parlementaires. Mais il est aux abois, les caisses sont vides. En novembre 1640, un second Parlement est réuni, et le roi fait des concessions. Il abandonne Strafford aux parlementaires : le ministre est jugé et exécuté. Mais le roi tâche de reprendre en main le pouvoir. Il fait arrêter, le 4 janvier 1642, les chefs de l'opposition parlementaire, et il plonge le pays dans la guerre civile. Les adversaires du roi – les « têtes rondes », ainsi nommés parce qu'ils portent les cheveux courts – sont menés par un gentilhomme campagnard, Olivier Cromwell, qui révèle dans la lutte un talent stratégique et politique remarquable.

À Naseby, le 14 juin 1645, les troupes de Cromwell écrasent l'armée royale. Le roi se réfugie chez les Écossais, qui le livrent au Parlement, contre rançon, en janvier 1647. Les deux années qui suivent le voient passer de prison dorée en geôle sordide et d'humiliation en humiliation, jusqu'au procès bâclé qui le condamne sans appel.

→ **Voir aussi :** p. 176-177 *(Habeas corpus).*

L'ère des révolutions

Si la Grande-Bretagne, de nos jours, est un bastion de la tradition et le modèle d'un certain conservatisme, il n'en est rien au XVIIe siècle qui est, pour ce pays, l'ère des révolutions.

Entre 1640 et 1660 éclate la première révolution appelée aussi « Grande Rébellion ». À la suite de la révolte du Parlement contre Charles Ier, chassé du pouvoir et décapité, est établie une dictature religieuse inspirée par des protestants extrémistes (les puritains) et dirigée par Olivier Cromwell. C'est en fait la république.

Entre 1645 et 1650, certains trouvent qu'on ne va pas assez loin dans la démocratie ; ce sont les « niveleurs ». Leurs revendications sont audacieuses pour l'époque (suffrage universel – égalité sociale). Les disputes sur le choix du successeur de Cromwell, mort en 1658, facilitent la restauration de la monarchie et le retour sur le trône des Stuarts en la personne du fils de Charles Ier : Charles II.

En 1688 survient une deuxième révolution surnommée « Glorieuse Révolution ». Elle chasse du pouvoir le frère de Charles II, Jacques II. Il a eu le tort de se convertir au catholicisme et de céder au penchant des Stuarts pour l'autoritarisme. À l'instigation du Parlement montent alors sur le trône sa sœur Marie et son époux, le prince hollandais Guillaume d'Orange. Fidèles protestants, ils s'engagent à respecter leurs sujets et placent définitivement le royaume sur la voie d'un nouveau régime politique : la monarchie parlementaire. Cette évolution prévient ultérieurement tout choc révolutionnaire.

Une ville qui brûle pendant quatre jours

L'INCENDIE DE LONDRES

Le dimanche 2 septembre 1666, vers une heure du matin, chez Faryner, le boulanger du roi, on commence de préparer la fournée. Une lampe à huile ou une bougie mal posée tombe-t-elle ? Un apprenti manquant de sommeil laisse-t-il rouler une bûche hors du foyer ? L'engrenage des gestes routiniers dérape soudain et tourne à la catastrophe : en un instant, l'échoppe s'embrase.

Commence alors un des plus gigantesques incendies de l'histoire occidentale. La boutique est située non loin du port de Londres, à l'est de la vieille ville médiévale où les maisons se touchent toutes. À trois heures, le lord-maire vient constater la rapidité avec laquelle l'incendie se propage. Vers sept heures, trois cents maisons ont déjà brûlé. À huit heures, les flammes atteignent le pont, sans toutefois gagner l'autre rive. C'est alors que commencent à arriver les badauds, riches et pauvres, désœuvrés ce dimanche.

Le feu gagne du terrain

Il faut dire qu'il n'a pas plu depuis plusieurs semaines et que la sécheresse est telle qu'il suffit d'une étincelle pour que tout flambe. Pour comble de malheur, il souffle ce jour-là sur Londres un fort vent d'est qui attise les flammes et les pousse vers l'ouest, vers le cœur de la Cité. On fait passer de maison en maison, de rue en rue, les meubles et les ustensiles qu'on veut sauver à tout prix, on sollicite parents, voisins, amis, jusqu'à ce que leur propre maison soit atteinte, et qu'ils doivent à leur tour battre en retraite devant le feu. Les pigeons eux-mêmes sont touchés, certains, voulant rester trop longtemps sur leur perchoir habituel, se brûlent les ailes et tombent. Les rues sont encombrées de charrettes, de carrosses, de voitures à bras chargées à ras bord, on se bouscule, on s'injurie, c'est le chacun pour soi.

Un sinistre sans précédent

Souvent réquisitionnées comme garde-meubles, les églises ne connaissent pas, en ce dimanche terrible, la foule habituelle des fidèles. Mais la plupart des Londoniens vaquent à leurs occupations ordinaires : c'est seulement dans l'après-midi que tous réalisent l'ampleur exceptionnelle de l'incendie. Car c'est alors que les flammes atteignent les docks et trouvent, dans les entrepôts, des matières combustibles propres à entretenir et à amplifier le sinistre : charbon, poix, huile, alcools. De partout jaillissent des flammèches, qui, d'un coup, incendient trois, quatre ou six nouveaux bâtiments, avec une sorte de rage sauvage qui frappe les observateurs. La fumée est devenue trop épaisse pour qu'on puisse approcher le front de l'incendie.

À la nuit tombante, la Tamise est couverte d'embarcations de toutes sortes, chargées des objets les plus hétéroclites qu'on veut sous-

> **Londres en 1666**
>
> Bâtie sur la rive gauche de la Tamise, à quatre-vingts kilomètres de la mer, encore soumise au rythme des marées, la capitale de l'Angleterre compte entre **250 000 et 500 000 habitants.**
>
> C'est, de très loin, la ville la plus peuplée du royaume : elle rassemble, à elle seule, près d'un dixième de la population anglaise.
>
> C'est une ville de bois et de torchis, où peu de maisons ont plus de deux étages et où les pauvres s'entassent dans des caves malsaines.

L'Incendie de Londres en 1660
(peinture de l'école hollandaise du XVIIe siècle, musée de Londres).

La cathédrale Saint Paul, de style gothique, et le quartier environnant, avant l'incendie (gravure de Visschor, début du XVIIe siècle).

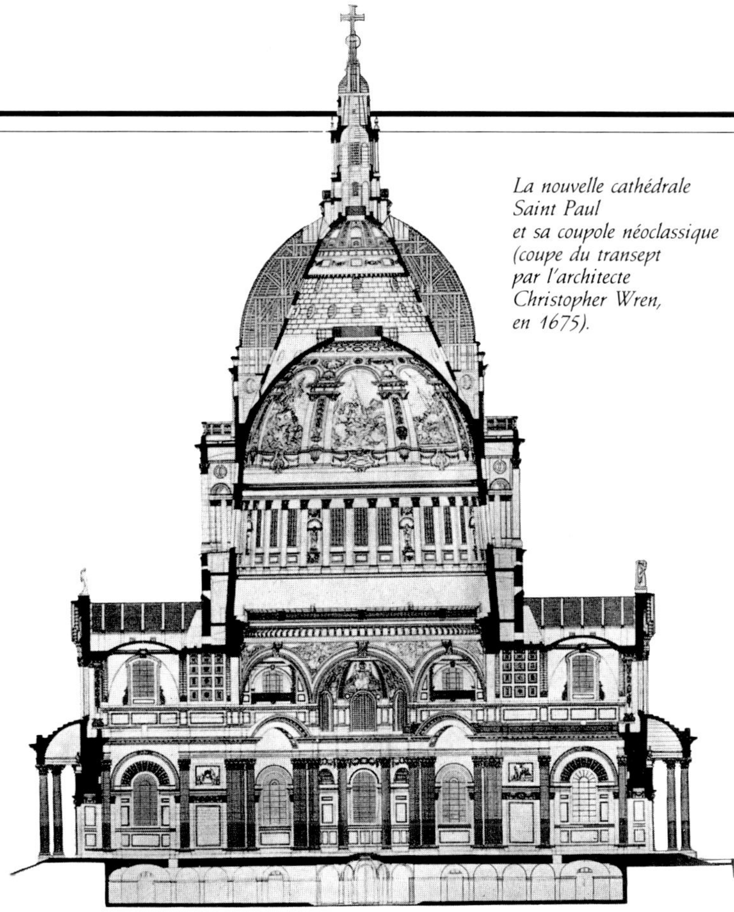

La nouvelle cathédrale Saint Paul et sa coupole néoclassique (coupe du transept par l'architecte Christopher Wren, en 1675).

traite au feu. Alentour flottent au hasard meubles et marchandises, et les Londoniens, de plus en plus inquiets et désemparés, regardent se consumer leur cité. Dans l'obscurité s'élève à ce moment une gigantesque arche de flammes de près de deux kilomètres de long. Rien ne semble plus pouvoir échapper à l'incendie.

Face aux flammes

Fiévreusement cette nuit là, on trie, on emballe en vue de l'évacuation qui s'impose. L'encombrement des rues s'amplifie au matin du 3 septembre, car des gens de la campagne, saisissant l'aubaine, viennent louer leurs charrettes et leurs services à prix fort. Ce jour-là et le suivant, il fait désespérément beau, et le vent continue de souffler.

Dans la nuit du 4 au 5 septembre, le vent fléchit enfin et il devient possible, le mercredi, de faire vraiment « la part du feu », en privant l'incendie de combustible par la destruction anticipée des maisons sur son passage. C'est l'unique façon de maîtriser le feu – puisqu'il n'existe pas à l'époque de système efficace d'adduction d'eau ou de pompe à incendie. Le jeudi 5 septembre, on contrôle la situation, mais c'est seulement le dimanche suivant que la pluie vient à bout des derniers foyers.

Londres n'est plus qu'un tas de décombres fumants ; on ne compte que six victimes, mais les quatre cinquièmes de la ville sont détruits, quatre cents rues sont dévastées, treize mille deux cents maisons ont brûlé et, avec la cathédrale, quatre-vingt-neuf églises sont en ruine.

La reconstruction

Lorsque le calme est un peu revenu, l'on commence à réfléchir sur les moyens d'éviter qu'un tel désastre se produise de nouveau. L'obligation est faite aux Londoniens de reconstruire en brique et non en bois. Surtout, une des premières opérations de l'urbanisme moderne est alors décidée : on interdit toute initiative de restauration individuelle, et le principe est retenu d'un plan d'ensemble, sur lequel travaillent les meilleurs architectes du temps. Le projet de l'un d'entre eux, Christopher Wren, est finalement retenu : il donne à la capitale l'aspect qu'on lui connaît aujourd'hui, à la fois classique et baroque, tel qu'il s'exprime, par exemple, dans la cathédrale Saint Paul.

Les grandes cités détruites de l'histoire

En 146 av. notre ère. Au terme des guerres puniques, les Romains détruisent la capitale de leurs ennemis : Carthage. Les survivants sont vendus comme esclaves. On laboure et on sème du sel pour que cet emplacement soit à jamais stérile.

En juillet 64. Rome est détruite par un incendie. On accuse l'empereur Néron de l'avoir allumé. Mais lui-même en fait porter la responsabilité aux premiers chrétiens.

En 70. Titus s'empare de Jérusalem, qu'il détruit. Les Juifs sont dispersés dans tout l'Empire romain.

Le 1er novembre 1755. Le jour de la Toussaint, un séisme ravage Lisbonne, provoquant une inondation du Tage et un incendie qui dure six jours. Les trois quarts des bâtiments sont inhabitables, il y a 100 000 victimes.

Le 15 septembre 1812. Moscou est incendiée, au lendemain de l'entrée des troupes napoléoniennes, sur l'ordre du général Rostopchine, ce qui oblige l'Empereur à se retirer.

Du 8 au 10 octobre 1871. Chicago brûle à la suite de l'incendie d'une des nombreuses étables de la ville. Il y a au moins 300 morts et 90 000 sans-abris, 18 000 bâtiments incendiés et des centaines de milliers de dollars de dégâts.

Le 18 avril 1906. San Francisco est détruite par un séisme suivi d'un incendie. Plus de 1 000 morts et plus de 250 000 sans-abris campent dans un parc. 28 000 immeubles sont détruits, il y a pour 105 millions de dollars de dégâts.

Le 1er septembre 1923. Tokyo subit un terrible séisme : sans doute 60 000 morts et près de 300 000 maisons détruites ou endommagées.

Le 23 décembre 1972. Managua, capitale du Nicaragua, est détruite à 70 pour 100 par un tremblement de terre qui fait 5 000 morts et 100 000 blessés.

La liberté individuelle garantie en Angleterre

L'HABEAS CORPUS

En 1679, un bill voté par le Parlement anglais institue l'*habeas corpus,* abréviation latine d'une formule qui signifie « que tu aies ton corps », et dont l'objet est de garantir l'individu contre toute arrestation et toute détention abusives. C'est un acte fondamental, qui reste applicable aujourd'hui en Grande-Bretagne et dans tout le Commonwealth, et qui a inspiré les Déclarations des droits de l'homme et les lois assurant ses libertés, dans la suite des temps.

Le vote de l'*Habeas Corpus Act* est le résultat d'une tempête politique qui agite l'Angleterre dans les dernières années du règne de Charles II et que rien ne laissait prévoir. Lorsqu'il est monté sur le trône, en 1660, le jeune roi n'a, en effet, rencontré aucune opposition au Parlement, qui a fait obstacle à son père et l'a finalement détrôné. Mais le souverain n'a cessé d'accumuler les fautes, tant et si bien que les parlementaires se sont détachés de lui et sont devenus ses adversaires acharnés.

*La Grande Charte de 1215 : quatre siècles et demi avant l'*habeas corpus, *elle apporte à l'individu un minimum de garanties judiciaires.*

Un souverain qui inquiète

Charles II a commencé par malmener les finances et la fierté nationale de ses sujets en engageant contre les Hollandais deux guerres, en 1665-1667 et en 1672-1674, qui se sont soldées par des défaites cuisantes. De plus, il a fait preuve dès le début, à l'égard du Roi-Soleil, son cousin français assoiffé de conquêtes et de gloire, d'une admiration qui inquiète les Anglais. Le roi n'a-t-il pas vendu Dunkerque à Louis XIV, en 1662, contre 400 000 livres ? On sait qu'il y a entre les deux souverains des négociations secrètes, on craint leurs suites et surtout que le roi d'Angleterre, dont l'adhésion intime au catholicisme n'est un secret pour personne, ne se convertisse ouvertement au « papisme » pour mieux imiter le roi français. Cet abandon de l'anglicanisme traditionnel serait éminemment choquant de la part du souverain, car l'attachement à cette forme de protestantisme constitue une des composantes principales du patriotisme anglais. Mais le peuple

L'Angleterre en 1679

Depuis 1660 règne **Charles II,** fils du malheureux Charles Ier, décapité en 1649 durant la 1re Révolution. Il a hérité du caractère jovial et débonnaire de son grand-père maternel, le roi de France Henri IV.

Mais **l'atmosphère de fête** et de défoulement, qui a accompagné la restauration de la monarchie, après la sévère dictature puritaine de Cromwell, **fait place à la méfiance** et à l'inquiétude.

*Le baron Ashley, comte de Shaftesbury, et père de l'*habeas corpus *(portrait d'après J. Greenhill, vers 1672).*

*Le Parlement britannique : c'est pour prévenir un coup de force du roi que ses membres inventèrent l'*habeas corpus.

Les droits de l'homme avant 1789

Vers 1750 av. notre ère. Hammourabi établit un code de loi au Moyen-Orient.

IIIe s. av. notre ère. En Inde, Asoka institue la liberté religieuse.

XIIe s. de notre ère. Le décret de Gratien, inspiré de la tradition chrétienne, définit le droit d'asile.

1215. Sous Jean sans Terre, la Grande Charte restreint les pouvoirs du roi d'Angleterre (interdiction d'emprisonner, de condamner ou de punir sans motif, obligation de respecter la loi du royaume).

1542. Par les « Leyres nuevas », Charles Quint, à la demande du missionnaire Las Casas, prend des mesures pour protéger ses sujets indiens du Nouveau Monde.

1628. La « Pétition de droit » contraint le roi d'Angleterre Charles Ier à reconnaître l'illégalité des arrestations d'opposants politiques et des tribunaux d'exception.

1776. La Déclaration d'indépendance des États-Unis proclame le caractère fondamental des droits de l'individu. Elle inspirera le texte français voté en 1789.

redoute également que le royaume ne devienne rapidement qu'un simple satellite de la France.

L'affaire Titus Oates

C'est à un individu louche, Titus Oates, que revient, fin 1678, la responsabilité du pourrissement de la situation. Il fait courir le bruit qu'il est dans le secret d'un complot catholique ; il s'agit d'assassiner le roi qui, faute d'héritier légitime, serait remplacé sur le trône par son frère le duc d'York, un prince aux convictions catholiques affichées.

Dès lors naît un débat passionné, où les arguments font souvent place aux insultes. Il divise le Parlement comme le pays en deux grandes tendances : d'une part, ceux qui ne veulent pas accepter l'exclusion d'York de la succession à la couronne dont le principe dynastique est pour eux sacré – leurs adversaires leur donnent le nom infamant de brigands irlandais, les « tories » ; d'autre part, les partisans de l'exclusion que l'on traite de « whigs », abréviation de « whigamores », du nom des paysans puritains rebelles de l'ouest de l'Écosse.

Une vieille coutume ressuscitée

C'est alors que, pour prévenir tout abus de pouvoir de la part du roi, un whig, le baron Ashley, comte de Shaftesbury, entreprend de redonner une nouvelle jeunesse à une disposition juridique oubliée, l'*habeas corpus.*

Cette formule latine définit l'obligation pour celui ou ceux qui détiennent un individu en prison de le présenter en personne – « corporellement », selon le vocabulaire de la justice – devant un tribunal qui doit décider si cet emprisonnement est justifié ou non et ordonner, dans ce dernier cas, la libération immédiate de l'intéressé. C'est la Grande Charte, arrachée en 1215 au brutal roi Jean sans Terre par ses barons, qui a établi cet usage. Théoriquement, tout homme libre peut ainsi faire appel contre un emprisonnement : il suffit qu'un parent ou un ami en fasse la demande à un juge, qui délivre alors un mandat ou *« writ d'habeas corpus ».* L'habileté de Shaftesbury est de faire voter par le Parlement et accepter par Charles II un nouveau texte, plus perfectionné que le premier, et qui définit en détail, sans conteste ni échappatoire possible, l'*habeas corpus.*

Se souvenant du châtiment terrible qu'a subi son père pour avoir voulu tenir tête à ses sujets, Charles II, cerné par les whigs présents jusque dans son Conseil privé, accepte. Sur le coup, il ne réalise peut-être pas, d'ailleurs, la concession qu'il vient de faire. Il se dessaisit, au profit des juges que ses prédécesseurs ont mis à genoux, du pouvoir exorbitant que les rois du XVIIe siècle possèdent sur la liberté individuelle de leurs sujets. Bien au-delà d'un moyen de pression, il se prive d'une part importante de son autorité, et cela de façon irrémédiable.

Un bel avenir

Cela ne suffit que momentanément aux whigs et à bien des Anglais. S'ils ne peuvent empêcher, six ans plus tard, que le duc d'York devienne roi sous le nom de Jacques II, ils ne manquent pas, dès ses premières manifestations d'autoritarisme, de déclencher une révolution qui le contraint à abdiquer. Moins violente que la première, cette Seconde Révolution est appelée « Glorieuse ». Elle dote l'Angleterre d'un système de gouvernement où le Parlement détient la réalité du pouvoir et qui fera l'admiration des philosophes du XVIIIe siècle, de Montesquieu à Voltaire.

La plus belle réussite pourtant, celle que le temps consacre de la façon la plus convaincante, c'est l'*habeas corpus.* Au départ, il ne semblait s'agir que d'un point très technique de droit ; en fin de compte, sans grands discours ni grandes théories, le ferment de la liberté s'est ancré dans l'âme du peuple anglais, et ce texte fait date dans l'histoire de l'humanité. D'abord, parce qu'il a été progressivement étendu à l'ensemble des colonies et des terres dominées par l'Empire britannique, qui s'étendait sur les cinq continents. Ensuite, parce que son application a conduit à poser d'importants problèmes de société comme celui de l'enrôlement forcé dans l'armée ou dans la marine, en 1758, ou celui des esclaves noirs, en 1771. Enfin, parce qu'il a permis très tôt à des individus qu'on n'appelait pas encore des prisonniers d'opinion d'échapper à leur sort. Ainsi, la situation des prisonniers canadiens compromis dans la revolte de 1837, transitant en Angleterre pour être déportés au fin fond de l'Empire, a ému des citoyens qui firent jouer en leur faveur la procédure d'*habeas corpus* : ils n'étaient que les premiers miraculés d'une sorte de long pèlerinage des hommes vers la reconnaissance universelle de leur dignité.

→ **Voir aussi :** p. 194-195 (Déclaration des droits).

1682

Louis XIV s'installe en son théâtre

LE CHÂTEAU DE VERSAILLES

C'est dans un château qu'il veut digne de lui et de son règne que Louis XIV s'installe en 1682, au sommet de sa puissance. Il a fait transformer un petit pavillon de chasse de Louis XIII en un grandiose palais pour que la noblesse et le monde entier viennent admirer le spectacle de la fastueuse monarchie française.

Lorsque Louis XIV s'installe avec sa cour au château de Versailles en 1682, les travaux ne sont pas encore achevés. Mais le projet de construction d'une nouvelle résidence est, dans la pensée du monarque, très important depuis longtemps. En effet, avant 1682 la cour royale est nomade et se promène de château en château : le Vieux Louvre, Vincennes, Fontainebleau, Chambord ou encore Saint-Germain.

Le siècle de Louis XIV

Long de 54 années, le règne du Roi-Soleil fait du XVIIe siècle « le siècle de Louis XIV ».

Souverain à cinq ans, à la mort de son père Louis XIII, le roi connaît une minorité troublée par la révolte de la Fronde, sous la régence d'Anne d'Autriche et le gouvernement de Mazarin.

À la mort de Mazarin, en 1661, commence le règne personnel de Louis, qui s'avère très vite absolu. Le roi s'entoure de ministres (Colbert, Le Tellier, Louvois) consulte des conseils (restreints), mais il impose **une transformation des institutions** (assemblées, intendants) dans un sens centralisateur. Sur le plan économique, il favorise les manufactures et le commerce maritime. Et il se lance dans **une politique extérieure expansionniste,** qui se traduit par des guerres aux issues diverses et qui ruinent le pays.

Le souci principal du roi est sa gloire : il impose son image de souverain catholique en luttant contre les protestants et les jansénistes ; il se veut un modèle et **le maître de la vie intellectuelle et artistique :** la fondation de Versailles, celle des Académies (littéraire, des beaux-arts), dont la production est destinée au château, sont les instruments essentiels de ce contrôle.

Un chantier considérable

Durant la première tranche de travaux (1661-1666), l'architecte Le Vau remanie le vieux château de Louis XIII et Le Nôtre dessine les premiers plans des jardins. La fête des Plaisirs de l'Île enchantée, donnée en l'honneur de la maîtresse du roi, Mademoiselle de La Vallière, en 1664, est somptueuse. De 1666 à 1683, trois corps de bâtiments sont rajoutés au vieux château. Là encore, les plus illustres artistes du temps (Le Vau puis Hardouin-Mansart, le Nôtre et Le Brun) sont associés au projet : les appartements intérieurs sont redistribués et redécorés et la galerie des Glaces est édifiée sur la terrasse qui domine les jardins. L'ensemble change encore ; entre 1687 et 1688 le Grand Trianon est transformé en une résidence de plaisance, les jardins garnis de sculptures monumentales, de fontaines grandioses et de canaux.
Ce chantier a réclamé un travail considérable : en 1685, 36 000 ouvriers et soldats y travaillaient. Vauban, pour capter les eaux de l'Eure qui devaient servir à alimenter les fontaines, fit travailler l'armée à un aqueduc qui ne fut d'ailleurs jamais terminé.

Le cadre de l'étiquette

Le nouveau palais est le lieu de résidence du roi, de sa seconde femme Madame de Maintenon et de leur suite, c'est-à-dire des domestiques, gentilshommes, membres du gouvernement et artistes attachés à la cour.
Une étrange atmosphère règne dans le palais car, malgré une étiquette très stricte, il y a toujours une cohue extrême. La vie de toute cette société est organisée autour de l'emploi du temps du roi, qui est réglé avec une grande minutie. N'a-t-on pas dit que le roi était « un roi-machine » à cause de l'aspect contraignant de ses obligations ? De 8 heures à 9 heures se déroulent les petit et grand levers (médecins, membres de la famille royale et grands officiers assistent à la prière, à la toilette et à l'habillement du roi). Cette cérémonie a lieu dans sa chambre, située au centre du château, face au soleil levant, ce qui est l'une des manifestations de l'image du Roi-Soleil. De 9 heures à 10 heures, il travaille. À 10 heures, il se rend à la chapelle. À 11 heures, il tient un conseil spécialisé. À 13 heures, il dîne dans sa chambre en compagnie de quelques princes seulement. De 14 heures à 17 heures, il se promène dans les jardins du Trianon. Sinon, il chasse le cerf. À son retour, il assiste à un salut du Saint-Sacrement à la chapelle. Puis il retourne à son cabinet pour une nouvelle séance de travail.
Les lundis, mercredis et jeudis de 19 heures à 22 heures, il y a des jeux, des danses, de la musique et parfois de la comédie dans les appartements royaux. Les autres jours, le roi se retire chez Madame de Maintenon. À 22 heures, c'est le grand souper avec la famille royale et les courtisans. Puis c'est la détente avec ses enfants. Enfin, Louis passe dans sa chambre, fait sa prière et se déshabille en public : ce sont les grand et petit couchers. Durant toute cette journée, le roi est donc en représentation devant un public de nobles, de

◄ *Louis XIV, vers l'époque de l'installation à Versailles (détail d'un portrait français). On remarquera l'habit fastueux et la pose majestueuse du roi.*

Vue perspective du château et des jardins de Versailles *(peinture de Pierre Patel). La vue date de 1668, au terme de la première branche des travaux.*

courtisans et des membres de son gouvernement présents pour admirer la magnificence du Roi-Soleil. Il a choisi ce symbole solaire parce qu'il : « fait du bien en tous lieux, produisant sans cesse de tous côtés la joie et l'action ».

Le théâtre d'une propagande

Le théâtre principal de ce spectacle de la monarchie est le grand appartement du roi et la galerie des Glaces, où chacun essaie de se faire voir et d'obtenir des privilèges. Faire de l'aristocratie le simple spectateur des fastes de la royauté est un moyen de domestiquer cette classe encore puissante mais peu à peu réduite à l'inertie et aux plaisirs frivoles de la cour.

Par ailleurs, la somptuosité des réceptions dans la galerie des Glaces frappe les ambassadeurs de tous les pays, qui admirent les collections de peintures du roi (Rubens, Titien, Van Dyck) ainsi que la ville qui se crée autour du château parce que la noblesse espère des faveurs en habitant à proximité de la personne royale. Un témoignage d'un contemporain rapporte : « Je reviens de Versailles, tout est grand, tout est magnifique. Et la musique et la danse sont dans leur perfection. » Car le palais est aussi conçu pour accueillir des ballets (musique de Lully) et des pièces de théâtre (Racine et surtout Molière, protégé du roi).

Cette magnificence est le principal moyen de propagande du Roi-Soleil car elle prouve la richesse personnelle du monarque et, par conséquent, de son royaume. Versailles étant public, chacun peut venir admirer cette réalisation, l'illustration la plus évidente de cette formule que la tradition attribue à Louis XIV : « L'État c'est moi. »

Versailles, modèle d'architecture et modèle d'urbanisme

Une ville nouvelle. L'une des particularités de Versailles est d'associer un château, résidence du roi, et une ville, nouvelle et artificielle, résidence des nobles qui renoncent à leurs demeures provinciales ou parisiennes. Les autres « villes-résidences » qui existent en Europe (en Espagne, près de Madrid, autour de l'Alcazar ; et en Allemagne, à Mannheim, autour du palais de l'Électeur palatin) n'ont pas ce caractère systématique d'un espace urbain annexé par le château du prince.

Un palais aux répliques nombreuses. Par son faste et son immensité, l'unité du style classique imposé pour ses jardins, ses bâtiments et ses décors sculptés et peints, le château construit par Louis XIV a fait rêver bien des princes, soucieux d'édifier à leur tour un « petit Versailles » qui manifeste leur puissance. Plusieurs monarques ont ainsi copié directement l'esprit de Versailles : en Espagne, Ferdinand VI fait bâtir en 1746 une reproduction du plan de Versailles à Aranjuez. Karl de Bade à Karlsruhe fait élaborer un plan de ville circulaire autour du château central. Enfin, Pierre le Grand, séduit lors de son voyage en Occident par le prestige du palais, appelle un disciple de Le Nôtre, qui avait travaillé pour Louis XIV, pour édifier les plans de sa future capitale Saint-Pétersbourg : les jardins en terrasse de Peterhof et sa grande allée d'eau sont directement inspirés du modèle français.

Une des premières fêtes données à Versailles, en 1664 (gravure d'Israël Silvestre, de la série des Plaisirs de l'Isle enchantée).

Pierre le Grand change de capitale

SAINT-PÉTERSBOURG

Pierre le Grand est la figure majeure qui inaugure l'histoire de la Russie moderne : il transforme son pays et le hisse au rang des principales nations européennes. La capitale qu'il fonde, Saint-Pétersbourg, se veut le symbole de cet ordre nouveau. Mais la politique du tsar se heurte à la résistance des représentants de l'ancienne Moscovie.

À son avènement, en 1682, Pierre le Grand n'a que 10 ans. Il ne reçoit qu'une éducation très sommaire : son histoire personnelle l'explique.

L'enfant qui ne devait pas régner

Né à Moscou en 1672, Pierre est le quatrième enfant du tsar Alexis et de sa seconde femme Nathalia Narychkina. Deux frères du premier lit ont droit, avant lui, à la succession au trône : Pierre ne reçoit pas la formation d'un futur tsar. De fait, à la mort d'Alexis, en 1676, l'aîné de ses fils, Fédor, est proclamé tsar : il meurt en 1682. Ivan, deuxième fils d'Alexis, jeune homme malade et faible, succède à Fédor. La réalité du pouvoir appartient à sa sœur, Sophie ; Pierre est quand même proclamé cosouverain, mais il est relégué avec sa mère à la campagne.

Là, il grandit en toute liberté, s'adonnant avec deux compagnies d'« amuseurs » (qui deviendront ses régiments personnels) à des jeux militaires extrêmement perfectionnés. Autodidacte, il construit lui-même des bateaux. Sa taille est étonnante (plus de deux mètres) et il est doué d'une force et d'une énergie incomparables. Son caractère mérite également d'être souligné : il est volontaire, violent, ivrogne, et il se livre volontiers à des débauches sexuelles.

En 1689, le jeune homme investit Moscou et envoie Sophie dans un couvent. Mais il laisse sa mère gouverner et retourne à la campagne. Sept ans plus tard, Ivan meurt : Pierre prend enfin les rênes du pouvoir.

Une politique extérieure brillante

Lorsqu'il cherche des collaborateurs, le jeune souverain se découvre très isolé. Il recrute donc là où cela lui est possible, sans s'inquiéter de l'origine sociale ou du pays de ses proches. L'un de ses conseillers les plus écoutés, Alexandre Menchikov, est le fils d'un palefrenier.

En 1695 commence la guerre contre la Turquie, qui contrôle la mer Noire. Pierre est victorieux à Azov, grâce à la flotte de 30 vaisseaux qu'il a fait construire pour cette raison. Il décide ensuite de faire un voyage en Occident, incognito, pour y apprendre les mœurs et les techniques de ces pays ; c'est la « grande ambassade » de 1697, qu'il est obligé d'interrompre en 1698 en raison d'une révolte d'un corps d'officiers (les « streltsy ») à Moscou. Il fait impitoyablement exécuter ces derniers. En 1700, il traite avec les Turcs : il doit rendre Azov et renoncer à sa flotte

La Russie de Pierre le Grand

Depuis un peu moins d'un siècle, depuis 1613, la Russie est dominée par **la dynastie des Romanov,** instituée par Michel Fedorovitch.

L'essentiel de la population est formé de paysans attachés à la terre : des serfs, **le servage** étant devenu une institution reconnue par le Code, en 1649.

Ces gens sont **analphabètes, très religieux et attachés aux coutumes ancestrales.** Leur refus de toute innovation en matière religieuse a provoqué en 1666-1667 le schisme des vieux-croyants, ou *raskols.*

Détail d'un portrait de Pierre Ier, dit Pierre le Grand (1672-1725), (peinture de l'école russe).

Pierre le Grand coupe la barbe d'un de ses sujets *(image de propagande contre les partisans des anciennes coutumes russes ; XVIIe siècle).*

L'Édification de Saint-Pétersbourg, *la ville nouvelle voulue par Pierre le Grand (peinture de l'école soviétique).*

septentrionale. Mais le conflit avec ce pays reprendra en 1710-1711.

L'affaire du règne, c'est « la guerre du Nord ». Pierre se joint à une alliance militaire composée de la Saxe, de la Pologne et du Danemark contre la Suède de Charles XII. En novembre 1700, les Suédois sont victorieux des Russes à Narva, en Livonie. Mais la campagne suédoise de l'hiver 1708 contre la Russie est un échec et l'armée se fait anéantir par les troupes mieux équipées et plus nombreuses de Pierre le Grand à Poltava, le 8 juillet 1709. Cette victoire, sanctionnée par le traité de Nystadt en 1721 (la Russie se voit attribuer la Livonie, l'Estonie et une partie de la Carélie), est décisive.

La fondation de Saint-Pétersbourg

La construction d'un fort pour garder l'embouchure de la Neva commence en mai 1703. Le site est un marécage plat et vide avec une douzaine d'îles désertes. C'est un endroit sauvage, humide et que l'on a toujours considéré jusque-là comme trop malsain pour qu'on puisse y vivre. Plus le temps passe, plus le tsar désire une ville à cet emplacement. Il fait venir un architecte italien, D. Trezzini, influencé par le baroque nordique et qui, dès lors, élabore un plan de construction gigantesque. Celui-ci réclame une main-d'œuvre effrayante, souvent recrutée de force, pour laquelle les conditions de travail sont terribles. On estime à 25 000 ou 30 000 les victimes de ce chantier. La ville est couverte de stuc jaune imitant le marbre. La vie y est très difficile en raison du mauvais ravitaillement, du climat très rude et de la nature sauvage (des loups).

Pierre le Réformateur

Pour moderniser la société, Pierre emprunte à l'Occident des modèles qu'il adapte à la réalité russe.

L'armée : il institue une conscription universelle, renforce l'obligation pour la noblesse de se soumettre au service militaire, fait améliorer l'artillerie et crée une marine moderne construite dans les ports de la Baltique.

L'administration : il institue un Sénat dirigeant qui devient l'instance suprême de l'État contrôlée par lui seul.

L'Église : en 1721, un règlement ecclésiastique, rédigé par Théophane Prokopovitch, en réorganise la hiérarchie. L'Église est désormais dirigée par un saint-synode de 12 prêtres surveillés par un fonctionnaire laïque et non plus par un patriarche.

Les finances et la société : la perception des impôts est réorganisée et change de nature. La capitation (impôt par tête) est instaurée. Toute la population est soumise à l'État, soit par l'impôt, soit par le travail. La noblesse doit servir et elle est transformée par la « Table des rangs » (1722) qui énumère les 14 rangs que l'on peut obtenir en faisant carrière dans l'administration, l'armée ou la cour. Il est donc possible pour un roturier d'accéder à la noblesse.

L'économie : l'industrie est développée grâce à la fondation de manufactures dans la métallurgie (dans l'Oural), les mines et le textile. Pierre le Grand meurt en 1725 sans désigner de successeur (il a exécuté son fils Alexis pour trahison et n'a pas d'enfant survivant de son second mariage). Il lègue un empire multinational et auréolé de gloire, mais épuisé et réticent à la modernisation.

Progrès et archaïsmes dans la Russie d'Ancien Régime

La division entre une élite voulant moderniser le pays et la masse de la population fidèle à de vieilles coutumes est une constante des XVIIIe et XIXe siècles russes.

Les barbes de Pierre le Grand. En introduisant la civilisation occidentale dans le pays, l'empereur Pierre le Grand importe les vêtements, les coutumes des Européens, en dépit d'une forte opposition de certains Russes. Par exemple, selon une tradition ancestrale, l'homme doit porter la barbe : la raser signifie se révolter contre Dieu. Mais Pierre exige, « pour la gloire et la bienséance de l'État et de l'armée », que les hommes se rasent. Il participe lui-même à des séances violentes où il force les hommes à ce rasage.

Catherine II et les Lumières. Le règne de Catherine II marque aussi un recul du rôle de l'Église orthodoxe et un essor de la philosophie des Lumières dans les cercles des élites nobles et cultivées connaissant le français et s'habillant à l'occidentale.

Au XIXe siècle, le débat persiste. Durant tout le XIXe siècle, l'intelligentsia continue à approfondir sa connaissance de l'Occident et un débat oppose slavophiles et occidentalistes. Les premiers affirment la supériorité de l'orthodoxie et de la Russie traditionnelle, tout en lui donnant le rôle de guide de l'humanité (l'écrivain Dostoïevski, par exemple) ; les seconds, influencés par les philosophes allemands (Hegel et Schelling), entendent accélérer les processus de modernisation du pays. Ce conflit parcourt tout le siècle et n'empêche pas les coutumes du peuple de rester extrêmement archaïques à l'aube du XXe siècle.

L'avènement de Frédéric II en Prusse
LE DESPOTISME ÉCLAIRÉ

Lorsque Frédéric prend le pouvoir en 1740, la Prusse est une puissance moyenne (120 000 km²) qui possède environ deux millions d'habitants. C'est un pays sous-urbanisé, sauf Berlin, et qui vit pour l'essentiel d'une agriculture extensive et primitive. Ses structures sociales sont caractérisées par la grande propriété nobiliaire et le servage paysan. On dit alors que c'est un « royaume de sable et de tourbe ». Le règne de Frédéric transforme cet état de choses.

Frédéric II vers 1740 (détail d'un portrait du roi par Antoine Pesne).

Le prince accorde sa préférence à l'agriculture : dans l'est du pays, il favorise la colonisation des terroirs par l'installation de paysans étrangers, à qui il fournit des semences gratuites. Les régions traditionnellement pauvres, comme la Prusse-Orientale, sont irriguées et reboisées. Frédéric développe également l'industrie existante, ranime les fabriques en déclin et en crée de nouvelles. Pour cela, il investit des sommes considérables et il attire des artisans compétents. La production traditionnelle de textile reste vivace, en Silésie surtout. Des secteurs nouveaux se multiplient : des industries de luxe comme la faïence, le velours, les soieries, les sucreries et les cotonnades sont introduites. La métallurgie connaît un essor grâce au fer de Silésie et à un grand programme de prospection minière.

Une politique de puissance

L'enrichissement du pays passe par une politique mercantiliste fondée sur le développement de manufactures, la création de banques royales et vise surtout au développement de l'armée. Celle-ci se compose de 200 000 hommes, soit environ 4 % de la population, elle est l'une des meilleures d'Europe. La discipline y est extrêmement sévère, sanctionnée par des châtiments corporels (des coups donnés avec la lame du sabre) et faite d'exercices quotidiens. Si l'on innove peu dans le domaine administratif, la centralisation et l'unification des coutumes, de la justice et du droit aboutissent à la rédaction, en 1794, du *Code général de droit prussien* qui garantit également la liberté de conscience. Enfin, le système de levée des impôts est amélioré.

Toutes ces innovations visent à donner au pays les moyens d'une politique extérieure brillante. Sous le règne de Frédéric, la Prusse s'affirme pour la première fois comme une grande puissance : à l'issue de la guerre de la Succession d'Autriche, elle ravit la Silésie à l'Autriche ; pendant la guerre de Sept Ans (1756-1763), elle s'approprie définitivement la Silésie et le comté de Glatz ; en 1772, lors du partage de la Pologne, elle récupère la Prusse-Occidentale.

La Prusse au XVIIIe siècle

Christianisée au XIIIe siècle par les chevaliers Teutoniques, passée à la réforme luthérienne au XVIe siècle, la Prusse, d'abord constituée en un duché soumis à la Pologne, forme à partir de 1701 **un royaume indépendant.**

Avant Frédéric II (1740-1786), son père **Frédéric-Guillaume Ier,** deuxième roi de Prusse, commence l'œuvre de renforcement du pays. Mais le « Roi-Sergent » est bien différent du « Roi-Philosophe », et la Prusse de la première moitié du siècle est un pays encore peu ouvert aux idées nouvelles de l'Occident.

C'est à partir des années 1740, et dans la seule capitale, **Berlin, l'« Athènes du Nord »,** que s'épanouit une vie intellectuelle brillante, grâce à la venue, de savants et de philosophes européens : Euler, Maupertuis, Voltaire et La Mettrie.

« Penser, vivre et mourir en roi »

La personnalité de Frédéric II est double. Il y a le monarque philosophe, le « Salomon du Nord », grand ami de Voltaire, qui a lu les grands philosophes français contemporains (Rousseau, Diderot, Montesquieu). Il a rédigé des essais politiques comme *l'Anti-Machiavel, les Testaments politiques* où sont développées les idées d'efficacité gouvernementale, d'importance du pouvoir personnel, de nécessité de la puissance militaire du pays. Frédéric dit dans *le Testament* de 1752 que les

La Table ronde du château de Sans-Souci *(peinture d'A. von Menzel).*
Le souverain (au fond) discute avec Voltaire (à droite).

Frédéric II le Grand est aussi un souverain militaire : ici, avec ses généraux (peinture de J.-F. Clémens).

princes doivent travailler « au noble emploi de faire le bonheur de leurs peuples ».
Pour atteindre ce but, il faut, selon le prince, que tout concoure à un seul but : « l'affermissement de l'État et l'accomplissement de sa puissance ». Ce qui est très neuf et important dans son œuvre écrite, c'est qu'il déplace les fondements traditionnels de la souveraineté royale : il rejette l'idée de royauté de droit divin et affirme que son pouvoir lui vient d'un accord tacite de son peuple, d'un contrat social qui lui donne des droits mais aussi de grands devoirs. Il réunit tous les pouvoirs (législatif, exécutif et judiciaire) entre ses mains et se donne l'obligation d'écouter personnellement les plaintes de tous ses sujets et surtout des opprimés ; il assure un gouvernement personnel dans tous les domaines, car il considère que l'État n'appartient pas aux ministres. Le métier de roi est ainsi défini par Frédéric II : « Si le roi est premier juge, premier général, premier financier, il n'est que le premier serviteur de l'État. »
De l'autre côté, il y a le militaire qui doit se mettre à la tête du pays ; selon lui : « il faut qu'un roi de Prusse soit militaire et qu'il soit chef de l'armée ».
À sa mort en 1786, il laisse un État agrandi en terres (200 000 km²) comme en population (six millions d'habitants) et considérablement enrichi. Mais ce système souffre d'une contradiction : il pousse la bourgeoisie à s'enrichir et à être l'un des piliers de la société, mais il lui enlève toute possibilité de participer à la vie politique.

→ **Voir aussi** p. 188-189 (partage de la Pologne).

Le temps des despotes

Le « despotisme éclairé » est un régime autoritaire et d'esprit moderne, qui se caractérise par des tendances laïques (tolérance religieuse) et par un souci très neuf de ce que l'on appelle aujourd'hui l'opinion publique. Outre la Prusse, plusieurs pays d'Europe ont connu au XVIIIe siècle des régimes de ce type.

Marie-Thérèse (1740-1780) et Joseph II (1780-1790) en Autriche. Leur règne est marqué par une unification du pays (l'allemand devient la seule langue officielle), une centralisation, une réorganisation de l'administration et de la justice et l'abolition du servage personnel. Pour Joseph, l'État c'est « le plus grand bien pour le plus grand nombre ». En 1781, la liberté de conscience est accordée aux juifs et aux protestants. L'Église catholique est limitée et subordonnée à l'État : c'est le « joséphisme ».

Catherine II de Russie (1762-1796). Élevée par une Française, elle est considérée comme la « Sémiramis du Nord » car elle vient en aide à Diderot et correspond avec Voltaire. En 1767, elle réunit une « commission législative » pour rédiger un nouveau Code de loi. Mais, très vite, elle renforce son pouvoir en réorganisant le gouvernement et l'administration ; en favorisant la noblesse par la charte de 1785 (le service militaire n'est plus obligatoire pour celle-ci) ; en assujettissant plus les paysans aux seigneurs (ce qui conduit à de fréquents soulèvements dont le plus spectaculaire est la révolte de Pougatchev en 1773) ; elle se montre assez tolérante sur le plan religieux, même si elle confisque les biens de l'Église. À la fin de son règne, son autoritarisme finit par l'emporter sur sa volonté d'innover.

En Suède, Gustave III (1772-1793). Il abolit la torture, réorganise les finances et instaure la tolérance religieuse.

En Espagne, Charles III (1759-1788). Il affermit l'autorité centrale et réorganise les finances. Il expulse les Jésuites en 1767. Il favorise l'agriculture, ouvre des manufactures royales et construit des routes.

Au Portugal, le marquis de Pombal. Il chasse les Jésuites en 1759, reconstruit Lisbonne détruite par le tremblement de terre de 1755, réorganise l'armée sur le modèle prussien et développe l'économie.

Une somme imparfaite, un symbole dynamique des Lumières

L'ENCYCLOPÉDIE

Au beau milieu du XVIIIe siècle, l'entreprise encyclopédique propose un bilan et un programme. Elle tire la leçon de la réforme intellectuelle et de l'augmentation du savoir résultant de la révolution scientifique du XVIIe siècle (de Galilée à Descartes et Newton). Elle traduit, en dix-sept volumes in-folio et onze de planches, une prise de conscience capitale : désormais, on sait que l'on sait et comment, on sait donc comment savoir plus et plus sûrement.

Les encyclopédistes, s'inspirant de Francis Bacon, reconstituent l'arbre des connaissances : ils rendent visible et disponible l'acquis, manifestent l'exigence de sciences nouvelles, nées en effet au siècle des Lumières. *L'Encyclopédie* fait de l'histoire de la science un objet de science et le moteur de la pensée moderne.

Une entreprise de librairie

Le libraire Le Breton, pourvu d'un privilège pour publier une *Encyclopédie ou Dictionnaire des Arts et des Sciences traduit des Dictionnaires anglais de Chambers et Harris, avec des additions,* désigne par contrat, en 1747, d'Alembert et Diderot comme directeurs de l'entreprise. Annoncé par le « Prospectus » de Diderot, proposé en souscription, l'ouvrage trouve son public, mais prend des proportions imprévues. Malgré attaques et difficultés, les

L'article « encyclopédie » de l'Encyclopédie

Encyclopédie : « *Ce mot signifie* enchaînement des connaissances *(...) Le but d'une encyclopédie est de rassembler les connaissances éparses sur la surface de la Terre ; d'en exposer le système général aux hommes avec qui nous vivons et de le transmettre aux hommes qui viendront après nous ; afin que les travaux des siècles passés n'aient pas été des travaux inutiles pour les siècles qui succèderont ; que nos neveux, devenant plus instruits, deviennent en même temps plus vertueux et plus heureux, et que nous ne mourions pas sans avoir bien mérité du genre humain.* » (Diderot)

Portrait de Diderot Fragonard, Paris, musée du Louvre. (Détail).

La France au milieu du XVIIIe siècle

Au centre du XVIIIe siècle et du règne de Louis XV, l'*Encyclopédie* s'élabore sous le ministère officieux de **Mme de Pompadour** (1745-1764).

Marquée à l'intérieur par une tentative de réforme fiscale, **la réaction du clergé** (abolition de la Compagnie de Jésus en 1764), l'attentat de Damiens (1757) et **l'agitation parlementaire,** la période l'est à l'extérieur par **la guerre de Sept Ans** (1756-1763).

Elle correspond à **l'apogée des Lumières :** œuvres principales de Montesquieu, Buffon, Voltaire, Rousseau ; elle est, pour les arts, celle de la querelle des Bouffons et des *Salons* de Diderot.

*Frontispice de l'*Encyclopédie *(C.N. Cochin fils). Devant un temple d'où rayonne la lumière, la Vérité entourée de la Raison et de l'Imagination. Au-dessous, les Sciences, les Arts et les Professions.*

*La fabrication du papier (détail d'une planche de l'*Encyclopédie*).*
Les lettres et les chiffres renvoient aux légendes explicatives.

deux premiers volumes étant « supprimés », la publication se poursuit jusqu'au t. VII et à la crise de 1758-1759 : assaut des anti-philosophes, condamnation du parlement, d'Alembert abandonne la direction, laissant à Diderot la responsabilité de l'ouvrage. Le privilège révoqué, l'*Encyclopédie*, que protège Malesherbes et qui représente engagement financier et intérêts économiques considérables, continue sous un régime de permission tacite. En dépit des attaques des Fréron et Palissot, de l'autocensure de Le Breton, l'entreprise va à son terme. Son succès est confirmé par les éditions parallèles in-folio, puis in-quarto, préparées en Italie et en Suisse : le nombre d'exemplaires diffusés en Europe est d'environ 24 000, dont la moitié en France. Ce « best-seller » suscite rééditions et imitations jusqu'à l'*Encyclopédie méthodique* de Panckoucke.

L'esprit de l'*Encyclopédie*

Usant du doute comme Bayle, de la raison critique comme Fontenelle, préconisant l'expérience d'après Bacon, les encyclopédistes, lors même qu'ils paraissent respectueux des idées reçues et des institutions, enseignent l'esprit d'examen, étendent à toute discipline la méthode scientifique. Au nom d'un progrès qui engendre les futures « sciences humaines », ils prévoient l'efficacité pratique du dictionnaire : grâce à la description des métiers et techniques, mais aussi à l'apologie discrète de la liberté de penser et de la tolérance. Envers la politique et la religion, tenus à la réserve, ils procèdent par insinuation, utilisant le système des renvois, s'abritant derrière l'érudition (le tableau des hérésies pour discréditer le christianisme). Certains articles n'en manifestent pas moins une inspiration clairement matérialiste (art. « Naître ») ou libérale (art. « Privilège »). L'essentiel est l'esprit dont témoigne cette somme : tendre à l'universel par la communication des disciplines, la contagion rationnelle, la constitution d'un système général des connaissances théoriques et pratiques.

Lumières et anti-Lumières

Diderot et d'Alembert assoient le prestige de l'*Encyclopédie* en recrutant des collaborateurs illustres, tels La Condamine, Duclos, le président de Brosses, Quesnay, Turgot, Montesquieu. Voltaire donne des articles, patronne l'entreprise, plus ou moins selon les circonstances et ses rapports avec Diderot. Les deux directeurs remplissent une tâche énorme, d'Alembert pour les premiers volumes surtout. Mais un chevalier de Jaucourt, inconnu jusque-là, se chargeant de suppléer dans toutes les parties les articles manquants, produit sans doute à lui seul environ un quart du texte. Beaucoup d'articles proviennent d'auteurs épisodiques, anonymes ou de peu de notoriété mais que réunit une même cause. S'ils ne relèvent pas d'une même appartenance idéologique ou sociale, ils forment un groupe homogène, le clan des « encyclopédistes », et en tant que tels sont malmenés par les adversaires des Lumières : du *Journal de Trévoux* à Luneau de Boisjermain. L'œuvre en revanche est protégée comme entreprise capitaliste et organe d'une pensée et d'une politique modernes et libérales.

L'Encyclopédie et Diderot

Diderot a fait l'*Encyclopédie*, mais l'*Encyclopédie* a fait Diderot. C'est à sa personnalité et à sa persévérance que l'ouvrage doit son envergure et sa signification historique. Diderot, aux moments de crise, se désespère (1759), mais persiste, quand Voltaire conseille l'abandon ou l'exil. Malmené comme chef des « Cacouacs », ridiculisé, il continue et chapitre d'Alembert. Vingt ans de galère encyclopédique assurent sa notoriété et ses revenus. Sa compilation lui procure une culture peu commune : il se rend expert dans les techniques et les arts autant qu'en histoire de la philosophie. Pensée et style personnels se forment dans le laboratoire encyclopédique. Il est le philosophe, champion des Lumières, avant de devenir l'auteur du *Neveu de Rameau*.

Les travaux d'Hercule de la philosophie

1745. Premier privilège accordé à Le Breton.

1747. Contrat faisant de d'Alembert et Diderot les directeurs de la publication.

1750. « Prospectus » de Diderot. Premières attaques des jésuites *(Journal de Trévoux)*.

1751. T. I avec « Discours préliminaire » de d'Alembert. L'*Encyclopédie* compromise dans l'affaire de l'abbé de Prades.

1752. Les deux premiers volumes supprimés. L'entreprise, protégée (Mme de Pompadour, Malesherbes, directeur de la Librairie) continue.

1757. T. VII contenant l'article « Genève ».

1758. Le parlement condamne à la fois *De l'esprit*, du matérialiste Helvétius, et l'*Encyclopédie*. D'Alembert abandonne la direction.

1759. Privilège révoqué par arrêt du Conseil. La publication se fera sous le régime de la permission tacite. Attaques de Fréron (affaire des planches de Réaumur).

1760. La comédie de Palissot *les Philosophes* fait la satire du parti des encyclopédistes.

1762. 1er volume de planches ; le 11e et dernier, paraît en 1772.

1764. Diderot proteste contre les coupures de Le Breton.

1765. Diderot écrit une préface pour le t. VIII. Publication simultanée des t. VIII à XVII.

1769. Ultime manœuvre pour couler et discréditer l'entreprise, déclenchée par Luneau de Boisjermain.

1776-1777. Publication du *Supplément* en 5 vol. in-folio dont 1 de planches.

1777-1779. Éditions in-quarto de Genève et Neuchâtel.

1772-1782. Éditions *in-octavo* de Lausanne et Berne.

1781. Lancement de l'*Encyclopédie méthodique* de Panckoucke, inachevée (166 volumes et demi de texte, 6 439 planches in-quarto) quand s'arrête la publication en 1832.

La France cède la Nouvelle-France à la Grande-Bretagne

SIGNATURE DU TRAITÉ DE PARIS

La signature du traité de Paris, en 1763, marque la fin de sept années de guerre entre la France et la Grande-Bretagne. Vaincue, la France cède à sa rivale le Canada et tous les territoires qu'elle contrôle dans les vallées de l'Ohio et du Mississippi. C'est la fin de l'Empire colonial français en Amérique du Nord.

Cet épisode diplomatique conclut une longue période de luttes entre les deux puissances européennes sur le sol américain. Leur rivalité est économique – le contrôle du commerce des fourrures – et géopolitique, puisque la présence française au nord et à l'ouest des colonies britanniques restreint singulièrement les possibilités d'expansion de ces dernières. Elle reflète également, sans les calquer exactement, les tensions européennes : entre

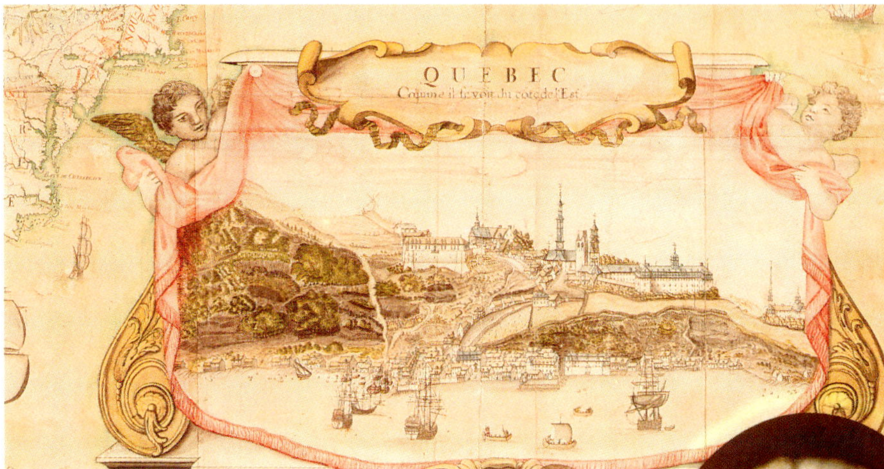

La guerre de Sept Ans

Les luttes franco-britanniques en Amérique du Nord ne sont que **la traduction du conflit plus large** qui oppose les deux pays durant la première partie du XVIIIe siècle et culmine durant la guerre de Sept Ans. Entre 1756 et 1763, **l'Europe est divisée en deux camps :** d'un côté, Frédéric II de Prusse – Frédéric le Grand – soutenu par la Grande-Bretagne ; de l'autre, une coalition regroupant la France, l'Autriche, la Russie, la Suède, plusieurs États allemands et, à partir de 1762, l'Espagne.

La guerre, provoquée par l'invasion de la Saxe et de la Bohême par la Prusse, est longtemps incertaine. Vainqueur à Rossbach en 1757, Frédéric II est, en 1759, au bord de la défaite. Mais, en 1762, une paix séparée avec la Russie et la Suède lui laisse les mains libres pour battre les troupes autrichiennes. Les Anglais, qui s'imposent en Amérique du Nord et en Inde (Pondichéry, 1761), sont également vainqueurs des Français en Europe (Minden, 1759).

La victoire anglo-prussienne, consacrée par le traité de Paris, marque **le déclin prononcé de la France,** le triomphe de la Grande-Bretagne et l'émergence de la Prusse.

le début de la guerre de la ligue d'Augsbourg en 1689 et la signature du traité de Paris en 1763, Anglais et Français se font la guerre en Amérique du Nord de 1689 à 1697, de 1702 à 1713, de 1744 à 1748 et de 1754 à 1763.

Les premiers succès français

Démographiquement plus puissantes, économiquement plus riches, les colonies britanniques bénéficient aussi d'un soutien plus actif de la métropole que les possessions françaises. Mais les conflits successifs de la première moitié du XVIIIe siècle s'achèvent tous sans que la question de la suprématie de l'un ou l'autre adversaire soit tranchée.

Une série d'avancées françaises dans la vallée de l'Ohio, à l'initiative de Duquesne, gouverneur du Canada, provoque en 1754 de nouvelles hostilités. Entre 1755 et 1758, les Anglais et les colons échouent dans leurs opérations contre les Français, dirigés, à partir de 1756, par le marquis de Montcalm. Ils frôlent la catastrophe lorsque Braddock est pris en embuscade par les Franco-Indiens en 1755 et son armée écrasée. Le seul succès dont peuvent s'enorgueillir les Anglais est la déportation peu glorieuse, cruelle et inutile des Acadiens : le « grand dérangement » les disperse dans les colonies britanniques.

◁ La fin de la guerre de Sept Ans marque, pour la France, la perte du Canada, jusqu'alors nommé Nouvelle-France. Le marquis de Montcalm (photographie du milieu), commandant des troupes françaises, trouve la mort, en défendant Québec (en haut), en 1759.

Bataille des Français contre les Anglais à l'Île de Terre-Neuve, du côté de Saint-Jean à l'Occident, pendant la guerre de Sept Ans (Paris, musée des Arts Africains et Océaniens).

La fin d'un empire

Mais, à partir de 1758, l'espoir et la victoire changent de camp. Les Britanniques, à l'initiative de William Pitt (le « Premier Pitt », devenu par la suite lord Chatham, 1708-1778), ministre whig de la guerre et l'homme clef d'une politique impériale ambitieuse, entreprennent un effort militaire sans précédent. Des troupes sont levées, des moyens financiers sont mis à la disposition de jeunes officiers de valeur qui contrastent singulièrement avec les généraux médiocres des années précédentes.

En quelques années, Pitt obtient des résultats spectaculaires. La flotte française est vaincue à Quiberon, laissant le Canada à son destin. Dupleix perd les Indes, à l'exception de quelques comptoirs laissés à la France. Les Anglais s'emparent des « îles à sucre » françaises et de la Floride espagnole. En Amérique du Nord, le fort de Louisbourg, sur l'île de Cap-Breton, à l'embouchure du Saint-Laurent tombe définitivement, en 1758, aux mains des troupes de Jeffrey Amherst : il avait déjà été pris une fois par une expédition de Nouvelle-Angleterre en 1745 – avant d'être rendu à la France à la paix d'Aix-la-Chapelle en 1748. Avec sa chute, c'est la porte du Canada qui s'entrouvre.

Le Canada aux Anglais

L'année suivante, en 1759, les Anglo-Américains lancent une double campagne terrestre et maritime contre le Canada. Tandis qu'Amherst passe par le lac Champlain et contraint Montcalm à abandonner les forts français de la région, James Wolfe remonte le Saint-Laurent et met le siège devant Québec. En septembre 1759, il donne l'assaut lors de la bataille des Plaines d'Abraham. Les deux commandants, Wolfe et Montcalm, sont tués, mais ce sont les Britanniques qui l'emportent. En 1760, Montréal tombe à son tour. Le Canada est désormais entre les mains anglaises, même s'il faut attendre 1763 pour que la paix soit signée. La France ne conserve que les îles de Saint-Pierre et Miquelon, la Martinique et la Guadeloupe. À la Grande-Bretagne, elle cède le Canada et tous ses territoires à l'est du Mississippi ; à l'Espagne, qui abandonne de son côté la Floride aux Anglais, la France concède La Nouvelle-Orléans et ses territoires à l'ouest du Mississippi.

La fin de l'Empire français marque un tournant de la vie des colonies britanniques d'Amérique du Nord. Une fois la menace française à jamais écartée, la tutelle impériale britannique apparaît soudain aux colons plus pesante. Au lendemain de la paix, la Grande-Bretagne, devenue la première puissance coloniale et navale du temps, se trouve ainsi confrontée aux difficultés de gestion de son immense Empire.

Le Canada depuis 1763

L'histoire du Canada depuis 1763 est celle de la conquête du continent, de l'organisation politique et du développement économique du pays.

1774, le Canada unitaire. Onze ans après le traité de Paris, le *Québec Act* de 1774 garantit la liberté de langue et de religion des Canadiens français. Mais les tensions entre anglophones et francophones aboutissent à plusieurs changements de statut politique : le Canada est divisé en 1791 en deux colonies, le « Haut-Canada » (Ontario) et le « Bas-Canada » (Québec) qui fusionnent en 1841, après des révoltes dans les deux colonies, en une seule « Province du Canada ».

1867, la Confédération. Finalement, en 1867 est créé le « Dominion du Canada » qui rassemble l'Ontario, le Québec, la Nouvelle-Écosse et le Nouveau-Brunswick. Durant les décennies qui suivent d'autres provinces sont établies : le Manitoba en 1870, la Colombie-Britannique en 1871, l'île du Prince-Édouard en 1873, l'Alberta et le Saskatchewan en 1905 et finalement Terre-Neuve en 1949, auxquels s'ajoutent les Territoires du Nord-Ouest (1869) et le Yukon (1898), qui sont des terres fédérales.

Des problèmes persistants. Devenu indépendant en 1926, dans le cadre du Commonwealth, le Canada contemporain conserve sa structure fédérative. Mais la question des relations entre les provinces n'est pas pour autant résolue, et le problème des francophones du Québec, en particulier, constitue un sujet de tensions.

Un pays amputé du tiers de ses territoires

LE PARTAGE DE LA POLOGNE

Le 25 juillet 1772, un pays, dont la population se prévaut d'être « la nation la plus ancienne de l'Europe », voit son territoire amputé et redistribué à trois de ses puissantes voisines : la Prusse, l'Autriche et la Russie. La Pologne, au terme d'un siècle de crise, connaît alors son premier partage.

Depuis la mort du dernier grand roi de Pologne, Jean II Sobieski, vainqueur des Turcs au siège de Vienne, l'État polonais vit en effet dans une situation d'anarchie chronique et son délabrement politique est tel que les États étrangers ont pris l'habitude de s'immiscer constamment dans ses affaires intérieures.

Un État convoité

Peuplée de dix-sept millions d'habitants, en majorité des paysans, catholiques, protestants ou orthodoxes, la Pologne est, au milieu du XVIIIe siècle, l'un des pays les plus vastes de l'Europe, composé de terres fertiles, de villes anciennes. Le pays est convoité par les monarchies absolues qui se sont constituées à ses frontières : l'Empire russe, à l'est ; la Prusse, à l'ouest ; et l'Autriche, au sud. L'État polonais est lui-même une république, que gouverne à titre non héréditaire un roi, élu des nobles. Ce roi partage son pouvoir avec deux assemblées, le Sénat et la Chambre des nonces, qui, ensemble, forment la Diète, réunie tous les deux ans. L'usage du *liberum veto,* qui permet à un seul membre de cette Diète de s'opposer à la mise en vigueur d'une décision, paralyse le fonctionnement de celle-ci, tandis que la politique des clans, qui fait s'affronter plusieurs familles et groupes de familles nobles polonaises, favorise les interventions étrangères, lorsque vient le moment d'élire le roi.

Stanislas Auguste Poniatowski (peinture de M. Bacciarelli, détail).

Le Gâteau des rois *ou* l'Allégorie du partage de la Pologne *(gravure du XVIIIe siècle).*

L'Élection du roi Stanislas II Auguste *en septembre 1776 (peinture de B. Bellotto).*

Le passé historique de la Pologne

L'identité de **la nation polonaise remonte au xe siècle :** au règne de Mieszko Ier, chef tribal et fondateur de **la dynastie des Piast,** qui dure cinq siècles ; et à l'instauration du catholicisme, véritable ciment culturel, sous cette dynastie. Les premières institutions juridiques et politiques datent du xive siècle, époque à laquelle le roi Casimir Ier (1330-1370) installe la capitale à Cracovie.

À la fin du xive siècle, **la dynastie des Jagellons,** les grands-ducs lituaniens, prend le pouvoir. Le pays est gouverné en union personnelle avec le grand-duché. Au xvie siècle, la Réforme protestante fait son apparition dans le royaume : les conversions sont le fait, principalement, des nobles et des Lituaniens les plus riches.

En 1569, le dernier Jagellon meurt sans héritier. Par **le traité de Lublin,** la noblesse polonaise et les princes lituaniens créent un État unique : la République unie de Pologne-Lituanie. Ce régime dure jusqu'en 1795.

Ainsi, au XVIIIe siècle, plusieurs candidats se sont opposés pour la succession au trône, soutenus par des clans et par des États étrangers : les 40 premières années du siècle sont marquées par les conflits entre Auguste II (soutenu par la Russie) et Stanislas Ier Leszczyński (soutenu par la Suède) ; puis entre Auguste III (candidat des Russes) et le même Stanislas, appuyé vainement par la France lors de la guerre de la Succession de Pologne.

Stanislas Auguste Poniatowski

La cause immédiate du partage est le règne de Stanislas Auguste Poniatowski (1764-1795). Le roi, un noble polonais élu pourtant grâce à la protection de l'impératrice Catherine II, s'avère un esprit patriote et moderniste, qui entreprend de relever son pays de l'état de déliquescence politique, culturelle et économique qui est le sien : une commission de l'Armée et une commission du Trésor sont formées dans les deux États qui composent la Pologne (le royaume de Pologne proprement dit et le grand-duché de Lituanie), une École de cadets est fondée, les impôts sont augmentés, le *liberum veto* est suspendu. Or, la Russie a intérêt à conserver une Pologne faible, sur laquelle elle peut influer : il lui faut agir rapidement.
En 1766, Catherine fait donc intervenir ses troupes, qui rétablissent le *liberum veto* et renforcent les privilèges nobiliaires pour freiner le redressement. Mais les patriotes ne s'inclinent pas : contre la Russie, ils cherchent le secours de la France et, forts de son appui, constituent la Confédération de Bar (1768-1772) qui entre en lutte contre les troupes russes.

Le partage, une initiative prussienne

Devant la difficulté de pacifier le pays, Catherine en vient à accepter une autre solution : celle du partage pur et simple de cette région qui se renforce politiquement et qui refuse d'accepter son influence.
À ce projet de partage travaille, depuis 1769, date de la rédaction de son *Testament politique,* le roi de Prusse Frédéric II : il exige pour lui la Prusse polonaise et la région de la Vistule, c'est-à-dire un territoire économiquement florissant, et il s'engage dans un rapprochement avec l'Autriche, pour forcer la main à la Russie. Face au danger d'un conflit, Catherine en 1770, Marie-Thérèse d'Autriche en 1771 se rallient définitivement à la solution que le Prussien propose : le 25 juillet 1772, le traité de partage est signé par les trois puissances. Catherine de Russie reçoit la Biélorussie au nord de la Dvina et à l'est du Dniepr ; Frédéric II gagne l'Ermeland et la Prusse-Occidentale moins les enclaves de Thorn et de Dantzig ; Marie-Thérèse d'Autriche augmente ses territoires de la Galicie orientale et de la Petite Pologne, sauf Cracovie. En 1773, la menace russe force la Diète polonaise à avaliser ces décisions.

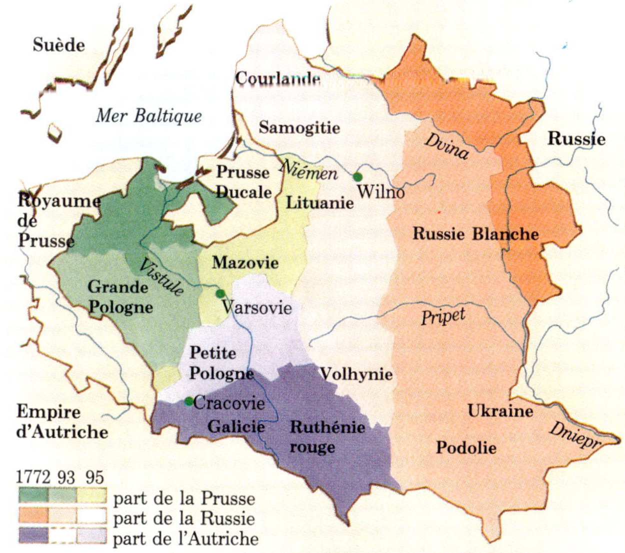

Les partages de la Pologne au XVIIIe siècle.

La fin d'une République

Le pays a perdu quatre millions d'habitants. Ses frontières sont réduites à l'est, au sud et à l'ouest. Une très étroite façade maritime lui reste, au nord, mais les routes et les voies fluviales ne permettent aucune communication entre l'arrière-pays et ce débouché sur la Baltique, l'une des sources historiques de la richesse commerciale polonaise. En 1775, la décadence économique du pays devient définitive ; la Prusse impose à la Pologne un traité commercial, qui place l'économie de celle-ci sous sa domination. La situation politique n'est pas meilleure : la même année, la Russie impose à la Pologne une nouvelle constitution, qui fait d'elle son protectorat. Les trois grandes puissances de l'Europe orientale se sont partagé une République déjà affaiblie qu'elles ont achevé de ruiner.

→ **Voir aussi :** p. 182-183 (Frédéric II).

Un pays constamment partagé

Le partage de 1772 est le prélude à une série d'autres démantèlements, reconstitutions et remodèlements, jusqu'au xxe siècle.

1793. Les Prussiens s'approprient Dantzig, Poznań ; la Russie prend la Podolie et la Volhynie. Les Autrichiens n'obtiennent rien lors de ce partage.

1795. Après une tentative de révolte menée par Tadeusz Kosciuszko, la République battue est divisée en trois : Varsovie va aux Prussiens, Cracovie et Lublin aux Autrichiens, la Courlande et la Lituanie aux Russes.

1807-1815. Création par Napoléon du grand duché de Varsovie limité aux territoires anciennement annexés par la Prusse. À partir de 1809, on lui ajoute la Galicie autrichienne, Cracovie et Lublin.

1815. Création au congrès de Vienne : du royaume du congrès uni à la Russie, qui survit jusqu'en 1832 ; de la république de Cracovie absorbée par la Galicie en 1846 ; du grand-duché de Poznanie dont l'autonomie cesse en 1848. La liberté politique se réfugie dans la ville de Cracovie, érigée en république indépendante.

1918. Proclamation par le président Wilson d'une Pologne indépendante avec accès à la mer. Le traité de Versailles rend à la Pologne ses frontières d'avant 1772.

1920-1923. Par le traité de Riga, la Pologne récupère la Volhynie, la Galicie orientale et une partie de la Lituanie. Sa frontière est repoussée très à l'est.

1930. Partage de la Pologne en deux entre l'Allemagne et l'U.R.S.S.

1945. La Pologne perd 180 000 km² à l'est au profit de l'U.R.S.S. (elle abandonne la Lituanie septentrionale, la Biélorussie et l'Ukraine), mais sa frontière se déplace à l'ouest au détriment de l'Allemagne le long de la ligne Oder-Neisse (incorporant au nord 50 % de la Prusse-Orientale).

Les colonies américaines proclament leur indépendance

NAISSANCE DES ÉTATS-UNIS

Le 4 juillet 1776, le Congrès continental, composé de délégués des treize colonies britanniques d'Amérique du Nord et réuni depuis 1775 à Philadelphie, proclame l'indépendance des États-Unis.

Bien que la responsabilité du texte incombe officiellement à un comité composé de John Adams du Massachusetts, Benjamin Franklin de Pennsylvanie, Robert Livingston de New York, Roger Sherman du Connecticut et Thomas Jefferson de Virginie, c'est ce dernier qui en rédige l'essentiel. Proclamant que « tous les hommes sont créés égaux » et sont dotés de « certains droits inaliénables, dont la vie, la liberté et la poursuite du bonheur » pour la défense desquels le peuple était en droit de renverser un gouvernement qui les mette en péril, la Déclaration d'indépendance des États-Unis contient une liste des griefs des colons à l'égard de la métropole et du roi George III, accusé de menées tyranniques et despotiques.

La Déclaration d'indépendance est la conséquence de plusieurs années de dispute entre les colons et le gouvernement de Londres. Depuis le traité de Paris de 1763 et l'abandon du Canada par la France, la paix règne en Amérique du Nord, et les colonies souhaitent profiter de ce contexte favorable pour s'éloigner de la métropole, tandis que Londres envisage au contraire de renforcer son autorité. Les treize colonies et la métropole s'opposent économiquement, politiquement et culturellement.

Des intérêts économiques opposés

Les intérêts économiques des unes et de l'autre sont en effet souvent opposés et les tentatives de Londres pour contrôler l'économie de ses colonies provoquent l'irritation des colons qui se jugent parfois exploités par Londres. Les marchands et les négociants sont victimes du principe de l'exclusif qui les contraint à commercer uniquement avec la métropole, alors que les échanges avec les Antilles – le commerce des Indes occidentales – forme la base de l'économie commerciale de la Nouvelle-Angleterre. Les planteurs du Sud sont soumis aux décisions des grandes maisons de commerce londoniennes, qui décident pratiquement du cours des matières premières. Ainsi les prix d'achat du tabac sont-ils exagérément bas, alors que les prix de vente de produits manufacturés sont artificiellement élevés. Tandis que de nombreux colons souhaitent mettre la main sur des terres nouvelles, Londres entend contrôler strictement la colonisation de l'Ouest et empêcher les spéculations auxquelles se livrent de nombreux colons, y compris un Benjamin Franklin, par exemple.

Des divergences politiques et culturelles

Politiquement, les velléités d'autonomie des colonies, nourries par une tradition déjà longue, sont en opposition directe avec la volonté proclamée du gouvernement anglais d'asseoir son autorité au lendemain des guerres anglo-françaises. Les colons n'entendent pas entretenir une armée permanente en Amérique du Nord, dont le coût leur paraît prohibitif, et l'utilité douteuse, sans parler de la menace que fait peser une telle présence sur leurs libertés.

Enfin, la métropole et les colonies sont de plus en plus éloignées culturellement, à mesure que se forme une identité américaine spécifique. Des doctrines républicaines et radicales, venues de la métropole, ont pris racine sur le sol américain.

George Washington (1732-1799), héros de l'Indépendance américaine (portrait par S. King, XVIIIe siècle).

Les colonies britanniques avant l'indépendance

À la veille de l'indépendance, **les colonies britanniques sont au nombre de 13 :** du nord au sud, le New Hampshire, le Massachusetts, le Rhode Island, le Connecticut, le New York, le New Jersey, la Pennsylvanie, le Delaware, le Maryland, la Virginie, la Caroline du Nord, la Caroline du Sud et la Géorgie. Elles sont administrées par **un gouverneur nommé par la Couronne** et par des assemblées.

Ces colonies sont **très différentes l'une de l'autre,** qu'il s'agisse d'économie, de culture ou de politique. À tel point que la question qui se pose, quand commence la lutte pour l'indépendance, est de savoir ce qu'elles ont en commun. Le conflit avec l'Angleterre, ainsi, contient en germe un autre conflit : celui, civil, de la guerre de Sécession.

Prélude à la guerre, la Boston Tea Party *manifeste, en 1773, la colère des Américains face aux privilèges commerciaux anglais.*

C'est à Philadelphie, le 4 juillet 1776, que fut signée la Déclaration d'indépendance des États-Unis (tableau de J. Trumbull, Washington, Rotonde du Capitole).

De la revendication aux émeutes

Entre 1763 et 1776, les griefs contre l'Angleterre se transforment en appels à l'indépendance. Des révoltes locales témoignent de la résistance progressive à la politique fiscale de Londres. Des marchands organisent des campagnes de boycott de produits anglais. Des comités s'organisent, donnant naissance à tout un corps de pamphlets qui attisent l'agitation intellectuelle. À partir de 1774 se créent des assemblées d'État, ou « congrès provinciaux » qui se substituent aux anciennes législatures jugées trop conservatrices et soumises à Londres.

La Déclaration d'indépendance est la conséquence de tous ces mouvements politiques et intellectuels qui s'accélèrent dans les années 1770. À New York, à Boston, en 1770, se déclenchent des manifestations, sanglantes dans le dernier cas. En décembre 1773 se produit à Boston une émeute au cours de laquelle des caisses de thé sont vidées dans le port. Quelques mois plus tard, en septembre 1774, des représentants de douze des treize colonies se rassemblent à Philadelphie et forment le premier Congrès continental.

La guerre de l'Indépendance

Sept années de luttes (1776-1783) sont nécessaires aux Américains pour obtenir des Anglais la reconnaissance de leur indépendance. Malgré les rivalités entre les colonies et la faiblesse numérique des forces des insurgés, les colons l'emportent, grâce à la médiocrité du commandement britannique, à l'avantage d'être sur leur terrain et à l'appui de la France.

Des débuts incertains. Pourtant, les premières années du conflit ne sont guère favorables aux insurgés, qui abandonnent Boston en mars 1776 et ne doivent qu'à la pusillanimité du général anglais Howe de ne pas être écrasés près de New York en août 1776. Seules les victoires de Washington à Trenton et à Princeton, en décembre 1776-janvier 1777, apportent quelque espoir aux insurgés. L'année 1777 est aussi incertaine, avec la capture de l'armée du général anglais Burgoyne en octobre 1777 à Saratoga, et les défaites de Washington près de Philadelphie.

L'appui décisif de la France. Mais, à partir de 1778, la France – rejointe par l'Espagne en 1779 – soutient la cause des insurgés. Après trois années indécises, la victoire américaine de Yorktown en Virginie, en octobre 1781, met un terme aux opérations militaires, après la capture de Cornwallis par Washington bien soutenu par les troupes de Rochambeau.

L'indépendance reconnue. En 1783, au traité de Paris, Londres reconnaît l'indépendance de ses anciennes colonies. Il reste à construire les États-Unis.

La guerre inévitable

Le conflit, désormais inévitable, éclate en avril 1775, après une escarmouche entre Anglais et « patriotes » à Lexington, près de Boston. En juillet 1775, une véritable bataille rangée se déroule à Bunker Hill, durant laquelle les Américains repoussent les assauts anglais avant de battre en retraite.

En quelques mois, la lutte contre des mesures jugées iniques devient une guerre révolutionnaire pour l'indépendance. Alors que les troupes des insurgés, commandées par le Virginien George Washington, adoptent un nouveau drapeau, les esprits sont excités par la publication du pamphlet d'un jeune radical venu d'Angleterre, le *Sens commun* de Thomas Paine, qui prône la rupture avec la métropole. Cette rupture intervient le 2 juillet 1776 lorsque le Congrès adopte le texte proposé par Jefferson, et le proclame deux jours plus tard.

Les États-Unis se dotent d'une Constitution

LA CONVENTION DE PHILADELPHIE

James Madison (1751-1836), un des « pères » de la Constitution américaine (portrait par C. Harding).

Le 17 septembre 1787, les délégués de onze des treize États américains réunis en convention à Philadelphie signent le texte de la Constitution des États-Unis.

Cette grande journée, qui marque aux yeux du vieux Benjamin Franklin, membre de la délégation de Pennsylvanie, l'aube de temps nouveaux, n'est que le prélude à trois années de luttes politiques difficiles avant que les treize États ne ratifient la Constitution – qui ne peut entrer en application que si elle est approuvée par au moins neuf États. Le Delaware, le 7 décembre 1787, la Pennsylvanie cinq jours plus tard, le New Jersey, la Géorgie, le Connecticut et le Massachusetts au début de 1788 se décident rapidement. Le quorum requis est atteint quelques mois plus tard, après les votes du Maryland en avril 1788, de la Caroline du Sud en mai, du New Hampshire et de la Virginie en juin, du New York en juillet. Il faut attendre novembre 1789 et mai 1790 pour que, respectivement, la Caroline du Nord et le Rhode Island ratifient la Constitution. Mais ces votes successifs masquent des débats féroces et des majorités serrées, en particulier dans les États les plus grands, dont le vote est décisif.

L'élection du président

Le président des États-Unis est élu pour quatre ans au suffrage universel indirect par un collège de 538 grands électeurs élus au suffrage universel direct sur une liste établie par État. Bien que ces grands électeurs n'aient pas de mandat impératif, il est rare qu'ils trahissent la volonté des électeurs.

Les grands électeurs sont élus le mardi qui suit le premier lundi de novembre de l'année électorale. Ils se réunissent dans leur État le lundi qui suit le premier mercredi de décembre. Les bulletins de vote sont dépouillés par le Congrès le 6 janvier à 13 heures. C'est alors que le président des États-Unis est officiellement déclaré élu.

Seul un individu né aux États-Unis, ayant résidé au moins 14 ans dans le pays et âgé d'au moins 35 ans peut être élu. Il ne peut accomplir que deux mandats.

Le travail des « pères fondateurs »

La Constitution des États-Unis est l'œuvre de la convention réunie à partir de mai 1787 à Philadelphie ; elle comprend 63 délégués, dont 55 sont effectivement présents et 39 signent le texte final. Ces « pères fondateurs » forment un groupe exceptionnel. De Virginie viennent le gouverneur Edmund Randolph, ainsi que James Madison, George Mason et George Washington. Le New York est représenté par Alexandre Hamilton, la Pennsylvanie par Benjamin Franklin, le juriste James Wilson, le politicien Gouverneur Morris et le banquier Robert Morris, le Massachusetts par Rufus King, le Connecticut par Roger Sherman. S'il y a de grands absents, tels Thomas Jefferson, alors en France, John Adams, à Londres, ou les radicaux Patrick Henry, Thomas Paine ou Sam Adams, la convention regroupe sans discussion possible l'élite politique du nouvel État.

Un texte entièrement nouveau

L'adoption d'une Constitution est rendue nécessaire par l'absence d'un gouvernement national. En mars 1781, les treize États ont signé les Articles de confédération. Mais ces textes, tout en préparant la voie à la solution qui prévaut par la suite, sont trop limités pour être effectifs. De même, le Congrès continental ne dispose pas de pouvoirs suffisants, notamment en matière fiscale. Le besoin d'un texte nouveau se fait rapidement sentir, en particulier durant les années de crise économique et politique, qui culminent avec la rébellion de fermiers du Massachusetts dirigés par Daniel Shays, en 1786.

La première décision fondamentale de la convention est de ne pas chercher à réviser les Articles de 1781 mais de produire une

Les États-Unis en 1789

Lorsque **George Washington** prête serment le 30 avril 1789 et devient le premier président des États-Unis, la jeune république compte près de **4 millions d'habitants.** La population, pour l'essentiel, habite la campagne. Philadelphie, la plus grande ville, n'a que 40 000 habitants. New York 33 000, Boston 18 000. Les communications entre les régions sont déficientes et difficiles.

Les États-Unis bénéficient d'un **afflux constant d'immigrants** attirés par la possibilité d'acquérir de la terre. Des industries y naissent sous la forme de petites usines textiles ; le commerce extérieur y est en pleine expansion. Le pays est neuf et rude, mais l'ordonnance du Nord-Ouest de 1787 a ouvert la possibilité de **la conquête des régions situées à l'ouest** des terres déjà occupées.

Les présidents des États-Unis

De George Washington, premier président de la République des États-Unis, à George Bush (élu en 1988), 41 présidents ont accédé à la tête de l'État américain.

Deux mandats au maximum. La tradition créée par Washington veut qu'un président n'accomplisse pas plus de deux mandats de quatre ans. Seul Franklin Delano Roosevelt (président de 1933 à 1945) a rompu avec cette coutume, en étant réélu à trois reprises en 1936, 1940 et 1944. Depuis, la limite des deux mandats est devenue une contrainte constitutionnelle par le XXIIe amendement (1951).

Grandes figures. Certains présidents américains ont sombré dans l'oubli, tels Z. Taylor (1848-1850), M. Fillmore (1850-1852) ou Fr. Pierce (1852-1856). Mais d'autres ont joué un rôle important, tels Thomas Jefferson (1801-1809), Andrew Jackson (1828-1836), Abraham Lincoln (1860-1865) ou Grover Cleveland (1884-1888, 1892-1896). Les présidents du XXe siècle, en particulier les deux Roosevelt (Theodore 1901-1908 ; Franklin 1932-1945), Wilson (1912-1920), Truman (1945-1952), Eisenhower (1952-1960), Kennedy (1960-1963), Johnson (1963-1968), Nixon (1968-1974), Carter (1976-1980) et Reagan (1980-1988), ont eu un rôle international essentiel.

Un pouvoir considérable. Malgré les contraintes constitutionnelles soigneusement disposées de façon à éviter tout dérapage, et dont l'efficacité a été mesurée lors de la démission forcée de Nixon en 1974 au terme de l'affaire du Watergate, le président des États-Unis est l'homme politique le plus puissant du monde.

La Signature officielle
de la Constitution des États-Unis,
le 17 septembre 1787
(peinture de Howard Chandler Christy).

Constitution entièrement nouvelle, qui prenne en compte à la fois la souveraineté et les pouvoirs des treize États et la nécessité de créer un gouvernement central fort, dont les pouvoirs soient soigneusement définis. Pendant plusieurs mois, les délégués tiennent séance après séance. Les débats, secrets à l'époque, sont animés, mais les progrès sont rapides, tant il apparaît que tous les membres de la convention sont d'accord sur l'essentiel – la mise au point d'un texte qui sanctionne les acquis de la guerre de l'Indépendance.

Des institutions toujours en vigueur

Le résultat de ces travaux est connu. Trois branches de gouvernement – législatif, exécutif et judiciaire – qui se contrôlent mutuellement de manière à empêcher tout excès : un président, deux chambres, des juges fédéraux. La Constitution établit un pouvoir central fort, pour l'époque, et parfaitement susceptible de se renforcer, comme l'évolution ultérieure le montre bien. Ainsi se trouvent garanties l'indépendance de la jeune république, sa stabilité politique et sa prospérité économique. Sans doute la Constitution ne résout-elle pas tous les différends entre les colonies : la question de l'esclavage est soigneusement écartée par les auteurs du texte et constitue un facteur de discorde jusqu'à l'explosion de la guerre de Sécession. Mais le texte de 1787, complété par les dix amendements passés peu après et connus sous le nom de *Bill of Rights,* qui garantissent en particulier les libertés individuelles, constitue un excellent compromis deux siècles plus tard et, après vingt-six amendements, il est toujours en vigueur.

La Révolution française ouvre une ère nouvelle

LA DÉCLARATION DES DROITS DE L'HOMME

Le 26 août 1789, l'Assemblée nationale constituante adopte le texte de la Déclaration des droits de l'homme et du citoyen. Il doit servir de préface à la Constitution qu'élaborent les députés : la première Constitution dont la France se soit jamais dotée.

Mais la Déclaration va devenir surtout une référence obligatoire pour ceux qui, dans le monde, sont épris de liberté : une sorte de charte fondamentale, dont les principes restent actuels aujourd'hui. Composé d'un préambule et de 17 articles, le texte est inspiré par le préambule de la Déclaration d'Indépendance américaine de 1776 et par les Constitutions qu'ont promulguées les États américains depuis leur indépendance. Mais il est surtout le résumé de la philosophie des Lumières, et, plus encore, la concrétisation politique des immenses bouleversements que la France a connus au cours des deux mois précédents.

Les causes d'une révolution

La France de la fin du XVIIIe siècle reste **une nation agricole.**

Or, depuis 1780, **l'agriculture se porte mal.** Une crise de surproduction entraîne une chute des prix du blé et du vin. C'est le marasme pour ceux qui vivent des revenus de la terre, depuis le fermier jusqu'au grand propriétaire noble. Celui-ci essaye de compenser ces pertes par une augmentation des prestations féodales. C'est ce que l'on appelle **la réaction aristocratique.** Elle s'exprime aussi dans une série de mesures qui bloquent **l'ambition sociale de la bourgeoisie.**

L'année 1787 est marquée par des pluies et des inondations auxquelles succède la sécheresse. Le 13 juillet 1788, une véritable catastrophe naturelle – la grêle – ravage tout l'ouest de la France. **Deux années de faibles récoltes** conduisent à la crise classique de « soudure », c'est-à-dire d'épuisement des stocks dans l'attente de la nouvelle récolte. Le prix du pain flambe. Nous sommes au printemps de 1789.

La Déclaration des droits de l'homme et du citoyen, *décrétée par l'Assemblée nationle constituante les 23, 24 et 26 août 1789 (gravure de 1789 ; Paris musée Carnavalet).*

L'effondrement de l'Ancien Régime

Tout a commencé avec l'élection aux États généraux, en février 1789. Les sujets du roi rédigent à cette occasion des cahiers de doléances dans lesquels ils expriment leurs aspirations. Le tiers état – c'est-à-dire l'ensemble des Français ni nobles, ni membres du clergé – le tiers état, qui regroupe l'immense majorité de la population, réclame la fin des privilèges.

Le 5 mai 1789, à Versailles, les États généraux s'ouvrent. Pour le roi, ils n'ont d'autre but que d'assainir les finances de l'État. Pour les nobles et une partie du clergé, il ne peut être question de renoncer à leurs privilèges. En revanche, le tiers veut réformer l'État.

Au cours du mois de mai, rien ne se passe. La colère et l'impatience grondent du côté du tiers état, d'autant plus que les trois ordres de la nation se réunissent séparément. Le 10 juin, Sieyès invite les deux autres ordres à se joindre au tiers pour rassembler tous les représentants de la nation. Quelques députés du clergé se rallient. Le 17, l'assemblée des députés du tiers se proclame Assemblée nationale. La Révolution est née. Tout alors s'accélère. Le roi, conscient de l'audace des députés, fait fermer leur salle de réunion. Qu'à cela ne tienne ! Ils se réunissent dans la salle du jeu de paume, où, le 20 juin, ils prêtent serment de ne pas se séparer avant d'avoir donné une constitution à la France. Le 27 juin, Louis XVI, qui sait toute résistance inutile, invite la noblesse à se réunir au tiers état. En juillet, l'événement capital est la prise de la Bastille. Un symbole de la toute-puissance royale s'effondre. Puis, dans la nuit du 4 août 1789, la noblesse et le clergé renoncent à leurs droits féodaux : la dîme est ainsi abolie.

La difficile rédaction d'une déclaration des droits

En détruisant le régime, l'Assemblée constituante a fait des Français des citoyens : des individus libres et égaux devant la loi. Dès le début juillet, les députés ont l'idée d'une déclaration des droits de l'homme et du citoyen. Un des meneurs du tiers, Mounier, déclare : « Pour qu'une constitution soit bonne, il faut qu'elle soit fondée sur les droits de l'homme et qu'elle les protège. » La discussion est vive et révèle plusieurs visions possibles des droits de l'homme. Des personnalités émergent de ce débat : Sieyès, Mirabeau, Barnave, Condorcet... Même après la nuit exaltante du 4 août, l'unanimité ne règne pas dans cette Assemblée : les uns, grisés par le succès de leur audace, tentent de mener plus loin la destruction de l'Ancien Régime ; les autres, noblesse et clergé, hésitent : pour eux, avec la fin des privilèges, leur supériorité sociale s'achève.

Le Serment du Jeu de paume *(d'après Jacques-Louis David).*

La Déclaration : une révolution ?

La Révolution trouve son sens non seulement dans la destruction de l'ordre ancien, mais aussi dans la construction d'un idéal nouveau. L'article 1 de la Déclaration : « Les hommes naissent et demeurent libres et égaux en droits » pose les fondements de la nouvelle société. Il proclame la naissance du corps civique. L'homme n'est plus sujet du roi : il est citoyen de la nation. Et l'article 3 de confirmer : « Le principe de toute souveraineté réside dans la nation ; nul corps, nul individu ne peut exercer d'autorité qui n'en émane expressément. » La démocratie représentative est proclamée. Les autres articles expriment ce même idéal. La liberté de pensée et d'opinion permet l'existence de partis et de la presse, mais la tolérance religieuse promet autre chose que la clandestinité pour les Juifs et les protestants.

La Déclaration constitue l'armature morale du projet des révolutionnaires de 1789. Elle n'est pas une révolution : elle est le message de la Révolution. Message cependant plus théorique que réel si l'on examine les autres épisodes de cette grande convulsion.

La Prise de la Bastille, *le 14 juillet 1789 (gouache de Jean-Pierre Houel, Paris ; musée Carnavalet). L'événement marque symboliquement le début de la Révolution.*

Autour de 1789 : les déclarations de droits à l'époque contemporaine

Le modèle : la Déclaration d'indépendance américaine. Si certains historiens, juristes et hommes politiques n'hésitent pas à considérer la Grande Charte de 1215 – charte octroyée par le roi anglais Jean sans Terre à ses nobles en révolte – comme la première Déclaration de droits dans l'histoire, le véritable modèle de la Déclaration de 1789 est le préambule de la Déclaration d'indépendance américaine, en 1776. Celui-ci proclame « pour vérités évidentes que les hommes naissent égaux, que leur Créateur les a dotés de certains droits inaliénables parmi lesquels sont la vie, la liberté, la recherche du bonheur ; que les gouvernements ont été institués pour garantir ces droits ».

Les autres déclarations révolutionnaires. En 1793 et en 1795, en France, sont votées deux autres Déclarations. La première, qui sert de préface à la Constitution de l'an I, met l'accent sur l'égalité et interdit l'esclavage ; la deuxième, introduction à la Constitution de l'an III, est plus proche de la Déclaration de 1789 mais elle s'accompagne d'une déclaration des devoirs, qui insiste sur le maintien de la propriété. Au XIXe siècle, en 1848, la Constitution de la IIe République a comme introduction une déclaration des droits qui reconnaît la supériorité des droits individuels sur ceux de l'État.

Au XXe siècle : des déclarations universelles. Rédigée dans le but d'éviter que se reproduisent les horreurs de la Seconde Guerre mondiale, la Déclaration universelle des droits de l'homme, adoptée par l'O.N.U. en 1948, reprend le texte de 1789 en ajoutant aux droits politiques et juridiques des droits économiques et sociaux. Complétée par des textes particuliers (à propos des enfants, etc.) ainsi que, en 1975, avant la libéralisation de l'Europe de l'Est, par l'Acte final de la conférence d'Helsinki relatif aux États de cette zone, elle demeure plus comme une utopie ou un idéal à réaliser que comme une réalité quotidienne.

La chute de Robespierre marque la fin de la Terreur

LE 9 THERMIDOR AN II

Le 27 juillet 1794, 9 thermidor an II selon le nouveau calendrier républicain, Maximilien de Robespierre, maître tout-puissant du Comité de salut public et grand ordonnateur de la Terreur, est arrêté en pleine séance de la Convention.

Saint-Just, Couthon et d'autres alliés de celui qu'on appelait l'« Incorruptible » sont arrêtés dans les mêmes conditions. Le lendemain, tous sont guillotinés. Une période de la Révolution s'achève.

La victoire des Montagnards : la mise en place de la Terreur

En quelques mois, les événements se sont précipités en France. Depuis le 10 août 1792, la monarchie n'existe plus et, depuis septembre de la même année, le pays est une république. C'est l'an I du calendrier révolutionnaire. Les armées étrangères pénètrent sur le territoire, menacent Paris et donc la Révolution. Valmy, le 20 septembre 1792, donne la victoire à la France et par là-même aux révolutionnaires. Puis, en automne-hiver, c'est le procès du roi Louis XVI et son exécution, le 21 janvier 1793. L'emballement des événements devient spectaculaire. Toutes les frontières sont forcées par les Autrichiens et les Prussiens. Une insurrection en Vendée allume un foyer de guerre civile. La province se révolte contre Paris. À Paris, la Révolution se divise. Les Girondins, des modérés, tentent de calmer les revendications des Montagnards, la partie extrémiste de la chambre révolutionnaire – la Convention. Le 2 juin 1793, un coup de force, dirigé par les ouvriers parisiens, conduit à l'arrestation de 29 d'entre eux. La Montagne prend le pouvoir. Cela veut dire que le gouvernement va se faire plus farouche dans la défense de la Révolution. La Constitution est suspendue : un régime de dictature s'installe. Le décret du 4 décembre 1793 organise ce gouvernement révolutionnaire.

Le pouvoir exécutif est confié au Comité de salut public et au Comité de sûreté générale. Le premier a autorité sur l'administration. Parmi ses douze membres, on trouve Robespierre, Couthon, Saint-Just qui dirigent la politique générale, Carnot qui s'occupe de la guerre. Le deuxième Comité joue le rôle de police politique qui s'étend à tout le territoire. La guerre – qui oblige Carnot à décréter la levée en masse des Français –, l'insurrection vendéenne, les difficultés économiques : telles sont les raisons avancées pour justifier l'existence du gouvernement révolutionnaire.

Épisode de la Terreur en 1793 à Nantes, place de Bouffoy
(école française ; Nantes, musée des Beaux-Arts).

La Terreur et ses victimes

La Terreur court de septembre 1793 à juillet 1794. Elle est marquée par le gouvernement des deux Comités (de salut public et de sûreté générale). Ceux-ci édictent des lois de plus en plus sévères, qui font de tout citoyen un suspect en puissance.

300 000 à 500 000 personnes sont emprisonnées pendant ces dix mois ; 17 000 sont guillotinées. Mais, si l'on compte les décès en prison et les exécutions sommaires, le chiffre s'élève à 40 000 morts. Dans six départements, on ne dénombre aucune exécution, tandis que, dans dix-huit, elles ont été supérieures à 1 000.

Il faut aussi compter dans ces chiffres macabres, les morts de la guerre de Vendée, guerre civile où chaque camp rivalise d'atrocité : au moins 200 000 Français en sont morts, peut-être même 300 000.

La France en 1794

Ce sont les guerres extérieures, puis le déclenchement de la guerre civile qui aggravent la situation à partir de 1792.

Une coalition des monarchies autrichienne et prussienne menace le territoire français. Fin 1793, à Wattignies, puis à Wissembourg, les armées de la Révolution repoussent l'ennemi. À l'intérieur, **le soulèvement vendéen** connaît de nombreux revers. L'œuvre des Comités, si l'on adopte le point de vue du gouvernement révolutionnaire, est un succès.

Début 1794, **le redressement militaire** de la France est acquis et la victoire de la Révolution assurée. La famine est écartée, mais la France vit néanmoins dans une économie de guerre, avec tout ce que cela comporte de privations.

Robespierre, ou la Terreur confisquée par un idéaliste

Parmi les membres du Comité de salut public, un homme d'une trentaine d'années s'impose bientôt : Maximilien de Robespierre. Jeune avocat envoyé par sa province aux États généraux, en 1789, il est devenu rapidement un des chefs du Paris révolutionnaire. Avec son visage fin et son élégance austère, il inspire le respect. Cet idéaliste voue un culte à la vertu, ce qui le rend pessimiste : les vertueux sont toujours minoritaires, pense-t-il. Son charisme lui assure un pouvoir sans cesse croissant : dès juillet 1793, il est l'un des principaux responsables du gouvernement. Début 1794, il est le vrai chef du Comité de salut public et, à ce titre, il confisque le pouvoir, poussé par l'idée qu'il est le seul capable de sauver la Révolution, à la fois contre le danger extérieur et contre les factions intérieures qui tentent soit de renverser le gouvernement, soit de lui faire prendre une autre direction.
C'est le cas des sans-culottes, dirigés par Hébert qui, en mars 1794, lance un appel à l'insurrection. Devant ce danger, le Comité arrête les hébertistes, les fait guillotiner, dissout la Commune de Paris. Après ce coup à gauche, voici un coup à droite : l'opposition, groupée autour de Danton, réclame la fin de la Terreur. Ce sont « les Indulgents ». Le 6 avril 1794, après avoir été mis hors la loi, Danton et ses amis sont exécutés. Le 10 juin, Robespierre, inspiré par Couthon, fait voter la loi du 22 prairial qui renforce la Terreur. Tout le monde devient suspect. L'innocence semble fuir la France. Mais cette loi trop injuste divise jusqu'aux amis de Robespierre, qui craignent de devenir à leur tour suspects.

Portrait de Maximilien de Robespierre *(1758-1794) [détail d'une peinture du XVIIIe siècle ; Paris, musée Carnavalet].*

La Nuit du 9 au 10 thermidor an II *(gravure de Tassaert ; Paris, musée Carnavalet). Robespierre est à droite, blessé par le coup de pistolet d'un gendarme.*

La chute du dictateur

Un temps, Robespierre semble découragé. Le 26 juillet, après être resté un mois sans paraître au Comité – ce qui permet à ses adversaires de se reconnaître et de s'organiser –, il prononce un discours à la Convention où il affirme sa volonté de lutter contre les « fripons », c'est-à-dire d'épurer Comités et Assemblées : tous ceux qui se croient menacés sentent l'urgence d'agir. La concertation des anciens amis de Robespierre (ainsi Billaud-Varenne) et des conventionnels modérés aboutit à l'arrestation du 9 thermidor. Dans la nuit du 9 au 10, des combats opposent les robespierristes aux sections modérées de la Commune de Paris. Au petit matin, les partisans de la Terreur ont perdu : Robespierre et ses amis sont guillotinés le soir même ; le lendemain, 71 exécutions ont lieu ; 12, le 12 thermidor, et encore 3, peu après. La guillotine a fonctionné contre ceux qui avaient ordonné qu'elle fonctionne.

Les grandes périodes de la Révolution

Commencée en 1789, la Révolution s'achève en 1799 par le coup d'État de Bonaparte.

Les États généraux et l'Assemblée constituante (juillet 1789-1791). En 1789, il s'agit de renverser l'ordre ancien : la société de privilèges est abolie et l'on prépare le remplacement de la monarchie absolue de droit divin par une monarchie constitutionnelle.

L'Assemblée législative (septembre 1791-1792). La monarchie constitutionnelle fonctionne cahin-caha. Le double jeu du roi, qui tente de fuir la France en juin 1791, les divisions de l'Assemblée et les menaces extérieures poussent le peuple de Paris à s'insurger, le 10 août 1792, puis à renverser la monarchie.

La Convention nationale (septembre 1792-1795). La République est proclamée le 22 septembre. Une nouvelle Assemblée est élue : la Convention. Elle rédige la première Constitution républicaine. D'abord dirigée par les Girondins, modérés, elle vote la mort de Louis XVI, exécuté le 21 janvier 1793. Les Girondins sont peu à peu écartés du pouvoir. Commence alors, en juin 1793, ce que l'on appelle la Terreur, et qui dure jusqu'à la chute de Robespierre, le 27 juillet 1794. La Convention survit quinze mois à la Terreur et parvient, pour un temps, à pacifier l'ouest de la France, où vendéens et chouans ont pris les armes contre la Révolution, en 1793.

Le Directoire (novembre 1795-1799). C'est un gouvernement de cinq membres, appelés directeurs. La renaissance royaliste, la crise financière, les divisions politiques paralysent le gouvernement, souvent bousculé par des coups d'État. Celui de Bonaparte, le 18 brumaire an VIII (9 novembre 1799), met un point final à cette agitation et inaugure une ère de réorganisation complète de la France.

La fin de la Révolution française
LE SACRE DE NAPOLÉON

Le 2 décembre 1804, en la cathédrale Notre-Dame de Paris, Napoléon Bonaparte est couronné empereur par le pape Pie VII. L'événement clôt la période tourmentée ouverte en France par la Révolution en 1789. Il instaure dans le pays un régime autoritaire et belliqueux qui ne dure que dix années mais qui marque l'une des plus brillantes périodes de l'histoire française : le premier Empire.

Napoléon Bonaparte s'est imposé politiquement au pays depuis le coup d'État du 18 brumaire an VIII (9 novembre 1799) : celui-ci, accompli avec le soutien de l'armée contre les représentants des Français (le Conseil des Anciens et les Cinq-Cents), a renversé le Directoire et a établi un nouveau régime, le Consulat, gouvernement d'abord tricéphale puis dirigé, en fait, par un seul homme : le Premier consul, c'est-à-dire Bonaparte lui-même.

L'ascension d'un général révolutionnaire

L'homme n'est pas beau. Né en Corse en 1769, d'un père petit notable rallié à la cause française dans une île encore largement pro-italienne, l'enfant est envoyé à titre de boursier dans des écoles militaires royales. Il se destine à la carrière de soldat et est nommé lieutenant d'artillerie en 1785.
Ce qui le propulse sur le devant de la scène, c'est, bien sûr, la Révolution. Lorsque Toulon se révolte en 1793 contre la Convention, il est chargé de l'écraser. Son succès lui vaut le grade de général de brigade : il a 27 ans. Arrêté

Le Cortège du sacre sur le Pont-Neuf
(peinture de J. Bertaux, Paris, Carnavalet).

Sacres et titres des souverains en France

C'est le roi franc Clovis, qui, le premier, s'est fait sacrer par saint Remi, l'évêque de Reims, vers 496. En l'an 800, Charlemagne, roi des Francs, se rend à Rome où le pape le fait empereur. Tous les rois de France jusqu'à Louis XVI portent le titre de roi de France et sont sacrés à Reims. Le sacre, cérémonie religieuse, leur confère la pleine autorité royale, délégation sur terre de l'autorité divine.
Napoléon se fait donc sacrer empereur par le pape ; innovation que ne reprend pas son petit-neveu Napoléon III. À la faveur de la restauration des Bourbons, Charles X, frère de Louis XVI, est le dernier roi à se faire sacrer à Reims, cérémonie incomprise car trop vieillie. Son successeur, Louis-Philippe, porté au pouvoir par la révolution de Juillet (1830), porte le titre de roi des Français.

L'Europe face à la France en 1804

Depuis la Révolution, **la France est en guerre avec l'Europe.**
Souvent victorieuse, elle demeure soumise à la coalition des monarchies contre la République. En outre, ses avancées en Italie – dues à Bonaparte – accentuent les rivalités. Parvenu au pouvoir, Bonaparte met l'accent sur la politique intérieure. Il mène pour cela une politique de paix à l'extérieur, allant jusqu'à signer, **en 1802, la paix d'Amiens** avec l'Angleterre.
Mais **le renforcement du pouvoir de Bonaparte inquiète.** Ses vues sur l'Angleterre et sur l'Italie font monter la tension. Son ambition impériale, connue de tous, accroît la crainte. Si la guerre éclate, elle opposera la France au reste de l'Europe. La force de l'Empereur le condamne à l'isolement, donc au renoncement ou à la victoire.

Napoléon sur le trône impérial
(D. Ingres, détail, Paris, musée de l'Armée).

Le Sacre de Napoléon Bonaparte à Notre-Dame de Paris, le 2 décembre 1804
(Louis David, Paris, musée du Louvre). Détail : le couronnement de l'impératrice Joséphine de Beauharnais.

Les Bonaparte en Europe

Les fabuleux succès extérieurs. De 1804 à 1808, la politique extérieure de Napoléon Ier vole de succès en succès. L'Empire français compte 130 départements et 44 millions d'habitants : il s'étend de la Hollande à la Toscane en Italie, et il comprend même les provinces illyriennes, l'actuelle Albanie. Mais le pouvoir de la France s'étend aussi sur des États vassaux : royaumes d'Espagne, de Naples, États allemands, Confédération helvétique, grand duché de Varsovie.

Le placement des frères. Or, l'évolution monarchique du pouvoir conduit Napoléon à utiliser sa famille comme lien politique entre son Empire et ses dépendances. Il crée par là une sorte de dynastie napoléonienne à l'échelle de l'Europe. Napoléon ne déclare-t-il pas un jour : « Si j'ai conquis des royaumes, c'est pour que la France en retire des avantages. » Avec quatre frères et trois sœurs, Napoléon dispose d'une famille étendue. Joseph reçoit le royaume de Naples en 1806 ; en 1808, il est déplacé et « nommé » roi d'Espagne. Louis est fait roi de Hollande en 1806 ; Jérôme règne sur la Westphalie de 1807 à 1813 (ses descendants sont aujourd'hui les chefs de la maison impériale française). Lucien, seul, se marie sans l'autorisation de son frère en 1803, et il n'est donc pas reconnu comme « prince français », titre donné par Napoléon à ses frères.

Les femmes et les enfants aussi... Les sœurs de Napoléon reçoivent aussi des titres : Élisa est duchesse de Lucques et de Piombino, grande-duchesse de Toscane ; Pauline devient duchesse de Guastalle ; Caroline épouse le maréchal Murat, fils d'un aubergiste, qui doit son ascension à ses succès et à Napoléon, et remplace en 1808 Joseph sur le trône de Naples. Enfin, les deux enfants du premier mariage de l'impératrice Joséphine – adoptés par Napoléon – sont Eugène de Beauharnais, qui reçoit des titres allemands, et Hortense de Beauharnais, reine de Hollande à partir de 1810.

un temps après la chute de Robespierre, il reprend vite ses commandements et exécute fidèlement les ordres du gouvernement. Il réprime l'insurrection royaliste d'octobre 1795 à Paris. Promu commandant de l'armée d'Italie, il excelle ! Arcole, Castiglione, Rivoli, Mantoue : les victoires résonnent de gloire et prolongent l'écho des canons victorieux. La France domine le nord de l'Italie, impose la paix aux Autrichiens. Puis vient l'expédition d'Égypte qui, en 1798-1799, constitue une épopée prestigieuse (la bataille des Pyramides). C'est le tremplin qui lui permet de diriger le coup d'État du 18-Brumaire et de le confisquer à son profit.

Du Consulat à l'Empire

La nouvelle Constitution, proclamée après le coup d'État, est son œuvre personnelle. Si le suffrage universel est maintenu, les élections sont supprimées. Les citoyens proposent une liste de candidats parmi lesquels le pouvoir choisit les membres des Assemblées et les fonctionnaires. Le Premier consul, assisté de deux autres consuls réduits progressivement au rôle de figurants, est maître de la réalité du pouvoir. Il l'utilise pour centraliser efficacement l'administration de la France ; et il crée, en 1803, le « franc germinal », égal à 0,32 grammes d'or, dont la valeur restera inchangée jusqu'à la Première Guerre mondiale.
Quant à la pacification politique, elle se fonde sur le pardon aux modérés – royalistes ou républicains prêts à se fondre dans le nouveau régime – et l'élimination des réfractaires. Sur le plan religieux, Bonaparte négocie avec Rome le Concordat de 1801 qui place l'Église de France dans la dépendance spirituelle du pape, mais dans celle du gouvernement pour les questions politiques. Toutes ces réformes rallient au Premier consul l'essentiel des suffrages : le nouveau régime apporte à la France la pacification souhaitée, après une longue tourmente.

Le sacre

La réussite conduit Bonaparte à se faire proclamer consul à vie dès 1802. Puis, fort de son pouvoir, il se proclame, en mai 1804, empereur des Français. Pour donner à ce titre l'éclat qu'il mérite, il demande à Pie VII de venir à Paris le sacrer : l'Empereur est suffisamment puissant pour faire se déplacer le pape – et non l'inverse –, et le général révolutionnaire s'inscrit dans une tradition (le sacre) qui le réconcilie avec la France ancienne.

→ **Voir aussi :** p. 200-209 (divers, Ier Empire).

Un amiral anglais meurt en héros
TRAFALGAR

Les combats sur le Victory *et l'agonie de l'amiral Nelson, à Trafalgar, le 21 octobre 1805 (peinture de Denis Dighton, Musée maritime de Greenwich).* ▽

Le 21 octobre 1805, dans l'océan Atlantique, au large du cap Trafalgar, au sud-est de Cadix, une escadre franco-espagnole est attaquée par la flotte britannique commandée par l'amiral Nelson. Les Anglais obtiennent une victoire totale qui leur donne la maîtrise absolue des mers et les délivre de toute crainte d'un débarquement français ; mais Nelson est tué au combat.

Trois ans avant cette bataille décisive, la France a pourtant signé avec l'Angleterre la paix d'Amiens. Celle-ci ne pouvait être qu'une trêve entre les deux nations : l'ambition territoriale de Napoléon, les rivalités coloniales aux Antilles, le dynamisme de l'économie anglaise et sa suprématie maritime rendaient inévitable la reprise du conflit.

Une ambition formidable : envahir les îles Britanniques

La guerre reprend et, dès le mois de mai 1803, le Hanovre, dont le roi d'Angleterre est souverain, est envahi par les troupes françaises. L'Angleterre riposte en confisquant dans ses ports 1 200 bateaux de commerce français. Sûr d'une alliance avec les États italiens et de la neutralité de l'Espagne, Bonaparte décide de concentrer ses troupes à Boulogne, avec l'idée de conquérir l'Angleterre. Après deux ans de préparatifs, le chef français, devenu empereur, veut tenter un débarquement sur les côtes anglaises. Il associe à son projet les marines hollandaise – la Hollande est le rival maritime et commercial de l'Angleterre – et espagnole. Début 1805, Napoléon semble disposer d'une légère supériorité numérique.

La France contre l'Angleterre (1795-1815)

La France révolutionnaire a eu à combattre toute l'Europe.

Déjà, **en 1795,** le Directoire élabore **un plan de débarquement en Angleterre.** Hoche propose d'attaquer l'Irlande, où l'Angleterre rencontre des difficultés depuis la guerre d'Indépendance. Le projet est remis, puis abandonné.

En 1802, Bonaparte, alors Premier consul et engagé dans une œuvre de restauration de la puissance française, signe avec l'Angleterre **la paix d'Amiens**, accueillie avec soulagement par tous. Depuis 10 ans, la France n'a pas connu la paix. **La trêve est de courte durée** – un an – et les rivalités reprennent le dessus. Toute la politique anglaise, entre 1803 et 1815, consiste à briser l'hégémonie napoléonienne sur l'Europe.

L'amiral Horatio Nelson (1758-1805). Avant Trafalgar, il avait déjà vaincu les Français à la bataille navale d'Aboukir (1798) [portrait par sir W. Bechey, Londres, National Portrait Gallery].

◁ La Bataille de Trafalgar. *Au premier plan, l'échange des coups de canon entre, à gauche, le vaisseau français le* Redoutable *et, à droite, son adversaire anglais le* Victory *commandé par l'amiral Nelson (peinture de A. Mayer, Paris, musée de la Marine).*

L'affrontement maritime

L'Angleterre organise la défense de son insularité. Ses navires gardent la Manche et rendent illusoire toute tentative de débarquement sans combat naval. Car il faut aux Français la maîtrise de cette mer pendant au moins une journée, pour organiser et effectuer l'invasion. Conscient de cela, Napoléon construit un plan ambitieux qu'il s'efforce de réaliser tout au long de l'année 1805. Son idée : attirer la flotte anglaise dans les Antilles, attaquer les intérêts britanniques outre-Atlantique et contraindre les Anglais à dégarnir leur défense en Manche.

Conformément à ce plan, l'amiral français Villeneuve quitte Toulon en janvier, délivre les Espagnols bloqués à Cadix par les Anglais et file vers les Antilles afin d'y entraîner Nelson. De là, il entame une course de vitesse avec les Anglais et remonte vers l'Espagne. Rejoint par les Anglais, il essuie quelques pertes à la bataille des Quinze-Vingts et se réfugie, d'abord à El Ferrol, un port de la côte nord de l'Espagne, puis à Cadix, au sud. Les Anglais lui bloquent alors la route de Boulogne, où Napoléon l'attend, furieux.

Trafalgar, formidable défaite française

Nelson paralyse la flotte franco-espagnole depuis le début d'octobre 1805. L'escadre française dispose de 18 vaisseaux, l'espagnole de 15. Vers la mi-octobre, on observe que Nelson n'a plus que 27 navires. Profitant de la légère supériorité numérique et d'un vent favorable à leurs voiliers, les alliés – Français et Espagnols – tentent la sortie impatiemment attendue par Napoléon. Nous sommes le 20 octobre.

Sortie du port de Cadix, la flotte de Villeneuve et de Gravina – l'amiral espagnol –, forte de ses 33 bateaux, doit se placer en une seule longue ligne. Mais la manœuvre échoue et l'arrière-garde se laisse distancer. Le 21 octobre au matin, Nelson divise sa flotte en deux colonnes et attaque le centre de l'escadre franco-espagnole. Très vite, la ligne de Villeneuve se rompt, les navires sont isolés les uns des autres et l'Anglais empêche toute contre-attaque coordonnée. Seuls quelques navires français ou espagnols tentent avec courage et succès des actions d'éclat. Au cœur de la bataille s'affrontent le *Redoutable* et le *Victory*, navire amiral de Nelson. Un coup de canon blesse mortellement Nelson, qui ne voit pas son triomphe à la fin de la journée.

L'Empire sera continental

Au soir de la bataille, un navire français, l'*Achille*, explose, accentuant le caractère dramatique de cette défaite navale. 16 bateaux des alliés sont pris : la flotte de Villeneuve est réduite à 15 navires quand les Anglais n'ont pas une seule perte. 4 500 morts et 3 700 blessés du côté allié contre 400 morts et 1 200 blessés du côté anglais. Les chiffres parlent d'eux-mêmes : avec l'anéantissement naval de Trafalgar, Napoléon sait que l'Angleterre conserve la maîtrise des mers. Conquérir l'île devient une chimère et il y renonce naturellement. Mais, à Ulm en octobre, à Vienne en novembre, à Austerlitz en décembre, les armées de l'Empereur défont les Autrichiens et les Russes. La gloire de l'Empire sera une gloire continentale. Le héros de la mer reste l'amiral anglais Nelson, mort pour la victoire.

L'Angleterre, perfide Albion ? Des relations souvent difficiles

L'Amérique, la Révolution : deux occasions de conflit. Jusqu'à une date récente, l'histoire des relations entre la France et le Royaume-Uni a été celle d'une rivalité. Rivalité de deux grandes puissances européennes et rivalité de deux empires coloniaux. À la fin du XVIIIe siècle, le roi de France Louis XVI est trop heureux d'apporter son soutien aux rebelles américains, qui luttent pour leur indépendance. La perte de ces colonies anglaises compense la perte française du Canada, enlevé par les Anglais en 1763. Pendant la Révolution française, l'Angleterre se place du côté des contre-révolutionnaires ; puis elle lutte avec la dernière énergie contre Napoléon.

Les rivalités en Afrique : Fachoda. Affaiblie par sa défaite de 1815, la France se heurte de nouveau à l'Angleterre avec le début des expansions coloniales à l'échelle du monde. En 1840, Londres empêche la France d'avancer en Orient. Mais l'épisode le plus célèbre est celui de Fachoda où, en 1898, Français et Anglais se rencontrent. Les premiers veulent réaliser une jonction Dakar-Djibouti, c'est-à-dire une domination Ouest-Est de l'Afrique ; les seconds tentent une domination Nord-Sud, Le Caire-Le Cap. Militairement moins nombreux, les Français cèdent, non sans amertume et rancœur.

La réconciliation ambiguë des deux Guerre mondiales. Toutefois en 1914, puis en 1939, la France trouve l'Angleterre à ses côtés dans la lutte contre l'Allemagne. Mais, de Londres où il organise la Résistance, le général de Gaulle doit veiller à ce que l'Angleterre ne profite pas de l'affaiblissement de la France pour « grignoter » son empire colonial. Cette politique conduit le Français à des conflits très durs avec Churchill, et plus d'une fois l'alliance entre Londres et la Résistance frôle la rupture. Depuis la perte de leurs colonies respectives, la Grande-Bretagne et la France sont deux alliées essentielles dans le monde occidental – même si leurs intérêts se heurtent souvent au sein du Marché commun.

Joseph Bonaparte, roi d'Espagne

GUERRE D'INDÉPENDANCE

En avril 1808, Napoléon Ier impose son frère comme roi d'Espagne. Il croit ainsi régler les problèmes politiques internes d'une puissance jusque-là alliée à la France. L'erreur politique se convertit en erreur militaire : l'Espagne entière se soulève et impose à la France de Napoléon un effort coûteux en hommes, en énergie et en argent.

L'Espagne du début du XIXe siècle souffre de sa monarchie. Le roi Charles IV, au pouvoir depuis 1788, s'appuie entièrement sur son Premier ministre Godoy, unanimement détesté. Ferdinand, le fils du roi et prince héritier, représente les espoirs des opposants à Godoy. Le 18 mars 1808, une émeute populaire pousse Godoy à fuir et Charles IV abdique en faveur de son fils, qui devient Ferdinand VII. Peu au fait des réalités espagnoles, Napoléon croit devoir rétablir Charles IV. Au cours d'une rencontre à Bayonne avec les deux rois d'Espagne, il se convainc de la nullité de la famille royale espagnole, contraint Ferdinand VII à rendre la couronne à son père, et celui-ci la met à la disposition de l'Empereur. Le 6 juin 1808, Napoléon propose la couronne à son frère Joseph, jusque-là roi de Naples. Cette « annexion familiale » de l'Espagne indispose fortement tous ceux qui ont mis leurs espoirs en Ferdinand VII, ou en Napoléon parce qu'ils espéraient que celui-ci prendrait le parti de Ferdinand. Le retrait de Ferdinand VII, très populaire, et la présence de soldats français désespèrent l'opinion publique. Poussée à l'émeute par des nobles et des réformistes, la population de Madrid se révolte.

El Dos de Mayo

Le 1er mai 1808, Murat passe en revue ses troupes à Madrid où il a amassé 30 000 soldats. Le 2 mai, la population se rebelle et des combats aussi furieux qu'atroces ensanglantent la capitale pendant toute la journée. La panique gagne les soldats tandis que les Madrilènes massacrent les Français qu'ils attrapent. Des scènes horribles – des femmes déchiquetant au couteau des soldats, des chevaux dépecés, des assassinats par dizaines – se répètent pendant des heures. Le lendemain, Murat donne dans la répression. Ce jour-là, environ 500 à 1 000 Espagnols et de 100 à 200 Français meurent. Le calme revient. Murat estime qu'il va durer. Ses collaborateurs espagnols jugent l'Espagne perdue pour Napoléon.

Ils ont raison. La guerre éclate, l'insurrection s'étend au pays entier. Évidemment, cela n'empêche pas Joseph d'entrer dans Madrid le 20 juillet. Mais la dynamique de la résistance et de la lutte existe.

Bailen, première défaite de Napoléon sur le continent

Les Asturies du Nord sont soulevées, mais vite soumises. En revanche, à Séville, les opposants se regroupent. Aussi le général Dupont descend-il avec son armée en Andalousie. Après quelques succès, il est bloqué les 18 et 19 juillet 1808 devant la petite ville de Bailen. Là, il essuie un revers militaire cuisant, d'autant plus frappant qu'il représente le premier recul sérieux infligé aux armées impériales françaises. La bataille est décisive sur le plan psychologique. Elle montre aux Espagnols que la victoire est possible. Elle sera longue à obtenir, mais la ténacité des Espagnols y parviendra.

Le général Junot est entré au Portugal, ce qui conduit Londres à envoyer un corps expéditionnaire pour lutter contre la France et défendre le Portugal, allié militaire et surtout partenaire économique essentiel de l'Angleterre. La guerre s'internationalise peu à peu. Napoléon, devant le retard pris par les opérations, se rend lui-même en Espagne. Là, de novembre 1808 à janvier 1809, avec 200 000 soldats, il consolide le pouvoir de son frère, qui s'installe définitivement à Madrid le 4 décembre. En décembre tombent aussi les capitales de l'Aragon et de la Catalogne : Saragosse et Barcelone. Napoléon quitte une Espagne mieux contrôlée, mais qui

La Répression du Tres de mayo, *le 3 mai 1808 (Goya, musée du Prado à Madrid, détail).*

Le temps de l'Empire français

Dans sa lutte contre l'Angleterre, Napoléon, depuis la perte de la marine à Trafalgar, utilise l'arme économique : c'est **le Blocus continental.**

Pour assurer son efficacité, Napoléon l'impose à tous les États européens. Ceux-ci doivent donc être surveillés. Cette politique conduit à de nouvelles conquêtes. Le Portugal et l'Espagne en font les frais.

L'Empire s'étend sans cesse. En 1811, il atteint son expansion maximale. Il va du nord de la Hollande à l'Italie et mord sur la côte adriatique en Illyrie. Avec **130 départements et 44 millions d'habitants,** l'Empire de Napoléon ne tient pas compte des différences nationales. De plus, la Confédération du Rhin qui regroupe les États allemands, la Confédération helvétique, le royaume d'Italie, ceux de Naples et d'Espagne constituent autant d'États vassaux qui comptent 38 millions d'habitants.

Joseph Bonaparte, *roi d'Espagne (peinture du baron Gérard, château de Fontainebleau).*

est loin encore d'être dominée. Néanmoins, même si, au cours de 1809, le Portugal et la Galice – au nord-ouest de l'Espagne – sont définitivement libérés par les Anglais, le bilan de l'année est plutôt favorable aux Français qui, après la chute de Gérone, s'assurent de toute la Catalogne. Les deux ans qui suivent accentuent cette expansion française, les Espagnols sont souvent battus et les Anglais contenus au Portugal.

Les Français finalement chassés

La fin de la présence napoléonienne en Espagne est à la fois le résultat de la lutte des Espagnols et celui du déclin général de l'Empire français à partir de 1812. La coûteuse campagne de Russie affaiblit les moyens militaires de Napoléon, tandis que la situation critique en Espagne l'oblige au maintien de nombreuses troupes dans la région. Le pouvoir de Napoléon perd prise. En 1812, les armées anglo-espagnoles commandées par le duc de Wellington obtiennent de beaux succès, qui culminent avec la prise de Madrid, le 11 août. La capacité de résistance du roi Joseph reste importante, puisqu'il rentre dans sa capitale le 3 novembre. Au total, la fin de 1812 laisse croire à un hypothétique redressement.

Or, de janvier à juin 1813, un cinglant démenti est apporté par les faits. Du 22 mai au 30 juin, Joseph et les troupes françaises reculent de Madrid à la frontière, qu'ils passent le 1er juillet. 500 kilomètres de recul en six semaines ! Début 1814, la Catalogne est reconquise par les Espagnols.

La guerre d'indépendance, fierté de l'Espagne

Pour la France napoléonienne, la guerre espagnole est un effroyable gouffre. 260 000 soldats y meurent. Le bilan est énorme aussi sur le plan financier. Véritable piège, l'Espagne constitue un handicap pour l'Empire.

Épisode du siège de Saragosse, *le 8 février 1813 (peinture française du XIXe siècle).*

Côté espagnol, l'épisode permet au peuple, trop souvent divisé, de se retrouver dans une lutte commune. Ces six années de guerre deviennent, dans la mémoire collective, celles de la « guerre d'indépendance » : c'est le nationalisme des Espagnols, leur refus d'accepter une tutelle étrangère, qui explique leur détermination farouche. D'où le caractère de guerre totale pris par le conflit, les batailles et les sièges comptant presque moins que le harcèlement de la guérilla et du terrorisme. Le général Hugo, le père du poète Victor Hugo, meurt assassiné en Espagne !... Même si l'union née de la résistance n'a pas survécu à la paix, la guerre d'indépendance reste un souvenir commun à tous, qui enseigne aux Espagnols les vertus de l'unité.

→ **Voir aussi :** p. 204-205 (Bolivar au Venezuela) ; p. 232-233 (guerre hispano-américaine).

Les conséquences de la guerre d'indépendance

Un grave retard économique. Si, sur le plan moral, la guerre d'indépendance favorise un sentiment d'unité, les conséquences sont désastreuses. L'Espagne tarde ainsi à démarrer sur le plan industriel et elle rate sa modernisation. L'agriculture est dominée par les grands propriétaires et les paysans pauvres sont légion.

Le détachement de l'Empire. L'occupation de la métropole par les troupes napoléoniennes a de graves conséquences outre-mer : les colonies d'Amérique latine refusent de reconnaître Joseph Bonaparte pour roi, elles apprennent à s'administrer elles-mêmes. Leur mouvement loyaliste tourne au séparatisme, peu après le retour de Ferdinand VII.

La crise politique persiste. Le refus de la solution bonapartiste n'apporte pas à l'Espagne une monarchie plus brillante et incontestable, ni une réconciliation entre ses éléments ultra-conservateurs et ses composantes libérales et anticléricales. Le règne de Ferdinand VII marque le début de tergiversations qui durent autant que le siècle, entre les tentations absolutistes et les expérimentations libérales. À la mort du roi, en 1833, le conflit entre son frère Carlos et sa fille Isabelle complique encore la situation politique.

Un libérateur pour l'Amérique latine

BOLIVAR AU VENEZUELA

En juillet 1811, la République vénézuelienne est proclamée une première fois à Caracas. Cet événement prévisible depuis plusieurs années marque la volonté d'indépendance de ces régions jusque-là dominées par l'Espagne. Un homme exprime et incarne cet idéal : Simon Bolivar, « el Libertador ».

Le libérateur Simon Bolivar (1783-1830) [détail d'un portrait, posthume, de l'école vénézuélienne].

Le continent sud-américain est dominé depuis la fin du XVe siècle par les Espagnols et les Portugais. Les premiers immigrants européens se sont installés sur ces terres et leurs descendants les ont adoptées comme patrie natale. Au cours de ces trois siècles s'opère peu à peu un divorce entre les colons et la métropole. Bolivar descend d'une famille espagnole. Mais, pour lui, sa patrie c'est l'Amérique.

L'influence des événements d'Europe

Les événements européens dus à la Révolution française puis aux bouleversements napoléoniens contribuent à accentuer cette distance. Entre 1797 et 1814, les colonies espagnoles se trouvent quasiment autonomes, l'Espagne n'ayant plus les moyens humains et financiers d'assurer sa présence. Les élites locales s'émancipent donc. En outre, les idéaux révolutionnaires parviennent jusqu'en Amérique latine. Bolivar lui-même se rend en Europe de 1803 à 1805. De Cadix à Rome, en passant par Paris, il découvre la ferveur révolutionnaire de certains, l'idéal franc-maçon d'autres, l'égoïsme des monarchies. Il admire Napoléon, ce général républicain dont le pouvoir se fonde sur le succès et la gloire de la Nation. La gloire, c'est-à-dire l'indépendance. À Rome, en 1805, Bolivar fait le serment de libérer l'Amérique du joug espagnol.

Crises et guerres civiles : « el Libertador »

De retour en 1807 au Venezuela, Bolivar retrouve une Amérique en effervescence.
Un an plus tôt, en 1806, un noble vénézuelien, Francisco de Miranda, a tenté un débarquement pour libérer l'Amérique. Son projet a échoué. Mais l'idée de révolte militaire est devenue réalité. L'effacement de l'autorité

Un continent en voie de libération

C'est le continent américain qui inaugure ce qu'on appelle la décolonisation, c'est-à-dire l'accession à l'indépendance de territoires dépendants d'États européens.

En **1776,** en Amérique du Nord, **les colonies britanniques se soulèvent** contre la tutelle anglaise. Le 4 juillet 1776, elles proclament leur indépendance et se rassemblent dans une fédération américaine qui compte treize États. Les treize bandes rouges et blanches du drapeau américain symbolisent cette fondation.

Cette **première libération nationale,** victorieuse après une guerre, sert d'exemple au continent sud-américain.

Bolivar et ses hommes. Le drapeau du Venezuela flotte derrière lui et celui de l'Espagne est replié.

Un autre libérateur de l'Amérique du Sud : San Martin, au Pérou, en 1821... Ou l'armée et l'Église associées.

espagnole renforce le sentiment d'une crise d'autorité dans tout le continent. Chacun joue son propre jeu. En juillet 1811, la République vénézuelienne est proclamée. Les Espagnols réagissent et la balayent au début de 1812. Bolivar s'enfuie alors et prend pour la première fois le chemin de l'exil. Sa détermination le pousse à reprendre le combat et il fonde sa démarche sur la rapidité du déplacement de ses forces militaires, sur l'effet de surprise et aussi sur la féroce décision de lutter jusqu'à la mort.

La « Campagne admirable » et ses suites

En 1813, Bolivar conduit ses troupes à travers la Colombie et le Venezuela. Ces opérations prennent le nom de « Campagne admirable ». Il entre à Caracas et proclame pour la deuxième fois la République vénézuelienne. Mais, bientôt, 11 000 soldats espagnols débarquent et mènent une contre-offensive victorieuse. Bolivar, de nouveau, est contraint à l'exil.

Pourquoi ces succès et ces échecs répétés ? Jusqu'en 1816, le combat pour l'indépendance américaine n'est que le fait d'une élite. Les masses – des Indiens, des mulâtres et des esclaves noirs – restent loyalistes. Pour elles, l'indépendance est la revendication des riches. Alors, Bolivar comprend qu'il faut que l'indépendance procède d'une volonté uniforme, un combat populaire. Il adopte, en 1816, un programme radical dans lequel il promet la libération des esclaves et la redistribution des terres prises à l'ennemi. Le virage politique est une victoire stratégique. L'Amérique prend conscience de son unité possible face à l'Espagne.

De 1819 à 1821, Bolivar se remet en campagne. Il occupe Bogota, en juillet 1819. En 1821, il proclame, cette fois-ci de façon définitive, l'indépendance du Venezuela. En 1822, son second, le général Sucre, libère l'Équateur. En 1824, Bolivar libère le Pérou et la Bolivie. Enfin, le 9 décembre 1824, à Ayacucho, les Espagnols subissent une nouvelle défaite : ils se retirent cette fois définitivement du continent. À partir de cette date, l'Amérique est américaine.

Le champion de l'unité latino-américaine

Bolivar est devenu président du Venezuela, président à vie du Pérou, vice-président de la Colombie. Il abandonne la présidence de la Bolivie au général Sucre. Héros militaire et politique, il veut incarner l'identité latino-américaine. Il rêve d'une grande confédération qui regrouperait tout le continent sud-américain sous son pouvoir. Car Bolivar est autoritaire. Il écrit un jour à un de ses lieutenants : « Qu'ont donc les Vénézuéliens qu'ils ne me doivent ? » Ces présomptions lui aliènent la sympathie des populations. En 1827, un coup d'État militaire met fin à son pouvoir au Pérou. En septembre 1828, il échappe de justesse à une tentative d'assassinat en Colombie. En 1830, son ami le général Sucre est assassiné en Bolivie. Son pouvoir s'effrite, son autorité vacille, sa popularité s'effondre. L'homme, usé prématurément par une activité frénétique, se sent pris d'un immense découragement. Il écrit, quelques semaines avant sa mort, « la seule chose qu'on puisse faire en Amérique, c'est d'émigrer ». Abandonnant tout pouvoir, il s'exile à nouveau. Miné par la tuberculose, il meurt dans l'indifférence générale, à Santa Marta, en Colombie, le 17 septembre 1830.

Si l'homme a été peu aimé, le « Libérateur » est bientôt adulé. Un mythe se met en place très vite : il subsiste toujours en Amérique latine. Le XIXe siècle, avide des luttes d'indépendance, adopte Bolivar comme modèle, comme exemple de l'homme dépassé par sa tâche, qui finit par se confondre avec l'histoire.

L'Amérique latine et ses libérateurs

À l'exception du Brésil, qui est une colonie portugaise, toute l'Amérique latine est espagnole. Elle accède à l'indépendance dans le premier tiers du XIXe siècle.

Bolivar et Sucre, dans le Nord. Né à Caracas en 1783, l'année même où l'indépendance des États-Unis est reconnue par l'Angleterre, Simon Bolivar libère de la tutelle coloniale le Venezuela entre 1811 et 1821 et la Colombie (alors Nouvelle-Grenade) entre 1817 et 1919. Son lieutenant Antonio José de Sucre libère l'Équateur (*audiencia* de Quito) en 1822 et remporte, deux ans plus tard, la victoire d'Ayacucho qui force les Espagnols à consentir à l'indépendance de l'Amérique latine.

San Martin, dans le Sud. Le général argentin José de San Martin (1778-1850) remporte en 1818 les victoires de Chacabuco et du Maïpo qui consacrent l'effacement des Espagnols de l'Argentine et du Chili. Puis, en 1821, il entre au Pérou dont il proclame l'indépendance. En désaccord avec Bolivar, il démissionne de sa charge de « Protecteur » du Pérou, en 1822, et s'exile en France. Ce retrait volontaire renforce la stature de Bolivar comme « Libérateur » essentiel de l'Amérique latine.

Iturbide et Santa Anna au Mexique. L'indépendance est proclamée en 1821, au terme d'une révolte populaire qui dure depuis 11 ans. Le général Augustin de Iturbide se proclame alors empereur, ce qui provoque des oppositions. Dès 1823, il est renversé, et fusillé en 1824. L'homme fort du pays devient le général Santa Anna, dont les ambitions territoriales sont telles que les États-Unis interviennent au Texas en 1833.

La douce transition brésilienne. En 1821, l'indépendance est accordée par le roi de Portugal. En 1822, son fils Pedro (Pierre Ier) devient empereur.

Les grandes puissances réorganisent l'Europe

LE CONGRÈS DE VIENNE

Talleyrand (1754-1838) représenta la France au congrès.

Le 1er octobre 1814, à Vienne, capitale de l'empire d'Autriche, s'ouvre un congrès des puissances européennes en lutte contre Napoléon : l'Autriche, l'Angleterre, la Russie et la Prusse. Son ordre du jour est la réorganisation territoriale et politique de l'Europe. En effet, depuis 1812, le « Grand Empire » de Napoléon recule sous les coups de quatre alliés : l'Autriche, l'Angleterre, la Russie et la Prusse.

Fin 1813 – début 1814, la chute de Napoléon s'accélère. Partout les armées françaises reculent. Italie, Belgique, Rhénanie : tout n'est plus qu'une incessante retraite militaire. Stimulés par ces succès, les Alliés savent qu'ils doivent refaire l'Europe, sortie profondément bouleversée de l'aventure française. Le 8 mars 1814, ils signent à quatre le traité de Chaumont par lequel les quatre puissances s'engagent à fournir 150 000 hommes chacune à une armée commune et à ne pas signer de paix séparée avec la France. Le 6 avril, Napoléon abdique. Le 30 mai 1814, le traité de Paris est signé avec la France de Louis XVIII, le frère de Louis XVI, le roi exécuté par la Révolution. Le pays est ramené à ses frontières de 1792 : c'est la fin de la France révolutionnaire et conquérante. Reste à régler le sort des terres dominées par Napoléon ; elles représentent le quart de l'Europe.

Si toutes les puissances sont invitées à Vienne – y compris la France parce que les Alliés veulent assurer la stabilité du nouveau pouvoir royal – seuls les « Quatre Grands » décident effectivement. Bien vite on s'aperçoit que la recherche d'un équilibre réel et permanent de l'Europe recouvre mal les ambitions hégémoniques des uns et des autres.

Le déclin de l'Empire

Après avoir soumis presque toute l'Europe, à l'exception de l'Angleterre, **Napoléon** décide de dominer le tsar de Russie.

Il regroupe en Pologne une armée de 700 000 hommes et **entre en Russie, le 24 juin 1812.** Le 7 septembre, l'armée franchit la Moskowa. Lorsque Napoléon entre à Moscou, les Russes y mettent le feu. Ayant pratiqué la tactique de la terre brûlée, les Russes empêchent tout ravitaillement. Aussi Napoléon et son armée doivent-ils battre en retraite. **C'est un désastre.** Des 700 000 hommes engagés, seuls 10 000 regagnent l'Allemagne.

Cet échec dresse les nations dominées contre le pouvoir impérial. En Espagne, la lutte s'intensifie tandis que l'Allemagne se soulève en 1813. Une grande bataille a lieu, du 16 au 19 octobre, à Leipzig, où Napoléon perd 60 000 soldats. Les Autrichiens poussent l'avantage. **Début 1814, la France est attaquée de toute part.** Même sa frontière sud est franchie par les Espagnols.

Dissensions entre les « Grands »

Chaque puissance veut renforcer son influence sur l'Europe en s'étendant naturellement selon ses frontières. La Russie veut la Pologne, tandis que la Prusse veut s'assurer de la domination de la Saxe. Les deux États se concertent pour faire entendre leur point de vue. En face, l'Autriche s'oppose à la Prusse : elle entend rester maîtresse de l'espace germanique et ne veut pas renforcer la puissance de la Prusse en en faisant le noyau d'une éventuelle unité allemande. L'Angleterre, comme l'Autriche, souhaite une Pologne indépendante. Le congrès s'achemine vers un blocage diplomatique.

C'est la France qui, par son ministre Talleyrand, relance la négociation. Elle appuie les positions anglaise et autrichienne. Le 3 janvier 1815, une alliance diplomatique et militaire est signée entre les trois pays. La France de Louis XVIII rentre dans le concert des nations, alors que Napoléon l'en avait fait exclure.

Mais, le 7 mars 1815, la nouvelle incroyable parvient à Vienne : Napoléon, à qui on avait laissé le titre d'empereur et la souveraineté sur la petite île méditerranéenne d'Elbe, revient en France. Le 20 mars, il se réinstalle à Paris, aux Tuileries.

Un partage de l'Europe

La guerre reprend et le congrès de Vienne s'achève rapidement. Le 8 juin 1815, il se sépare après la signature d'un acte final qui réorganise l'Europe au profit des quatre grandes puissances.

L'Angleterre obtient le rattachement de la Belgique aux Pays-Bas dont le souverain, le prince d'Orange, est lié à la famille royale anglaise. L'Autriche renforce son influence sur l'Italie du Nord en brisant la volonté d'indépendance de la Lombardie et en redonnant au pape tous ses États centraux – Ravenne, Bologne, Ferrare, le Bénévent. L'Italie n'est pas unie : c'est ce que recherche l'Autriche. La Prusse, arrêtée dans ses visées vers la Saxe, se rabat sur la Rhénanie : c'est l'origine de son ambition pour l'Alsace française. La Russie, elle, domine une Pologne qui n'est indépendante que sur le papier.

Le Congrès de Vienne *(gravure italienne de 1815). De gauche à droite, on reconnaît : Wellington (représentant de l'Angleterre), Talleyrand (représentant de la France) et Metternich (représentant de l'Autriche).*

Le Gâteau des rois, ou le partage de l'Europe par le congrès *(caricature française contemporaine) : sous la table, Talleyrand et le portrait de Louis XVIII.*

Aux origines du nationalisme romantique

La Révolution française a apporté à l'Europe une idée nouvelle : celle du droit des peuples à disposer d'eux-mêmes. Le temps des États multinationaux dont le seul principe de cohérence est le souverain qui regroupe, par le jeu des héritages, des territoires multiples sous sa couronne, semble toucher à sa fin. Or le congrès de Vienne le renforce : les « Quatre Grands » ne sont-ils pas quatre grands monarques ? Nulle place n'est faite aux revendications d'indépendances qu'elles soient belges, allemandes, italiennes ou polonaises. Des minorités la réclament de plus en plus fort : l'histoire européenne du XIXe siècle devient celle de ces luttes pour l'indépendance. Le premier acte se passe en Grèce en 1820 ; le deuxième en Belgique en 1830. Tous ces épisodes de gloire nourrissent l'exaltation de la jeunesse romantique qui trouve là une noble cause.

L'Europe partagée : du congrès de Vienne à Yalta

Un congrès qui prélude à d'autres. Le congrès de Vienne préfigure les grands sommets de l'époque contemporaine. Il met en avant quelques grandes puissances qui vont imposer leur politique à l'Europe. Pendant tout le XIXe siècle, ces puissances sont européennes, essentiellement la France, l'Angleterre, l'Autriche, la Prusse et la Russie. La nouveauté du XXe siècle réside dans l'irruption des États-Unis puis de l'U.R.S.S. communiste dans le jeu européen.

De Vienne à Versailles. Les grands conflits du XIXe siècle (question d'Orient, conquêtes coloniales, guerre de Crimée) débouchent sur des arbitrages franco-anglais pour la plupart. La guerre franco-allemande de 1870 ne donne lieu à aucune conférence internationale. En revanche, la Première Guerre mondiale, qui est une guerre européenne devenue mondiale parce que l'Europe domine le monde, est réglée sur le plan diplomatique par la conférence de la paix, qui se tient à Versailles entre 1919 et 1920. Un conseil des « Quatre Grands » – France, Royaume-Uni, États-Unis, Italie – règle le sort de toute l'Europe, redécoupe les frontières et crée une dizaine de nouveaux États en démantelant l'Autriche-Hongrie.

Après la Seconde Guerre mondiale : conférences et institutions internationales. Parallèlement, la Seconde Guerre mondiale repose la question de la carte de l'Europe. À Téhéran en 1943 et à Yalta en février 1945, Staline pour l'U.R.S.S., Roosevelt pour les États-Unis, Churchill pour le Royaume-Uni élaborent une nouvelle Europe. Moins qu'un partage d'aires d'influence, Yalta est une négociation où les Occidentaux sont obligés de prendre en compte l'avance de l'Armée rouge dans toute l'Europe. La création de l'O.N.U. et la structure de son Conseil de sécurité avec cinq membres permanents – États-Unis, U.R.S.S., France, Grande-Bretagne, Chine – indiquent bien cette tendance des grandes puissances à « diriger » les affaires du monde.

→ **Voir aussi :** p. 210-211 (1830) ; p. 212-213 (création de la Belgique) ; p. 214-215 (1848) ; p. 218-219 (unité italienne) ; p. 222-223 (Sadowa).

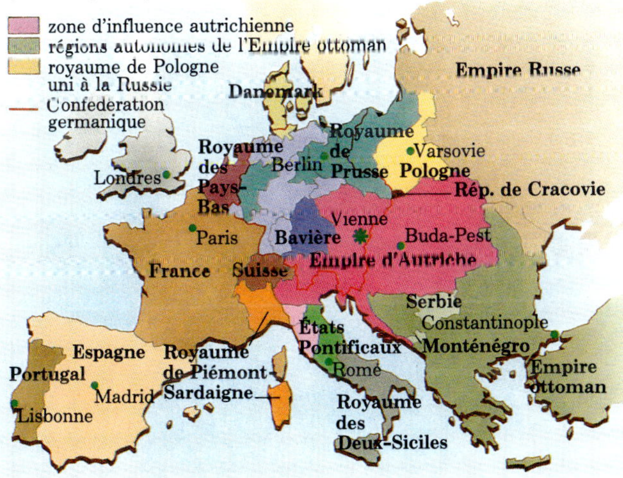

L'Europe du congrès de Vienne.

La vraie fin de l'Empire napoléonien

WATERLOO

Au soir du 18 juin 1815, Napoléon n'est plus qu'un vaincu abandonné des Français. Demeurent seulement autour de lui les fidèles entre les fidèles : ses amis militaires. Celui qui, en avril 1814, avait délaissé une première fois le pouvoir, se voit en cette soirée écrasé par le destin.

En avril 1814, Napoléon abdique mais les Européens lui laissent le titre d'empereur et la souveraineté sur l'île d'Elbe. Le gouvernement français doit en plus lui verser deux millions de francs par an. Tandis que Napoléon est en exil, l'Europe apprend à vivre sans celui qui, par ses guerres et ses conquêtes, la terrorisait. Les grandes puissances réunies à Vienne pensent une nouvelle Europe au mieux de leurs intérêts. Soudain, le 7 mars, arrive une nouvelle stupéfiante : Napoléon a débarqué à Golfe-Juan et gagne Paris. Il y arrive le 20 mars, forçant le roi

La première Restauration et le retour de l'île d'Elbe

Le 30 mars 1814, les Alliés sont aux portes de Paris. L'Empire s'est effondré. À Fontainebleau, entouré de ses généraux et de ses troupes, **Napoléon abdique le 6 avril 1814.** Il s'embarque le 28 avril pour l'île d'Elbe, que les Alliés lui donnent comme territoire. Louis XVIII est proclamé roi.

Parti de France dès 1790, le nouveau souverain doit prendre en compte les transformations révolutionnaires. Il accepte la collaboration d'un homme comme Talleyrand, serviteur fidèle de Napoléon, mais qui sait se rallier au nouveau régime. **Louis XVIII accorde une Charte constitutionnelle** qui garantit un certain nombre d'acquis révolutionnaires. Contraint d'assumer les conséquences de la défaite militaire, **le pouvoir est vite impopulaire.**

Lorsque **Napoléon débarque le 1er mars 1815** à Golfe-Juan pour gagner Paris, sa route est un long ralliement des populations à l'Empereur.

La Bataille de Waterloo *(peinture de F. Philipotteaux, Londres, Wellington Museum).*

Un des épisodes de la bataille de Waterloo : l'Entrée des Prussiens dans Planchenois *(peinture de A. Northen).*

Napoléon Ier après l'abdication *(portrait par P. Delaroche, Paris musée de l'Armée, détail).*

Louis XVIII à reprendre le chemin de l'étranger. Déjà, cette remontée spectaculaire provoque des remous. En France, ceux qui ont servi Napoléon et l'avaient abandonné le retrouvent : c'est le cas célèbre du maréchal Ney. L'Europe s'inquiète de cette nouvelle ferveur de la France napoléonienne. Elle s'organise pour abattre cet usurpateur, ce hors-la-loi qui remet en cause et la paix en Europe et les ambitions des quatre grandes puissances de l'époque : l'Autriche, l'Angleterre, la Russie et la Prusse.

Une terrible infériorité en hommes

Napoléon, conscient du caractère inévitable de la guerre, cherche d'abord à la retarder, puis à la provoquer où il veut. Les Alliés disposent de 700 000 hommes. Napoléon souhaite en rassembler 800 000 d'ici la fin de l'année 1815. Mais le temps joue contre lui en ce sens qu'il renforce l'urgence d'agir pour les Alliés.

Napoléon décide avec ses maréchaux – Ney, Suchet, Davout, Soult et Grouchy – de porter l'offensive en Belgique où des troupes anglaises et prussiennes se rassemblent. Le chef anglais, le duc de Wellington, celui qui a infligé à Napoléon la perte de l'Espagne, et le maréchal Blücher risquent de faire leur jonction et de fondre sur la France. Napoléon et son armée se mettent en route. Ils passent la Sambre le 15 juin. L'affrontement commence.

Sur le plan militaire, il faut que Napoléon batte 220 000 hommes avec une armée de 130 000 hommes. Cette infériorité numérique commande toute l'action de ces quatre journées. Wellington dispose de 100 000 hommes et Blücher de 120 000. Tout doit être fait pour empêcher la jonction.

Le 16 juin, à Ligny, un premier accrochage avec l'armée de Blücher retarde l'avance allemande. Cependant, pour pousser l'avantage, Napoléon doit lancer 30 000 hommes à leur poursuite pour les harceler et les retarder. Cela, en fait, accentue son infériorité numérique. Que peuvent faire 30 000 hommes contre 120 000 ?

« Waterloo, morne plaine... »

Le 18 juin, à Waterloo, sur un terrain légèrement ondulé, se produit une nouvelle rencontre avec l'armée anglo-hollandaise de Wellington. Napoléon dispose de 74 000 soldats. Wellington se place en position défensive : il compte sur l'arrivée de Bülow et Blücher et de leurs 12 000 soldats. La pluie a retardé l'avance des Français ; le combat ne peut s'engager qu'à partir de 9 h 30 du matin. Le plan de bataille consiste à attaquer le centre du dispositif militaire anglais et à le désorganiser. Vers 13 heures, Napoléon apprend que les Prussiens arrivent. À 13 h 30, le maréchal Ney lance une première attaque sur les Anglais. Elle échoue. Napoléon fait prévenir Grouchy de revenir à Waterloo pour lutter contre les Prussiens. L'ordre ne parvient qu'à 15 h 30. Ce retard est décisif.

À 15 h 30, la cavalerie charge mais l'artillerie anglaise repousse une nouvelle fois l'attaque.

À 17 h 30, la Garde – réserve de Napoléon – entre dans le combat. Ney tente une troisième charge et échoue à nouveau. Pourtant, malgré l'échec des offensives, les Français tiennent bon. Bülow est arrivé mais n'a pas renversé le rapport de forces. Court répit en vérité ! Un nouveau corps prussien, commandé par Ziethen, arrive. Cette fois-ci, l'armée de Napoléon est submergée par la masse. La nuit tombe peu à peu. La débandade commence. Seule demeure la Garde.

Du soleil d'Austerlitz à la solitude de Sainte-Hélène

Cet échec militaire marque la fin de l'épisode des Cent-Jours. L'Aigle n'est plus qu'un prisonnier aux mains des Anglais. Celui qui a fait trembler l'Europe, dont la gloire s'inscrit dans un chapelet sonore de victoires : Iéna, Ulm, Austerlitz..., s'embarque vers une île de l'Atlantique, une île perdue et isolée.

La France paie lourd cet échec. Le deuxième traité de Paris, celui de 1815, la ramène aux frontières de 1790, lui impose 700 millions de francs d'indemnité à payer aux puissances victorieuses et une occupation militaire pendant cinq ans.

Le génial militaire, le gouvernant inventif laisse son pays dans le désastre. Mais son nom, qui suscite la haine pour certains, entre dans la légende pour les autres.

La légende napoléonienne

Le fruit d'une propagande. Général de l'armée d'Italie, Bonaparte avait soin de diffuser une image flatteuse de lui. Dans les journaux destinés à ses troupes, il fait écrire : « Bonaparte vole comme l'éclair et frappe comme la foudre. » Ses victoires successives, son pouvoir politique et son titre impérial renforcent cette propagande. Avec le déclin de l'Empire et les difficultés des derniers temps – levées en masse, présence des armées étrangères en France – l'épopée napoléonienne perd de son prestige.

Nostalgies d'après l'Empire. Rapidement la jeunesse romantique – Hugo, Musset, Vigny – exalte l'époque héroïque et la compare avec la morosité de la France des Bourbons et de Louis-Philippe. Balzac, dans son immense fresque *la Comédie humaine,* met en scène des héros oubliés et des Français vivant dans le souvenir de l'Empereur. En 1840, les cendres de Napoléon reviennent de Sainte-Hélène. Leur transfert aux Invalides, le 15 décembre, est suivi par une foule immense. L'arc de triomphe de l'Étoile, à Paris, est inauguré pour l'occasion : la longue liste des victoires de l'Empereur y est gravée.

Une grandeur qui persiste. En 1852, le neveu de Napoléon est élu président de la République. En 1852, il devient Napoléon III. Il doit son succès à la popularité posthume de son oncle. L'effondrement du second Empire apporte un coup d'arrêt à cette légende. Mais, bien vite, elle reprend ses droits. Napoléon devient au XXe siècle un personnage de film. Littérature, peinture, cinéma : tous les arts se sont nourris de ce personnage au destin fascinant qui, en retour, y puise sa dimension légendaire.

La France renoue avec la Révolution

LES TROIS GLORIEUSES

1830 : depuis seize ans, par-delà la parenthèse des Cent-Jours, la monarchie est rétablie en France, dans les plis d'un drapeau que la Révolution de 1789 a honni ; le drapeau blanc. C'est la Restauration, nom trompeur, qui semble signifier le retour à l'Ancien Régime alors qu'une Constitution, la Charte, a été octroyée. Le régime reconnaît les libertés élémentaires, il crée deux Chambres dotées d'un pouvoir législatif ; mais il réserve le droit de vote à une minorité d'individus – des hommes seulement, et des hommes riches.

Surtout, le régime évolue dans un sens autoritaire, spécialement après la mort du premier roi de la Restauration, Louis XVIII, et l'avènement de son frère, Charles X, en 1824. Pourtant, ce n'est pas contre lui et surtout pas contre l'idée de monarchie que se fait la révolution. Elle est le résultat d'une série de crises et de maladresses ponctuelles.

Dès avant que meure Louis XVIII, et lors de l'accession au pouvoir de Charles X, la monarchie accomplit des choix politiques malheureux. En 1820, après l'assassinat de l'héritier de la dynastie, le duc Charles de Berry, par le fanatique Louvel, le ministre libéral Decazes est renvoyé. En 1822, des jeunes gens affiliés à une société secrète sont exécutés, sous prétexte qu'ils complotent contre la royauté : les « Quatre Sergents de La Rochelle » – des têtes folles plus que des opposants réfléchis – deviennent des martyrs, aux yeux de l'opinion. Puis, le futur Charles X décide de se faire sacrer à Reims, selon la tradition des rois anciens : longue et minutieuse reconstitution, à laquelle ne manque même pas la guérison miraculeuse des malades (le « toucher des écrouelles »), quand le siècle fête ses vingt-cinq ans...

Les difficultés économiques et les bévues du roi

Ces erreurs seraient peut-être sans conséquences si des difficultés économiques ne venaient s'ajouter au malaise politique. Au milieu des années 1820, la conjoncture, jusqu'alors florissante, s'inverse. Une crise boursière, importée d'Angleterre, oblige à restreindre le crédit, entraînant des entreprises dans la faillite. De mauvaises récoltes se succèdent, de 1826 à 1830 ; la disette reparaît et, avec elle, des troubles oubliés : rixes sur les marchés, attaques de convois, migrations d'affamés...

Ce n'est pas encore le roi que l'on accuse, mais déjà la cour et, suivant un vieux réflexe, les jésuites, ces âmes damnées du pape, dont on prétend qu'ils veulent affamer le peuple pour rétablir l'ordre d'antan... En août 1829, le roi donne un aliment à ces rumeurs ; il nomme des ministres dont les noms ressuscitent les souvenirs de la réaction contre-révolutionnaire : Jules de Polignac, l'ancien chef des émigrés ; le comte de La Bourdonnaye, qui, en 1815, réclamait des bourreaux contre les révolutionnaires. On dit qu'un coup de force se prépare pour renforcer l'autorité du roi. Les députés n'ont pas le

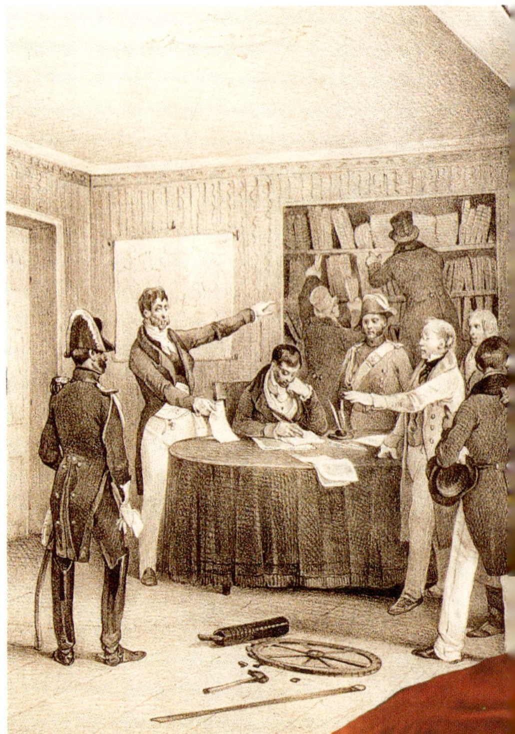

Exemple de censure avant 1830 : la saisie des presses au National.

Des troubles dans toute l'Europe

En 1815, les souverains européens victorieux de Napoléon ont voulu effacer tout souvenir de 1789 et des conquêtes françaises : depuis, libéraux et nationalistes s'agitent au nom du droit des peuples à l'indépendance ou à l'unité.

En 1830, l'accession de la Grèce à l'indépendance, après une guerre héroïque contre la domination turque, et le succès partiel de la révolution parisienne, qui renverse un roi conservateur, mettent le feu aux poudres : la **Belgique** se révolte dès août et conquiert son indépendance par rapport au royaume des Pays-Bas ; la **Pologne,** sous domination russe, s'insurge, et il faut neuf mois à l'armée du tsar pour reconquérir Varsovie ; en **Allemagne,** différents souverains accordent des Constitutions, dont Metternich, l'influent chancelier d'Autriche, s'emploie à limiter les effets ; en **Italie,** les populations de Modène, Parme, Plaisance, Bologne et des Marches se soulèvent : en 1831, l'Autriche intervient et réprime l'insurrection.

Ainsi, sauf en Belgique, la révolution échoue dans le court terme.

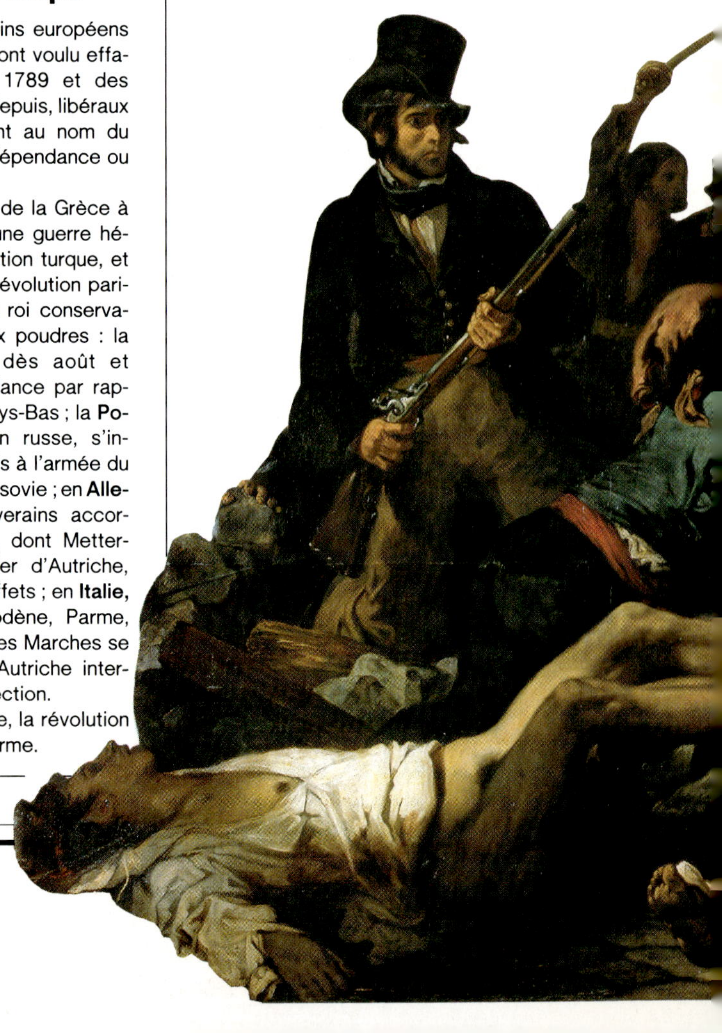

Les trois derniers rois de la France

Louis XVIII (1755-1824) est roi en 1814-1815, pendant la première Restauration, puis, de nouveau jusqu'à sa mort, après les Cent-Jours, à partir du 22 juin 1815. Il est le petit-fils de Louis XV, le frère cadet de Louis XVI. Comte de Provence avant la révolution, il a émigré en juin 1791. Gras, impotent, mais intelligent, il comprend qu'un retour à l'Ancien Régime est impossible et accepte que la France ait une Constitution : la Charte de 1814 est « octroyée » par le roi, et non votée par le peuple.

Charles X (1757-1836), autre frère de Louis XVI, accède au trône quand Louis XVIII meurt sans postérité. Comte d'Artois lorsqu'il émigre, dès 1789, il devient le chef de la droite extrémiste (les « ultras »), sous le règne de son aîné. D'où son impopularité, et la révolution qui le renverse, six ans après son sacre.

Louis-Philippe Ier (1773-1850), qui prend en 1830 le titre de « roi des Français », est un homme bien différent. Ce n'est plus un Bourbon mais un Orléans : descendant du cadet de Louis XIV, le duc Philippe d'Orléans. Son père portait le surnom de « Philippe-Égalité », et il a pris parti pour la Révolution, avant de s'exiler lorsque les Jacobins ont pris le pouvoir. Depuis 1815, il mène une vie « bourgeoise » et fortunée, il attire la sympathie des progressistes comme des timorés.

Le « roi-citoyen » imposé par la révolution : Louis-Philippe Ier (peinture par Winterhalter).

La Liberté guidant le Peuple *(détail d'un tableau de Delacroix, au musée d'Orsay, à Paris).*

pouvoir de renverser le ministère ; ils lui manifestent leur opposition, en mars, et sont renvoyés dans leurs demeures, en mai. Mais les élections nouvelles, en juillet, aboutissent au résultat inverse de celui que souhaite le roi : partis 221, les opposants à la réaction, tous unis, des plus modérés aux plus républicains, se retrouvent 274 lorsque est proclamé le résultat du vote.

La crise finale : 27, 28, 29 juillet

L'entêtement du roi est la cause de la fin du régime. Au lieu de céder, Charles X prend quatre ordonnances : il dissout de nouveau la Chambre et décide d'un nouveau vote en septembre ; il suspend la liberté de la presse ; et il réduit les conditions d'accès au vote, exigeant un cens, c'est-à-dire un seuil d'imposition, supérieur à celui fixé jusqu'alors pour obtenir l'accès aux urnes.

La révolution commence par les manifestations des journalistes. Les grands quotidiens, *le National, le Globe* ou *le Temps,* sont interdits de parution. Les typographes descendent dans la rue. Le gouvernement fait appel à Marmont, gouverneur de Paris, qui disperse les attroupements. Mais Marmont est détesté pour avoir trahi Napoléon en 1814 : le mouvement prend le sens d'une protestation patriotique contre les défaites et les traités de 1814-1815. Dans la nuit, l'est de Paris se couvre de barricades. Le 28, le drapeau tricolore flotte à l'Hôtel de Ville, de jeunes républicains encadrent le peuple des faubourgs, des armureries sont pillées, certains soldats fraternisent avec les émeutiers.

Le 29 au matin, les insurgés tiennent Paris ; ils ont 300 morts et 4 000 blessés. En trois journées, « Les Trois Glorieuses », le roi a été balayé. Un pouvoir insurrectionnel s'installe à l'Hôtel de Ville , on chante le « Ça ira » et on parle d'élire La Fayette président de la République. Quand Charles X se décide à retirer les ordonnances, puis à abdiquer en faveur du jeune duc de Bordeaux, nul ne l'écoute plus ; il ne peut que s'exiler.

La France change seulement de monarchie

La France va-t-elle renouer avec la grande révolution ? En fait, les députés craignent d'être débordés : ils ne veulent ni d'un pouvoir du peuple ni d'une république qui rappellerait 93. Puisque Charles X ne peut être ramené au pouvoir, ils recourent à son cousin, le duc d'Orléans Louis-Philippe, et lui offrent le pouvoir avec le titre de « lieutenant-général », faute d'oser proposer aussitôt le changement de monarchie. Dès ce moment (30 juillet), l'historien et journaliste Adolphe Thiers présente le duc comme un « roi-citoyen ». Le 31, celui-ci se fait acclamer au balcon de l'Hôtel de Ville, en compagnie du marquis de La Fayette. Le prestige du vieux héros de la guerre de l'Indépendance américaine calme toute velléité d'opposition : le 9 août, le lieutenant-général est reconnu roi des Français, sous le nom de Louis-Philippe. C'est le début d'un nouveau régime, la monarchie de Juillet.

La conférence de Londres crée un nouvel État

NAISSANCE DE LA BELGIQUE

Le 21 juillet 1831, Léopold de Saxe-Cobourg est acclamé à Bruxelles. Place Royale, il jure « d'observer la Constitution et les lois du peuple belge, de maintenir l'indépendance nationale et l'intégrité du territoire », puis déclare que, Belge par adoption, il le sera aussi par sa politique. La Belgique a un roi, près d'un an après s'être insurgée contre la domination hollandaise. Ça n'a pas été facile...

L'histoire de la naissance de la Belgique commence dans la foulée des événements parisiens de l'année précédente. Sitôt les Français insurgés, en juillet 1830, Bruxelles emboîte le pas. Le 24 août, anniversaire du roi de Hollande, des affiches annoncent « Lundi, feu d'artifice, mardi, illumination, mercredi, révolution ». Le mercredi, la foule saccage un journal gouvernemental, brûle la maison du ministre de la Justice, pille les armureries. La bourgeoisie, inquiète, remplace le gouvernement défaillant, désarme les pillards, mais réclame l'autonomie. Il en va de même partout dans le pays : l'ordre revient, mais il n'est plus hollandais.

Le roi réagit, lance des troupes sur Bruxelles. Elles sont repoussées. Le sang qui coule creuse un fossé infranchissable : on ne veut plus l'autonomie mais l'indépendance. Tout le pays chasse les Hollandais. Un gouvernement provisoire se crée et convoque une assemblée nationale, le Congrès.

Les cours d'Europe s'alarment : la Prusse, l'Autriche, et surtout la Russie, se disent prêtes à intervenir contre le mouvement belge. La France, au contraire, soutient les nationalistes. L'Angleterre fait la part du feu : la Hollande est une rivale qu'elle veut bien affaiblir, pourvu que la Belgique ne devienne pas française. Une conférence se réunit à Londres en novembre 1830. Le 18, l'indépendance est proclamée à Bruxelles ; le 20, la conférence reconnaît le nouvel État. Le tsar, occupé à réprimer une insurrection à Varsovie, n'intervient finalement pas.

À la recherche d'un roi

Le 20 janvier 1831, à Londres, on impose à la Belgique la neutralité perpétuelle. Les conditions territoriales et financières faites au nouvel État sont désastreuses ; Bruxelles proteste mais ne peut qu'accepter.

Le 7 février, une Constitution est adoptée : elle instaure une « monarchie constitutionnelle représentative sous un chef héréditaire » ; il reste évidemment à trouver ce chef. Les libéraux veulent un fils d'Eugène de Beauharnais. À Paris, le roi Louis-Philippe répugne à favoriser un parent de Napoléon : il pousse en avant son fils, le duc de Nemours, mais se heurte à l'opposition anglaise. Finalement, au Congrès, l'accord se fait sur un personnage obscur : le baron Surlet de Choquier devient régent ; il est à peu près privé d'autorité.

Or, tout va mal. Les partisans de la Hollande s'insurgent à Gand et à Malines ; des violences éclatent contre eux, de Liège à Anvers. De nouveau, on frôle la guerre, civile et européenne : les Prussiens sont sur le Rhin,

La Belgique avant la Belgique

Avant 1830, la Belgique n'existe pas comme État indépendant. Après avoir fait partie des biens de la maison de Bourgogne à la fin du Moyen Âge, elle devient au XVIe siècle **une possession des Habsbourg :** Maximilien d'Autriche, Charles Quint puis Philippe II d'Espagne. En 1579, les sept provinces du Nord ayant fait sécession pour former les Provinces-Unies, celles du Sud – la future Belgique – restent seules placées sous l'autorité de l'Espagne : cela jusqu'en 1713, où le traité d'Utrecht les remet à la maison d'Autriche.

Sous la Révolution, les « États belgiques Unis » proclament leur indépendance (1790). Puis la région est occupée et administrée par la France (1795-1815).

En 1815, les anciens Pays-Bas espagnols et les anciennes Provinces-Unies – la Hollande – sont amalgamés en un seul État : **le royaume des Pays-Bas,** confié au comte Guillaume d'Orange, qui devient Guillaume Ier. Le pays mêle des habitants de religion (protestante ou catholique), de langue (le néerlandais ou le français) de sociologie et d'intérêts économiques divergents : l'amalgame ne peut tenir ; il est rompu en 1830.

Caricature montrant les pays à la conférence de Londres.

Cinq rois pour un royaume

De 1831 à nos jours, cinq rois se sont succédé sur le trône de Belgique :

Léopold Ier (1831-1865) : il assure l'indépendance du pays, contre les ambitions, par exemple, de Napoléon III. Auparavant, la Belgique a évité et les révolutions de 1848 et la réaction qui a suivi. La vie politique s'organise autour de l'opposition entre libéraux et catholiques.

Léopold II (1865-1909) : en 1890, il donne à la Belgique le Congo, qui était sa propriété personnelle. À l'intérieur, les catholiques allument la guerre scolaire contre l'école neutre, créée en 1879 ; des lois sociales répondent au fort mouvement ouvrier ; en 1893, le suffrage universel est instauré.

Albert Ier (1909-1934) : il fait face à l'invasion allemande de 1914. Le pays est occupé, le « roi chevalier » part au Havre, l'armée continue le combat avec les Alliés. L'après-guerre voit la reconstruction, les crises politiques opposant catholiques, libéraux et socialistes, l'affirmation de la Flandre.

Léopold III (1934-1940 / 1950) : sous son règne, la crise favorise la montée du nationalisme flamand et d'un mouvement fascisant, le « rexisme ». En 1940, le roi reste en Belgique occupée ; en 1944, il est emmené en Allemagne ; en 1945, il est déclaré « incapable de régner » : le prince Charles, résistant actif, devient régent. Après guerre, la « question royale » divise le pays. Elle se conclut par l'abdication royale, en 1950.

Baudouin Ier (roi en 1951) : il préside à la difficile indépendance du Congo, et hérite des affrontements entre Flandre catholique et conservatrice et Wallonie francophone et socialiste. La « question linguistique » entraîne la régionalisation en 1970, puis, en 1988, la loi faisant du pays une « monarchie fédérale ».

La prestation de serment du roi Léopold.

l'Autriche menace, et Paris parle de nouveau d'intervenir.

La solution Léopold

Une deuxième fois, Londres s'entremet : elle promet des conditions meilleures aux Belges et pousse Léopold de Saxe-Cobourg, veuf d'une héritière du trône d'Angleterre, oncle de Victoria, et qui vient de refuser la couronne de Grèce. La France approuve : il va épouser Louise, fille de Louis-Philippe. Et, s'il trouve la Constitution belge trop démocratique, il accepte de s'en arranger.

Le Congrès élit le nouveau candidat le 4 juin, par 152 voix contre 44. Les puissances accordent un « traité des 18 articles », qui allège les charges du jeune État, intègre dans son territoire le Luxembourg et lui donne une partie de Maastricht. Léopold accepte la couronne si le Congrès accepte le traité : c'est chose faite le 9 juillet, après des discussions orageuses : Léopold devient donc roi.

Les problèmes ne cessent pas

L'affaire, cependant, ne se clôt pas là. Le 1er août, le roi de Hollande, encouragé par Berlin, Vienne et Saint-Pétersbourg, attaque, bouscule l'armée de Léopold, prend Louvain, menace Bruxelles. La France sauve la situation en envoyant 50 000 hommes qui, le 12, occupent Bruxelles ; le 20, les Hollandais sont définitivement chassés de la ville. Le prestige français est au plus haut, les autres puissances craignent une annexion, imposent l'évacuation.

De plus, les défaites belges incitent à la sévérité : de nouveaux articles sont imposés à la Belgique, qui lui retirent finalement le Luxembourg, le Limbourg et des bouches de l'Escaut. Bruxelles proteste et puis s'incline, car la France, cette fois, ne veut plus intervenir.

Il reste à expulser les Hollandais de la forteresse d'Anvers, ce que fait une expédition franco-anglaise en 1832. Il reste, symétriquement, à forcer la Belgique à évacuer le Limbourg et le Luxembourg, ce qui est fait en 1838. À la fin des années 1830, enfin, la Belgique existe donc, avec sa Constitution et ses frontières actuelles.

Léopold Ier roi des Belges (par Winterhalter).

Le printemps des peuples et des nations
LA RÉVOLUTION EN EUROPE

En 1848, une vague révolutionnaire secoue l'Europe : les espoirs des libéraux, les aspirations des patriotes, étouffés après 1830, se manifestent dans toute leur force, ranimés par les difficultés économiques : de mauvaises récoltes, une crise financière puis industrielle sans précédent à partir de 1846.

Les premiers troubles se produisent en 1847, en Suisse, où une guerre civile oppose les cantons septentrionaux, protestants et libéraux, aux cantons méridionaux, catholiques et conservateurs. Puis, dans les premiers mois de l'année suivante, l'agitation devient générale. Elle commence d'abord en Italie. Dans cette région divisée en plusieurs États, les patriotes sont encouragés par la présence d'un pape réformiste, Pie IX, et par les ambitions du roi de Piémont, Charles-Albert, qui veut libérer la péninsule des Autrichiens. Le 12 janvier 1848, la révolution éclate à Palerme : la Sicile se détache du royaume de Naples. Dans celui-ci, le roi Ferdinand II doit accorder une Constitution ; en Toscane, le 17 février, le duc Léopold II est contraint d'en faire autant.

Le relais est pris par la France de la monarchie de Juillet. Le prétexte est la question du cens, c'est-à-dire du montant d'impôts qu'un homme doit nécessairement payer pour devenir électeur. En décembre 1847, l'opposition à Louis-Philippe organise une campagne de banquets sur le thème de l'élargissement du corps électoral : comme les slogans prononcés sont de plus en plus violents, le dernier banquet est interdit, le 23 février 1848. La mesure, banale, provoque des troubles, réprimés dans le sang. Il y a seize morts, Paris s'enflamme, le roi abdique : il a « glissé dans le sang » répandu.

Le 25, la IIe République française est proclamée : c'est un régime généreux, qui se réclame à la fois du socialisme chrétien, du libéralisme et du romantisme, et intègre des poètes à son premier gouvernement, provisoire (Lamartine). Les mesures prises sont à la hauteur des idéaux : abolition de l'esclavage, de la peine de mort en matière politique ; instauration du suffrage universel (masculin) ; liberté de presse et de réunion ; proclamation du droit au travail. C'est le temps de « l'illusion lyrique ».

Libéralisme et aspiration nationale en Allemagne

La nouvelle des événements parisiens déclenche la révolution allemande. En Bade, en Hesse-Darmstadt, à Nassau, en Wurtemberg, les gouvernements promulguent des Constitutions. Dans le sud-ouest du pays, les paysans brûlent les chartes féodales. En Bade et à Cologne, les républicains s'insurgent. Les événements les plus importants se produisent en Prusse. Là, le 19 mars, le roi Frédéric-Guillaume IV répond aux barricades en promettant une Assemblée élue au suffrage universel et il se pose en champion de l'unité allemande. Le 30, un Parlement des différents États allemands se réunit à Francfort et jette les plans d'un empire national, libéral et adepte du suffrage universel. L'Autriche, liée pendant des siècles à l'Allemagne dans le cadre du Saint Empire puis de la Confédération germanique, refuse d'adhérer à ce projet.

La révolution à Vienne et ses conséquences

Les libéraux autrichiens s'insurgent aussi, le 13 mars. Le 15, le chancelier Metternich, symbole et pivot du conservatisme européen, est remplacé par un ministère libéral. Le 15 mai, une Assemblée constituante est convoquée et, le 31 août, elle abolit droits féodaux et privilèges fiscaux. En Hongrie, le libéral Kossuth fait instaurer un ministère parlementaire et la liberté de la presse. À Prague, un Congrès panslave affirme les droits des peuples slaves au sein de l'empire d'Autriche.

La révolution à Vienne.

Alors, de nouveau, le flux révolutionnaire secoue l'Italie – où Pie IX et Charles-Albert ont à leur tour promulgué des Constitutions. Milan et Venise chassent leurs garnisons autrichiennes, François V de Modène fuit son

L'Europe de 1848

L'Europe de 1848 reste celle du congrès de Vienne. Mais la Belgique et la Grèce sont indépendantes ; la Serbie, la Moldavie et la Valachie sont autonomes dans l'Empire ottoman.

Des peuples sont écartelés entre plusieurs puissances. L'Allemagne est divisée en 39 États, parmi lesquels la partie occidentale de l'empire d'Autriche. L'Italie est morcelée : royaumes de Piémont-Sardaigne et de Naples, duchés de Modène, de Toscane, de Parme, États de l'Église, royaume lombardo-vénitien appartenant à l'Autriche.

Inversement, dans l'empire d'Autriche, **des nationalités aspirent à l'indépendance,** ou du moins à l'autonomie : Hongrois, Tchèques, Slovaques, Polonais, etc.

La révolution à Berlin.

Allégorie des révolutions de 1848 :
La République universelle
(lithographie de Frédéric Sorrieu).

Les débuts de l'unité allemande : grande ou petite Allemagne ?

De 1815 à 1866, alors que l'Allemagne commence son unité, la question essentielle est de savoir s'il convient ou non d'intégrer dans sa construction l'Autriche, qui comprend parmi ses sujets des « non-Allemands », en particulier des Hongrois et des Slaves.

La grande Allemagne politique. Politiquement, une tradition d'union existe depuis des siècles entre l'Autriche et les États d'Allemagne : dans le cadre du Saint Empire romain germanique jusqu'en 1806, puis dans la Confédération germanique, entre 1815 et 1866. Dans les deux cas, l'Autriche domine cette union : les Habsbourg monopolisent le titre d'empereur germanique puis président de droit la Confédération.

La petite Allemagne économique. Sur le plan économique, une union lie au XIXe siècle des États de la seule Allemagne autour de la Prusse. Cette union est le *Zollverein* (« Union douanière »), constituée en 1834 et agrandie, renforcée, en 1842. Malgré tous ses efforts, en particulier après 1848, l'Autriche ne parvient ni à pénétrer dans cette union ni à former une union rivale avec des États allemands.

La symbiose. L'unité résulte de la transformation de la Confédération germanique en une Confédération de l'Allemagne du Nord qui exclut l'Autriche, en 1866 ; puis en la transformation du *Zollverein* en une union politique dominée par la Prusse et qui concerne toute l'Allemagne, en 1871 avec la proclamation du IIe Reich.

duché, Ferdinand-Charles de Parme se voit imposer un gouvernement provisoire. Le 24 mars, le roi de Piémont vole au secours des Milanais et des Vénitiens, secondé par le duc de Toscane, le pape et le roi de Naples.

Le reflux

Mais, à partir de juin, les événements basculent. L'armée autrichienne prend Prague le 17 et disperse le Congrès panslave, puis elle écrase les Italiens à Custozza, le 27 juillet. Charles-Albert tente une nouvelle offensive en mars 1849, mais, battu, il doit abdiquer en faveur de son fils Victor-Emmanuel II. Milan et Venise retombent sous la domination autrichienne. Le 27 octobre, l'armée autrichienne reprend Vienne contre les insurgés ; la Constituante est exilée, puis dissoute. La Hongrie est attaquée, avec l'aide des Croates révoltés contre leurs nouveaux maîtres, puis avec celle du tsar : en août 1849, la rébellion hongroise est écrasée.

En France, l'Assemblée élue en avril 1848 est dominée par les modérés ; elle revient sur le droit au travail. Le Paris populaire s'insurge du 23 au 26 juin, la répression fait 3 500 morts. La République continue, mais la révolution est bien finie.

En Italie, Ferdinand II reconquiert la Sicile de janvier à mai 1849 et abroge la Constitution. À Rome, d'où le pape a fui, Mazzini proclame la république le 22 février, mais, le 30 juin, une expédition française rétablit Pie IX dans ses États. En Prusse, enfin, l'agitation persistante inquiète la bourgeoisie. En novembre 1848, Frédéric-Guillaume IV met Berlin en état de siège, puis il dissout la Constituante. Une Constitution rédigée par lui lui donne le droit de dissolution et celui de veto ; elle est modifiée en mars 1849 pour que les 20 % d'électeurs les plus riches élisent les deux tiers des députés. Le roi refuse finalement la couronne d'empereur parce qu'elle lui est offerte par le Parlement de Francfort et qu'il ne veut rien devoir à la volonté du peuple ; il écrase en juillet une insurrection démocratique en Saxe et en Rhénanie. Partout, l'ordre ancien semble rétabli. Mais le feu des nationalités couve sous la cendre et, en Allemagne comme en Italie, les patriotes regardent vers la Prusse et le Piémont, autour desquels peut se faire, malgré tout, l'unité de leurs nations.

→ **Voir aussi :** p. 222-223 (unité allemande).

Le second Empire est proclamé

NAPOLÉON III

La préparation du coup d'État du 2 décembre 1851 : le président et ses hommes.

Les 21 et 22 novembre 1852, par 7 824 000 voix contre 253 000, un plébiscite rétablit l'empire en France. Le 2 décembre, jour anniversaire du couronnement de son oncle et de la victoire d'Austerlitz, Louis Napoléon Bonaparte, président de la République depuis décembre 1848, neveu de Napoléon Ier et petit-fils de Joséphine de Beauharnais, première épouse de celui-ci, devient Napoléon III, empereur des Français.

Ce plébiscite a été préparé par des voyages qui ont permis au président de vérifier sa popularité, de présenter un programme économique, et de rassurer en proclamant que « l'Empire, c'est la paix ». Il a surtout été précédé par un coup d'État, juste un an auparavant : celui-ci n'a pas aboli la IIe République, née en février 1848, mais il a concentré tous les pouvoirs entre les mains du président, lui ouvrant la route du trône.

Le président avant le coup d'État

Élu le 10 décembre 1848 par près des trois quarts des votants, Louis Napoléon doit son succès au prestige de son nom, à l'appui des conservateurs, qui le préfèrent aux républicains, et à la désaffection des petites gens pour la République « bourgeoise », qui a augmenté les impôts des paysans et, en juin, écrasé la révolte des ouvriers parisiens. Sa politique s'identifie dans les premières semaines à celle du « parti de l'Ordre », les anciens monarchistes, partisans de la réaction. Mais un « parti de l'Élysée » se constitue rapidement et le président accroît sa popularité en se démarquant de l'Assemblée : il défend en particulier le suffrage universel, contre les députés qui ont privé du droit de vote le tiers des électeurs, en exigeant un certificat de résidence de trois ans dans un canton alors que tant d'hommes vont de ville en ville chercher du travail.

À l'opposition de l'Assemblée s'ajoute, pour le président, le souci de l'avenir. Des élections législatives et présidentielles sont prévues pour le début de 1852. On craint une révolution sociale. Les conservateurs n'ont pas de bon candidat, et la Constitution interdit à Louis Napoléon de se présenter une deuxième fois. Il veut la faire modifier, mais ses rapports avec l'Assemblée sont trop mauvais : il échoue. Il ne lui reste que la force : il place des hommes sûrs à la tête de l'armée et à la préfecture de police.

L'opération « Rubicon »

Dans la nuit du 1er au 2 décembre 1851, pendant qu'une grande réception a lieu au palais de l'Élysée, l'armée investit Paris. Deux proclamations sont affichées : la première s'adresse aux soldats, « élite de la nation » ; la seconde, au peuple. L'Assemblée, dénoncée comme un « foyer de complots », est dissoute – ce qu'interdit la Constitution, mais cette dernière est abrogée – et on annonce une nouvelle Constitution, avec un président élu pour dix ans, rééligible, en position de force face à un pouvoir législatif morcelé ; le suffrage universel est rétabli, et Louis Napoléon demande au peuple d'approuver le coup d'État. Comme César franchissant le Rubicon pour rentrer en Italie, le neveu de Napoléon Ier a fait le pas qui sépare la république instaurée en toute légitimité et un régime

Parcours triomphal de Napoléon III devant l'Arc de triomphe, le jour de la proclamation de l'empire.

autoritaire né d'un coup de force, qui sera bientôt officiellement l'empire.

Dans la capitale, la réaction à l'opération est presque nulle. Quelques députés, parmi lesquels Victor Hugo, tentent de soulever le peuple, mais le souvenir de la répression sanglante de juin 1848 est proche, et l'on a peur. L'antiparlementarisme joue aussi : des ouvriers reprochent aux députés leur indemnité, 25 francs par jour. Un député, Victor Baudin, leur dit : « Vous verrez tout à l'heure comment on peut mourir pour 25 francs par jour » –, et il se fait effectivement tuer sur une barricade. L'épisode émeut quelques faubourgs ; le 4, une résistance s'esquisse, mais 30 000 hommes ratissent Paris d'est en ouest ; une fusillade, boulevard Bonne-Nouvelle, fait 300 morts et terrorise la bourgeoisie. Le soir, Paris est maté.

La province, elle, bouge davantage. L'esprit républicain y a pénétré, on n'y a pas été touché par la répression de juin 1848, on s'y défie moins des députés. Cette province « rouge » prend les armes dans l'Allier, l'Hérault, le Gers, le Lot-et-Garonne, la Nièvre, le Loiret, le Gard, le Var, les Basses-Alpes, la Drôme, le Vaucluse. La révolte, immortalisée par Zola dans son roman *la Fortune des Rougon,* est promptement réprimée : des paysans mal armés ne peuvent pas grand-chose contre la force publique. Les bien-pensants parlent de jacquerie, de pillages. On évoque de nouveau le spectre de la révolution sociale, prévue pour 1852. Le coup d'État, exécuté contre une assemblée conservatrice, prend un sens éminemment conservateur.

La tradition bonapartiste en France

À côté du légitimisme contre-révolutionnaire et de l'orléanisme conservateur et libéral, le bonapartisme est le troisième courant de la droite française traditionnelle, qui se perpétue au XXe siècle.

Sous le second Empire, les composantes de cette tendance sont claires. Selon la formule de l'historien Guizot, Napoléon III constitue « une gloire nationale, une garantie révolutionnaire et un principe d'autorité ». Le bonapartisme mélange autoritarisme (le pouvoir personnel), attachement à la nation (au travers des souvenirs impériaux, mais aussi du principe des nationalités) et référence à 1789, d'où la légitimation par l'approbation populaire et le suffrage universel.

Après 1870, le bonapartisme se modifie. Il influence des tendances qui diffèrent de lui sur des points essentiels : le nationalisme de la fin du XIXe siècle, voire les fascismes de l'entre-deux-guerres. Autorité et nation sont là, mais pas le souci de légitimité populaire. D'autres courants sont plus proches. Plus directement, il inspire en France le boulangisme, un mouvement qui, à partir de 1877, recueille les voix d'anciens républicains radicaux rêvant d'une revanche contre l'Allemagne et d'un chef charismatique.

Résonances contemporaines. Plus récemment, patriotisme, exécutif fort et référendums ont pu faire passer le gaullisme pour un bonapartisme. Aujourd'hui, un néo-gaullisme populaire ou populiste s'oppose aux « dérives orléanistes » libérales. Peut-être même trouverait-on une certaine gauche, socialiste et républicaine, qui aurait quelque vague air de famille avec le régime inauguré en 1851-1852...

L'Europe en 1852

La flambée nationale et libérale de **1848 n'est plus qu'un souvenir.**

L'Autriche a joué un rôle décisif dans cette reprise en main. Elle a rétabli l'« ordre », dès novembre 1848. À l'extérieur, elle a contraint le roi de Prusse à refuser la couronne d'empereur allemand en avril 1849, écrasé les insurgés hongrois en août, stoppé en Italie les ambitions unificatrices du Piémont, et, si elle n'est pas intervenue à Rome, c'est que **la France** conservatrice l'y a précédée en juillet 1849 pour rétablir le pouvoir du pape.

On pourrait se croire en 1815, même si les rêves libéraux et nationaux persistent et si 1848 a montré **l'existence de la « question sociale »** et du mouvement ouvrier.

Portrait de Louis Napoléon, quelques mois avant la proclamation de l'empire.

L'instauration d'un régime

L'ordre public rétabli, la légitimation du coup de force intervient. Le 20 décembre 1851, un premier plébiscite a lieu : par 7 145 000 voix contre 592 000, le coup d'État est approuvé. Une Constitution est rédigée à la va-vite, en janvier 1852 : provisoire, facile à modifier, elle assoit la domination d'un homme, le « prince-président ». Le 29 février, les élections au Corps législatif, caricature d'assemblée sans pouvoirs, ne donnent que 8 opposants, dont trois républicains qui refusent de siéger plutôt que de prêter serment au dictateur.

Reste à convaincre l'Europe que Louis Napoléon ne cherchera pas à rééditer les conquêtes de son oncle ; reste à favoriser l'Église, à tenir la presse, à museler toute contestation politique. Reste aussi, parce que le bonapartisme n'est pas purement réactionnaire, à favoriser les industriels « productifs », face aux notables traditionnels, ou à aider les sociétés ouvrières de secours mutuel, pourvu qu'elles ne s'affichent pas comme oppositionnelles. Dans les mois qui séparent le coup d'État de la proclamation de l'empire, un régime s'esquisse ainsi : il durera 18 ans.

→ **Voir aussi :** p. 214-215 (1848).

Garibaldi réalise l'unité italienne

L'EXPÉDITION DES MILLE

Au printemps 1860, la péninsule italienne est en voie d'unification. Le royaume de Piémont est l'âme de cette évolution : les deux hommes qui le gouvernent, le roi Victor-Emmanuel II et le ministre Camillo Benso, comte de Cavour, ont réussi à unifier autour de leur État toute l'Italie du Nord, Vénétie exceptée. Il leur reste à entreprendre la conquête du reste de la péninsule, c'est-à-dire le Centre et le Sud.

Le Centre de l'Italie, à ce moment, est constitué par les États de l'Église : attaquer le pape est impensable dans l'immédiat ; cela créerait à l'agresseur de périlleuses complications diplomatiques.
Au sud, en revanche, un roi sans grand soutien extérieur règne par la terreur : François II, souverain des « Deux-Siciles » – c'est-à-dire de la Sicile et de l'Italie du Sud. Ce roi est contesté par ses sujets, patriotes et libéraux, qui rêvent d'unité et de démocratie. Ce sont eux qui fournissent au Piémont l'occasion désirée : ils contactent Giuseppe Garibaldi, l'homme qui a aidé les États d'Amérique du Sud à gagner leur indépendance, qui s'est illustré ensuite, en 1848, dans les insurrections de la péninsule, et qui a finalement modéré ses ardeurs républicaines pour se rapprocher du roi de Piémont, seule puissance capable de mener à terme l'unité de l'Italie. Garibaldi accepte d'agir si une révolution populaire l'appelle : le 4 avril, la Sicile se soulève. La police, prévenue, occupe Palerme et y massacre les insurgés. La révolte agonise, mais elle a fourni un prétexte.

Les Mille

À Gênes, des volontaires affluent, Italiens, mais aussi Anglais, Hongrois, Polonais, Français, etc., nostalgiques du rêve libéral et national avorté en 1848. Le gouvernement du Piémont est discret et efficace : il refuse officiellement de fournir des armes, mais il en fait livrer quelques-unes. Prêt à désavouer un échec comme à exploiter un succès, il ne veut pas se compromettre vis-à-vis des puissances étrangères.
Le 5 mai, 1 072 volontaires embarquent : leur nombre arrondi donne le nom de l'expédition. En Toscane, où il mouille le temps de rafler des armes supplémentaires et de tenter d'agiter les États de l'Église, Garibaldi lance le slogan « Italie et Victor-Emmanuel » : l'ancien révolutionnaire comble les vœux du souverain qu'il sert.
L'expédition débarque à Marsala, en Sicile, le 11 mai. Le 15, à Calatafimi, elle vient à bout de 5 000 soldats réguliers : cela suffit pour faire de Garibaldi un héros invincible, aux yeux du peuple. Avec le renfort de volontaires siciliens, il se rend maître de Palerme, le 6 juin 1860 : les combats de rue, la lutte aux moyens inégaux – fusils nationalistes contre canons de François II – font un demi-millier de morts. En juillet, l'île est conquise. Garibaldi s'en proclame dictateur, au nom de Victor-Emmanuel.

Premières tensions

À Naples, François II négocie avec les émissaires du Piémont. Il ressuscite une Constitution, celle que son père a promulguée en 1848 puis arbitrairement abrogée ; il convoque un parlement, qu'il ajourne d'ailleurs aussitôt. Le roi des Deux-Siciles n'est plus crédible : sa capitale attend Garibaldi.
Victor-Emmanuel hésite pourtant : feinte ou précaution, il demande à Garibaldi de rester en Sicile. Celui-ci refuse, courtoisement ; le roi n'insiste pas. À partir du 8 août, les « Mille » – qui sont bientôt 25 000 –, se battent en Calabre. Mal armés, mal ravitaillés, indisciplinés, ils avancent avec une rapidité étonnante, face à une armée de métier quatre fois plus nombreuse, mais qui ne croit pas en son combat. Le royaume se décompose. Trahi de toutes parts, François II fuit le 7 septembre. Garibaldi, sans escorte, fait une entrée triomphale dans Naples.

La récupération par le Piémont

L'Europe a suivi avec passion la progression des patriotes garibaldiens. À la fin de l'été 1860, elle se pose une question essentielle : que va faire Garibaldi ? Il dit qu'il va marcher sur Rome, proclamer Victor-Emmanuel roi d'Italie au Quirinal ou au Vatican, puis qu'il libérera Venise. Mais il s'entoure aussi de républicains, parmi lesquels l'homme qui fonda contre le pape l'éphémère République romaine, en 1848 – Giuseppe Mazzini. La révolution italienne, commencée au nom du roi de Piémont, va-t-elle s'achever par l'abolition de la monarchie ?

Giuseppe Garibaldi portant le drapeau tricolore du royaume d'Italie. (détail d'une peinture du XIXe siècle représentant le libérateur de l'Italie débarquant à Marsala).

Cavour s'alarme du danger. Mais il transforme le péril en une chance exceptionnelle. Le souverain est menacé dans son trône, l'opération qu'il a laissé mener risque de finir par le renversement du pape, que ne toléreront pas plusieurs États d'Europe ? C'est lui, donc, qui interviendra, en allant sur place, dans le Sud. Pour cela, il faut inévitablement passer par les États du pape : là, Victor-Emmanuel se fera acclamer par le peuple ; celui-ci réclamera de lui-même son annexion à l'ensemble qu'il domine.

La bataille de Calatafimi en 1860 (peinture italienne du XIXe siècle). Garibaldi est au centre.

Le Piémont en 1860

Porteur de tous les espoirs des partisans de l'unité italienne, le Piémont a pour roi **Victor-Emmanuel II** (1820-1878) et pour président du Conseil, depuis 1852, **Camillo Benso, comte de Cavour.**

Admirateur de l'Angleterre industrielle, celui-ci entreprend **la modernisation du royaume.** L'armée est réorganisée, de grandes banques se créent ainsi qu'un réseau de chemins de fer, le port de Gênes est aménagé.

D'autre part, **le Piémont cherche des alliés.** Il fait, en 1854, la guerre de Crimée aux côtés de la France et de l'Angleterre. Napoléon III rêve d'une fédération italienne présidée par le pape ; Cavour veut un État unitaire, mais ne le détrompe pas : il obtient, en 1859, un traité le garantissant contre une agression autrichienne. Tout est prêt pour la conquête de la péninsule.

Camillo Benso, comte de Cavour (portrait photographique par Mayer et Pierson).

Consulté sur le projet, Napoléon III donne son accord : « Faites, mais faites vite. » Les armées du Piémont bousculent les soldats pontificaux à Castelfidardo le 18 septembre ; ils occupent l'ensemble des États de l'Église à l'exception de Rome même ; et ils avancent vers le sud. Garibaldi ne résiste pas : ayant à faire face à une contre-offensive de François II et contesté par ses propres amis, il cède la place. Le 21 octobre 1860, les États de l'Église (moins le Latium) et tout le sud de la péninsule approuvent par plébiscite leur rattachement au futur « royaume d'Italie ». Le 7 novembre, Victor-Emmanuel entre triomphalement dans Naples.

Naissance d'une nation

Il ne reste plus qu'à venir à bout de François II, qui résiste encore à Gaète. Le danger d'une action militaire de l'Autriche, au Nord, est conjuré par l'attitude de la France, qui promet d'intervenir dans ce cas. D'ailleurs, l'empereur d'Autriche est occupé, au même moment, à endiguer l'agitation des éléments hongrois dans ses provinces... Quant à la Prusse, elle se contente de protestations platoniques, Cavour faisant remarquer que le Piémont « donne un exemple que, probablement, dans quelque temps, la Prusse sera très heureuse d'imiter ».

Le 18 février 1861, un premier parlement italien est réuni à Turin et, le 17 mars, Victor-Emmanuel II est proclamé roi d'Italie. À cette date, même si son unité n'est pas complète, même s'il lui manque et Rome et Venise – sans parler de Trente –, l'Italie constitue un nouvel État, unitaire, en Europe.

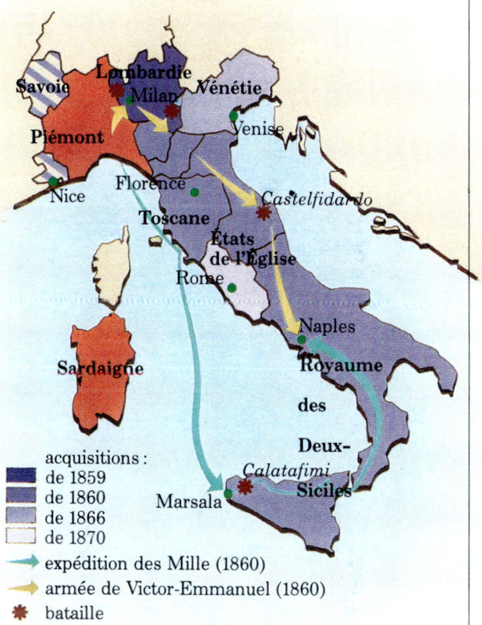

Les principales étapes de l'unité italienne.

Les grandes étapes de l'unité italienne

1859. L'unité commence par une guerre du Piémont contre l'Autriche, provoquée par le Piémont soutenu par la France. Les victoires de Magenta et Solferino donnent la Lombardie au Piémont, mais Napoléon III refuse de continuer jusqu'à Venise. Florence, Modène, Parme, Bologne et Ferrare, insurgées, votent leur réunion au Piémont.

1860-1861. Le traité de Paris entérine ces votes : la France reçoit, après plébiscite, Nice et la Savoie. L'expédition des Mille, conduite par Garibaldi, amène l'annexion des Deux-Siciles et des États pontificaux, Rome exclue. L'ensemble prend le nom de royaume d'Italie ; son souverain est Victor-Emmanuel II, ex-roi de Piémont.

1866. La victoire de la Prusse à Sadowa, contre l'Autriche, livre la Vénétie à l'Italie.

1870-1871. En guerre contre la Prusse, les Français quittent Rome, qu'ils défendaient contre toute tentative d'occupation de la part de l'Italie. La ville est occupée, annexée après plébiscite, puis proclamée capitale du royaume. Le pape se considère comme prisonnier dans son palais du Vatican, jusqu'en 1929, quand les accords du Latran règlent la situation.

1919-1920. Après la victoire alliée, le traité de Saint-Germain (avec l'Autriche), puis celui de Rapallo (avec le nouvel État yougoslave), donnent à l'Italie le Trentin, la Vénétie Julienne avec Trieste, et le Tyrol du Sud. Elle espérait plus, notamment la Dalmatie, qu'elle avait dominée pendant des siècles, et elle est déçue.

1947. L'Italie perd Trieste et son territoire, qui passent sous administration internationale.

1954. Un accord avec la Yougoslavie lui permet de récupérer la ville.

Le général Lee capitule devant le général Grant

LA FIN DE LA GUERRE DE SÉCESSION

Le 9 avril 1865, le commandant en chef des troupes de l'Union, le général Ulysses O. Grant, reçoit la reddition inconditionnelle de son vis-à-vis confédéré, le général Robert E. Lee, à Appomattox.

Cinq jours plus tard, le 14 avril, le président des États-Unis, Abraham Lincoln, est assassiné dans un théâtre de Washington par un acteur partisan de la cause sudiste, John Wilkes Booth. Ces deux événements dramatiques marquent la fin d'une guerre civile sanglante, quatre ans de combats qui ont fait plus de 600 000 morts, sans compter le coût économique de la guerre, les destructions et le prix moral à payer.

Une guerre longtemps incertaine

La reddition de Lee témoigne de l'épuisement du Sud. Pourtant, le résultat du conflit qui éclate le 12 avril 1861, lorsque les sudistes ouvrent le feu sur Fort Sumter, dans le port de Charleston, est longtemps incertain. La supériorité économique du Nord est longue à se traduire sur les champs de bataille. Aucun des deux camps, en fait, n'est préparé à la guerre. Mais les confédérés, longtemps mieux commandés, font mieux que résister. Des généraux de valeur, tels Beauregard, Thomas « Stonewall » (Mur de pierre) Jackson ou Lee, n'ont, au début du conflit, pas d'égaux chez les nordistes. Le Sud lutte pour son mode de vie et a pour seul objectif de résister à l'invasion. Le Nord, au contraire, doit conquérir. Il lui faut mettre à contribution tout son immense potentiel économique. Pour toutes ces raisons, la guerre est longue et douloureuse.

La défaite des sudistes

Dans la vallée du Mississippi, les nordistes, commandés par Grant, remportent plusieurs victoires et, à l'été 1863, contrôlent le fleuve, isolant l'Arkansas et le Texas. Mais, sur le front de Virginie, Lee et Jackson repoussent les assauts des troupes de l'Union, dont les généraux sont vaincus l'un après l'autre dans leurs vaines tentatives de percer le front

Le contexte de la guerre

Le conflit qui oppose le Nord et le Sud a des raisons politiques, économiques et morales.

Les intérêts économiques des uns et des autres diffèrent largement. Le Nord, plus industrialisé, plus urbanisé, souhaite protéger ses usines. Le Sud, essentiellement rural et agricole, est partisan du libre-échange. Les deux sections s'opposent sur l'idée d'un système bancaire national, qui semble inutile aux Sudistes, ou sur la politique de distribution de la terre.

Les différences politiques ne sont pas moindres entre les villes du Nord, qui connaissent une certaine démocratisation, et le contrôle aristocratique des familles de planteurs du Sud.

Enfin, **la question de l'esclavage** et de son abolition est une épine présente en permanence dans les relations entre les États.

confédéré et d'atteindre la capitale du Sud, Richmond, où se tient le gouvernement du président Jefferson Davis. Mais les confédérés sont incapables de faire la décision et, en juillet 1863, Lee est battu à Gettysburg, en Pennsylvanie.

Le sort de la guerre est alors décidé, mais il faut encore près de deux ans aux nordistes pour l'emporter. En 1864, le nordiste Sherman ravage le Sud, prenant Atlanta, Savannah, Columbia et Charleston au cours d'une célèbre et sanglante marche à la mer. Les destructions sont considérables, les effets psychologiques encore plus importants. Quelques mois encore, et Richmond tombe. Malgré son talent et son courage, il ne reste plus à Lee qu'à capituler et à tenter d'obtenir pour ses soldats les meilleures conditions possible. C'est chose faite lorsque Grant, qui, comme Lincoln, souhaite la réconciliation, autorise les confédérés à rentrer chez eux contre leur parole de ne pas reprendre les armes.

Abraham Lincoln (1809-1865), président des États-Unis en 1860, réélu en 1864, assassiné (photographie par A. Hesler).

La Reddition du général Lee, *chef des armées sudistes, le 9 avril 1865 (peinture de M. Chapped).*

Lincoln assassiné

Mais l'assassinat de Lincoln ajoute au traumatisme que connaît le pays. L'homme dont l'élection à la présidence en 1860 a déclenché la guerre s'est révélé dans l'épreuve comme une figure de premier plan – un politique habile, mais intransigeant sur les principes. La signature de la proclamation d'émancipation des Noirs, prenant effet au 1er janvier 1863, est le meilleur exemple des qualités politiques du président. Enfin, non content de faire la guerre et de la remporter, Lincoln s'efforce également de préparer la paix. En témoigne un célèbre discours qu'il prononce sur le champ de bataille de Gettysburg, à l'automne 1863, dans lequel il affirme hautement que « les morts ne sont pas morts en vain mais que cette nation, sous la protection divine, renaît à la liberté et que le gouvernement du peuple, par le peuple et pour le peuple, ne disparaîtra pas de la surface de la terre ». L'objectif de Lincoln, une fois l'esclavage aboli, est de réconcilier la nation.

A cet égard, son assassinat a pour conséquence de rendre la reconstruction du pays plus difficile et plus douloureuse. L'émotion que provoque dans le Nord la nouvelle du geste de Booth est immense. La haine entre les deux camps s'en trouve renforcée. Puisque le seul homme qui aurait pu servir d'intermédiaire et de symbole de l'ensemble de l'Union a disparu, les rancœurs et les différences prennent durablement le pas. Le Sud est vaincu et réintégré de force dans l'Union. Mais la région est pour longtemps destinée à être dominée par son vainqueur. Il faut attendre vingt ans pour que les républicains perdent une élection présidentielle, cinquante ans pour qu'un homme du Sud, un certain Thomas Woodrow Wilson, devienne président des États-Unis.

Ainsi, la fin de la guerre de Sécession, au lieu d'apporter la réconciliation avec la paix, ravive encore davantage la rivalité entre les sections.

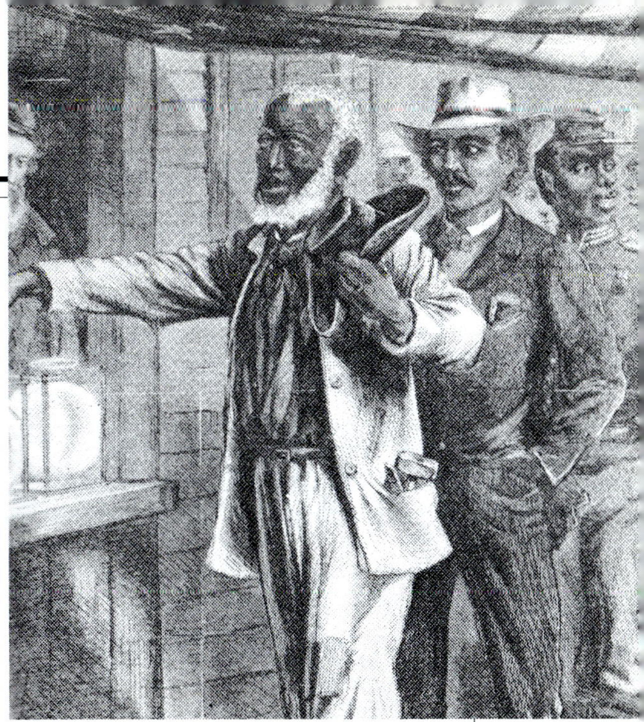

Grâce à Lincoln, les Noirs sont désormais libres et deviennent électeurs (gravure de propagande nordiste).

La lutte contre l'esclavage dans le monde

En France et en Angleterre, d'abord. La lutte contre l'esclavage à l'époque contemporaine commence au XVIIIe siècle sous l'influence des idées humanistes et de la philosophie des Lumières. Mais les premières mesures pratiques datent du XIXe siècle. En 1801, un ancien esclave, Toussaint Louverture prend le contrôle de Haïti et abolit l'esclavage. Malgré sa capture par les Français et sa mort dans une prison française en 1803, l'action de Toussaint Louverture marque un tournant. En 1804, Haïti devient une république indépendante. En 1807, la Grande-Bretagne déclare hors la loi la traite des esclaves et, grâce à sa maîtrise des mers, entreprend de lutter contre les vaisseaux des négriers. Mais il faut attendre le milieu des années 1830 pour que l'esclavage soit aboli dans l'Empire britannique. Dans les colonies françaises, essentiellement la Martinique et la Guadeloupe, l'esclavage est aboli par la deuxième République, à l'instigation de Victor Schoelcher.

Aux États-Unis. Outre-Atlantique, le mouvement abolitionniste s'organise au cours du XIXe siècle. Pendant un temps, des compromis sur l'extension de l'esclavage dans l'Ouest américain sont passés entre les États esclavagistes du Sud et les États du Nord, où l'esclavage disparaît au début du XIXe siècle Le conflit est ainsi retardé. Mais l'élection en 1860 à la présidence du républicain anti-esclavagiste Abraham Lincoln provoque la guerre civile. L'esclavage est aboli par une proclamation de Lincoln en 1863 et cette décision est confirmée par le XIIIe amendement à la Constitution, en 1865.

Sans avoir partout disparu, la lutte contre l'esclavage relève par la suite des organisations internationales telles que la Ligue des nations et, de nos jours, l'O.N.U.

La Prusse devient la puissance dominante en Europe

LA BATAILLE DE SADOWA

Depuis le début du XIXe siècle, la Prusse occupe dans le centre de l'Europe, et particulièrement en Allemagne, une place considérable. Après 1833, elle a réussi à réunir autour d'elle des États d'Allemagne en une union douanière *(Zollverein)* qui exclut l'Autriche. Le 3 juillet 1866, une victoire militaire éclatante contre ce pays lui permet de songer à transformer l'union douanière en une union politique : c'est l'amorce de l'Empire allemand.

L'homme à qui la Prusse doit son succès est moins son roi, Guillaume Ier (1861-1888), que son principal ministre, Otto von Bismarck, chancelier depuis 1862. Celui-ci veut faire la guerre à l'Autriche pour l'exclure de l'Allemagne et y assurer l'hégémonie de son pays. Pour lui, l'Allemagne est « trop étroite pour que la Prusse et l'Autriche puissent y vivre ensemble ». Il compte sur la sympathie de l'Angleterre, sur celle du tsar que la Prusse a aidé à réprimer une insurrection en Pologne, en 1863 ; il ne craint pas la France : Napoléon III s'est déclaré partisan du principe des nationalités, donc favorable à l'unité de l'Allemagne, ou au moins d'une Allemagne du Nord, sous le contrôle de Berlin.
Entre Berlin et Vienne, les relations se durcissent. Depuis 1815 existe dans le monde germanique une Confédération (c'est-à-dire une union politique) des différents États, que préside de droit l'Autriche. En avril 1866, Bismarck propose aux États allemands de former une nouvelle union qui, cette fois, exclurait l'Autriche. La riposte de Vienne est détournée ; elle exige que soit réglé le sort de duchés perdus par le Danemark en 1864 et qu'elle administre provisoirement avec la Prusse : le Schleswig, le Holstein et le Lauenburg. Ces régions, sans intérêt pour elle, constituent un débouché pour la Prusse en mer du Nord. L'occasion offerte est saisie aussitôt : von Manteuffel, gouverneur prussien du Schleswig, envahit le Holstein que tient l'Autriche. Celle-ci intervient, comme les autres États allemands : c'est la guerre.

Une guerre courte, un désastre pour l'Autriche

À partir du déclenchement des hostilités, tout se passe très rapidement. La France reste neutre – l'Autriche lui a promis de donner la Vénétie aux Italiens, qu'elle soutient, pourvu qu'elle n'intervienne pas. Cette neutralité permet à la Prusse de retirer ses troupes de Rhénanie, alors que l'Autriche se bat sur deux fronts, Italie et Allemagne. Dans la première région, les Autrichiens essuient d'abord des revers, puis se reprennent ; mais ils mobilisent pour cela leurs meilleurs officiers, ainsi que 200 000 hommes. Pour combattre les Prussiens, il ne reste que 280 000 soldats, confiés au médiocre feld-maréchal Benedek. La Prusse possède une armée moins nombreuse encore mais qu'ont supérieurement organisée le baron von Moltke, chef d'état-major général depuis 1858, et le comte von Roon, ministre de la Guerre depuis 1859. De plus, ses soldats disposent d'un fusil révolutionnaire, qui tire cinq coups pendant que celui des Autrichiens n'en tire qu'un.
Dans ces conditions, les États allemands alliés de l'Autriche sont vite battus : le Hanovre, l'électorat de Hesse, la Saxe sont envahis, toute l'Allemagne du Nord se soumet, puis c'est le tour de la Bavière et de la Hesse. Deux armées prussiennes entrent en Bohême, fin juin ; elles remportent victoire sur victoire sur les Autrichiens. Le 3 juillet, leurs forces réunies rencontrent l'ennemi pour une dernière bataille : c'est Sadowa. Ce jour-là, l'Autriche perd 160 canons et 40 000 hommes – morts, blessés ou prisonniers. Son armée fuit dans le désordre, les Prussiens sur ses talons.

La Prusse en 1866

Guillaume Ier, roi depuis 1861, se heurte au Parlement à majorité libérale, à propos des dépenses militaires.

En 1862, il nomme chancelier **Otto von Bismarck**, ambassadeur à Paris, qui passe outre l'opposition du Parlement en exploitant une Constitution faite pour l'exécutif. Cela lui permet de moderniser l'État et de faire de l'armée prussienne l'armée la plus moderne d'Europe.

La première occasion de tester la force de cette armée est **la guerre des Duchés en 1864** : la Prusse et l'Autriche s'entendent, en cette occasion, pour enlever au Danemark des territoires que celui-ci prétendait annexer. Le prochain conflit opposera les anciens alliés...

À Vienne, c'est la panique : la ville n'est pas fortifiée et elle est coupée de l'armée. De plus, la Prusse a enrôlé à sons de trompe des exilés magyars, qu'elle fait mine de diriger sur Budapest pour soulever la Hongrie. La monarchie autrichienne risque de voir sa capitale occupée et son empire en révolte.

Le début de la rivalité franco-prussienne

Alors, le 4 juillet, l'empereur François-Joseph s'adresse au seul pays susceptible de l'aider, la France. Celle-ci offre sa médiation, mais la Prusse n'en a cure : elle répond qu'elle est liée à l'Italie, que celle-ci veut venger ses défaites, prendre la Vénétie par droit de conquête et non de négociation, entrer dans Trente.

Otto von Bismarck. Portrait photographique, à l'époque de Sadowa. Le chancelier a 51 ans (cliché Roger Viollet).

Napoléon III hésite entre s'allier à la Prusse, c'est-à-dire démanteler l'Autriche et en tirer bénéfice, ou se retourner contre la Prusse, donc attaquer le Rhin et y prendre des gages. Finalement, il ne fait rien, si ce n'est, le 14 juillet, proposer un programme de paix : l'Autriche resterait intacte, mais serait exclue de l'Allemagne, les États au nord du Main formeraient une union dominée par la Prusse, ceux du Sud constituant leur propre union. La proposition vient trop tard : quand l'Autriche, acculée, demande la paix, le 22 juillet, les bases sont celles proposées par la France, mais cette puissance n'intervient pas dans la négociation. Dans les faits, non seulement la Prusse exerce son hégémonie en Allemagne, mais encore elle accroît son territoire, annexant le Hanovre, Francfort et des États qui font qu'elle est désormais d'un seul tenant, avec 4,5 millions d'habitants en plus.

Devant cette nouvelle superpuissance qui contrebalancera son influence dans le centre de l'Europe, la France tâche, au moins, d'obtenir des compensations : elle revendique des territoires sur la rive gauche du Rhin. Là encore, il est trop tard. Bismarck parle de guerre si l'on s'en prend à un territoire germanique ; les ambitions françaises, qualifiées de « politique des pourboires », froissent les peuples allemands, indignent le tsar. Napoléon III tourne ses espoirs vers des acquisitions en Belgique ou aux Pays-Bas : l'Angleterre fustige ces prétentions, ne voulant pas qu'un État d'importance internationale contrôle Anvers. En fait, Napoléon III est un aussi grand perdant que l'Autriche, face à l'ascension prussienne : il a espéré la création de deux unions s'affaiblissant l'une l'autre, au nord et au sud de l'Allemagne, et la Prusse est en voie de réaliser à son profit l'unité de tous les pays germaniques. Ce sera chose faite quatre ans plus tard, lorsque la défaite française succédera à la défaite autrichienne, Sedan terminant l'œuvre de Sadowa.

Guillaume Ier, son fils et Bismarck, à la bataille de Sadowa (peinture allemande du XIXe siècle).

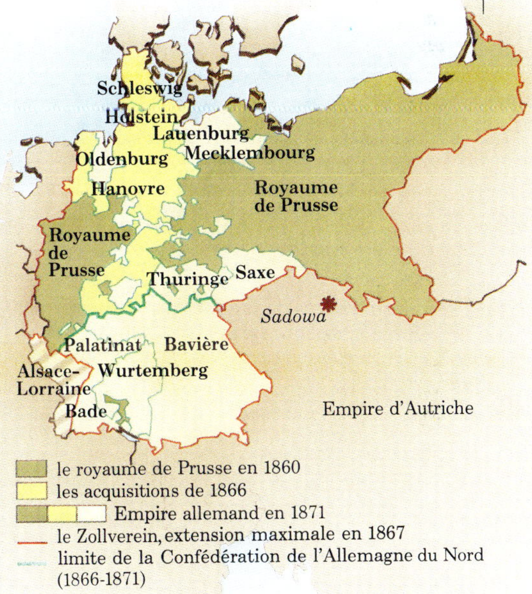

Les grandes étapes de l'unité allemande.

→ **Voir aussi :** p. 214-215 (1848).

L'achèvement de l'unité allemande

Commencée en 1834 avec la constitution d'une union douanière *(Zollverein),* l'unité allemande est parfaite par Bismarck au profit de la Prusse, en deux étapes, de 1866 à 1870.

1866-1870. La Confédération de l'Allemagne du Nord. Née de Sadowa, cette Confédération, dont Bismarck est le chancelier, exclut l'Autriche de l'Allemagne. Elle assure la plupart des fonctions d'État, laissant aux 22 États-membres les Cultes, l'Enseignement, la Justice et les Finances. L'exécutif prime sur le législatif, et la Prusse sur les autres États. La Confédération est complétée par une association économique avec les États d'Allemagne du Sud qui n'en sont pas membres, puisque le *Zollverein* se perpétue.

1870-1871. Le IIe Reich. L'unité totale passe par l'abaissement de la France, qui veut imposer son influence au sud du Main. C'est chose faite avec la guerre de 1870, la victoire de la Prusse sur la France à Sedan (2 sept.) et les capitulations de Strasbourg, Metz et Paris (28 janv. 1871). Le 18 janvier 1871, à Versailles, Guillaume Ier devient « empereur allemand » ; la Confédération du Nord et le Zollverein sont remplacés par un empire : le *IIe Reich*, un ensemble dominé par la Prusse et qui, avec 25 États, constitue la première puissance d'Europe. Bismarck reste jusqu'en 1890 le chancelier de cet empire : il y lutte contre l'Église catholique considérée comme une force soumise à l'étranger *(Kulturkampf)* puis contre la montée du parti socialiste qu'il croit aussi néfaste à la consolidation de la nation ; et il s'assure de l'isolement de la France, en s'alliant à la fois à l'Autriche, à l'Italie et à la Russie.

1867

Le Japon s'ouvre à la modernité
L'AVÈNEMENT DU MEIJI

Au XIXe siècle, le Japon, volontairement fermé à l'Europe depuis 200 ans, semble un monde figé et isolé. Depuis le XVIIe siècle, le pouvoir a été accaparé par le clan des Tokugawa, d'où est issu le *shogun* (ou général en chef) qui est le véritable gouverneur du pays. L'empereur, qui n'a plus aucun pouvoir politique ou militaire, reste confiné dans un rôle religieux.

En plein XIXe siècle, le pays garde les traits d'une société féodale qui rappelle celle du Moyen Âge occidental. La terre appartient à la haute aristocratie, les *daimyos* qui représentent environ 300 familles. Chacune d'entre elles est à la tête d'un clan puissant qui regroupe des chevaliers de petite noblesse, les *samouraïs*. La plus grande partie de la population forme la masse des paysans qui mènent une existence difficile sur des terres trop exiguës.

Le Japon traditionnel en crise

Au milieu du XIXe siècle, le pays traverse une crise grave, où se mêlent mécontentements et aspirations au renouveau : mécontentement des paysans écrasés d'impôts et insatisfaction de la noblesse dont les revenus ne progressent pas ; aspirations au changement dans une partie de la noblesse du Sud plus ouvert au monde extérieur, et dans les villes, où les marchands s'enrichissent, acquièrent une bonne instruction et s'intéressent aux innovations étrangères.

Ainsi se manifestent de plus en plus ouvertement des oppositions au pouvoir du *shogun* qui commande ce pays en crise : peu à peu s'affirme l'idée que l'empereur, respecté de tous les Japonais, devrait retrouver ses pouvoirs.

La fin d'une époque

L'insatisfaction est augmentée, au cours des années 1850, par le fait que le gouvernement du *shogun* cède trop facilement aux États-Unis et aux puissances européennes des privilèges commerciaux sans contrepartie pour le Japon.
Bientôt se dresse une coalition de mécontents qui ne supportent pas cette humiliation : ils veulent chasser le shogun qui n'a pas su repousser les étrangers ; ils entendent rendre le pouvoir à l'empereur et moderniser le pays pour qu'il puisse résister aux appétits des Occidentaux. Leur triomphe est complet lorsque, en 1867, Mutuhito, alors âgé de 14 ans, monte sur le trône impérial. L'année suivante, conseillé par des *samouraïs* réformateurs, le jeune empereur met fin au pouvoir du *shogun* et proclame le début d'une ère nouvelle : le *Meiji,* ou gouvernement éclairé.

Le nouveau Japon

Le nouvel empereur engage le pays dans la voie de la modernisation. À partir de ce moment, le Japon se met à l'école de l'Occident pour être capable de lui tenir tête, et il se transforme rapidement.

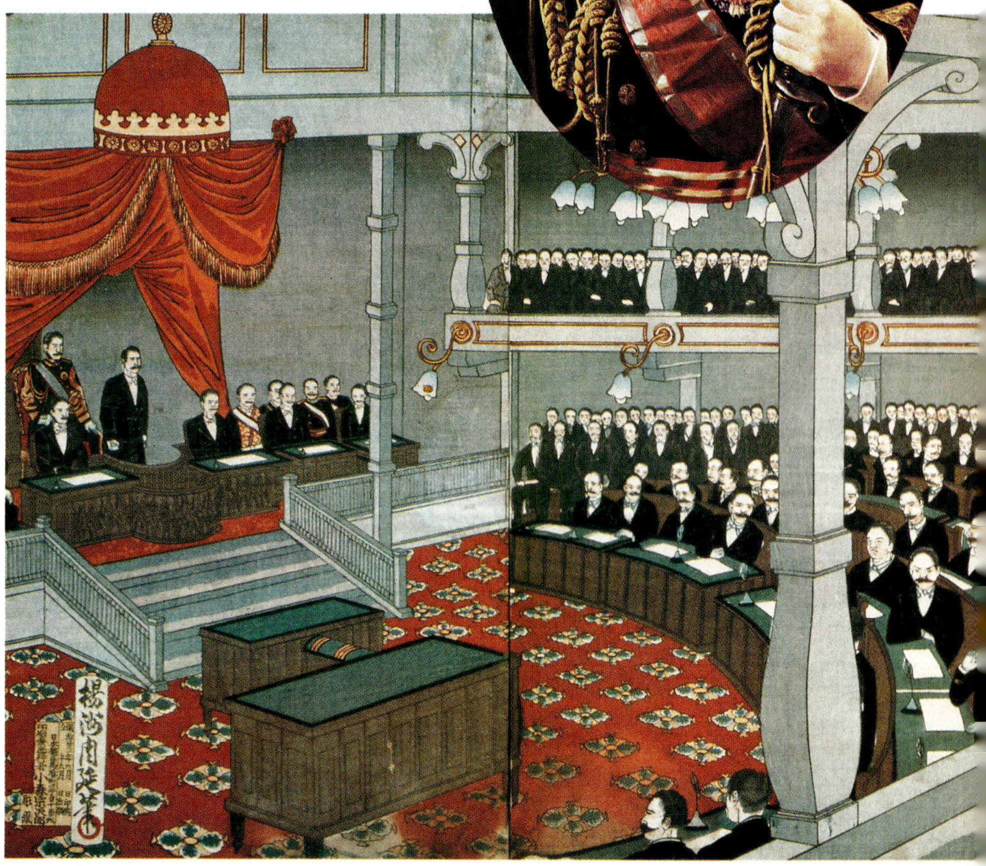

L'Extrême-Orient au milieu du XIXe siècle

La Chine et le Japon ont connu de brillantes civilisations. Mais ces deux empires vivent depuis longtemps repliés sur eux-mêmes et se trouvent **affaiblis par leur immobilisme.**

Les Occidentaux, qui voient en eux de vastes marchés où écouler leurs produits, les forcent à ouvrir leurs frontières : le choc est brutal.

Le Japon y répond par **un sursaut national.** La Chine, affaiblie par des désordres internes, doit céder d'importants privilèges commerciaux et politiques aux étrangers et tombe ainsi dans **une dépendance semi-coloniale.**

L'ère du Meiji est aussi une ère de militarisation et d'expansionnisme (estampe japonaise du XIXe siècle).

Le régime féodal est aboli sans que cela provoque trop de conflits. L'ancienne noblesse est dédommagée pour la perte de ses terres et de ses privilèges, et elle passe généralement au service de la nouvelle administration. Un État moderne est organisé : l'empereur, installé à Tokyo, est à la tête d'un régime fort et centralisé.

◁ Portrait de Meiji tenno, empereur du Japon *(peinture de Guido Molinari, 1897).*

Une séance parlementaire à l'Occidentale, dans le Japon du Meiji (estampe du XIXe siècle).

C'est dans le domaine économique que les changements sont les plus radicaux : en une trentaine d'années, le Japon devient la première – et la seule – puissance industrielle en Asie. Ce décollage industriel s'opère de façon très originale. Le pays s'ouvre aux techniques occidentales, tout en prenant soin de toujours préserver son indépendance. On fait venir à grands frais les meilleurs techniciens étrangers : des métallurgistes allemands, des constructeurs navals hollandais, des spécialistes anglais des filatures séjournent pour former les cadres japonais puis repartent dans leur pays. Autre originalité, c'est l'État qui donne l'impulsion, crée les équipements nécessaires et les industries qui demandent de gros investissements, fait appel aux techniciens occidentaux. Puis, vers 1880, il cède au secteur privé les entreprises qu'il a fondées. Des marchands ou d'anciens *samouraïs* les achètent et constituent des firmes familiales géantes, les *zaibatsu,* qui concentrent des activités bancaires et industrielles très variées et dominent des secteurs entiers : par exemple, la firme Mitsubishi contrôle les chantiers navals et la firme Mitsui l'industrie lourde. Le Japon est ainsi le premier pays non occidental qui assimile les techniques industrielles et commerciales modernes et parvient à créer une industrie et un capitalisme national sans recourir aux emprunts étrangers. Mais ce sont les paysans qui font les frais de cette expansion : ils paient de lourds impôts pour financer la modernisation économique et fournissent à l'industrie une main-d'œuvre abondante, déracinée et mal payée.

Modernisme et tradition

Ces transformations vont de pair avec l'adoption d'habitudes occidentales : en ville, on s'habille à l'européenne ; les techniques et le style de l'Occident envahissent les nouveaux quartiers de Tokyo. Mais le pays reste solidement attaché à ses traditions ; l'organisation de la famille, la cohésion de la maisonnée et le cadre de la vie privée demeurent inchangés ; la force des liens personnels et hiérarchiques, la primauté du groupe continuent de régir la société japonaise.

Le *Meiji* fait ainsi entrer le Japon dans le monde moderne en associant modernisation et sauvegarde des valeurs traditionnelles. Il donne naissance à un régime puissant qui, fort de la supériorité économique et militaire du pays, et travaillé par un nationalisme exacerbé, se lance bientôt dans une politique d'expansion en Asie.

→ **Voir aussi :** p. 236-237 (guerre russo-japonaise).

Les grands moments de l'histoire du Japon moderne

1905. Victoire contre la Russie. Le Japon est le premier pays asiatique vainqueur d'un pays européen, il en retire un grand prestige, le nationalisme et les appétits japonais en Asie s'en trouvent renforcés.

Pendant la Première Guerre mondiale. Le Japon entre en guerre contre l'Allemagne et s'empare des possessions allemandes dans le Pacifique.

1923. Tokyo est détruite par un tremblement de terre.

1926. Hirohito devient empereur.

Au cours des années 1930. Le Japon se lance dans un expansionnisme aggressif au détriment de l'empire chinois.

1933. Annexion de la Mandchourie.

1937. Guerre contre la Chine.

Pendant la Seconde Guerre mondiale. Le Japon est allié à l'Allemagne et poursuit ses conquêtes en Asie du Sud-Est et dans le Pacifique, où il se heurte aux États-Unis.

6 août 1945. L'armée américaine lance une bombe atomique sur Hiroshima pour hâter la capitulation du Japon.

1945-1951. Les forces américaines (général MacArthur) occupent le pays et président à sa reconstruction économique et politique. Le Japon devient une démocratie libérale, l'empereur perd son caractère sacré et ses pouvoirs politiques, mais il continue d'incarner l'identité nationale.

1952-1973. Le Japon devient la troisième puissance économique du monde.

1973. Le pays est frappé par la crise économique mondiale. Il la surmonte bientôt en restructurant son économie : les efforts portent désormais sur les secteurs de pointe (électronique, informatique...) et sur de nouvelles formes de pénétration commerciale à l'étranger.

1989. Mort de l'empereur Hirohito. Son fils Akihito lui succède.

1871

La dernière révolution parisienne

LA COMMUNE

Mars 1871 : la France, battue à Sedan par la Prusse six mois plus tôt, passée du second Empire à la IIIe République dans la précipitation, accepte les conditions que l'Allemagne victorieuse met à la paix : le paiement d'une indemnité, la perte de l'Alsace et d'une partie de la Lorraine. La guerre étrangère est finie ; une guerre civile commence, ou du moins la révolution, car la capitale refuse en bloc les conditions de la paix et le régime modéré que les élus des campagnes entendent lui imposer.

La décision d'arrêter la guerre est d'autant moins acceptée par les Parisiens qu'elle est prise par des instances qui siègent hors de Paris : l'Assemblée nationale, réunie à Bordeaux ; le gouvernement, mené par un modéré, Adolphe Thiers, est à Versailles.

La révolte de Paris

Les Parisiens, qui ont résisté longtemps à un siège épouvantable, se sentent dépossédés de leur sort. Or, le gouvernement les prive au même moment de leurs moyens de subsistance : alors que l'activité économique n'a pas repris, il exige le paiement des loyers, dont le versement a été retardé pendant la guerre, et le renvoi des enrôlés de la Garde nationale, qui tirent de leur charge leur unique revenu.

La population de Paris doit affronter enfin, le 18 mars, une ultime vexation : Thiers ordonne qu'on saisisse les canons installés par la Garde nationale à Montmartre. C'est l'émeute : le général chargé de l'opération est tué ; les membres du gouvernement présents à Paris fuient la capitale. Restés sous l'uniforme en dépit de l'ordre de dissolution, les Gardes, dont les bataillons sont organisés en une fédération depuis le début du mois (d'où le nom de *fédérés*) établissent leurs quartiers dans l'Hôtel de Ville. Leur Comité central appelle les habitants à élire une municipalité souveraine : le vote a lieu le 26. Les abstentions sont nombreuses, les bourgeois qui auraient soutenu les conservateurs sont réfugiés à la campagne : les partisans de la révolution sont majoritaires.

L'Anarchiste Louise Michel harangue les communards *(peinture de Jules Girodet).*

Barricade dressée par les communards devant l'Hôtel de Ville de Paris.

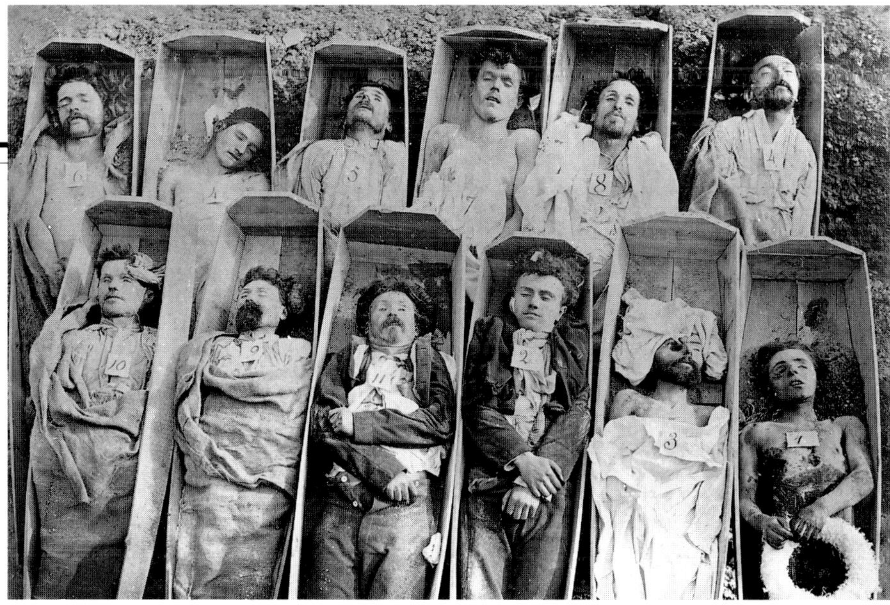

Les cadavres des communards exécutés lors de la reprise de la ville

La Commune entre le mythe et la mémoire

Querelles d'interprétation. Sitôt la Commune écrasée, le débat commence sur son interprétation. L'insurrection a-t-elle été républicaine ou socialiste ? marxiste ou libertaire ? Pour Marx, la Commune, est « un gouvernement de la classe ouvrière ». Pour Bakounine, c'est « une révolte qui a pour but de supprimer l'autorité elle-même ». La querelle est envenimée par les épigones qui veulent faire de 1871 une « révolution-modèle » conforme à leurs désirs.

La part du mythe. Par-delà les disputes, la Commune hante l'imaginaire révolutionnaire. Nombre de révoltes, au xxe siècle, se baptisent d'après son nom, de la Commune de Moscou en 1905 à celle de Budapest en 1956. La révolution de 1917 commence par une Commune, et Lénine danse de joie lorsque la durée de la République soviétique dépasse d'un jour celle de l'insurrection parisienne. La victoire bolchevik venge les fédérés : ce que l'écrivain André Breton résume en notant que 17 renverse 71...

Un héritage en chansons. Hors des débats et des références mythiques, la Commune laisse des chansons : *le Temps des cerises*, de J-B Clément, écrit en 1866 mais modifié en 1871 et lié au souvenir de l'insurrection, et l'*Internationale* d'E. Pottier, écrite en juin 1871 alors que son auteur, maire pendant la Commune, se cache pour éviter l'exécution.

Des références diverses

Car c'est d'une révolution qu'il s'agit, non d'une simple émeute. L'insurrection aboutit à un projet politique, qui diffère, d'ailleurs, d'un communard à l'autre. Nombre de révoltés se réclament de la Révolution, des Jacobins d'autrefois ; d'autres évoquent les théoriciens socialistes, citent Proudhon, Bakounine, Blanqui, ou se réfèrent à l'Internationale, fondée à Londres sept ans plus tôt. Tous se regroupent autour de quelques idées : l'antipathie pour la « majorité de ruraux » ; la revendication d'un pouvoir communal autonome, dans chaque village, dans chaque ville ; la conviction que ce pouvoir doit constituer l'ossature du gouvernement de la France, la Commune de Paris jouant un rôle privilégié dans cette organisation. Les mots de République et de Démocratie font partie du langage commun, les thèmes de l'instruction, de la laïcité, de la lutte contre la misère reviennent dans les discours : les orateurs parlent de justice sociale et d'amour – et ils font, de la sorte, terriblement peur aux bourgeois.

Détruire et réformer

Des provocations, des massacres, d'inexcusables sabotages expliquent cette incompréhension. Contre l'étendard tricolore, bannière de la République modérée, la Commune choisit le drapeau couleur de sang, emblème de toute insurrection. Surtout, la population prise de folie exécute des otages, achève des blessés, au début de la révolte. Elle incendie ensuite, détruit des monuments par rage d'abolir les symboles d'un ordre qu'elle conspue : la colonne Vendôme, « affirmation de militarisme », est abattue le 16 mai – on la reconstruira trois ans plus tard. Le peuple se réunit en clubs, les journaux prolifèrent, résurgences de la Révolution, qui affolent les conservateurs.

Pourtant, la Commune ne prend que des mesures modérées : l'ordre capitaliste n'est pas remis en cause, mais le paiement des loyers est retardé, des logements vides livrés aux sans-abris et les biens engagés au Mont-de-Piété restitués aux pauvres. Les décisions les plus hardies abolissent l'armée permanente au profit de milices armées ; elles instituent la séparation de l'Église et de l'État, créent une école gratuite et laïque – ces dernières mesures seront reprises par la IIIe République, une fois la Commune écrasée.

L'écrasement de la Commune

Le drame des Parisiens est leur isolement : leurs appels à la province et leur projet de faire du pays une fédération de communes ne rencontrent aucun succès. Le monde rural hait les « partageux » et les gauches urbaines pensent au plus à s'entremettre entre la capitale et Versailles. Thiers, pendant les faits, réunit 100 000 hommes. Désormais, ce sont les Français qui assiègent Paris. Le 21 mai, les versaillais entrent dans la ville. Les huit jours qui suivent constituent la « semaine sanglante » : la reconquête progresse d'ouest en est, de barricade en barricade, retardée aux Tuileries ou à l'Hôtel de Ville par des incendies, volontaires ou non. Côté gouvernemental, on compte 877 morts, plus 64 otages (dont l'archevêque de Paris) exécutés lors des derniers combats. Côté Commune, 20 000 morts, tués souvent « à froid », après les combats : les ultimes exécutions ont lieu le 27 mai, au cimetière du Père-Lachaise, au pied d'un mur qu'on appelle dès lors le « mur des Fédérés ». Il y a aussi 43 522 prisonniers, dont 4 586, comme l'anarchiste Louise Michel, sont ensuite déportés.

Le massacre, paradoxalement, consolide le régime en montrant que la République est capable de rétablir l'ordre. Une partie des revendications des communards reçoit alors satisfaction, une autre est intégrée au programme socialiste. Le souvenir de l'insurrection, surtout, alimente une légende, dont se nourriront les courants de gauche.

1871 en Europe

La France, vaincue par la Prusse est amputée de deux provinces. Le second Empire s'effondre, remplacé par la IIIe République.

La Prusse, victorieuse de la France après avoir battu l'Autriche à Sadowa, en 1866, se mue en empire : le IIe Reich est proclamé dans la galerie des Glaces du château de Versailles, le 18 janvier 1871.

Le royaume d'Italie se donne Rome pour capitale, après le départ des troupes françaises protégeant le Latium, ultime possession du pape. Le 20 sept. 1870, les troupes de Victor-Emmanuel II entrent dans la Ville : Pie IX, s'enferme, prisonnier volontaire, dans son palais du Vatican.

L'Inde, joyau des Britanniques
VICTORIA IMPÉRATRICE

La reine Victoria (1819-1901) [photographiée vers 1870].

Présente en Inde depuis le XVIIe siècle, l'Angleterre en a évincé la France en 1763, et, au cours du XIXe siècle, est devenue maîtresse de l'ensemble de la péninsule. Pour affirmer cette domination et célébrer la grandeur coloniale de l'Angleterre, le Premier ministre Disraeli fait proclamer Victoria impératrice des Indes, le 1er janvier 1877.

De grandes fêtes sont organisées en Inde, à Dehli et à Calcutta « avec la pompe et la splendeur la plus impressionnante », comme le rapporte le vice-roi des Indes, lord Lytton, qui représente sur place la reine Victoria.

Des cérémonies somptueuses

En effet, la reine, une femme de 58 ans, veuve d'Albert de Saxe-Cobourg depuis 1861, n'assiste pas elle-même aux cérémonies qui se déroulent en Inde, mais elle participe au même moment à une célébration solennelle de l'événement en Angleterre.

Au cours des cérémonies, les princes hindous, les maharadjahs, accompagnés de leur suite et de nobles venus de toutes les parties de la péninsule, rendent hommage à la nouvelle impératrice, la félicitent et l'assurent de leur loyal dévouement en échange de sa protection. Par ce geste symbolique, la reine d'Angleterre recueille la succession des derniers empereurs de l'Inde, les Moghols.

L'Angleterre, puissance coloniale

Cet événement solennel, dont l'initiative revient au Premier ministre, a une fonction symbolique importante. Il s'agit d'abord de glorifier la puissance britannique, de montrer qu'elle s'étend sur de vastes territoires coloniaux. Cette mesure annonce la politique d'expansion coloniale que Disraeli et ses successeurs s'apprêtent à mener.

Sans doute, la possession de colonies n'est pas chose nouvelle pour l'Angleterre qui, dès le milieu du XIXe siècle, contrôle de vastes

L'Angleterre victorienne

Sous le règne de Victoria (1837-1901), **l'Angleterre est à son apogée.**

Elle devient **la première puissance du monde** grâce à l'expansion de son économie, aux transformations de ses structures sociales (développement des villes, du travail industriel et du nombre des ouvriers) et à la démocratisation de sa vie politique.

À l'extérieur, **son rayonnement est considérable** grâce à l'influence de son système politique, à sa prééminence économique et financière, à l'expansion coloniale qui permet la consolidation d'un empire riche et étendu.

Toutefois, après 1876, apparaissent les premiers signes d'un affaiblissement dans une conjoncture nationale et internationale difficile.

Le Voyage triomphal du prince de Galles aux Indes, en 1875 *(peinture russe du XIXe siècle). Le prince est le futur roi Édouard VII.*

territoires en Méditerranée, en Afrique, en Amérique (Canada, Antilles), en Océanie et en Asie. Mais, après 1875, les gouvernements britanniques s'efforcent, beaucoup plus systématiquement que par le passé, de consolider et d'étendre l'empire colonial pour que l'Angleterre conserve sa prééminence et son influence dans le monde.

La perle de l'Empire britannique

L'Inde forme la pièce maîtresse et le joyau de cet empire en pleine expansion : les cérémonies de 1877 sont là pour le souligner. C'est le couronnement d'une longue conquête qui a permis à la domination britannique de s'étendre sur toute la péninsule indienne. Après en avoir évincé la France, il a fallu maintenir l'influence anglaise, vaincre les résistances des élites et des masses indiennes, protéger les accès de la péninsule, organiser le pays au mieux des intérêts britanniques. Jusqu'au milieu du XIXe siècle, la domination politique et économique de l'Angleterre s'exerce par l'intermédiaire de la Compagnie des Indes orientales. Ce régime est modifié à la suite de la révolte traditionaliste des cipayes, qui éclate en 1857 dans le bassin du Gange pour protester contre les transformations radicales que la colonisation introduisait dans la société indienne. Une fois la révolte réprimée, l'Inde devient une colonie directement rattachée à la couronne d'Angleterre. La proclamation de l'empire des Indes va compléter cette organisation.

Désormais, l'administration est centralisée. À Londres, un ministère spécial, l'*India Office,* décide des grandes orientations. Sur place, un vice-roi représente l'autorité britannique. Celle-ci se manifeste de deux manières : soit directement dans une partie du pays, soit par l'intermédiaire des princes indiens, qui ont conclu des accords de protectorat avec l'Angleterre, ce qui signifie qu'ils restent théoriquement souverains dans leur principauté, mais reconnaissent la suprématie de Londres.

Le Premier ministre Benjamin Disraeli (1804-1881) [photographié vers 1875].

Les tensions entre les Anglais et les Indiens

Les Anglais sont peu nombreux en Inde : à peine 150 000 au début du XXe siècle. Ils occupent des postes élevés dans l'administration ; ils encadrent une armée recrutée parmi les indigènes. La population indienne est considérable (300 millions d'habitants vers 1900) et très divisée : l'Inde est le carrefour de plusieurs ethnies, de plusieurs religions (hindouisme, islam...), d'une centaine de langues et dialectes. La hiérarchie des castes contribue également à fragmenter et à figer la société indienne.

Mais, dans la seconde moitié du XIXe siècle, sous l'effet de la colonisation, l'économie de l'Inde se transforme. Le pays fournit des matières premières agricoles et industrielles à la Grande-Bretagne ; elle en reçoit des produits fabriqués en métropole. Ces transformations apportent au pays des équipements importants : chemins de fer, canaux, télégraphe, écoles de type britannique pour les élites indiennes. Mais elles ne remédient pas aux déséquilibres traditionnels et contribuent même à en faire apparaître de nouveaux. Le travail artisanal du textile, jadis dynamique, est bientôt ruiné par l'afflux des produits fabriqués en Angleterre et par l'apparition, au début du XXe siècle, d'une industrie cotonnière moderne. L'agriculture reste archaïque, à l'exception des cultures destinées à l'exportation, et de terribles famines continuent de dévaster périodiquement le pays. Entre 1875 et 1900, 26 millions d'Indiens meurent de faim en raison de la faiblesse de l'agriculture et de l'élevage, des sécheresses et du surpeuplement. Les épidémies sont également nombreuses et meurtrières.

Le comportement des coloniaux anglais, qui manifestent un sentiment de supériorité vis-à-vis de la civilisation indienne, choque les élites indigènes qui se sentent tenues à l'écart. Des revendications nationales, encore très modérées, s'esquissent parmi la bourgeoisie indienne qui demande à être associée à l'administration du pays. Pour l'heure, la vigilance des Anglais se porte sur d'autres nécessités : il faut s'assurer le contrôle des routes maritimes jusqu'en Inde et protéger ses abords. Ces impératifs encouragent l'expansion britannique en Asie : l'empire des Indes, auquel sont rattachés plusieurs des territoires conquis (dont la Birmanie en 1886), en sort agrandi et l'influence britannique renforcée.

L'Empire colonial britannique

La construction de l'Empire. Les débuts de l'Empire se situent entre le XVe et le XVIIIe siècle : après 1600 (fondation de la Compagnie des Indes orientales), les commerçants britanniques s'installent en Virginie, dans les Antilles, sur la côte est de l'Amérique, en Gambie et aux Indes (fondation de Madras). La grande extension date du XVIIIe siècle : les Anglais s'installent en Caroline, en Pennsylvanie, etc., l'État intervient pour fonder de véritables colonies, s'opposant à la France (qui doit lui céder les Indes et le Canada) et à l'Espagne (qui lui abandonne la Floride). Mais, en Amérique, les Anglais subissent un échec définitif lorsque les États-Unis sont reconnus indépendants, à Paris, en 1783.

L'apogée du XIXe siècle. Après les guerres napoléoniennes, l'Angleterre recueille l'Ascension, Malte, Ceylan, les Seychelles et l'île Maurice, la Malaisie et Le Cap. Elle s'installe en Côte-de-l'Or, en Nouvelle-Zélande, occupe Aden, s'établit à Hongkong. Mais aussi, progressivement, elle accepte l'évolution de ses colonies « blanches » vers l'autonomie : ainsi en Australie, en Nouvelle-Zélande et au Cap ; ainsi surtout au Canada, dont l'autonomie est reconnue en 1841 (*Reunion Act*) et qui devient en 1867 le premier *dominion.* En 1877, le couronnement de Victoria impératrice des Indes ouvre une nouvelle époque d'expansion : l'Angleterre acquiert Chypre, l'Égypte, étend ses positions en Orient (Malaisie, Bornéo) et en Afrique noire (Rhodésie, Kenya et Zanzibar, Soudan).

Le Commonwealth et la décolonisation. La Première Guerre mondiale amène de profonds changements : une série de mandats est attribuée à la Grande-Bretagne (Sud-Ouest africain, Cameroun, Palestine, Iraq, etc.), mais, à l'inverse, la nécessité apparaît plus que jamais de faire évoluer l'« Empire » vers une union d'États responsables, autonomes et égaux : le Commonwealth est constitué sur cette base, en 1931. Après la Seconde Guerre mondiale, l'Inde et la Birmanie deviennent indépendantes en 1948, le Yémen du Sud en 1967, par le seul jeu des négociations et des accords.

L'Europe se dispute l'Afrique

LA CONFÉRENCE DE BERLIN

Réunis à Berlin du 14 novembre 1884 au 26 février 1885, les représentants de onze monarchies européennes, de la France, de l'Empire ottoman et des États-Unis, discutent du sort de l'intérieur de l'Afrique. Inaugurée solennellement par le chancelier Otto von Bismarck, la conférence prélude à une explosion colonisatrice qui, jusqu'aux environs de 1900, peint, dans les atlas, l'intérieur du continent aux couleurs des pays d'Europe, et partage véritablement l'Afrique.

Le prétexte de la conférence est la naissance du Congo. À la fin des années 1870, l'exploration du fleuve par l'Anglais Stanley et le Français Pierre de Savorgnan de Brazza montre qu'il y a là un pays riche, et plus accessible qu'on ne le croyait. Le roi des Belges, Léopold II, philanthrope et habile gestionnaire, a fondé l'Association internationale africaine et, grâce à Stanley, il entreprend de créer un État libre, lié non à la Belgique, mais à l'Association, et dont il sera souverain à titre personnel. Un tel État-tampon permet aux puissances de ne pas se heurter directement. Reste à partager le bassin du Congo entre cet État, la France, entraînée par Brazza, et le Portugal, installé à l'embouchure du fleuve. Bismarck saisit l'occasion d'être une fois de plus l'arbitre de l'Europe, et convoque une conférence.

Portrait de Léopold II, roi des Belges et roi du Congo, en 1885.

La conférence de Berlin, ou « conférence du Congo », présidée par le chancelier Bismarck (désignant un papier).

La délimitation des frontières
◁ *franco-allemandes, sur place, au Congo.*

Les débuts de la colonisation de l'Afrique noire

Pendant longtemps, **l'intérieur du continent,** souvent difficile d'accès, n'a pas intéressé les Européens. Seules les côtes retenaient leur attention, pour y commercer ou y établir quelques escales.

Les choses changent après 1870. L'exploration du globe est à l'ordre du jour. Surtout, **des raisons économiques** interviennent : on découvre les richesses de l'Afrique, à commencer, en 1867, par les diamants du Transvaal. De plus, l'Europe cherche à investir ses capitaux, à conquérir des marchés et des sources de matières premières, dans une période de retour au protectionnisme.

Des facteurs politiques interviennent également : l'Afrique permet les conquêtes devenues difficiles en Europe par le principe des nationalités ; la conquête flatte l'orgueil national et offre **un exutoire à la volonté de domination**, ou de revanche, dans le cas français. S'y ajoute une sincère ambition christianisatrice ou civilisatrice. Enfin, bien des États se lancent dans l'aventure pour ne pas être devancés par une autre puissance...

La conférence

La conférence a un ordre du jour précis : liberté de navigation et de commerce, modalités d'installation sur les côtes. Mais en marge, on fixe les frontières du nouvel État. La France obtient un droit de préemption en cas d'échec de l'Association, puis elle le cède à la Belgique, moyennant des avantages dans la fixation de la frontière. Un couloir relie l'Etat libre à l'Atlantique, à travers les possessions portugaises ; une vaste région au sud du fleuve, le Katanga, d'abord exclue, est récupérée grâce à une carte modifiée, que les Allemands entérinent par erreur... Au total, le nouvel État confié à l'Association s'étend sur deux millions et demi de kilomètres carrés, et 500 000 autres kilomètres carrés, au nord-ouest, passent à la France : la première région est le futur Congo-Léopoldville (l'actuel Zaïre) ; la seconde sera le Congo-Brazzaville (aujourd'hui Congo)... Dans cette zone particulière, un partage s'est opéré ; il en va de même au nord, pour le Niger, dont l'Angleterre contrôle le delta et dont le haut cours est attribué à la France, qui n'y est pas encore réellement présente.

La création d'une zone de liberté des échanges

L'acte final de la conférence garantit la liberté de navigation et de commerce dans toute la zone : c'était l'objet essentiel de la rencontre, une assurance souhaitée par les Américains et plus encore par Bismarck, désireux non de conquérir des territoires, mais d'« assurer au commerce allemand l'accès de l'Afrique ». Or, les Français, et surtout le président du Conseil, Jules Ferry, s'opposent strictement à cette conception. Pour eux, l'intérêt des colonies réside dans le monopole commercial détenu par la métropole... Au nom de cette conception, la France entend, comme le Portugal, réduire la superficie du « bassin conventionnel du Congo » voué à la liberté de commerce ; les Américains et les Allemands veulent l'agrandir. Finalement, on prévoit, en plus de l'ensemble du bassin géographique du fleuve, un accès à l'océan Indien, entre le Mozambique et le sultanat de Zanzibar. L'Angleterre obtient que les sources du Nil ne soient pas concernées. Pour le reste, liberté de navigation et liberté économique permettent aux bateaux de commerce de circuler dans tout le bassin, pourvu qu'ils ne transportent pas d'armes et ne se livrent pas à la contrebande. Des mesures identiques sont prises pour le Niger : on est aux antipodes de l'idée de partage, mais ce n'est que pour corriger les effets de la division territoriale qui vient d'être opérée dans cette partie de l'Afrique...

De nouvelles règles pour la colonisation

La conférence fixe aussi les conditions « pour que des occupations nouvelles sur les côtes... soient considérées comme effectives ». La principale est « l'existence d'une autorité suffisante pour faire respecter des droits acquis » : cela est assez flou pour éviter aux métropoles les frais d'un réel établissement.

Toutefois, il ne s'agit pas de s'attribuer de vastes étendues par « l'annexion au pinceau ». On a formellement exclu le système de l'*hinterland,* qui fait du pays installé sur un littoral le maître de son arrière-pays. De plus, on n'a statué que sur les côtes, et non sur l'intérieur des terres. Enfin, ce ne sont que des règles qui ont été fixées, et aucun partage général concret n'a été effectué.

Mais quelles qu'aient été les intentions, on a bel et bien partagé une vaste région, au cœur de l'Afrique, même si on en a laissé les portes ouvertes au commerce international ; et on a jeté les bases de partages futurs.

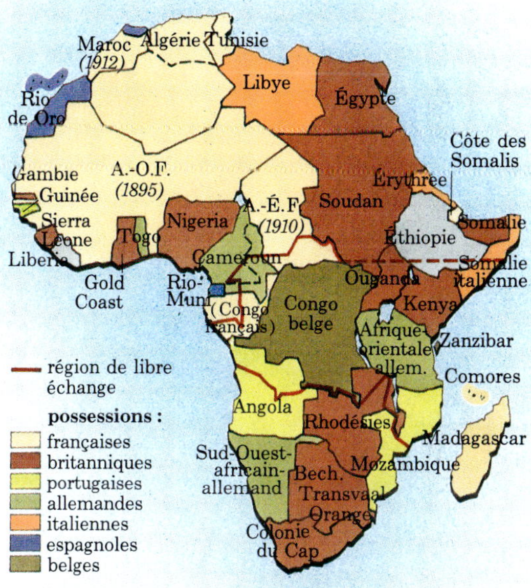

Les puissances coloniales et le partage de l'Afrique, entre 1885 et 1914.

Au lendemain de Berlin : le vrai partage de l'Afrique

« Sphères d'influence ». Dès avril 1885, Allemands et Anglais, qui se rencontrent sur la côte des actuels Cameroun et Nigeria, tracent des « *spheres of influence* » incluant des territoires qu'ils ne contrôlent pas, dans l'arrière-pays des côtes où ils sont installés. C'est une « annexion au pinceau », d'autant plus caricaturale que le fleuve-frontière, le rio del Rey, se révèle n'être qu'une baie sans cours d'eau.

Des frontières tracées au hasard. Des accords signés dans les années suivantes délimitent a priori des territoires, mentionnant parfois aussi des zones imaginaires, de sorte qu'il faut les compléter sur le terrain des textes d'application. Les frontières ignorent la réalité locale, même si un principe fixe que « si la frontière tracée venait à traverser un village, ce village serait attribué au gouvernement auquel se rattacherait la majeure partie du village »...

Des conséquences durables. En vingt ans, l'Afrique est donc partagée sur des bases entièrement arbitraires, qui sont celles appliquées au Congo et au Niger. Il en ressort un système de frontières artificielles, qui regroupent ou divisent peuples et tribus, et qui pourtant s'avèrent durables, au point de n'être pas remises en cause après la décolonisation.

Les États-Unis interviennent à Cuba et à Manille

LA GUERRE HISPANO-AMÉRICAINE

Le 11 avril 1898, le président des États-Unis, le républicain William McKinley, demande au Congrès de voter une déclaration de guerre contre l'Espagne.

La cause du conflit est le dernier vestige de l'Empire colonial espagnol dans le Nouveau Monde, Cuba. L'île est exploitée par des gouvernants peu scrupuleux et peu soucieux des droits des Cubains. Les ressources sont détournées vers l'Espagne, l'économie est mise en coupe réglée, la vie politique est entièrement contrôlée par les Espagnols. Les colonisateurs n'hésitent pas à recourir à des impôts exorbitants. Ni la justice, corrompue, ni l'Église, indifférente, n'offrent de recours aux Cubains. En 1895, après plusieurs décennies de tensions latentes et de révoltes limitées, éclate une insurrection générale.

L'occasion de la guerre : l'explosion du croiseur *Maine*

Dans la mesure où certains Américains ont des intérêts économiques à Cuba et souffrent de l'état de guerre qui règne dans l'île, Washington est progressivement amené à intervenir. Surtout, la férocité et la maladresse avec lesquelles les Espagnols du général Weyler tentent de réprimer l'insurrection provoquent une vague d'indignation aux États-Unis. Weyler, qui dispose de troupes de plus en plus importantes – environ 200 000 hommes –, n'hésite pas à concentrer dans des camps et à affamer une partie de la population civile de l'île.

L'opinion publique et la presse à sensation de William Randolph Hearst font alors pression sur McKinley pour obtenir une intervention américaine, mais les réticences du président et de ses conseillers sont perceptibles. Tout change le 15 février 1898 avec l'explosion mystérieuse du croiseur américain *Maine* dans le port de La Havane, qui coûte la vie à 260 Américains et amène McKinley à se lancer dans une guerre qu'il souhaitait éviter.

Le débarquement américain à Guantanamo, en juin 1898 (gravure du Petit Journal*).*

Les Américains sont victorieux sur mer : ici, à la bataille de Manille, aux Philippines, en mai 1898 (gravure américaine).

L'expansionnisme américain au XIXe siècle

La guerre hispano-américaine est un nouvel épisode de l'histoire de l'expansion américaine au cours du XIXe siècle.

Progressivement, les États-Unis conquièrent l'Amérique du Nord. En 1803, ils achètent à la France **la Louisiane,** c'est-à-dire à l'époque une région immense située à l'ouest du Mississippi. Puis leur marche vers l'ouest continue, aux dépens d'abord des Indiens, occupants indigènes sans cesse rejetés plus loin ou exterminés.

Dans les années 1830-1840, l'avancée des États-Unis provoque des tensions, puis une guerre avec le Mexique, qui s'achève par une victoire américaine. Bientôt **le Texas et la Californie** entrent dans l'Union, et la construction de lignes de chemin de fer transcontinentales au lendemain de la guerre de Sécession sonne le glas des espoirs des Indiens.

Au début des années 1890, **la « frontière »,** cette ligne symbolique de la conquête du territoire, est officiellement abolie. Désormais, l'expansion américaine se fera hors du continent.

La victoire terrestre revient aussi aux Américains : ici, à Quinga, toujours dans les Philippines.

La défaite espagnole

Les combats, commencés en mai 1898, ne durent pas trois mois. La flotte américaine de Dewey détruit la flotte espagnole du Pacifique dans la baie de Manille sans perdre un seul homme, ouvrant la voie à la conquête américaine des Philippines. À Cuba, les Américains débarquent un corps expéditionnaire près de Santiago et triomphent aisément des troupes espagnoles, mal commandées et démoralisées, à la bataille de San Juan, le 1er juillet 1898. Le 3 juillet, la flotte espagnole est coulée dans la baie de Santiago. Une autre armée américaine, sous les ordres du général Miles, occupe Porto Rico sans coup férir. Le 17 juillet 1898, Santiago capitule.

Le début du « siècle américain »

Les négociations hispano-américaines tenues à Paris se concluent par l'indépendance de Cuba et la cession des Philippines, de Guam et de Porto Rico aux États-Unis. Pour la première fois, les Américains se décident à jouer hors de leurs frontières continentales un rôle de colonisateur qui déclenche d'ailleurs dans le pays de vives controverses entre partisans et adversaires de l'expansionnisme. Selon les mots qu'écrit alors à la gloire des Américains un poète qui s'y connaît en fait d'impérialisme, Kipling, les États-Unis acceptent de se charger du « fardeau de l'homme blanc ». Tâche moins simple qu'il n'y paraît, comme le montre la dure guerre coloniale que les Américains sont obligés de mener aux Philippines pendant plusieurs années contre des insurgés qui n'entendent pas voir remplacer un colonisateur par un autre, aspirent à l'indépendance et dressent des parallèles gênants entre leur lutte et la guerre de l'Indépendance américaine.

Mais la guerre de 1898 signale surtout l'entrée des États-Unis sur la scène mondiale et annonce le rôle diplomatique actif que le successeur de McKinley, Theodore Roosevelt, qui s'est couvert de gloire à Cuba, fait jouer aux États-Unis à partir de 1901. Les Américains tirent aussi du conflit des conséquences militaires. À l'instigation d'Elihu Root, ils réorganisent leur armée et leur marine, et perçoivent soudain mieux l'intérêt d'un isthme entre l'Atlantique et le Pacifique. La guerre est enfin l'occasion d'une explosion de patriotisme et de nationalisme soigneusement orchestrée par la presse populaire, et qui dépasse les clivages politiques du temps. Ainsi le corps expéditionnaire américain, dans lequel s'illustre l'un des plus brillants officiers du Sud pendant la guerre de Sécession, Wheeler, compte-t-il dans ses rangs aussi bien le républicain Roosevelt que l'ancien candidat démocrate et populiste à la Maison-Blanche en 1896, William Jennings Bryan. Par ses ambiguïtés et ses conséquences, la guerre hispano-américaine marque bien le début du « siècle américain ».

La crise espagnole au XIXe siècle

Le XIXe siècle est pour l'Espagne un siècle de difficultés politiques et de déclin.

La lutte contre les Français. Après l'invasion française de 1808 et le remplacement de Charles IV par Joseph Bonaparte, les Espagnols entreprennent une résistance qui, avec l'aide britannique, se termine victorieusement. Mais les luttes politiques, qui s'engagent alors, notamment entre partisans du pouvoir royal et libéraux, affaiblissent encore le pays.

Isabelle et les carlistes. Durant les années 1830, une guerre civile éclate lors de la succession de Ferdinand VII (1833) entre les partisans de sa fille Isabelle II et ceux de son frère Don Carlos. La question des carlistes resurgit périodiquement par la suite, notamment dans les années 1860-1870. Après l'abdication d'Isabelle en 1868, une période de troubles éclate entre 1869 et 1874, durant laquelle se succèdent une monarchie constitutionnelle (1869-1873) et une première république (1873-1874).

La fin du siècle. La restauration des Bourbons (Alphonse XII, 1874-1885, et Alphonse XIII, 1886-1931) assure la stabilité politique. La perte de Cuba et des Philippines en 1898 marque la fin de l'Empire colonial espagnol. Le Siècle d'or n'est plus alors qu'un lointain souvenir.

Les Anglais vainqueurs en Afrique du Sud

LA DÉFAITE DES BOERS

Contre les Britanniques, les Boers, descendants d'immigrants hollandais...

À l'orée du XXe siècle, l'Afrique du Sud est le théâtre d'une lutte acharnée entre Européens : dans sa volonté de conquête, la Grande-Bretagne se heurte à la résistance des Boers, descendants des premiers colons hollandais installés depuis le XVIIe siècle.

Dans le sud de l'Afrique, les Anglais possèdent, au milieu du XIXe siècle, les deux colonies du Cap et du Natal. À côté sont situées les deux républiques du Transvaal et de l'Orange, dirigées par les Boers : c'est-à-dire les descendants des pionniers européens, arrivés au XVIIe siècle lorsque les Hollandais contrôlaient la région.

La ruée vers l'or

Les Boers sont des éleveurs ou des agriculteurs fortement attachés à leur foi protestante, à leur mode de vie et à leur indépendance, qu'ils défendent farouchement face à leurs voisins anglais dont les convoitises ne cessent de croître.

Les Britanniques cherchent, en effet, à s'assurer la suprématie en Afrique du Sud, au moment où les rivalités entre puissances européennes pour le partage du continent africain sont de plus en plus fortes ; et leur volonté de contrôler les États boers s'exacerbe lorsqu'on découvre au Transvaal des gisements de diamants (1867) et d'or (1886) d'une extrême richesse.

Dès lors, ils négocient et tentent d'intimider et d'isoler les républiques boers pour leur faire accepter la tutelle britannique. Cecil Rhodes, un financier anglais devenu magnat du diamant sud-africain puis Premier ministre de la colonie du Cap, joue un rôle très actif : dans les années 1890, avec l'accord du Premier ministre britannique Chamberlain, il met en œuvre la politique d'expansion et d'encerclement des pays boers, qui mène bientôt à la guerre. En effet, les Boers, guidés par l'irréductible président du Transvaal, Kruger, refusent catégoriquement de se soumettre. Dans ces conditions, le conflit devient inévitable. Il éclate le 12 octobre 1899.

Une lutte acharnée

Des deux côtés, on se prépare depuis des mois à la lutte. Les Britanniques comptent sur une victoire rapide et pensent que la plus grande puissance coloniale du monde aura facilement raison des deux petites républiques. Pourtant, ils vont s'enliser pendant presque trois ans dans une guerre meurtrière et coûteuse.

Ce sont les Boers qui, les premiers, lancent l'offensive contre les possessions anglaises : plusieurs villes sont assiégées et les troupes

L'Afrique du Sud au début du XXe siècle

Découverte au XVIe siècle par les Portugais, l'extrémité méridionale de l'Afrique, peuplée de Bantous, a été **colonisée par les Hollandais, surnommés Boers,** à partir de 1652 (fondation du Cap).

Mais, au XIXe siècle, **les Anglais,** installés d'abord au Cap (1802), ont progressivement relayé les Boers dans la domination du pays. Pour échapper à la domination britannique, qui a décidé en particulier l'abrogation de l'esclavage, les descendants des Hollandais se sont réfugiés dans l'intérieur des terres, au-delà du fleuve Vaal : c'est ce qu'on appelle le « Grand Trek ».

La situation aurait pu perdurer, avec **l'existence de républiques boers autonomes** dans le nord du pays, mais la découverte, dans le Transvaal, de **gisements de diamants et d'or,** à la fin des années 1860, a évidemment éveillé la convoitise des Britanniques.

C'est la raison de la guerre des Boers, qui éclate en 1902.

britanniques, prises de court face à des soldats particulièrement déterminés et très mobiles, essuient de graves revers. C'est la consternation en Grande-Bretagne. On envoie des renforts, parmi lesquels plusieurs corps de l'armée indienne ; au début de l'année 1900, le corps expéditionnaire britannique compte 300 000 hommes, dirigés par le chef d'état-major Kitchener. Sur place, des supplétifs sont enrôlés dans la population noire et employés comme aides de camp ou comme éclaireurs.

Ainsi renforcées, les forces de la Grande-Bretagne dégagent les villes assiégées et occupent bientôt les États boers. Le 1er septembre 1900, le Transvaal est annexé à la Couronne. Le conflit semble donc en passe d'être gagné. Mais la lutte se poursuit pendant plus d'une année, car les Boers résistent avec acharnement à l'occupation et ils recourent à des tactiques de guérilla qui déconcertent les Britanniques. La répression que ceux-ci mènent est d'autant plus impitoyable. Pour isoler la guérilla, une partie de la population est internée dans des camps, où les conditions de vie sont si dures que plusieurs milliers de personnes périssent. En mai 1902, les Boers doivent capituler : ils sont à bout de force, affaiblis par des divisions et ils se trouvent en butte à des attaques menées par des tribus noires qu'ils ont fort mal traitées dans les régions qu'ils dominaient.

L'Afrique du Sud après la guerre des Boers

La guerre est suivie d'une expansion économique grâce aux richesses fournies par l'extraction de l'or. Mais des difficultés nouvelles apparaissent, qui tiennent au refus des Blancs d'accorder à la population noire des droits égaux à ceux des descendants des Européens.

1910. Naissance de l'Union sud-africaine, qui regroupe les deux anciennes républiques du Transvaal et de l'Orange, et les colonies britanniques du Cap et du Natal. Les populations noires ne se voient reconnaître aucun droit : hors de l'ancienne colonie anglaise du Cap, les pratiques discriminatoires héritées du régime boer sont maintenues et même aggravées.

1948. Les nationalistes *(Afrikaners)* arrivent au pouvoir. La politique de l'*apartheid* est adoptée : elle repose sur une doctrine raciste, qui rend officielle la ségrégation des Blancs et des Noirs dans la vie quotidienne et refuse aux gens de couleur l'égalité des droits économiques et politiques.

1961. Pour agir en toute indépendance dans la voie choisie par les nationalistes afrikaners, le pays se retire du Commonwealth et devient la République sud-africaine.

À partir de 1976. La contestation du régime d'*apartheid* s'étend ; en retour, le pouvoir blanc se durcit. C'est l'escalade de la violence : celle de la contestation qui ne peut s'exprimer dans aucun cadre légal et celle de la répression.

Depuis 1984. Devant le renforcement de la contestation de l'*apartheid*, à l'intérieur comme à l'extérieur du pays, et du fait des sanctions économiques occidentales, l'Afrique du Sud tente de retrouver une nouvelle image de marque. Après l'élection du nouveau président Frederik De Klerk en septembre 1989, une évolution importante semble se dessiner : le leader de la contestation noire, Nelson Mandela, emprisonné depuis plus de 20 ans, est libéré en février 1990.

Un bilan douloureux

Le traité de paix de Vereeniging est signé le 31 mai 1902 : les Boers perdent leur indépendance mais ils reçoivent des garanties économiques et politiques importantes (aide aux victimes de guerre, droit de conserver leur langue; promesse d'une représentation politique avantageuse). L'influence de la Grande-Bretagne assurée en Afrique du Sud.

Mais le conflit laisse des traces douloureuses des deux côtés. La guerre a coûté cher, en argent et en hommes. Du côté britannique, on compte 22 000 morts, dont la moitié due à des maladies. Du côté boer, 7 000 soldats sont morts au combat et 28 000 civils ont péri dans les camps. Cette guerre laisse également des traumatismes dans les mémoires. L'opinion anglaise s'est inquiétée et s'est sentie humiliée par les difficultés rencontrées au cours de ce long conflit, tandis que les méthodes impitoyables employées par les troupes britanniques ont suscité des protestations dans le monde entier. Les souffrances des civils ont laissé des traces profondes dans la mémoire des Boers et de leurs descendants afrikaners.

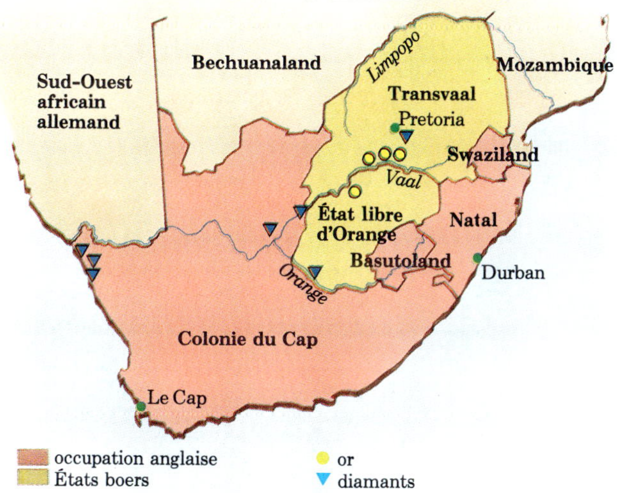

L'Afrique du Sud au début du XXe siècle.

Capitulation boer au Transvaal, en 1900 *(illustration du « Petit Journal »).*

L'Artillerie à cheval (Royal Horse Artillerie) anglaise en Afrique du Sud pendant la guerre des Boers *(tableau de G. Scott, Camberley, musée de l'Armée).*

Une nation européenne est pour la première fois défaite

LA GUERRE RUSSO-JAPONAISE

Dans la nuit du 8 au 9 février 1904, la flotte japonaise attaque, sans déclaration de guerre, la flotte russe à Port-Arthur, et elle torpille sept bâtiments ennemis. D'un seul coup, le Japon acquiert la maîtrise des mers ; une guerre commence, qui s'achèvera l'année suivante par la victoire du Japon.

Le conflit prend place dans la région du Pacifique Nord, précisément en Mandchourie et en Chine, deux zones où l'Angleterre, les États-Unis et la France luttent pour s'assurer de bonnes positions économiques, mais où, surtout, le Japon et la Russie rivalisent depuis 1891, date de la construction du Transsibérien par ce dernier pays.
C'est la politique agressive de la Russie qui est cause du conflit. En 1893, avec l'appui de la France et de l'Allemagne, la Russie humilie le Japon, vainqueur de la Chine en 1895 : elle oblige ce pays à rendre la péninsule du Liaodong, que lui reconnaissait à l'occasion de cette victoire le traité de Shimonoseki. Le Japon avait également obtenu par la même occasion Formose, les îles Pescadores et la reconnaissance par la Chine de l'indépendance de la Corée.

Le tsar Nicolas II bénit l'armée russe à son départ au front.

Une guerre et une révolution

En même temps que la Russie se trouve engagée dans un conflit contre le Japon en Asie orientale, elle est affaiblie à l'intérieur par **le déclenchement d'une révolution, en janvier 1905.**

Cette révolution s'explique par des causes économiques, par le mécontentement étudiant et par **l'apparition d'une opposition organisée** formée de sociaux-démocrates (S.D.) et de sociaux-révolutionnaires (S.R.), d'obédience marxiste.

La révolution éclate le 22 janvier à Saint-Pétersbourg, où la répression fait 130 morts. Malgré cela, le mouvement s'étend et atteint les milieux de l'armée (mutinerie du cuirassé **Potemkine,** en mer Noire, dans l'été). La réaction ne parvient à triompher qu'au début de l'année suivante.

Le succès du Japon est celui de sa technique : le pays, qui avait accumulé un retard considérable au XIXe siècle, peut compter désormais sur une armée efficace, (photo du haut), capable d'infliger à l'ennemi des dégâts très importants (page de gauche).

Le Japon, puissance militaire au XXe siècle

L'entre-deux-guerres : la pénétration en Chine du Nord. Le Japon obtient en 1919 la plupart des anciennes îles allemandes du Pacifique. Mais la conférence de Washington (1921) l'oblige à abandonner à la Chine le Chandong, à évacuer ses troupes de Sibérie et à limiter sa flotte de guerre. Les troupes japonaises occupent Moukden (le 18 septembre 1931) à la suite d'incidents frontaliers, puis toute la Mandchourie, qui devient en 1932 le Mandchoukouo, État indépendant sous protectorat japonais. En 1933, le Japon quitte la S.D.N. En 1937, il occupe une partie de la Chine.

De la « guerre du Pacifique » au désastre d'Hiroshima. Engagé dans le pacte anti-Komintern en 1936, le Japon lance un ultimatum à l'Indochine française en 1940. Puis, sans avoir au préalable déclaré la guerre aux États-Unis, le général Tojo fait détruire la flotte américaine basée à Pearl Harbor, le 7 décembre 1941. À ce moment commence la guerre du Pacifique : les Philippines, Hongkong, la Malaisie, Singapour et l'Indonésie sont occupés. En 1942, la bataille de Midway stoppe l'avance japonaise. De 1943 à 1945, les États-Unis récupèrent du terrain. Ils lancent la bombe atomique le 6 août 1945 sur Hiroshima et le 9 août sur Nagasaki. Le 14 août, le Japon capitule : il est ramené à ses frontières du XIXe siècle.

En 1896, par un accord secret avec la Chine, les Russes garantissent le territoire chinois contre les agressions extérieures et, en retour, obtiennent la concession du chemin de fer qui traversera la Mandchourie à partir de Harbin jusqu'à la mer. Ce « Transmandchourien » consacre la pénétration économique russe et son influence dans l'est de la Chine.

Lorsque, en 1897, l'assassinat de deux missionnaires allemands aboutit à la cession du territoire de Kiao-Tcheou à l'Allemagne par un bail de 99 ans, le tsar Nicolas II exige un bail de 25 ans pour la partie sud du Liaodong, y compris Port-Arthur. En 1898, la Chine concède à la Russie le bail de Port-Arthur avec le droit d'y établir une base navale.

Enfin, en 1900, le soulèvement national chinois des Boxers, en réaction contre les pays étrangers présents, est écrasé par une intervention militaire de huit grandes puissances, à laquelle la Russie participe. Après cela, des troupes russes restent sur le terrain, sous le prétexte de protéger la construction du Transmandchourien. Des aventuriers russes proposent, à la même époque, de développer un projet de concessions forestières sur le Yalou en Mandchourie, ce qui permettrait aux sujets du tsar de pénétrer en Corée. Nicolas II est très enthousiasmé par ce projet, car il pense que la Russie a une mission civilisatrice en Asie et il sous-estime grossièrement la puissance et les ambitions japonaises. Son ministre des Finances, Witte, qui s'y oppose formellement, est contraint de démissionner.

Les négociations et la guerre

Dans un premier temps, le Japon tente de négocier. Il propose un partage qui donnerait aux Russes le nord de la Mandchourie et au Japon le sud, ainsi que la Corée. Mais, très vite, les responsables japonais se rendent compte que les tentatives de conciliation ne servent à rien : l'intervention militaire est décidée.

Alors, le 8 février 1904, le Japon attaque sans déclaration de guerre la flotte russe dans la rade de Port-Arthur. Il est militairement bien préparé et bien organisé ; allié de la Grande-Bretagne, il est diplomatiquement soutenu et, enfin, il combat près de ses bases. En face, la Russie n'est pas prête (son commandement en Extrême-Orient, assuré par l'amiral Alexeiev et le général Kouropatkine, est incompétent et ses troupes insuffisantes) ; les renforts sont acheminés par le Transsibérien à voie unique, très lent et interrompu au niveau du lac Baïkal. Enfin, le pouvoir est affaibli par les vagues de mécontentement intérieur.

Cette disproportion explique le succès des opérations japonaises : défaites russes à la bataille de Liaoyang (24 août-5 septembre 1904), au fleuve Cha-ho (5-18 octobre 1904) et à Moukden (21 février-10 mars 1905), qui font reculer l'armée russe dans le nord de la Mandchourie. Les 27-29 mai 1905, la flotte de l'amiral Zinovi Rojdestvenski, venue de la Baltique avec beaucoup de difficultés pour tenter de sauver Port-Arthur, est anéantie au cours de la bataille, au détroit de Tsushima. La Russie est désormais obligée de négocier.

La paix : l'humiliation d'une nation occidentale

Un armistice est conclu entre les deux gouvernements : si les Russes sont très affaiblis par la révolution de 1905, les finances japonaises sont totalement épuisées et l'Empire nippon n'a plus les moyens de détruire le gros des troupes russes d'Extrême-Orient. Avec la médiation du président américain Theodore Roosevelt, une Conférence de paix est organisée à Portsmouth, aux États-Unis, le 5 septembre 1905. Les clauses du traité signé à cette occasion contiennent les stipulations suivantes : la Russie doit reconnaître la prééminence des intérêts du Japon en Corée ; elle cède à son vainqueur son bail sur la péninsule du Liaodong, sa base de Port-Arthur, la voie ferrée au sud du Chandong et la moitié sud de l'île de Sakhaline. Les deux pays, d'un commun accord, s'engagent à restituer la Mandchourie à la Chine. Malgré l'insistance du Japon, aucune indemnité de guerre n'est prévue.

Cette guerre est un véritable coup de massue pour le gouvernement russe, qui ne s'attendait absolument pas à la défaite. L'humiliation des premiers revers a contribué à précipiter un événement qui aurait eu lieu de toutes manières : la révolution de janvier 1905. Du côté japonais, en revanche, c'est un véritable triomphe, car, pour la première fois dans l'histoire du monde, une nation occidentale est vaincue par une nation asiatique. L'Empire nippon en tire un prestige militaire considérable, qui durera jusqu'en 1945.

→ **Voir aussi :** p. 264-265 (Pearl Harbor).

L'archiduc-héritier d'Autriche est assassiné à Sarajevo

LA PREMIÈRE GUERRE MONDIALE ÉCLATE

Le 28 juin 1914, l'archiduc François-Ferdinand, héritier de la double couronne d'Autriche et de Hongrie, est en visite officielle avec son épouse, la duchesse de Hohenberg, à Sarajevo, capitale provinciale de la Bosnie-Herzégovine, dans le cadre des grandes manœuvres militaires annuelles. Son assassinat est la cause immédiate de la Première Guerre mondiale.

La Bosnie-Herzégovine est une région à risque : ancien morceau de l'Empire turc, peuplé de Slaves, placé sous l'influence russe et constituant donc un danger pour l'Empire austro-hongrois hanté par la peur d'un soulèvement de ses éléments slaves, elle est administrée « provisoirement » par l'Autriche à partir de 1878, puis annexée en 1908. Mais la population garde des nostalgies nationalistes : elle regarde vers la Serbie, État auquel l'intervention autrichienne l'a empêchée de s'intégrer lorsqu'il est devenu indépendant en 1878, et ses traditions locales sont loin d'exclure le recours au terrorisme politique : le vieil empereur François-Joseph, quatre-vingt-quatre ans, a d'ailleurs échappé de justesse à un attentat.

La journée, de plus, est mal choisie. C'est la Saint-Guy, fête nationale serbe : le voyage peut passer pour une provocation.

L'attentat

Un premier attentat vise le cortège, mal protégé par des policiers trop peu nombreux et plus intéressés par le spectacle des voitures officielles que par la surveillance de la foule. Un typographe de vingt ans, Tchabrinovitch, lance une bombe sur la voiture de l'archiduc. Celui-ci a le réflexe de la ramasser sur le siège et de la renvoyer sur la chaussée, où elle explose, faisant onze blessés. C'est une première alerte, mais la visite continue. Après une réception à l'hôtel de ville, où l'atmosphère est plutôt lourde, le cortège repart. L'archiduc veut rencontrer les blessés du premier attentat. À un carrefour, le chauffeur ralentit, hésite. Un étudiant de dix-neuf ans, Gavrilo Prinzip, s'approche de la voiture, un revolver browning au poing : il tire, atteignant d'abord la duchesse à l'abdomen, puis François-Ferdinand à la tempe. L'héritier du trône d'Autriche meurt sur le coup, son épouse décède avant même son arrivée à l'hôpital. L'Europe s'émeut. À Rome, le pape s'éva-

L'Europe en 1914

L'Allemagne est désormais la première puissance économique du continent.

Les mouvements nationaux, créent une situation explosive, dans **l'Empire austro-hongrois** et dans les Balkans. Les conflits se focalisent autour d'un nouvel État : **la Serbie,** détachée de l'Empire ottoman en 1878, royaume slave vers lequel regardent les populations slaves englobées des autres États.

Dans ce contexte **deux systèmes d'alliances** se constituent : France, Angleterre, Russie forment la Triple-Entente ; la Triple-Alliance groupe, lâchement, Autriche-Hongrie et Italie.

Les Balkans en 1914.

L'archiduc François-Ferdinand d'Autriche et son épouse, cinq minutes avant l'attentat qui devait leur coûter la vie.

Le socialiste français Jaurès réclamait la paix.

nouit alors qu'il prie à Saint-Pierre pour le repos de l'âme des défunts. À Londres, le *Times* parle d'un « lâche attentat qui a ébranlé la conscience du monde ». Cependant, au-delà des mots convenus, la presse et l'opinion ne s'inquiètent guère. En France, le *Petit Parisien* préfère apitoyer ses lecteurs avec le récit des deuils qu'a connus le vieil empereur François-Joseph, en soixante-six ans de règne, et tenter de percer la personnalité des nouveaux héritiers du trône, l'archiduc Charles et son épouse Zita.

L'Autriche contre la Serbie

Pourtant, une machine infernale est en marche. Derrière Tchabrinovitch et Prinzip, derrière leurs nombreux complices, qui sont arrêtés, l'Autriche dénonce le rôle de la Serbie. Celle-ci n'a aucune responsabilité directe dans l'assassinat, mais elle a toléré les activités de sociétés secrètes qui entendent libérer les Slaves soumis à l'Empire austro-hongrois, comme la « Main noire », à laquelle est lié Prinzip. Ces sociétés, à l'insu du gouvernement, ont même été appuyées par l'état-major. Surtout, pour le gouvernement de Vienne, humilier la Serbie, c'est montrer aux Slaves de l'empire qu'ils ne doivent rien attendre d'elle, et surtout pas l'indépendance à laquelle elle les excite directement ou indirectement. Le 23 juillet, un ultimatum est envoyé au gouvernement serbe. Il est accepté le 25, sauf sur un point, Belgrade ne pouvant admettre que la police autrichienne mène l'enquête sur son territoire, comme s'il s'agissait d'une province de l'empire, en écartant les officiers ou les fonctionnaires serbes qui lui sont suspects. Le 28, c'est la guerre.

Le conflit généralisé

Tout, alors, s'enchaîne très vite. Le 29, la Russie mobilise : protectrice des Slaves, elle a de grandes ambitions balkaniques, et l'entourage de Nicolas II croit que la guerre conjurera le spectre de la révolution. Pour l'empereur d'Allemagne Guillaume II, les ambitions russes mettent en danger l'existence même de l'Autriche, son allié. Poussé par l'état-major, il cesse de jouer un rôle modérateur et déclare la guerre au tsar le 1er août. La France, alliée de la Russie, mobilise le lendemain : elle a un lourd contentieux avec l'Allemagne, entre la perte de l'Alsace-Lorraine en 1871 et de plus récents affrontements pour le contrôle du Maroc ; le 3 août, l'Allemagne lui déclare la guerre et viole la neutralité belge, attaquant là où on ne l'attend pas. L'Angleterre, rivale sur mer de l'Allemagne et qui ne peut accepter l'invasion de la Belgique, entre en guerre, le 4 août.

Ainsi, l'étudiant Prinzip a déclenché un conflit général, dont les gouvernements croient alors qu'il sera bref. Plus lucide, le général Lyautey, résident général de France au Maroc, déclare, le 27 juillet : « Ils sont complètement fous ! Une guerre entre Européens, c'est une guerre civile, la plus monumentale ânerie que le monde ait jamais faite ! » .« Monumentale ânerie » destinée à faire dix millions de morts.

Les crises qui ont précédé la guerre

En dix ans, l'Europe est secouée par quatre crises majeures, à propos des colonies et dans les Balkans.

1905 : l'Allemagne soutient l'indépendance du Maroc contre les ambitions françaises. On est au bord de l'affrontement, mais la France bénéficie des alliances russe et anglaise, et l'Allemagne est isolée.

1908 : l'Autriche annexe la Bosnie-Herzégovine. Le prétexte est la naissance de la Bulgarie, qui devient indépendante par rapport à l'Empire ottoman. La Russie proteste, puis s'incline.

1911 : l'Allemagne menace d'intervenir au Maroc. De nouveau, l'affaire s'arrange : la France obtient les mains libres, moyennant la cession à l'Allemagne de territoires en Afrique équatoriale.

1912-1913 : partage des possessions ottomanes, guerres balkaniques. En 1912, la Serbie, la Bulgarie et la Grèce écrasent les Turcs, en pleine décadence. Les puissances européennes veillent à ce que le vaincu conserve Constantinople et les détroits. L'Albanie devient un État indépendant. L'année suivante, le partage de la Macédoine engendre une guerre entre le Serbie et la Bulgarie : Grecs, Turcs et Roumains se mêlent au conflit, y gagnant des lambeaux de Bulgarie. L'Autriche songe à attaquer la Serbie, mais l'Allemagne et l'Italie l'en dissuadent.

À chaque fois, les puissances trouvent une solution qui préserve la paix générale. Mais les compromis franco-allemands exaspèrent les nationalistes, et le recours à la force fait des Balkans une véritable poudrière.

Le départ des troupes allemandes pour le front français.

La plus grande bataille de la Première Guerre mondiale

VERDUN

En 1914, on croyait à une guerre courte, voire « fraîche et joyeuse ». Très vite, le conflit s'est enlisé. À l'ouest, deux armées se font face, de la Suisse à la mer du Nord. Les chefs militaires rêvent d'une offensive qui emporterait la décision : au début de 1916, les Français l'envisagent sur la Somme. Elle a lieu sur la Meuse, et ce sont les Allemands qui en prennent l'initiative.

Le 21 février, la Ve armée allemande, commandée par le *Kronprinz,* le fils aîné de l'empereur, attaque le camp retranché de Verdun, sur la Meuse. Elle applique la maxime « l'artillerie conquiert, l'infanterie occupe » : un pilonnage intense prépare l'avancée de troupes, concentrées là dans la plus grande discrétion et remarquablement camouflées.

Pour le général von Falkenhayn, chef des armées allemandes, il s'agit de « saigner l'armée française » en attaquant un saillant cerné de trois côtés, dont la Meuse complique la défense mais que les Français ne peuvent abandonner pour des raisons stratégiques et symboliques : ils sont condamnés à résister sur place, dans les pires conditions, et à se faire massacrer.

Côté français, c'est la surprise. Des prisonniers ont parlé, mais le général Joffre n'a pas cru à une attaque. Il a dit au Parlement que tout était prévu, et a réservé ses soins à sa propre offensive. Ainsi, le fort de Douaumont, privé de ses meilleurs canons, ne dispose que d'une poignée d'hommes : les Allemands l'occupent sans coup férir. Certes, là où ils le peuvent, les Français se défendent, mais ils se font tailler en pièces : ainsi, en deux jours, il ne reste que 110 des 1 300 hommes des 56e et 59e régiments de chasseurs.

Philippe Pétain : « On les aura ! »

Le 24, la défense de Verdun est confiée au général Philippe Pétain. Contrairement à Joffre, il entend ménager le sang des soldats, plus que les munitions. Il impose le « tourniquet » : Verdun est un enfer avec 50 à 60 % de pertes ? les troupes n'y resteront pas jusqu'à extermination, elles y feront un séjour et se relaieront. De fait, en juillet, 70 des 95 divisions françaises ont participé à la bataille. Il faut aussi assurer le transport des hommes et du matériel. Une seule ligne de chemin de fer échappe, de Bar-le-Duc à Verdun, au feu ennemi. Elle est doublée par 75 km d'une départementale, que l'écrivain M. Barrès baptise « voie sacrée » et où

La guerre des tranchées

L'enlisement de la guerre oblige à s'enterrer pour se protéger.

On creuse un système complexe de tranchées, avec une première ligne protégée par des sacs de terre ou des créneaux de bois, précédée de barbelés, équipée de chicanes pour empêcher le tir en enfilade, en cas d'irruption ennemie.

En profondeur, des blockhaus abritent l'artillerie, des lignes de défense s'échelonnent, des boyaux font la liaison avec l'arrière pour amener ravitaillement et renforts, évacuer blessés et troupes épuisées. C'est l'univers des soldats, rendu dantesque par la boue et les parasites autant que par les tirs adverses.

De la guerre courte à la guerre longue

Au début de la guerre, **l'Allemagne a souhaité un conflit court :** elle a tâché d'emporter vite la décision, en attaquant à travers la Belgique. En septembre 1914, son offensive a été bloquée sur la Marne. Puis sa « course à la mer », pour occcuper les ports français du Nord, a également échoué.

À partir de novembre 1914, **les deux camps se font face sur 750 km de front,** d'Ypres jusqu'à la frontière suisse ; les soldats s'enterrent dans les tranchées. Les tentatives de percée franco-anglaises de 1915, en Argonne, en Artois et en Champagne, se soldent par plus de 350 000 morts dans la seule armée française. Les généraux saignent leurs troupes sans parvenir à rien. **La guerre s'est enlisée.**

circulent, sans interruption, plus de 3 000 camions, un véhicule toutes les 14 ou toutes les 15 secondes, avec, chaque semaine, 90 000 hommes et 50 000 tonnes de munitions. Enfin, Pétain galvanise les troupes. Le 10 avril, il avalise le slogan « On les aura ! », concédant au rédacteur du communiqué qu'il faut parfois « savoir ne pas parler français ». Tout cela permet de résister aux offensives, qui se succèdent jusqu'à la fin de juin. À partir de cette date, l'Allemagne s'en tient à la défensive : la bataille de Verdun est pratiquement terminée, même si les combats continuent (Douaumont, repris, est perdu de nouveau, puis repris définitivement en octobre).

L'enfer sur terre

Si Verdun, pour les Français, est un enfer, c'est d'abord qu'ils n'y ont plus de vraies lignes de défense ; les soldats s'installent dans des trous d'obus et sont souvent livrés à eux-mêmes, sans contact avec le commandement. Des blessés se noient dans des cratères inondés par la pluie ; la boue prend parfois des allures de sables mouvants. Aux beaux jours, la soif prend le relais. En mai, le fort de Vaux est attaqué : il reçoit un obus toutes les 5 secondes, les défenseurs n'ont pas d'eau ; certains finissent par boire leur urine ; le 7 juin, quand le fort tombe, les Allemands rendent les honneurs militaires aux derniers défenseurs, qui se précipitent pour laper à même le sol l'eau de quelques flaques.

◁ *Les hommes dans les tranchées : un abri précaire et de la boue...*

Du bilan au mythe

Au total, les pertes ont été énormes : un million de tués, de blessés, de disparus, Français et Allemands, pour des avancées à peu près nulles. L'héroïsme des hommes cache mal une tragique absurdité : on commence à dire que le soldat qui flanche risque le conseil de guerre, mais que les erreurs des chefs « se soldent par des décorations »... Verdun prépare les découragements et les révoltes de l'année 1917. Mais Verdun est aussi un mythe héroïque, partagé par les soldats qui y combattirent : ce fut le cas de presque toute l'armée française, donc d'une génération, qui communia ensuite dans ses souvenirs et dans le culte de celui qui avait été son chef, qui avait su organiser une défense et qui avait compris que l'art de la guerre ne consiste pas à faire tuer ses hommes.

Soldat mort suspendu aux branches d'un arbre.

Les autres grandes batailles de la guerre

Verdun est l'une des batailles les plus meurtrières de la Grande Guerre. Parmi les autres grands combats, on peut citer :

La Marne (sept. 1914). Les Français commandés par Joffre y stoppent l'avancée allemande, à quelques km seulement de Paris.

Tannenberg (août 1914). En Prusse. L'Allemand Hindenburg arrête la progression des Russes.

Les Dardanelles (mars-déc. 1915). Le débarquement anglo-français est repoussé par les Turcs.

Ypres (22 avril 1915). L'Allemagne expérimente le gaz « moutarde » (ypérite).

Le Jütland (mai-juin 1916). La flotte allemande y est défaite par les Britanniques.

Les offensives de Broussilov (juin-sept. 1916). L'armée russe repousse les Autrichiens jusqu'aux Carpates.

Caporetto (oct. 1917). En Slovénie. Les Austro-Allemands écrasent les Italiens.

Le Chemin des Dames (avril 1917). L'offensive inutile du général Nivelle met l'armée française au bord de la révolte.

Le Chemin des Dames (mai 1918). L'offensive allemande de Ludendorff enfonce les lignes françaises et anglaises, mais s'enlise bientôt.

La bataille de la Marne (juill.-août 1918). Foch y résorbe la poche allemande de Château-Thierry.

Saint-Mihiel (sept. 1918). C'est la première bataille gagnée en Europe par une armée purement américaine. Parmi ses officiers : MacArthur, Marshall et Patton.

Ces combats et les autres batailles de la guerre ont fait environ 9 millions de victimes, dont 1,8 million d'Allemands et 1,4 million de Français.

Le couloir central du fort de Vaux, après sa réoccupation par les Français.

La guerre met fin à la Russie des tsars

LES RÉVOLUTIONS RUSSES

Entré dans la guerre en 1914 pour raffermir son pouvoir, le tsar Nicolas II est renversé par la « révolution de février ». L'année 1917 devient ainsi un tournant de l'histoire européenne, puis un tournant de l'histoire du monde quand le gouvernement provisoire issu de février est à son tour renversé : avec Lénine, c'est le communisme qui, pour la première fois, s'empare des rênes d'un pays.

Quelques jours suffisent pour que le tsar perde son trône. Le 3 mars (23 février selon le calendrier russe), les femmes de Petrograd réclament du pain, la paix et la fin de l'autocratie. Les commerçants, la bourgeoisie, les cosaques eux-mêmes leur sont favorables. Le 4, des hommes les rejoignent ; le 5, ce sont des groupements politiques.

Le 7, la *Douma,* assemblée sans grands pouvoirs, se réunit. Elle critique le gouvernement. Le 8, une nouvelle manifestation a lieu pour la soutenir et faire durcir son opposition. Le 9, les manifestants, plus nombreux, chantent *la Marseillaise,* arborent le drapeau rouge. Le 10, la police tire et tue ; le tsar fait donner l'armée, mais, le 12, les soldats se mutinent, rejoignent les manifestants, les bâtiments publics sont investis. Le 14, Petrograd est aux mains des révolutionnaires ; la plupart des villes de province ont suivi le mouvement. Le tsar n'a plus la possibilité de gouverner : poussé par les chefs militaires, il abdique, le 16 mars.

Les pouvoirs issus de février

Un gouvernement provisoire, dans lequel un socialiste modéré, Aleksandr Kerenski, joue un rôle croissant, se met en place. Face à lui, des conseils appelés Soviets se multiplient, élus par les ouvriers, les soldats, puis par les paysans. Sans pouvoir légal, ils constituent une formidable puissance, beaucoup plus extrémiste : alors que le gouvernement veut préserver une économie libérale et poursuivre la guerre, les Soviets sont favorables à l'occupation des grands domaines et ils exigent la paix immédiate. À partir d'avril, une minorité d'entre eux, menée par le socialiste extrémiste (*bolchevik*) Lénine, qui vient de rentrer d'exil, appelle à une révolution générale.

Le gouvernement entre révolution et réaction

En mai, le gouvernement cherche un compromis : il adopte une politique de guerre purement défensive, et il s'ouvre aux représentants du Soviet de Petrograd, dans l'espoir de le neutraliser. La situation reste exécrable, l' opération réussit seulement à renforcer la sympathie en faveur des bolcheviks, restés seuls en dehors du gouvernement et que le peuple ne peut tenir pour responsables.

En juillet, la crise éclate : le 15, les bolcheviks tentent une insurrection. Le gouvernement répond en faisant tirer l'armée : il en sort discrédité. Les bolcheviks sont de plus en plus influents : ils ont le pouvoir à portée de la main.

La Russie à la veille de la révolution

Commencée dans une atmosphère d'union sacrée, **la guerre tourne catastrophe,** avec huit millions de morts, blessés et prisonniers, la perte des provinces occidentales qui diminue de 20 % la production agricole et industrielle, la désorganisation des transports, l'effondrement des importations, bref, une pénurie qui dresse la population contre le pouvoir.

Dès avant la guerre, **le régime a perdu toute crédibilité.** L'influence de **Raspoutine,** moine escroc (assassiné en 1916), sur l'impératrice Aleksandra Fedorovna, a dégradé l'image de la cour. Plus fondamentalement, le principe d'un régime autocratique est remis en cause : **en 1905, un premier mouvement révolutionnaire,** s'est produit, dans les milieux ouvriers, puis dans l'armée (le cuirassé *Potemkine* en juin). Les concessions faites alors n'ont été suivies d'aucune libéralisation véritable du régime.

Lénine à la tribune, haranguant la foule.

Les « gardes rouges » entrent dans Petrograd prennent le palais d'Hiver, pendant la révolution d'octobre.

Octobre : la révolution bolchevique

La phase finale de la révolution est provoquée par une tentative de réaction de Kerenski. Le 6 novembre (24 octobre dans le calendrier russe), il fait occuper l'imprimerie où les bolcheviks impriment leur journal, la *Pravda*. La riposte est immédiate : les bolcheviks occupent les points stratégiques de la capitale, en appellent aux marins de la base de Kronstadt, qui envoient à leur aide le croiseur *Aurora* (7 novembre [25 octobre]). Kerenski fuit et, le 8 novembre, le palais d'Hiver, dernier bastion du gouvernement, tombe. Les membres du gouvernement provisoire restés sur place sont arrêtés, le palais est mis à sac, les vainqueurs boivent joyeusement dans les caves de l'ancienne demeure des tsars. L'insurrection a triomphé, il n'y a presque pas eu de morts.

Les bolcheviks, forts de leur majorité au nouveau Congrès des Soviets, constituent un gouvernement autour de Lénine. Ils appellent à une paix sans annexions, partagent les grands domaines entre les paysans, accordent aux nationalités le droit de sécession. D'autres mesures plus ou moins importantes sont encore prises : élection des juges et des officiers, laïcité de l'État et des écoles, égalité des sexes, adoption du calendrier occidental, contrôle des salariés sur les entreprises, nationalisation des banques. Tout cela répond sans doute aux aspirations populaires, mais, avant même que la guerre civile éclate et impose des mesures drastiques, la démocratie est mise sous le boisseau. Largement minoritaire à l'Assemblée constituante fraîchement élue, Lénine la dissout : la démocratie russe, née en février, périt dès octobre, sans avoir pu s'épanouir.

La troupe tire sur la foule, lors de l'insurrection bolchevik à Petrograd en juillet 1917.

Les trois grandes figures de la Révolution

Alexandre Fedorovitch Kerenski (1881-1970). Avocat, député travailliste en 1912, d'abord rallié à la Défense nationale, il représente la tendance, socialiste modérée, qui triomphe provisoirement après les événements de février. Ministre, puis chef du gouvernement, il est balayé en octobre et s'exile en mai 1918.

Vladimir Ilitch Oulianov, dit Lénine (1870-1924). Avocat également, emprisonné, relégué en Sibérie, puis exilé, il est le chef des bolcheviks. Il considère la révolution socialiste comme possible en Russie avant le développement du capitalisme, grâce à un parti de révolutionnaires professionnels, soumis à une discipline de fer.

Lev Davidovitch Bronstein, dit Trotski (1879-1940). Lui aussi a connu la prison, la Sibérie et l'exil, un exil pendant lequel il élabore la théorie de la « révolution permanente », une révolution libérale russe devant déclencher une révolution socialiste mondiale. Il rentre en Russie en mai 1917, et devient le stratège de la révolution pilotée par Lénine. Après 1925, il dénonce le pouvoir de Staline, est exilé de nouveau (1925), puis assassiné à l'instigation de Staline, au Mexique où il s'est réfugié.

Les vainqueurs de la guerre refont la carte de l'Europe

LE TRAITÉ DE VERSAILLES

Le 28 juin 1919, dans la galerie des Glaces du château de Versailles, où Guillaume Ier est devenu empereur en 1871, les représentants de la République d'Allemagne nouvellement proclamée signent le traité qui met fin, pour leur pays, à la Grande Guerre. Les vainqueurs l'ont signé avant eux, Américains, Anglais, délégués des dominions, Français, Italiens, Japonais, Belges, etc. À Paris, le canon annonce la bonne nouvelle, mais l'Allemagne considère le traité comme un *diktat,* dont la honte retombe sur sa jeune démocratie, et, à Moscou, Lénine parle d'une « paix d'usuriers et de bourreaux ».

Les négociations qui ont abouti à la paix se sont ouvertes le 13 janvier. Contrairement aux habitudes, seuls siègent les 32 vainqueurs, auxquels sont adjoints deux États nouveau-nés : la Tchécoslovaquie et la Pologne. Les délégués forment 52 commissions, chapeautées par un « conseil des Dix », puis par un « conseil des Quatre ».
C'est ce dernier conseil qui prend véritablement les décisions. On présente souvent le président américain Thomas Woodrow Wilson comme le champion du droit des peuples, le chef du gouvernement français Georges Clemenceau comme obsédé par la sécurité de son pays liée à l'abaissement allemand, son homologue anglais David Lloyd George comme soucieux d'équilibre européen, leur collègue italien Victor-Emmanuel Orlando comme cherchant à grappiller des territoires – représentations caricaturales, mais qui donnent une idée des difficultés qui surgissent entre les négociateurs.

La Société des Nations

Au début de la conférence, Wilson obtient que soit créée une organisation destinée à « développer la coopération entre les nations » et à « garantir la paix et la sécurité » par des « garanties mutuelles d'indépendance politique et d'intégrité territoriale ». La S.D.N. doit aussi gérer des territoires, souvent confiés en « mandat » à des puissances. Le pacte qui la crée est en tête du traité.
Idée généreuse, elle est en partie vidée de son sens. Toute armée commune est refusée par les Anglo-Saxons, inquiets d'une mainmise française, et on n'a qu'un Parlement international, sans pouvoirs concrets. Pire : à l'origine, les vaincus n'y sont pas admis et la Russie bolchevique en est exclue. C'est un « club de vainqueurs »...

Les Alliés refont la carte de l'Europe (caricature parue dans le journal anglais « Le Rire », dès octobre 1915). L'Allemagne, l'empire austro-hongrois l'Empire ottoman sont les régions concernées.

La signature du traité de paix dans la galerie des Glaces à Versailles (peinture anglaise de William Orpen).

La fin de la guerre

À l'automne 1918, **l'Allemagne et ses alliés s'effondrent.** La Bulgarie, la Turquie, l'Autriche-Hongrie signent successivement des armistices. Ce dernier empire est en miettes : **des républiques sont proclamées** à Prague, à Vienne, et à Budapest. Le IIe Reich allemand cède la place à la République de Weimar, le 9 novembre, et le nouveau régime signe **l'armistice** le 11 novembre à Rethondes.

La guerre a duré plus de quatre ans, a vu la révolution embraser la Russie, a provoqué la naissance d'une dizaine d'États sur les marges de l'ancien empire des tsars ou sur les ruines de celui des Habsbourg. Elle a surtout fait **8 millions de morts,** ruiné des régions entières, saigné à blanc l'Europe.

Les nouvelles frontières de l'Allemagne

Le traité proprement dit ôte à l'Allemagne 70 000 km² et 7 millions d'habitants.
À l'ouest, elle cède à la Belgique Eupen, Malmédy et Saint-Vith. La France récupère l'Alsace-Lorraine et, faute de détacher la Rhénanie du reste du pays, obtient la démilitarisation de la région et l'occupation de la rive gauche du Rhin pour cinq à quinze ans. Enfin, elle dispose du charbon de la Sarre, administrée pour quinze ans par la S.D.N. Au nord, un référendum rend au Danemark le Nord-Slesvig. À l'est, la Prusse est coupée en deux par l'accès à la mer donné aux Polonais : la France veut renforcer la Pologne contre l'Allemagne et la Russie révolutionnaire. Des référendums, voulus par les Anglais, rendent à l'Allemagne le sud de la Prusse-Orientale et la haute Silésie, mais il reste deux millions d'Allemands en Pologne. La Tchécoslovaquie reçoit les monts des Sudètes, allemands, mais nécessaires à sa défense et à son industrie. Au sud, enfin, l'Allemagne se voit interdire toute fusion avec l'Autriche.
En outre, le vaincu est jugé « indigne » de ses colonies, que les vainqueurs se partagent.

Autres mesures contre l'Allemagne

L'Allemagne, ainsi amputée, est privée de marine et d'aviation de guerre. Son armée est réduite à 100 000 hommes, voués au maintien de l'ordre intérieur. L'Elbe et l'Oder, comme le Danube, sont internationalisés, l'essentiel de la marine marchande est confisqué, ainsi que nombre de brevets, et l'Allemagne accorde aux vainqueurs la clause de la nation la plus favorisée.
Surtout, l'Allemagne doit payer des dommages de guerre à ses anciens ennemis. Cela suppose qu'elle se déclare seule responsable de la guerre, par l'article 231 du traité, particulièrement humiliant. De plus, le chiffre des « réparations » n'est pas fixé, et elle doit signer un chèque en blanc.

Une paix grosse de menaces

Quand, le 7 mai, les délégués allemands lisent le traité, ils s'indignent, veulent négocier. Clemenceau et Wilson refusent catégoriquement et menacent d'envahir l'Allemagne. Le traité est signé, mais, les années suivantes, ses clauses sont contournées, à commencer par les réparations, que les crises économiques rendent illusoires, ou l'armée de 100 000 hommes, noyau de la future *Reichswehr*. Une nation est humiliée, alors que les moyens de sa revanche ne lui sont pas ôtés : le texte est « trop doux pour ce qu'il a de dur », comme le dit le Français Bainville.
Les traités avec les alliés de l'Allemagne créent d'autres problèmes. Pour couronner cette « paix manquée », l'Amérique, par isolationnisme, désavoue Wilson, ne ratifie pas le traité, ne siège pas à la S.D.N. Ainsi, au terme de la Première Guerre mondiale, Versailles sert de point de départ aux tensions qui mènent, vingt ans après, à la Seconde.

Les autres traités de la fin de la guerre

La conférence de la paix ne s'est pas limitée à l'Allemagne ; dans les mois qui suivent, d'autres traités sont signés.

Le traité de Neuilly (27 oct. 1919). Il prive la Bulgarie de son accès à la Méditerranée, au bénéfice des Grecs.

Les traités de Saint-Germain et du Trianon. Le premier est signé avec l'Autriche (19 sept. 1919), le second avec la Hongrie (4 juin 1920). Ils consacrent l'effondrement de la monarchie austro-hongroise, sur les ruines de laquelle naissent alors deux nouveaux États : la Tchécoslovaquie et la Yougoslavie. L'Autriche est réduite à 7 millions d'habitants, elle se voit interdire la fusion avec l'Allemagne, et elle cède le Tyrol du Sud à l'Italie.

Les traités de Sèvres et de Lausanne. Le traité de Sèvres (10 août 1920) ôte à la Turquie (qui a succédé à l'Empire ottoman) ses possessions arabes et chrétiennes, et donne la côte de Smyrne à la Grèce. Une guerre s'ensuit, et le traité de Lausanne, en juillet 1923, recrée une Turquie d'Europe et chasse les Grecs d'Anatolie...

Ailleurs, on n'en arrive pas à la guerre, mais les problèmes posés par les minorités nationales sont nombreux et il y a des difficultés même entre vainqueurs : ainsi, la Pologne veut le charbon de Teschen, attribué aux Tchèques ; l'Italie et la Yougoslavie se disputent l'Istrie (promise à la première pour prix de son entrée en guerre), Fiume ainsi que la Dalmatie.

Les nouvelles frontières de l'Europe

Le conseil des Quatre : de gauche à droite, Lloyd George (Grande-Bretagne), Orlando (Italie), Clemenceau (France) et Wilson (États-Unis).

Les officiers alliés tâchent d'apercevoir la délégation allemande (au Trianon de Versailles).

1922

Mussolini prend le pouvoir en Italie

LA MARCHE SUR ROME

Mussolini et son entourage le jour de la Marche sur Rome. De gauche à droite, de Bono, Vecchi, Mussolini et Balbo.

En 1922, le fascisme est loin des velléités révolutionnaires et sociales du « faisceau de combat » créé par Benito Mussolini le 23 mars 1919. Ses activistes, les *squadristes,* équipés par les grands propriétaires, organisent des « expéditions punitives » contre les partis de gauche et les coopératives socialistes et catholiques. Et, en mai 1921, le parti fasciste est entré dans la coalition conservatrice qui gouverne l'Italie. Il a obtenu 35 députés : la droite traditionnelle peut croire qu'elle l'a récupéré. C'est alors que, par une action de force, ou la menace d'un coup de force, Mussolini s'empare du pouvoir.

L'occasion de l'opération est fournie en octobre, par le projet qu'ont les associations d'anciens combattants groupés autour d'un ex-allié de Mussolini, Gabriele D'Annunzio, de manifester à Rome le 4 novembre 1922. Le chef du parti fasciste craint que la manifestation ne dégénère en démonstration contre lui, ou au contraire qu'elle ne rameute une clientèle qui aurait pu venir au fascisme.
Le 24 octobre, à Naples, le congrès du parti fasciste mobilise les militants. Tout est parfaitement orchestré, préparé à l'avance, jusqu'aux questions et aux réponses. Devant 40 000 personnes, l'un des principaux lieutenants de Mussolini, Michele Bianchi, venu de l'anarchisme et du syndicalisme, interroge : « Il pleut à Naples ; qu'est-ce que vous y faites ? », et Mussolini, écharpe aux couleurs de Rome sur la chemise noire qui est l'uniforme du parti, précise : « Ou le gouvernement nous donnera le pouvoir ou nous le prendrons en fondant sur Rome. » La foule reprend : « À Rome ! À Rome ! ». C'est lors d'une réunion qui s'est tenue le 16 qu'ont été préparées, non seulement la mise en scène du congrès, mais aussi l'opération de prise du pouvoir partout en Italie. On a déterminé quels points stratégiques il fallait contrôler, dans la Péninsule, décidé d'installer l'état-major des opérations à Pérouse, de concentrer les militants autour de Rome : à Santa Marinella, Monte Rodonto et Tivoli. Mussolini, lui, a choisi de partir pour Milan : il pourra plus facilement fuir en Suisse en cas d'échec, et son éloignement des lieux du

La crise de la démocratie italienne

En 1919, les difficultés de la reconversion créent une **situation révolutionnaire.** La Russie sert de modèle, on occupe les grandes propriétés dans le Sud, les usines dans le Nord.

Le mécontentement est aussi patriotique. Les nationalistes estiment n'avoir pas obtenu, au traité de Saint-Germain, toutes les terres qui leur étaient dues. De septembre 1919 à Noël 1920, des volontaires animés par un poète, Gabriele D'Annunzio, occupent **Fiume,** contre la Yougoslavie. La ville est transformée en principauté, D'Annunzio y expérimente des cérémonies de masse qui préfigurent celles du fascisme, mais il noue des contacts avec l'extrême gauche. La démocratie fait la preuve de sa faiblesse.

Les « chemises noires » franchissent le pont Nomentana qui mène aux portes de Rome.

Le poignée de main échangée entre le roi Victor-Emmanuel III et le nouveau président du Conseil.

principal théâtre d'opérations, dans un premier temps, confortera son image « respectable » et légaliste.

Le chantage

Le 26, une proclamation exige la démission du Premier ministre Luigi Facta sous 48 heures, faute de quoi les fascistes marcheront sur Rome. Le lendemain, préfectures, commissariats, centraux téléphoniques et gares du pays sont encerclés. En général, militaires et fascistes restent face à face, dans l'expectative. Tout se joue à Rome. Là, les fascistes, mal armés, sans vivres, sont 26 000 : moins que les soldats du général Pugliese, qui défend la capitale. Ils pourraient être facilement dispersés.

Mais c'est la volonté politique qui compte, non le rapport des forces. D'abord, le roi Victor-Emmanuel III semble décidé à résister. Le 28, à l'aube, Facta présente un décret instaurant la loi martiale. Or, le roi refuse de signer. Il dit qu'il veut éviter une effusion de sang ; peut-être craint-il un complot qui le remplacerait par son cousin, le duc d'Aoste, lié à l'extrême droite ; sans doute a-t-il subi la pression de milieux militaires, favorables aux fascistes. Quoi qu'il en soit, il cède au chantage.

Une marche... en wagon-lit

On pense d'abord accorder quelques portefeuilles aux fascistes. Cesare de Vecchi, un des chefs de la « marche », fasciste conservateur qui se défie de l'ancien révolutionnaire Mussolini, approuve. Mais le chef du fascisme se méfie, refuse le ministère de l'Intérieur, fait monter les enchères. Pour sortir de l'impasse, industriels et financiers multiplient les télégrammes en faveur d'un cabinet qu'il dirigerait.

Le 29, le roi appelle Mussolini à Rome. Sa marche sur Rome se fait de nuit, en wagon-lit... Le 30, ses troupes entrent dans la ville : le succès du chantage est transformé, après coup, en victoire insurrectionnelle. Mussolini se présente au roi en chemise noire et jaquette, guêtres et melon, curieux mélange entre l'uniforme fasciste et un costume de chef de gouvernement. La légende lui fait dire : « Majesté, je vous apporte l'Italie de Vittorio Veneto », c'est-à-dire de la grande victoire italienne de 1918. Plus prosaïquement, mais non moins mensongèrement, il balbutie : « Excusez ma mise, mais je viens de la bataille », puis promet de donner le soir même la composition de son gouvernement. Les fascistes y détiennent la moitié des postes ; lui-même cumule présidence du Conseil, Intérieur et Affaires étrangères.

L'Italie sera fasciste

Loin de l'épopée engageant 300 000 hommes, construite après les événements par la propagande mussolinienne, la marche sur Rome n'a été qu'un bluff, une promenade que la force publique aurait pu disperser. Mais, dans les allées du pouvoir, et jusque dans l'opposition de gauche, on croit que l'exercice de responsabilités ministérielles assagira le fascisme, que Mussolini sera un chef de gouvernement comme un autre. La vérité est que des complaisances nombreuses ont ouvert à Mussolini le chemin du pouvoir : trop de gens, depuis trop de temps, ont refusé de voir et surtout de combattre les exactions de ses « chemises noires », pour qu'il soit possible, désormais, de lui barrer la route. En 1922, Mussolini est au gouvernement : de loi électorale truquée en mesures de police draconiennes, quatre ans vont lui suffire pour balayer les oppositions, embrigader la population et faire d'une démocratie parlementaire une dictature à vocation totalitaire.

Fascismes et régimes autoritaires en Europe

À l'origine, pour Mussolini, le fascisme n'est pas exportable. Les groupes étrangers qui s'en réclament restent isolés. Les dictatures qui existent en Europe centrale sont traditionalistes. Les extrémistes, souvent antisémites (ainsi la *Légion de l'archange saint Michel* en Roumanie), sont marginaux face à des régimes d'ordre qui les répriment.

La crise économique provoque un changement d'attitude. Mussolini déclare en 1932 : « Dans dix ans, l'Europe sera fasciste ou fascisée. » L'année suivante, l'arrivée au pouvoir de Salazar au Portugal et surtout l'instauration du nazisme en Allemagne vont dans ce sens, mais les relations italo-allemandes sont médiocres, Rome refusant jusqu'en 1938 le racisme et craignant une concurrence dans les Balkans. En 1934, une éphémère Internationale fasciste se crée. Pourtant, Mussolini évite de favoriser l'ultranationalisme dans des pays puissants : l'aide apportée au *pronunciamento* franquiste, dictature traditionnelle plus que fasciste, est une exception.

Enfin, vers la fin des années 30, l'Italie s'efface devant l'Allemagne. Le nazisme sert de référence à Mussolini lui-même, comme aux groupes extrémistes européens.

La crise mondiale commence par un krach boursier

LE JEUDI NOIR

La grande crise économique des années trente est réputée avoir commencé le jeudi 22 octobre 1929, au stock-exchange, la Bourse de New York, avec un krach boursier comme on n'en avait jamais vu.

Le mercredi, 2,5 millions d'actions ont été vendues. Les ventes ont commencé le samedi précédent, peut-être à cause du relèvement du taux d'escompte de la Banque d'Angleterre, qui attire des fonds... L'offre excédant la demande, les cours baissent, alors que l'opinion est habituée à croire qu'ils monteront indéfiniment : ils viennent de quadrupler en quatre ans, de doubler dans l'été.

En théorie, il faut payer comptant à la Bourse de New York. En fait, les agents de change acceptent de traiter moyennant un versement de 10 % du prix des actions : ils avancent le reste, se remboursent sur la plus-value au moment de la vente. Mais, comme les prix cessent de monter, il n'y a plus de plus-value, donc plus de remboursement certain ! On s'inquiète de la solvabilité des débiteurs, on exige des paiements immédiats. Pour rembourser, les débiteurs vendent des titres, donc augmentent encore l'offre, et font baisser encore les cours ; une spirale infernale se déclenche ainsi.

Le jeudi noir

Le lendemain, c'est le « jeudi noir ». Près de treize millions d'actions sont vendues : deux fois plus que le chiffre maximum jamais atteint auparavant en une journée. Les cinq principales banques du pays tentent de freiner le mouvement ; un de leurs représentants achète pour trente millions de dollars d'actions en cinq minutes, au-dessus du cours. C'est un ballon d'oxygène, mais qui ne dure que quelques heures. À la clôture, la situation s'est encore aggravée. Le lundi, les banques jettent l'éponge, cessent de soutenir les cours. Le mardi, seize millions d'actions sont vendues, les cours baissent de plus en plus, on échange certaines actions à 1 dollar, le cours minimum : en vingt-deux jours, l'indice Dow Jones des valeurs industrielles a chuté de plus de 40 %.

Cette situation crée immédiatement une immense panique parmi les porteurs d'actions et les courtiers. Le jeudi matin, dans Wall Street, la rue où est située la Bourse, les pires

Lexique boursier

Escompte : opération de crédit à court terme, concernant un chèque, une traite, une rente, etc., avant la date à laquelle son paiement est exigible. L'acheteur déduit de la valeur du titre acheté une retenue, qui dépend du temps qu'il attendra avant de pouvoir faire valoir ce titre. Cette retenue ou intérêt varie en fonction du marché : c'est le taux d'escompte.

Indice Dow Jones : indice boursier, créé en 1897 par le Wall Street Journal, *et correspondant à la moyenne, corrigée en fonction de la valeur relative de chaque action, du cours de Bourse d'une trentaine d'actions américaines spécialement choisies.*

L'illusoire prospérité

Avant le krach, le monde semble prospère.

En fait, **dès 1918, l'inflation s'installe,** la plupart des pays manquent de devises, la baisse des prix agricoles pénalise les paysans, le progrès technique engendre un important chômage, surtout en Grande-Bretagne.

Aux États-Unis, l'immobilier s'essouffle dès 1926, l'automobile début 1929. L'expansion boursière, qui ne concerne que 1,5 des 122 millions d'Américains, cache un temps ces problèmes. On peut, effectivement, s'enrichir très vite : la hausse spéculative des actions achetées à crédit grise les économistes, on croit même pouvoir éviter les crises cycliques qui ont secoué le monde tous les sept à dix ans, depuis 1820.

Le krach détruit les illusions de ces « années folles ».

L'attente et la panique devant la Bourse, à Wall Street, le premier jour du krach (« jeudi noir »).

File de chômeurs à New York, attendant une distribution de nourriture, sous les lumières et les publicités de Broadway, le quartier central.

rumeurs circulent, des scènes d'hystérie se produisent : l'économiste et historien américain John K. Galbraith parle de « mêlée folle et effrénée pour vendre » et de « frayeur aveugle et sans merci ». Des spéculateurs, gros comme petits, des milliardaires comme leurs chauffeurs se retrouvent ruinés ; avant midi, si l'on s'en tient aux chiffres officiels, une douzaine se suicident, souvent en se jetant par une fenêtre. On raconte qu'au *Waldorf Astoria,* le palace le plus luxueux de la ville, le portier demande aux clients qui réclament une chambre : « C'est pour dormir ou pour sauter ? »

De la débâcle boursière à la catastrophe économique

Malgré les bonnes paroles du président Herbert Hoover, qui voit « la prospérité au coin de la rue », les spéculateurs ruinés vident leurs comptes bancaires, les banques ne peuvent faire face, d'autant que les autres déposants, inquiets, demandent aussi à être remboursés. Plus de 600 établissements font faillite en 1929, plus de 1 300 en 1930, près de 2 300 en 1931. Ceux qui survivent restreignent les crédits. D'autre part, les spéculateurs ruinés ne sont plus guère des consommateurs : on passe de la crise boursière à une crise économique généralisée.

L'effondrement de l'édifice financier n'est pas la seule cause de la crise, mais il sert de détonateur à une situation déjà explosive. L'*Institut de prévision économique* de Harvard explique qu'il n'y aura pas de récession, puis affirme qu'en tout état de cause elle sera peu considérable : en réalité, la ruine des spéculateurs et l'assèchement des disponibilités provoquent, à partir du printemps 1930, une cascade de faillites et un profond marasme. La production et la consommation baissent ; des entreprises font faillite : plus de 22 000 en 1929, plus de 26 000 en 1930, plus de 28 000 en 1931. En 1932, le revenu national américain est de moitié inférieur à ce qu'il était avant la crise, la masse salariale également, le chômage total ou partiel frappe le quart de la population active. Cela aggrave encore la mévente, d'où une baisse des prix qui déclenche d'autres faillites, d'autres licenciements, d'autres méventes : les produits industriels baissent de 30 %, les produits agricoles de 60 % ; les agriculteurs sont ainsi tout particulièrement touchés, beaucoup sont ruinés, expropriés, deviennent des errants, comme ceux dépeints par le romancier John Steinbeck dans *les Raisins de la colère.* Il faut un changement politique, l'élection du président démocrate Franklin D. Roosevelt, qui impose l'idée d'une intervention de l'État dans l'économie et d'une planification *(New Deal),* pour que, lentement, les dégâts commencent à être réparés.

Crise économique et Guerre mondiale

La crise se transmet au monde entier. Le départ des capitaux américains met en faillite les systèmes bancaires internationaux. Puis l'Amérique prend des mesures protectionnistes, et le commerce mondial s'effondre. Les pays « neufs », exportateurs de produits agricoles, sont particulièrement touchés : au Brésil, on brûle le café, devenu inutile, dans les locomotives et on n'importe plus, ce qui compromet l'équipement industriel et le développement. Toutes les nations sont frappées, plus ou moins tôt (la France, en 1932 seulement), et la crise se traduit par la misère, née du chômage qui n'est assorti, alors, d'aucune indemnité : à la fin de 1932, on recense 40 millions de chômeurs complets dans le monde industrialisé.

La crise a des conséquences politiques. Les équipes dirigeantes perdent les élections (républicains américains en 1932, droites françaises la même année, puis de nouveau en 1936, etc.). Des marches de chômeurs s'organisent aux États-Unis ou en Angleterre, des manifestations se produisent jusque dans les dictatures, comme en Italie fasciste. Surtout, l'échec du libéralisme économique pousse certains à remettre en cause le libéralisme politique, à chercher d'autres solutions : on prône une planification et l'intervention de l'État aux États-Unis *(New Deal)* et en France (Front populaire) ; on se prend d'une passion nouvelle pour l'U.R.S.S., où les statistiques ignorent le chômage ; surtout, un nombre de plus en plus grand d'électeurs adhèrent aux mouvements d'inspiration fasciste, puis aux délires totalitaires du nazisme, qui arrive au pouvoir en Allemagne en 1933, porté par la crise et le chômage.

L'effondrement des échanges casse le monde en blocs concurrents. La France et l'Angleterre se replient sur leurs colonies ; le Japon s'ouvre des marchés par la conquête militaire ; l'Allemagne se crée une clientèle captive ; en Europe de l'Est et en Amérique latine. L'idée de communauté internationale devient anachronique, et la crise débouche sur la Seconde Guerre mondiale.

« Migrant mother » en Californie (photographie de Dorothea Lange montrant la misère dans les campagnes).

L'avènement de la dictature nazie en Allemagne

L'INCENDIE DU REICHSTAG

Dans la soirée du 27 février 1933, à Berlin, un incendie ravage le Parlement allemand, ou *Reichstag.* Sur les lieux, le nazi Hermann Göring, chef de la police prussienne, hurle qu'il s'agit d'un « crime communiste contre le nouveau gouvernement » et du « commencement de la révolution ». Il ordonne au chef de la *Gestapo,* la police politique, d'abattre les chefs communistes « là où on les trouvera » et de faire pendre immédiatement tous les députés communistes.

Depuis le 30 janvier, Adolf Hitler, chef du parti nazi (parti national-socialiste, N.S.D.A.P.), dirige le gouvernement. Il lui faut s'entendre au Parlement avec les partis de la droite traditionnelle, dont les députés restent plus nombreux que les siens. En fait, il risque à tout moment d'être renversé, faute de pouvoir compter sur une majorité stable : c'était aussi la situation des gouvernements qui l'ont précédé. Pour conquérir le pouvoir absolu, il obtient alors du vieux président Hindenburg la dissolution du Parlement et met tout en œuvre pour remporter les élections, fixées au 5 mars. La propagande est intense sur la radio d'État, les milieux industriels financent largement une campagne spectaculaire, les nazis tiennent la rue et empêchent l'opposition de se manifester, avec, en Prusse, la bénédiction d'une police que Göring a mise à son service exclusif.

Le 24 février, une perquisition a lieu au siège du parti communiste. Göring dit avoir la preuve qu'une insurrection était prévue, mais il ne peut fournir cette preuve, et l'accusation tombe à plat. L'incendie du Reichstag intervient à point nommé pour la relancer.

L'Allemagne en 1933

De 1919 à 1933, l'Allemagne connaît un régime démocratique, **la République de Weimar.**

Ce régime, né de la défaite, n'est pas populaire. Il s'effrite lorsque **la crise économique** frappe l'Allemagne, en 1929 : il y a 600 000 chômeurs en 1928, 6 millions en 1932.

Les partis gouvernementaux, des conservateurs aux socialistes, se divisent sur la politique à adopter. Leur inefficacité incite la population à se tourner vers les extrêmes : aux législatives de 1932, 17 % des voix vont aux communistes, violemment opposés au régime, et 37 % à l'extrême droite, **le parti national-socialiste** (les nazis) ; il n'y a plus de majorité possible. La droite traditionnelle hésite, envisage un coup d'État militaire, puis choisit une solution en apparence légaliste, l'alliance avec les nazis. La République, dès lors, est condamnée.

Un montage grossier

Sur place, on arrête un jeune maçon néerlandais, Marinus Van der Lubbe, à moitié fou et militant d'un groupe communiste dissident. Il a bien essayé d'incendier le bâtiment, mais, avec pour toute mèche sa chemise, il est exclu qu'il ait pu provoquer un tel sinistre. En fait,

Le Parlement de Berlin (Reichstag) en flammes. L'incendie, d'origine criminelle, prit partout dans le bâtiment.

il a été manipulé. Dans les caves du bâtiment, reliées par un souterrain au logement de Göring, des nazis avaient stocké essence et produits inflammables...
Van der Lubbe ne suffisant manifestement pas, on arrête trois communistes bulgares : parmi eux, Georgie Dimitrov, responsable, par la suite, de l'Internationale communiste, et Premier ministre de son pays après 1945. Le chef du groupe parlementaire communiste, Ernst Torgler, se constitue prisonnier. Un procès est organisé à Leipzig. C'est un fiasco. Van der Lubbe est condamné à mort et décapité, mais les autres accusés sont innocentés le 23 décembre. Ils ont bénéficié d'une énorme campagne internationale de solidarité, dont a été exclu le Néerlandais, considéré par les communistes comme un provocateur. Ils ont surtout bénéficié de la vacuité des accusations portées contre eux.

Le programme nazi et sa réalisation

Depuis 1921, le parti nazi a pour « guide » *(Führer),* Adolf Hitler.

La doctrine. Elle est formulée par Hitler en 1923, dans un texte appelé *Mein Kampf* (« Mon combat »). Ses caractéristiques sont le racisme, la volonté expansionniste et l'hostilité à la démocratie. Le nazisme proclame les Germains « race supérieure » : ils sont destinés à former un seul État d'où seront exclus les « inférieurs », Juifs, Tsiganes, etc. Cet État conquerra un « espace vital » à l'est, puis dominera le monde après avoir renié le traité de Versailles et écrasé la France, « ennemi héréditaire, métissé et dégénéré ». À cela s'ajoutent la concentration des pouvoirs au profit d'un seul homme, la haine du parlementarisme, du marxisme et de la démocratie.

Les faits. Au pouvoir, Hitler passe aux actes. Le 28 février 1933, la détention sans jugement est autorisée, des camps s'ouvrent pour les opposants ; le 14 juillet, le nazisme est parti unique ; la structure fédérale du pays est abolie ; même les municipalités sont désormais nommées. La population est encadrée par de multiples organisations. La culture est mise au pas, les livres d'auteurs juifs, marxistes, démocrates, d'Einstein à Wells, de Freud à Zola, sont brûlés publiquement. La nationalité allemande est retirée aux Juifs en 1935, leur mariage avec des Allemands interdit, ils sont exclus de l'administration, des professions intellectuelles et artistiques, puis, en 1939, du commerce, de l'artisanat, de la direction des entreprises. À l'extérieur, les coups de force se succèdent : remilitarisation de la Rhénanie en 1936, annexion de l'Autriche et d'une partie de la Tchécoslovaquie en 1938, de la Bohême en 1939, avant l'attaque de la Pologne, qui déclenche la Seconde Guerre mondiale.

Van der Lubbe au procès de l'incendie du Reichstag.

Un incendie bien exploité

Le procès de Leipzig est un échec pour les nazis, mais ils ont depuis longtemps tiré les bénéfices politiques de l'incendie. Dès le 28 février, un décret est pris « pour la protection du peuple et de l'État », restreignant le secret postal et les libertés d'expression, de presse, de réunion, d'association. Le parti communiste est mis hors la loi, sa presse interdite, les quotidiens socialistes et nombre de journaux libéraux suspendus pour quinze jours, plus que ce qui reste de campagne électorale. 4 000 communistes sont arrêtés, avec d'autres opposants, dont des députés bénéficiaires de l'immunité parlementaire. Le même jour, 28 février, Göring publie un communiqué, prétendant que d'autres incendies étaient prévus, visant « des bâtiments officiels, des musées, des hôtels particuliers et des usines ». Aussitôt, la presse pronazie multiplie les détails sur le prétendu plan insurrectionnel, comme « la capture des femmes et des enfants des agents de police » : on les aurait placés comme bouclier devant les insurgés pour rendre la répression plus difficile.

Le nouveau chancelier Adolph Hitler en compagnie du vieux maréchal Hindenburg.

Vers la dictature

Il n'y a plus de presse d'opposition pour protester. Une partie des électeurs tombe dans le piège : suffisamment pour que, avec 44 % des voix et l'appui du parti national allemand, les nazis aient une majorité ; mais pas assez pour que le N.S.D.A.P. arrive aux deux tiers des députés requis pour changer la Constitution et établir sa dictature.
La démocratie est-elle sauvée ? Non. Car cette majorité des deux tiers, la veulerie du parti catholique, le *Zentrum,* la donne aux nazis le 23 mars : il ne reste plus à Hitler qu'à attendre la mort d'Hindenburg, le 2 août 1934, pour être seul maître du pays. L'incendie du Reichstag lui a fourni le prétexte nécessaire pour se débarrasser de ses opposants les plus déterminés, avec l'assentiment d'une population muselée par la violence et hypnotisée par les apparences de la légalité.

→ **Voir aussi :** p. 260-273 (Guerre mondiale).

Mao et ses troupes traversent la Chine à pied

LA LONGUE MARCHE

Entre 1930 et 1934, Jiang Jieshi, dit Tchang Kaï-chek, commandant des troupes nationalistes du Guomindang essaye, au cours de cinq campagnes, d'anéantir les bases communistes créées par Mao Zedong depuis la rupture de 1927. À l'automne 1934, pour briser l'encerclement de la sixième offensive de Jiang, Mao lance ses hommes dans la « Longue Marche », qui va durer un an et couvrir 12 000 km dans des conditions harassantes.

Depuis 1927, Mao et son compagnon Zhu De sont réfugiés dans les montagnes de la bordure sud de la Chine, et en particulier dans celles du Jiangxi, au sud-est. Dans ces régions difficiles d'accès, ils ont formé des bases rurales durables, qui finissent par contrôler 10 millions de personnes. Le 11 décembre 1931, Mao proclame une République soviétique chinoise, dont la capitale se trouve à Ruijin au Jiangxi, dans une région, donc, essentiellement rurale ; la direction officielle du parti communiste chinois, implantée à Shanghai, continue, elle, à donner la priorité aux luttes ouvrières et urbaines.

La marche du désespoir

En 1934, pour sa dernière offensive, Jiang Jieshi mobilise un million d'hommes, 200 avions, et adopte une nouvelle stratégie : il assiège non plus seulement une ville mais fait le blocus d'une région entière. 500 000 soldats participent à l'attaque, leur armement est moderne et ils sont encadrés par des officiers allemands compétents. En face, il y a 200 000 soldats armés d'un fusil, et peut-être autant de partisans mal équipés. Tenir sur place dans ces conditions est impossible : d'où la décision de déplacer massivement les communistes jusqu'en un lieu où leur survie sera de nouveau possible.

Mao et Zhu De partent en octobre 1934 et dirigent le gros des troupes : 130 000 hommes, dont 12 000 civils. Ils forcent les lignes du Guomindang et arrivent à se frayer un passage pour progresser vers l'ouest en parcourant le sud du Hunan. Mille kilomètres

La Chine en 1934

Depuis 1911, la Chine est **une république,** dont le premier président est Yan Shikaï (mort en 1916).

Mais deux forces s'opposent : **les nationalistes du Guomindang,** un mouvement fondé par Sun Yat-sen et dirigé par Jiang Jieshi (Tchang Kaï-chek) à partir de 1925 ; et **le parti communiste** (P.C.C.), fondé en 1920 à Shanghai.

À partir de 1927, cette opposition fait place à **une guerre ouverte** : Mao Zedong, Zhou Enlai et Zhu De prennent la tête du mouvement communiste dont la spécificité est de miser sur la paysannerie plus que sur les ouvriers ; Jiang Jieshi tâche de détruire leurs bases, dans les montagnes du Hunan puis du Jiangxi.

Mao Zedong, en costume bleu, haranguant ses troupes à la fin des années 1930.

L'armée communiste conduite par Mao arrive dans le nord du Shaanxi après la Longue Marche (peinture chinoise).

plus loin, à Zunyi, en janvier 1935, leur troupe a perdu 60 % de ses effectifs. Pour la première fois depuis leur départ trois mois auparavant, les combattants, harcelés par les troupes du Guomindang, peuvent se reposer quelques jours. Leurs dirigeants tiennent une réunion du 6 au 8 janvier 1935. Au cours de celle-ci, Mao est placé à la tête du Comité central du parti communiste et on lui donne l'initiative du pouvoir contre la faction dite « des 28 bolcheviques ». Après la réunion, la décision est prise de repartir : on laisse une semaine aux mobilisés pour se préparer.

Progressivement, ce sont plusieurs colonnes qui se forment. La première armée de front, commandée par Mao et Zhu De, se dirige d'abord vers le Sichuan, au nord-est. Elle sillonne le territoire dans des directions contraires et fait des diversions pour mieux masquer son objectif principal, c'est-à-dire le franchissement du fleuve Bleu (Yangzi). Après l'avoir traversé, elle livre un combat resté légendaire pour le passage de la rivière Dadu, en mai 1935. Elle arrive à Maoergaï en juillet et fait sa jonction avec une autre armée : celle du quatrième front, partie en 1933 des montagnes à l'est du Bassin Rouge et commandée par Zhang Guotao. Puis les deux groupes se séparent de nouveau, Mao poursuivant par le nord-est, vers le Shaanxi, la région frontalière au nord de la Chine, Zhang faisant un détour par le sud-ouest. En octobre 1935, les deux armées se retrouvent finalement, dans le Shaanxi et elles installent là des bases rouges, à Wouki et à Yan'an. À ce moment, une nouvelle armée, la deuxième, commandée par Ho-Long, part du Hunan et entreprend la même route, en direction du sud, puis du nord-est.

La Longue Marche des troupes de Mao, qui vont parcourir près de 12 000 km en un an.

Une unité de l'armée de Mao en marche : l'une des plus importantes pérégrinations du XXe siècle.

Les épreuves d'une année

Pour les soldats de la première et de la quatrième armée, l'épopée aura duré un an. Les hommes sont 130 000 au départ, et moins de 30 000 à l'arrivée. Des embuscades permanentes ont été montées par les troupes du Guomindang ou par les populations autochtones – les Tibétains à la fin du périple. Les reliefs que les soldats doivent traverser sont plus difficiles les uns que les autres : des fleuves dont les ponts ont été sabotés (au pont de Luting, il ne reste plus sur deux cents mètres que des chaînes pendant au-dessus du vide) ; des chemins de montagne à 5 000 mètres d'altitude où le froid, la faim, les problèmes de respiration, les troubles cardiaques et la dysenterie déciment les troupes. Ces difficultés sont aggravées par le problème de ravitaillement : celui-ci, à base de maïs principalement, provoque des carences et rend les hommes malades. À l'été 1935, les troupes traversent les « Grandes Prairies » : des steppes marécageuses dans lesquelles les hommes s'embourbent. Au bout du long voyage, ceux qui ont survécu sortent du moins vainqueurs. L'épreuve a rapproché les communistes des populations des régions traversées. Transformée en suite d'exploits par la mythologie maoïste, la Longue Marche devient, à juste titre, l'un des symboles de la Chine populaire après 1949.

→ **Voir aussi :** p. 292-293 (Révolution culturelle).

La Longue Marche dans la mythologie maoïste

La Longue Marche est utilisée dans la littérature de Mao et de ses proches comme preuve de l'immense courage, du dévouement et de l'ascétisme des troupes pour la cause révolutionnaire ; elle sert d'instrument de propagande, jusqu'à la mort de Mao en 1976.

La défaite des impérialistes. L'épisode permet de montrer que les soldats communistes sont capables de combattre l'armée impérialiste de Jiang, alors que la disproportion des forces est énorme : il prouve la bravoure des hommes. Mao, de la sorte, peut présenter la victoire relative de la Longue Marche comme la chute assurée de l'impérialisme.

La révolution propagée. D'autre part, la Marche met pour la première fois en contact direct les communistes avec les populations des campagnes et les minorités nationales. Les partisans en profitent pour mettre en application les réformes (agraire, dettes annulées, usure interdite, confiscations aux riches). Dans les provinces où ils passent, le souvenir qui reste est celui d'une nouvelle ère de prospérité et d'égalité.

Un modèle d'héroïsme. Enfin, les récits devenant moins sûrs avec le temps, la Longue Marche se transforme en une suite d'exploits individuels marqués par les batailles, la faim, le froid, le désespoir. C'est la notion d'épreuve et d'héroïsme que l'on retrouve le plus souvent dans les récits de l'épopée. La genèse de la Chine populaire ainsi définie par le courage, l'histoire à venir devra encore, dans l'idéologie maoïste, être héroïque.

Le premier gouvernement socialiste en France

LE FRONT POPULAIRE

Le 6 février 1934, des manifestants de droite menacent d'envahir le Palais-Bourbon, siège de l'Assemblée parlementaire : aucun n'y pénètre, en réalité, mais leur attitude suffit à évoquer le spectre d'un coup d'État fomenté par les ennemis de la démocratie. Les partisans de la République mobilisent, et, parmi eux, surtout les forces de gauche : c'est l'origine du Front populaire, victorieux aux élections deux ans plus tard.

La crise du 6 février s'explique par le climat de tension qui règne en France, depuis le début des années 30. Une série de scandales a terni l'image de la démocratie. Le plus récent, qui fournit le prétexte de la manifestation antiparlementaire, est l'affaire Stavisky : un escroc dont le montage financier est couvert par des députés et dont on retrouve le corps en Suisse, après un « suicide » aux conditions mystérieuses... La plupart des manifestants veulent faire preuve de leur force, impressionner le gouvernement ; seule une minorité est prête à tenter le coup de force. Mais l'émeute fait quinze morts ; elle aboutit au changement de gouvernement, à la démission du radical Édouard Daladier, président du Conseil : la rue a imposé sa loi contre le vote populaire, qui avait écarté la droite en 1932.

Cela permet aux socialistes de la S.F.I.O. et aux militants communistes de crier qu'on a assisté à une tentative de putsch fasciste, et de proclamer l'urgence d'une réunion des tendances séparées depuis vingt ans. Le 12 février 1934, les manifestations distinctes des deux partis se mélangent spontanément. En juillet (les états-majors ont mis plus de temps à se décider), un accord est signé ; des années de polémiques sont gommées, au moins en apparence.

Le Front populaire

Or, l'alliance socialistes-communistes est rejointe, bientôt, par des éléments modérés : le ralliement communiste à la Défense nationale, la peur du fascisme, qui trouve en France des complaisances à droite, tout pousse les radicaux à se rapprocher du reste de la gauche. Le 14 juillet 1935, une manifestation scelle la création du « Rassemblement » ou « Front populaire », qui comprend socialistes, communistes et radicaux, mais aussi des organisations comme la Jeune République (catholique), le parti d'unité prolétarienne, la Ligue des droits de l'homme et les syndicats C.G.T. (socialiste), et C.G.T.U. (communiste), réunifiés en mars 1936.

Ce Front populaire a un programme modéré. Ses propositions les plus hardies sont la semaine de quarante heures sans diminution de salaire et la nationalisation des usines d'armes. Hors cela, le programme adopté est celui des radicaux, imposé par les communistes soucieux de ne pas inquiéter la petite bourgeoisie, contre les projets plus avancés de la S.F.I.O.

La France en crise du début des années 30

La France est touchée par **la crise économique** en 1931, plus tard, donc, que les autres pays, mais aussi vivement : travailleurs indépendants et petits patrons subissent le contrecoup de la baisse des prix ; les salariés n'en profitent pas, touchés par le chômage qui n'est assorti alors d'aucune indemnité.

La crise économique entraîne **une crise politique :** les radicaux remportent les élections de 1932 avec les socialistes sans pouvoir gouverner de façon stable, puis, en 1934, soutiennent des ministères de droite eux-mêmes instables.

Affiche du Front populaire : le serment d'union contre les ligues.

Les leaders du Front populaire à la tribune. De gauche à droite : Léon Blum, Maurice Thorez, Roger Salengro, Maurice Viollette et Pierre Cot.

Grève avec occupation des lieux dans une usine.

Le début de la civilisation des loisirs...

La victoire et les grèves

Les législatives ont lieu les 26 avril et 3 mai 1936. Une légère poussée à gauche et de bons reports de voix assurent la victoire du Front. Les communistes passent de 10 à 72 députés, la S.F.I.O. de 97 à 146 ; les radicaux tombent de 159 à 116 : ils ne dominent plus la gauche à l'Assemblée, et le gouvernement échoit au chef de la S.F.I.O., Léon Blum.
Ce gouvernement, que les communistes ont promis de soutenir au Parlement sans accepter d'y participer, s'installe le 4 juin. Un mouvement de grèves sans précédent a commencé à cette date : deux millions d'employés ont cessé le travail depuis le 10 mai, d'abord dans les usines d'armement, puis dans tous les secteurs économiques, y compris les moins syndicalisés. Partout en France, les employés occupent usines et magasins – fait jamais vu : tout se passe d'ailleurs dans un climat bon enfant, sous le signe de l'accordéon et des bals populaires plus que sous celui de la faucille et du marteau. Le mouvement, spontané, traduit la joie et les espoirs nés des élections. Il respecte l'outil de travail et ne remet pas en cause la propriété ; mais, par son ampleur, il est quasi révolutionnaire.

Les mesures

Cette situation permet à Léon Blum d'aller au-delà du programme sur lequel le Front a été élu. Le patronat lui-même le supplie d'intervenir. Le 7 juin, à l'hôtel Matignon – siège de la présidence du Conseil – une rencontre est organisée : patrons et syndicats discutent pendant moins de 24 heures et s'accordent sur l'élection de délégués du personnel, la levée de toute sanction pour faits de grève, le principe de contrats collectifs, et une hausse 7 à 15 % des salaires.
De nouveau, paradoxalement, ce sont les communistes qui calment la situation : contre l'aile gauche des socialistes, qui rêve d'une révolution, ils réclament la reprise du travail. Il est vrai que le bilan n'est pas mince, d'autant que s'ajoutent aux accords de Matignon des lois fort importantes : la semaine de quarante heures, l'institution de congés payés, la création d'un Office du blé pour régulariser les cours, une réforme de la Banque de France qui compense le pouvoir des gros actionnaires par celui de l'État, l'obligation de la scolarité jusqu'à 14 ans... D'autres mesures sont plus symboliques ou témoignent du nouvel état d'esprit généreux et social : trois sous-secrétariats d'État sont confiés à des femmes, alors que le droit de vote est encore réservé aux hommes ; la législation envers les immigrés est adoucie ; un secrétariat d'État aux loisirs est créé, image de la valorisation du temps libre, au moment où des tandems emportent pour la première fois vers la mer de jeunes couples d'ouvriers qui n'ont jamais quitté les villes...

La dernière fête de la République

Dans les mois qui suivent, le Front populaire se défait. Il ne peut intervenir pour aider la démocratie dans la guerre civile espagnole, et les difficultés économiques lui imposent, en février 1937, une « pause » de réformes que les communistes, cette fois, n'acceptent pas. Les radicaux s'inquiètent du coût des mesures sociales, le Sénat refuse d'accorder les pleins pouvoirs financiers à Léon Blum, qui démissionne en juin. Enfin, l'année suivante, la semaine de quarante heures est abandonnée.
Il reste du Front populaire le souvenir d'une époque bénie et un véritable mythe pour la gauche française : l'ampleur de réformes décidées en quelques jours et arrachées par le peuple sans violence, mais au son des accordéons, marque le dernier épisode joyeux, presque euphorique, de l'histoire de la France, avant l'enfer de la Seconde Guerre mondiale.

Socialistes et communistes français au XXe siècle

L'histoire de la gauche française au XXe siècle est celle d'une alternance entre la division et les efforts d'union de ses deux principales tendances.

1905. Fondation du parti socialiste S.F.I.O. (Section française de l'Internationale ouvrière).

1920. Naissance du parti communiste au congrès de Tours, par sécession de la majorité des membres de la S.F.I.O.

1934-1937. Alliance, dans le Front populaire. La chute du Front entraîne la dégradation des rapports des deux partis.

1939. Le P.C. approuve le pacte germano-soviétique et est mis au ban de la nation.

1941. Invasion de l'U.R.S.S. par l'Allemagne. Les communistes passent dans la Résistance.

1945. Le P.C. gouverne avec la S.F.I.O. et les catholiques du M.R.P. C'est le « tripartisme ».

1947. Fin du tripartisme. La S.F.I.O. gouverne avec le centre et la droite.

1965. Accords aux législatives contre le gaullisme, puis aux présidentielles pour soutenir le candidat Mitterrand.

1971. Le P.S. succède à la S.F.I.O. et F. Mitterrand prend la tête du nouveau mouvement

1972-1978. « Programme commun de gouvernement ». Les progrès du P.S. amènent la rupture.

1981. F. Mitterrand est élu président de la République. Quatre ministres communistes entrent au gouvernement.

1984. Rupture entre le P.S. et le P.C.

1988. Les communistes, tombés à moins de 10 % des voix, sont dans l'opposition. F. Mitterrand est réélu président.

Les horreurs de la guerre d'Espagne

GUERNICA

Le 26 avril 1937, Guernica, petite ville du nord de l'Espagne, est bombardée par l'aviation allemande au service des troupes espagnoles commandées par le général Franco, insurgé depuis un an et demi contre le gouvernement légal du pays : la ville ne dispose d'aucune défense antiaérienne, le massacre est horrible. L'événement provoque l'effroi, dans l'Espagne républicaine et à l'étranger.

La petite cité de Guernica est la capitale historique du Pays basque, une ville presque sacrée, où les rois d'Espagne Ferdinand et Isabelle jurèrent de respecter les libertés basques. Ce n'est guère un objectif militaire, mais, au printemps 1937, elle se trouve tout près du front, à l'est d'une poche côtière fidèle au gouvernement légitime de l'Espagne, et qui va jusque vers Gijon. Catholiques, conservateurs, les Basques soutiennent la république, qui a reconnu leur autonomie, contre les militaires qui, autour du général Franco, ont déclenché la guerre civile, le 17 juillet 1936. Le 31 mars, une offensive est lancée pour les réduire.

Trois heures d'enfer

Le jour du bombardement, beaucoup de monde se presse dans Guernica : des paysans sont venus pour le marché et l'hôpital reçoit les blessés des raids aériens contre les villages voisins. Vers 16 heures, le tocsin sonne à la volée. À 16 h 10, de tout nouveaux avions allemands, des Junkers 52, lancent des bombes soufflantes de 500 kg sur la ville. Puis des chasseurs bombardiers Heinkel 111, eux aussi allemands, mitraillent les habitants affolés, dans les rues et sur les routes. Enfin, c'est une pluie de bombes au phosphore, incendiaires. D'autres appareils participent au raid, tous allemands et tous portant la croix de Saint-André – la croix noire des nationalistes, si proche de la croix gammée nazie. L'enfer dure jusque vers 19 h 30. Le bilan est lourd : quelque 1 500 morts, 1 000 blessés. C'est dans une ville martyre que, le front avançant, les troupes nationalistes du général Mola pénètrent finalement.

Propagande et témoignages

Dès le 29 avril, la presse des insurgés clame que les républicains ont incendié la ville, avant de fuir plutôt que de combattre. On promène des correspondants de guerre dans les ruines, en leur répétant cette thèse, que la presse conservatrice française répercute sans examen, mais avec force détails. On oublie seulement d'expliquer pourquoi les « dinamiteros » ont laissé des usines d'armes tomber intactes entre les mains de l'ennemi... La propagande ne s'embarrasse pas de ces subtilités.

Mais, très vite, des témoignages circulent : celui du chanoine Albert Onaindia, témoin oculaire, et qui a la confiance de maints dignitaires catholiques ; celui aussi qu'adressent au pape une vingtaine de prêtres basques. Le Vatican se tait (il s'agit alors du pape Pie XI, pontife jusqu'en 1939) mais des catholiques, proches des Basques sinon des autres républicains jugés trop « rouges » pour qu'ils les soutiennent, s'émeuvent : en France, le philosophe Jacques Maritain, le romancier François Mauriac, le cardinal Jean Verdier. À gauche, l'indignation s'est exprimée presque aussitôt, et le peintre d'origine espagnole Pablo Picasso traduit sa douleur et son horreur dans *Guernica,* une des œuvres majeures de l'art du XXe siècle.

Les origines de la guerre civile

Depuis 1931, où le roi Alphonse XIII s'exile après des élections municipales qui désavouent la royauté, **l'Espagne est une république.**

Mais le régime est instable. En octobre 1934, un soulèvement en Catalogne et dans les Asturies est réprimé durement. En février 1936, **un Frente popular** – une union des gauches sur le modèle du Front populaire français – remporte les élections : le gouvernement issu de ce vote est modéré (les socialistes le soutiennent sans y participer), mais il paraît intolérable aux mouvements de droite qui regardent de plus en plus vers le fascisme italien, et il est incapable de maîtriser **l'agitation de l'extrême gauche :** le pays ne connaît que troubles, affrontements et meurtres.

Le 12 juillet 1936, le chef royaliste José Calvo Sotelo est assassiné. L'attentat fournit le prétexte **d'un coup d'État militaire** – *pronunciamento* –, préparé en fait dès février : le 17, depuis les bases que l'Espagne possède au Maroc, les généraux de l'armée régulière, Franco en tête, se soulèvent contre le gouvernement légal. C'est le début de la guerre civile.

Le général Francesco Franco accompagné du général Mola (à lunettes), lors de l'entrée des nationalistes dans Burgos (1er octobre 1936).

Les étapes de la guerre civile.

Trois ans de conflit

1936. Le 17 juillet, les garnisons du Maroc se soulèvent, sous le commandement du général Franco. En quatre jours, les troupes se rendent maîtres du tiers de la péninsule. Mais les centres industriels résistent : l'Espagne est coupée en deux, l'Ouest et le Sud passent aux insurgés, l'Est, les grands centres urbains (Madrid et Barcelone) et le Nord restent républicains. Aussitôt, les rebelles (« nationalistes ») obtiennent l'aide de l'Allemagne et de l'Italie ; les « républicains » peuvent compter sur l'U.R.S.S. et sur les volontaires des « brigades internationales », en majorité communistes.

1937. Les nationalistes parviennent à établir un front uni. La poche du Pays basque et des Asturies est réduite et la domination nationaliste s'étend dans le Sud (Málaga). Les républicains remportent aussi des victoires (Teruel) ; ils sauvent Madrid, mais ils souffrent de leurs divisions internes (liquidation des anarchistes à Barcelone).

Printemps 1938. Les nationalistes portent l'offensive en Aragon, atteignent la Méditerranée en avril et coupent en deux le territoire républicain.

Fin 1938-mars 1939. L'offensive finale commence en Catalogne à la Noël 1938 : Barcelone tombe en janvier et les restes de l'armée républicaine se réfugient en France, où ils sont internés dans des camps. Le 28 mars, si l'on croit les communistes des éléments nationalistes infiltrés (la « cinquième colonne ») livrent la capitale à Franco. Deux jours plus tard, les nationalistes sont maîtres de l'Espagne. La répression remplace la guerre, un régime dictatorial se met en place.

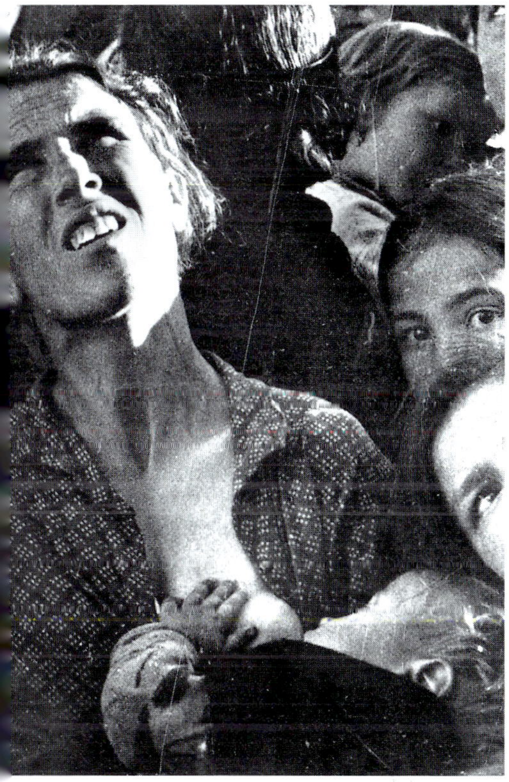

Un banc d'essai pour la Seconde Guerre mondiale

Les nationalistes qui accusent les républicains d'avoir incendié la ville ne sont pas entièrement de mauvaise foi : c'est après-coup qu'ils découvrent l'évidence, face aux fragments de bombe que l'on retrouve dans Guernica. La responsabilité de l'opération revient aux Allemands : les avions sont ceux de la légion Condor, envoyée par Hitler pour appuyer les militaires insurgés. Mais, s'il n'a pas demandé le bombardement, le général Franco ne le dénonce pas non plus : il a trop besoin de ses alliés allemands... Au-delà des mots, un fait est incontournable : à Guernica commence la guerre totale, celle qui ne fait plus de différence entre les soldats et les civils. Le gouvernement nazi y expérimente une tactique nouvelle qui combine l'action des bombes explosives et celle des bombes incendiaires sur une population de civils dépourvus de tout moyen de défense. Les bombardements de la Seconde Guerre mondiale rééditeront malheureusement cette expérience, un peu partout à travers l'Europe.

L'horreur de Guernica : les rues après la prise de la ville, et la terreur d'une femme allaitant sous les bombes (la dernière photographie est de David Seymour).

La terreur stalinienne

LES PURGES EN U.R.S.S.

Le 1er décembre 1934, un secrétaire du Comité central, le populaire Serge Kirov, est tué à Leningrad, où il dirigeait le parti. Commence une série de purges, d'arrestations, de procès, de déportations, d'exécutions, qui vont terroriser toute l'Union soviétique, et le parti communiste lui-même : quatre ans plus tard, en 1938, 1 108 des 1 966 délégués du « congrès des vainqueurs » de 1934 ont été arrêtés, comme 98 des 139 membres du Comité central qu'ils ont élus.

Depuis 1934, Staline est tout-puissant. Le Congrès s'est contenté de recopier ses conclusions ; Kirov l'y a défini comme « le plus grand chef de tous les temps et de tous les peuples ». Tout semble aller mieux. Les arrestations massives cessent dans les campagnes ; le pain n'est plus rationné ; la police politique, ou Guépéou, devient le NKVD (Narodnyï Kommissariat Vnoutrennykh Del, Commissariat du peuple aux Affaires intérieures), qui ne peut juger ni exécuter.

Les débuts de la terreur

Cependant, Staline tient à une politique de terreur. Contre lui, certains comptent sur l'armée, et surtout sur Kirov, réputé modéré. Son assassinat par un jeune militant manipulé permet d'éliminer un rival, et de relancer la répression. Le soir même du crime, une juridiction politique reçoit le droit de condamner à mort sans appel ni recours ; le lendemain, des milliers de personnes sont arrêtées à Leningrad et, le 4, des dizaines sont exécutées. On flatte le chauvinisme russe en parlant de complot avec l'étranger et en ajoutant des allusions antisémites.

Il y a encore des hésitations. En janvier 1935, malgré les meetings qui exigent leur tête, Kamenev et Zinoviev, deux leaders de la révolution d'Octobre à qui l'assassinat est imputé, ne sont condamnés qu'à la prison. À travers eux, on s'en prend non à d'anciens adversaires, mais à la « vieille garde » bolchevique, qui a fait la révolution, sait le rôle minime que Staline y a joué et veut éliminer celui-ci pour réécrire l'histoire. Cette vieille garde apprécie peu, en outre, le rapprochement avec l'Occident, ou les Fronts populaires, approuvés en août 1935.

Les grands procès

Des hommes trop jeunes pour avoir « fait 1917 », et qui doivent tout à Staline, sont promus ; c'est le cas du chef du parti pour Moscou, Nikita Khrouchtchev. Des personnalités populaires, comme l'écrivain Maxime Gorki, meurent mystérieusement ; leur mort est attribuée à des ennemis du régime.

Le 29 juillet 1936, le Comité central diffuse dans le parti une circulaire contre « l'activité terroriste du bloc contre-révolutionnaire des trotskistes-zinovievistes ». Du 19 au 24 août, c'est le premier grand procès de Moscou. Kamenev, Zinoviev et quatorze autres sont accusés pêle-mêle de haute trahison, terrorisme, sabotage, complot avec Trotski, qui est en exil depuis 1929. À la fin du procès, le procureur exige « que ces chiens enragés soient fusillés tous, sans exception » ; le lendemain, c'est chose faite.

Le plus étrange est que les accusés ont chanté les louanges de Staline, dénoncé les « crimes » de Trotski, affirmé la culpabilité des anciens oppositionnels. Les aveux font office de preuves. Souvent, ils sont absurdes ; ainsi, on a « avoué » un rendez-vous dans un hôtel danois détruit depuis 1917... Staline veut que les prochains procès soient mieux préparés. À la tête du NKVD, Nicolas Iejov remplace Henri Iagoda.

Du 23 au 30 janvier 1937, 17 ex-responsables sont accusés de sabotages, d'incendies, de déraillements, d'empoisonnements, de complot avec l'Allemagne et le Japon pour leur livrer l'Ukraine et la Sibérie. Boucs émissaires face aux difficultés économiques et exutoires à un nationalisme remis à l'honneur, ils préparent, par leurs aveux, d'autres accusations. 13 d'entre eux sont exécutés. Du 2 au 13 mars 1938, ce sera le tour de 21 autres, dont Boukharine et Iagoda, chargés de tous les crimes possibles. Mais le système se grippe. Les premiers condamnés avouaient tout ce qu'on voulait, à cause des tortures subies, par fidélité à la révolution, ou pour protéger leurs proches. Cette fois, Krestinski revient sur ses aveux, Boukharine repousse les accusations les plus absurdes, Iagoda dit que, si le chef du NKVD avait été un agent de l'étranger, les résultats ne s'en seraient pas fait attendre.

Le massacre des cadres

À côté des grands procès, la terreur frappe partout. Pour les militants ou les cadres du parti, être en contact avec l'étranger, ou, pire, participer à la guerre civile espagnole, c'est être suspect. Des ambassadeurs sont rappelés, contraints par des menaces contre leur famille, et disparaissent. Seul à refuser, Raskolnikov, en poste à Sofia, se réfugie en France, et y est assassiné. Les communistes étrangers en exil ne sont pas moins frappés ; ainsi, tout l'état-major du parti polonais est massacré.

De la révolution de 1917 au triomphe de Staline

Ravagée par la Première Guerre mondiale puis, après 1917, par la guerre civile, la Russie, devenue **U.R.S.S. depuis fin 1922,** se reconstruit lentement, et la domination du parti communiste laisse quelque place à l'initiative privée.

Après la mort de Lénine, le 21 janvier 1924, **Staline,** secrétaire du parti, écarte ses concurrents, révolutionnaires (Trotski) ou modérés (Boukharine). Maître du pays en 1927, il rompt avec l'économie mixte, décide **une industrialisation forcée** avec les plans quinquennaux, lance une offensive contre les paysans riches, ou koulaks, qui fait plus de cinq millions de morts.

Pourtant, les succès du premier plan, contrastant avec la crise mondiale, font que, début 1934, le XVIIe Congrès du P.C., ou **« congrès des vainqueurs »,** consacre à la fois le triomphe personnel de Staline et une certaine détente.

Les procès de l'époque stalinienne ont impliqué aussi des étrangers : ici, celui d'ingénieurs américains accusés d'espionnage.

Déportés, les prisonniers politiques réalisent les travaux d'aménagement de la Sibérie.

Iossif Vissarionovitch Djougachvili, dit Staline (« l'homme de fer ») [photographie de 1935]. Il fut le maître absolu de l'Union soviétique, de 1929 à sa mort, en 1953.

L'armée, à la veille de la Seconde Guerre mondiale, est décimée. Un document forgé par les nazis persuade Staline que le maréchal Michel Toukhatchevski, l'homme de la modernisation et des blindés, complote contre lui. Son exécution est annoncée le 12 juin 1937. En deux ans, sont arrêtés 3 des 5 maréchaux, 75 des 80 membres du Conseil militaire suprême, les 8 amiraux, 13 des 15 généraux d'armée, 30 sur 58 commandants de corps d'armée, 110 des 195 généraux de division, 211 des 406 colonels, 35 000 des 80 000 officiers.

Pour les intellectuels, il suffit de n'être pas d'accord avec les théories officielles pour disparaître, comme les adversaires du biologiste Trofim Lyssenko, qui prétend cultiver le blé au nord du cercle polaire.

La terreur s'étend à l'étranger, avec l'assassinat de leaders révolutionnaires, comme l'Espagnol Andres Nin, à Barcelone en mai 1937, ou Trotski, au Mexique en août 1940.

Un bilan effrayant

Au total, il y a plus de 6 millions d'arrestations en deux ans, et 10 % se soldent par un coup de revolver dans le sous-sol d'une prison. Les informateurs de la police doivent trouver des victimes pour ne pas être soupçonnés eux-mêmes ; les enfants sont poussés à dénoncer leur entourage, la torture devient une pratique normale. En province, des équipes composées d'un procureur, d'un homme du NKVD et d'un représentant du parti sont habilitées à prononcer des peines de mort. Au moins 5 millions de suspects, d'opposants, de membres de sectes religieuses, de proches de personnes arrêtées sont condamnés aux camps de travail de Sibérie, d'Asie centrale ou du Grand Nord, camps gérés par le « Goulag », branche du NKVD, et où le taux de mortalité est de 10 % par an.

Quand, en décembre 1938, Lavrenti Beria prend la tête du NKVD, pour limiter la terreur et en éliminer les agents les plus virulents, le bilan est atterrant. L'U.R.S.S., révolutionnaires en tête, a payé d'un prix exorbitant le pouvoir absolu de Staline. L'étranger, à l'image de Davies, l'ambassadeur américain qui assistait au premier des grands procès, a souvent accepté sans sourciller les aveux les plus fous. Il est vrai que, devant la montée du nazisme, les démocraties avaient besoin du pouvoir soviétique. Il est vrai aussi que des conservateurs ne répugnaient pas à voir Staline massacrer la vieille garde de 1917, et établir son ordre, implacable, sur les ruines de la révolution.

→ **Voir aussi :** p. 282-283 (déstalinisation).

Staline et le stalinisme

« L'homme de fer ». Iossif Vissarionovitch Djougachvili, dit Joseph Staline (« l'homme de fer »), est né à Gori, en Géorgie, d'une famille modeste. Social-démocrate, puis bolchevique, il soutient l'action de Lénine en 1917, sans jouer un rôle important dans la révolution d'Octobre. Commissaire du peuple aux nationalités entre 1917 et 1922, puis secrétaire général du parti après cette date, il élimine tous les autres candidats à la succession de Lénine et devient, en 1929, le maître absolu de l'Union soviétique.

Le stalinisme, un empirisme. Le stalinisme est moins une théorie qu'un ensemble de pratiques. Ses postulats : la subordination de l'individu à la masse, la foi absolue dans les écrits de Marx et de Lénine (d'où l'expression *marxisme-léninisme*). Mais, surtout, il apparaît comme la dictature d'un homme – assortie des pratiques qui l'assurent : terreur et culte de la personnalité – et comme un totalitarisme, qui entend soumettre la liberté individuelle à l'intérêt de la collectivité, défini par Staline lui-même.

Un régime durable. Les raisons du succès du système, qui s'est maintenu jusqu'à la « déstalinisation » de 1957, s'expliquent par ses réussites économiques (industrialisation), sociales (promotion de la femme, santé publique) et culturelles (large diffusion d'un savoir, par ailleurs autoritairement normalisé). Mais le charisme personnel de Staline, le prestige persistant de la révolution d'Octobre, qui rend incontestables ceux qui prétendent en être les auteurs, sont d'autres raisons qui ont permis l'établissement du stalinisme en U.R.S.S.

L'Allemagne déclenche la Seconde Guerre mondiale

L'INVASION ÉCLAIR DE LA POLOGNE

« Le jour de l'attaque est fixé au 1er septembre 1939, heure de l'attaque : 4 h 45 min. » Ainsi est rédigée la directive n° 1, par laquelle est ordonné, le 31 août 1939, l'acte qui va engager l'Europe dans la guerre : l'invasion de la Pologne.

Dans la foulée, le 3 septembre, l'Angleterre puis la France déclarent la guerre à l'Allemagne. Si la campagne militaire ne dure qu'un mois, elle concrétise l'état des rapports de forces internationaux et constitue la première application d'une stratégie militaire qui marquera les deux premières années de la Seconde Guerre mondiale.

La faiblesse des démocraties

Depuis 1936, Hitler impose une politique du fait accompli, qui s'appuie sur les profonds antagonismes opposant ses ennemis potentiels, le pacifisme largement partagé parmi les élites et l'opinion publique d'Europe occidentale, le traumatisme que constitue toujours la boucherie de 1914-1918 et la poussée des régimes autoritaires dans l'entre-deux-guerres. La remilitarisation de la Rhénanie (1936), le soutien ouvert à Franco face aux hésitations des démocraties, l'annexion de l'Autriche (Anschluss, 1938) et le démantèlement de la Tchécoslovaquie en deux temps (octobre 1938, avec l'aval de la France et de l'Angleterre à Munich, et en mars 1939) sont autant d'étapes de cette course à la guerre. La conférence de Munich confirme à Hitler qu'il peut compter sur la faiblesse des démocraties et sur l'hésitation des sphères dirigeantes à le désigner comme l'ennemi principal.

Depuis 1934 pourtant, la France, principalement, sous l'impulsion alors de son ministre des Affaires étrangères Barthou, a défini une stratégie d'encerclement diplomatique fondée sur un double accord : avec l'Italie d'une part et avec l'Union soviétique de l'autre. Mais le deuxième partenaire suscite des réticences chez les successeurs de Barthou. Malgré un net raffermissement après mars 1939, les ambiguïtés et les hésitations restent donc très présentes, et la puissante Angleterre de Nevil Chamberlain entretient les unes et les autres.

Les alliances en 1939

Le rapport de forces internationales s'est notablement amélioré au profit de **l'Allemagne** dans la seconde moitié des années 1930.

En septembre 1939, elle dispose **de fortes positions en Europe centrale et orientale** soit par absorption, soit par le biais d'accords économico-politiques.

La stratégie française d'encerclement finit d'être battue en brèche avec **le double pacte germano-soviétique.** En même temps se constitue et s'affermit depuis 1936-1937 **l'Axe Berlin-Rome-Tokyo** : avec le pacte Antikomintern, auquel se joindront en particulier la Hongrie et l'Espagne ; et avec le pacte d'Acier, que signent en mai 1939 l'Allemagne et l'Italie.

Le 1er septembre 1939, les troupes allemandes violent la frontière germano-polonaise. Ici, des soldats brisent une barrière entre les deux pays, près de Sopot. La guerre commence.

Chars allemands envahissant la Pologne (septembre 1939).

Contre les chars, les cavaliers polonais...

Un tragique renversement d'alliances

C'est fort de ces atermoiements, mais plus fondamentalement d'une conviction solidement ancrée qu'il n'y a pas de différence de nature entre les régimes allemand, français et anglais, que l'U.R.S.S. de Staline multiplie les contacts diplomatiques officieux avec l'Allemagne de Hitler, plus étroits, semble-t-il, à partir de l'automne 1938.
Au point d'aboutissement, matérialisant l'échec des négociations franco-anglo-soviétiques engagées pendant l'été 1939, on trouve le pacte germano-soviétique signé le 23 août 1939, pacte de non-agression dont une clause secrète prévoit le partage de la Pologne. Le pacte d'amitié confirme le mois suivant ce revirement diplomatique et précise le partage des sphères d'influence.
L'alliance germano-soviétique et la neutralité de l'Italie rendent complètement obsolète la stratégie mise au point par la France et l'Angleterre au printemps 1939, qui envisageaient de profiter d'une résistance polonaise appuyée par les Soviétiques pour attaquer le maillon faible de l'Axe, à savoir l'Italie, tout en restant, à l'ouest, à l'abri de la ligne Maginot. Le nouveau plan, arrêté en septembre, est donc essentiellement défensif, puisque rien n'est envisagé à l'ouest au-delà du symbole. On joue sur la guerre longue, et la rapide victoire de l'Allemagne conforte militaires et politiques dans leur décision.

La guerre-éclair

Cette réaction correspond exactement à ce qu'espérait et prévoyait Hitler, et la stratégie militaire de la Wehrmacht en Pologne répond aux exigences de cette stratégie mondiale. Sa seule chance est de gagner vite ; la guerre-éclair, le *Blitzkrieg*, est aussi l'application des réflexions les plus modernes développées dans l'entre-deux-guerre par de Gaulle, Guderian ou Douhet. La mobilité et la rapidité sont au cœur de cette stratégie ; l'alliance char-avion en est l'instrument.
Tous les chars sont concentrés dans une dizaine de *Panzerdivisionen* (P.Z.D.) qui portent l'attaque décisive et en profondeur en un point précis, avec la couverture de l'aviation d'appui, tandis que des bombardiers s'attaquent aux arrières de l'ennemi. Dans la P.Z.D., un premier ensemble léger ouvre la brèche, dans laquelle s'engouffrent les chars lourds pour l'agrandir et démanteler les positions ennemies. Les chars moyens s'enfoncent ensuite en profondeur, tandis que des brigades de fusiliers finissent le travail contre les poches ennemies ainsi isolées.

Une défaite consommée en 10 jours

Dans le dispositif allemand, l'armée polonaise est prise en tenailles entre les groupes d'armées A au sud (von Rundstedt) et B au nord (von Bock), de part et d'autre du saillant polonais. Au sud, la pénétration des blindés suit l'axe Wielun-Varsovie ; au nord, via le corridor de Dantzig, elle se dirige vers Bialystok et Brest-Litovsk. Du côté polonais, la résistance des armées ne peut être efficace que dans la perspective d'une rapide entrée en action des forces franco-britanniques à l'ouest, et le généralissime Rydz-Smigly commet l'erreur de vouloir tenir tout le front, au plus près des frontières. Les batailles de rupture s'opèrent entre le 4 et le 6 septembre, tandis que la défaite est consommée en 10 jours. Cette dernière est consacrée par l'entrée en lice de l'U.R.S.S. le 17 septembre, qui réalise bientôt sa jonction avec les forces allemandes. Le 5 octobre, la dernière poche de résistance se rend.
Si l'Europe semble ensuite s'endormir dans les langueurs trompeuses de la « drôle de guerre », le *Blitzkrieg* reste la règle d'or de la stratégie allemande jusqu'en 1941.

Les deux premières années de la guerre : le *Blitzkrieg*

Les deux premières années de la Seconde Guerre mondiale sont marquées par la stratégie de la « guerre-éclair », le *Blitzkrieg*, caractérisée par l'emploi massif et conjugué des avions et des chars.

Septembre 1939, la Pologne. La nouvelle stratégie est expérimentée avec un succès total, facilité, il est vrai, par l'alliance et l'intervention russes, en Pologne, au mois de septembre 1939. L'Europe s'installe ensuite dans la « drôle de guerre » (septembre 1939-mai 1940), limitée à des escarmouches entre patrouilles françaises et germaniques, entre Rhin et Moselle.

Printemps 1940, l'Europe de l'Ouest. À partir d'avril suivant, la guerre-éclair reprend, à l'initiative d'Hitler : les troupes allemandes occupent la Norvège (9 avril-2 mai), les Pays-Bas (10-15 mai) et, comme en 1914, traversent les Ardennes, envahissant le Luxembourg, la Belgique et la France (10 mai-22 juin).

Printemps 1941, les Balkans. L'été et l'automne sont occupés par la « bataille d'Angleterre », tentative infructueuse d'Hitler pour envahir la Grande-Bretagne, restée son seul adversaire après l'effondrement français. À partir d'avril 1941, les divisions blindées germaniques reprennent leur foudroyante progression, cette fois en direction du sud : la Yougoslavie et la Grèce sont occupées en avril 1941.

L'Allemagne se heurte à la résistance britannique

LA BATAILLE D'ANGLETERRE

En 1940, la défaite française une fois consacrée par l'armistice avec l'Allemagne, l'Angleterre se retrouve seule face à Hitler. La bataille d'Angleterre commence. On peut la décomposer en trois éléments.

D'abord une bataille dans les airs, la plus spectaculaire, opposant de juillet à septembre 1940 l'aviation britannique (la RAF) à l'aviation allemande (la Luftwaffe). Chez les deux adversaires l'objectif est le même : s'assurer la maîtrise de l'air – du côté allemand en vue de chasser l'aviation anglaise du ciel et de permettre à une flotte de débarquement de traverser la Manche –, du côté britannique afin de rendre impraticable le plan allemand d'invasion.

Les débuts de la guerre

De septembre 1939 à juin 1940 les neuf premiers mois de la guerre sont marqués par une série de succès foudroyants des armées allemandes. C'est la **Blitzkrieg ou guerre-éclair,** fondée sur l'emploi conjugué des blindés et de l'aviation.

La première campagne, contre **la Pologne,** débute le 1er septembre 1939. Puis, le 9 avril 1940, l'Allemagne envahit le **Danemark** et la Norvège.

Mais la campagne décisive, c'est **la campagne à l'ouest**, qui commence le 10 mai 1940 avec l'invasion des **Pays-Bas** et de **la Belgique** et l'offensive allemande contre **la France** à travers les Ardennes.

Submergée par l'adversaire, l'armée néerlandaise capitule le 15 mai, l'armée belge le 28 mai. Après la percée de Sedan (15 mai), les *Panzers* allemands se ruent vers la mer, atteignant Abbeville le 20 mai et isolant les armées française et britannique qui doivent être évacuées par Dunkerque (28 mai-3 juin). L'offensive allemande reprend le 5 juin sur la Somme et l'Aisne, les troupes françaises refluent sur tous les fronts, l'exode des civils accentue la débâcle. **Le 17 juin, le maréchal Pétain demande l'armistice** et celui-ci est signé le 22 juin, consacrant l'éclatante victoire d'Hitler.

La bataille dans les airs

La bataille aérienne débute en juillet par des raids répétés de la Luftwaffe contre les convois et les ports britanniques de la Manche. Puis, au début d'août, Hitler prescrit d'intensifier la lutte. Aussi Goering ordonne-t-il à l'aviation allemande de combiner la destruction au sol des bases de la chasse britannique et dans le ciel du maximum de chasseurs *Spitfires* et *Hurricanes,* de bombarder les usines de construction aéronautique et de renforcer le blocus.

Mais l'offensive allemande n'atteint aucun de ces objectifs. Non seulement la Luftwaffe ne parvient pas à porter un coup mortel à la RAF, mais celle-ci garde son mordant, et les pertes allemandes sont beaucoup plus élevées que les pertes britanniques. Malgré de nouveaux coups de boutoir portés à la fin d'août et au début de septembre contre les aérodromes et les centres nerveux du sud de l'Angleterre, la RAF est toujours là. Elle remporte même une grande victoire le 15 septembre, lors d'un raid massif sur Londres. Le commandement allemand doit reconnaître son échec. Au total, de juillet à octobre, la Luftwaffe a perdu 1 700 appareils et plus de 4 000 aviateurs (dont 2 500 prisonniers), la RAF, 900 appareils et 450 aviateurs.

Envahir l'Angleterre ?

Le deuxième élément dans la bataille d'Angleterre, c'est le projet d'invasion de l'île. Baptisé opération *Seelöwe* (ou « opération Otarie »), le plan consiste à débarquer sur la côte sud de l'Angleterre un puissant corps de bataille, à écraser l'armée britannique et à obtenir ainsi la capitulation du Royaume-Uni. Mais les difficultés techniques pour traverser la Manche s'annoncent considérables, d'autant que la marine anglaise – la *Royal Navy* – a la maîtrise de la mer et que la Luftwaffe ne réussit pas à avoir celle du ciel. C'est pourquoi la marine allemande multiplie les objections, non sans arguments solides. Finalement, Hitler, partagé entre la volonté d'en finir avec l'Angleterre et le rêve de détruire l'Union soviétique, décide le 17 septembre d'ajourner l'opération *Seelöwe* : celle-ci, quelques jours plus tard, est définitivement abandonnée.

Bombarder les villes

En troisième lieu, à partir de septembre, se déroule ce que les Anglais ont appelé le *Blitz,* c'est-à-dire une série de bombardements violents visant à détruire les villes britanniques, à paralyser l'industrie de guerre et à briser le moral de la population. Il dure jusqu'en mai 1941, faisant 40 000 morts (dont 25 000 pour la seule ville de Londres). Cependant, si la population paie un lourd tribut, le *Blitz* échoue complètement dans son objectif premier : atteindre le moral des Anglais. Car, en dépit de fléchissements ici ou là, le sang-froid et la discipline prévalent. À chaque alerte, la population se réfugie dans des abris, individuels ou collectifs, tandis que la défense passive, bien organisée et efficace, mobilise par dizaines de milliers chefs d'îlot, pompiers, secouristes, policiers et guetteurs. Le résultat, c'est que les dégâts matériels (200 000 maisons détruites) l'emportent de beaucoup sur les pertes humaines.

L'homme de la situation : le Premier ministre Winston Churchill (photographie par Karsh).

Les bombardements de villes : de Guernica à Hiroshima

1937 : durant la guerre d'Espagne, le bombardement allemand sur Guernica, dans le Pays basque, inaugure les raids de terreur contre la population civile des villes.

1939-1941 : la Luftwaffe procède à des bombardements systématiques à grande échelle, opérant des destructions massives à Varsovie (1939), Rotterdam (1940), Londres, Coventry et d'autres villes britanniques (1940-1941), Belgrade (1941).

1942-1945 : les Alliés ripostent par des bombardements intensifs des villes allemandes conduits par de véritables flottes aériennes. La RAF, relayée bientôt par l'aviation américaine, effectue ainsi des raids sur Cologne (1 000 avions en 1942), les villes de la Ruhr, Hambourg, Berlin. Mais pas plus que les bombardements allemands les bombardements alliés ne parviennent à faire craquer le moral de l'adversaire. Le point culminant est atteint avec le bombardement de Dresde (13-14 février 1945), qui fait 135 000 morts.

1944-1945 : les « bombes volantes ». Ce sont les V1 et surtout les V2, fusées que les Allemands ont réussi à mettre au point, et qu'ils dirigent sur l'Angleterre.

1945 : la bombe atomique. Le 6 août 1945, l'aviation américaine lance sur Hiroshima la première bombe atomique aux effets dévastateurs, suivie d'une seconde sur Nagasaki le 9 août.

Churchill, « la plus belle heure »

Facteur essentiel du succès des insulaires : la volonté farouche de résistance du peuple britannique, volonté dont les Allemands, convaincus de leur supériorité, ont mal mesuré la force. Tous les milieux, civils aussi bien que militaires, partagent cette résolution dans une véritable atmosphère d'union sacrée. Un même élan patriotique rassemble la communauté nationale derrière Winston Churchill. En effet celui-ci, depuis qu'il a été nommé Premier ministre en mai 1940, s'est imposé comme le chef incontesté du pays et comme le symbole de la nation en guerre. D'emblée, il a su trouver les mots qu'il fallait pour galvaniser ses concitoyens. Effectivement, la rhétorique churchillienne opère des merveilles, chacun retrouvant dans les paroles du Premier ministre l'écho de ses propres réactions. « Du sort de cette bataille, proclame-t-il, dépend la civilisation chrétienne (...) Hitler sait que, s'il ne nous écrase pas dans notre île, il perdra la guerre. »
Dès lors, on comprend comment, dans la mémoire collective, l'été 40 apparaît, selon la célèbre expression de Churchill, comme « la plus belle heure » de l'histoire britannique : un combat à la dimension d'une épopée. Ce qui est sûr, c'est qu'en infligeant à Hitler son premier échec l'Angleterre a brisé le mythe de l'invincibilité nazie et substitué à la *Blitzkrieg* une guerre longue, c'est-à-dire défavorable par nature à l'Allemagne. Ainsi le destin de l'Europe a bien basculé au cours de l'été de 1940.

Fumées et ruines : un bombardement dans le quartier de la cathédrale Saint Paul, en 1940.

Le thé dans un abri souterrain, pendant une alerte (photographie par R. Capa).

L'attaque qui précipite l'Amérique dans la guerre

PEARL HARBOR ATTAQUÉ

Fin 1941, la guerre fait rage en Russie et en Extrême-Orient. De ces deux conflits, l'un en Europe, l'autre en Asie, les États-Unis sont officiellement absents. Le 7 décembre, tout bascule lorsque survient un des événements majeurs de la Seconde Guerre mondiale.

Il est 7 heures 55 : 183 avions nippons frappent par surprise la flotte américaine dans la rade de Pearl Harbor, à 15 km de Honolulu, dans l'archipel des Hawaii. Jusqu'à 8 h 30, ils déversent bombes et torpilles sur les cuirassés, les terrains d'aviation et les réservoirs de la base. À 8 h 45, une seconde vague tourbillonnante de 170 appareils vient pendant soixante minutes achever le travail. Au total, en un peu plus d'une heure et demie, les 8 grands cuirassés sont mis hors de combat (dont 3 coulés), 3 croiseurs, 3 destroyers, 4 navires auxiliaires sont sérieusement endommagés et 159 avions sont déchiquetés au sol. Le bilan est lourd pour les Américains, y compris en pertes humaines : 2 403 morts et 1 178 blessés. Les assaillants, eux, n'ont perdu que 29 appareils et 5 sous-marins de poche. Le même jour, les Japonais débarquent en Malaisie et dans les Philippines.

L'avion et la mer

*Les porte-avions, jusqu'alors un peu secondaires, deviennent à partir de 1941-1942, les pièces essentielles des grandes marines, devançant dans ce rôle les cuirassés de ligne classiques. L'attaque surprise de Tarente, le 11 novembre 1940, par les appareils britanniques qui décollèrent de l'*Illustrious *et détruisirent une grande partie de la flotte italienne, a montré l'atout de ces bases flottantes et mobiles. Les Japonais s'inspirent de l'exemple (mais sans guerre déclarée) à Pearl Harbor.*

Les porte-avions obtiennent leur consécration définitive quelques mois plus tard dans la mer de Corail, en mai, et à Midway, en juin 1942 : désormais les batailles navales sont aéronavales, livrées « au-delà de l'horizon » par duels de flottes distantes de 400 km, ce qui correspond au rayon d'action et de destruction de l'aviation embarquée.

Une opération bien préparée

Le but des Japonais est évident : neutraliser la puissance américaine, seul obstacle à leurs ambitions de conquête en Extrême-Orient et dans le Sud-Est asiatique. Occupant déjà la partie la plus riche de la Chine depuis 1937, ils ont profité de la guerre européenne et de la défaite française de 1940 pour pénétrer dans la péninsule indochinoise. Mais le président Franklin Roosevelt a répliqué par des sanctions économiques, en particulier l'embargo sur le pétrole en juillet 1941. Le général Tojo, à la tête du gouvernement nippon depuis octobre, pense que la condition de la conquête du Sud est la destruction de la flotte américaine du Pacifique.

Le président Roosevelt signant la déclaration de guerre au Japon (8 décembre 1941).

Le cuirassé américain West Virginia *en flammes après avoir été atteint par les bombes de l'aéronavale japonaise.*

1941, le tournant du siècle

Entre 1933 et 1941, l'Allemagne hitlérienne, l'Italie fasciste et le Japon effectuent leurs conquêtes.

Face à cette situation, **Franklin Roosevelt** est convaincu que les États-Unis doivent **renoncer à l'isolationnisme** qu'ils pratiquent depuis 1900 (sauf entre 1917 et 1921). Encore lui faut-il convaincre son opinion publique réticente. Après Pearl Harbor, il tient son *casus belli !* Plus tard, certains iront jusqu'à accuser – à tort – le président d'avoir été prévenu de l'attaque et d'avoir laissé faire, pour pouvoir entrer dans le conflit.

Au moment même où les États-Unis sont propulsés sur le devant de la scène internationale, pour jouer un rôle dont ils ne se départiront plus ensuite, **l'U.R.S.S.,** en gagnant la bataille de Moscou, se révèle comme un géant. En décembre 1941, on assiste à la naissance des deux superpuissances qui domineront le second XXe siècle.

C'est l'amiral Yamamoto, commandant en chef de la flotte combinée, qui est chargé de préparer l'opération contre Pearl Harbor. Jeune marin en 1904, il avait participé à l'attaque surprise contre Port-Arthur lors de la guerre russo-japonaise. Cette fois, la difficulté est de vaincre la distance, près de 5 500 km ! La solution passe par l'emploi de 6 porte-avions, avec 350 appareils à bord, accompagnés de 2 cuirassés, 3 croiseurs, 9 destroyers, plusieurs navires ravitailleurs, et précédés par 26 sous-marins, dont 5 de poche, chargés de pénétrer en reconnaissance dans la rade de Pearl Harbor. L'escadre, commandée par l'amiral Nagumo, quitte discrètement les Kouriles le 26 novembre. Tous feux éteints, observant le silence radio total, elle passe par les brumes de la route septentrionale, moins fréquentée, et s'arrête à 230 milles au nord de l'île Oahu, où se situe la cible. Là, elle attend l'ordre d'attaque, qui lui est transmis le vendredi 5 décembre. L'assaut est prévu pour la fin de la semaine, car c'est la période où la flotte américaine revient habituellement au port après ses exercices hebdomadaires. Le dimanche matin, à l'heure où Nagumo sait que l'équipe de radar de nuit a cessé sa surveillance sans être remplacée, il lance les avions torpilleurs et les bombardiers en piqué, encadrés par les avions de chasse, les célèbres « Zéros ». À 9 h 45, quand tout est fini et que Pearl Harbor disparaît dans des gerbes de feu et de fumée épaisse, le message traditionnel de victoire, « Tora ! », est adressé à Tokyo.

Le sursaut américain

Du côté des Américains, l'effet de surprise est total. L'agression nipponne a lieu dans la douce torpeur du week-end, et à Pearl Harbor rien n'est prévu pour répondre à une telle opération. Les pertes ont laissé un traumatisme profond. Plus grande encore est l'indignation face à la traîtrise. Le 8 décembre, Franklin Roosevelt qualifie la journée précédente de « jour d'infamie », et obtient sans difficulté du Congrès la reconnaissance de l'état de guerre entre les États-Unis et le Japon. L'opinion publique se dresse, unie derrière lui, contre l'agresseur : les derniers pans de l'isolationnisme américain tombent enfin. Or, si le succès des Japonais, tactique, leur a assuré la maîtrise de l'Océan pendant six mois et permis de conquérir le Sud-Est asiatique, la force stratégique de la flotte US – les porte-avions absents de leur base de décembre – reste intacte pour la future guerre aéronavale.

Les États-Unis dans la Seconde Guerre mondiale

Les Américains, les seuls à être **massivement** engagés sur les deux fronts à la fois, se situent au centre nerveux de la guerre.

Sur le front du Pacifique. Ils arrêtent l'avance japonaise dans la mer de Corail en mai et à la bataille de Midway en juin 1942. Puis ils partent à la reconquête de l'Océan, d'archipel en archipel, le général MacArthur par le sud, l'amiral Nimitz par le Pacifique central.

« **Germany first !** » Mais l'ennemi principal des États-Unis, c'est l'Allemagne. La puissance industrielle américaine est mise au service d'une stratégie frontale : préparer le débarquement là où le Reich est le plus puissant, en France, et le vaincre grâce à une telle supériorité de matériels que les pertes américaines soient minimes. Au total, l'industrie livre 8 millions de tonnes de vaisseaux de guerre, 10 millions de tonnes de vaisseaux marchands, 300 000 avions, 15 millions d'armes portatives ! Il faut du temps pour arriver à ces résultats. En attendant, les Américains acceptent la stratégie périphérique préconisée par Churchill, et conduisent le débarquement en Afrique du Nord en novembre 1942, celui en Sicile en juillet 1943 et dans la péninsule italienne en septembre. C'est le 6 juin 1944 que le **D Day** (le jour J) arrive enfin : le débarquement en Normandie est essentiellement une œuvre américaine...

La fin de la guerre : Hiroshima. La libération de l'Europe une fois acquise, en 1945, reste la guerre avec le Japon, qui s'annonce longue et meurtrière. Elle est brusquement écourtée par la décision de Truman, le successeur de Roosevelt : deux bombes atomiques sont lancées, l'une sur Hiroshima le 6 août, l'autre sur Nagasaki, le 9 août 1945. Grâce à son industrie et à sa science, le géant économique est devenu aussi un géant militaire qui a gagné la guerre, avec moins de 300 000 morts, soit 66 fois moins que l'U.R.S.S.

Manifestation de joie de la part des soldats japonais, le 7 décembre 1941, après l'attaque de Pearl Harbor.

L'extermination des Juifs est décidée
LA SOLUTION FINALE

L'année 1942 marque un tournant dans le déroulement de la Seconde Guerre mondiale, car c'est à partir de ce moment, où la puissance militaire allemande est à son apogée, que les dirigeants nazis décident de procéder à « la solution finale », c'est-à-dire à l'extermination planifiée et systématique des Juifs d'Europe.

À la base de la conception du monde véhiculée par l'idéologie nazie, il y a le racisme, selon lequel la race aryenne est supérieure à toutes les autres races.
Pour l'avenir de la nation allemande, tout dépend de la préservation de la pureté du sang aryen et de l'extension de ce peuple, seul capable de dominer le monde. Pour cela, il faut lui assurer un « espace vital » au détriment des autres populations qui lui sont inférieures. Dans cette vision, les Juifs sont accusés de vouloir contaminer les autres « races » et de désirer dominer le monde des affaires, de la presse ou de la politique. Ils sont, dans cette hiérarchie des races, des « parasites » à éliminer par excellence.

Les débuts de la persécution raciste

Lorsque Hitler prend le pouvoir en 1933, le parti nazi n'a pas de stratégie préétablie en matière de politique raciale.
De 1933 à 1939 la persécution prend deux formes. D'abord, les Juifs sont exclus d'un certain nombre de professions (fonction publique, numerus clausus dans les universités...) et séparés « biologiquement » des Aryens par les lois de Nuremberg (1935), proclamées au nom de « la pureté des races », qui interdisent les mariages mixtes et retirent aux Juifs leur citoyenneté. Ensuite, le gouvernement pousse à l'émigration : en 1933, il y avait 500 000 Juifs en Allemagne ; en 1938, il en reste 350 000. Après 1938, les persécutions s'aggravent : envoi en camps de concentration, expropriation et « aryennisation » des entreprises et des magasins, instauration d'une carte d'identité spéciale. La « nuit de cristal » (ce nom en raison du nombre de vitrines cassées), le 9 novembre 1938, marque un moment dramatique durant lequel les synagogues, les magasins et les maisons des Juifs sont pillés et des milliers de personnes arrêtées et déportées.

La guerre en 1942

L'Europe est désormais presque totalement sous la domination allemande. Seule l'Angleterre résiste et doit subir une guerre de bombardements.

La lutte se déroule également **en Méditerranée** pour le contrôle des grandes routes maritimes. L'« Afrikakorps » du maréchal Rommel refoule les troupes anglaises et alliées en Égypte, mais celles-ci sont victorieuses à la bataille d'El-Alamein (octobre-novembre 1942).

Sur le front de l'Est, l'hiver 1941-1942 est celui de la bataille de Moscou. Les Allemands arrivent à vingt kilomètres de la capitale soviétique mais ne peuvent s'en emparer, et le front doit reculer de deux cents kilomètres à l'ouest, en même temps que se met en place la guerre des partisans.

Ainsi, en 1942, **l'Allemagne** jusque-là victorieuse sur tous les fronts, **commence à faiblir.**

La décision du génocide

En 1939-1940, la répression se concentre surtout en Pologne, que le Reich vient de conquérir, et le « plan Madagascar », selon lequel des millions de Juifs devaient être envoyés dans l'île sous gouvernement SS, est mis au point, mais pas réalisé. En 1941, l'Allemagne, désormais en guerre contre l'U.R.S.S., est décidée à mener un double combat idéologique (anti-communiste) et biologique (les Juifs sont systématiquement associés aux bolcheviques). À cette date, les « groupes d'intervention », des unités spéciales de l'armée (environ 3 000 soldats), sont chargés de fusiller tous les « éléments indésirables » dans les territoires de l'Est. On estime

Auschwitz, en Pologne, près de Katowice : le plus grand camp d'extermination créé par les Allemands : entre 1940 et 1945, environ 4 millions de prisonniers y moururent. C'étaient essentiellement des Juifs et des Polonais.

La grande rafle des familles juives dans le ghetto de Varsovie, à l'été 1942. Elles seront envoyées dans le camp de Treblinka.

à 750 000 les victimes de ces massacres, de l'été 1941 à janvier 1942.

À l'automne, la décision d'anéantir de manière définitive tous les Juifs est prise. Cette question est débattue pendant la Conférence de Wannsee, le 20 janvier 1942, sous la présidence de Heydrich et en présence de Eichmann, chargé d'organiser le déroulement de l'opération.

Six années de génocide

L'extermination des Juifs (la *Shoah*). Les premiers Juifs touchés sont ceux de Pologne (3 000 000), d'Allemagne (120 000), des pays Baltes (plus de 200 000), d'U.R.S.S. (plus de 700 000), de Tchécoslovaquie (60 000) et d'Autriche (50 000), puis de France (75 000), de Belgique (24 000), de Hollande (100 000), de Yougoslavie (60 000), de Norvège (1 000) et de Grèce (60 000). En 1943 commencent la déportation des Juifs italiens (9 000) et en 1944 celle des Juifs hongrois (180 000). Au total 5 100 000 victimes. L'année la plus catastrophique est 1942 durant laquelle 2 700 000 personnes périssent. Ont été sauvés les Juifs du Danemark, de la Suède et de la Bulgarie.

Les Tsiganes, aussi. 250 000 Tsiganes furent également exterminés, soit le tiers de cette population vivant en France, Belgique, Allemagne et Hongrie en 1939. Pour l'armée allemande, les Tsiganes « doivent être traités comme les Juifs ».

Malades et handicapés. Les malades mentaux, les handicapés ou les invalides furent éliminés par euthanasie. On estime à 130 000 les victimes de cette politique visant à détruire les « éléments malsains et inutiles de la société ». Ils étaient d'abord triés dans les hôpitaux, puis envoyés dans des centres d'extermination (six instituts d'euthanasie sur tout le territoire), enfin exécutés soit par la morphine, soit par le gaz et leurs cadavres brûlés dans les fours crématoires.

Les Slaves, « Peaux-Rouges ». Les Slaves, enfin, sont considérés par les nazis comme des « sous-hommes ». Hitler disait qu'il fallait les traiter comme des « Peaux-Rouges ». Les élites polonaises sont décimées dès 1939 (officiers, clergé et intellectuels) et, sur 5 700 000 prisonniers soviétiques entre 1941 et 1945, on compte 3 300 000 morts, ce qui constitue la preuve évidente d'une politique délibérée d'anéantissement.

Cadavres de déportés exterminés dans les camps.

L'horreur : l'extermination dans les chambres à gaz

Une véritable industrie de la mort se met alors en place, dans les « camps d'extermination ». Les chambres à gaz de ces camps fonctionnent d'abord avec le produit des pots d'échappement de camions (ainsi à Chelmno), ou avec un puissant insecticide, le Zyklon B (à Belzec, Sobibor, Treblinka, Auschwitz-Birkenau et Lublin-Maïdanek). Les premiers de ces camps fonctionnent de 1941 à 1944, avec pour seul objectif l'extermination des prisonniers.

Le processus de la mise à mort est bien connu et incontestable : les gens sont directement conduits des trains aux chambres à gaz, présentées à eux comme des salles de douches. Des capsules de Zyklon B sont répandues dans les tuyauteries et provoquent l'asphyxie. À l'ouverture des portes, les cadavres sont dépouillés de tous leurs objets précieux (dents en or, lunettes et même cheveux) qui doivent servir dans l'industrie allemande. Les corps sont ensuite brûlés dans des fours crématoires ou, à la fin de la guerre lorsque les cadences sont accélérées, enterrés dans des fosses communes.

D'autres camps (ainsi Auschwitz et Lublin) ne sont pas voués seulement à l'extermination : aux victimes (juives, mais aussi tsiganes) des chambres à gaz se mêlent des prisonniers politiques ou de droit commun, des homosexuels, des témoins de Jéhovah... Dépouillés de tout souvenir personnel, vêtus d'uniformes rayés, désignés par un numéro tatoué sur l'avant-bras, ils doivent supporter un travail harassant et les tortures infligées par leurs geôliers. Ces conditions de vie assorties d'une sous-alimentation organisée et d'épidémies provoquent une mortalité allant jusqu'à 90 pour cent.

Au total, de 10 à 12 millions de personnes passent par ces camps de la mort (au nombre de 1 000 dans toute l'Europe) et plus de 7 millions de personnes y disparaissent, dont plus de 5 millions de Juifs.

→ **Voir aussi :** p. 250-251 (Hitler).

Une bataille qui marque le tournant de la guerre

STALINGRAD

Le 2 février 1943, von Paulus, général en chef de la VIᵉ armée allemande, capitule devant Stalingrad. Avec lui, ce sont 90 000 hommes qui sont faits prisonniers, dont 2 500 officiers et 24 généraux, et 20 000 blessés.

Les lettres qu'a saisies la censure allemande montrent l'ampleur du traumatisme constitué par ces sept mois d'une bataille sans merci. Au-delà, cette première défaite d'envergure marque le véritable tournant de la Seconde Guerre mondiale, qu'il s'agisse des rapports de forces entre les belligérants ou parmi les Alliés.

Une décision contestée

Dans sa directive n° 41 du 5 avril 1942, Hitler précise les objectifs d'une nouvelle campagne sur le front de l'Est, après la très rapide progression de l'été précédent, mais aussi les déboires des mois suivants. Il s'agit donc au nord de prendre Leningrad, au centre de maintenir les positions acquises et au sud d'opérer une percée vers les champs pétrolifères du Caucase, tout en coupant la Volga à Stalingrad, axe nord-sud d'une importance majeure pour le ravitaillement des troupes soviétiques.

Acquis à une stratégie défensive, les principaux militaires allemands sont très réticents et plaident en vain pour une consolidation des positions. Il faut dire que la situation de l'U.R.S.S. s'est singulièrement améliorée. La production militaire croît rapidement ; l'armée gagne en efficacité, avec l'abolition, en octobre 1942, de l'institution des commissaires politiques et la nomination de Joukov pour diriger les opérations de Stalingrad et du Don. Au plus fort de la lutte, deux millions de soldats – un million dans chaque camp – se feront face à Stalingrad, devenue, au sortir de l'été, l'objectif prioritaire de Hitler.

Le tournant de la guerre

À l'été 1942, l'Allemagne est au faîte de sa puissance en Europe, en Afrique du Nord et au Proche et Moyen-Orient. Le second semestre marque le tournant de la guerre.

Si la bataille de Stalingrad, par l'ampleur des forces engagées, constitue bien la première défaite d'envergure de la Wehrmacht, **Rommel a déjà dû battre en retraite à El-Alamein,** le 3 novembre 1942, quelques jours avant le débarquement allié en Afrique du Nord.

Dans le même temps, **les Japonais ont aussi atteint leurs limites.** En juin 1942, ils connaissent leur première défaite navale face aux Américains, à **Midway,** et bientôt ils doivent évacuer **Guadalcanal,** pointe extrême de leur avancée, au nord de la Nouvelle-Calédonie.

Des combats dramatiques

Stalingrad est une grosse ville industrialisée de la basse Volga, sur la rive droite du fleuve, au débouché d'une vaste plaine steppique. A priori très vulnérable, elle constitue un important nœud de communications. La bataille qui s'y engage à la fin juin 1942 connaît deux phases : l'offensive allemande jusqu'au 18 novembre, puis la contre-offensive soviétique jusqu'à la capitulation du 2 février 1943.

À l'été, l'avancée allemande semble irrésistible contre une ville prise en tenailles par deux armées qui opèrent leur jonction le 2 septembre. Le front passe à quelques kilomètres de la ville. Chaque rue, chaque usine, chaque maison devient l'objet de combats dramatiques. À cette résistance opiniâtre et héroïque, les Soviétiques ajoutent une flexibilité tactique qui associe une défense en profondeur, des réactions immédiates sur les flancs et des attaques massives et concentrées. Les Allemands sont pris au piège de leur tactique, puisque l'avancée des blindés fragilise la VIᵉ armée qui s'est engouffrée dans la brèche mais dont les liens avec l'arrière sont dès lors fort ténus.

Les combats acharnés se déroulent à l'intérieur même de Stalingrad, dans les usines et les rues en ruine.

Prisonniers allemands souffrant de membres gelés, à la fin de la bataille.

Pour la contre-offensive soviétique lancée les 19-20 novembre sur le front du Don par Rokossovski, et sur le front de Stalingrad par Eremenko, il s'agit, en premier lieu, de rompre ces liens. Ce sont alors près de 60 divisions qui se font face, mais les Soviétiques ont une supériorité constante à chaque point d'impact. Au moment même où Hitler, à la fin janvier 1943, inonde les hommes du front de décorations, von Paulus donne l'ordre de ne plus alimenter les blessés, faute de liens avec l'arrière pour l'évacuation et le ravitaillement.

Des erreurs lourdes de conséquences

Comme on le voit, les causes de la défaite allemande sont multiples. Il faut déjà les rechercher dans le changement de nature de la guerre depuis l'automne 1941. Le temps n'est plus au *Blitzkrieg :* la très rapide progression de l'été 1941 avait déjà été démentie par les déboires de l'automne suivant et de l'hiver 1941-1942 ; l'immensité de l'espace à conquérir et le terrible froid des deux hivers successifs interviennent pour beaucoup dans la défaite allemande, qui trouve aussi sa source dans l'héroïsme des combattants soviétiques, militaires et civils. Mais, sans de grosses erreurs allemandes, le désastre serait resté une défaite, voire un repli organisé.
À l'origine, Stalingrad n'est pour Hitler qu'un objectif second ; la résistance soviétique, la charge symbolique d'une ville qui porte le nom de Staline expliquent sans doute son acharnement, et ce changement de priorité. Son refus de tout repli s'appuie en outre sur une nouvelle erreur d'appréciaton de Göring, qui a garanti que la *Luftwaffe* pourrait assurer le ravitaillement de la VIe armée encerclée. C'est enfin au nom de la discipline que von Paulus obéit jusque très tardivement aux ordres de Hitler, y compris quand, le 19 décembre, les blindés de Hoth se trouvant à une cinquantaine de kilomètres seulement, il pourrait encore tenter une percée pour opérer une jonction.

Une défaite aux effets considérables

Les conséquences de cette victoire soviétique sont majeures. Elle s'inscrit déjà dans une contre-offensive généralisée qui desserre l'étau allemand sur le Caucase, tandis que tout au nord, en janvier, si Leningrad reste assiégée, un couloir de 10 km permet de ravitailler la ville. La Wehrmacht ne cessera plus de reculer, sauf pour une courte contre-offensive sur Kharkov.
À une autre échelle, Stalingrad constitue la première défaite d'envergure pour des Allemands qui seront condamnés à concentrer sur le front de l'Est l'essentiel de leurs forces. Les plus fragilisés dans le camp de l'Axe sont les alliés de l'Allemagne. Quant aux pays qui étaient tentés de s'engager à ses côtés, ils se replient dans une position d'attente.
Les conséquences sont énormes aussi pour le vainqueur. En U.R.S.S. même, le culte de Staline devient un puissant facteur de cohésion du système, quitte à oublier les responsabilités du chef dans les défaites du premier semestre 1941. Mais, à l'extérieur aussi, l'image de l'U.R.S.S. et celle de Staline s'améliorent considérablement dans les opinions publiques, et la résistance communiste dans les territoires occupés s'en trouve singulièrement renforcée. Enfin, dans ce qui marque le véritable point de départ de la contre-offensive généralisée, Staline, qui supporte le poids le plus important de la guerre, apparaît en position de force face à Churchill et à Roosevelt, ce qu'enregistrera, à la fin de 1943, la conférence de Téhéran.

La guerre sur le front Est : la campagne de Russie

22 juin 1941 : l'« opération Barbarossa ». L'Allemagne attaque l'U.R.S.S. Les relations entre les deux pays s'étaient détériorées pendant l'hiver précédent. Hitler, qui a toujours désigné les terres de l'Est comme un champ d'expansion naturel pour l'Allemagne, espère y trouver les richesses agricoles et industrielles nécessaires à un conflit long.

16 novembre-5 décembre 1941 : la bataille de Moscou. La Wehrmacht arrive à moins de 20 km de la capitale soviétique.

Mai-septembre 1942 : la seconde offensive. Elle commence en mai par la conquête de l'Ukraine (prise de Kharkov, important centre métallurgique) et se poursuit au cours de l'été par l'occupation de la Crimée et des terres entre Don et Volga et jusqu'au Caucase. Dans ce contexte se situe la bataille de Stalingrad, limite orientale du front, à partir de juin 1942.

Février 1943 : la capitulation allemande à Stalingrad.

1943 : la contre-offensive soviétique. L'Armée rouge repousse la Wehrmacht jusqu'au Dniepr.

27 janvier 1944 : la fin du blocus de Leningrad. La ville était cernée depuis 870 jours.

Printemps-été 1944 : l'offensive finale soviétique. La totalité du territoire soviétique est reconquise au printemps ; l'Armée rouge pénètre en Pologne en juillet-août ; en Roumanie, en Bulgarie et en Hongrie entre septembre et décembre.

16 avril 8 mai 1944 : la bataille de Berlin. Les Soviétiques ont pris Vienne en mars et opéré leur jonction avec les forces alliées à la fin de mars et au début d'avril. Les premiers soldats entrent le 2 mai dans la ville. La capitulation allemande y est signée, le 8, huit jours après le suicide d'Hitler.

Les Alliés débarquent en Europe

LA LIBÉRATION

À l'aube du 6 juin 1944, en Normandie, trois divisions aéroportées sautent dans les environs de Caen et de Carentan, suivies peu après par le débarquement sur le littoral de cinq divisions d'assaut, entre Ouistreham et la côte ouest du Cotentin : la libération de l'Europe commence.

Depuis 1942, l'ouverture d'un second front à l'ouest est à l'ordre du jour chez les Alliés. Après des discussions serrées entre Britanniques et Américains, les premiers préférant une stratégie périphérique, les seconds partisans d'une opération frontale contre la Wehrmacht, la décision est arrêtée lors des conférences *Trident* (Washington, mai 1943) et *Quadrant* (août 1943). Les plans alliés prévoient un débarquement sur les côtes françaises au printemps 1944, suivi de la destruction du corps de bataille allemand et de la libération de l'Europe occidentale, puis d'une offensive d'ensemble contre l'Allemagne dont les Alliés saisiraient les centres vitaux. Ainsi, le Reich serait contraint à capituler sans conditions, conformément au mot d'ordre fixé par Roosevelt et Churchill à Casablanca en janvier 1943.

L'opération « Overlord »

Dès lors les préparatifs de l'opération *Overlord* (nom de code du débarquement) sont menés méthodiquement et minutieusement sous la conduite du général Eisenhower, nommé commandant en chef de l'expédition.

Le jour J est finalement fixé au 6 juin, l'objectif étant d'établir une solide tête de pont sur la côte normande du Calvados et du sud du Cotentin. C'est là, en effet, que débarquent ou sont parachutées les premières vagues d'assaut britanniques, canadiennes et américaines, sans que les Allemands, surpris, parviennent à les rejeter à la mer.

Une foudroyante avancée

À ce moment commence sur le sol de la Normandie une dure bataille statique qui oppose pendant des semaines les deux adversaires, jusqu'au jour où les blindés américains réussissent à percer les lignes allemandes dans la région de Saint-Lô.

Dès lors, c'est une avance torrentielle en direction de la Bretagne et de la Loire, en dépit de violentes contre-attaques allemandes (mais une partie des divisions utilisées pour cette opération est enfermée dans la poche de Falaise). Partout la Wehrmacht doit battre en retraite. La route de Paris est ouverte : le 25 août, la capitale est libérée par l'action conjointe de la Résistance et de la 2e division blindée du général Leclerc, et le général de Gaulle s'y installe comme chef du Gouvernement provisoire de la République française.

Au même moment, les troupes franco-américaines effectuent un débarquement réussi sur les côtes de Provence, puis s'engouffrent dans la vallée du Rhône : Marseille et Nice sont libérées le 28 août, Lyon le 3 septembre, Dijon le 11 septembre. Cependant que sur tout le territoire français situé au sud de la Loire et à l'ouest du Rhône les occupants sont chassés par les Forces françaises de l'intérieur et qu'au nord de la Seine les Anglo-Canadiens avancent à marches forcées, atteignant Lille et Bruxelles le 3 septembre.

L'Europe libre

Sur le front de l'Est, l'Armée rouge a déclenché de son côté, le 22 juin, une formidable offensive, qui, après avoir enfoncé tout le centre du dispositif allemand, l'a portée sur la Vistule (mais sans secourir Varsovie insurgée où la résistance polonaise est abandonnée à son sort).

Durant l'automne, tandis que la Wehrmacht reconstitue à l'ouest une ligne de défense des Vosges à la Meuse et au Rhin et tente même une ultime contre-offensive dans les Ardennes, l'Armée rouge accentue son avance, pénétrant en Hongrie et en Yougoslavie,

La fin de l'histoire : après la bataille d'Avranches, où 2 000 Allemands sont faits prisonniers, les vaincus sont poussés sur les routes par les troupes américaines. Les libérateurs tâchent alors de se frayer un passage de la Normandie vers la Bretagne.

Aspects logistiques du débarquement

Le débarquement du 6 juin 1944 constitue la plus grande opération amphibie de tous les temps.

Sont groupés en une immense armada un premier échelon de 50 000 hommes acheminés les uns par mer dans des chalands de débarquement, les autres par air (parachutistes et planeurs en trois divisions aéroportées) et dotés d'un matériel considérable (1 500 chars, 3 000 canons, 13 000 véhicules). L'expédition est protégée par une flotte de 500 navires de guerre (dont 6 cuirassés, 23 croiseurs, 148 destroyers) et par une force aérienne de 500 avions.

Afin de tromper les Allemands sur le lieu réel du débarquement en leur faisant croire que l'attaque principale aurait lieu sur la côte du Pas-de-Calais, les stratèges alliés ont monté une opération d'intoxication : c'est le plan Fortitude.

*Enfin, l'infrastructure d'*Overlord *s'accompagne de deux ports artificiels, remorqués à travers la Manche et arrimés à la côte à Arromanches et à Saint-Laurent-sur-Mer, ainsi que d'un oléoduc sous-marin destiné à acheminer le carburant de l'île de Wight à Port-en-Bessin.*

Le débarquement en Normandie : soldats américains courant entre les brise-lames et les chevaux de frise, sous le feu de l'ennemi.

La fin de la guerre

De juin 1944 au printemps 1945, sous les coups de boutoir des Anglo-Américains à l'ouest et des Soviétiques à l'est, **les armées allemandes se disloquent.**

Tandis que **Hitler se suicide** le 30 avril 1945 dans son *bunker* et que Berlin est prise le 2 mai par l'Armée rouge, **l'amiral Dönitz,** successeur du Führer, **capitule sans conditions.**

La capitulation japonaise suit de peu. Avant même que soit lancée, le 6 août 1945, la première bombe atomique sur Hiroshima et que, le 8 août, l'U.R.S.S. déclare la guerre, le Japon est à bout de souffle. Le 15 août, l'empereur Hirohito proclame la fin des hostilités, mais l'acte de capitulation n'est signé que le 2 septembre.

atteignant le territoire allemand en Prusse-Orientale en janvier 1945, libérant le camp d'Auschwitz le 27 janvier.

À l'ouest, après que les Trois Grands, à la conférence de Yalta (4-11 février), ont jeté les bases de l'Europe de l'après-guerre (sort de l'Allemagne et de la Pologne, zones d'influence dans les Balkans, organisation des Nations unies), Américains, Britanniques et Français reprennent l'offensive en février 1945. Ils franchissent le Rhin, encerclent la Ruhr et arrivent jusqu'en Autriche et en Tchécoslovaquie. Ce pays, qui avait été le premier à être occupé en 1939, est le dernier à être libéré en mai 1945, en même temps que les Pays-Bas, le Danemark et la Norvège.

La joie de la Libération : l'accueil de la population aux soldats américains, à Paris, en août 1944

Les chefs d'État et les hommes politiques alliés

Winston Churchill (1874-1965) a déjà une longue carrière politique derrière lui (il a été de nombreuses fois ministre) lorsqu'il devient Premier ministre, le 10 mai 1940. Chef incontesté de l'Angleterre en guerre, partisan d'une lutte à outrance, il dirige avec énergie la diplomatie et la stratégie de son pays jusqu'à la victoire, mais, désavoué aux élections de 1945, il doit quitter le pouvoir.

Franklin Roosevelt (1882-1945), élu président des États-Unis en 1932, a d'abord conduit une politique intérieure de redressement et de modernisation : le *New Deal.* Favorable à la cause des démocraties (loi prêt-bail de mars 1941), signataire de la charte de l'Atlantique, il doit faire face à l'attaque japonaise sur Pearl Harbor, qui provoque l'entrée en guerre des États-Unis. Réélu pour la 4e fois en 1944, il s'efforce de préserver de bonnes relations avec l'U.R.S.S. Il meurt le 12 avril 1945.

Joseph Staline (1879-1953) dirige l'U.R.S.S. d'une main de fer depuis 1928. Dictateur rusé et habile, il a beau signer en août 1939 un pacte de non-agression avec l'Allemagne hitlérienne, celle-ci se lance à l'attaque de l'U.R.S.S. le 22 juin 1941. Dans le gigantesque affrontement qui s'ensuit, Staline, promu maréchal, prend la tête des armées soviétiques. La victoire de 1945 consacre l'U.R.S.S. comme une superpuissance et renforce la dictature de Staline jusqu'à sa mort en 1953.

Charles de Gaulle (1890-1970), nommé général de brigade au printemps 1940, lance de Londres, le 18 juin, un appel historique à la résistance. Chef de la France libre, il consacre tous ses efforts de patriote intransigeant à rétablir la France dans son intégrité et sa grandeur. Président du Gouvernement provisoire, il démissionne peu après la Libération (20 janvier 1946).

Le partage du monde n'a pas eu lieu

YALTA

Au début de 1945, alors que la Seconde Guerre mondiale n'est pas terminée, les dirigeants des trois puissances qui sont sur le point de la gagner, Roosevelt, Staline, Churchill, se rencontrent pour préparer la paix.

Leur conférence a lieu du 4 au 11 février 1945 en U.R.S.S., en Crimée, à Yalta. Là, jamais si peu d'hommes n'ont pris tant de décisions pour un si grand nombre d'êtres humains. Quant à dire qu'ils se sont partagés le monde ou même seulement l'Europe, c'est admettre une légende qui ne correspond nullement à la réalité.

L'Amérique contre le partage

Churchill et Staline se sont vus à Moscou quelques mois plus tôt, en octobre 1944. Roosevelt empêché, l'Anglais et le Soviétique ont réparti des pourcentages d'influence entre les Occidentaux et l'U.R.S.S. dans les pays du Sud-Est européen. C'est avec ce projet de partage, limité à la partie balkanique et danubienne du continent, que l'on confond souvent les conclusions de Yalta. Or, le président des États-Unis est en total désaccord avec ce type de pratique, caractéristique de la vieille diplomatie européenne. À ses yeux, une conférence à trois s'impose d'urgence. Aussi accepte-t-il, bien que malade et affaibli, de faire un voyage long et éprouvant en U.R.S.S., Staline ayant fait savoir que la conduite de la guerre en Europe orientale l'empêchait de quitter son territoire.

Roosevelt et Churchill se rencontrent au préalable à Malte, dans la journée du 2 février, pour se concerter. Le soir, les deux délégations, fort imposantes, décollent vers l'Est. La conférence débute le 4, dans une atmosphère chaleureuse : l'euphorie est partagée par les trois Grands, à la veille de la victoire commune contre l'ennemi.

Des intérêts divergents

Staline compte obtenir pour son pays exsangue et délabré des réparations allemandes massives. Il entend surtout constituer et faire accepter un glacis défensif en Europe orientale, une zone d'influence aux portes de l'U.R.S.S., afin de prévenir tout risque de nouvelle invasion militaire. Ses atouts sont considérables : ses soldats sont présents dans tout l'est du continent et, en février, ils ont réussi à pénétrer au cœur de la Prusse, sur

De Yalta à Hiroshima : l'année 1945

Cinq mois après Yalta, plus de deux mois après la capitulation allemande, se tient, **en juillet-août 1945, la conférence de Potsdam.** Le nouveau président des États-Unis, **Harry Truman,** se trouve en meilleure position que son prédécesseur Roosevelt pour résister aux exigences de Staline. Si, au moment de Yalta, l'U.R.S.S. possédait la plus grande armée du monde, le rapport de forces bascule le 16 juillet. Truman reçoit un télégramme lui annonçant que **la première expérience atomique** de l'histoire avait réussi dans le désert du Nouveau-Mexique, à Alamogordo.

Trois semaines plus tard, le 6 août, à 8 h 15 min 17 s, le colonel Tibbets, survolant **Hiroshima**, au Japon, fait ouvrir les portes de la soute de son B 29 baptisé Enola Gay. **La bombe à uranium Little Boy est larguée.** La ville est d'abord illuminée par une immense boule de feu, puis secouée comme par un tremblement de terre, avant de disparaître sous un gigantesque champignon de nuages blanchâtres s'élevant à 15 000 mètres d'altitude, et visible à 500 km à la ronde. Trois jours plus tard, **Nagasaki** connaît le même sort, ce qui décide les Japonais à accepter la capitulation.

De gauche à droite : Winston Churchill, Franklin D. Roosevelt et Joseph Staline, à la conférence de Yalta, en février 1945.

Roosevelt et Churchill, en conférence privée lors de la signature des accords de Yalta.

l'Oder, à 70 km de Berlin, alors qu'à l'ouest les Anglo-Saxons, retardés par la contre-offensive allemande des Ardennes, n'ont pas encore franchi le Rhin.

Churchill est inquiet de cette situation. Il sent que l'Angleterre ne fait pas le poids entre les deux géants et souhaite que la France soit associée aux décisions.

Quant à Roosevelt, il se rend à Yalta en demandeur : la guerre contre le IIIe Reich est sur le point de se terminer, mais non celle contre le Japon ; Roosevelt veut obtenir l'engagement des Soviétiques dans la guerre contre l'Empire nippon. D'autre part, il ne perçoit de paix durable que si les Grands continuent de s'entendre dans le cadre d'une institution internationale plus efficace que la Société des Nations créée en 1919. Or, son projet d'Organisation des Nations unies bute sur un obstacle : les Soviétiques veulent y détenir 16 voix, une pour l'U.R.S.S. et une pour chacune des 15 républiques qui la constituent.

Le partage de l'Europe : une longue partie d'échecs (1944-1949)

Le partage de l'Europe, s'il n'a pas été décidé à Yalta, est le résultat d'une longue évolution, d'une véritable partie d'échecs commencée quelques mois avant Yalta et terminée quatre années plus tard.

Soviétiques ou alliés ? L'influence du libérateur. Les pions commencent à se répartir sur l'échiquier européen dès 1944, au gré et au rythme des positions que conquièrent les forces anglo-saxonnes à l'Ouest et soviétiques à l'Est dans leur combat contre l'Allemagne nazie. Les régimes futurs des pays sont grandement conditionnés par la couleur de l'armée libératrice ou occupante. Rien d'automatique cependant : l'Autriche, par exemple, dont la partie orientale fut tenue par les Soviétiques, n'est pas divisée en deux comme l'Allemagne après la guerre ; elle peut choisir un régime économique et politique libéral.

La formation du glacis soviétique. Ce n'est le cas ni de la Bulgarie, ni de la Roumanie, ni de la Pologne, pièces maîtresses du glacis soviétique, qui n'ont pas droit, après 1945, aux « élections libres » prescrites à Yalta. En revanche, en Hongrie et en Tchécoslovaquie, pions de la seconde ligne par rapport aux frontières de l'U.R.S.S., rien n'est joué d'avance. Dans ces deux pays, un scrutin régulier est organisé. Il faut quatre ans pour que les communistes hongrois, minoritaires en 1945 (17 % des voix), noyautent l'État et grignotent le pouvoir ; et c'est en février 1948 seulement, lors du « coup de Prague », qu'est rompue dramatiquement la collaboration des communistes et des non-communistes, en Tchécoslovaquie.

La fin du partage : l'Allemagne et la Grèce. Les dernières régions partagées sont l'Allemagne, après la crise de Berlin en 1948-1949, et la Grèce, où, au même moment, la guerre civile se termine par la défaite des communistes. Dès lors, à partir de 1949, il n'y a plus de case sur l'échiquier européen où les deux joueurs puissent avancer leur roi. En termes de jeu d'échecs, on dit que la partie se termine par un « pat ». L'échiquier européen resta ainsi bloqué pendant quarante ans...

Staline, le grand vainqueur de la conférence

Après une semaine de négociations, Roosevelt obtient satisfaction sur ces deux points. Staline promet l'entrée en guerre son pays contre le Japon trois mois après la capitulation allemande. Quant à l'O.N.U., le projet est définitivement mis au point à Yalta et les Soviétiques rabaissent leurs prétentions, en acceptant d'être représentés par trois voix. La France obtient une zone d'occupation en Allemagne aux côtés des trois Grands. Mais le grand vainqueur est Staline. Il se fait accorder par Roosevelt la moitié des réparations allemandes, fait admettre que le gouvernement de la Pologne sera essentiellement constitué par les membres de l'équipe que ses troupes ont installée à Varsovie auxquels seront adjoints quelques ministres polonais de Londres, et il commence ainsi à construire le glacis défensif qu'il espère.

Ce triomphe sanctionné à Yalta ne doit pas faire illusion : de fait, les Occidentaux n'ont rien abandonné à l'U.R.S.S. qu'elle ne détînt déjà par la force des armes. Ce que l'on attribue mythiquement à « l'ordre de Yalta » était en réalité déjà inscrit sur le terrain, et Yalta fut plutôt une vaine tentative pour enrayer un engrenage bien enclenché.

Les armées soviétiques dans Berlin en ruine, en juin 1945.

→ **Voir aussi :** p. 276-277 (coup de Prague).

1947

La décolonisation commence en Asie

L'INDÉPENDANCE DE L'INDE

À l'issue de la Seconde Guerre mondiale, la première vague de décolonisation commence en Asie. L'Inde, fleuron de l'Empire britannique, retrouve son indépendance en 1947. La Grande-Bretagne accepte à temps une évolution devenue irréversible et évite une guerre d'indépendance. Néanmoins, les oppositions entre les différentes communautés regroupées dans l'empire des Indes provoquent déchirements et violences.

En 1947, la situation est peu favorable aux puissances européennes et au maintien de leur domination coloniale. La guerre les a considérablement affaiblies et a porté un rude coup à leur prestige en montrant qu'elles n'étaient pas invincibles. De plus, les grands vainqueurs, les États-Unis et l'Union soviétique, sont hostiles au colonialisme européen.

L'Inde en 1947

« Perle de la Couronne britannique » depuis Victoria, proclamée impératrice en 1877, l'Inde compte, à partir de la fin du XIXe siècle, une élite nombreuse et capable, formée dans les écoles anglaises et rassemblée, à partir de 1885 dans le parti du « **Congrès national indien** ».

Tout d'abord, cette élite demande seulement d'être admise aux postes de responsabilité. Puis, pendant la première moitié du XXe siècle, **la personnalité du Mahātmā Gāndhī** (1869-1948), avocat hindouiste de grand charisme, infléchit le mouvement. Il devient un phénomène de masse, lutte pour l'indépendance et l'égalité entre les hommes, mais n'accepte, pour y parvenir, que des moyens non-violents : boycott des marchandises britanniques, grèves de la faim, etc. Aux côtés de Gāndhī, un de ses disciples prend progressivement de l'importance : **Jawaharlāl Nehru** (1889-1964), qui incarne l'aile progressiste du parti du Congrès.

Face à ces nationalistes, la Grande-Bretagne oscille entre répression et concessions jusqu'en 1945, date à laquelle commencent les négociations qui conduisent à l'indépendance de l'Inde.

La domination coloniale remise en cause

Dans les pays colonisés, la guerre, aggravant la misère, a envenimé une situation déjà tendue. Les élites indigènes, qui ont appris à l'école des Européens la valeur des idées de liberté et de justice, voudraient les voir enfin appliquées dans leur pays et dénoncent le pouvoir des colonisateurs qui les tiennent à l'écart des responsabilités. En Inde, ces élites demandaient depuis la fin du XIXe siècle à être associées au gouvernement de leur pays ; elles ont radicalisé leur position pendant la Seconde Guerre mondiale et réclamé l'indépendance immédiate. Les autorités anglaises remettent la question à l'après-guerre.

Un désengagement rapide et pragmatique

La paix revenue, la Grande-Bretagne accepte de négocier l'indépendance de l'Inde : elle est la première puissance coloniale européenne qui, malgré l'importance des intérêts en jeu, sait accepter à temps l'inéluctable. Elle y est aidée par l'expérience préalable de décolonisation de ses anciennes colonies à peuplement européen (Canada, Australie...) : les succès du *Commonwealth,* l'union dans laquelle la Grande-Bretagne et ces pays devenus indépendants sont rassemblés depuis 1931 montrent qu'il est possible d'accorder l'indépendance politique aux colonies et de maintenir avec elles des liens commerciaux et financiers avantageux.

Indépendance et partition

Dès juillet 1945, le nouveau gouvernement britannique, présidé par le travailliste Attlee, entame les négociations qui doivent conduire à l'indépendance. Mais le processus est retardé par les graves antagonismes religieux et politiques qui opposent les deux principales communautés religieuses : hindouiste et musulmane. Le « parti du Congrès », qui réunit les élites hindouistes dirigées par Gāndhī et Nehru, est favorable au maintien de l'unité indienne après l'indépendance. La « Ligue musulmane », menée par Muhammad Ali Jinnah, demande que l'on tienne compte de la répartition des communautés religieuses dans la péninsule indienne et qu'y soient

À Calcutta, en 1946, des émeutes se produisent, prélude aux affrontements entre communautés qui suivront l'indépendance.

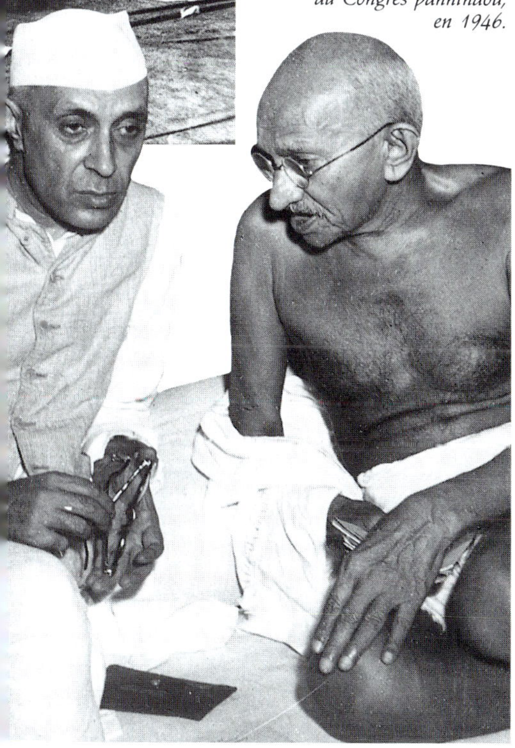

Le pandit Nehru (à gauche) et le Mahātmā Gāndhī (à droite) au Congrès panhindou, en 1946.

La conférence de New Dehli, en 1947 : de gauche à droite, Nehru, lord Ismay, de lord Mountbatten, M.A. Jinnah, premier chef de l'État du Pakistan.

Le subcontinent indien depuis l'indépendance

La République de l'Inde. Nehru est le président de la République de l'Inde ou Union indienne, jusqu'en 1964. Il met en œuvre un socialisme modéré : on appelle « voie indienne » ce modèle souple de développement. Au début des années 1960, deux guerres ont lieu : contre la Chine, en 1962 (pour la délimitation des droits des deux pays sur le Tibet) ; contre le Pakistan en 1965 (pour la domination sur le Cachemire). Entre 1966 et 1977, puis de 1980 jusqu'à sa mort, Indira Gāndhī, fille de Nehru, gouverne le pays : les réformes mises en œuvre ne résolvent pas tous les graves problèmes sociaux, religieux et politiques du pays – inégalités sociales et régionales, conflits entre communautés religieuses – et conduisent à l'assassinat d'Indira Gāndī par un membre sikh de sa garde personnelle, en 1984. Depuis, la situation reste tendue.

Le Pakistan. En 1947, il est constitué de deux provinces musulmanes séparées par plus d'un millier de kilomètres : le Pakistan occidental et le Pakistan oriental. Réduit depuis 1971 à sa partie occidentale, il vit, entre 1978 et 1988, sous la dictature du général Zia et, après cette date, il est gouverné démocratiquement par une femme, Benazir Bhutto, renversée en 1990.

Le Bangladesh. Née quatorze ans après la partition, de la sécession de la partie orientale du Pakistan, la République du Bangladesh a souffert à plusieurs reprises, depuis sa fondation, d'inondations catastrophiques et de famines meurtrières.

découpés deux États séparés, l'un pour les hindous, l'autre pour les musulmans.

Devant la multiplication des affrontements entre communautés, le parti du Congrès doit accepter le principe de la partition. Les Britanniques tentent d'arbitrer la situation. Ils chargent donc le vice-roi, lord Mountbatten, d'établir un plan de partage et d'assurer le transfert de souveraineté. Ce plan de partition aboutit le 15 août 1947 à la création de deux États indépendants : le Pakistan, à majorité musulmane (composé de deux provinces séparées par 1 700 km : le Pakistan occidental et le Pakistan oriental) et l'Union indienne, à majorité hindouiste.

Un partage dans la violence

Le découpage des nouvelles frontières nécessite des transferts de population : 7 millions de musulmans quittent l'Union indienne et 10 millions d'hindouistes fuient le Pakistan. Cet exode s'accomplit dans un déchaînement de passion et de violence, malgré les appels au calme de Gāndhī, qui tente de prêcher la tolérance à toutes les communautés. La partition de l'Inde provoque donc une véritable guerre civile qui se solde par plusieurs dizaines de milliers de morts, victimes des fatigues de l'exode ou de massacres. Le 30 janvier 1948, des extrémistes hindouistes qui n'acceptent pas la partition assassinent Gāndhī, symbole du compromis et de la recherche de la paix.

Ainsi, le désengagement britannique, qui se voulait pragmatique (substituant une influence indirecte à une domination coloniale devenue incertaine, laisse le champ libre à des antagonismes religieux que la présence coloniale avait auparavant attisés, en divisant pour mieux régner. La partition devenue

La partition de l'Inde.

inévitable ne suffit pas à régler tous les problèmes de minorités religieuses et tous les litiges frontaliers ; la domination du Cachemire demeure un grave sujet de dispute entre l'Union indienne et le Pakistan, bien au-delà de 1947.

Malgré ces difficultés, une première étape – essentielle – est franchie dans l'histoire de la décolonisation. D'autant plus que, désormais, l'Inde soutient activement la cause des autres pays colonisés en quête d'indépendance.

L'Europe de l'Est sera sous influence soviétique

LE COUP DE PRAGUE

En 1945, la Tchécoslovaquie reconstituée est un pays libre et démocratique. Cependant, dès 1948, une crise politique, des manœuvres policières et la pression de la rue y assurent la domination communiste. Les chars russes ne sont pour rien dans le « coup de Prague », mais, en ce début de guerre froide, l'Occident y voit la preuve de l'expansionnisme soviétique, et organise sa défense : le monde est coupé en deux.

Abandonnés à l'Allemagne par l'Occident en 1938 et libérés par les Russes, les Tchèques, en 1946, donnent 38 % des voix (43 % en Bohême-Moravie) aux communistes. Ceux-ci pourraient prendre le pouvoir, mais ils offrent l'exemple d'un pays à la fois démocrate et prosoviétique, comme les « Grands » l'ont souhaité. Le gouvernement d'unité nationale est dirigé par Fierlinger, procommuniste, puis par le chef du P.C. Klement Gottwald, mais les communistes y sont en minorité, alors qu'au Parlement les socialistes et eux ont la majorité.

Or, dès 1947, on entre dans la guerre froide. En juin, les États-Unis lancent le plan Marshall d'aide à l'Europe : la reconstruction doit éviter des troubles de la misère et aller de pair avec une certaine unification, qui garantira la paix à venir ou au moins l'attachement à l'alliance américaine. L'U.R.S.S. refuse l'aide, au nom de son indépendance. Prague se déclare intéressé, mais Moscou, qui craint une brèche dans son glacis défensif, fait pression, et la Tchécoslovaquie n'adhère pas au plan. Les États-Unis refusent par ailleurs d'accorder des crédits hors plan à Jan Masaryk, ministre des Affaires étrangères et fils du fondateur de la république tchécoslovaque.

L'est de l'Europe au lendemain de la guerre

L'Union soviétique veut former **un glacis de pays amis.** Or, à Yalta en 1945, il a été dit que l'Europe orientale serait libre de son destin. En revanche, Russes et Anglais ont prévu des sphères d'influence dans les Balkans.

Tout cela est inconciliable : les communistes yougoslaves, qui ont libéré leur pays, ne veulent pas céder le pouvoir aux amis de l'Angleterre ; en Pologne et dans les anciens satellites de l'Allemagne (Hongrie, Bulgarie, Roumanie), des gouvernements librement élus seront, à l'inverse, forcément antisoviétiques.

La Tchécoslovaquie semble une exception : ce jeune pays, formé en 1918, a déjà une tradition démocratique de gauche. Mais, même là, la transition vers le communisme ne se fait pas sans crise...

La fin du gouvernement d'Union nationale

Au sein du gouvernement, les partis « bourgeois » déplorent ces refus, comme ils déplorent le projet communiste d'impôt exceptionnel pesant sur les plus riches... Les législatives de mai 1948 doivent trancher, mais, en septembre 1947, l'U.R.S.S., qui se croit à la veille d'une nouvelle guerre, incite Gottwald à s'assurer du pouvoir. La tension monte. Des ministres des deux camps reçoivent des colis piégés. On trouve des caches d'armes. Le ministre de l'Intérieur, communiste, dénonce l'agitation séparatiste en Slovaquie, après l'exécution de Mgr Tiso, ancien chef pronazi du pays. Les « modérés » accusent la police de partialité, et dénoncent le noyautage communiste.

Le P.C. est isolé, d'autant que la nouvelle direction socialiste lui est hostile. Il réplique en insistant sur l'aide alimentaire soviétique, en resserrant encore son empire sur la police et en s'assurant la neutralité de l'armée.

En février, pour mettre fin au gouvernement Gottwald, les ministres « bourgeois » veulent démissionner : ils pensent que les socialistes

Des membres de la milice populaire traversent le pont Charles, à Prague. Leur soutien fut décisif pour la réussite du « coup de Prague ».

Le communiste Klement Gottwald, président du Conseil (en haut, en médaillon) réussit à réunir une foule immense lors de ses meetings : ici, place Venceslas, lors de l'annonce de la formation du nouveau gouvernement.

les suivront et qu'il n'y aura plus de majorité au Parlement...

La rue fait la décision

Mais le P.C. fait résoudre la crise par la rue. Du 17 au 25, il déclenche une grève générale et appelle à l'occupation des usines et des journaux ; il est soutenu par plus de 250 000 manifestants. Le 21, il crée des milices ouvrières. Maître de la police, il perquisitionne au siège des autres partis en dénonçant toute résistance comme un complot, et, le 23, il fait disperser brutalement un cortège de 15 000 étudiants hostiles. Les socialistes, impressionnés par l'ardeur des masses, ou apeurés par un raid des communistes et de leur propre aile gauche contre leurs locaux, se rallient, alors qu'auparavant ils refusaient l'idée d'un gouvernement à deux, sans partis « bourgeois ».

L'établissement de l'influence soviétique dans les autres pays

L'alliance américano-soviétique ne résiste pas à la fin de la guerre, et surtout à la mainmise communiste en Europe de l'Est, déterminée par la peur qu'a l'U.R.S.S. d'une agression américaine.

La Pologne. Le premier lieu de conflit est la Pologne : les Soviétiques traitent les Polonais en vaincus, leur imposent des cessions de territoires, organisent les élections dans le pays qu'ils occupent, de manière à amener le succès des candidats qui leur sont acquis. Le 19 janvier 1947, le communiste Bierut est élu président de la République ; en décembre 1948, la fusion des partis socialiste et communiste fait du parti ouvrier unifié un organisme tout-puissant dans le pays.

La Bulgarie. Les communistes roumains, avec en tête Georgie Dimitrov, l'un des chefs de la IIIe Internationale, instaurent vers la même époque le modèle soviétique dans leur pays.

La Roumanie. Le pays connaît un processus identique, qui commence par l'interdiction des partis bourgeois en 1947 et par l'abdication du roi Michel le 30 décembre de la même année. La République populaire est proclamée en avril 1948.

La Hongrie. Les communistes Rakosi et Imre Nagy, minoritaires aux élections de 1947, inaugurent la tactique du « salami hongrois » : ils s'emparent progressivement de tous les rouages de l'État et éliminent successivement leurs adversaires en 1948.

La République démocratique allemande. L'occupation soviétique de la partie orientale de l'Allemagne s'accompagne de la nationalisation de l'économie et de la formation d'un parti socialiste unifié (S.E.D.) La R.D.A. est constituée, le 7 octobre 1949, en réponse à la proclamation de la R.F.A., le 23 mai 1949, dans la partie de l'Allemagne occupée par les alliés occidentaux. À cette date, deux pays dans les Balkans sont par ailleurs passés au communisme, hors de toute ingérence de l'U.R.S.S. : la Yougoslavie, en 1946, à l'initiative de Tito, et l'Albanie en 1945-46, à celle d'Enver Hodja. Après 1949, l'influence communiste se répand en Asie : le 1er octobre 1949, la République populaire de Chine est proclamée ; le 25 juin 1950, la Corée du Nord communiste envahit celle du Sud, proaméricaine ; en Indochine, dès 1946, la guerre oppose les nationalistes procommunistes aux colonisateurs français. À la fin des années 1950, enfin, l'influence communiste pénètre en Amérique, avec, en 1959, l'établissement à Cuba, par Fidel Castro, d'un régime qui devient prosoviétique.

De la démocratie à la « démocratie populaire »

Le 25, le président Edvard Beneš, malade, accepte la démission des « modérés », puis va se reposer à la campagne. Le nouveau gouvernement Gottwald épure l'armée, l'administration, l'industrie, même s'il doit freiner le zèle des militants, qui limogeraient volontiers l'essentiel des cadres de l'économie. Et, s'il ne comporte que 12 communistes sur 27 ministres, les autres sont sans pouvoirs. Jan Mazaryk, maintenu à son poste, meurt le 10 mars : suicide ou assassinat ? En mai, une liste unique recueille les voix de plus de 80 % des inscrits. Beneš démissionne le 8 juin, pour ne pas ratifier la nouvelle Constitution, d'inspiration stalinienne, et Gottwald le remplace : entre coup d'État et révolution, approuvé par une forte minorité de la population, accepté dans la résignation par la majorité, le coup de Prague a enterré la Tchécoslovaquie démocratique. Pour l'Occident, qui simplifie les faits, il devient pour longtemps le symbole même de la mainmise soviétique sur l'est de l'Europe et un argument contre toute coopération avec les communistes.

La guerre d'Indochine est finie pour les Français

LA DÉFAITE DE DIÊN BIÊN PHU

Le 7 mai 1954, la garnison française occupant le poste de Diên Biên Phu, en pays thaï, à 300 km de Hanoï, est défaite par les forces quatre fois supérieures du Viêt-minh, les indépendantistes vietnamiens soutenus par la Chine et l'U.R.S.S. La défaite, qui n'est pas un désastre du point de vue militaire, traumatise l'opinion française : elle précipite la fin de la guerre d'Indochine et sonne le glas de la présence française en Asie.

Tout commence lorsque le gouvernement français donne l'ordre au général Navarre, chef des troupes en Indochine, d'empêcher une offensive viêt-minh contre le Laos, pays indépendant mais appartenant à l'Union française constituée depuis peu.

Un camp retranché défendant une route essentielle, celle de Louang-Prabang, est donc installé à partir du 20 novembre 1953, date à laquelle sont largués des milliers de parachutistes : c'est l'« opération Castor ». La première tâche des soldats est de remettre en état un vieux terrain d'aviation japonais datant de la Seconde Guerre mondiale, qui devient le cœur d'un dispositif de résistance comptant points d'appui périphériques et colonnes mobiles opérant alentour. L'emplacement, Diên Biên Phu, est une cuvette plantée de rizières : cette situation doit rendre impossible l'usage par le Viêt-minh de pièces d'artillerie qui, placées sur les collines, seraient immédiatement repérées.

Parachutistes largués sur Diên Biên Phû en novembre 1953, lors de l'« opération Castor ».

Un adversaire plus fort que prévu

Le problème est que les troupes ennemies sont plus nombreuses que prévu et surtout mieux équipées. Une route de 300 km, de la

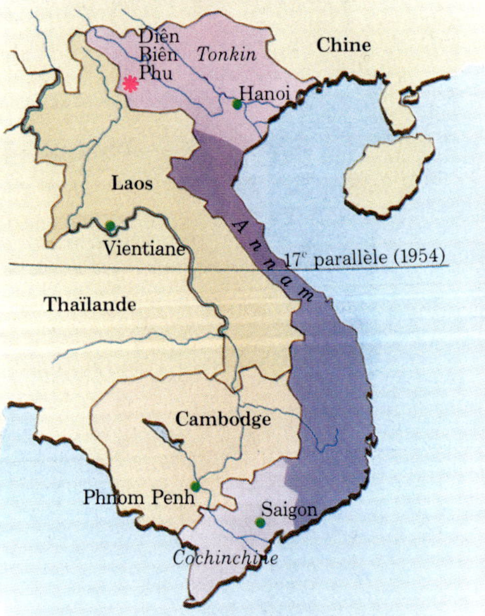

L'Indochine au début des années 50.

L'Indochine vers 1950

L'Indochine est **la partie continentale de l'Asie du Sud-Est,** formée des pays suivants : Birmanie, Thaïlande, Malaisie, Cambodge, Laos et Viêt-nam.

Avant 1940, **ces pays sont des colonies,** sauf la Thaïlande qui est un État indépendant. Pendant la guerre, **le Japon occupe l'Indochine** (moins la Thaïlande qui est son alliée). Il se retire en 1945 en proclamant l'indépendance.

Après la guerre, **le pouvoir colonial ne peut se maintenir :** l'indépendance est proclamée partout, entre 1948 et 1957. **Le cas du Viêt-nam** est compliqué par l'influence qu'exercent les communistes : la France ne veut pas remettre le pouvoir aux révolutionnaires du Viêt-minh – les indépendantistes procommunistes. C'est l'origine de la guerre d'Indochine, puis de la guerre du Viêt-nam.

frontière chinoise à Diên Biên Phu, remise en état dans des conditions insensées, permet à 80 000 coolies de déplacer sur leurs bicyclettes des éléments de mortiers de 120, de canons de 105, de batteries antiaériennes (DCA), et la nourriture nécessaire aux soldats. De sorte que le camp français se trouve encerclé et que les parachutistes doivent réclamer des renforts d'urgence.
De la fin novembre à février, c'est l'attente. Les forces du Viêt-minh tentent ailleurs une offensive sur le Laos et ne peuvent concentrer leurs efforts sur Diên Biên Phu. Officiellement, la France souhaite un affrontement. En réalité, plus personne ne croit à une victoire. Le gouvernement aspire seulement, modestement, à « créer les conditions militaires les plus favorables à la solution politique du conflit ». Même cela est problématique.

L'assaut final du Viêt-minh. Les soldats émergent de tranchées souterraines pour conquérir le camp.

Le piège s'est refermé

Le 13 mars 1954, le Viêt-minh donne le premier assaut. En quatre jours, trois points d'appui tombent. La défense antiaérienne viêt-minh empêche les avions français d'attaquer, gêne le pont aérien et l'évacuation des blessés. Diên Biên Phu devient un enfer. Le 20, l'ennemi est à 200 mètres du camp.
La situation dégénère encore en avril. Le pont aérien est totalement coupé. Le 22, l'aérodrome est occupé, livrant au Viêt-minh toute facilité pour s'approvisionner en armes et en munitions. Des centaines de blessés français s'entassent dans des abris souterrains. À la fin d'avril et au début de mai, les attaques se succèdent dans des tranchées que les pluies transforment en bourbiers. Le 7 mai, c'est l'assaut final : privés d'artillerie, pilonnés par l'ennemi, qui aura tiré en tout quelque 200 000 obus, les 8 000 hommes encore valides plus des renforts parachutés *in extremis* sont submergés, dans l'après-midi. Le total des victimes s'élève à 4 000 morts côté français, 8 000 côté viêt-minh.
Le prestige du Viêt-minh est augmenté par sa victoire. La moitié des Vietnamiens que la France tente de mobiliser rejoignent le camp des partisans de l'indépendance, un autre tiers se cache. La France s'est effondrée en Indochine.

À Genève, on arrête les pendules

À Paris, le radical Pierre Mendès France, président du Conseil depuis le 18 juin et qui réclame depuis longtemps la fin de la guerre, annonce le 7 juillet que les discussions de paix, ouvertes à Genève le 8 mai, doivent aboutir avant le 20. Faute de quoi il demandera au Parlement d'envoyer en Indochine le contingent.

Conférence de Genève : Mendès France et Zhou Enlai, la veille de la signature des accords de paix.

Les négociateurs ont la main forcée. Le 20, à minuit, on arrête symboliquement les pendules dans la salle de négociations, et quand, au matin, des accords sont signés, on les date de la veille... Ils prévoient un cessez-le-feu, la libération des prisonniers, l'évacuation du Laos et du Cambodge par le Viêt-minh, qui occupe la partie du Viêt-nam située au nord du 17e parallèle, entrant dans Hanoï le 10 octobre ; le pays doit être réunifié après des élections libres, en 1956. La guerre d'Indochine est terminée pour la France – mais le Viêt-nam n'entre pas dans une période de paix, loin de là.

→ **Voir aussi :** p. 302-303 (guerre du Viêt-nam).

Le Viêt-nam, des origines à l'intervention américaine

L'indépendance ou la vassalité chinoise. Le Viêt-nam existe comme nation depuis l'Antiquité. Selon les époques, il forme un royaume indépendant ou sous le contrôle de la Chine. En 1802, il se constitue en empire avec la dynastie des Nguyên.

La domination française. Présente à Saigon depuis 1859, maîtresse de la Cochinchine (le Sud) depuis 1868, la France, établit son protectorat sur le centre (l'Annam) puis le nord (Tonkin) du pays dans les années 1880 : le Viêt-nam devient, en 1887, l'Union indochinoise, avec le Cambodge et, en 1899, le Laos.

L'invasion japonaise. Le Japon occupe l'Indochine de 1940 à 1945. Avant sa défaite, il en proclame l'indépendance.

La guerre d'Indochine. Fin 1946, le Viêt-minh de Hô Chi Minh exige l'indépendance. Il tient le nord du pays, soutenu par l'U.R.S.S. et, bientôt, par la Chine de Mao. La France concède l'indépendance, mais veut rétablir l'empereur Bao Dai, déposé en 1945 : ce qui était une guerre coloniale devient un affrontement Est-Ouest.

Les deux Viêt-nam. En 1954, les accords de Genève partagent le pays en deux. Hô Chi Minh dirige la République démocratique (communiste) dans le Nord, Bao Dai est renversé, dans le Sud, et une république est instituée. Pour éviter la conquête du Sud par le Nord, les États-Unis interviennent.

Le tiers-monde, force politique
BANDUNG

En 1955, la décolonisation s'achève en Asie et commence à peine en Afrique. C'est alors que les pays décolonisés d'Asie décident d'organiser, à Bandung, en Indonésie, la conférence des peuples afro-asiatiques : pour la première fois, les pays du tiers-monde proclament leur solidarité et manifestent leur volonté d'agir sur la scène internationale.

L'initiative de cette réunion, qui doit examiner la situation de l'Asie et de l'Afrique, a été prise par cinq pays d'Asie récemment décolonisés : l'Inde, le Pakistan, Ceylan, la Birmanie et l'Indonésie. Le Premier ministre indien, Nehru, a joué un rôle déterminant : à la tête de l'un des premiers pays décolonisés, il veut réaffirmer solennellement le droit des peuples colonisés et des pays récemment libérés à s'affranchir de toutes les formes de tutelle.

Solidaires contre le colonialisme

La conférence se tient du 18 au 24 avril 1955 sous la présidence du chef de l'État indonésien, Sukarno. 29 nations d'Asie et d'Afrique y participent. Certaines ont accédé récemment à l'indépendance politique ; la plupart sont pauvres et dans la dépendance économique des pays industrialisés.

Le thème central de la réunion est le colonialisme, que tous les participants condamnent. Le communiqué final de la conférence précise avec force que « le colonialisme sous toutes ses formes est un mal auquel il doit être rapidement mis fin ». L'égalité entre toutes les nations est proclamée.

Les participants examinent également les problèmes de développement économique et culturel de l'Asie et de l'Afrique et demandent que soit organisée une coopération économique mondiale pour lutter contre la pauvreté et le sous-développement.

Une unité fragile

Solidaires dans leur lutte contre le colonialisme et le sous-développement, les pays du tiers-monde sont plus divisés quant à l'attitude à adopter face aux deux blocs antagonistes que contrôlent les États-Unis et l'U.R.S.S. Faut-il s'aligner sur l'un d'eux et prendre position dans la guerre froide ?

En fait, trois tendances se dessinent. Les neutralistes, avec l'Indien Nehru et l'Égyptien Nasser, prônent le non-alignement : ils veulent se maintenir en dehors des deux blocs et repoussent la protection des États-Unis et celle de l'U.R.S.S., qu'ils perçoivent comme une nouvelle forme de tutelle. Les pro-Occidentaux (le Pakistan, la Turquie et le Japon, présent à Bandung), qui font partie d'alliances militaires régionales patronnées par les États-Unis, demandent que l'impérialisme soviétique soit condamné au même titre que le colonialisme européen. Enfin, les pays communistes (Chine populaire et Viêt-nam du Nord), favorables évidemment à l'U.R.S.S., négocient habilement : le premier pays, par la voix de son représentant Zhou Enlai, propose un compromis acceptable par

Un monde peuplé et pauvre

La conférence de Bandung réunit **31 nations indépendantes :** 23 pays asiatiques et 8 pays africains. Des pays sous domination coloniale sont conviés comme observateurs : ainsi **le Maroc, la Tunisie et l'Algérie.** Aucune puissance « blanche » d'Asie ou d'Afrique et aucun État européen ne sont invités.

Les pays réunis pour la conférence représentent **55 % de la moitié de la population du globe,** mais seulement **8 % de ses richesses.** Tenus jusqu'à une date récente dans une situation de minorité politique, ils manifestent à Bandung, pour la première fois, une volonté et une capacité de décision communes.

Qu'est-ce que le tiers-monde ?

Cette expression apparaît dans les années 1950 pour désigner l'ensemble des pays pauvres qui, face aux deux blocs antagonistes, capitaliste et socialiste, forme un troisième monde avec ses problèmes spécifiques : celui des pays déshérités ou, comme l'on dit alors, sous-développés, longtemps exploités et dominés par les grandes puissances internationales.

Aujourd'hui, on parle également du « Sud » déshérité par opposition au « Nord » privilégié. Enfin, l'expression « quart-monde » désigne les plus démunis des pays du tiers-monde. On l'emploie aussi pour évoquer l'existence de poches de pauvreté à l'intérieur même des pays riches.

tous et s'assure d'une audience importante auprès des pays du tiers-monde.

Du fait de ces divergences, les partisans du non-alignement ne parviennent pas à faire adopter par l'ensemble de la conférence une position résolument neutraliste ; mais le mouvement des non-alignés s'amorce.

Une force politique nouvelle

Surtout, en affirmant solennellement leur solidarité contre l'impérialisme sous toutes ses formes, les pays du tiers-monde s'imposent sur la scène internationale comme une force nouvelle, avec laquelle il faut désormais compter. Ainsi commence une nouvelle époque : en 1945, le monde s'est coupé en deux ; après Bandung, trois mondes doivent coexister, l'Ouest, l'Est et le « Sud » : l'esprit de Bandung, c'est ainsi l'étendard levé des peuples dominés, ou, pour reprendre les mots de L.-S. Senghor, poète et plus tard président de la République du Sénégal, « la mort du complexe d'infériorité » des peuples de couleur.

Femme indienne et son enfant en train de mendier, lors d'une famine (photographie Werner Bischof, 1951).

Sukarno (en blanc, à gauche), président de la République indonésienne, recevant à Bandung les délégations venues participer à la conférence.

Le président Sukarno prononçant le discours d'inauguration de la conférence, le 18 avril 1955.

Unité et diversité du tiers-monde

Tentatives d'union. Après Bandung, les tentatives d'union au sein du tiers-monde se sont multipliées, sans toujours obtenir de grands résultats. On peut citer : la création officielle du mouvement des non-alignés (qui dépasse d'ailleurs les seules limites du tiers-monde), à Belgrade, en 1961 ; les regroupements régionaux, plus restreints mais plus homogènes, comme l'Organisation de l'unité africaine (O.U.A.), qui s'appuie sur l'unité culturelle de l'Afrique noire et s'occupe de l'ensemble de ses problèmes politiques et économiques ; enfin, les regroupements et les conférences pour résoudre les problèmes économiques du tiers-monde et lutter contre le sous-développement. Ainsi, à partir de 1963, le « groupe des 77 » (166 membres en 1984) s'efforce de donner une voie unitaire au tiers-monde en matière économique, notamment lors des réunions de la Conférence des Nations unies pour le commerce et le Développement (C.N.U.C.E.D.).

Un échec relatif. Ces réalisations ne doivent pas cacher le fait que l'ensemble des pays du tiers-monde ne sont pas parvenus à constituer une troisième force diplomatique unie. Le mythe de l'unité politique du tiers-monde s'est aujourd'hui effondré. D'abord, parce que le tiers-monde constitue en fait un ensemble très hétérogène, où se côtoient des pays aux caractères économiques, sociaux, politiques et culturels très différents. Les écarts sont encore accentués par des divergences idéologiques et des conflits. De plus, la crise des années 1970-1980 a aggravé les disparités au sein du tiers-monde : on a commencé à opposer, d'un côté, les « nouveaux riches » (les pays exportateurs de pétrole et les pays-ateliers dynamiques comme Taiwan, Singapour, la Corée du Sud...) et, de l'autre côté, les pays les plus pauvres toujours en proie à la misère, l'inégalité et la dépendance, que certains désignent aujourd'hui du nom de quart-monde.

Le XXe Congrès du parti communiste de l'U.R.S.S.

LA DÉSTALINISATION COMMENCE

En février 1956, devant 1 436 délégués venus de toute l'Union soviétique et les envoyés de 55 « partis frères », se tient le XXe Congrès du parti communiste de l'Union soviétique, le premier depuis 1953 et la mort de Staline. Les révélations du secrétaire général, Nikita Khrouchtchev, sur son prédécesseur font l'effet d'une bombe.

Le Congrès commence sans surprise. En sept heures de discours, Khrouchtchev détaille les succès du Ve plan quinquennal et les objectifs du suivant. Suit cependant un éloge de la décentralisation administrative et du pouvoir collégial. La différence avec le règne de Staline, déjà sensible, s'accroît quand sont affirmées la possibilité de la coexistence pacifique avec le bloc capitaliste, celle de la neutralité du tiers-monde entre l'Est et l'Ouest, celle de « voies nationales au socialisme ». L'U.R.S.S. n'est plus le modèle absolu ; le parti communiste italien, en particulier, en prend bonne note.
Un autre responsable, Anastase Mikoyan, va plus loin, dénonce le culte de la personnalité, les « violations de la légalité socialiste », les déformations de l'histoire officielle... Si le corps de Staline est toujours offert à la vénération publique, sur la place Rouge, ses successeurs ne se réclament plus de lui. Mais le plus spectaculaire reste à venir.

Un rapport secret accablant

Le 24 février, Khrouchtchev prononce devant les seuls délégués soviétiques un « rapport secret » qui dénonce l'hystérie, la paranoïa et la mégalomanie de Staline.
Celui-ci était présenté comme le père de la victoire sur le nazisme. Or, prévenu de l'agression nazie de 1941, il n'y a pas préparé le pays et a décimé l'armée. Il a voulu fuir Moscou menacée, a imposé des choix tactiques absurdes. Incapable de lire une carte, il a suivi les combats sur une mappemonde. Dans les « purges », 98 des 135 membres du Comité central de 1935, 1 110 des 1 966 délégués au XVIIe Congrès, « plusieurs milliers d'honnêtes et innocents communistes » sont morts victimes « des exécutions sans procès et sans instruction », après des aveux sous la torture. Des peuples entiers ont subi des « répressions massives ». Ukrainien, Khrouchtchev ajoute que, si son peuple y a échappé, c'est qu'il était trop nombreux et que Staline n'aurait su où le déporter. Loin de l'adulation d'antan ou du relatif silence d'après 1953, Staline est mis au ban de l'histoire.

Une déstalinisation encore relative

Le rapport reste cependant incomplet. Ainsi, l'essentiel des choix économiques n'est pas contesté ; la liquidation de non-communistes, de trotskistes, de partisans de l'ancien prési-

L'U.R.S.S. de Staline à Khrouchtchev

Après les souffrances de la Seconde Guerre mondiale, **les Soviétiques aspirent à une libéralisation.**

Or, **Staline concentre encore davantage le pouvoir** entre ses mains. Monarque absolu et adulé, il impose un nationalisme culturel étroit, un antisémitisme de plus en plus officiel, une surveillance systématique de tous. Plus de 10 millions de personnes sont dans les camps du *Goulag* (la Direction générale des camps), quand **il meurt, le 3 mars 1953.**

Staline n'a pas de successeur unique incontestable : ses anciens collaborateurs se partagent le pouvoir avant de se le disputer. **Nikita Khrouchtchev devient Premier secrétaire du parti :** il réussit à s'imposer contre des rivaux qui ne se méfient guère de lui, mais il doit manœuvrer pour assurer sa position.

dent de l'Internationale communiste, Boukharine, éliminé par Staline, est oubliée, comme la déportation des Allemands de la Volga ou des Tatars de Crimée, dont les terres sont allées à des Russes et à des Ukrainiens. Surtout, les chefs du parti ayant détenu de hautes responsabilités sous Staline, le rapport ne parle guère que de ce dernier, réputé source de tout bien hier, de tout mal aujourd'hui.

De plus, Khrouchtchev refuse de « fournir des munitions à l'ennemi » : le rapport n'est pas publié en U.R.S.S., seules les cellules du parti le reçoivent, comme les chefs des autres partis communistes. Parmi ceux-ci, les Polonais ne le diffusent qu'à l'élite des militants. Quant aux communistes français, ils nient l'existence du rapport...

Le secret, d'ailleurs relatif, n'est pourtant pas maintenu longtemps. À la mi-mars, le *New York Times,* puis l'*Agence française de presse* en donnent un résumé. En juin, on a le texte complet, jamais démenti.

À Budapest, en 1956, la population brûle les images de Staline.

Portrait de Nikita Khrouchtchev, à l'époque du XXe Congrès.

Nikita Khrouchtchev parlant au XXe Congrès du parti communiste de l'U.R.S.S., sous la statue de Lénine.

Des conséquences énormes

Le rapport de Khrouchtchev a un effet énorme en U.R.S.S. D'aucuns protestent ; en Géorgie, où Staline est né, il y a des émeutes. Mais la censure se libéralise, avec des retours en arrière. Des hommes sortent des camps, des victimes sont réhabilitées. C'est à la fois peu et beaucoup, et le choc est grand pour l'ensemble de la société.

Les pays de l'Est sont eux aussi ébranlés. En Pologne, Wladyslaw Gomulka, « communiste national », est réhabilité et remplace son successeur, qui avait été imposé par les Soviétiques. En Hongrie, Imre Nagy proclame le multipartisme et la neutralité du pays, mais les tanks russes écrasent cette révolution : la déstalinisation atteint tragiquement ses limites.

Malgré cela, le XXe Congrès a détruit un mythe et déclenché un mouvement de fond en U.R.S.S., mouvement hésitant, contrarié, étouffé même, plus tard, mais qui chemine, souterrainement, jusqu'à la fin des années 80 et à la *perestroïka.*

→ **Voir aussi :** p. 258-259 (Staline).

La personnalisation du pouvoir après 1956

En U.R.S.S. Après le XXe Congrès, la déstalinisation continue. Le 31 octobre 1961, le corps de Staline est retiré du mausolée de la place Rouge ; le 10 novembre, Stalingrad devient Volgograd. Pourtant, la personnalisation du pouvoir persiste : on octobre 1964, Khrouchtchev est écarté, en partie pour en avoir abusé. Mais, de la direction collégiale qui lui succède, émerge très vite le secrétaire général du parti, Leonid Brejnev. Malgré son style terne, un culte officiel s'organise, particulièrement visible lors de son soixante-dixième anniversaire, le 19 décembre 1976 : le régime qui a succédé à la Russie des tsars a de la peine à se passer d'un souverain !

En Chine. En Chine, après la mort de Mao Zedong, le 9 septembre 1976, Deng Xiaoping, qui l'avait écarté, lui succède. Cependant, un portrait géant reste suspendu place Tian'anmen, et le jugement officiel porté sur lui est nuancé. La démaoïsation n'est que partielle et le libéralisme économique va de pair avec un autoritarisme qui ne recule pas devant le massacre, lors des manifestations étudiantes de juin 1989.

Dans les autres pays communistes. D'autres leaders communistes ont organisé leur propre culte, comme le Roumain Nicolae Ceausescu, qualifié de « génie des Carpates » et de « Danube de la pensée », jusqu'à sa chute et son exécution, à Noël 1989 ; ou Kim il-Sung, qui crée un pouvoir héréditaire en Corée du Nord.

Hors des pays communistes. Hors des pays communistes, il n'a pas manqué de tyrans mégalomanes, réécrivant le *Notre Père* afin qu'il s'adresse à eux, comme les Duvalier en Haïti, ou se décrétant empereur comme Bokassa en République centrafricaine, jusqu'à ce qu'un coup d'État les renverse, respectivement en 1986 et 1979.

Le traité de Rome crée la C.E.E.

LE MARCHÉ COMMUN

À Rome, le 25 mars 1957, deux traités sont signés par les ministres des Affaires étrangères belge, français, luxembourgeois et néerlandais, les chefs des gouvernements italien et allemand, et les six chefs de délégation qui les ont négociés. L'un crée l'Euratom, Communauté européenne de l'énergie atomique ; l'autre, le plus connu, fonde la C.E.E., Communauté économique européenne, ou Marché commun.

C'est l'aboutissement d'un cheminement, qui remonte à l'union paneuropéenne du comte Coudenhove-Kalergi en 1923 ou au plan d'Aristide Briand proposant la création d'« États-Unis d'Europe », balayé, en 1929, par la crise mondiale.

Après 1945, les nécessités de la reconstruction et la peur du bloc soviétique remettent à l'ordre du jour la création d'institutions communes en Europe occidentale : ce n'est qu'une esquisse. Des démocrates-chrétiens (le chancelier allemand Konrad Adenauer ou le président du Conseil italien De Gasperi), des sociaux-démocrates (le Belge Paul-Henri Spaak), des « techniciens » (le Français Jean Monnet) entendent aller plus loin. Monnet défend l'idée d'une Europe supranationale, réalisée progressivement pour ne pas heurter les susceptibilités nationales et axée autour de la réconciliation franco-allemande. Ces principes débouchent sur une entente économique à six – les six futurs signataires du traité de Rome – dans le secteur du charbon et de l'acier : c'est la création de la C.E.C.A. (Communauté européenne du charbon et de l'acier). En revanche, le projet de créer une armée commune – une C.E.D., ou Communauté européenne de défense – est repoussé par la France, par peur du réarmement allemand et par attachement à la souveraineté nationale : l'idée supranationale suscite des oppositions, et l'Europe ne peut se construire que lentement.

Vers une union douanière européenne

En juin 1955, à Messine, en Sicile, les ministres des Affaires étrangères des pays de la C.E.C.A. chargent un comité d'experts, présidé par P. Spaak, d'étudier les possibilités d'union douanière et de coopération atomique. Le but fixé n'est qu'un prétexte : il s'agit en fait de « poursuivre l'établissement d'une Europe unie, par le développement d'institutions communes ». Au XIXe siècle, l'unité allemande a commencé aussi par une union douanière, le *Zollverein.* Beaucoup d'éléments sont favorables : des chefs de gouvernement partisans de l'idée européenne (le socialiste Guy Mollet en France) ; le retour de la Sarre à la R.F.A., qui apaise le ressentiment allemand ; la prise de conscience, après l'échec de l'expédition franco-anglaise à Suez, que les pays européens isolés ne font pas le poids face aux deux Grands. Les travaux du Comité

Les promoteurs de l'idée européenne (les Français Jean Monnet, à gauche, et Robert Schuman, à droite) et la signature du traité (ici, les délégations française et allemande : de gauche à droite : Christian Pineau, Maurice Faure et le chancelier Adenauer).

L'Europe avant le traité

Les premiers pas de l'unification datent de la reconstruction, lorsque les pays collaborent pour se répartir l'aide américaine (plan Marshall). Alors naît, en 1948, **l'O.E.C.E.** (l'Organisation européenne de coopération économique), qui regroupe les États non-communistes d'Europe, moins l'Espagne, le Portugal et la Finlande, puis, en 1949, à Strasbourg, **le Conseil de l'Europe :** Il regroupe dix pays, mais n'a qu'une autorité morale et n'émet que des recommandations.

Les vrais fondateurs de la construction européenne sont les Français **Jean Monnet et Robert Schuman,** qui font triompher en 1951 l'idée de Communauté européenne du charbon et de l'acier, organisme doté d'une autorité supranationale et qui réunit les futurs signataires du traité de Rome.

Mais la France est aussi à l'origine du premier échec de l'idée européenne, lorsqu'elle s'oppose, en 1954, au projet de **Communauté européenne de défense** (C.E.D.), c'est-à-dire d'une armée commune européenne.

Le général de Gaulle et Konrad Adenauer en 1962 : la construction européenne a été l'un des moyens de la réconciliation franco-allemande.

Spaak aboutissent aux traités de Rome et à la création de la C.E.E.

« Le » traité

La première phrase du préambule dit que les signataires sont « déterminés à établir les fondements d'une union sans cesse plus étroite entre les peuples européens ». Suivent deux cent quarante-huit articles.

Les premiers indiquent les principes fondamentaux de la Communauté : elle doit « promouvoir un développement harmonieux des activités économiques [...], une expansion continue et équilibrée, une stabilité accrue, un relèvement accéléré du niveau de vie, et des relations plus étroites entre les États qu'elle réunit ». Les articles suivants organisent la libre circulation progressive des personnes et des biens entre États et annoncent les dispositions communes, financières, économiques et sociales. Enfin, des institutions communautaires sont prévues.

Il s'agit d'une Assemblée de « représentants des peuples des États » devant plus tard être élue au suffrage universel ; d'un Conseil représentant les gouvernements, avec « pouvoir de décision », mais qui doit, pour au moins dix ans, prendre ces décisions à l'unanimité ; d'une Commission, dont les membres, indépendants de leurs pays d'origine, doivent faire l'unanimité du Conseil et ont un « pouvoir de décision propre » ; d'une Cour de justice pour « le respect du droit dans l'application du traité » et d'un Conseil économique et social consultatif.

Les premiers pas du bébé européen

L'Angleterre refuse d'abord d'adhérer, puis elle pose sa candidature en 1961 – on la fait attendre jusqu'en 1973. En 1958, l'arrivée au pouvoir de De Gaulle en France inquiète les « Européens » : mais si le général est hostile au projet d'une union politique, il souhaite la formation d'une confédération d'États souverains. C'est lui qui s'oppose à l'entrée de la Grande-Bretagne, qu'il juge trop liée aux États-Unis ; cette opposition crée une première crise en 1963. Une deuxième crise s'ouvre en 1965, quand la France refuse que la Communauté ait des ressources budgétaires propres.

Ces refus cessent après le départ de De Gaulle : l'unité semble à portée de la main. À partir de 1974, la crise économique attise les divergences entre États, sans que soit jamais remis en cause le principe d'une Europe communautaire. La C.E.E. s'élargit (elle compte douze États après 1986), ses structures se renforcent et ses effets économiques positifs sont très sensibles. À partir de 1986-1987, la ratification de l'*Acte unique européen* accélère le processus d'unification en préparant l'uniformisation des systèmes juridiques, bancaires, éducatifs, etc. Enfin, à partir de 1989, des perspectives nouvelles s'ouvrent pour une Europe conçue jusqu'alors en fonction de l'Ouest, lorsque le bloc rival, les pays communistes regroupés dans le « Comecon », commence à se déliter, et que l'Allemagne se réunifie.

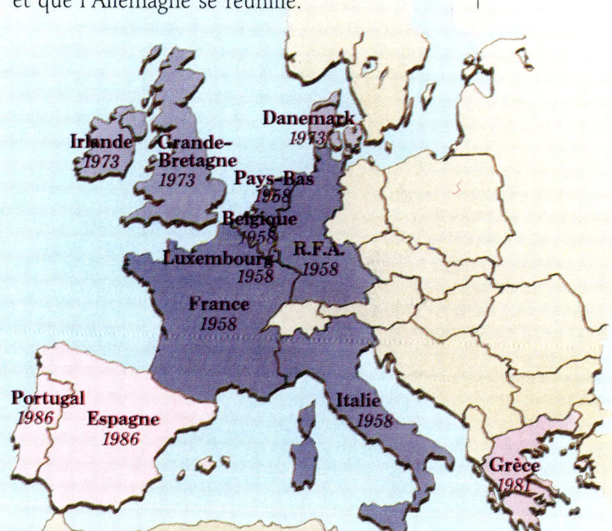

De l'Europe des Six à l'Europe des Douze.

La C.E.E. depuis le traité de Rome

1958. Installation des institutions communautaires. Première séance de l'Assemblée européenne de Strasbourg.

1959. Baisse de 10 % des tarifs douaniers dans la C.E.E. D'autres baisses suivent en 1962 (50 %) et 1963 (10 %).

1960. La Grande-Bretagne demande à adhérer.

1962. Début de l'Europe agricole (prix uniques, « préférence communautaire », taxes sur les importations). L'Assemblée devient le Parlement européen.

1963. Convention de Yaoundé avec des pays du tiers-monde.

1965. Fusion C.E.E.-C.E.C.A.-Euratom.

1967. Unification du prix des céréales.

1968. Fin des droits de douane internes, tarif extérieur commun, libre circulation des travailleurs.

1969. Projets d'union économique et de coopération politique.

1970. Projet de monnaie commune.

1972. Adhésion de la Grande-Bretagne, du Danemark, de l'Irlande et de la Norvège. Retrait norvégien.

1973. Création du S.M.E., serpent monétaire européen, coordonnant les monnaies de plusieurs États-membres.

1975. Réunion du premier Conseil européen des chefs d'État et de gouvernement. L'Italie et l'Irlande entrent dans le S.M.E. Accords de Lomé avec 46 pays du tiers-monde.

1979. Renforcement du S.M.E. et unité de compte commune, l'écu. Élection du Parlement européen au suffrage universel.

1981. La Grèce entre dans la C.E.E.

1985. L'Espagne et le Portugal entrent dans la C.E.E. Principe de l'Acte unique (décisions à la majorité simple et, pour 1993, « grand marché » avec totale liberté de circulation des biens et des personnes).

1989. Sommet des « pays riches », à Paris, avec la C.E.E. comme État. La prochaine réunification allemande force à revoir le processus d'unification.

Berlin symbolise la coupure de l'Europe en deux

LE MUR DE LA HONTE

Dans la nuit du 12 au 13 août 1961, à 0 h 30, la police militarisée de l'Allemagne de l'Est installe 43 kilomètres de barbelés pour séparer Berlin-Est de Berlin-Ouest. Dans les semaines qui suivent, les barbelés sont doublés d'un mur ; en 1962, les maisons bordant la zone sont progressivement démolies ; vers 1965, le mur fait 25 kilomètres et il est précédé d'un *no man's land* qui facilite la surveillance et le tir éventuel par des sentinelles installées en permanence. La « barrière de protection antifasciste », vite appelée « mur de la honte » colmate la seule brèche dans le rideau de fer abaissé après 1945 par l'U.R.S.S. entre l'Europe « capitaliste » et l'Europe « socialiste ».

La période est pourtant à la détente, depuis la mort de Staline. L'équilibre de la terreur pousse en ce sens ; l'Union soviétique et les États-Unis disposent de bombes thermonucléaires ; la personnalité des chefs des deux pays, Nikita Khrouchtchev et John F. Kennedy, joue également. Mais les crises n'ont pas tout à fait cessé. Il y en a une, encore, à cause de Berlin, en 1958, quand les Soviétiques proposent de faire de la cité une ville libre, sous contrôle de l'O.N.U., et que les Occidentaux refusent. Depuis, le climat est à la tension, d'autant que l'U.R.S.S. menace de signer avec la R.D.A. un traité de paix séparé et de restituer à celle-ci les pleins pouvoirs sur Berlin-Est. En 1961, ce projet de paix séparé est réactivé : en juillet, Khrouchtchev évoque la signature prochaine de ce traité, et déclare que les troupes soviétiques se tiendront prêtes à repousser l'agression, en cas de réaction occidentale après la signature de l'accord. À la fin du mois, Kennedy répond que « Si la guerre éclate, elle aura commencé à Moscou et non à Berlin ». Une partie de poker est en cours, et les joueurs disposent de bombes atomiques. Le mur de Berlin est la plus grosse relance de cette partie.

Les nécessités de l'économie est-allemande

La construction du mur est décidée dans ces circonstances, comme il semble qu'aucune entente ne soit plus possible entre les deux blocs à propos du statut de l'Allemagne. Mais les raisons de la construction sont surtout internes à la R.D.A., car Berlin pose de terribles problèmes au gouvernement de l'Allemagne de l'Est : il suffit à un de ses citoyens de prendre le métro dans le secteur soviétique pour en redescendre un peu plus loin en secteur occidental. 45 000 personnes le font chaque jour pour aller travailler ; d'autres les imitent, mais restent en R.F.A.

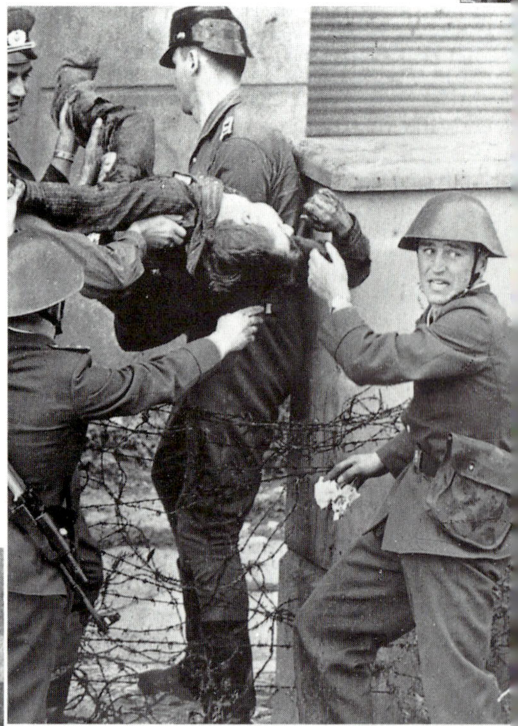

L'Allemagne et Berlin entre la guerre et le mur

En juin 1945, l'Allemagne est divisée en **quatre secteurs d'occupation :** russe, américain, anglais et français. Berlin, au centre de la zone russe, est occupée par les quatre alliés.

En 1948, une crise se produit. L'U.R.S.S., qui s'oppose à la création d'un État d'Allemagne de l'Ouest comprenant Berlin, impose **le blocus de la ville** ; le secteur ouest se maintient grâce à un pont aérien américain. Au terme de la crise, le blocus est levé, les zones d'occupation remplacées par deux États : la R.F.A. (zones d'occupation occidentales) et la R.D.A. (zone soviétique). Les armées des anciens alliés continuent à administrer Berlin ; mais l'U.R.S.S. n'appartient plus au commandement commun : la ville est coupée en deux.

En 1958, nouvelle crise : l'U.R.S.S. parle de traité séparé, exige que le statut de Berlin soit changé. La menace n'est pas mise à exécution, mais la tension persiste.

△ *À Berlin-Ouest, en 1962, des citoyens font signe à des parents situés de l'autre côté du mur.*

◁ *Des sentinelles est-allemandes emportent le corps d'un jeune maçon tué alors qu'il cherchait à fuir.*

La destruction du mur par les citoyens allemands, en novembre 1989 : la plus grande joie imaginable. ▷

Le mur et son système protecteur de barbelés ▽ *et de planches, du côté de la R.D.A. (1962).*

Les grandes étapes de la guerre froide

La construction du mur marque une des dernières phases de la tension qui oppose les États-Unis et l'U.R.S.S. ainsi que leurs alliés respectifs, de 1948 à 1963.

1945-1949 : la mise en place des blocs. Les anciens alliés se divisent, en Grèce et en Chine où ont lieu de véritables guerres civiles, et surtout en Europe, où l'U.R.S.S. constitue une zone de protection en imposant le communisme à l'Est.

1949-1953 : les principaux affrontements. En 1949 et en 1955, respectivement, deux systèmes d'alliances adverses sont créés : l'O.T.A.N., et le pacte de Varsovie. Les blocs s'affrontent, à Berlin en 1948, en Asie, où la République populaire de Chine est proclamée en 1950, et où ont lieu les guerres de Corée et d'Indochine.

1953-1963 : les dernières crises. Après la mort de Staline, et alors que l'U.R.S.S. a les moyens d'attaquer à l'arme nucléaire le territoire américain, on s'achemine vers la « coexistence pacifique ». Des crises se produisent encore, à Berlin avec la construction du mur en 1961, à Cuba en 1962 avec le débarquement américain de la baie des Cochons.

Après 1963 : la « détente » triomphe. Elle n'est pas totale (les Américains continuent leur croisade anticommuniste, au Viêt-nam, de 1954 à 1975), la crise économique provoque un nouveau durcissement, après 1973 ; mais la paix n'est pas sérieusement mise en cause. En 1989, enfin, le renversement des régimes communistes en Europe crée un climat international nouveau.

Ils sont 2 700 000 depuis 1949, étudiants, ouvriers qualifiés, techniciens, médecins, à avoir ainsi choisi l'Occident : leur départ signifie une condamnation du régime, et il est une grave perte pour son économie. Or, avec le regain de tension, le nombre des exilés volontaires augmente : 15 000 dans les dix premiers jours d'août, plus de 4 000 dans la seule journée du 12.

De la crise à l'apaisement

Malgré tout, la surprise est totale. Le 12 août est un samedi, veille d'un long week-end, et la réaction internationale ne se manifeste que le 20, par une note américaine condamnant la violation du statut de Berlin et par le renforcement des contingents occidentaux. Le 23, Khrouchtchev annonce la reprise des essais nucléaires et la construction de bombes de grande puissance. Le 3 septembre, il ordonne aux États-Unis d'interdire leurs lignes vers Berlin aux Allemands de l'Ouest. Kennedy relance les essais atomiques souterrains. Le 8, on est au paroxysme de la crise. Et, pourtant, celle-ci retombe. Khrouchtchev renonce à signer le traité de paix avec la R.D.A. et les Américains n'interviennent pas. Le mur reste en place, l'aéroport est rouvert aux avions occidentaux ; la crise s'achève. L'édification du mur marque la fin, pour longtemps, des rêves de réunification allemande. Elle permet de maintenir en R.D.A. un régime contre lequel les citoyens ne peuvent « voter avec leurs pieds » et elle renforce les liens entre l'Allemagne de l'Ouest et l'Amérique, symbolisés par Kennedy déclarant à Berlin, le 26 juin 1963 : « Je suis un Berlinois. » Paradoxalement, en supprimant une source de conflits, le mur facilite aussi les relations entre Est et Ouest et aide à la détente... Mais il est la cause de la mort de 176 personnes, candidats malheureux à l'évasion, et de la séparation dramatique de familles, pendant trente ans, jusqu'au 9 novembre 1989, date du commencement de sa démolition surprise.

→ **Voir aussi :** p. 308-309 (Événements de l'Est).

La guerre d'Algérie est finie
LES ACCORDS D'ÉVIAN

Le général de Gaulle au milieu de la foule algérienne, lors d'un voyage en décembre 1960.

Le 19 mars 1962, le cessez-le-feu est proclamé en Algérie. La veille, Krim Belkacem, chef de la délégation du mouvement nationaliste algérien, le F.L.N. (Front de libération nationale), et Louis Joxe, Robert Buron et Jean de Broglie, ministres français, ont signé les 93 pages des « accords d'Évian », mettant fin à une guerre qui a tué environ 30 000 français et 200 000 à 1 200 000 Algériens, selon les estimations.

En janvier 1961, 75 % des Français ont accepté par référendum le principe de l'autodétermination de l'Algérie. En avril, l'échec d'un putsch militaire à Alger a levé le dernier obstacle à l'indépendance. Pourtant, les négociations ont commencé difficilement.
Dès février, Georges Pompidou, émissaire officieux du général de Gaulle, a pris des contacts. Le F.L.N. exige de représenter seul les Algériens, et ne veut ni cessez-le-feu préalable, ni garanties pour les Européens, ni séparation de l'Algérie et du Sahara pétrolifère. Il est contenté aussitôt sur le premier point. Début mars, de Gaulle cède sur le second, la négociation reprend le 20 mai à Évian, puis est rompue le 13 juin, l'opposition sur les deux derniers points restant totale. Après un nouvel échec, de Gaulle cède sur le Sahara le 5 septembre. Tout ce qui peut être accordé au F.L.N. l'est d'avance : il y a urgence.

Une situation intenable

La négociation avec le F.L.N., aux méthodes terroristes, indigne des gens qui ne reculent pas devant les mêmes méthodes. Début 1961, c'est-à-dire une fois acquis le principe d'un possible retrait français, une organisation clandestine se fonde, l'O.A.S. (Organisation armée secrète), décidée à s'opposer par la force à l'indépendance de l'Algérie. Les attentats se multiplient en métropole : 726 de mai à mi-octobre 1961. Le 31 mars, entre autres victimes, Camille Blanc est tué, parce qu'il est maire d'Évian.
Le 17 octobre à Paris, une manifestation pacifique d'Algériens se solde par plus de cent morts. Que le F.L.N. ait assassiné 47 policiers en trois ans n'explique pas tout. Le 8 février 1962, 8 manifestants anti-O.A.S. meurent contre les grilles du métro Charonne ; les policiers ont jeté sur eux tout ce qui leur tombait sous la main.

Enfin, les accords

Les pourparlers reprennent du 10 au 19 février dans le Jura, aux Rousses, où les négociateurs atteignent le chalet « Yeti » déguisés en skieurs, puis de nouveau à Évian, le 7 mars. L'accord nécessite encore des discussions serrées : les choses sont rendues d'autant plus difficiles que, si les Français représentent le gouvernement, les Algériens n'engagent qu'eux-mêmes, et qu'il leur faut ensuite l'aval du F.L.N.
Les accords prévoient un cessez-le-feu, la libération des prisonniers, et surtout un vote en Algérie où sera choisi le maintien du statu quo, la rupture totale avec la France ou l'indépendance « dans la coopération » ; les Algériens pourront rester français, les Européens conserver leur nationalité d'origine et prendre la nationalité algérienne ; des mesures concernent les rapports économiques futurs entre les deux pays, le sort des expériences atomiques françaises au Sahara, de

L'Algérie avant la guerre de libération

Vieux pays de civilisation phénicienne, carthaginoise, puis romaine, l'Algérie est devenue musulmane à la fin du VIIe siècle. Siège de dynasties puissantes au Moyen Âge (les Almoravides puis les Almohades), elle a constitué, après le XVIe siècle, un État autonome vivant de la piraterie, sous la suzeraineté théorique des Ottomans.

La colonisation française a commencé à s'établir à partir de 1827. Elle s'est développée à la faveur du conflit contre l'émir Abd el-Kader, entre 1839 et 1847, et a atteint ses limites définitives par l'occupation de la Kabylie et des confins sahariens à l'époque du second Empire (1852-1870).

Cette longue colonisation a entraîné **un grand nombre d'Européens** à s'établir en Algérie : ils sont un million au milieu du XXe siècle, fonctionnaires, agriculteurs ou commerçants installés souvent depuis des générations.

Des Algériennes manifestent en faveur de l'indépendance de l'Algérie, quelques semaines avant la signature des accords d'Évian.

l'utilisation d'aérodromes et du port de Mers el-Kébir.
La métropole respire. On ne s'inquiète guère des musulmans qui ont pris parti pour la France, pendant la guerre, et dont 150 000, peut-être, sont massacrés après les accords. La paix est approuvée par 90,7 % des votants le 8 avril. Cela dit, le F.L.N. a eu satisfaction, et les garanties proposées sont minces.

Sept ans et demie de guerre coloniale

Aux origines de la guerre. Après la Seconde Guerre mondiale, le nationalisme algérien se radicalise, en même temps que celui des autres peuples colonisés. Le statut de 1947 permet aux autochtones de voter, mais séparément des Européens et pour une minorité d'élus. De plus, les autorités truquent les scrutins. La tension monte.

Le début de l'insurrection. À la Toussaint 1954, l'insurrection débute par le meurtre de deux Européens dans les Aurès. Le Front de libération nationale est créé par Ahmed Ben Bella. En un cycle infernal, une répression féroce répond au terrorisme, poussant les Algériens vers le F.L.N. Paris envoie le contingent : 100 000, 400 000 soldats en 1956. L'armée assume l'administration, la police, etc.

La contestation en métropole. Devant les excès, une opposition à la guerre apparaît en France. Le 13 mai 1958, un gouvernement décidé à mettre en œuvre une politique plus libérale est investi : à Alger, c'est l'émeute, mêlant « pieds-noirs », c'est-à-dire Français implantés en Algérie depuis longtemps, militaires, pour qui un « abandon » serait déshonorant, et éléments fascisants. La crise aboutit, en France, à l'effondrement du régime : au retour au pouvoir du général de Gaulle et à la proclamation de la Ve République.

La liquidation du conflit. Le partisans de l'Algérie française attendent du général une politique de fermeté ; mais, dès 1959, de Gaulle prône l'autodétermination du peuple algérien et négocie avec le F.L.N.

Le retour en Algérie du Gouvernement provisoire de la République algérienne, en juillet 1962 (ici, P. Ben Khedda).

Attentat de l'O.A.S. : voiture piégée place du Gouvernement, à Alger.

L'apocalypse algéroise

Mais, dès avant qu'on puisse voir si le F.L.N. souhaite vraiment appliquer les clauses des accords et créer une nouvelle Algérie indépendante et pluraliste, l'O.A.S. relance une campagne de terreur. Le 22 mars, Bab el-Oued, quartier populaire européen, s'insurge. Six soldats du contingent sont assassinés. L'armée boucle le secteur. Le 26, une manifestation de soutien, réputée pacifique, marche sur le quartier. Rue d'Isly, l'armée tire, faisant 46 morts et 200 blessés... L'Alger européen est touché au cœur.
L'O.A.S. accumule les destructions, sème la terreur. En 15 jours, 164 personnes meurent et 269 sont blessées à Alger, à cause de camionnettes piégées, de mortiers, de mitraillages au hasard des rues arabes. Le F.L.N. répond naturellement aussi par la violence et, le 14 mai, des bars européens sont attaqués à la grenade.
Malgré les menaces de l'Armée secrète, les Européens fuient cet enfer. Fin août, on a enregistré 700 000 départs, vers l'Espagne, Israël, et surtout vers la France.

L'indépendance, au bout des ruines...

Dans les derniers jours du mois de mai, devant l'échec de sa stratégie, l'O.A.S. accepte de négocier avec le F.L.N. Le 17 juin, un accord, contesté d'ailleurs dans les deux camps, marque la vraie fin de la guerre et permet au référendum prévu à Évian de se dérouler, le 1er juillet, dans des conditions à peu près normales. Le résultat est écrasant : 99,72 % de « oui » à l'indépendance.
L'Algérie française n'est plus qu'un souvenir ou une nostalgie. Évian a permis à la France de tourner la page, échangeant la grandeur de la tache rose des planisphères contre celle du verbe gaullien et celle, plus substantielle, d'un essor économique jusque-là obéré par la guerre. Mais la folie de l'O.A.S. a contribué à la rupture définitive des deux communautés, européenne et musulmane, sur la rive sud de la Méditerranée.

L'Amérique en état de choc

KENNEDY ASSASSINÉ

Le vendredi 22 novembre 1963, John Fitzgerald Kennedy, président des États-Unis depuis 1960, visite Dallas, au Texas, étape de sa tournée en vue de sa candidature à la réélection l'année suivante. Comme le cortège arrive dans le centre-ville, des coups de fusil éclatent : touché à la tête, Kennedy s'effondre dans sa voiture.

Quelques heures plus tard, dans l'avion qui ramène à Washington la dépouille du président assassiné, le vice-président Lyndon B. Johnson prête serment et devient président des États-Unis. L'assassin de Kennedy, lui-même abattu deux jours plus tard dans des circonstances mystérieuses, est Lee Harvey Oswald. Les raisons de son geste restent peu claires. Une commission nationale d'enquête, réunie à la demande de Johnson, et dirigée par le président de la Cour suprême, Earl Warren, rejette l'hypothèse d'un complot fomenté par des extrémistes sudistes, des castristes, des communistes ou des opposants politiques. Mais l'idée d'un déséquilibré agissant seul est périodiquement remise en question depuis lors. Quels que soient les motifs de son assassin, le meurtre de Kennedy touche le monde entier. L'Amérique est en état de choc. Les funérailles du président assassiné sont l'occasion d'un deuil national profond. La télévision, désormais largement répandue, contribue à la médiatisation de l'événement. Déjà très populaire durant les trois années de son mandat, Kennedy devient, après sa mort, l'objet d'un véritable culte.

Un président jeune et séduisant

Né en 1917, John Fitzgerald Kennedy incarne une nouvelle génération. Il est le plus jeune candidat qui ait jamais été élu à la Maison-Blanche. Il est aussi le premier président à être né au XXe siècle. Lors de la campagne de 1960, le jeune sénateur du Massachusetts, issu d'une famille irlandaise catholique de Boston, obtient l'investiture du parti démocrate aux dépens d'Adlai E. Stevenson, et persuade le Texan Johnson, qui doit lui apporter les voix du Sud, d'être son colistier pour la vice-présidence. Il est élu de justesse contre le républicain Richard Nixon, qui sert depuis 1952 de vice-président à Dwight Eisenhower. Kennedy a réussi à frapper l'imagination de ses compatriotes en leur offrant comme projet politique la conquête d'une « nouvelle frontière » et en leur donnant le choix entre « la grandeur de la nation » et « le déclin de la nation ». Le flou du projet est alors masqué par le talent médiatique incontestable et la puissance de séduction du candidat et de son épouse, Jacqueline.

L'Amérique des années 1960

Les années 1960, que couvrent pour l'essentiel les présidences de **John F. Kennedy (1960-1963) et Lyndon B. Johnson (1963-1968)**, sont, aux États-Unis, une décennie de mutations, d'espoirs et de doutes.

C'est l'époque où le Congrès vote **la loi sur les droits civiques** en 1964, faisant naître chez les Noirs des espérances, dont l'assassinat de Martin Luther King, en 1968, symbolise les limites. L'Amérique se veut plus juste avec ses minorités, qui revendiquent avec passion leur identité ethnique ou raciale ; elle entend être plus équitable avec les défavorisés, que viennent aider les programmes sociaux mis en place par Johnson sous le nom de « grande société ». Sortant de l'après-guerre et de la guerre froide avec énergie et passion, la jeunesse américaine fait des campus des lieux de revendication et de changement social. Et, lorsque des Américains marchent sur la Lune en juillet 1969, c'est bien **la « nouvelle frontière »** de Kennedy qui est atteinte.

Mais l'Amérique des années 1960 est aussi celle de **l'enlisement progressif au Viêt-nam,** des dures émeutes dans les quartiers noirs des villes et des conflits racistes dans le Sud traditionnel. Quelques mois après le triomphe dans l'espace, la fusillade de Kent State University, qui coûte la vie à quatre étudiants hostiles à la guerre du Viêt-nam, conclut tragiquement la décennie.

Sous Kennedy et sous Johnson, les États-Unis changent rapidement, mais non sans parfois payer chèrement le prix du changement.

Mais un bilan politique modeste

Mais, en trois ans à la Maison-Blanche, il n'a que le temps de mettre en chantier des projets et de subir des échecs. Ainsi, le dossier brûlant des droits civiques des Noirs n'est qu'entrouvert par l'administration Kennedy, incapable de persuader le Congrès d'agir. En politique étrangère, Kennedy subit un échec cinglant en 1961, lorsqu'une tentative d'invasion de Cuba par des réfugiés anticastrites soutenus par la CIA se termine par un désastre à la baie des Cochons. En 1962, il est confronté, à nouveau à Cuba, à la crise des missiles. Devant la menace que constitue pour les États-Unis l'installation de missiles soviétiques à Cuba, Kennedy réagit ferme-

Les assassinats de chefs d'État

Un phénomène de plus en plus fréquent. Les assassinats de chefs d'État se sont multipliés au XIXe et au XXe siècle. Aux États-Unis, outre John F. Kennedy en 1963, c'est le cas d'Abraham Lincoln en 1865, de James A. Garfield en 1881 et de William McKinley en 1901. Ronald Reagan a fait l'objet d'une tentative d'assassinat en 1981. En dehors de l'assassinat de Kennedy, dont les causes restent mystérieuses, ces crimes relèvent du geste d'un déséquilibré ou de raisons politiques, les deux causes étant parfois difficiles à démêler, comme lors de l'assassinat de Lincoln.

Les raisons politiques. Le meurtre politique s'inscrit dans une longue tradition, celle du tyrannicide. C'est cette tradition qui est reprise par différents groupes anarchistes européens à la fin du XIXe siècle, en Russie ou en Autriche-Hongrie par exemple, ainsi qu'en France où le président Sadi Carnot est assassiné par Caserio en 1894. Autre est la tradition du meurtre nationaliste, dont sont victimes par exemple l'archiduc François-Ferdinand à Sarajevo, en juin 1914, ou le roi Alexandre de Yougoslavie et le président français Paul Doumer, à Marseille, en 1931.

John Fitzgerald Kennedy (1917-1963).

Le président J. F. Kennedy et sa femme dans leur voiture, à l'aéroport de Dallas, peu avant l'assassinat.

ment et obtient le retrait des Soviétiques. En Indochine, il choisit d'envoyer des « experts » militaires au Viêt-nam du Sud. Plus de 15 000 soldats américains sont sur place en octobre 1963.

Un triomphe posthume

Les choix de Kennedy durant sa présidence ne sont pas de nature à expliquer son extraordinaire popularité. C'est Lyndon B. Johnson, utilisant très habilement le contrecoup de l'assassinat, qui parvient, en quelques mois, à faire voter la loi sur les droits civiques et les programmes sociaux qui constituent deux des plus importants résultats de leurs deux présidences. Mais Kennedy est parvenu à incarner la volonté de changement qui caractérise le début des années 1960. La jeunesse et le charme du premier catholique à parvenir à la Maison-Blanche marquent davantage les Américains que les résultats finalement maigres de son action politique. Et la disparition tragique de l'enfant chéri de l'Amérique fait de lui un symbole et un mythe.

L'assassinat de Lee Harvey Oswald, assassin de J. F. Kennedy, dans les locaux de la police de Dallas, le 24 novembre 1963.

Mao Zedong veut transformer les mentalités

LA RÉVOLUTION CULTURELLE

Au début des années soixante, Mao doit faire face à une opposition grandissante au sein même de la direction du P.C.C. Face à l'appareil du parti, éclairé par les erreurs économiques du « Grand Bond en avant » et las des excès de l'idéologie maoïste, le « grand Timonier » et sa faction engagent la lutte contre le révisionnisme, en s'appuyant essentiellement sur l'armée et sur la jeunesse. Ils déclenchent une véritable insurrection, la Révolution culturelle, un mouvement qui dure pendant trois ans.

En novembre, le départ est donné par Mao et sa femme Jiang Qing : ils chargent un écrivain obscur de rédiger un article dénonçant une pièce de l'auteur Wu Han, *la Destitution de Hai Rui.*
Les milieux intellectuel et universitaire suivent en lançant des accusations contre les « droitiers » : le président de l'université de Pékin est dénoncé par une affiche murale *(dazibao)* comme un élitiste. Jiang Qing règle ses comptes avec les dirigeants de la culture à Shanghai, qui ont eu le malheur de dédaigner ses positions sur l'opéra. En avril 1966, le *Journal de l'armée* lance un appel à une révolution culturelle et reçoit le soutien du Premier ministre Zhu Enlai. La violence se déchaîne dans les universités, contre tous ceux qui détiennent une parcelle d'autorité.

Le pouvoir aux « gardes rouges »

L'été 1966 est celui des gardes rouges : ce sont essentiellement des lycéens et des étudiants, des jeunes, donc, qui n'ont pas participé à la révolution. Mao les mandate pour lutter contre ses adversaires par une affiche dont le slogan est « Feu sur le quartier général ». Le 8 août, une charte de la Révolution culturelle est promulguée et en définit les objectifs : « renverser ceux qui, dans le parti, détiennent

Des étudiants de l'armée populaire de libération commentent le Petit Livre rouge, *dans la province méridionale du Yunnan.*

Image de la Révolution culturelle : de jeunes gardes rouges lisent à haute voix le Petit Livre rouge *des pensées de Mao Zedong, devant un portrait géant de celui-ci.*

La Chine populaire en 1966

Proclamée en 1949, **la République populaire de Chine** est le fruit de plus de vingt ans de guerre civile, interrompue par de rares trêves et par un front commun contre le Japon, pendant la Seconde Guerre mondiale.

Dans les années 1950, **des réformes très importantes** ont été décidées : redistribution des terres, loi sur le mariage organisant l'émancipation des femmes. Le premier plan quinquennal (1953-1957) a favorisé l'industrie lourde et développé les coopératives agricoles.

Mais, entre 1959 et 1966, **le Grand Bond en avant** a plongé le pays dans de terribles difficultés, en exigeant un effort économique démesuré. Contre l'avis de Mao, des dirigeants groupés souhaitent orienter l'économie vers des directions plus libérales.

Les grands chocs de la Chine communiste

Les Cent Fleurs (1956). Au printemps, Zhu Enlai lance un nouveau slogan : « que cent fleurs s'épanouissent, que cent écoles rivalisent ». Cette thématique est élargie dans un discours de Mao le 2 mai : « Laissez les cent fleurs s'épanouir ». Il s'agit de séduire les intellectuels, assez réservés face au régime, en favorisant le débat littéraire et artistique. Le mouvement donne lieu à une critique ouverte des dirigeants. Il retombe brusquement.

Le Grand Bond en avant (1957-1959). Dès 1956, Mao s'inquiète de l'écart entre les villes et les campagnes. Il proclame qu'il est temps que la Chine « marche sur deux jambes » (industrie et agriculture) et organise dans les campagnes la mise en place des « communes populaires » dans lesquelles le travail est réparti par brigades et où sont construits des petits hauts-fourneaux à moindre prix. On passe à la collectivisation de la vie privée et à la dénonciation du « mariage romantique ».

Le Printemps de Pékin (juin 1989). Le 16 avril, Hu Yaobang, ancien secrétaire général du parti écarté du pouvoir après décembre 1986, meurt. Son enterrement se transforme en manifestations puis en occupation de la place Tian'anmen à Pékin par des étudiants et réclament une démocratisation de la vie politique. Le 4 mai, le mouvement s'élargit. Sur la place investie, on construit une statue « la déesse démocratie ». Le 19 mai, le Premier ministre Li-Peng annonce qu'il va mettre fin au désordre. Le 20, la loi martiale est décrétée. Le mouvement dure jusqu'à la nuit du 2 juin durant laquelle la population de Pékin repousse l'armée. Le 4 juin est une journée de massacre et les combats durent jusqu'au 7 juin. La « normalisation » commence : des rafles et des arrestations sont organisées dans les milieux étudiants et intellectuels. Les leaders du mouvement s'enfuient ou sont exécutés.

l'autorité et ont pris la voie capitaliste ». Le 18 août, une énorme manifestation est organisée à Pékin, place Tian'anmen, où la foule uniformément vêtue du costume bleu attend l'apparition de son leader. Les gardes rouges se déversent par trains entiers dans tout le pays et ils répandent la pensée de Mao dont le symbole est le *Petit Livre rouge,* un recueil de ses pensées. À la fin de l'été, ils ont rempli les objectifs fixés, mais le mouvement a déjà commencé de se diviser entre ceux qui pensent que l'essentiel est acquis et les extrémistes pour qui la révolution ne fait que débuter.

De grands journaux muraux, les dazibaos, *répercutent vers les masses les slogans de la révolution.*

La poussée de l'extrême gauche

À l'automne, la dernière tendance a le dessus : la lutte, plus violente et confuse, s'étend au prolétariat. En décembre, les ouvriers prennent le pouvoir à Shanghai. En février 1967, la Commune est proclamée.
Les maoïstes s'efforcent dès lors d'installer dans les campagnes et dans les villes de nouveaux pouvoirs : des comités révolutionnaires constitués de gardes rouges, de militaires et de cadres fidèles. Ils provoquent de vives résistances parmi les pouvoirs locaux, en 1967 et 1968, mais ils s'opposent également aux gauchistes : à Wuhan, en Chine centrale, pendant l'été 1967, la jeunesse révoltée affirme ses propres aspirations contre les autorités des comités déjà en place, et elle se bat pour une république sans bureaucratie, une « Commune populaire de Chine ». Le pays plonge désormais dans la guerre civile. Encouragés par la presse qui proclame que les anti maoïstes sont « des rats qui courent dans les rues, tuez-les », les rebelles réclament les têtes de Liu Shaoqi, le président de la République, et de Deng Xiaoping, le secrétaire général du P.C.C. La révolution est à son point culminant.

Le retour à l'ordre

Mais, à l'été 1968, alors que la menace soviétique se fait pressante aux frontières du Nord-Est et que la crise tchécoslovaque met toutes les puissances mondiales en alerte, Mao décide de remettre de l'ordre dans le pays. Dès l'année précédente, il a commencé à freiner l'activité des gardes rouges. Sa défaveur se termine en persécution : ceux qui échappent aux arrestations sont enrôlés dans l'armée ou bien envoyés à la campagne. La répression *(xiafang)* touche 20 millions de jeunes dans l'hiver 1968-1969. En septembre 1967, la politique radicale est officiellement répudiée. Le processus s'accompagne de violences inouïes, car les plus extrémistes continuent à se battre. Au printemps 1968, les gauchistes rallument la guerre civile à Pékin et dans les provinces : en été, en Chine du Sud (à Wuzhou dans le Guangxi) des bombes au napalm sont déversées sur les rebelles et font des milliers de victimes. Parallèlement à cette reprise en main, des équipes de propagation de la pensée de Mao sont envoyées dans les universités et les collèges : elles doivent ramener les adolescents, en effervescence depuis deux ans, à la soumission, à l'ordre et à la discipline. L'anéantissement des gardes rouges met fin à la révolution.
Les maoïstes ont triomphé de l'appareil du parti. En octobre 1968, Liu Shaoqi est éliminé et, en 1969, le IXe congrès du P.C.C. consacre l'établissement d'un ordre nouveau. Les militaires y tiennent une place prééminente et Mao désigne comme dauphin le maréchal Lin Biao, un fidèle de la première heure. La Révolution culturelle est donc une victoire pour la tendance alliée à Mao. Mais elle n'a pas accompli ses buts fondamentaux – la destruction de la bureaucratie – et surtout elle a profondément meurtri la société chinoise dans toutes ses couches.

Le troisième conflit israélo-arabe

LA GUERRE DES SIX JOURS

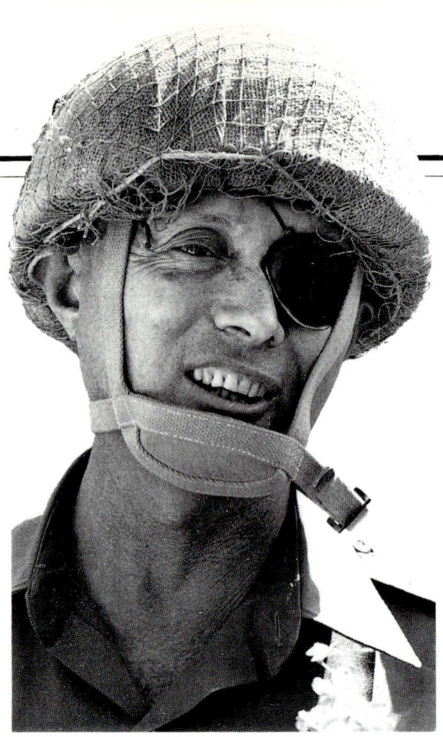

En 1967, du 6 au 12 juin, l'État d'Israël, se sentant encerclé, lance une offensive surprise : sur trois fronts à la fois, il balaie ses adversaires arabes et conquiert ce qui deviendra les « territoires occupés ». C'est la guerre des Six Jours.

Depuis 1948, la tension est constante entre Israël et les États arabes voisins : l'État hébreu vit dans l'angoisse d'une nouvelle attaque et refuse la création à ses côtés d'un État palestinien. De leur côté, les pays arabes, vaincus lors d'un premier conflit en 1948, espèrent prendre leur revanche sur Israël qu'ils ne veulent pas reconnaître. L'Égypte de Nasser, en particulier, se pose en ardent défenseur des intérêts arabes.

Une guerre éclair

La tension rebondit lorsque, en mai 1967, Nasser obtient de l'O.N.U. le retrait du Sinaï des soldats neutres envoyés par l'Organisation – les « Casques bleus » –, et qu'il interdit le golfe d'Aqaba à tout trafic en direction d'Israël, bloquant l'approvisionnement en pétrole de ce pays. Se sentant encerclé par l'Égypte, la Syrie et la Jordanie qui bénéficient du soutien de l'U.R.S.S., Israël décide alors de lancer une guerre préventive et par surprise.

Le 5 juin, une fois l'aviation égyptienne détruite au sol, l'armée israélienne fonce vers le sud, dans le désert du Sinaï. Le 7 juin, elle tient toute la rive orientale du canal de Suez et lève le blocus sur le golfe d'Aqaba, tandis que d'autres unités s'emparent de Jérusalem-Est, puis envahissent à l'est la Cisjordanie et au nord-est le plateau du Golan. Vaincus et humiliés, les États arabes doivent accepter le cessez-le-feu. Pour eux, les pertes sont lourdes : l'Égypte a 20 000 tués, la Jordanie plus de 6 000, la Syrie 500 – Israël a 800 morts. La victoire militaire de l'État hébreu est absolue et son armée (*Tsahal*) y gagne une réputation d'invincibilité.

Le général israélien Moshe Dayan, en juin 1967.

Convoi détruit, abandonné par l'armée égyptienne, dans le désert du Sinaï.

Un État vieux de 19 ans

La création de l'État d'Israël est proclamée le 14 mai 1948. La création de ce nouvel État résulte de la nécessité de redonner une terre au peuple juif dispersé depuis des siècles et persécuté pendant la Seconde Guerre mondiale.

Mais le partage de la Palestine entre les Juifs et les populations arabes qui y sont installées depuis longtemps se déroule dans la violence. Le plan de l'O.N.U. qui avait prévu le partage de la Palestine en deux États, arabe et juif, n'est pas appliqué : les États arabes refusent de reconnaître l'État hébreu ; **aucun État palestinien ne voit le jour.**

Dès lors, la **tension est constante :** deux peuples, les Juifs et les Palestiniens, dont un grand nombre est forcé de s'exiler, se disputent la même terre.

Les « territoires occupés »

La guerre-éclair n'aura duré que six jours, mais elle donne au conflit du Proche-Orient une dimension nouvelle. L'État d'Israël quadruple le territoire qu'il contrôle en y ajoutant le Sinaï, la bande de Gaza, le plateau du Golan et la Cisjordanie qui forment les 90 000 km² de « territoires occupés ». Faute d'être reconnu par ses voisins, il obtient ainsi une monnaie d'échange et un moyen de pression pour garantir sa sécurité. Certes, le 27 novembre, le Conseil de sécurité de l'O.N.U., par sa résolution 242, rappelle qu'aucun territoire ne peut être acquis par la force, exige le retrait israélien et proclame le droit de tous les États de la région à des frontières « sûres et reconnues ». Mais le texte reste sans effet, car Israël pose comme préalable à son retrait la reconnaissance de son existence par ses adversaires, tandis que ceux-ci ne veulent négocier qu'après son retrait et qu'ils refusent toujours farouchement de reconnaître l'État hébreu. La tension persiste donc et l'occupation des territoires conquis par Israël se prolonge. La victoire fulgurante de l'armée israélienne en 1967 n'apporte donc pas de solution aux tensions israélo-arabes ; en créant la question des territoires occupés, elle fait même naître de nouveaux sujets de discorde.

Les grands perdants de cette guerre sont les Palestiniens. Ceux qui s'étaient, depuis 1949, réfugiés dans les territoires désormais occupés se retrouvent sous administration israélienne : pour beaucoup, un nouvel exode commence, vers le Liban et la Jordanie. La résistance palestinienne se radicalise et se lance dans le terrorisme à grande échelle. Le conflit paraît alors inexpiable, en l'absence de part et d'autre de toute volonté de négociation et de reconnaissance mutuelle.

Les conflits israélo-arabes depuis la fondation d'Israël

En 1948, les États arabes voisins n'acceptent pas la création d'un État juif indépendant en Palestine, qu'ils considèrent comme une terre arabe. Depuis, la tension permanente dans la région a donné lieu à plusieurs guerres :

1948. Au lendemain de la proclamation d'Israël, les pays arabes attaquent le nouvel État. Israël obtient la victoire et agrandit son territoire au détriment des Palestiniens, dont un grand nombre se réfugie dans les pays voisins.

1956. Israël participe avec la France et la Grande-Bretagne à une intervention contre l'Égypte de Nasser.

1967. C'est la guerre des Six Jours.

6 octobre 1973. L'Égypte et la Syrie attaquent par surprise Israël qui, après de graves difficultés, finit par gagner la guerre du Kippour. Pour faire pression sur les alliés d'Israël, les États arabes exportateurs de pétrole décident de réduire leurs livraisons puis augmentent leurs tarifs. En 1978, grâce à la médiation américaine, l'Égypte et Israël signent les accords de Camp David et font la paix. L'Égypte a reconnu Israël qui lui restitue le Sinaï. Mais le conflit fondamental n'est pas réglé.

1982. Cette année-là a lieu l'opération « Paix pour la Galilée » : l'armée israélienne envahit le Liban jusqu'à Beyrouth pour y liquider les combattants palestiniens. Elle se retire en 1985.

1987. Dans les territoires occupés, les populations palestiniennes déclenchent la « révolte des pierres » (*intifada*) contre la présence israélienne.

1988. Le leader de l'O.L.P. (Organisation de libération de la Palestine), Yasser Arafat, reconnaît de fait l'État d'Israël en acceptant la résolution 242 de l'O.N.U. Mais les diverses tentatives de règlement négocié butent sur l'intransigeance du gouvernement israélien et la persistance de la violence dans les territoires occupés.

Le 8 juin 1967, les troupes israéliennes victorieuses conquièrent le Dôme du Rocher, dans la partie de Jérusalem jusqu'alors occupée par les Palestiniens.

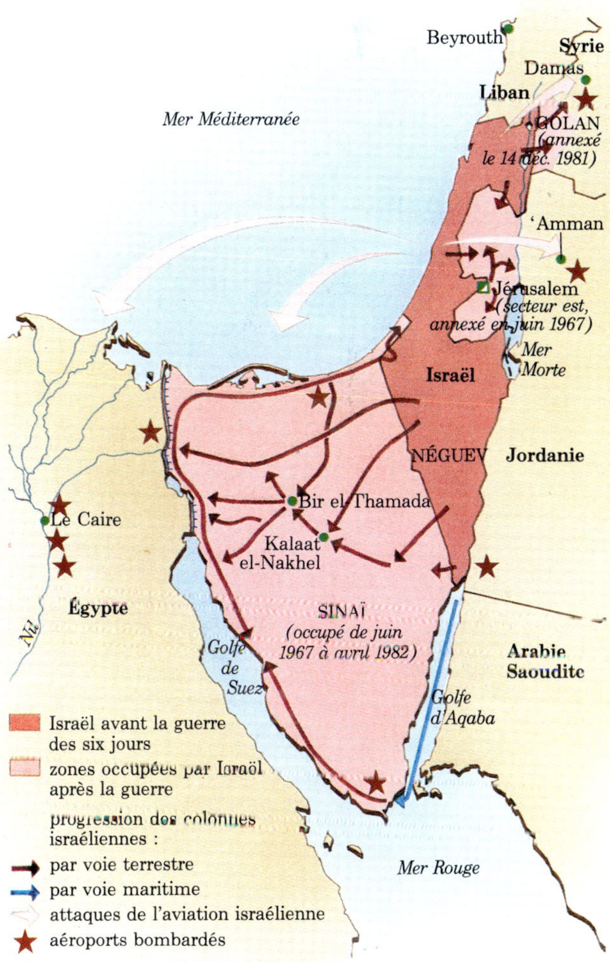

Le conflit israélo-arabe.

La révolution étudiante en France

LE MAI PARISIEN

Le 31 décembre 1967, dans ses vœux aux Français, Charles de Gaulle, président de la République, salue 1968 « avec sérénité ». Six mois plus tard, le pays frôle la révolution : une crise universitaire se mue en crise sociale et politique ; mai 1968 entre dans l'histoire.

En 1968, il y a deux fois plus d'étudiants en France qu'en 1960. En lettres ou en sociologie, ces étudiants craignent de ne pas trouver de travail à la fin de leurs études ; dans tous les secteurs, locaux et enseignants manquent. De plus, le temps est au romantisme révolutionnaire : les héros de l'époque sont Mao, Trotski ou Che Guevara. Enfin, les jeunes refusent les contraintes du passé ; dans les cités universitaires, les garçons demandent le libre accès aux bâtiments des filles. Des incidents éclatent, que le ministère escamote avec mépris : « Hier ils réclamaient des maîtres, aujourd'hui il leur faut des maîtresses. »

Nanterre, université créée en 1963 pour désengorger la Sorbonne, est isolée en banlieue parisienne et jouxte un bidonville, parfait exemple des injustices sociales. L'extrême gauche s'y développe. Le 22 mars, des étudiants occupent les locaux. Les diverses tendances « gauchistes » s'unissent autour d'un étudiant en sociologie d'origine allemande qui sait trouver des formules choc, Daniel Cohn-Bendit : on veut casser le système universitaire, pilier de la « société bourgeoise ». Les incidents se multiplient. Nanterre est fermée le 3 mai ; les étudiants tiennent meeting à la Sorbonne. La police intervient. 500 jeunes sont arrêtés, beaucoup sont molestés ; la Sorbonne est fermée. Les enseignants eux-mêmes se mettent en grève, leurs commissions improvisées multiplient les projets de réforme. Dans le Quartier latin, la tension monte ; elle aboutit le 10 mai à une « nuit des barricades », qui fait un millier de blessés. Pour ramener le calme, le Premier ministre Georges Pompidou rouvre la Sorbonne le 13 ; mais le mouvement, de l'université, s'est étendu aux autres secteurs de la vie sociale.

La France de 1968 : une apparente euphorie

En 1968, **la France est riche,** comme l'est l'ensemble du monde occidental : c'est le résultat des « trente glorieuses », les trente années de l'après-guerre.

Mais **la prospérité s'essouffle** aux États-Unis, et le gouvernement français prend acte du changement de tendance : en 1967, les exportations et l'équipement sont favorisés, au détriment de la consommation. Des tensions sociales en résultent.

En politique, **le prestige du général de Gaulle** ne lui garantit plus un pouvoir incontesté : il est **mis en ballottage** aux élections présidentielles de 1965, puis ne doit sa majorité au Parlement, en 1967, qu'aux votes de l'outre-mer... Dix ans de pouvoir, c'est beaucoup, après l'instabilité de la IVe République.

Dix millions de Français en grève

En effet, le 13 mai, pour protester contre la répression anti-étudiants, les syndicats organisent une manifestation. 170 000 personnes, selon la police, 800 000, selon les organisateurs, se rassemblent à Paris : le mécontentement social ne demande qu'à s'exprimer. La manifestation est assortie d'une grève, qui se prolonge au-delà des 24 heures pour lesquelles elle était prévue ; les salariés occupent spontanément les usines, comme l'ont fait leurs parents ou leurs grands-parents en 1936. Le 21, il y a 8 à 10 millions de grévistes. Le 27, à Grenelle, au ministère des Affaires sociales, les négociations avec les patrons débouchent sur une hausse de 7 % des salaires et de 35 % du salaire minimum, des garanties pour les délégués d'entreprise, la promesse de la remise en vigueur de la semaine de 40 heures (instituée par le Front populaire mais abandonnée dès 1937), d'augmentations des prestations sociales, d'allègements fiscaux, et sur le paiement des jours de grève, s'ils ne sont pas « récupérés » avant décembre.

Le parti communiste, satisfait, prêche le retour au calme. La base refuse : la crise devient politique, le régime paraît menacé, même si une partie du pays s'alarme d'un désordre qu'elle ne comprend pas et qui commence à la priver d'essence pour ses voitures...

Les affrontements entre les étudiants et la police, au Quartier latin, le 6 mai 1968. Le même jour, Daniel Cohn-Bendit devant un policier... (photographie de Gilles Caron).

La crise politique

Parti le 14 en Roumanie comme si de rien n'était, le général de Gaulle fustige la « chienlit » et propose un référendum, des réformes. On ne l'écoute pas : le pouvoir semble vacant. Parallèlement, le mouvement se délite. Le 22, on manifeste contre l'expulsion de Cohn-Bendit en Allemagne fédérale ; les communistes boycottent la manifestation : c'est le début d'un « duel à trois », gaullistes, communistes et « gauchistes » accusant chacun les deux autres de complicité. Le 27, V. Giscard d'Estaing propose une union nationale autour de lui. Le 28, F. Mitterrand dit qu'après l'échec du référendum il faudra un autre gouvernement et des présidentielles : il sera candidat. Le propos, modéré, est anticonstitutionnel, et la télévision, en le résumant, fait croire à un essai de coup d'État...

Le 29, de Gaulle disparaît : il est à Baden-Baden, où il rencontre le général Massu, commandant des forces françaises en Allemagne. Veut-il dramatiser la situation ? S'assurer de l'appui de l'armée ? À son retour, à

la radio, il dénonce les communistes, qui ont pourtant freiné les révolutionnaires, et il annonce des législatives. Immédiatement, 500 000 de ses fidèles défilent sur les Champs-Élysées. Le rapport des forces a changé.

Des « gauchistes » veulent boycotter les élections. Il y a encore des heurts, et trois morts, alors que les pires événements, à Paris où le préfet Grimaud s'était montré prudent, n'avaient provoqué aucun accident fatal... Les Français aspirent au retour à la normale, après un mois de folie ; les législatives sont un triomphe pour le gouvernement.

Mai 68 entre au musée des souvenirs. Reste à en chercher les causes. D'aucuns parlent de complot, d'autres de crise de société, d'autres encore évoquent la difficile adaptation des structures traditionnelles à la réalité moderne. Il faut aussi faire la part des hasards, des enchaînements incontrôlables. Il reste que, pendant un mois, Paris a cru revivre 1789 ou 1848, et que bien des changements se font, après coup, une fois le calme revenu, la crise ayant permis de prendre conscience de la fossilisation qui figeait la société française.

Dans les grands magasins du « Printemps », les salariés font la grève et occupent les lieux : un délégué syndical expose sa position...

Les contestations étudiantes dans le monde

Mai 1968 n'est pas un phénomène exclusivement parisien ou même français. Presque partout dans le monde, la jeunesse bouge en 1967-68.

Aux États-Unis. Le refus de la guerre du Viêt-nam, la radicalisation du mouvement noir et la mise en cause de la « société de consommation » se traduisent par des manifestations violentes, des occupations d'universités, etc.

En Europe. En R.F.A., la contestation vise aussi la guerre du Viêt-nam et son appui par la grande presse. En avril 1968, un attentat contre le leader étudiant Rudy Dutschke crée une forte tension. En Italie, l'occupation des universités, contre des structures quasi féodales, débouche sur un refus du système politique et du poids de l'Église. En Hollande, le mouvement rejoint celui des *provos* anarchisants. En Belgique, il s'aggrave de tensions entre Wallons et Flamands. En Suisse s'ajoute la solidarité avec les immigrés. En Espagne, les étudiants voudraient secouer la dictature.

Les pays de l'Est. 1968 est l'année du « printemps de Prague », au cours duquel le parti communiste tchécoslovaque dirigé par Dubcek tente de s'orienter vers « un socialisme à visage humain ». L'expérience, commencée le 8 avril et dans laquelle les étudiants jouent un grand rôle, est stoppée, le 20 août, par l'intervention des chars de l'U.R.S.S. et du pacte de Varsovie. En Pologne, la jeunesse intellectuelle conteste la bureaucratie, et, contre elle, le gouvernement joue de l'ouvriérisme et de l'antisémitisme...

En Amérique latine. L'hostilité aux États-Unis et les problèmes sociaux expliquent des émeutes, au Brésil, en Argentine, et surtout au Mexique, où la répression est féroce, faisant vingt morts à Mexico, le 2 octobre.

En Chine. Enfin, on peut considérer la « Révolution culturelle » comme un mouvement de la jeunesse manipulé par Mao Zedong pour rétablir son pouvoir contre l'appareil du parti communiste.

La manifestation des gaullistes descendant les Champs-Élysées, le 30 mai 1968. Après la révolution, la réaction...

L'homme à la conquête de l'espace

ON A MARCHÉ SUR LA LUNE

Le 21 juillet 1969, à 3 h 52, heure de Paris, l'Américain Neil Armstrong sort de l'engin qui l'a déposé quelques heures plus tôt sur la « mer de la Tranquillité ». Très lentement, il descend les barreaux de l'échelle. À 3 h 56 mn, il pose son pied gauche sur le sol et déclare : « Ce n'est qu'un petit pas pour l'homme, mais un bond gigantesque pour l'humanité. » La réalité vient de rejoindre la bande dessinée d'Hergé, le créateur de Tintin : on a marché sur la Lune.

Douze ans plus tôt, les succès soviétiques dans l'espace inquiètent l'Amérique. L'honneur national est en jeu, et l'équilibre des forces : une fusée capable de lancer un satellite peut atteindre n'importe quel point du globe. La distance ne protège plus des bombes.

Le pari de Kennedy

Le 7 novembre 1957, le président Dwight Eisenhower juge nécessaire de préciser que les États-Unis peuvent repousser toute attaque russe, et annonce la centralisation et l'accélération du programme spatial. Le 25 mai 1961, avant même le premier vol habité américain, son successeur, John F. Kennedy, proclame sa volonté d'« envoyer un homme sur la Lune avant la fin de la décennie ».

L'objectif fixé, les États-Unis se donnent les moyens de l'atteindre. D'abord, les cabines *Mercury* volent avec un homme à bord, puis sont remplacées par les *Gemini,* avec deux hommes. De mars 1965 à novembre 1966, en dix vols, elles comblent le retard américain. Une avance est même prise : on réalise des arrimages en orbite.

Un jeu de construction dans l'espace

Ces arrimages sont indispensables. On construit une fusée aussi énorme que possible, *Saturn V :* 111 mètres de haut, 3 100 tonnes, 155 millions de chevaux. Or, même ce monstre ne peut pas expédier sur la Lune un engin capable de s'arracher au sol lunaire pour rentrer directement sur terre. Pour tourner la difficulté, on invente un véritable Méccano spatial, composé du vaisseau *Apollo* et du Lem, ou module lunaire, installé au-dessous de lui dans la fusée. En orbite terrestre, *Apollo* doit se retourner, fixer le Lem à son « nez », puis partir se mettre en orbite autour de la Lune. Là, deux cosmonautes passent dans le Lem, qui se détache pour se poser sur la lune. Seule sa partie supérieure repart : relativement légère, elle peut facilement rejoindre Apollo, avant d'être abandonnée. Pour la rentrée dans l'atmosphère, les moteurs sont eux aussi largués : seul le module de commande abritant les cosmonautes – soit 5 des 3 100 tonnes initiales – revient sur terre, ou plutôt en mer.

La mise au point ne va pas sans drame. Le 27 janvier 1967, à l'entraînement, Virgil Grissom, Edward White et Roger Chaffee

L'espace, une course soviéto-américaine

Au départ, l'U.R.S.S. accumule les succès : le 4 octobre 1957, *Spoutnik 1* est le premier satellite artificiel ; le 3 novembre, la chienne Laïka est le premier animal sur orbite ; *Lunik 1* échappe à l'attraction terrestre le 2 janvier 1959, *Lunik 2* percute la Lune le 13 septembre, *Lunik 3* en photographie la face cachée le 6 octobre ; le 12 avril 1961, à bord de *Vostok 1,* Youri Gagarine est le premier homme dans l'espace ; le 16 juin 1962, Valentina Terechkova est la première femme ; le 13 octobre 1963, *Voskhod 1* est le premier vaisseau multiplace, et le 18 mars 1965, Alexei Leonov est le premier homme qui marche dans l'espace.

Les États-Unis lancent *Explorer 1* le 1er février 1958 et leur premier cosmonaute, John Glenn, le 20 février 1962. Ils prennent l'avantage avec le vol à moins d'un mètre de distance des cabines *Gemini 6* et *7*, le 15 décembre 1965, et **le premier arrimage,** entre la cible *Agena* et *Gemini 8,* **le 16 mars 1966 ;** le 2 juin 1966, *Surveyor 1* se pose en douceur sur la Lune. L'U.R.S.S. a encore sa part de « premières », mettant *Luna 10* en orbite autour de la lune le 3 avril 1966, et en ramenant *Zond 5* le 21 septembre 1968. Mais, **avec les vols habités *Apollo,* se manifeste vraiment la supériorité américaine.**

Départ de la Lune du module lunaire (Lem) pour rejoindre Appolo 11 en orbite lunaire, le 21 juillet 1969 à 18 h 54. Au fond, une vue partielle de la Terre.

sont brûlés vifs dans leur cabine. Les vols ne reprennent qu'en octobre 1968, quand *Apollo 7* est expérimenté en orbite terrestre ; à Noël, *Apollo 8* tourne autour de la Lune ; le Lem est essayé autour de la Terre avec *Apollo 9*, autour de la Lune avec *Apollo 10*.

500 millions de téléspectateurs

Enfin, le 16 juillet 1969 à 14 h 32 (heure française), *Apollo 11* décolle de cap Canaveral, en Floride, devenu cap Kennedy en hommage au président assassiné le 22 novembre 1963. Il emporte Neil Armstrong, Edwin Aldrin et Michael Collins.

Le vol se passe admirablement bien. Le 19 juillet, à 18 h 22, *Apollo* est en orbite lunaire. Le lendemain, le Lem, *Eagle*, avec à son bord Armstrong et Aldrin, se détache du reste de l'attelage, *Columbia*. Des blocs de pierre rendent dangereux l'alunissage, alors qu'il ne reste plus qu'une minute de propergol, mais à 21 h 17, pour la première fois, un objet habité se pose sur la Lune. Les cosmonautes demandent que leur soient épargnées les quatre heures de sommeil officiellement prévues avant leur sortie.

Celle-ci est suivie à la télévision par au moins un demi-milliard de Terriens. Par une ironie du sort, Collins, resté en orbite à bord d'*Apollo*, ne peut assister à l'événement.

En deux heures et demie, dans le vide parfait qui entoure la Lune, sous une gravité qui leur retire 80 % de leur poids terrestre, les deux hommes recueillent des échantillons de sol, prennent des photos, installent un sismomètre-émetteur, un réflecteur pour renvoyer des signaux lasers vers la Terre et une feuille d'aluminium traitée pour piéger les particules des « vents solaires ». Symbole oblige, ils plantent un drapeau américain, dévoilent une plaque précisant qu'ils sont venus « pacifiquement au nom de l'humanité entière », et écoutent, au garde à vous, le président Richard Nixon. Puis ils regagnent *Eagle*, prennent les huit heures de repos prévues. À 18 h 54, c'est le départ de la partie supérieure du Lem, délestée de toutes charges inutiles. Elle est abandonnée à l'espace après la jonction avec *Columbia*, dont les moteurs sont rallumés pour le grand retour.

Le 24 juillet, 8 jours, 3 heures et 17 minutes après le départ, *Apollo* amerrit dans le Pacifique. Pour les cosmonautes restent à supporter 21 jours de quarantaine, le temps que les savants s'assurent qu'ils ne ramènent aucun micro-organisme lunaire, et que notre satellite est bien un astre mort. Ce sont ces savants, désormais, qui prennent le relais des cosmonautes en interrogeant les échantillons et les relevés obtenus grâce à leur exploit.

Les vols habités après *Apollo 11*

Après l'exploit, le désenchantement. Le programme *Apollo* se poursuit, mais l'exploit répété cesse de passionner l'opinion, même si on s'émeut lorsqu'une explosion, peu après le départ d'*Apollo 13*, compromet la mission et met en danger les cosmonautes, qui rentrent tout de même sains et saufs le 17 avril 1970. De plus, les budgets sont fortement réduits.

Les Soviétiques : des records d'endurance. Les Soviétiques ont renoncé à la Lune. Leur programme circumterrestre, avec les vaisseaux *Soyouz* et la station *Saliout*, est retardé après le 29 juin 1971 et la mort de trois cosmonautes rentrant de 24 jours dans l'espace. Cependant, le 17 juillet 1975, symbole de la « détente », *Soyouz 19* et une cabine *Apollo*, prévue pour un vol lunaire supprimé, se rejoignent sur orbite. D'autres Soyouz mènent vers Saliout puis vers la station *Mir* des hommes qui battent des records d'endurance, comme Vladimir Titov et Moussa Manarov, rentrés le 21 décembre 1988 après 366 jours.

Le prochain objectif : Mars ? Les Américains, eux aussi revenus autour de la Terre, lancent *Skylab*, laboratoire orbital rejoint par une cabine *Apollo* le 25 mai 1973, puis, à partir du 12 avril 1981, des navettes réutilisables. Les vols se multiplient, mais les navettes ont des problèmes techniques, et l'une d'elle explose en vol le 28 janvier 1986, tuant ses sept passagers.

Au seuil des années 1990 se préparent une navette européenne et une station spatiale permanente américaine, avec participation européenne et japonaise. Surtout, le 20 juillet 1989, le président américain G. Bush lance un nouveau défi : un vol habité vers Mars dans les années 2020, avec peut-être l'U.R.S.S. de la perestroïka...

Les premiers pas de l'homme sur la Lune : Edwin Aldrin descendant les marches du Lem, le 21 juillet 1969 à 4 h 14 min.

Edwin Aldrin marchant sur la Lune, dans la mer de la Tranquillité, et photographié par Neil Armstrong, l'autre cosmonaute descendu du module lunaire.

1974

La fin de l'État de Salazar
LA RÉVOLUTION DES ŒILLETS

Le 25 avril 1974, une insurrection militaire, la « révolution des œillets » – du nom des fleurs que la population offre alors aux soldats révoltés, – met fin, au Portugal, à près de cinquante ans de dictature : la République unitaire et corporatiste instaurée en 1926 et dirigée de 1933 à 1970 par Antonio de Oliveira Salazar cède le pas à la démocratie.

Antonio de Oliveira Salazar en 1962. Le dictateur avait gouverné le Portugal de 1933 à sa mort, en 1970.

Le paradoxe de cette révolution est qu'elle est fomentée par des militaires, soutiens traditionnels des dictatures dans le monde entier comme dans l'Espagne voisine. Mais l'armée, en 1974, est lasse de mener des guerres coloniales que l'évolution historique voue à l'échec, et elle constitue d'autre part – la police politique de Salazar ayant démantelé toute autre opposition interne – le seul groupe social capable de s'opposer à la dictature et de promouvoir un retour à la démocratie dans le pays.

Les soldats au secours de la démocratie

Le 25 avril, une fraction de l'armée se désignant du nom de « Mouvement des forces armées » (M.F.A.) chasse du pouvoir Marcello Caetano, qui a succédé à Salazar en 1970. Les généraux Costa Gomez et de Spinola, limogés un mois plus tôt pour avoir osé s'exprimer sur la nécessaire évolution démocratique du régime, sont appelés à participer à la « junte de salut national », qui constitue le gouvernement provisoire du Portugal. Le 26 avril, une amnistie générale pour tous les prisonniers politiques, la suppression de la censure et de la police politique sont décrétées, et on annonce l'élection au suffrage universel d'une Assemblée constituante.

Euphorie et premières inquiétudes

Le 28 avril, Mario Soares, secrétaire général du parti socialiste, exilé à Paris depuis 1970, fait un retour triomphal à Lisbonne. Le 1er mai, une gigantesque manifestation se déroule dans les rues de la capitale. Des réformes économiques sont mises en place : dans le domaine agraire surtout s'effectuent des occupations spontanées de grands domaines par les ouvriers agricoles et la mise en place de nouvelles structures coopératives et collectivistes. Les relations diplomatiques se renouent avec les pays de l'Est et M. Soares fait une tournée des capitales européennes, affolées par l'aspect insurrectionnel et extrémiste du mouvement. Le 16 mai, le général de Spinola devient président de la République et, le lendemain, un nouveau gouvernement provisoire, sous la direction d'Adelino Palma Carlos, sans étiquette politique, réunit des membres de la junte (Gomez), des socialistes (Soares, ministre des Affaires étrangères) et des communistes (Cunhal, secrétaire général du P.C. portugais, qui est ministre sans portefeuille).

La révolution entre les extrêmes

L'été 1974 est marqué par une série de crises politiques qui opposent Spinola à l'aile la plus gauchiste du M.F.A., et Soares dénonce la violence avec laquelle se déroulent l'occupation et l'expropriation des terres. En juillet, le colonel Vasco Gonçalves, candidat modéré du M.F.A., succède à Palma Carlos : il se donne pour tâche d'enrayer l'influence du parti communiste. Après septembre, où des manifestations de droite soutenant Spinola se terminent par des affrontements, le milieu des officiers, très marqué à gauche pour une part, est épuré et les réformes de structures se ralentissent. C'est dans ce contexte de dissensions politiques au sein du gouvernement que se préparent les élections législatives, prévues pour le 25 avril 1975.

Les premières élections libres

Le gouvernement Gonçalves se trouve forcé de louvoyer entre les promesses d'une société plus juste et la nécessité de ménager les couches conservatrices. La mobilisation politique est toujours intense : pour les élections législatives, 91 % de la population se rend aux urnes. Le parti victorieux est sans conteste le parti socialiste, qui remporte, avec 37 % des

> **Le Portugal en 1974**
>
> Depuis 1926, le Portugal, constitué en république après 1910, est **une dictature.** Ministre des Finances en 1928, président du Conseil en 1932, **Antonio de Oliveira Salazar** gouverne le pays en maître absolu de 1933 à sa mort, en 1970.
>
> Le régime se survit à lui-même, sous la direction de **Marcello Caetano,** pendant les quatre années qui suivent la mort de Salazar. Mais la vie économique est alors désorganisée par les **guerres coloniales** que le pays mène en Afrique (Guinée-Bissau, Angola, Mozambique et Cap-Vert), et le mécontentement économique et politique de la population, que l'efficacité de la police de Salazar avait fait taire, recommence à s'exprimer.
>
> Toutefois, c'est **l'armée,** consciente de l'impasse coloniale et groupe social puissant, qui constitue la seule formation oppositionnelle efficace, à l'origine de la « révolution des œillets ».

À Lisbonne, après le coup d'État du 25 avril, la population laisse exploser sa joie à l'arrivée des troupes libératrices dans la capitale.

Manifestation populaire à Lisbonne, le 1er mai 1974. Là encore, les civils et les militaires fraternisent.

La victoire électorale du socialiste M. Soares, en avril 1975. On remarquera les œillets, qui ont donné son nom à la révolution portugaise.

voix, 115 sièges à la Chambre. Le P.S. doit compter avec le Parti populaire démocratique, qui obtient 26 % des suffrages (80 élus). Le parti communiste réalise un score de 12 % et est représenté par 30 députés seulement : l'extrême gauche est donc isolée et la politique gouvernementale trouve son inspiration dans les positions modérées de M. Soares. Dès lors, les grandes réformes sont totalement arrêtées. En 1977, le gouvernement restitue une partie de leurs terres à leurs anciens propriétaires ou les distribue à de petits exploitants ou à des ouvriers agricoles. Après les élections de 1979, marquées par la victoire des conservateurs, le nouveau gouvernement, de centre droit, revient sur toutes les grandes options prises pendant la révolution. Mais l'essentiel reste préservé : le Portugal est une démocratie, et il se dégage progressivement de ses emprises coloniales.

Le retour à la démocratie des dictatures de l'Europe du Sud

Au milieu des années 1970, deux autres pays de l'Europe méridionale, dictatures militaires depuis plusieurs années ou plusieurs décennies, reviennent à la démocratie comme le fait le Portugal.

La Grèce. Depuis la chute de la royauté en 1967 et l'exil forcé du roi Constantin II, une junte d'officiers fait régner en Grèce le « régime des colonels ». Le conflit avec la Turquie à propos de Chypre, les transformations économiques du pays et la fin du soutien américain provoquent finalement la chute de ce régime en 1974 : Constantin Karamanlis restaure les libertés. Élu président de la République en 1980, il fait entrer son pays dans la C.E.E. en 1981 – année où son parti perd les élections au profit du parti socialiste *(Pasok)* de Gheorghios Papandhréou, qui devient Premier ministre.

L'Espagne. En Espagne, c'est la mort de Francisco Franco, le 20 novembre 1975, qui détermine le retour à la démocratie. La succession du *Caudillo* a été établie par lui-même, quand il a désigné, en 1969, le prince Juan Carlos comme son dauphin. Depuis la guerre civile de 1936-1939, le pays a considérablement changé : le vieux conflit entre l'« Espagne noire » (celle de l'Église, des propriétaires et de la bourgeoisie conservatrice) et l'« Espagne rouge » (des communistes et des ouvriers) est devenu anachronique. La démocratie peut se développer. Commence la « transition démocratique », que contrôlent le roi et le Premier ministre Adolfo Suarez. Des élections législatives ont lieu en 1977 ; deux partis sont en concurrence : l'union du centre démocratique et le parti socialiste (P.S.E.) de Felipe Gonzalez. Le P.C. de S. Carillo est légalisé. Le principal problème est la nostalgie de certains pour la dictature franquiste : en février 1981, le colonel Tejero prend en otages les parlementaires espagnols aux Cortes. L'extension du putsch militaire est évitée grâce à Juan Carlos, qui en appelle au loyalisme de l'armée. En 1982, le P.S.E. est victorieux aux élections législatives et inaugure une politique de décentralisation. En 1986, l'Espagne ainsi que le Portugal entrent dans la C.E.E.

La fin de la guerre du Viêt-nam
L'ÉVACUATION DE SAIGON

Le 30 avril 1975, les troupes nord-vietnamiennes et leurs alliés du Viêt-cong entrent dans Saigon, la capitale du Viêt-nam du Sud, précipitamment évacuée par les Américains. La guerre du Viêt-nam est terminée.

Les événements du printemps 1975 viennent clore plusieurs décennies de conflits et de combats dans ce qui était, jusqu'à la Seconde Guerre mondiale, l'Indochine française.

L'engagement progressif des États-Unis

Entre 1945 et 1954, c'est la France qui est en première ligne d'une guerre coloniale douloureuse qui s'achève, après Diên Biên Phu, par les accords de Genève de 1954. Aux termes de ces textes, le Viêt-nam est divisé en deux, le Viêt-nam du Nord, communiste, et le Viêt-nam du Sud, anticommuniste. Le rôle de la France est terminé, mais sa place est prise rapidement par les États-Unis, dans le contexte général de la guerre froide, de la volonté américaine de contenir, voire de refouler, l'influence communiste, et de la conviction américaine que l'abandon d'une partie de la région aux forces communistes entraînerait l'effondrement des autres régimes non communistes, (théorie des dominos). Au nom de cette théorie, les États-Unis interviennent progressivement au Viêt-nam pour soutenir le régime du Sud, et se retrouvent acteurs d'une guerre qui n'est jamais pourtant officiellement déclarée par Washington. Les présidents américains successifs réagissent à l'unisson. Eisenhower s'engage à soutenir le régime sud-vietnamien. Son successeur, John F. Kennedy, envoie au Viêt-nam des « conseillers militaires » et des forces spécialisées dans les combats de guérilla. À la mort de Kennedy, en novembre 1963, plus de 16 000 soldats américains se trouvent au Viêt-nam. Lyndon B. Johnson, poursuivant la politique de ses prédécesseurs, accroît le degré d'intervention des Américains.

L'Amérique traumatisée

La guerre du Viêt-nam provoque aux États-Unis **un véritable traumatisme.**

Dès les premiers temps de l'intervention, à la fin des années 1960, **des mouvements de protestation** se produisent, bientôt accrus par la décision du président Johnson de recourir à **la conscription** pour renforcer les troupes américaines au Viêt-nam. Les campus des universités deviennent les lieux de manifestations d'hostilité à une guerre que l'opposition, désormais, ne soutient plus.

L'échec final de l'intervention accroîtra le malaise des Américains, pour qui le Viêt-nam reste, de nos jours, **une « sale guerre ».**

L'engagement massif : le mandat Johnson

En août 1964, un incident survenu dans le golfe du Tonkin est utilisé par Johnson pour obtenir du Congrès l'autorisation d'utiliser des forces armées au Viêt-nam. À partir de 1965, les Américains sont engagés de plus en plus lourdement dans la guerre. Plus de 500 000 hommes, au total, sont envoyés sur place. Les Américains bombardent pendant trois ans des régions du Sud contrôlées par la guérilla communiste, le Viêt-cong, et n'hésitent pas à avoir recours à des défoliants.

En janvier 1968, une offensive nord-vietnamienne vient signifier l'échec complet de la stratégie américaine et constitue pour Johnson une défaite majeure qui l'amène à renoncer à briguer un nouveau mandat présidentiel.

Richard Nixon : l'échec final de la stratégie américaine

Malgré ses promesses électorales concernant un retrait américain, le républicain Richard Nixon, successeur de Johnson, poursuit en fait la stratégie militaire de son prédécesseur. Il recommence les bombardements et les étend même au Cambodge, pourtant neutre. En avril 1970, les Américains envahissent le Cambodge, accusé d'abriter le Viêt-cong. Mais, en même temps, Nixon tente de transférer le poids de la guerre sur les Sud-Vietnamiens, en réduisant la présence des soldats américains tout en accroissant le soutien logistique à Saigon. C'est dans cet esprit que le conseiller de Nixon pour la politique étrangère, Henri Kissinger, négocie durant l'automne et l'hiver 1972 les accords de Paris, qui prévoient le retrait américain mais le soutien continué de Washington à Saigon.

Réfugiés vietnamiens sur la route, fuyant l'avancée communiste pour se réfugier à Saigon, au printemps 1975.

Une évacuation peu glorieuse

Les accords de Paris ne sont respectés par aucun des deux camps. Durant 1973 et 1974, la pression nord-vietnamienne s'accroît. Le régime du Sud s'effondre au printemps de 1975 avec une rapidité imprévue, qui contraint les Américains à procéder à l'évacuation de leurs ressortissants et de certains de leurs alliés sud-vietnamiens dans une ambiance de confusion et de panique.

L'intervention américaine a duré deux décennies et s'achève par un désastre complet. Militairement, politiquement et moralement, les États-Unis ont subi un échec douloureux. Non seulement leur objectif premier (empêcher la mainmise communiste sur le Viêt-nam) n'est pas atteint, mais ils laissent une Asie du Sud-Est politiquement sinistrée. Des dizaines de milliers d'Américains, peut-être 3 millions de Vietnamiens (Nord et Sud, civils et militaires confondus) sont morts. La « paix dans l'honneur », dont parle Nixon en 1973, est en fait une défaite honteuse.

→ **Voir aussi :** p. 78-79 (guerre d'Indochine).

L'Asie du Sud-Est depuis 1975

La guerre continuée : le Viêt-nam et le Cambodge. La fin de la guerre du Viêt-nam n'apporte pas la paix en Asie du Sud-Est. Au Viêt-nam même, la mainmise de Hanoi sur l'ensemble du pays s'accompagne de violences et de représailles contre les anciens alliés des Américains. Le Cambodge, surtout, déstabilisé par l'invasion américaine de 1970 et la chute du prince Sihanouk, tombe aux mains des Khmers rouges, dont le régime se rend tristement célèbre par les violations innombrables des droits de l'homme et le véritable génocide dont il est l'auteur. Aujourd'hui encore, après deux décennies de guerres civiles, le Cambodge n'a pas retrouvé la paix.

La fin des blocs : un espoir pour l'avenir ? L'Asie du Sud-Est reste une région clef dans les relations internationales. Mais les récents changements dans les rapports entre les superpuissances semblent être porteurs d'espoir pour cette région qui a servi trop longtemps de champ de bataille dans les luttes entre Washington, Moscou et Pékin.

Des années d'intervention américaine au Viêt-nam se concluent par l'évacuation précipités des soldats et d'une très petite minorité de civils vietnamiens, le 30 avril 1975.

Enfant vietnamienne blessée, portée par sa mère en fuite, lors de l'attaque communiste le 12 mars 1975, dans les derniers combats de la guerre du Viêt-nam.

Khomeyni instaure un régime islamiste

LA RÉVOLUTION IRANIENNE

Le 1er février 1979, l'imam Khomeyni revient à Téhéran après seize années d'exil. Les manifestants islamiques occupent la rue et le chah d'Iran a quitté le pays. Le 11 février, après trois jours de combat, l'armée rejoint les insurgés et la république islamique d'Iran est proclamée.

Pourquoi l'Iran, pays moderne et riche, a-t-il vu la naissance de la seule révolution islamique victorieuse ?

Les maladresses du règne de Mohammad Reza Pahlavi

Au pouvoir depuis 1941, Mohammad Reza Pahlavi, le chah d'Iran, veut faire de l'Iran un pays moderne, laïc et industriel, en utilisant la richesse pétrolière pour le développement économique. Mais cette politique bouscule la société traditionnelle, entraîne un exode rural qui jette dans les villes des millions de paysans déracinés, tandis qu'une nouvelle génération d'éduqués ne trouve pas de débouchés dans un système politique qui reste très archaïque et centré sur la cour royale. Le chah gouverne de manière autocratique, sans autoriser les partis politiques et en réprimant toutes les oppositions. Aussi la seule force organisée en face de son pouvoir est-elle le clergé chiite.

Un ayatollah en exil

Parmi les opposants religieux, se dresse, en 1963, l'ayatollah Ruhollah Khomeyni, qui enseigne dans la ville sainte de Qom. Après la répression des manifestations contre le chah, il doit s'exiler en Iraq. Établi dans le sanctuaire chiite de Kerbala, il commence un enseignement très novateur : il prêche en effet la mise en place d'un État islamique, où le pouvoir suprême serait aux mains du clergé. Ses idées sont très neuves, le clergé iranien est en effet plutôt conservateur et se contenterait de se voir accorder par l'État un simple pouvoir de contrôle sur les lois. Mais les idées de Khomeyni rencontrent un grand écho dans une jeunesse qui cherche dans l'islam une idéologie politique capable de concurrencer le marxisme, et non une simple religion. La pensée de Khomeyni, malgré ses aspects traditionalistes, est bien une idéologie du XXe siècle soucieuse de construire, par la révolution, un État et une société nouvelle.

Manifestation de femmes iraniennes armées enveloppées du tchador.

Quinze jours après le départ du chah, le 1er février 1979, Khomeyni arrive à Téhéran.

Le 16 janvier 1979, le chah d'Iran Mohammad Reza Pahlavi est contraint à l'exil. Il mourra au Caire l'année suivante.

L'Iran au XXe siècle

En 1986, l'Iran, un des plus vieux États du Moyen-Orient, compte 54 millions d'habitants pour un territoire de 1 648 000 km^2.

Conquis par les musulmans arabes au VIIe siècle, l'Iran n'est devenu majoritairement chiite qu'au XVIe siècle, par l'action d'une dynastie d'origine turque, les Séfévides. À partir de la fin du XIXe siècle, l'impuissance de la monarchie face aux empiètements des puissances occidentales et à l'endettement du pays pousse le clergé à se présenter en champion de l'indépendance nationale.

Mais la grande masse du clergé ne souhaite pas alors exercer directement le pouvoir. C'est l'arrivée au pouvoir de Reza Pahlavi en 1921, remplacé en 1941 par son fils Mohammad Reza, qui accroît les tensions entre les religieux et l'État. La nouvelle dynastie veut laïciser la société iranienne et surtout rogner le pouvoir du clergé. Le chah d'Iran, tente en 1963, par la « Révolution blanche », de contrôler les terres possédées par le clergé, ce qui entraîne une révolte ouverte qui trouve en Khomeyni son leader. Le divorce est alors consommé entre la monarchie et le clergé.

L'instauration du nouveau régime

Lorsque le régime du chah s'effondre sous le coup d'une conjugaison de toutes les oppositions, seul le clergé chiite et les « comités », c'est-à-dire les organes de pouvoir locaux de la révolution, formés par des jeunes militants le plus souvent laïcs mais acquis aux idées de Khomeyni, peuvent imposer un contre-pouvoir. C'est l'alliance du clergé chiite, malgré les réticences des grands ayatollahs à l'exception bien sûr de Khomeyni, des masses récemment urbanisées et des éduqués convertis à l'idéologie islamiste qui va assurer la base du pouvoir islamique. La Constitution met en place, en 1980, des institutions stables, où le pouvoir est partagé entre l'imam et une Assemblée élue, mais où seuls les partisans de la révolution islamique sont admis à se présenter. La révolution marque la vie quotidienne, mais, si les femmes doivent obligatoirement porter le voile ou tchador, elles continuent de pouvoir travailler, voter et participer à la vie politique.

Les échecs extérieurs

L'Iran espère que la révolution islamique s'étendra à l'ensemble du monde musulman. Pour prévenir ce risque, l'Iraq, soutenu discrètement par de nombreux pays arabes et occidentaux, déclenche la guerre contre l'Iran en septembre 1980. La guerre du Golfe va absorber toute l'énergie de l'Iran pendant 9 ans. De 1982 à 1984, l'Iran contre-attaque victorieusement, mais se retrouve ensuite enlisé dans une guerre interminable. L'Iran est isolé diplomatiquement à la suite de son soutien au terrorisme. La révolution islamique ne réussit pas à percer en dehors de certaines minorités chiites au Liban et en Afghanistan. Une crise économique et sociale, avec inflation et chômage, s'abat sur l'Iran. En juillet 1988, Khomeyni annonce, à contrecœur, un cessez-le-feu. En mai 1989, à sa mort, l'échec de la révolution islamique est patent, aussi bien à l'extérieur qu'à l'intérieur.

L'après-Khomeyni

En juillet 1989, Rafsandjani est élu président de la République. Le successeur de l'imam au poste de guide de la révolution, Khamenei, n'a ni son prestige ni son grade dans la hiérarchie religieuse. C'est la fin de la révolution islamique, même si l'empreinte de la religion reste très forte sur les institutions et dans la vie quotidienne. Mais le problème majeur reste celui de la reconstruction économique, face à un mécontentement populaire croissant. Or, cette reconstruction suppose l'aide étrangère, donc la renonciation à l'exportation de la révolution et au soutien au terrorisme.

→ **Voir aussi :** p. 310-311 (crise du golfe).

L'islamisme dans le monde

Islam et politique. Ce n'est pas l'imam Khomeyni qui a inventé l'islam politique. L'islam, certes, ignore en théorie la séparation entre la religion et la politique, mais depuis la fin de l'époque du Prophète et de ses quatre successeurs directs, au VIIe siècle, il y a toujours eu séparation de fait entre le politique et le religieux.

Un précédent : les « Frères musulmans ». C'est dans le monde sunnite, en Égypte, et non chiite, qu'est né, dans les années 1930, le premier mouvement moderne de l'islam politique, les « Frères musulmans ». Ce mouvement, qui inspire encore aujourd'hui la mouvance islamiste dans l'ensemble du monde musulman sunnite, prône la mise sur pied d'une organisation politique hiérarchisée et militante, s'efforçant d'encadrer la société sur le plan social et politique et d'influer sur les États pour les amener à adopter une législation islamique.

La théorie de Khomeyni. Mais les Frères musulmans s'efforcent plus de pénétrer et d'influencer les États existants que de les renverser. La théorie de Khomeyni est beaucoup plus radicale : elle déclare impies tous les régimes, même musulmans, qui ne s'engagent pas dans le processus de la révolution islamique, et elle fait du chef religieux, l'imam, le chef suprême de l'État et de la communauté des croyants. En fait, la théorie khomeyniste, trop radicale et trop exclusivement chiite, en ce sens qu'elle place toute son insistance sur la rédemption du peuple par le martyre des imams, ne prendra pas racine dans le monde sunnite. Il n'y a pas eu d'alliance entre le fondamentalisme iranien et celui des Frères musulmans. En effet, les Frères musulmans poussent non au renversement des États mais simplement à l'instauration de la loi islamique, la *charia.* Ils sont donc moins menaçants pour les régimes conservateurs arabes, qui les financent pour mieux allumer des contre-feux fondamentalistes à l'action de l'Iran, quitte à islamiser leur législation. Paradoxalement, l'échec de la révolution iranienne se traduit donc par un essor du fondamentalisme sunnite qui marquera sans doute profondément les sociétés musulmanes.

Mikhaïl Gorbatchev secrétaire général du P.C.U.S.

L'AN PREMIER DE LA PERESTROÏKA

Le 10 mars 1985 meurt Konstantine Tchernenko, secrétaire général du parti communiste d'Union soviétique. Quelques heures à peine après son décès, Mikhaïl Gorbatchev lui succède ; le choix du nouveau secrétaire, aussitôt, apparaît comme décisif.

Le nouveau secrétaire général a cinquante-quatre ans, et son règne à venir a pour lui la durée. D'emblée, tous se posent une question : M. Gorbatchev sera-t-il un réformateur ? Le système est-il réformable ?

La perestroïka : langue de bois ou idée neuve ?

Émanation d'une direction collégiale inchangée, qui le tient sous haute surveillance et peut défaire son pouvoir, Mikhaïl Gorbatchev commence par proclamer, devant le *plénum* du Comité central réuni en avril 1985, « la continuité de la ligne stratégique du parti, élaborée par le 26ᵉ Congrès du P.C.U.S. et par les *plénums* qui l'ont suivi ». En même temps, il annonce la nécessité d'une « profonde restructuration *(perestroïka)* de la planification et de la gestion de tout le mécanisme économique ». Pour de nombreux observateurs, ce programme de perestroïka se situe dans le champ sémantique, bien connu des soviétologues, de la « langue de bois ».

Et, en effet, il faut attendre l'été 1986 pour voir la perestroïka gagner en ampleur et en vigueur. Désormais, explique M. Gorbatchev, « la perestroïka n'englobe pas seulement la planification et la gestion de l'économie, mais tous les autres aspects de la vie sociale : les relations sociales, le système politique, le domaine spirituel et idéologique, le style et les méthodes de travail du parti, de tous nos cadres... »

L'économie, premier champ de la restructuration

Le premier domaine d'application de la perestroïka, c'est, bien évidemment, l'économie. C'est là que les choses vont le plus mal. Eu égard à la tâche, immense, les premières mesures apparaissent timides et peu novatrices : un des maîtres mots de la restructuration à ses débuts est « l'autonomie financière » des entreprises ; il en a été déjà largement question sous Brejnev, sous Khrouchtchev et même sous Staline. Pas d'innovation majeure, non plus, en ce qui concerne la réforme de l'appareil administra-

> **L'U.R.S.S. en 1985**
>
> Depuis la mort de Brejnev, en novembre 1982, le pouvoir est passé entre les mains de secrétaires généraux aux règnes trop brefs pour être marquants : successivement **Iouri Andropov** (novembre 1982-février 1984) et **Konstantine Tchernenko** (février 1984-mars 1985).
>
> Le pays connaît **une crise profonde,** provoquée par un marasme économique sans précédent, des scandales qui mettent en cause la haute *nomenklatura,* une démotivation sociale profonde.
>
> À l'extérieur, la situation est très tendue : l'U.R.S.S. est engagée depuis 1979 dans **la difficile guerre d'Afghanistan ; le climat international se durcit,** après la destruction, par la chasse soviétique, d'un Boeing 747 sud-coréen, le 1ᵉʳ septembre 1983, et les négociations américano-soviétiques sur le désarmement sont interrompues.

tif de l'économie : le regroupement d'un certain nombre de ministères apparaît dans le droit fil des opérations périodiques de « dégraissage » des administrations soviétiques pléthoriques.

Plus neuf est l'accent que M. Gorbatchev met sur le développement du secteur privé, un domaine dans lequel aucun de ses devanciers n'a osé s'aventurer. Au 27e Congrès du Parti (février 1986), Gorbatchev fait valoir l'intérêt qu'il y a pour l'État à permettre aux fermes collectives de disposer librement des surplus de leur production et d'encourager le travail « sous contrat » au niveau de la brigade, du groupe, de la famille. Derrière ces formules se profile une révision cardinale du système de collectivisation. Redistribuer le travail à diverses « brigades » et plus encore aux « familles » membres des kolkhozes revient en effet à réintroduire la notion d'agriculture familiale, à revenir discrètement au principe de l'exploitation privée.

M. Gorbatchev ne se limite pas à l'agriculture. Il aborde le problème du secteur privé par un autre biais, celui des « coopératives », invitées, pour combler les lacunes du secteur public, à « se répandre largement dans la production et l'industrie de transformation, dans la construction de logements, les services et le commerce ». Le 19 novembre 1986, le Soviet suprême adopte un projet de loi sur « le travail individuel ».

En fait extrêmement timide, le texte final de la loi permet néanmoins le surgissement, en moins d'un an, de milliers de « coopératives » : sans aucun bénéfice, à terme, pour la satisfaction des besoins les plus urgents des consommateurs soviétiques. Durant les années suivantes, l'énorme et redoutable dossier de la réforme économique demeure largement au stade des vœux et des contradictions.

La glasnost, ou la transparence politique

La constatation de l'impuissance des décrets sur l'économie pousse M. Gorbatchev à passer à la vitesse supérieure en matière de perestroïka, en l'étendant au domaine réservé de la politique et de l'information. La démocratisation et son corollaire, la « *glasnost* », passent au premier rang des nouveaux mots d'ordre, à partir du printemps 1986. Une « transparence » nouvelle, une ouverture, en tout cas, se manifestent dès lors dans l'information et dans les débats publics. Les tabous sont levés sur les catastrophes naturelles et humaines, sur une série de données statistiques généralement négatives, telles que la mortalité, la criminalité, l'alcoolisme, la drogue et autres phénomènes de société. Livres et films censurés pendant des années retrouvent le chemin du public.

Cette transparence permet de réintégrer l'élite culturelle dans la vie politique du pays. Mais elle induit de nombreux « effets pervers » : à terme, elle débouche sur une remise en cause des structures politiques elles-mêmes et des acquis de ceux qui détiennent le pouvoir, sur la remise en cause, en fait, des fondements de l'État soviétique, et surtout de l'empire, jusque dans le cœur de l'ancienne Russie et, à plus forte raison, dans les régions de la périphérie baltique ou orientale, en est la preuve la plus manifeste, au début des années 1990.

→ **Voir aussi :** p. 308-309 (Fin de l'Europe de l'Est).

Mikhaïl Gorbatchev et le président des États-Unis George Bush, à bord du navire soviétique Maxime Gorki, *en 1989 : une des rencontres de la « détente » Est-Ouest.*

◁ *Perestroïka et... misère : le bidonville construit sur la place Rouge à Moscou (détruit en décembre 1990).*

Perestroïka et... séparatisme : ici, manifestation à Vilnius, en janvier 1990 comme dans beaucoup d'autres régions de l'« Empire ».

La politique extérieure de la perestroïka

Le désengagement en Afghanistan. L'intervention militaire soviétique de décembre 1979, en faveur du gouvernement communiste de Kaboul, s'est heurtée à la résistance des combattants musulmans (moudjahidin). En 1988, Gorbatchev décide le retrait des troupes soviétiques d'Afghanistan : retrait achevé le 15 février 1989.

Le rapprochement avec les États-Unis. Le dialogue est renoué avec les États-Unis, lors de plusieurs rencontres entre Gorbatchev et les présidents américains sucessifs : Ronald Reagan puis George Bush. Ce rapprochement permet la reprise des négociations de désarmement : un accord est conclu en 1987 sur l'élimination des missiles de moyenne portée en Europe. Et l'attitude nouvelle de l'U.R.S.S., qui, en 1990, lors de la crise du Golfe, renonce à opposer son veto au vote par le Conseil de l'O.N.U. d'un embargo contre l'Iraq, inaugure un âge nouveau des relations internationales.

La fin du cordon de sécurité en Europe de l'Est. Enfin, Gorbatchev laisse s'effectuer la libéralisation des pays qui constituaient, depuis la guerre froide, l'Europe de l'Est : la Pologne et la Hongrie, la Roumanie, plus difficilement, se frayent une voie vers des régimes multipartistes à l'occidentale, et l'Allemagne accomplit sa réunification.

L'Europe de l'Est retrouve sa liberté

L'ANNÉE DE TOUS LES CHANGEMENTS

Le 9 novembre 1989, à 18 h 57, Egon Krenz, secrétaire général du parti socialiste unifié depuis le 13 octobre, fait annoncer l'ouverture du mur de Berlin et de la frontière entre R.D.A. et R.F.A.

D'extraordinaires retrouvailles réunissent alors des millions d'Allemands séparés depuis 1961, voire 1945.

La fin de l'Europe de l'Est

L'événement s'insère dans une imposante série de révolutions. Juin : en Pologne, le parti communiste est mis en minorité à la Diète. Août : Tadeusz Mazowiecki, un des dirigeants de Solidarnosc, devient Premier ministre. Octobre : le parti socialiste ouvrier roumain se transforme en parti socialiste hongrois, abandonnant toute référence au marxisme-léninisme, au rôle dirigeant du parti, ainsi qu'à la dictature du prolétariat. Novembre : démission de la direction du parti tchécoslovaque. Décembre : formation d'un gouvernement pluraliste en Tchécoslovaquie, élection à la présidence de la République du dissident Vaclav Havel. Le même mois, en Roumanie, renversement du régime de Nicolæ Ceausescu.

L'Europe de l'Est en 1989

Les pays de l'Est sont régis par **le système du parti unique,** qui réserve le pouvoir aux communistes et favorise la concentration des pouvoirs entre les mains d'un homme : ainsi, en Roumanie, **Nicolae Ceausescu.**

Du point de vue extérieur, ces pays sont **étroitement liés à l'Union soviétique,** ainsi que du point de vue militaire (pacte de Varsovie) et du point de vue économique (Comecon). La tendance à l'intégration n'a fait que croître depuis l'échec du printemps de Prague, en 1956.

Enfin, **une crise morale et économique sans précédent** affecte l'Europe de l'Est : la désaffection est totale par rapport à des régimes qui ne satisfont pas l'aspiration de la population à un minimum de bien-être.

Signes avant-coureurs : la Pologne des années 80

Nul doute que ce grand mouvement de libération ne se serait pas développé aussi rapidement si le changement n'avait pas été autorisé, ou même promu, par l'Union soviétique.
Depuis l'écrasement du printemps de Prague et la « normalisation » de la Tchécoslovaquie, il apparaît en effet qu'aucune évolution politique ne peut avoir lieu sans l'accord du « Grand Frère ». La Pologne des années 1980 en fournit la preuve a contrario : seule parmi les pays de l'Est, elle reconnaît depuis les accords de Gdansk, signés à l'été 1980, l'existence d'un syndicat indépendant, Solidarnosc *(Solidarité),* qui, derrière son chef Lech Walesa, remet en cause le fonctionnement du parti-État tout en orchestrant les revendications de la société polonaise. Or, au lieu d'intervenir directement contre cette évolution, la direction soviétique confie à un Polonais, le général Jaruzelski, la tâche de « normaliser » son pays. Une attitude aussi modérée permet, dans d'autres pays également, la lente renaissance d'une opinion publique : ainsi, en Hongrie (où les bienfaits

Tadeusz Mazowiecki et Lech Walesa (à droite) à Gdansk, en août 1989 : les « frères ennemis » de la révolution polonaise, pour le meilleur et pour le pire...

économiques du « kadarisme » apparaissent chaque jour de plus en plus menacés et fragiles), en Tchécoslovaquie et en R.D.A.

L'effet Gorbatchev : l'exigence de la transparence

L'événement décisif est l'élection de M. Gorbatchev au poste de secrétaire général du P.C.U.S. et la politique de réforme qu'il met en place. Dès ses premiers voyages en Europe de l'Est, le leader soviétique est acclamé par la jeune génération contestatrice. Les progrès de la glasnost en U.R.S.S., notamment sur le chapitre d'une histoire longtemps falsifiée, ont des conséquences directes sur les débats politiques en Europe de l'Est. L'opinion publique polonaise réclame la vérité sur Katyn, sur l'insurrection de 1944 à Varsovie, sur le protocole secret du pacte germano-soviétique, par lequel l'Union soviétique s'engageait à intervenir militairement contre la Pologne dix-huit jours après l'attaque nazie. En Tchécoslovaquie, en Hongrie, l'opinion publique formule des revendications du même ordre et exige l'instauration de régimes démocratiques marqués par des élections libres.

Moscou donne l'impulsion

Or, loin de réagir contre de telles exigences, Moscou encourage le mouvement. Le 30 mars 1989, le ministère des Affaires étrangères soviétique déclare : l'U.R.S.S. soutient et approuve les processus dynamiques et tumultueux qui se déroulent dans les pays de l'Europe de l'Est. Le message est parfaitement compris dans la plupart des pays de l'Est ; les évolutions se précipitent à partir de cette date. La Pologne, une fois de plus, prend la tête du mouvement : les élections de juin 1989 s'y soldent par une victoire de l'opposition anticommuniste, qui permet la nomination de Tadeusz Mazowiecki comme Premier ministre. La Hongrie suit, en octobre ; la Tchécoslovaquie, en novembre ; et l'Allemagne de l'Est revient au multipartisme, le même automne, tout en travaillant à sa fusion avec l'Allemagne de l'Ouest.
Certains pays suivent plus lentement le mouvement : ainsi la Bulgarie, où l'effacement de Todor Zivkov permet une évolution très progressive du régime qui, en novembre 1990, renonce à sa dénomination de « République populaire », et surtout l'Albanie, où la dictature de Ramiz Alia s'oriente très doucement vers une libéralisation, en 1990-1991. D'autres États « manquent » leur révolution, en 1989 : ainsi la Roumanie, où le dictateur Nicolae Ceausescu est renversé et exécuté le 25 décembre dans des conditions obscures, et où le régime, dans l'année qui suit, ne parvient pas à effectuer sa transition démocratique. Malgré ces zones d'ombre, l'Est de l'Europe, l'Europe tout entière, et, en fait, l'équilibre international sortent profondément modifiés des bouleversements accomplis en 1989.

Images des révolutions en Europe de l'Est : Alexandre Dubcek et Vaclav Havel, à Prague (en haut, à gauche) ; et la fête, porte de Brandebourg, célébrant l'ouverture du mur de Berlin, le 1er janvier 1990.

En Roumanie, seulement, la révolution est violente et n'aboutit pas à l'instauration de la démocratie, après la chute du dictateur Ceausescu : ici, l'insurrection à Bucarest, réprimée par les chars, en décembre 1989. Mais c'est à Timisoara que la résistance du régime honni fut la plus rude et la plus meurtrière.

L'est de l'Europe après l'Europe de l'Est

L'Allemagne réunifiée. Au-delà de l'effondrement des structures du parti et de l'État est-allemand, au-delà de l'événement considérable qu'est la réouverture du mur de Berlin, la conséquence fondamentale des événements de 1989 est la disparition des anciennes R.D.A. et R.F.A. et leur fusion dans un nouvel État. Cette transformation est un fait acquis en octobre 1990, une fois obtenu l'accord des autres nations européennes et surtout de l'U.R.S.S.

Des dirigeants venus de la dissidence. Les anciens dirigeants sont écartés du pouvoir, et même parfois exécutés (N. Ceausescu). Tadeusz Mazowiecki en Pologne, Vaclav Havel et Alexandre Dubcek en Tchécoslovaquie sont les figures marquantes des nouveaux gouvernements. En Roumanie seulement, une équipe contestée s'établit au pouvoir, dirigée par Ion Iliescu, président de la République : l'opposition de la jeunesse et des intellectuels des grandes villes ne peut rien contre cette équipe, soutenue par les ruraux et par les ouvriers des plus petits centres urbains.

L'appel à l'Occident. Sans rompre immédiatement avec les accords militaires du pacte de Varsovie, ni renoncer à leur appartenance au Comecon, les États de l'ancienne Europe de l'Est (le cas de l'Allemagne étant à mettre à part) cherchent auprès des pays occidentaux et en particulier des États-Unis et de la Communauté économique européenne des subsides ou aides financières indispensables à leur relèvement économique.

L'armée irakienne envahit le Koweït

LA GUERRE DU GOLFE

Le 2 août 1990, l'armée irakienne commandée par le président Saddam Hussein occupe le Koweït. La communauté internationale s'indigne et réagit : les avoirs koweïtiens sont bloqués à l'étranger ; l'O.N.U. condamne l'invasion.

Le 6 août, des centaines d'Américains et d'Européens se trouvant au Koweït sont conduits en Irak pour y servir d'otages, voire de « boucliers humains ». Le même jour, une résolution des Nations unies décide le boycott commercial, financier et militaire du pays agresseur ; le 27, une autre résolution autorise le recours à la force si aucune solution diplomatique n'est trouvée, avant le 15 janvier 1991, date ultimatum. Entretemps, Saddam Hussein proclame l'annexion du Koweït (8 août).

Un pays ancien et ambitieux

L'ancienne Mésopotamie, conquise par les Arabes au VIIe siècle et centre de **l'Empire abbasside** du VIIIe au XIIIe siècle, a connu la domination des Mongols, des Ottomans, puis, après 1914, des Britanniques.

République indépendante en 1958, le pays est gouverné par des présidents imposés par des coups d'État militaires et un parti unique, **le Baath,** socialiste, y existe depuis 1968 : le président **Saddam Hussein,** « homme fort » du régime à partir de 1979, est l'émanation de ce parti.

Peuplé majoritairement de musulmans sunnites, le pays est troublé par **la contestation des chiites**, plus nombreux dans le Sud. Dans le Nord, **la minorité kurde** réclame l'autonomie ou l'indépendance : la rébellion de cette population, en 1985, se solde par une répression utilisant des gaz chimiques, qui fait de 3 000 à 5 000 victimes civiles.

Enfin, l'Iraq a lancé en septembre 1980 une offensive contre l'Iran, s'engageant ainsi dans une guerre de huit années, avec le soutien de l'Occident et avec des armes fournies par la France et l'U.R.S.S.

Les raisons d'une annexion

Le pays agresseur a été, dans la décennie précédente, l'allié de l'Occident. Engagé de 1980 à 1988 dans la guerre contre l'Iran, il est apparu comme le bouclier capable de défendre le reste du Golfe contre un déferlement révolutionnaire venu de Téhéran. Meurtrier, le conflit n'a pas abouti, pour l'Iraq, à des bénéfices territoriaux à l'est : le pays de Saddam Hussein entend donc recevoir des compensations et convoite, en particulier, le nord du Koweït, pour élargir son accès à la mer. Des négociations ouvertes sur ce point, en janvier 1990, se soldent par un échec. Or, le président de la République irakienne a besoin d'un succès extérieur pour affirmer sa légitimité intérieure, d'origine militaire. Surtout, il veut unifier à son profit le monde arabe, projet populaire appuyé par le souvenir des califes de Bagdad et surtout par le ressentiment des populations musulmanes contre Israël.

Une réaction imprévue

Or, l'Iraq a les moyens de sa politique : premier importateur d'armes du monde (3,5 milliards de dollars en 1988), le pays possède une armée aguerrie (dont le fer de lance est la garde personnelle de Saddam) et une population mobilisée par dix ans de guerre. Surtout, il compte sur les embarras des autres gouvernements arabes, confrontés au problème de l'intégrisme, et surtout sur le désintérêt de l'Occident, occupé par la reconstruction de l'Europe de l'Est.

Mais, contre toute attente, la réaction internationale est rapide et déterminée. Dès le mois d'août, et jusqu'à la fin de l'année 1990, des forces considérables, en hommes et en matériel, se déploient en Arabie Saoudite et dans le Golfe : 30 pays en tout, soit plus de 750 000 hommes, 3 600 chars, 1 800 avions de combat, 150 bâtiments de guerre, forment cette coalition.

La guerre

Dans la semaine qui précède l'échéance du 15 janvier, d'ultimes tentatives de négociation ont lieu : successivement, l'Iran, puis l'Union soviétique, soutien de longue date de l'Iraq, proposent leurs plans de paix. En vain. Le 17 janvier, à 2 heures 40 heure locale, deux jours après la date fixée par le Conseil de Sécurité comme ultimatum, le président américain G. Bush, chef de la coalition

Le rêve de l'unité arabe

En décidant l'agression sur le Koweït, puis en tentant de faire entrer Israël dans le conflit, Saddam Hussein a misé sur un réflexe panarabe, qui entraînerait les populations du Moyen Orient et du Maghreb dans son camp.

Un héritage commun, non une nation. Il n'y a pas une nation arabe, au sens ethnique du terme. Mais le panarabisme est une réalité, qui repose sur la pratique d'une langue, l'arabe, et sur la conscience d'avoir un passé, une culture en commun, en plus d'une même religion.

Un passé glorieux. Dans les premiers temps de l'histoire musulmane, de vastes empires ont réuni les peuples musulmans et en particulier arabes : ainsi au temps des Omeyyades (661-750), et surtout sous les Abbassides de Bagdad (750-1258). La domination ottomane, qui a mis fin à la suprématie arabe au profit des Turcs, a réuni aussi les peuples d'États aujourd'hui séparés dans une même communauté politique.

Tentatives du xxe siècle. La nostalgie de l'unité se trouve augmentée, de nos jours, d'une rancune : celle qui est due à l'existence de l'État d'Israël, refusée par les nations arabes. Dès 1945 toutefois – deux ans avant la naissance d'Israël –, une organisation politique naît, la Ligue arabe, destinée à favoriser la coopération entre pays arabes. En 1959, l'Égypte et la Syrie se groupent dans la « République arabe unie » – monstre ingouvernable qui disparaît deux ans plus tard. L'Organisation de libération de la Palestine tente ensuite de prendre le relais, sur le problème du sort des Palestiniens, donc des relations avec Israël, mais la guerre du Golfe montre, en 1991, que les États arabes sont loin d'aligner leurs positions sur celles de l'O.L.P., déclinante.

Hélicoptères américains au combat, en février 1991.

Saddam Hussein, l'homme qui déclenche la guerre.

Réfugiés kurdes à la frontière iranienne, en avril 1991.

militaire, prend la décision d'engager les combats.

La guerre se déroule en deux phases : guerre aérienne (du 17 janvier au 24 février), qui consiste dans le pilonnage par les forces anti-irakiennes des troupes de Saddam Hussein et des objectifs militaires au Koweït et en Iraq ; guerre terrestre (du 24 février au 27 mars), qui permet la reconquête du Koweït et la pénétration, par les forces coalisées, du sud de l'Iraq.

Les combats se soldent par la mort de 193 soldats et la perte de 36 avions, du côté de la coalition, et par un nombre très important, entre 50 000 et 150 000, de victimes militaires et civiles, du côté irakien. La menace, brandie par Saddam Hussein, d'une riposte chimique n'est finalement pas utilisée, et les missiles lancés par l'Iraq en direction non seulement de l'Arabie Saoudite, mais aussi d'Israël, État non belligérant, manquent leur but essentiel : déclencher une spirale belliqueuse, en entraînant l'État hébreu dans le conflit.

La guerre civile

La proclamation du cessez-le-feu, partiel (2 mars) puis total (13 avril) débouche sur une autre guerre, intérieure à l'Iraq, cette fois. Le Koweït, rétabli comme État indépendant et souverain, chiffre les dégâts des évènements : destructions dues aux combats, pollution créée par l'incendie volontaire des puits de pétrole. En Iraq, la rébellion des villes chiites, dans le Sud, se conjugue avec celle de

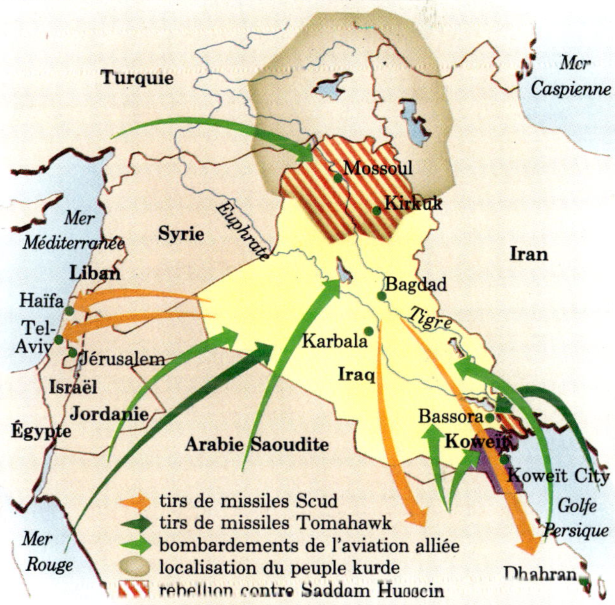

La zone du conflit.

la minorité kurde, soutenue par les États-Unis pour déstabiliser le chef d'État vaincu. Mais la répression triomphe dans les deux cas. À partir du début d'avril 1990, traumatisés par le souvenir des massacres dont ils ont été les victimes en 1985, les Kurdes prennent le chemin de l'exil. Dans les montagnes proches de la Turquie et de l'Iran, de gigantesques camps de réfugiés s'établissent, dans des conditions de misère et d'hygiène effroyables. Mi-avril 1991, la guerre du Golfe n'a pas résolu le problème de l'équilibre des peuples au Moyen-Orient ni celui de l'existence d'un pouvoir dictatorial en Iraq.

INDEX

O

P

Q

R

S

Crédits photographiques

M. Cinello-Cedri, 12/13 (b) ; J. Vigne, 13 ; Taieb-Sipa Press, 14 ; J. Vigne, 14/15 ; J. Vigne, 15 ; C. Lenars-Explorer, 16/17 (h) ; J. Vigne, 16/17 (b) ; C. Lenars-Explorer, 17 ; J. Vigne 18/19 ; Hinz, 18/19 ; Hinz, 19 (h) ; J. Vertut, 19 (m) ; J. Vertut, 20 ; J. Vigne, 20/21 (h) ; Gerster-Rapho, 20/21 (b) ; J. Vigne, 21 ; R. Percheron-Artephot, 22 ; Ph. Andrieux, 22/23 ; R. Percheron-Artephot, 23 ; Ph. Andrieux, 24 ; R.M.N. Paris, 24/25 ; G. Gerster-Rapho, 25 (h.g) ; Giraudon, 25 (m) ; Giraudon, 25 (h.d) ; G. Dagli Orti, 26/27 (h) ; Ross-Rapho, 26/27 (b) ; Tétrel, 27 (h) ; Giraudon, 28/29 (h) ; M. Chuzeville-R.M.N. Paris, 28/29 (m) ; M. Chuzeville-R.M.N. Paris, 29 ; M. Chuzeville-R.M.N. Paris, 30 ; Giraudon, 30/31 ; E. Lessing-Magnum, 31 (h) ; Giraudon, 31 (b) ; R. Percheron-Artephot, 32/33 (m) ; G. Dagli Orti, 32/33 (b) ; G. Dagli Orti, 33 ; G. Dagli Orti, 34 (h) ; C. Lénars, 34 (b) ; Martelot-Rapho, 35 (h.d) ; Giraudon, 35 (b.g) ; G. Dagli Orti, 36 ; B.N. Paris, 36/37 ; B.N. Paris, 37 ; Nimatallah-Artephot, 38 ; G. Dagli Orti, 38/39 (h) ; École nationale supérieure des Beaux Arts, Paris, 38/39 (b) ; Giraudon, 40/41 ; Ecole nationale supérieure des Beaux Arts, Paris, 41 (g) ; Staatliches Museum, Berlin, 41 (h.d) ; Scala, 42 ; G. Dagli Orti, 42/43 ; Lauros-Giraudon, 43 ; G. Dagli Orti, 44 ; G. Dagli Orti, 44/45 ; S Held, 45 ; R et S. Michaud-Rapho, 46 (h) ; École nationale supérieure des Beaux Arts, Paris, 46 (m) ; Lauros-Giraudon, 46/47 ; Scala, 47 (b), Lauros-Giraudon, 48 ; École nationale supérieure des Beaux Arts, 49 (h) ; The British Musem, Londres, 49 (m) ; B.N. Paris, 50/51 (h) ; B. Brake-Rapho, 50/51 (b) ; Scala, 51 ; G. Dagli Orti, 52 ; J.L. Nou, 53 (h.g) ; Hutchison Library, Londres, 53 (b) ; S. Held, 54 ; S. Held, 54/55 ; R. Percheron-Artephot, 55 (h) ; An Keren-éd. du Tournesol-Xinhua News Agency, 55 (m) ; S. Held, 56 ; Scala, 56/57 ; Scala, 57 (h) ; Alinari-Giraudon, 58 ; Lauros-Giraudon, 58/59 ; Giraudon, 59 ; Lauros-Giraudon, 60 (d) ; Scala, 60 (b) ; Scala, 61 (h) ; Brumaire-Artephot, 61 (b) ; B.N. Paris, 62 ; Scala, 62/63 ; Lauros-Giraudon, 63 ; Scala, 64 ; Scala, 65 (h) ; G. Philippart de Foy-Explorer, 65 (b.g) ; Lauros-Giraudon, 65 (b.d) ; B.N. Paris, 66 ; G. Dagli Orti, 66/67 ; Lauros-Giraudon, 67 ; Lauros-Giraudon, 68 ; Lauros-Giraudon, 68-69 ; Scala, 69 ; H. Josse, 70 (h) ; R.M.N. Paris, 70 (m) ; A.K.G.-Artephot, 71 (g) ; G. Dagli Orti, 71 (d) ; Historisches Museum, Berne, 72/73 ; Lauros-Giraudon, 73 (h) ; B.N. Paris, 73 (m) ; B.N. Paris, 74 ; R et S Michaud-Rapho, 74/75 (h) ; R et S Michaud-Rapho, 74/75 (b) ; Mandel-Artephot, 76 ; B.N. Paris, 76/77 (h) ; Mandel-Artephot, 76/77 (b) ; R et S Michaud-Rapho, 78/79 (h) ; Oronoz-Artephot, 78/79 (b) ; B.N. Paris, 79 (b) ; Oronoz-Artephot, 80 ; G. Dagli Orti, 80/81 (h) ; G. Dagli Orti, 80/81 (b) ; H. Josse, 82/83 ; B.N. Paris, 83 (h) ; G. Dagli Orti, 83 (m) ; J. Vigne, 84 (m) ; B.N. Paris, 84 (b) ; Osterreichisches National Bibliothek, Vienne, 84/85 ; J. Vigne, 85 ; Giraudon, 86 (g) ; Larousse, 86 (d) ; Bildarchiv Preussischer Kulturbesitz, 87 (g) ; Bildarchiv Jurgens, 87 (d) ; B.N. Paris, 88/89 (h) ; B.N. Paris, 88-89 (b) ; H. Josse, 90/91 (h) ; A.P.N., 90/91 (b) ; E. Lessing-Magnum, 91 ; A.P.N., 92 ; B.N. Paris, 92-93 ; B.N. Paris, 93 (g) ; B.N. Paris, 93 (d) ; Edimédia, 94 ; G. Dagli Orti, 95 (h) ; J. Bottin, 96 ; Giraudon, 97 (m) ; B.N. Paris, 97 (b) ; Giraudon, 98 ; A.D.P.C.-Artephot, 98/99 ; Bibliothèque apostolique vaticane, 99 (m) ; Scala, 99 (b) ; Giraudon, 100 ; Giraudon 100/101 ; H. Josse, 102 ; H. Josse, 103 (h) ; Lauros-Giraudon, 103 (b) ; J. Guillot-Top, 104 ; B.N Paris, 104/105 ; Scala, 105 ; Lauros-Giraudon, 106 ; Oronoz-Artephot, 107 ; Archives nationales historiques, Madrid, 108 ; Jurgens-Artephot, 108/109 ; J. Rosikon-Interpress, 109 ; Archives Snark-Edimédia, 110 ; Lauros-Giraudon, 110/111 ; Coll. Viollet, 111 ; Yan-Rapho, 112 ; Tallandier, 112/113 ; B.N. Paris, 113 (h) ; H. Josse, 113 (m) ; Lauros-Giraudon, 113 (b) ; J.L. Charmet, 114 ; B.N. Paris, 114/115 ; B.N. Paris, 115 ; B.N. Paris, 116 ; C. Loury-G.P.A., 116/117 ; Larousse, 117 ; Larousse, 118 ; Lauros-Giraudon, 118/119 ; Scala, 119 (h) ; G. Dagli Orti, 119 (b) ; Lauros-Giraudon, 120 ; Edimédia, 120/121 ; Oronoz-Artephot, 121 (m) ; Interpress, 122 ; Jalain-Cedri, 122/123 ; Burgerbiliothek, Berne, 123 (g) ; G. Dagli Orti, 123 (d) ; G. Dagli Orti, 124 (g) ; B.N. Paris, 124 (d) ; National Portrait Gallery, Londres, 124/125 ; B.N. Paris ; 125, B.N. Paris, 126 ; Giraudon, 126/127 ; Lauros-Giraudon, 127 ; B.N. Paris, 128 (h) ; R et S Michaud-Rapho, 128 (b) ; Giraudon, 129 ; Larousse, 130 ; G. Dagli Orti, 130/131 ; Giraudon, 131 ; G. Dagli Orti, 132 ; Musée de Berlin, Dahlem, 132/133 ; G. Mangin-Musée des Beaux Arts, Nancy, 133 ; Burgerbibliothek, Berne, 134 ; Bibliothèque de l'Université, Bâle, 134/135 ; R.M.N. Paris, 135 (m) ; Scala, 135 (b) ; National Maritime Museum, Greenwich, 136 ; A. Basset-Musée des Beaux Arts, Lyon, 136/137 (h) ; Nimatallah-Artephot, 136/137 (m) ; G. Mandel-Artephot, 137 ; Scala, 138/139 ; Giraudon, 139 (h.d) ; J.L. Charmet-Explorer, 139 (m) ; Lauros-Giraudon, 140 ; Kharbine-Tapabor, 140/141 (h) ; Lauros-Giraudon, 140/141 ; AKG-Artephot, 142 ; Edimédia, 143 (h) ; Lauros-Giraudon, 143 (m) ; H. Josse, 144 ; B.N. Paris, 144/145 ; Oronoz-Artephot, 145 ; G. Dagli Orti, 146 ; G. Dagli Orti, 146/147 ; G. Dagli Orti, 147 ; Oronoz-Artephot, 148/149 ; Nimatallah-Artephot, 149 (h.g) ; Lauros-Giraudon, 149 (h.d) ; Lauros-Giraudon, 149 (b), Trinity College Library, Oxford, 150 ; Edimédia, 151 ; Lauros-Giraudon, 152 ; Lauros-Giraudon, 152/153 ; Lauros-Giraudon, 153 ; Giraudon, 154 ; Bridgeman-Artephot, 154/155 ; G. Dagli Orti, 155 ; H. Josse, 156 (m.d) ; Nimatallah-Artephot, 156 (b.g) ; Oronoz-Artephot, 156/157 ; Scala, 158/159 (h) ; R.M.N., Paris, 158/159 (b) ; G. Dagli Orti, 159 ; Lauros-Giraudon, 160 ; A.P.N., 160/161 ; H. Josse, 161 ; J.L. Charmet, 162 ; The Hulton Picture Company, 163 (h) ; Oronoz-Artephot, 163 (m) ; Archives Snark-Edimédia, 164 ; Lauros-Giraudon, 164/165 ; Giraudon, 165 ; L.L., 166 (h) ; Coll. Viollet, 166 (m), H. Josse, 166/167 ; G. Dagli Orti, 168 ; Lauros-Giraudon, 168/169 ; Lauros Giraudon, 169 ; Lauros-Giraudon, 170/171 ; Rijksmuseum, Amsterdam, 171 (h.g) ; Lauros-Giraudon, 171 (h.d) ; Musée de la Marine, Paris, 172 ; Lauros-Giraudon, 172/173 (h) ; Giraudon, 172/173 (b) ; Giraudon, 174 ; E.T. Archives, 175 (h.g) ; Larousse, 176 ; Bridgeman-Artephot, 176/177 (h) ; National Portrait Gallery, Londres, 176/177 (m) ; Larousse, 178 ; Lauros-Giraudon, 178/179 ; Lauros-Giraudon, 179 ; Lauros-Giraudon, 180 ; H. Josse, 180/181 (h) ; H. Josse, 180/181 (b) ; H. Josse, 182 ; A. Held-Artephot, 182/183 ; AKG-Artephot, 183 ; Giraudon, 184 (h) ; Lauros-Giraudon, 184 (b) ; Larousse, 185 ; Lauros-Giraudon, 186 (h) ; Lauros-Giraudon, 186 (m) ; Archives publiques du Canada, 186/187 ; G. Dagli Orti, 188 ; Lauros-Giraudon, 188 ; Giraudon, 188 (b.g) ; Lauros-Giraudon, 190 (h) ; Lauros-Giraudon, 190 (b) ; D.I.T.E.—IPS, 190/191 ; Archives Snark-Edimédia, 192/193 (h) ; D.I.T.E.-IPS, 192/193 (b) ; D.I.T.E.-IPS, 194 ; Giraudon, 195 (h) ; Giraudon, 195 (h) ; Lauros-Giraudon, 196 ; Giraudon, 196/197 ; Lauros-Giraudon, 197 (h), 198 (m) ; Giraudon 198 (b) ; H. Josse, 198/199 ; Lauros-Giraudon, 199 ; Musée de l'Armée, Paris, 200 ; National Portrait Gallery, Londres, 200/201 (h) ; Lauros-Giraudon, 200/201 (m) ; National Maritime Museum, Greenwich, 202 ; Oronoz-Artephot, 202/203 ; Lauros-Giraudon, 203 ; Lauros-Giraudon, 204 ; G. Dagli Orti, 204/205 (h) ; G. Dagli Orti, 204/205 (b) ; G. Dagli Orti, 206 ; G. Dagli Orti 206/207 (h) ; Lauros-giraudon, 207 ; B.N. Paris, 208/209 (h) ; Victoria and Albert Museum, Londres, 208/209 (m) ; Giraudon, 208/209 (b) ; E. Lessing-Magnum, 210 ; Lauros-Giraudon, 210/211 ; Lauros-Giraudon, 211 ; Lauros-Giraudon, 212/213 (h) ; P. Lorette, 212/213 (b) ; P. Lorette, 213 ; Giraudon, 214 ; Bildarchiv Preussischer Kulturbesitz, 214/215 ; Lauros-Giraudon, 215 ; Bildarchiv Preussischer Kulturbesitz, 216 (h) ; B.N. Paris, 216/217 ; Lauros-Giraudon, 217 ; B.N. Paris 218/219 ; G. Dagli Orti, 219 (h) ; Scala, 219 (m) ; Mayer et Pierson, 220 ; U.S.I.S. 220 ; U.S.I.S., 220/221 ; U.S.I.S., 221 ; Bettmann Archive, 221 (b) ; D.I.T.E. – IPS, 222/223 ; Bildarchiv Preussischer Kulturbesitz, 223 ; Coll. Viollet, 224 ; L.L. 224/225 (h) ; R.M.N. Paris 224/225 (b) ; Shogakulan, 226 (h) ; Lauros-Giraudon, 226 (b) ; Larousse, 227 ; Lauros-Giraudon, 228 (h) ; Bassano, 228 (b) ; Braun, 229 ; D.R., 230 (h), Kharbine-Tapabor, 230 (m) ; P. Lorette-Giraudon, 230 (b) ; Bildarchiv Preussischer Kulturbesitz, 232 ; Archives Snark-Edimédia, 232/233 ; G. Dagli Orti, 233 ; Edimédia, 234/235 ; Ambassade de la République sud-africaine, 234/235 (b) ; Fleming, 235 ; Larousse, 236 ; Gribayédoff, 236/237 ; L'Illustration-Sygma, 237 ; Paris-Match-Mémorial, 238 ; Coll. Viollet, 239 (h) ; Coll. Viollet, 239 (b) ; Monde et Caméra, 240 ; Coll. Viollet, 241 (h) ; Musée de l'Armée, Paris 241 (b) ; Coll. Viollet, 242/243 ; Tallandier, 243 (h) ; Coll. Viollet, 243 (m) ; D.R., 244 (h) ; J.L. Charmet, 244 (b) ; D.R., 245 (g) ; Coll. Viollet, 245 (d) ; The Hulton Picture Company, 246 ; L.L., 246/247 (h) ; Coll. Viollet, 246/247 (b) ; Archives Paris-Match, 248 ; Coll. Viollet, 249 (h) ; Associated Press, 249 (b), The Oakland Museum, Californie, 250 ; U.S.I.S., 250/251 ; Bundesarchiv, Coblence, 251 ; Bundesarchiv, Coblence, 252 ; N.M.-M. Rieussec, 252/253 ; Imapress, 253 ; N.M.-M. Rieussec, 254 ; Larousse, 254/255 ; Keystone, 255 (h.g) ; Keystone, 255 (h.d) ; R. Schall, 256 ; Keystone, 256/257 ; Keystone, 257 ; D. Seymour-Magnum, 258/259 (h) ; Keystone, 258/259 (b) ; R. Dazy, 259 ; Coll. Viollet, 260 ; Bureau d'Information Polonais, 260/261 ; Archives Paris-Match, 261 ; A.F.P., 262/263 (h) ; Karsh-Imapress, 262/263 (b) ; Imapress, 263 ; R. Capa-Magnum ; 264/265 (h) ; U.S.I.S., 264/265 (b), U.S.I.S., 265 ; W. Bischof-Magnum, 266/267 (h) ; Coll. Viollet, 266/267 (b) ; Tallandier, 267 ; Keystone, 268 ; Tass, 268/269 (h) ; G. Sanko-A.P.N., 268/269 (b) ; A.P.N., 270/271 (h) ; U.S.I.S., 270/271 (b) ; D.I.T.E.-IPS, 271 ; Dubure-Rapho, 272/273 (h) ; U.S. Army, 272/273 (b) ; Gamma Archives, 273 ; Bildarchiv Preussischer Kulturbesitz, 274/275 (h) ; Keystone, 274/275 (m) ; L'illustration-Sygma, 274/275 (b) ; Keystone, 276 ; Keystone, 276/277 ; Keystone, 277 ; Keystone, 278 ; Keystone, 278/279 ; Camus-Paris-Match, 279 ; Keystone, 280/281 ; Ambassade de l'Indonésie, 281 (h.g) ; W. Bischof-Magnum, 281 (d) ; E. Haas-Magnum, 282/283 (h) ; E. Lessing-Magnum, 282/283 (b) ; Keystone, 283 ; E. Lessing-Magnum, 284 ; Keystone, 284/285 ; Keystone, 285 ; Imapress, 286 ; Imapress, 286/287 (h) ; Imapress, 286/287 (b) ; Keystone, 287, Imapress, 288/289 (h) ; N. Tikhomiroff-Magnum, 288/289 (b) ; Poli-Rapho, 289 (g). Gamma, 289 (d) ; Paris Match, 290/291, UPI-Bettmann-Newsphotos, 291 (h), W. Miller-Magnum, 291 (b) ; R. Jackson-Imapress, 292 ; Imapress, 292/293 (h) ; N.M.-M. Rieussec, 292/293 (b) ; P. Koch-Rapho, 294 (h) ; G. Caron, 294 (m) ; Imapress, 295 ; C. Capa-Magnum, 296 ; G. Caron, 296/297 ; Keystone, 297 (m) ; R. Doisneau-Rapho, 297 (b) ; B. Barbey-Magnum, 298, Nasa-Vision-Cosmos, 298/299 ; Nasa, 299 ; 300 ; A.F.P., 300/301 ; J.C. Francolon-Gamma, 301 (g) ; Bureau-Gamma, 301 (d) ; Ginies-Sipa Press, 302/303 ; N. Wheeler-Sipa Press, 303 (g) ; Francolon-Gamma, 303 (d) ; UPI-Bettmann-Newsphotos, 304 ; Setboun-Sipa Press, 304/305 (h) ; Farnood-Sipa Press, 304/305 (b) ; Abbas-Gamma, 306 ; Duclos-Gamma, 306/307 ; Laski-Sipa Press, 307 ; Laski-Sipa Press, 308 ; Mérillon-Gamma, 308/309 (h) ; C. Hires-Gamma, 308/309 (m) ; DPA-A.F.P., 309 ; W. Stevens-Gamma, 310/311 (h) ; Saussier-Gamma, 310/311 (h) ; Kol Al Arab-Sipa Press, 310-311 ; Farnood-Sipa Press, 311.

PHOTOCOMPOSITION : MAURY IMPRIMEUR S.A., MALESHERBES
Dépôt légal : Novembre 1991 - N° Série Éditeur: 20519
Imprimé en Italie par Nuovo Istituto Italiano d'Arti Grafiche - Bergamo